Entkriminalisierung von Drogenabhängigen durch Substitutionsbehandlung
Empirische und rechtliche Bedingungen

Europäische Hochschulschriften

Publications Universitaires Européennes
European University Studies

Reihe II

Rechtswissenschaft

Série II Series II
Droit
Law

Bd./Vol. 1456

PETER LANG
Frankfurt am Main · Berlin · Bern · New York · Paris · Wien

Reinhard Bieniek

Entkriminalisierung von Drogenabhängigen durch Substitutionsbehandlung

Empirische und rechtliche Bedingungen

PETER LANG
Europäischer Verlag der Wissenschaften

Die Deutsche Bibliothek- CIP-Einheitsaufnahme

Bieniek, Reinhard:

Entkriminalisierung von Drogenabhängigen durch Substitutionsbehandlung : empirische und rechtliche Bedingungen / Reinhard Bieniek. - Frankfurt am Main ; Berlin ; Bern ; New York ; Paris ; Wien : Lang, 1993

(Europäische Hochschulschriften : Reihe 2, Rechtswissenschaft ; Bd. 1456)

Zugl.: Bremen, Univ., Diss., 1993

ISBN 3-631-46550-5

NE: Europäische Hochschulschriften / 02

D 46

ISSN 0531-7312

ISBN 3-631-46550-5

Europäischer Verlag der Wissenschaften

Frankfurt am Main 1993

Printed in Germany 1 2 3 5 6 7

meiner Mutter

Vorwort

Die Arbeit wurde im März 1993 der Universität Bremen unter dem Titel "Empirische und rechtliche Bedingungen einer Entkriminalisierung von Drogenabhängigen durch Substitutionsbehandlung" als Dissertation vorgelegt. Ich möchte daher an dieser Stelle meinen besonderen Dank vor allem Prof. Dr. Lorenz Böllinger aussprechen, der mich während der gesamten Bearbeitungszeit von der Themenwahlentscheidung bis zu der Festlegung der endgültigen Fassung der Arbeit großzügig betreute. Danken möchte ich ebenso Prof. Dr. Stephan Quensel, der bereitwillig als zweiter Gutachter fungierte. Für das zeitintensive Korrekturlesen der Dissertation danke ich Ulf Niederbockstruck und für die stets vorhandene Diskussionsbereitschaft hinsichtlich der immer wieder auftauchenden technischen wie inhaltlichen Probleme gebührt auch großer Dank Anna Andreßen-Klose. Sehr viel Geduld mit mir bewies auch Frau Ulrike Lütjen-Ashiley, die das handschriftliche Manuskript über Monate hinweg getippt und letztlich in eine den Anforderungen einer wissenschaftlichen Arbeit entsprechende Form gegossen hat, wofür ich ihr auf diesem Wege noch einmal danke. Zum Schluß möchte ich aber auch nicht versäumen, meiner Frau Elżbieta Bieniek zu danken, und zwar nicht nur, weil sie zu jeder Zeit bereit war, mit mir über das wissenschaftliche Vorhaben mit engagierter Anteilnahme zu diskutieren, sondern auch und vor allem, weil sie mir stets eine große seelische Stütze war, die mir über so manchen während der langen Bearbeitungszeit auftretenden Zweifel hinweghalf und damit die Promotion überhaupt erst ermöglichte.

Reinhard Bieniek — Bremen, Juni 1993

Inhaltsverzeichnis

Abkürzungsverzeichnis

a.A.	anderer Auffassung
Abs.	Absatz
abw.	abweichend
abgedr.	abgedruckt
a.F.	alte Fassung
AG	Amtsgericht
AIFO	AIDS-Forschung (Zeitschrift)
AK/	Alternativkommentar (AK/Gesetz/Bearbeiter)
AMG	Arzneimittelgesetz
and.	anders
Anm.	Anmerkung
Art.	Artikel
Aufl.	Auflage
Az.	Aktenzeichen
b.	bei
BÄO	Bundesärzteordnung
BayObLG	Bayerisches Oberstes Landesgericht
Bd.	Band
bearb.	bearbeitet
Beschl.	Beschluß
BewHilfe	Bewährungshilfe (Zeitschrift)
BG	Berufsgericht (für Heilberufe)
BGBl.	Bundesgesetzblatt
BGH	Bundesgerichtshof
BGHSt	Entscheidungen des Bundesgerichtshofes in Strafsachen
BGHZ	Entscheidungen des Bundesgerichtshofes in Zivilsachen
BO	Berufsordnung

BRDrucks.	Drucksachen des Bundesrates
BTDrucks.	Drucksachen des Deutschen Bundestages
BtM	Betäubungsmittel
BtMG	Betäubungsmittelgesetz
BtMVV	Betäubungsmittel-Verschreibungs-Verordnung
BTStenogr.Berichte	Bundestag-Stenographische Berichte
bzw.	beziehungsweise
BVerfG	Bundesverfassungsgericht
BVerfGG	Bundesverfassungsgerichtsgesetz
BVerfGE	Entscheidungen des Bundesverfassungsgerichts
DÄBl.	Deutsches Ärzteblatt (Zeitschrift)
dass.	dasselbe
ders.	derselbe
dies.	dieselbe/dieselben
Diss.	Dissertation
DHS	Deutsche Hauptstelle für Suchtgefahren
DMW	Deutsche Medizinische Wochenschrift (Zeitschrift)
DuR	Demokratie und Recht (Zeitschrift)
EGGVG	Einführungsgesetz zum Gerichtsverfassungsgesetz
Einl.	Einleitung
etc.	et cetera
e.V.	eingetragener Verein
f.	folgende Seite
ff.	folgende Seiten
Fn.	Fußnote
Fortschr.Med.	Fortschritte der Medizin (Zeitschrift)
FS-	Festschrift für
GA	Goldammers Archiv für Strafrecht (Zeitschrift)
ggf.	gegebenenfalls
h.L.	herrschende Lehre

h.M.	herrschende Meinung
HPG	Heilpraktikergesetz
Hrsg.	Herausgeber/Herausgeberin
i.	in
InfoStVollzPR	Info zum Strafvollzug in Praxis und Rechtsprechung
i.v.	intravenös
i.V.m.	in Verbindung mit
JA	Juristische Arbeitsblätter (Zeitschrift)
Jahrg.	Jahrgang
JR	Juristische Rundschau (Zeitschrift)
Jura	Juristische Ausbildung (Zeitschrift)
JuS	Juristische Schulung (Zeitschrift)
JVA	Justizvollzugsanstalt
JW	Juristische Wochenschrift (Zeitschrift)
JZ	Juristen Zeitung (Zeitschrift)
KG	Kammergesetz
KJ	Kritische Justiz (Zeitschrift)
KrimJ	Kriminologisches Journal (Zeitschrift)
KrimPäd	Kriminalpädagogische Praxis (Zeitschrift)
LG	Landgericht
LK	Leipziger Kommentar zum Strafgesetzbuch
LSG	Landessozialgericht
max.	maximal
m.	mit
MAGS-NRW	Ministerium für Arbeit, Gesundheit und Soziales des Landes Nordrhein-Westfalen
MedR	Medizinisches Recht (Zeitschrift)
MBliV	Ministerialblatt für die innere Verwaltung
MDR	Monatsschrift für deutsches Recht (Zeitschrift)
mindest.	mindestens

MMW	Münchner medizinische Wochenschrift (Zeitschrift)
Mio.	Millionen
Mrd.	Milliarden
MschrKrim	Monatsschrift für Kriminologie (Zeitschrift)
m.w.N.	mit weiteren Nachweisen
Ndl.	niederländisch
NJW	Neue juristische Wochenschrift (Zeitschrift)
Nr.	Nummer
NStZ	Neue Zeitschrift für Strafrecht (Zeitschrift)
Öff.Gesundh.-Wes.	Das öffentliche Gesundheitswesen (Zeitschrift)
OLG	Oberlandesgericht
ÖStGB	Österreichisches Strafgesetzbuch
RA	Rechtsanwalt
RG	Reichsgericht
RGBl.	Reichsgesetzblatt
RGSt	Entscheidungen des Reichsgerichts in Strafsachen
RGZ	Entscheidungen des Reichsgerichts in Zivilsachen
RuP	Recht und Politik (Zeitschrift)
Rz.	Randzeichen
S.	Seite/bei Gesetzen auch Satz
SG	Sozialgericht
sog.	sogenannt
Sozialpsych.Info.	Sozialpsychiatrische Informationen (Zeitschrift)
StA	Staatsanwaltschaft
StGB	Strafgesetzbuch
StPO	Strafprozeßordnung
StV	Strafverteidiger (Zeitschrift)
StVollzG	Strafvollzugsgesetz
SuchtG	Suchtgefahren (Zeitschrift)
TAZ	Tageszeitung (Zeitschrift)

u.	und
u.a.	unter anderem
Urt.	Urteil
unveröff.	unveröffentlicht
u.U.	unter Umständen
v.	von/van
v.Ch.	vor Christigeburt
vgl.	vergleiche
Vorbem.	Vorbermerkung
WHO	World Health Organisation (Weltgesundheitsorganisation)
WZfS	Wiener Zeitschrift für die Suchtforschung (Zeitschrift)
z.B.	zum Beispiel
Ziff.	Ziffer
zit.	zitiert
ZRP	Zeitschrift für Rechtspolitik (Zeitschrift)
ZStW	Zeitschrift für die gesamte Strafrechtswissenschaft (Zeitschrift)
zust.	zustimmend

1. Einführung

Die Drogenproblematik gehört in der Bundesrepublik zu den seit nunmehr über 20 Jahren stets aktuellen Themen, die die Massenmedien, die Politik und auch die Bürger mehr oder minder intensiv beschäftigen, wobei gerade in den letzten Monaten das soziale Problem der Drogenabhängigkeit wieder stärker in das öffentliche Bewußtsein gedrungen zu sein scheint. Dies hängt offenbar mit der Entscheidung des LG Lübeck vom Dezember 1991 bzw. mit der des LG Hildesheim vom März 1992 zusammen, wonach das Cannabisverbot verfassungsrechtlichen Bedenken unterliegen soll und daher über die Verfassungsmäßigkeit der Cannabisprohibition demnächst das BVerfG zu entscheiden haben wird. Jedoch nicht der Cannabiskonsum stellt den zentralen Gegenstand jedweder Diskussion über die Drogenpolitik dar, sondern der Heroingebrauch und die Heroinabhängigkeit. Angesichts der Tatsache, daß die Zahl der Heroinkonsumenten zwischen 60.000 und 90.000 liegt, die der Medikamentenabhängigen dagegen über 500.000 oder die der Alkoholiker gar 2,5 Mio. beträgt[1], überrascht es zunächst ein wenig, wieviel Aufmerksamkeit gerade der kleinen Minderheit der Drogenabhängigen geschenkt wird. Der Grund hierfür wurzelt offenbar darin, daß die für jeden Bürger sichtbare Schar der intravenösen Heroinkonsumenten, der Fixer, in aller Regel eine erschreckende gesundheitliche Verwahrlosung aufweist (Hepatitis-Krankheiten, Abszesse, Hautkrankheiten, Zahnverfall etc.) und neuerdings auch häufig HIV-infiziert oder schon von der ausgebrochenen AIDS-Erkrankung gezeichnet ist. Im übrigen wird die Heroinabhängigkeit regelmäßig durch kriminelle Aktivitäten und Prostitution begleitet. Dies alles vermag bei den Bürgern den Eindruck entstehen zu lassen, daß diesem Mißstand vor allem mit repressiven Mitteln Einhalt zu gebieten sei.

Dabei stellt das herrschende Bild des verwahrlosten und kriminellen Heroinabhängigen lediglich einen Ausschnitt aus einem Gesamtkomplex des illegalen Drogengebrauchs dar, wie man heute weiß. Dieses Erscheinungsbild beruht

---

1 Vgl. Grigoleit/Wenig/Ziegler, 2-1

nämlich weder auf der naturgegebenen und direkten Auswirkung der Droge oder auf einer bestimmten angeborenen Persönlichkeitsstruktur des Drogenkonsumenten noch auf der Eigengesetzlichkeit der Suchtkrankheit. Demgemäß ist Drogengebrauch möglich, der hinsichtlich seiner Folgen für den Konsumenten und daher auch für die Gesellschaft nich mehr in das traditionelle Klischee paßt. Dessen ungeachtet gibt es in der Bundesrepublik ein Drogenprohibitionssystem, das zu den repressivsten der Welt gehört. Dieses ist auf unbedingte Drogenabstinenz ausgerichtet. Demzufolge orientiert sich auch das Betäubungsmittelgesetz (BtMG) durchgängig an dem Abstinenzgedanken, was im Ergebnis bedeutet, daß es nur den einen Ausschnitt aus der realen Phänomenologie des Konsums, der durch die vorerwähnte gesundheitliche Verahrlosung, Kriminalität etc. gekennzeichnet ist, zum entscheidenden Anlaß für die Ausrichtung der gesamten Drogenpolitik nimmt, also letztlich auch zum allgemein gültigen Grundsatz dergestalt erhebt, daß mit jedem Opiatkonsum die stereotypen negativen gesundheitlichen und sozialen Begleiterscheinungen regelmäßig einhergingen.

Als Ausfluß der in dem BtMG niedergelegten Haltung zum Drogenproblem herrschte in der Bundesrepublik ebenfalls in therapeutischer Hinsicht etwa bis zur Mitte der achtziger Jahre entsprechend der Abstinenzidiologie die Meinung vor, daß lediglich die Behandlung in der stationären Langzeittherapie nach klinischem Entzug erfolgversprechende therapeutische Ergebnisse zu zeitigen vermocht hätte. Nach und nach setzte sich in den letzten Jahren die Auffassung durch, daß man einen Teil der Heroinabhängigen weder erreichen noch therapeutisch in irgendeiner Weise ansprechen könne. Die traditionellen Wege der Behandlung haben sich nur für einen spezifischen Teil der Drogenpopulation als geeignet erwiesen und auch bei diesem lagen die Erfolge, was kurzfristige und mittelfristige Drogenfreiheit und psychosoziale Stabilität anbelangte, in einem Rahmen, der wenig Anlaß zum Optimismus gab. Die damals bereits vorhandenen Ansätze für eine Abkehr von der abstinenzorientierten Therapiepolitik nahmen aber erst dann konkrete Formen an, als man im Zuge der raschen AIDS-Ausbreitung einen engen Zusammenhang zwischen dieser Krankheit und dem intravenösen Drogengebrauch erkannte. Erst dann begann auch in Reihen der Anhänger der Abstinenzidiologie allmählich die Bereitschaft zu wachsen, unter bestimmten sehr restriktiven Voraussetzungen auch die medikamentengestützte Therapieform, die bereits Anfang der siebziger Jahre in der Bundesrepublik vorübergehend vereinzelt praktiziert wurde und in vielen Ländern der Erde längst etabliert war, zuzulassen. Dabei entstand eine heftige Kontroverse innerhalb der Fachöffentlichkeit über die grundsätzliche Vereinbarkeit der Substitutionstherapie mit den damaligen gesetzlichen Gegebenheiten einerseits und über die Reichweite der strafrechtlichen Zulässigkeit, sofern diese im Grundsatz bejaht wurde, andererseits.

Für eine erhebliche Klärung hinsichtlich der Substitutionsfrage sorgte zunächst der BGH mit seinem Beschluß vom 17. Mai 1991, der von der überwiegenden Fachöffentlichkeit als überaus substitutionsfreundlich interpretiert wurde, der jedoch nicht alle, selbst namhafte Substitutionsskeptiker, hinsichtlich der Grundsatzfrage nach der strafrechtlichen Zulässigkeit der Substitutionstherapie gänzlich zu überzeugen vermochte. Für eine diesbezügliche Klarstellung sorgte letztlich der Gesetzgeber selbst, indem er mit dem Gesetz zur Änderung des Betäubungsmittelgesetzes vom 9. September 1992 eine Ergänzung des Wortlauts des § 13 Abs. 1 dahin vornahm, daß jetzt eine Verschreibung von Betäubungsmitteln auch zum Zwecke der Substitution explizit zulässig sein soll. Auch nach der neuen BtMVV 1993 gilt die Therapieform der Substitution als von Gesetzes wegen anerkannt. Trotz der gesetzlichen Verankerung der Substitutionsbehandlung sind jedoch weiterhin viele diesbezügliche Fragen ungeklärt.

Gegenstand der vorliegenden Untersuchung bilden daher diese bisher noch weitgehend kontroversen Fragestellungen. In concreto geht es hier zum einen um die Kardinalfrage nach der richtigen Auslegung des Begründetheitsbegriffs des § 13 Abs. 1 BtMG, also nach den anzuerkennenden Indikationen und zum anderen darum, wie eine Substitutionsbehandlung richtig durchzuführen ist, damit sie rechtlich keinerlei Bedenken unterliegt. Mit anderen Worten, will die vorliegende Arbeit weiterhin eine Antwort auf die Frage geben, wann sich ein niedergelassener Arzt strafbar macht, der ambulant mit Substitutionsmitteln, vor allem mit Levomethadon, Heroinabhängige behandelt. Dabei wird zunächst gemäß dem herrschenden Suchtdogma davon ausgegangen, daß die Drogenabhängigkeit einen pathologischen Zustand, also eine Krankheit darstellt. Daneben bietet es sich an, die Rechtslage bezüglich der Substitutionsproblematik auch für den Fall zu überprüfen, daß der Drogenabhängigkeit/-sucht die Bewertung als Krankheit abgesprochen, sie also als ein Normal- bzw. Alltagszustand angesehen wird. Für eine derartige Sichtweise gibt es zwischenzeitlich durchaus nachvollziehbare Motive.

Abgesehen von den Zulässigkeitsfragen mit Rücksicht auf das BtMG gilt es daneben auch noch diejenigen in bezug auf das StGB zu unterscheiden. Demgemäß bildet einen weiteren Kernpunkt der vorliegenden Arbeit die Zulässigkeitsproblematik im Hinblick auf die Körperverletzungstatbestände im Sinne des § 223 einerseits und im Sinne des § 230 StGB andererseits. Dabei erscheint die Bemerkung angebracht, daß gerade hinsichtlich der Frage nach der erfolgsabhängigen Strafbarkeit nach dem StGB noch großer Klärungsbedarf besteht. Dieser Strafbarkeitsbereich ist mit Rücksicht auf die ärztliche Substitutionsbehandlung Drogenabhängiger vor allem von seiten des juristischen Schrifttums stark vernachlässigt worden und wurde von diesem oft nur am Rande zum Gegenstand einer Problematisierung gemacht. Besonders deutlich tritt dieses Defizit in bezug auf § 230 zutage.

Mit Rücksicht auf die wissenschaftlich abgesicherte Erkenntnis, daß es sich bei dem Phänomen der Drogenabhängigkeit um ein mehrdimensionales, fachübergreifendes Problem handelt, worauf im Verlauf der nachfolgenden Untersuchungen ebenfalls genauer einzugehen sein wird, müssen Wertungsmaßstäbe entwikkelt werden, die dieser Erkenntnis Rechnung zu tragen geeignet sind. Diese müssen also nicht nur aus den rein juristischen, sondern gleichermaßen auch aus den medizinischen, sozialen und sonstigen außerrechtlichen Komponenten bestehen.

Der Vorgang der Subsumtion entweder unter den § 13 Abs. 1 BtMG oder unter die §§ 223, 230 StGB setzt in beiden Fällen eine genaue Kenntnis des Beurteilungsgegenstandes. Eine sachgerechte rechtlich nicht zu beanstandende Entscheidung erforder daher u.a. das Wissen über das Wesen der Opiatabhängigkeit, Wirkungen der Opiate auf den menschlichen Organismus, Folgen der Drogenbindung unter den gegebenen rechtlichen Kontrollbedingungen für die Drogenabhängigen sowie für die Gesellschaft, Therapiealternativen und nicht zuletzt über die möglichen Verlaufsformen der Opiatabhängigkeit. Fundierte Kenntnisse über die Eigenschaften des jeweiligen Substituts sind ebenfalls unerläßlich. Dabei ist gleichermaßen wichtig festzustellen, welchen Beitrag zur Problementspannung bzw. -verschärfung das BtMG leistet, da im Falle einer nicht auszuschließenden Kollision zwischen dem Sinn und Zweck des Gesetzes und den Gesundheitsinteressen der Drogenabhängigen die Frage relevant werden kann, welches Interesse im Einzelfall vorrangig zum Tragen kommen soll. Es geht hier also vornehmlich um Verfassungsfragen, die es bei der juristischen Bewertung stets zu beachten gilt. Herausragende Relevanz kann den verfassungsrechtlichen Aspekten im Kontext der strafrechtlichen Zulässigkeitsdiskussion bezüglich der Substitution dort zukommen, wo bereits einfachgesetzlich abschließend geregelte Sachverhalte, wie z.B. im § 2a BtMVV 1993, den therapeutischen Notwendigkeiten sichtlich nicht genügen oder gar mit diesen in offensichtlichen Widerspruch geraten.

Es herrscht also derzeit noch trotz einer unverkennbaren Bereitschaft von seiten der höchstrichterlichen Rechtsprechung und des Gesetzgebers, die Substitutionsbehandlung als eine weitere denkbare Form der Drogentherapiemöglichkeit in die bestehende Therapielandschaft zu integrieren, ziemlich große Rechtsunsicherheit in diesem Rechtsbereich. Die substituierenden Ärzte setzten sich immer noch stets dem Risiko aus, daß gegen sie zumindest vorübergehend strafrechtlich ermittelt wird, obwohl sie im Rahmen ihrer ureigensten ärztlichen Aufgabenstellung, Krankheiten zu heilen, lindern, verhüten etc. tätig werden. Die vorliegende Untersuchung will daher zur weiteren Klärung hinsichtlich der Grenzen einer vom arzt- und standesrechtlichen Standpunkt her nicht zu beanstandenden Substitutionsbehandlung beitragen und zwar in der Weise, daß sie den Substitutionsärzten zumindest Informationen über den derzeit allgemein anerkannten, weil in der Regel höchstrichterlich oder gesetzlich abgesicherten und damit mit keinem strafrechtlichen Verfolgungsrisiko behafteten Stand der Zulässigkeitsdiskussion an die Hand geben und ihnen damit das "Für und Wider" einer Substitution erleichtern. Mit Rücksicht auf die Rechtspraxis dagegen soll die Arbeit außerdem noch den mit den Substitutionsfällen befaßten Juristen die für die jeweilige Entscheidung relevanten rechtlichen Anknüpfungspunkte und Maßstäbe sichtbar machen, damit sie ihrerseits zu einer vor allem vom Grundgesetz gedeckten eigenständigen Entscheidung fähig werden. Letztlich soll mit der vorliegenden Arbeit die juristische Drogendiskussion im allgemeinen und die Substitutionsdiskussion im besonderen dahin beeinfluß werden, daß sie zumindest in bestimmten Kontexten Anregungen und Anstöße für veränderte Betrachtungsweisen liefert und dadurch vielleicht auch eine allmähliche Loslösung von den heute noch als unumstößlich geltenden, zum Teil tabuisierten aber durchaus kritikwürdigen Grundsätzen einleitet.

2. Die soziale Konstruktion des Drogenproblems

2.1 Begriffsklärung und Grundlagen

2.1.1 Der Begriff der Droge

Unter dem Begriff Droge (niederdeutsch = trocken) wird in der Gegenwart Verschiedenes verstanden. In der Pharmazie versteht man darunter sowohl die pflanzlichen, tierischen, mineralischen oder auch künstlichen Grundstoffe für Arzneimittel, als auch die bereits aus einem Rohstoff zubereiteten bzw. aus mehreren zusammengesetzten Medikamente, und zwar unabhängig von Fragen der psychoaktiven Wirkung und juristischen oder moralischen Bewertungen. Ein derartiger Drogenbegriff bietet vor allem den Vorteil gegenüber anderen Begriffen, daß er nicht von moralischen Standpunkten, juristischen Klassifizierungen und historischgeographischen Unterschiedlichkeiten geprägt ist.[1] In diesem Sinne hat auch die Weltgesundheitsorganisation (WHO) immer wieder Bemühungen unternommen, um sich auf einen Drogenbegriff zu einigen, der allgemeiner und damit vorurteilsfreier sein würde.

Diese Bemühungen mündeten in den sechziger Jahren in einem sehr weiten Drogenbegriff. Auf seiner Grundlage war es ungemein schwierig, zwischen Drogen und Nahrungsmitteln oder auch zwischen Drogen und Atemluft bzw. Trinkwasser zu unterscheiden. Droge ist danach *"jede Substanz, die im lebenden Organismus eine oder mehrere Funktionen zu ändern vermag."*[2]
Die WHO-Expertengruppe war sich offenbar der Unzulänglichkeiten dieser Drogendefinition bewußt, weshalb in der Folgezeit noch weitere Versuche unternommen wurden, zu einer allgemein akzeptablen Definition zu gelangen.[3]

---

1 Vgl. Scheerer/Vogt 1989, 5.
2 Vgl. WHO 1969, 6; WHO 1981, 227.
3 Vgl. Scheerer/Vogt 1989, 5.

Diese Versuche gipfelten in dem bisher letzten Vorschlag von 1981, der eine Differenzierung auf mehreren Ebenen vorsieht:

1) Danach ist eine Droge im weitesten Sinne jede chemische Einheit oder Mischung von Einheiten, deren Verabreichung biologische Funktionen oder Strukturen verändert.
2) Auf der zweiten Ebene wird zwischen den verschiedenen Anwendungsebenen, also insbesondere zwischen medizinischem und nichtmedizinischem Gebrauch, unterschieden werden.
3) Schließlich auf der dritten Ebene wird die Art und Weise der Wirkung zum entscheidenden Kriterium. Hier sind nun die psychoaktiv wirkenden Substanzen als Drogen zu verstehen.[1]

Dieser Vorschlag ist jedoch an die Pflicht geknüpft, bei der Benutzung des Begriffs der "Droge" im einzelnen darzulegen, auf welche Ebene man sich bezieht.[2]

In der Alltagssprache versteht man unter Drogen in der Regel nur die verbotenen Rauschmittel wie Cannabisprodukte, Heroin oder Kokain. Demgegenüber zählt man Alkohol, Tabak und Kaffee/Tee zu den Genußmitteln. Dieser Unterscheidung wohnt zugleich eine moralische Wertung inne, die zu suggerieren vermag, daß Drogen- und Alkoholabhängigkeit zwei jeweils grundverschiedene Abhängigkeitstypen seien.[3]

Den nachfolgenden Ausführungen liegt jedoch der Drogenbegriff der dritten Ebene des jüngsten Vorschlags der WHO-Expertengruppe zugrunde. Drogen in diesem Sinne sind alle Stoffe, Mittel, Substanzen, die aufgrund ihrer chemischen Natur Strukturen oder Funktionen im lebenden Organismus verändern, wobei sich diese Veränderungen insbesondere in den Sinnesempfindungen, in der Stimmungslage, im Bewußtsein oder im Verhalten bemerkbar machen.[4]

---

1 Vgl. WHO 1981, 227; zu Wirkungen der Opiate auf den menschlichen Organismus siehe im einzelnen unten 2.1.4.4.
2 Vgl. WHO 1981, 227.
3 Vgl. Scheerer/Vogt 1989. 6.
4 Vgl. Scheerer/Vogt 1989, 6; Schenk 1975, 91.

2.1.2 Drogenarten

Es seien im folgenden zunächst die wichtigsten Drogen kurz skizziert:

Cannabis. Diese Droge ist am stärksten verbreitet. In der Bundesrepublik herrscht das wesentlich stärkere Haschisch aus dem Harz der Hanfpflanze vor. Demgegenüber wird beispielsweise in den USA das aus Blütenstaub und Blättern des Hanfs mit seinem geringeren Wirkstoffgehalt (Tetrahydrocannabinol) gewonnene Marihuana häufiger genommen. Haschisch kommt vor allem aus Pakistan, Afghanistan, Nepal, dem Libanon und Marokko, Marihuana dagegen aus Mittel- und Südamerika sowie Zentralafrika.[1] Mittlerweile gibt es aber auch bedeutenden Cannabisanbau in den USA, überdies wird diese Drogenart in immer stärkerem Maße ebenso in Europa beispielsweise in den Niederlanden angebaut.[2] Es wird überwiegend in "Joints" oder Pfeifen geraucht, aber auch gelegentlich in Tees oder Eßgerichten verarbeitet. Bei geübtem Konsum können Cannabisprodukte Wahrnehmungsstörungen, Sinnestäuschungen, die von Entspannungs- und Glücksgefühl bzw. Sensibilität begleitet sind, hervorrufen. Bei stärkerer Dosis oder bei Verwendung von Haschischöl lassen sich auch halluzinogene Effekte beobachten.[3] Demgegenüber sind ernsthafte Gesundheitsschädigungen, die auf chronischen Cannabiskonsum zurückzuführen wären, bisher nicht nachgewiesen worden.[4]

Halluzinogene. Hierzu zählt vor allem LSD. Es handelt sich hier um eine synthetische Droge, die vor allem in illegalen Laboratorien westeuropäischer Länder hergestellt wird. Es wird in sog. "Trips" geschluckt. Die Wirkungen des LSD ähneln denen des Cannabis, sind jedoch wesentlich stärker, länger anhaltend und weniger berechenbar. Als mögliche Folgen des LSD-Konsums wurden psychische Veränderungen und langanhaltende "Horror-Trips" mit

---

1 Vgl. Kreuzer 1987a, 4; für die Länder Pakistan, Afghanistan und Nepal ist Haschisch mittlerweile der bedeutendste Wirtschaftsfaktor, siehe Hess 1989c, 470; Dominiak 1992, 26.

2 Vgl. Hess 1989c, 471 f.

3 Zu Cannabiswirkungen und -pharmakologie siehe ausführlicher Dominiak 1992, 27 ff. und Kovar 1992, 33 ff.

4 Vgl. Quensel 1989c, 384 ff; siehe auch unten S. 121.

möglicher Realitätsverkennung und unberechenbaren Handlungen sowie eine Verstärkung und Verzerrung der Vor-Gestimmtheit angenommen.[1]

Amphetamine. Diese anders als Weckmittel, Stimulanzien oder auch im Jargon der Drogenszene als "Speed" bezeichneten Drogen gelangen aufgrund ärztlicher Verschreibungen oder aus illegaler Produktion in den Schwarzmarkt. Sie werden geschluckt oder auch von "Fixern" intravenös injiziert. Mit ihrem Konsum erhoffen sich deren Gebraucher in der Regel eine Antriebssteigerung und u.U. auch in erheblicher Dosierung das Hervorrufen von Rauschzuständen. Sie können im übrigen bei den Konsumenten Angst- und Verfolgungszustände hervorrufen. Ihr chronischer Konsum soll darüberhinaus zu schweren Gesundheitsschäden führen.[2]

Kokain. Diese Droge wird aus der Cocapflanze gewonnen. In den Wirkungen ähnelt sie den Amphetaminen. Die häufigste Einnahmeform ist die des Schnupfens. Sie wird aber auch gelegentlich intravenös injiziert. Als Wirkungen des chronischen Kokainkonsums werden häufiger äußerste Antriebssteigerung, Euphorie, stark ausgeprägte seelische Abhängigkeit, wahnhafte Zustände und Depressionen beobachtet. Kokain wird in stärkerem Maße in bestimmten Berufsgruppen und Milieus der "Schickeria" konsumiert.[3]

Opiate. Opiate sind die wichtigsten Drogen der Fixer. Es handelt sich bei ihnen um Wirkstoffe des Schlafmohns (Papaver somniferum). Ihre wichtigsten Vertreter sind Opium, Morphium, Heroin und Codein. Obwohl die botanische Familie Mohn über die ganze Welt mit mehr als 600 Arten verstreut ist, produziert nur Schlafmohn die vorgenannten Alkaloide. Der in Deutschland bekannte Klatschmohn enthält trotz naher Verwandtschaft mit dem Schlafmohn keine der genannten Substanzen.[4] Die Pflanze produziert einmal jährlich während eines Zeitraums von 7 bis 10 Tagen eine weiße, milchähnliche Substanz, die rötlichbraun und klebrig wird. Durch Trocknen und Pulverisierung erhält man schließ-

---

1 Vgl. Kreuzer 1987a, 4; hierzu ausführlich Scheerer 1989c, 408 ff.
2 Vgl. Kreuzer 1987a, 4 f; hierzu ausführlich Glaeske 1989b, 260 ff.
3 Vgl. Kreuzer 1987a, 5; hierzu ausführlich Spotts/Shontz 1981, 792 ff.
4 Vgl. Schmidbauer/v. Scheidt 1989, 296.

lich Rohopium.[1] Opium leitet sich vom griechischen Wort "Opos" ab, was Pflanzenmilch bedeutet.[2] Das Hauptalkaloid des Opiums bildet das Morphin mit einem Anteil von 10 %. Weitere naturgemäß im Opium enthaltenen Alkaloide sind Codein, Papaverin und Noscapin.[3]

Rohopium wird vor allem aus dem Balkan (Bulgarien, dem ehemaligen Jugoslawien und der Türkei), dem Nahen und Mittleren Osten (Persien, Libanon und Afghanistan) und dem Fernen Osten (Indien, Pakistan, Vietnam und China) sowie dem sog. "Goldenen Dreieck" zwischen Burma, Laos und Thailand geliefert. Als Lieferanten zu nennen ist noch in Mittelamerika Mexiko und in Südamerika Kolumbien.[4]
Da der Ernteprozeß sehr arbeitsintensiv ist, nicht zuletzt deshalb, weil er sich maschinell nicht bewerkstelligen läßt, wird der Schlafmohn vor allem in Ländern angebaut, in denen Arbeitskräfte extrem billig sind.[5]
Rohopium kann ohne weitere Aufarbeitung konsumiert werden. Es wird häufig einfach im Wasser aufgelöst und als Tinktur benutzt. Seit dem Mittelalter wurde Rohopium in Europa gegen eine Vielzahl von Krankheiten eingesetzt.[6]
Dem deutschen Chemiker Friedrich Wilhelm Sertürner wird die Entdeckung der Mekonsäure zugeschrieben, aus der er anschließend das Morphin extrahieren konnte. Der zunächst langwierigen Serie von Experimenten, die sich von 1804 bis 1816 hinzogen und schließlich in Entdeckung des Morphins mündeten, folgte danach in raschen Abständen die Isolierung weiterer Alkaloide. Große Beachtung fand Morphin allerdings erst mit der Erfindung der Injektionsspritze durch Pravanz im Jahre 1864. Das subkutan verabreichte Morphin entfaltete nämlich viel schneller die gewünschte Wirkung, insbesondere bei Schmerzeindämmung, als die bis dahin verwendeten Opiumtinkturen, die oral eingenommen oder auf die Haut aufgetragen wurden. Im Jahre 1898 entdeckte schließlich Heinrich Dreser das Diacetylmorphin, besser bekannt als Heroin, durch eine

---

1 Vgl. Platt/Labate 1982, 1; Schmitz 1981, 380.
2 Vgl. Russi 1986, 15; Schmitz 1981, 380.
3 Vgl. Platt/Labate 1982, 1.
4 Vgl. Schmidbauer/v. Scheidt 1989, 296.
5 Vgl. Selling 1989a, 275.
6 Vgl. Selling 1989a, 276; zur Geschichte des Opiums als Heilmittel ausführlich Schmitz 1981, 380 ff.; siehe auch unten S. 35, 37 f.

Acetylierung des Morphinhydrochlorids. Diese halbsynthetische Substanz glaubte er zunächst gegen die Morphinabhängigkeit einsetzen und diese so bekämpfen zu können. Allerdings hat sich bald herausgestellt, daß die mit Heroin behandelten Patienten ein Arzneimittel gegen ein anderes vertauscht hatten und nun nach Heroin verlangten.[1]
Von den natürlichen und halbsynthetischen Opiaten sind auch die erstmals in den dreißiger Jahren entwickelten vollsynthetischen narkotischen Analgetika, wie z.B. Dolantin (1939), Polamidon (1938), Morphinan (1940), die im allgemeinen als Opioide bezeichnet werden, zu unterscheiden.[2] Sofern es um die Problematik der Substitutionsbehandlung geht wie im vorliegenden Fall, sind gerade die Opiate und Opioide Gegenstand des zentralen Interesses.

2.1.3 Geschichte des Drogengebrauchs

Seit Jahrtausenden werden psychotrope, also bewußtseinsverändernde Substanzen von Menschen der verschiedensten Kulturen, sei es als Genuß- und Rauschmittel, sei es als Heil- und Schlafmittel oder auch als Gift- und Hexentrank, Liebes- und Heldentrank, nach festen Regeln konsumiert.[3] Man darf also vermuten, daß Drogen so alt sind wie die Menschheit.[4]

Die Halluzinogene Haschisch und Marihuana waren bereits im 9. Jahrhundert v. Chr. im Zweistromland bekannt. Darauf weisen bestimmte Bezeichnungen hin, die mit dem Ausdruck Cannabis identisch sind. Cannabis wurde in China offenbar wenig beachtet, da es lediglich in einem Arzneimittelbuch des Kaisers Shen-Nung als Medizin gegen bestimmte Beschwerden erwähnt wurde. Demgegenüber war es in Indien mindestens seit dem 8. Jahrhundert v. Chr. bekannt, wo es zum Teil bis heute als fester Bestandteil des Brauchtums gilt. Einer Legende zufolge soll es göttlichen Ursprungs sein. Auch die Perser

1 Vgl. Selling 1989a, 276; siehe auch unten S. 39 f.
2 Vgl. Selling 1989a, 276; siehe auch v. Wely 1989, 299 ff; siehe auch unten 3.2.2.1.
3 Vgl. Körner 1990, Einl., Rz. 1.
4 Vgl. Ellinger 1974, 11.

kannten die Wirkung des Cannabis, was sich aus der Zend Awesta, dem heiligen Buch der Perser (600 v. Chr.), ergibt.

Im Mittelalter war die Droge im Orient sehr beliebt, obgleich einzelne Gelehrte wie z.B. Ibn-el Baithar Mitte des 13. Jahrhunderts auf die angeblichen physischen und psychischen Dauerfolgen des chronischen Cannabiskonsums hinwiesen. Der übermäßige Konsum führte in Ägypten im Jahre 1378 sogar zu einem Verbot der Anpflanzung. Hanfesser wurden überdies mit der Strafe des Zähneausreißens belegt.[1]

Berichtet wird auch über die zur Zeit der Kreuzzüge durch den Geheimbund der Assassinen begangenen Greueltaten, die angeblich auf den Cannabisgenuß zurückzuführen waren. Seither hat sich das französische Wort "assassin" unauflöslich mit "Mörder" verknüpft.[2] In dieser Zeit nahm Haschisch in Altindien, Ägypten und im Orient die Stellung ein, die in Europa jetzt dem Alkohol zukommt. Ab dem 16. Jahrhundert wurde Haschisch auch in Amerika von den Azteken bei religiösen Zeremonien verwendet.[3] In Europa fand in dieser Zeit auch Haschisch sehr große Beachtung, was vor allem daran sichtbar wurde, daß in allen Kräuterbüchern Hanfsamen und Hanfrezepte auftauchten, ohne daß jedoch geklärt war, ob sie überhaupt eine Wirkung entfalteten. Hier lebte die Kenntnis über Haschisch erst zu Beginn des 19. Jahrhunderts wieder auf. Dies wird dem Umstand zugeschrieben, daß die aus Ägypten heimkehrenden Soldaten Napoleons diese Kenntnisse mitbrachten und für eine rasche Verbreitung sorgten.[4] In der Folgezeit entdeckte nach und nach auch die vor allem französische Literatur für sich das Haschisch und widmete ihm eine Reihe schöngeistiger Werke. Zu dem Pariser "Club der Haschischesser" trafen sich so neben den Hauptvertretern der Haschischliteratur Baudelaire (1821 - 1867) und Gautier (1811 - 1872) auch noch so bekannte Literaturgrößen wie Victor Hugo, Alfred de Musset, Honoré de Balzac, Gérard de Nerval und der Zeichner Honoré Daumier. Zu den grundlegenden Werken über Haschisch zählt vor allem Baudelaires "Les Paradis artificiels", das 1860 erschien.[5]

---

1 Vgl. Ellinger 1974, 12.
2 Vgl. Schmidbauer/v. Scheidt 1989, 409.
3 Vgl. Schmidbauer 1989, 660.
4 Vgl. Ellinger 1974, 13.
5 Vgl. Dieckhoff 1981, 418; Selling 1989b, 5.

Das Opium kann gegenüber Cannabis auf eine wesentlich ältere Geschichte zurückblicken. Mohn wurde nämlich schon vor 6000 Jahren auf sumerischen Ideogrammen als Rauschmittel erwähnt. Die Sumerer nannten ihn "Pflanze der Freuden".[1] Über die Babylonier verbreitete sich das Wissen um die Eigenschaften des Mohns in Ägypten und Persien und war um 3500 v. Chr. gleichfalls fester Bestandteil der assyrisch-babylonischen Kultur. Sehr früh wurde auch bekannt, daß Opium neben der schmerzstillenden Wirkung den Konsumenten unabhängig von ihren tatsächlichen Lebensumständen in eine angenehme, gelassene bis ausgelassene Stimmung zu versetzen in der Lage war.[2] Offenbar jedoch wegen ihrer Heilwirkung erfuhren die griechischen Mediziner von den Ägyptern, wie die Droge zubereitet wird.[3] Mit der Eroberung Griechenlands durch die Soldaten Roms gelangte die Droge weiter nach Westen.[4] Die Alpen setzten ihrer Verbreitung zunächst eine natürliche Grenze. Eine rasche Verbreitung fand jedoch von West nach Ost statt. Mit den arabischen Eroberern und den Händlern kam Opium über Persien nach China und Indien, wo es unter Einfluß des Islam, der den Gläubigen zwar den Konsum des Alkohols, nicht jedoch anderer Drogen verbot, eine ungemein große Verbreitung und Wertschätzung erfuhr.[5]

Der Grund für die rasche Verbreitung des Opiums ist sowohl in seiner Eigenschaft als Heilmittel als auch als Rauschmittel zu suchen. Beide Verwendungsmöglichkeiten waren den Menschen bekannt.[6] Ausgangspunkt bildeten jedoch die archaischen Religionen, denen allen die Tendenz nach einer Ablösung des Bewußtseins von der Realität hin zu einer Trance oder Ekstase eigen war. Diese seelischen Ausnahmezustände glaubte man auch durch Drogenkonsum zu erreichen.[7] So wurde Opium fester Bestandteil der jeweiligen Religion, Mythen und Rituale. Wegen dieser Verwurzelung des Opiums als Rauschmittel in der Religion wurde es auch als Heilmittel gebraucht. Denn Krankheit wurde nicht bloß als ein biologischer Vorgang begriffen, sondern wie alles Böse von den

---

1 Vgl. Schmidbauer/v. Scheidt 1989, 298; Selling 1989a, 277.
2 Vgl. Selling 1989a, 276.
3 Vgl. Selling 1989a, 276; Schmidbauer/v. Scheidt 1989, 299; Ellinger 1974, 14.
4 Vgl. Schmidbauer/v. Scheidt 1989, 299; Selling 1989a, 277.
5 Vgl. Selling 1989a, 277.
6 Vgl. Selling 1989a, 277.
7 Vgl. Schmidbauer/v. Scheidt 1989, 405.

Göttern gesandte Strafe. Die Heilkraft stellte sich nämlich nach der damaligen Sicht nicht aufgrund von vernünftigen Heilmethoden, sondern erst mit dem jeweiligen Bußritual etc., zu dem Opium verwendet wurde, ein. Daher war die Heilkunde auch eine Angelegenheit der Priester und Magier. So wurde Opium sehr bald in Persien, China und Indien zum beliebten Hausmittel gegen eine beschränkte Anzahl von Krankheiten wie chronische Schlaflosigkeit, Nervosität, Magenkrankheiten, Diarrhö, Rheuma.[1] Es wurde als Salbe verschrieben oder zusammen mit Bitumen zu Räucherungen gegen Zahnschmerzen eingesetzt. Es erfreute sich großer Beliebtheit sowohl als Augenmittel als auch als Arznei gegen Husten oder Gelenkschmerzen. Durch Beimischung anderer Substanzen wie Pfeffer und Myrrhe wurde es bei Atembeschwerden, Kopf-, Leber- und Milzschmerzen eingesetzt.[2] Neben der Therapie stand jedoch gleichberechtigt auch die Verwendung von Opium als Rauscherzeuger. Es sollte nicht nur den Kampfesmut der in den Krieg ziehenden Soldaten anheben, sondern auch die Unauflöslichkeit der Verträge, die mit seinem Genuß abgeschlossen wurden, gewährleisten. Bei Hochzeiten, Beerdigungen, Weihen, Gebeten und Bußen wurde es ebenfalls verzehrt.[3] Auch im Mittelalter erfreute sich Opium als Allheilmittel ungebrochener Beliebtheit.[4] Es waren jedoch vornehmlich die an der Nahtstelle zwischen Orient und Okzident angesiedelten arabischen und persischen Autoren, die die reichhaltige Palette der aus der Antike stammenden Opiumrezepte aufbereiteten und nach Übersetzung ihrer Kenntnisse auch Europa zugänglich machten.[5]

Als in Europa das Tabakrauchen immer beliebter wurde, hatte dies auch unmittelbare Auswirkungen auf die bis dahin praktizierten Opiumkonsummuster. Das Rohopium wurde bislang in fester Form oder mit Wasser, Säften oder Wein konsumiert. Mit den Holländern gelangte Tabak über den Pazifik nach Formosa (Taiwan), das unter holländischer Verwaltung stand. Dort entwickelte sich sehr rasch der Brauch, beim Rauchen dem Tabak eine Prise Opium beizugeben. Nachdem im Jahre 1683 Formosa wieder an China fiel, konnte das

1 Vgl. Selling 1989a, 277.
2 Vgl. Schmitz 1981, 380; Schmerl 1984, 30.
3 Vgl. Selling 1989a, 277.
4 Hierzu ausführlich Schneider 1981, 368 ff.
5 Vgl. Schmitz 1981, 381.

Volk der südlichen Festlandprovinzen das Rauchen kennenlernen.[1] Auf dem übrigen Festland war das Tabakrauchen offenbar viel früher bekannt, was auf die portugiesische Kolonialpolitik zurückgeführt wird.[2] Als schließlich im Jahre 1644 das Tabakrauchen von dem damaligen Kaiser Tsung Cheng[3] untersagt wurde, griff das Volk auf das "Chandu", also auf das ritualisierte Opiumrauchen zurück.[4] Der Bedarf an Opium wuchs in China ständig und mußte trotz des erheblichen Eigenanbaus von Mohn vor allem durch Lieferungen aus Indien gedeckt werden. An diesem Handel war vor allem die Handelsnation England mit seiner "East-India-Company" beteiligt, das nach dem Zerfall des indischen Mogulreiches das dort vorgefundene Opiummonopol reorganisierte und in das Verwaltungs- und Finanzierungssystem seiner Herrschaft über Indien so stark integrierte, daß ein Verzicht auf den chinesischen Opiummarkt kaum in Frage kommen konnte. Andernfalls wäre nämlich die Finanzierung der britischen Verwaltung Indiens gefährdet gewesen.[5] Um einer Überschwemmung des Landes mit Opium entgegenzutreten, erließ China im Jahre 1729 ein offizielles Einfuhrverbot, das der einheimischen Bevölkerung den Ankauf von Opium und den Betrieb von Opiumdivans unter Androhung von Todesstrafe verbot und Kaufleute, auf deren Schiffen Opium gefunden würde, mit der Beschlagnahme der Ladung bedrohte. Die Wirksamkeit dieses Erlasses hielt sich jedoch in äußerst bescheidenem Rahmen. China war politisch zu unstabil einerseits, und zu ausgeprägt war das Interesse der fremden Mächte, allen voran Englands, aber auch der Portugiesen und der Amerikaner, China notfalls gegen seinen Willen für den Handel zu gewinnen andererseits. Dabei bediente man sich in zunehmendem Maße des Opiums. In der Folgezeit wurden die kaiserlichen Erlasse noch mehrfach verschärft (1796, 1799, 1800, 1813, 1815), jedoch ohne die illegalen Einfuhren spürbar zu beeinträchtigen. Als schließlich 1839 ein hoher chinesischer Regierungsbeamter die Engländer zwang, ihm den gesamten

---

1 Vgl. Selling 1989a, 278.

2 Vgl. Ellinger 1974, 15; andere Quellen nehmen an, daß das Tabakrauchen von den Spaniern eingeführt wurde, Neurath 1980, 447.

3 Es wird auch berichtet, daß der letzte Kaiser der *Ming Dynastie, Hwai Tschun*, das beliebte Tabakrauchen verbot, Ellinger 1974, 15.

4 Vgl. Schmidbauer/v. Scheidt 1989, 300 ff.

5 Vgl. Thamm 1989a, 67 f.; Selling 1989a, 278.

Opiumvorrat[1] ihrer Faktorien in Kanton herauszugeben und diesen anschließend vernichtete, brach der erste Opiumkrieg (1840 - 1842) aus.[2] Mit dem Frieden von Nanking öffnete sich China dem Westen. Da China die Erwartung Englands, den Opiumhandel nunmehr zu legalisieren, jedoch nicht erfüllte, statt dessen im Jahre 1850 einen neuen kaiserlichen Erlaß gegen das Opiumrauchen folgen ließ, brach der zweite Opiumkrieg (1856 - 1860) aus. China wurde von der westlichen Macht, die vor allem aus England, Amerika und Frankreich bestand, überwältigt und sah sich nun gezwungen, den Opiumhandel zu legalisieren.[3] Opium wurde dabei in den offiziellen Protokollen ausdrücklich als Handelsware bezeichnet.[4] Der eigentliche Grund für die Opiumkriege sollte allerdings nicht die Droge selbst sein. Der Zwischenfall mit dem Opium, so wird angenommen, war nur ein von der britischen Regierung längst vorhergesehener, willkommener Anlaß, um China zu einer Öffnung zum Westen zu zwingen.[5] Nachdem sich China eingestehen mußte, in der bisherigen Opiumpolitik eine Niederlage erlitten zu haben, machte es eine interessante Kehrtwendung, die auch als eine Art Flucht nach vorne gedeutet werden kann. Es entschloß sich nämlich, die inländische Mohn- und Opiumgewinnung zu fördern, um damit die Opiumimporte zurückgehen zu lassen und dem eigenen Opiummarkt die Lukrativität zu nehmen. Dadurch schuf es ein erstes erfolgreiches Drogen-Erhaltungsprogramm, das zum Ziel hatte, durch legale Drogenbereitstellung die Attraktivität des schwarzen Marktes zu beeinträchtigen.[6]

Zu Beginn des 19. Jahrhunderts gab es in Europa eine ganze Flut von verschiedenen Medikamenten, die auf der Basis von Opium hergestellt wurden, so als Pillen, Tinkturen, versetzt mit reinem Alkohol, Wein, Portwein etc. Darüber hinaus stellte nahezu jeder Apotheker seine eigene Mischung her.[7] Es wurde von den Reichen gegen ihre Wehwehchen sowie von den Armen gegen Tuberkulose, chronische Bronchitis und Unterernährung genommen oder um einfach

---

1 Selling 1989a, 279, und Schmidbauer/v. Scheidt 1989, 301, gehen von mehr als 1.000 Tonnen aus; siehe auch Thamm 1989a, 68.
2 Vgl. Ellinger 1974, 16; Johnson 1981, 656; Thamm 1989a, 68.
3 Vgl. Ellinger 1974, 16; Selling 1989a, 279; Johnson 1981, 656.
4 Vgl. Ellinger 1974, 16.
5 Vgl. Schmidbauer/v. Scheidt 1989, 301.
6 Vgl. Selling 1989a, 279; Scheerer 1982a, 32 ff.
7 Vgl. Selling 1989a, 279; ders. 1989b, 4.

das Hungergefühl zu unterdrücken.[1] Sehr bald fand Opium aber auch Verwendung zur Erzeugung von Rauschzuständen. Ähnlich wie Cannabis entdeckten die Romantiker auch das Opium für sich, um es zur Stimulation der dichterischen Phantasie einzusetzen. Dabei geht die Literaturgeschichte davon aus, daß von den bekannten Romantikern wohl alle zumindest die Wirkung der Droge erfahren haben.[2] Zu nennen sind hier Friedrich Schlegel, Novalis, Samuel Taylor Coleridge, Edgar Allan Poe u.v.a.[3] Das bekannteste Werk war das 1821 erschienene Buch "The Confessions of an English Opium-Eater" von Thomas de Quincey (1785 - 1859), das von den Freuden des Opiums handelte, eine literarische Sensation war und mehrere Auflagen erreichte.[4] Mit dem romantischen Opiumkult wurde gleichzeitig die bürgerliche Vorstellung verworfen, daß nur derjenige, der gut arbeitet, das Recht zum Genuß habe. Damit war eine Ablehnung der bürgerlichen Gesellschaft als ganze verbunden. Durch die Betonung dieses - aus bürgerlicher Sicht - asozialen Motivs des Drogenkonsums durch die Romantiker wurde dem Haschisch und Opium in gewisser Weise "die Unschuld des alltäglichen Hausmittels" genommen.[5] In diesem Zusammenhang ist auch noch ein wichtiger Aspekt zu nennen, und zwar die Tatsache, daß die Romantiker mit ihrer Einstellung gegenüber der Droge den Keim für die bürgerlichen Angstphantasien, die bis heute für den politischen Umgang mit Drogen aller Art charakteristisch sind, gelegt haben. Danach waren Rauschdrogen ein Ausdrucksmittel zu Ungehorsam und Aufruhr.[6]

Der im 19. Jahrhundert vor allem in England heraufziehende Industriekapitalismus transformierte die ländliche Bevölkerung in ein Industrieproletariat, dessen Arbeitsrhythmus weitgehend von den Taktzeiten der Industrieproduktion bestimmt wurde. Die Funktionsimperative der neuen Produktionsweise bestimmten von nun an die Ernährungs- und Genußpraktiken der arbeitenden Menschen. Zugleich beschleunigte das Tempo der industriellen Produktion die Formen der Reproduktion. Die knappe Zeit der Arbeitenden erlaubte es ihnen

---

1 Vgl. Schmerl 1984, 31.
2 Vgl. Dieckhoff 1981, 407.
3 Vgl. Dieckhoff 1981, 404 ff.
4 Vgl. Dieckhoff 1981, 411 ff.
5 So Selling 1989a, 280; ders. 1989b, 7.
6 Vgl. Selling 1989a, 280; ders. 1989b, 7.

jetzt nicht einmal, in den Wirtshäusern dem gemächlichen und geselligen Biergenuß nachzugehen. So wie nach und nach das Bier durch das neuerfundene Schnelltoxin Branntwein abgelöst wurde, mußte nunmehr auch das gesellige Trinken mehr und mehr dem narkotischen Alkoholismus weichen. Damit kam dem Rausch nicht mehr die spätromantische Funktion einer Transzendenz der Wirklichkeit zu, sondern er war fortan als ein Diener der kapitalistischen Produktionsweise zu begreifen.[1] Großbritannien war zwar der Vorreiter dieser Entwicklung in Europa. Sie fand aber sehr schnell auch in anderen Ländern Nachahmung. Dennoch war England das einzige westliche Land, das von einer regelrechten Opiumepidemie unter dem Proletariat heimgesucht wurde, was mit der britischen Kolonialpolitik und der darauf zurückzuführenden Tatsache zusammenhängt, daß exotische Waren überall in England in großen Mengen auf dem Markt waren. Eine davon war auch Opium.[2] Eine wichtige Bedeutung bei der Ausbreitung des Drogenkonsums im 19. Jahrhundert kommt der Entdekkung des Morphins zu. Im Jahre 1804 gelang nämlich dem Paderborner Apotheker Friedrich Sertürner im Rahmen der Suche nach einem Mittel gegen Rheuma das wirksame Alkaloid des Opiums erstmals zu isolieren, das er wegen seiner schlafmachenden Wirkung nach dem griechischen Gott der Träume, "Morpheus" benannte.[3] Jedoch große Beachtung der medizinischen Fachwelt und breite Verwendung fand Morphin erst mit der Erfindung der Injektionsspritze (1869), mit deren Hilfe nun die Substanz direkt in den Kreislauf gebracht werden konnte.[4] Der große Durchbruch der Opiate als Heilmittel kam in der Zeit des amerikanischen Bürgerkrieges (1860 –1865), des preußisch-österreichischen (1866) und des französisch-deutschen Krieges (1870 - 1871). Damals wurden sie überaus großzügig gegen Schmerzen jeglicher Art vor allem mittels der Injektionsspritze verabreicht. Aus Begeisterung wegen der positiven Wirkungen der neuen Therapie wurden Morphininjektionen bedenkenlos gegen selbst sehr harmlose Beschwerden eingesetzt.[5] Im übrigen überließ man häufig den Verwundeten die Morphininjektion selbst.[6] Während man die Folgen des

1 Vgl. Selling 1989a, 280; ders. 1989b, 7.
2 Vgl. Selling 1989a, 280; ders. 1989b, 8.
3 Vgl. Selling 1989b, 4; Körner 1990, Einf. Rz. 2.
4 Vgl. Schmerl 1984, 31; Selling 1989b, 9; Schmitz 1981, 384.
5 Vgl. Selling 1989b, 10; Ellinger 1974, 17; v. Bülow/Kirsche 1991, 32.
6 Vgl. Selling 1989b, 10; Schmitz 1981, 384.

plötzlichen Entzuges von Opium nach vorherigem Gebrauch auch in Europa bereits seit Beginn des 18. Jahrhunderts gut kannte, maß man diesem Phänomen noch keine allzu große Bedeutung bei, da bis weit ins 19. Jahrhundert die Zahl derer, die die Abhängigkeitssymptome aufwiesen, recht niedrig und im übrigen kaum besorgniserregend war. Es war einfach kein diskussionswürdiges Thema.[1] Diese Situation änderte sich jetzt aber schlagartig. Insbesondere der Sorglosigkeit der behandelnden Ärzte war es anzulasten, daß zunächst die Kriege, dann aber auch das normale Alltagsleben Tausende von Morphinsüchtigen hinterließen.[2] Man spritzte Morphin nicht nur bei allen Arten von Krankheiten, sondern auch bei der Bekämpfung des Alkoholismus.[3] Ein interessantes Phänomen jener Zeit in den USA war, daß Opium- und Morphinabhängigkeit vorwiegend in den gehobenen Kreisen und davon zu über 60 % bei weißen Mittelschichtfrauen zu beobachten war.[4] Unter der schwarzen Bevölkerung hingegen war Opiatkonsum bis weit in die fünfziger Jahre des 20. Jahrhunderts kaum verbreitet.[5] Auf der Suche nach Substanzen, die die gleichen Eigenschaften wie Morphin hätten und zur Behandlung der Morphinabhängigkeit, ohne selbst abhängig zu machen, geeignet wären, brachten am 27. Juni 1898 die Farbenfabriken Eberfeld, vormals Bayer, das von den Chemikern Hoffmann und Dreser 1897 entdeckte Heroin auf den Markt. Diese als Wunderwaffe gegen die Morphinabhängigkeit angepriesene halbsynthetische Substanz eroberte blitzartig den Weltmarkt.[6]

Neben den Formen des Opiatkonsums, die sich innerhalb der einheimischen Bevölkerung des jeweiligen Landes herauskristallisiert hatten, gab es noch andere Konsummuster, die Bestandteil fremder Kulturen waren und von eingewanderten ethnischen Minderheiten ins Land gebracht wurden. Dies gilt insbesondere für solche Volksgruppen, die im Gefolge der westlichen Kolonialpolitik ins Land ihrer Kolonialherren kamen (Inder in England, Surinamer in den Niederlanden etc.), aber auch für solche, die freiwillig aus rein wirtschaftlichen

---

1 Vgl. Selling 1989b, 4.
2 Vgl. Schmerl 1984, 32.
3 Vgl. Brecher 1972, 8.
4 Vgl. Brecher 1972, 18; Schmerl 1984, 32; siehe auch Neurath 1980, 456.
5 Vgl. Brecher 1972, 18 ff.; hierzu ausführlich Neurath 1980, 455 ff.
6 Vgl. Körner 1990, Einf. Rz. 2; hierzu ausführlich de Ridder 1991, 18 ff.

Gründen in einem anderen, auch zumeist westlichen Land nach Wohlstand gesucht haben. Zu der letzteren Minderheitengruppe sind die ca. 100.000 Chinesen zu zählen, die in die USA in der Zeit zwischen 1850 und 1890 einwanderten. Die vor allem beim Bau der Central Pacific Railway eingestellten Chinesen waren zumeist alkoholabstinent, sie rauchten jedoch gerne ihre Opiumpfeife. Die zunächst nur vereinzelt vorkommenden antichinesischen Ressentiments sind jedoch nach dem Ende des amerikanischen Bürgerkrieges, als die amerikanische Industrie in eine Wirtschaftskrise geriet und als nach der Fertigstellung der Eisenbahn ca. 10.000 Chinesen mit ihren Familien nach San Francisco kamen, mit der einheimischen Bevölkerung offen ausgebrochen.[1] Diese rassistische Kampagne mündete schließlich 1878 in dem von der Stadt San Francisco erlassenen ersten westlichen Opiumgesetz, das das Opiumrauchen unter Strafe stellte.[2] In diesem Zusammenhang erscheint eine Besonderheit des chinesischen Opiumkonsums interessant, und zwar die Tatsache, daß sowohl unter völlig legalen als auch später prohibitiven Bedingungen eine extreme Ausbeutung und Ausplünderung der chinesischen Opiumkonsumenten, wie sie nach dem Harrison Narcotic Act von 1914[3] unter der weißen Konsumentenschicht üblich war, nicht stattfand. Dies lag vornehmlich daran, daß die Chinesen in festgefügten Gemeinschaften innerhalb der Chinatown lebten und diese Gemeinschaft innerhalb ihrer sozialen Einflußsphäre es nicht erlaubte, daß einige ihrer Mitglieder, hier die Händler, die durch das Gemeinschaftsgefüge gesetzten bestimmten Grenzen gegenüber anderen Mitgliedern überschritten. Hier war also in gewissem Sinne auch der illegale Vertrieb von Opium ein mehr oder weniger tolerierter Bestandteil des integral funktionierenden sozialen Betriebs der Chinatown.[4] Da während des Zweiten Weltkrieges die normalen Versorgungslinien für Opium aus Asien unterbrochen waren, wechselten jetzt viele Opiumraucher auf Heroin über. Viele blieben dann dauernd bei Heroin. Hierbei ist die Art der Versorgung mit Heroin von Interesse. Die chinesischen Arbeiter, die oft illegal in die USA eingereist und jetzt in den für Chinesen typischen Handwäschereien, Restaurants, Spielhöllen etc. beschäftigt waren,

---

1 Vgl. Selling 1989a, 282; ders. 1989b, 17.
2 Hierzu siehe auch unten S. 100 f.
3 Siehe unten S. 102 f.
4 Vgl. Neurath 1980, 449.

wurden vorwiegend direkt von ihrem Arbeitgeber im Rahmen der Lohnzahlung mit dem entsprechenden Quantum Opium bzw. Heroin versorgt.[1] Die weitere Bezahlung bestand meistens in der Zurverfügungstellung einer armseligen Unterkunft, etwas Essen und Kleidung. Bargeld wurde nahezu niemals ausgezahlt. Da die Arbeiter früher oder später von der Droge abhängig wurden, sie auch im übrigen gänzlich auf ihren Arbeitgeber angewiesen waren, kann hier sicherlich von einer modernen Art der Sklaverei gesprochen werden. Dem chinesischen Arbeiter war es nämlich nicht mehr möglich, aus der Abhängigkeit seinem Arbeitgeber gegenüber auszubrechen und trotzdem an die Droge zu kommen, da die Versorgung durch die Händler nicht direkt an die einzelnen Konsumenten, sondern zunächst an deren Arbeitgeber erfolgte.[2]

Mit der immer größeren Verbreitung des Opiums und Opiumkonsums formierte sich bereits in der ersten Hälfte des 19. Jahrhunderts in Europa und Amerika eine dagegen gerichtete Mäßigkeits- und Abstinenzbewegung, die sich vor allem aus dem Bürgertum rekrutierte. Für sie war zunächst Alkohol, dann aber auch Opium die Wurzel aller sozialen und ökonomischen Probleme. Das Rezept dagegen hieß folgerichtig Abstinenz oder zumindest Mäßigkeit.[3] Das Kernstück dieser Moralbewegungen, die auf kontrollierte und mäßige Lebensweise abzielten, waren somit die Abstinenz- und Mäßigkeitsgedanken.[4] Eine dieser Anti-Opium-Bewegungen war die Gesellschaft zur Unterdrückung des Opiumhandels (The Society for the Suppression of the Opiumtrade - SSOT), die 1874 von reichen Quäkern und einem ehemaligen chinesischen Missionar gegründet wurde, und die auf eine Opposition zur britisch-indischen Opiumpolitik vor allem China gegenüber hinarbeitete. In den Jahren 1891 bis 1894 hatte diese Gesellschaft beinahe Erfolg mit einem Antrag, nach dem das indische Opiummonopol als "moralisch unhaltbar" zu verurteilen war.[5] Unter anderem auf Betreiben der Moralbewegungen wurden in der zweiten Hälfte des 19. Jahrhunderts in den USA und in Europa zunächst indirekte staatliche Kontrollen über

1 Vgl. Neurath 1980, 450.
2 Vgl. Neurath 1980, 451.
3 Vgl. Eisenbach-Stangl 1984, 161.
4 Vgl. Levine 1981, 126 ff.
5 Vgl. Johnson 1981, 657; Eisenbach-Stangl 1984, 163.

Ärzte, Pharmazentren und chemische Industrien etabliert.[1] Diese Entwicklung zeichnete aber bereits den Weg in Richtung einer offiziellen staatlichen Drogenkontrolle vor, die 1878, wie dargelegt, in San Francisco ihren Anfang nahm[2] und 1914 mit dem Harrison Act ihren vorläufigen Höhepunkt erreichte.[3]

Abschließend sei aber auch zumindest darauf hingewiesen, daß die Geschichte der Drogen bzw. des Drogenkonsums nicht nur die "klassischen" Drogen wie Opium und Cannabis oder auch Kokain umfaßt, sondern daß hierzu genauso der Kaffee[4] und der Tee[5] sowie der Tabak[6] und nicht zuletzt der Alkohol[7] gehören, die offenbar wegen ihrer Etablierung in der Gesellschaft oft nicht als "Drogen" anerkannt bzw. bezeichnet werden, weshalb sie im Drogendiskurs häufig keine Berücksichtigung finden. Schließlich gehören hierzu auch die medizinischen Drogen, wie verschiedene Schmerzmittel[8], Beruhigungs- und Schlafmittel[9], die Neuroleptika und Antidepressiva[10] sowie Stimulantien[11], die allesamt jeweils auf ihre eigene Geschichte zurückblicken können.

Die vorstehende Darstellung der Geschichte des Drogenkonsums erhebt keinen Anspruch auf Vollständigkeit, welche im Rahmen der vorliegenden Arbeit auch nicht zu erzielen war. Dennoch lassen die Ausführungen die Schlußfolgerung zu, daß das Phänomen der Drogen bzw. des Drogenkonsums nicht lediglich eine Erscheinung der Neuzeit bzw. der Gegenwart ist. Es drängt sich vielmehr die Vermutung auf, daß sie ein ständiger Begleiter der menschlichen Entwicklung waren und daß sich in ihrer Geschichte mit Rücksicht auf ihre feste kulturelle Einbindung sowohl in Religion als auch in den profanen Alltag etwa als Heilmittel oder einfach zur Verfolgung hedonistischer Zwecke gleichzeitig die

---

1 Vgl. Eisenbach-Stangl 1984, 163.
2 Siehe oben S. 41, unten S. 100 f.
3 Siehe unten S. 102 f.
4 Zur Geschichte ausführlich Maritsch/Uhl 1989, 159; siehe auch Müller 1981, 390 ff.
5 Zur Geschichte ausführlich Maritsch/Uhl 1989, 159 ff.; siehe auch Gilbert 1981, 386 ff.
6 Zur Geschichte ausführlich Hess 1989a, 125 ff.
7 Zur Geschichte ausführlich Vogt 1989a, 54 ff.
8 Hierzu ausführlich Hackethal 1989, 176 ff.
9 Hierzu ausführlich Glaeske 1989a, 217 ff.
10 Hierzu ausführlich Vogt 1989b, 251 ff.
11 Hierzu ausführlich Glaeske 1989b, 260 ff.

Geschichte der gesamten Menschheit widerspiegelt. Dieser These ist immanent, daß die heute illegalen Drogen keineswegs immer nur in einem negativen Zusammenhang Gegenstand des öffentlichen Interesses sein konnten. Es fällt vielmehr auf, daß sie eher ganz im Gegenteil über Jahrhunderte und Jahrtausende hindurch bei vermutlich allen Völkern der Welt eine überaus sinnvolle Rolle in ihrem jeweiligen kulturellen Kontext gespielt haben, und daß dieser positiv anmutende Drogengebrauch zumeist erst dann negative Züge annahm, wenn die Drogen zur Verfolgung völlig anderer, fernab ihrer selbst liegender Interessen mißbraucht wurden. Ein Phänomen, das auch gegenwärtig sowohl auf der Ebene des Drogenmarktes als auch auf der Ebene der staatlichen Drogenpolitik unverminderte Gültigkeit beansprucht.

2.1.4 Zur Drogenabhängigkeit im engeren Sinne

2.1.4.1 Der Begriff der Drogenabhängigkeit

Dem Begriff der Drogenabhängigkeit geht entwicklungsgeschichtlich der Begriff der Drogensucht voraus. Und obwohl es sich hier um zum Teil zwei verschiedene Aspekte handelt, werden die beiden Begriffe in der Umgangssprache jedoch sehr oft synonym verwendet.[1] Das Wort "Sucht" taucht zwar im germanischen Sprachgebrauch recht früh in der Bedeutung "Krankheit" auf. Dabei meinte man in erster Linie die Gattung der Krankheiten, die mit deutlichen Symptomen in Erscheinung trat, die nicht auf Verletzungen oder Verwundungen zurückgingen. Der Abhängigkeit von Drogen wurde bis Ende des 18. Jahrhunderts jedoch lediglich eine sittliche Dimension unterlegt. Es handelte sich hier noch nicht um ein medizinisches Problem. Obwohl man sich der Vor- und Nachteile des auf Alkohol zurückgehenden Rausches bewußt war, begegnete man dieser Tatsache mit der Auffassung, daß Menschen sich berauschten, weil sie es wollten und nicht, weil sie es mußten. Die Trunksucht war somit "Sucht" im Sinne einer übertriebenen Liebe zum übermäßigen Trinken bis zum Rausch

---

1 Vgl. Täschner 1983, 19.

und nicht im Sinne einer fortschreitenden Krankheit, die den Alkoholiker zum Trinken zwingt.[1] An der Wende zum 19. Jahrhundert wurde auch die Krankheit Sucht entdeckt und zwar zunächst als Sucht nach Alkohol. Der Süchtige war von jetzt an jemand, der krankhaft trank, dessen körperlich seelische Verfassung eine Krankheit war und der die ihm äußere Kraft Alkohol meiden mußte, um wieder gesund zu werden.[2] In der zweiten Hälfte des 19. Jahrhunderts wurde auch das Suchtkonzept für den Opiatkonsum formuliert. Dies ging weitgehend mit einer Etablierung der Psychiatrie als eigenständige Richtung innerhalb der Medizin, mit der Einführung der Injektionsspritze und mit der Erscheinung, daß sich die Patienten immer mehr Morphininjektionen verschafften, ohne daß hierfür eine medizinische Veranlassung bestand, einher. Obwohl jetzt die Krankheitsbilder vom Opiatsuchttyp bekannt waren, orientierten sich sowohl die Medizin als auch die Psychiatrie an dem Krankheitsbild der Alkoholsucht. Nicht zuletzt wegen der Tatsache, daß die Diskussion um die Trunksucht und um ihre Erscheinungsformen derjenigen um mißbräuchliche Morphininjektionen zeitlich vorausging, wurde das Krankheitsbild der Trunksucht zum Modell für Sucht jeglicher Art.[3]

In Anlehnung an die bereits im vorigen Jahrhundert begründete Suchtlehre wurde im Jahre 1952 der erste Versuch einer international verbindlichen Kodifizierung der Suchtdefinition durch ein Expertengremium der Weltgesundheitsorganisation (WHO) unternommen. Danach ist "Drogensucht" (Drug Addiction) ein Zustand periodischer oder chronischer Intoxikation, der durch die wiederholte Einnahme von natürlichen oder synthetischen Drogen hervorgerufen wird. Als ihre Charakteristika gelten: 1) ein überwältigendes Verlangen oder Bedürfnis (zwanghafter Art), die Drogeneinnahme fortzusetzen und sich diese mit allen Mitteln zu verschaffen; 2) eine Tendenz zur Dosissteigerung; 3) eine psychische (psychologische) und allgemein eine physische Abhängigkeit von den Drogenwirkungen; 4) zerstörerische Wirkungen auf das Individuum und die Gesellschaft.[4] Obgleich die Definition der WHO so vage war, daß sie hinsicht-

1 Vgl. Scheerer/Vogt 1989, 12.
2 Vgl. Eisenbach-Stangl 1984, 161.
3 Vgl. Scheerer/Vogt 1989, 13.
4 Vgl. Schenk 1975, 78.

lich jeder der in ihr genannten Voraussetzungen nur Anlaß zur Diskussion geben konnte, hat sie sich noch zu eng an den Opiaten orientiert, die zwar niemals ein zwanghaftes Verlangen erzeugten, die jedoch zu einer Gewöhnung führen konnten.[1] Die Charakteristika dieser gewohnheitsbildenden Drogen wurden 1957 durch die WHO noch einmal zusammengefaßt. Danach besteht zwar ein Wunsch, jedoch kein Zwang zum Drogenkonsum, keine oder nur geringe Tendenz zur Dosissteigerung, zwar psychische aber keine physische Abhängigkeit von der Droge, keine schädlichen Effekte.[2]

Nachdem eine Gegenüberstellung beider Begriffe Sucht (Addiction) und Gewöhnung (Habituation) durch die WHO 1957 keine wesentliche Klärung herbeigeführt hatte, gab sie 1964 zu, daß die Heterogenität der Drogen keinen einheitlichen Suchtbegriff mehr zulasse und entschloß sich, den Begriff der "Drogenabhängigkeit" einzuführen, durch den die beiden älteren Begriffe abgelöst werden sollten.[3] Drogenabhängigkeit (Drug Dependance) ist danach "ein Zustand, der sich aus der wiederholten Einnahme einer Droge ergibt, wobei die Einnahme periodisch oder kontinuierlich erfolgen kann. Ihre Charakteristika variieren in Abhängigkeit von der benutzten Droge ...".[4] Es handelt sich hier weniger um eine Definition der Drogenabhängigkeit, als vielmehr um einen Beschreibungsbegriff, der in bezug auf die diversen Drogentypen jeweils zu präzisieren ist. Zwar wurde durch diesen Ansatz ein für alle Substanzen verbindliches Suchtkonzept aufgegeben. Aufgrund der Überlegung, daß trotz aller Individualität allen Formen der Drogenabhängigkeit das Merkmal der psychischen Abhängigkeit gemeinsam sein sollte, wurde es aber erreicht, daß alle "irgendwie verdächtigen Stoffe" in zukünftige Kontrollabkommen einbezogen werden konnten.[5] Da die Expertengruppe der WHO bei der Suche nach einer geeigneten Definition der Drogensucht sich seiner Zeit von der erklärten Absicht leiten ließ, eine Definition zu schaffen, die auch auf die bereits unter internationaler Kontrolle stehenden Drogen anwendbar gewesen wäre, war

1 Vgl. Scheerer/Vogt 1989, 15.
2 Vgl. Schenk 1975, 79; WHO 1981, 225 f.
3 Vgl. Schenk 1975, 80; WHO 1981, 226; siehe auch Scheerer/Vogt 1989, 15.
4 Vgl. Schenk 1975, 80; WHO 1981, 226.
5 So Scheerer/Vogt 1989, 15; siehe auch Schenk 1975, 82 ff.

somit ihr Entscheidungsspielraum schon von vornherein erheblich eingeengt.[1] Zum neuen Begriff der Abhängigkeit wurden zunächst folgende Drogengruppen genannt: Morphin-Gruppe, Barbiturate, Kokain, Amphetamine, Cannabis. Diese erfuhren im Jahre 1965 eine Erweiterung um den Khat-Typus und den Halluzinogen-Typus. Dies rief zunehmende Kritik hervor, da in die WHO-Liste die auf Jemen beschränkte Khat-Pflanze Aufnahme fand und für die beiden Halluzinogene Cannabis und LSD zwei Abhängigkeitstypen geschaffen wurden, während die Droge Nikotin weiterhin außen vor blieb.[2]

Trotz teilweiser Anerkennung, die die neue Definition der Drogenabhängigkeit der WHO-Expertengruppe fand[3], ist sie ungeachtet der vorstehenden Ungereimtheiten im Ergebnis genausowenig überzeugend wie ihre Vorgängerinnen. Dies rührt vor allem daher, daß der Intention der Erfinder des neuen Abhängigkeitskonzepts zufolge offenbar der wiederholte Konsum immer ein Beweis für Drogenabhängigkeit sein sollte. Diese Gleichsetzung wird jedoch den Erkenntnissen der modernen Forschung in keinster Weise gerecht. Denn es geht nicht um die Bestimmung des Grades der Abhängigkeit, sondern darum, ob Drogenabhängigkeit gegebenenfalls überhaupt vorliegt.[4] Die WHO-Definition geht weiter von der Möglichkeit einer Beschreibung der wesentlichen Eigenschaften der Droge aufgrund ihrer Wirkungen im Einzelfall. Dieser eindimensionale (pharmakologische) Ansatz kann dem mehrdimensionalen Problem nicht Rechnung tragen. Es bedarf vielmehr ebenfalls einer mehrdimensionalen Sichtweise, die die Drogenabhängigkeit als einen sich entwickelnden Prozeß begreift, bei dem die Wirkung einer Droge eine Funktion der Droge, des beteiligten Individuums und der jeweiligen Umstände ist.[5] Die einzelnen Elemente Droge-Persönlichkeit-Gesellschaft stehen hier in wechselseitiger Abhängigkeit zueinander. Dabei ist der Aspekt der Gesellschaft noch in die Bereiche "sozialer Nahraum" und "gesellschaftlicher Bereich" zu differenzieren.[6] Die Droge hat nicht die

---

1 Vgl. Schenk 1975, 89.

2 Vgl. Scheerer/Vogt 1989, 15; siehe auch Schenk 1975, 91 ff.; zu den Abhängigkeitstypen siehe ausführlich Täschner 1983, 19 ff.; ders. 1981, 805 ff.

3 Vgl. Schenk 1975, 82.

4 So Schenk 1975, 83; siehe auch Scheerer/Vogt 1989, 15.

5 Vgl. Schenk 1975, 83; Heinen 1987, 10; Böllinger/Stöver 1992, 37; siehe auch unten S. 58 f.

6 Vgl. Böllinger/Stöver 1992, 37.

Eigenschaft, psychische Abhängigkeit zu erzeugen. Wenn sie sich jedoch herausgebildet hat, dann ist sie als eine derartige Reaktion des Konsumenten auf die Wirkung der Droge zu verstehen, die sich im Einzelfall in dieser und nicht anderer Form eingestellt hat. Das Verlangen nach der Droge kann sich nämlich bei einem Konsumenten herausbilden, beim anderen dagegen ausbleiben. Die WHO-Definition ist aber geeignet, der falschen Vorstellung Vorschub zu leisten, daß die Droge selbst die Abhängigkeit von ihr erzeuge. Dies ist aber so nicht richtig.[1]

Nach der WHO zeichnet sich eine Drogenabhängigkeit vom Morphintyp[2] durch folgende charakteristische Aspekte aus:

1. Es besteht eine ausgeprägte psychische Abhängigkeit. Diese manifestiert sich in einem übermächtigen Antrieb oder Zwang, die Drogeneinnahme zur Erreichung eines Glücksgefühls oder zur Vermeidung von Unbehagen fortzuführen sowie die Droge unter allen Umständen zu beschaffen.

2. Es entwickelt sich rasch eine körperliche Abhängigkeit, die an Intensität parallel zur Dosissteigerung der Droge zunimmt. Dazu ist die fortgesetzte Einnahme der gleichen oder einer verwandten Droge nötig, um ein inneres Gleichgewicht aufrechtzuerhalten und Entzugssymptome zu vermeiden. Sowohl der Entzug der Droge wie auch die Verabreichung eines spezifischen Antagonisten provoziert ein klar umschriebenes, charakteristisches und selbstlimitiertes Abstinenzsyndrom.

3. Es entwickelt sich eine Toleranz, die eine Steigerung der Drogendosis nötig macht, um die ursprünglichen pharmakodynamischen Effekte zu erzeugen.[3]

---

1 Vgl. Schenk 1975, 85.

2 Da im Rahmen dieser Arbeit nur der Opiatabhängigkeit eine herausragende Bedeutung zukommt, sollen hier die anderen Abhängigkeitstypen und ihre Charakteristika unberücksichtigt bleiben, im übrigen hierzu siehe Täschner 1983, 19 ff. und ders. 1981, 805 ff.

3 Vgl. Täschner 1981, 805; ders. 1983, 20; Russi 1986, 12; Becker/v. Lück 1990, 43 ff.

Opiatabhängigkeit wird also durch drei Faktoren gekennzeichnet, durch die psychische und körperliche Abhängigkeit sowie Toleranzherausbildung. Darauf soll nachfolgend näher eingegangen werden.

2.1.4.2 Psychische und körperliche Abhängigkeit

Die psychische Abhängigkeit ist, wie vorstehend dargelegt, allen Abhängigkeiten gemeinsam, im Gegensatz zu der körperlichen Abhängigkeit, die nur im Zusammenhang mit dem Barbiturat/Alkohol-Abhängigkeitstyp vorkommen kann. Sie wird definiert als ein unbezwingbares, gieriges, seelisches Verlangen, mit der Einnahme einer Droge fortzufahren und sie sich um jeden Preis zu beschaffen.[1] Dieses Verhalten soll aufgrund der angenehmen zentralnervösen Wirkung der Droge entstehen, so daß beim Konsumenten dieser Droge eine Motivation zur Wiederholung der angenehmen Erfahrung entsteht.[2] Oder negativ ausgedrückt, bezieht sich die psychische Abhängigkeit auf das Bedürfnis, unangenehme, subjektiv empfundene Effekte, die durch ein plötzliches Absetzen der Droge entstehen, zu verhindern.[3] Diese psychischen Entzugserscheinungen manifestieren sich durch Unruhezustände, Angst, dem Drang zu erneuter Drogeneinnahme, durch depressive Verstimmungen mit häufig vorkommenden Selbstmordgedanken[4] sowie durch Nervosität und Konzentrationsstörungen.[5] Der psychischen Abhängigkeit wird im allgemeinen eine zentrale Bedeutung für die Entstehung der Abhängigkeit jeglichen Typs beigemessen.[6]

Demgegenüber versteht man unter körperlicher Abhängigkeit einen Zustand, der erst beim Absetzen der Droge oder durch Verabreichung eines spezifischen Antagonisten[7] manifest wird, und der zu einer zwanghaften wiederholten Anwendung der Droge, häufig aufgrund einer sich entwickelnden Toleranz in

1 Vgl. Täschner 1983, 21.
2 Vgl. Russi 1986, 11.
3 Vgl. Platt/Labate 1982, 19.
4 Vgl. Täschner 1983, 21; ders. 1981, 805.
5 Vgl. Täschner 1981, 805.
6 Vgl. Täschner 1981, 805; ders. 1983, 21; Russi 1986, 11.
7 Zum Begriff siehe unten S. 65; zur Behandlung der Drogenabhängigkeit mittels eines Antagonisten siehe ausführlicher unten S. 166 f.

steigender Dosis, führt.[1] Die körperliche Abhängigkeit kommt also durch das Auftreten des Abstinenzsyndroms zum Ausdruck, das durch folgende Symptome gekennzeichnet sein kann: Angst, Ruhelosigkeit, Reizbarkeit, Weinen, allgemeine körperliche Schmerzen, Schlaflosigkeit, Perspiration, Erweiterung der Papillen, "Gänsehaut", "Hitzewellen", Übelkeit, Mundsperre, Erbrechen, Diarrhöe, Fieber, erhöhte Herztätigkeit, erhöhter Blutdruck, Unterleibs- und andere Muskelkrämpfe, Dehydralisation und Gewichtsverlust. Überdies zählen hierzu Nervosität, Beinkrämpfe, allgemeines Muskelreißen und abwechselnd Schweißausbrüche und Kälteempfindungen.[2]

Neben der psychischen und körperlichen Abhängigkeit gibt es noch eine dritte, biologische Komponente, nämlich die Toleranz. Darunter versteht man den Gewöhnungsvorgang, welcher dazu führt, daß die Dosis einer bestimmten Substanz ständig erhöht werden muß, um jene Effekte zu erreichen, die ursprünglich mit einer niedrigeren Dosis auftraten.[3] Demgegenüber bedeutet die sog. Kreuztoleranz, daß sich Toleranz nicht nur gegenüber einer wiederholt applizierten Droge, sondern auch gegenüber anderen Drogen mit ähnlichem pharmakologischen Wirkungsprofil einstellt.[4] Die psychische und körperliche Abhängigkeit sind begrifflich durch die Worte "Verlangen" und "Zwang" voneinander abgegrenzt. Da jedoch die psychische Abhängigkeit und somit das Verlangen nach der Droge verschiedene Ausmaße annehmen und sich als äußerer Wunsch, Bedürfnis, Verlangen oder auch als überwältigende Begierde und Zwang manifest machen kann, ist die Unterscheidung zwischen den Merkmalen "Verlangen" und "Zwang" praktisch sehr viel schwieriger. Von dem Grad des Verlangens hängt dementsprechend auch die Möglichkeit einer Überwindung der psychischen Abhängigkeit ab.[5] Durch den Grad der Abhängigkeit werden auch die qualitativen und quantitativen Ausprägungen des Abstinenzsyndroms bestimmt.[6] Es stellt sozusagen das "Negativ" zu den akuten pharma-

---

1 Vgl. Russi 1986, 11.
2 Vgl. Platt/Labate 1982, 19; Kapuste 1978a, 60; siehe auch Täschner 1983, 21; ders. 1981, 805.
3 Vgl. Russi 1986, 11; Täschner 1983, 23 ff.; ders. 1981, 805 ff.
4 Vgl. Russi 1986, 11.
5 Vgl. Grimm 1985, 105.
6 Vgl. Platt/Labate 1982, 20.

kologischen Wirkungen der eingenommenen Droge dar.[1] Die Dauer der Entzugserscheinungen kann demgemäß auch äußerst unterschiedlich ausfallen. Diese kann den wissenschaftlich gesammelten Erkenntnissen zufolge zwischen 24 und 48 Stunden hinsichtlich des Höhepunktes der Entzugserscheinungen und 6 Monaten hinsichtlich des Zeitpunktes ihres völligen Abklingens variieren.[2] Obwohl das Abstinenzsyndrom in bestimmten Einzelfällen überaus problematisch verlaufen kann, wird in den Fachkreisen angenommen, daß dieses im allgemeinen wesentlich weniger gefährlich ist als der unter prohibitiven Bedingungen stattfindende Opiatkonsum, durch den es hervorgerufen wird.[3] Bezüglich der Frage nach dem Zeitpunkt der Entstehung einer Abhängigkeit bzw. Toleranz werden zum Teil sehr unterschiedliche Ansichten vertreten. Während einerseits von der Entwicklung eines bestimmten Abhängigkeitsgrades bereits nach einer einzigen größeren Morphindosis ausgegangen wird, wird andererseits angenommen, daß eine Droge fortgesetzt genommen werden müsse, damit eine psychische Abhängigkeit entstehe.[4] Mit der Entstehung der physischen Abhängigkeit geht in der Regel die Entwicklung der Toleranz einher.[5] Um das Gleichgewicht der Körperfunktionen aufrechtzuerhalten, erfolgt eine Toleranzerhöhung.[6] Die Anfangsdosis eines Opiatneulings beträgt dabei etwa 10 mg/-Tag. Der pharmakologische Vorgang der Gewöhnung führt sodann zu einer Dosissteigerung um das vier- bis achtfache mit individuellen Schwankungen, vom ein- bis zwölffachen beim Methadon bzw. vom drei- bis zwölffachen beim Heroin. Der Toleranzvorgang führt allerdings nicht zu einer unbegrenzten Dosissteigerung, die früher oder später den Tod des Konsumenten zur Folge hat. Eine Dosissteigerung um das Hundertfache soll eine absolute Ausnahme darstellen.[7] Außerdem weiß man mittlerweile auch, daß ebenso eine gleichbleibende Dosierung durchaus möglich ist, was an der Erscheinung des kontrollierten Drogengebrauchs deutlich wird, sofern nur bestimmte Drogeneinnah-

1 Vgl. v. Wely 1989, 309.
2 Vgl. Platt/Labate 1982, 20.
3 Vgl. v. Wely 1989, 308.
4 Vgl. Platt/Labate 1982, 20 ff.
5 Vgl. Platt/Labate 1982, 21 ff.
6 Vgl. Grimm 1985, 102; die Einzelheiten der Anpassungsvorgänge im Organismus sind aber bisher weitgehend unbekannt, vgl. Grimm 1985, 101.
7 Vgl. Grimm 1985, 103.

me-Voraussetzungen erfüllt werden.[1] Nach der weitverbreiteten Meinung handele es sich bei der psychischen und körperlichen Abhängigkeit um zwei völlig getrennte Phänomene. Während erstere mit der Einwirkung der Opiate auf das sog. Belohnungssystem, das Stimmung und Wohlbefinden reguliert, zusammenhängt, soll letztere durch Anpassungsvorgänge des Stoffwechsels jeder einzelnen Nervenzelle bedingt sein.[2] Diese Hypothese wird zunächst durch die Beobachtung bestätigt, daß nach einem vollständigen Entzug zwar die körperliche Abhängigkeit beseitigt sein kann, jedoch nicht gleichzeitig die psychische. Insoweit berechtigt sind Zweifel gegen die oft behauptete Auffassung, daß die Angst vor den Entzugserscheinungen der überragende Grund für die Fortführung des Opiatkonsums sei.[3] Vor dem Hintergrund der Tatsachen zum einen, daß beim Vorliegen von bestimmten günstigen soziokulturellen Umständen die körperliche Abhängigkeit häufig von dem abhängigen Konsumenten trotz langer Drogenkarriere ohne fremde Hilfe überwunden werden kann ("Herauswachsen")[4] und es zum anderen durchaus den kontrollierten also nichtabhängigmachenden Opiatgebrauch gibt[5], läßt sich die These von der völligen Trennung der Abhängigkeitsmechanismen in dieser Absolutheit jedoch nicht aufrechterhalten. Es ist vielmehr anzunehmen, daß die Mechanismen der psychischen und körperlichen Abhängigkeit miteinander gekoppelt sind und sich wechselseitig bedingen.[6]

2.1.4.3 Der Weg in die Drogenabhängigkeit - eine Karriere

Zwar scheint sich heute in Reihen der vornehmlich kritischen Fachöffentlichkeit hinsichtlich der Ursachen und Bedingungen des illegalen Drogenkonsums immer mehr eine dahingehende Problemauffassung durchzusetzen, daß mit individualisierenden, eindimensionalen Erklärungsansätzen das Phänomen der Drogen-

---

1 Vgl. Weber/Schneider 1992, 22 ff., 463 ff.; hierzu im einzelnen siehe auch 2.2.3.3.
2 Vgl. Grimm 1985, 107.
3 So auch Grimm 1985, 107; siehe auch Lindesmith 1983, 44 ff.
4 Hierzu ausführlicher siehe unten 2.2.3.4.
5 Hierzu ausführlicher siehe unten 2.2.3.3.
6 So auch Quensel 1982, 154.

kriminalität nicht erklärt werden könne.[1] Dennoch werden immer noch zahlreiche Erklärungsmodelle diskutiert, die dem Problem nur von der einen oder der anderen Seite gerecht werden, die jedoch wegen ihrer auf das jeweilige Gebiet beschränkten Sichtweise der gesamten Komplexität der Drogenkonsumerscheinung nicht Rechnung zu tragen vermögen.[2] Im Vordergrund scheinen heute noch die persönlichkeitszentrierten Ansätze zu stehen, denen allen weitgehend die Überlegung gemeinsam ist, daß die Ursachen für die Drogenabhängigkeit in der gestörten oder kranken Persönlichkeit des Abhängigen zu suchen ist. Hier fällt das Problem der Abhängigkeit von Drogen wie das vom Alkohol in den Zuständigkeitsbereich der Psychiatrie oder Psychoanalyse.[3] Den psychiatrischen Erklärungen zufolge wird Drogenabhängigkeit als Ausdruck oder Folge einer schon vorher vorhandenen, oft sogar anlagebedingten Persönlichkeitsstörung verstanden.[4] Nach den psychoanalytischen Erklärungen sind Persönlichkeitsstörungen neurotischer Art, zu deren Symptomen auch die Drogenabhängigkeit gezählt wird, durch traumatische Erlebnisse in der frühen Kindheit bzw. durch deren nicht geglückte Verarbeitung verursacht worden.[5]

Von einem anderen Gesichtspunkt gehen die medizinisch-biologischen Theorien aus, und zwar daraus, daß ein Auslöser physischer Abhängigkeit der Zellstoffwechsel ist, der durch Drogenkonsum aktiviert werde. Zum anderen wird eine funktionale Schwäche biologisch angelegter neuropsychologischer Regulationssysteme angenommen, weshalb die körpereigenen Substanzen (Endorphine)[6] nicht ausreichend produziert werden könnten.[7]

---

1 Vgl. Böllinger/Stöver 1992, 36; Scheerer/Vogt 1989, 23; Trautmann 1989a, 126; Schlender/Kaplan 1980, 37; Schmerl 1984, 72 ff.; Vernooy/Wijngaarts 1984, 67; Stöver 1990, 19; Täschner 1981, 804 ff.

2 Vgl. Böllinger/Stöver 1992, 36.

3 Vgl. Schmerl 1984, 46; vgl. auch Wagner 1978, 81.

4 Siehe ausführlich Schmerl 1984, 46 ff.; siehe auch Böllinger/Stöver 1992, 38 f.

5 Siehe ausführlich Schmerl 1984, 53 ff.; siehe auch Böllinger/Stöver 1992, 39 f., Ramström 1984, 40; Burian 1986, 61; Platt/Labate 1982, 66 ff.; Täschner 1983, 52 ff.; ausführliche Auswertung der diesbezüglichen Literatur bei Springer 1986a, 58 ff.

6 Hierzu ausführlicher siehe unten S. 64 f.

7 Vgl. Böllinger/Stöver 1992, 39.

Im Unterschied zu den persönlichkeitsbezogenen Erklärungsansätzen lenken die sozialisationszentrierten Erklärungen das Interesse mehr auf biographische und soziale Merkmale. Hier werden als zentrale Größen zwei Faktorenbündel, nämlich der soziale Hintergrund (Schichtzugehörigkeit, soziale Herkunft, Beruf etc.) und das familiäre Klima genannt.[1] Die lernpsychologischen Ansätze nehmen dagegen an, daß bei Beginn, Beibehaltung und Rückfall in die Drogenabhängigkeit oft die klassischen Lernprinzipien mitwirken und sich daher auch zur Erklärung von Drogenverhalten heranziehen lassen. Diesen Ansätzen liegt die Überlegung zugrunde, daß bei der anfänglichen Drogeneinnahme zunächst positive soziale Verstärker, z.B. Zugehörigkeitswünsche zu besonderen Cliquen, Sammeln von Erfahrungen und Wünsche nach Geltung und Anerkennung eine wesentliche Rolle spielen. Unmittelbar anschließend sind es die physiologischen Wirkungen der Drogen selbst, die in der Anfangsphase durch starke Körperreaktionen als primäre positive Verstärker in den Vordergrund treten. Die positiv erlebten Folgen der Drogeninjektion führen sodann in der Regel zur Wiederholung des so beeindruckend belohnten Verhaltens. Wegen der Wiederholungen und der daraus resultierenden Entwicklung der körperlichen Toleranz tritt allerdings eine Umkehrung des positiven Verstärkers in einen negativen Verstärker ein, denn die weitere Drogeneinnahme wird immer weniger durch die positiven Effekte der anfänglichen Drogeneinnahme verstärkt als mehr und mehr durch das Vermeiden der negativen Entzugserscheinungen.[2] Während die vorstehend dargestellten Erklärungen mehr individualpsychologischer Art sind, gibt es daneben noch eine Reihe anderer Erklärungsmodelle, die allerdings von der Ebene der gesellschaftlichen Bedingungen argumentieren. Aus der Vielzahl der gesellschaftsorientierten Ansätze seien zunächst die soziologischen Erklärungen erwähnt. Im Zusammenhang mit epidemischen Drogenausbrüchen wird oft außer dem erleichterten Zugang zu Drogen und der gelernten Loslösung von positiven Vorschriften die Zunahme an gesellschaftlichem Streß und die damit einhergehende Steigerung der Tendenz zur Einnahme von Chemikalien zur Herstellung von Gemütsverfassungen verantwortlich gemacht.[3]

---

1 Siehe ausführlich Schmerl 1984, 75 f.

2 Vgl. Schmerl 1984, 111; Böllinger/Stöver 1992, 41; Ramström 1984, 68; Platt/Labate 1982, 51 ff.

3 Vgl. Schmerl 1984, 123; Ramström 1984, 38; Platt/Labate 1982, 56 ff.

Einem anderen Aspekt liegt die folgende Betrachtungsweise zugrunde: Werden gesellschaftlich akzeptierte Werte und Ziele bestimmter Gruppen aufgrund von gesellschaftlichen Krisen nicht mehr erreichbar, dann besteht die Gefahr, daß einige Mitglieder dieser Gruppen auf die sich anbietenden Abwege z.B. Drogenkonsum gedrängt werden. Drogenkonsumenten sind aber auch außerhalb von Krisenzeiten der Gefahr ausgesetzt, daß sie im Rahmen einer Ausgrenzung Konsum- und Leistungsschwacher, sozusagen Abgeschriebener, der Verelendung überlassen werden, solange sie die herrschende Moral der Drogenfreiheit zu akzeptieren nicht bereit sind. Drogenverhalten wird demgemäß auch als notwendige Konsequenz der gesellschaftlichen Bedingungen verstanden.[1] Da die etablierte Gesellschaft den Drogenkonsumenten als krank und kriminell stigmatisiert, ihm also in der Regel alle positiven Verhaltensweisen abgesprochen und damit nicht nur jegliche positiven Bekräftigungen entzogen werden, sondern er wird überdies auch noch durch Diffamierung und Isolation bestraft. Im Streben nach positiven Bekräftigungen glaubt der Drogenkonsument sie schließlich bei den anderen Drogenkonsumenten sowie der Droge selbst zu finden. Der steigende Drogenkonsum bewirkt einen allmählichen Abbruch der Kontakte zu der etablierten Gesellschaft. Die zumeist negativen Erfahrungen aus dem früheren noch drogenfreien Leben werden oft auf alle Ebenen der etablierten Gesellschaft übertragen, was eine Verfestigung der Drogenkarriere und das weitere Absinken in die Drogenkultur nach sich zieht. Da der Drogenkonsument wie jeder Mensch auch das Bedürfnis nach Akzeptanz und Anerkennung hat, versucht er diese in "seiner Welt" zu finden. Auch innerhalb der Drogensubkultur ist jedoch Leistung gefragt, die sich meistens in Form von Geschicklichkeit bei Beschaffung und Verdealen von Drogen äußert. Hierdurch kann sein Status steigen.[2] Der sozialpsychologischen Erklärung zufolge findet eine Abwälzung, Zuschreibung, Projektion eigener suchtorientierter Bedürfnisse auf dafür sich eignende gesellschaftlich verpönte Menschen (Sündenbock-Mechanismus). Mit diesem Mechanismus läßt sich erreichen, daß die eigentlichen gesellschaftlichen Mißstände aus dem Bewußtsein verbannt und somit geleugnet

---

1 Vgl. Böllinger/Stöver 1992, 42.
2 Vgl. Böllinger/Stöver 1992, 42 f.

werden können.[1] Nach dem Etikettierungsansatz wird bestimmten statusbenachteiligten Randgruppen das Etikett des defekten und kriminellen Drogenabhängigen angeheftet. Dies geschieht im Rahmen der gesellschaftlichen Verteilung bestimmter Mengen "positiver" und "negativer" Güter und Werte. Da die Drogenabhängigen die gesellschaftlichen Werte, wie Arbeit, Ordnung etc. in gerade provozierender Weise in Frage stellen, werden sie auch als bevorzugtes Objekt der Etikettierung angesehen.[2]

Es gibt zwar noch eine Reihe anderer Modelle, die die Entstehung bzw. Verfestigung der Drogenabhängigkeit zu erklären versuchen.[3] Anhand der vorstehenden knappen Ausführungen läßt sich aber der Schluß ziehen, daß keine der angebotenen Erklärungen wegen der Vielschichtigkeit des Problems weder in Form einer einheitlichen allumfassenden Theorie der Drogenabhängigkeit noch in Form einer Addition verschiedener Theorien zu einer Gesamttheorie, zu einem befriedigenden Ergebnis führen kann.[4] Vor allem die persönlichkeitszentrierten Forschungsansätze, die in der deutschen Diskussion immer noch dominieren, vermögen nicht zu überzeugen. Zum einen sind die Ergebnisse dieser Untersuchungen so weit gestreut und widerspruchsvoll, daß sie zu keinen klaren Schlußfolgerungen führen.[5] Zum anderen sind die einzelnen Erkenntnisse lediglich an Auffälligen gewonnen, während die Unauffälligen trotz Drogenkonsums nicht berücksichtigt werden konnten. Da es durchaus auch kontrollierten Drogenkonsum geben kann und gibt[6], bleibt so die Frage unbeantwortet, warum andere Menschen, die die disponierenden Merkmale ebenfalls aufweisen, nicht drogenabhängig werden und umgekehrt Menschen, die gerade als nicht suchtgefährdet gelten, den Drogen verfallen.[7] Das gleiche Problem taucht bei der Berücksichtigung der Selbstheiler auf, die nach einer gewissen

1 Vgl. Böllinger/Stöver 1992, 44; siehe auch Schmerl 1984, 115 ff.; Ramström 1984, 38 ff.

2 Vgl. Böllinger/Stöver 1992, 44.

3 Siehe Böllinger/Stöver 1992, 36 - 44; Platt/Labate 1982, 48 - 70; Ramström 1984, 37 - 41.

4 Vgl. Schmerl 1984, 72 ff.; Böllinger/Stöver 1992, 47.

5 Hierzu ausführlich Schmerl 1984, 46 ff.; so auch Scheerer/Vogt 1989, 23; Scheerer 1989a, 291.

6 Siehe unten 2.2.3.3.

7 So auch Böllinger/Stöver 1992, 47; Moll 1990, 66.

Zeit ihren Drogengebrauch erheblich zu reduzieren oder gänzlich einzustellen im Stande sind. Vor diesem Hintergrund scheint die These richtig zu sein, daß Drogenkonsum und Drogenabhängigkeit mehr oder weniger vorübergehende Probleme des Erwachsenwerdens darstellen.[1]

Da es eine Vielzahl von möglichen Ursachen, Bedingungen und Verläufen samt dem Zufall für Drogenabhängigkeit geben kann, kann es auch ebensoviele "Typen" von Drogenabhängigen geben. Insoweit bedarf auch die den persönlichkeitsorientierten Theorien innewohnende Suggestion, daß es "den" Drogenabhängigen gibt, einer grundlegenden Revidierung.[2]

Um die Fehler der persönlichkeitszentrierten Erklärungen zu korrigieren, hat sich auch die sog. Theorie der Subkultur herauskristallisiert. Die Brauchbarkeit dieser Theorie ist wegen ihrer generellen Kategorisierung des Drogenabhängigen als Teil einer kriminellen "Subkultur", die für die bestehende Moral aufgrund ihres völlig anderen Wertsystems bedrohlich erscheint, jedoch sehr zweifelhaft. Denn sie stößt spätestens dort auf Grenzen, wo man mit einem noch nicht stigmatisierten, sich der sozialen Kontrolle erfolgreich entziehenden Drogenabhängigen zu tun bekommt. Dieser kann nämlich kaum als ein Teil der Subkultur angesehen werden.[3]

Demgegenüber geht das sog. "Szenenmodell" von der Existenz von "Szenen" aus, die es nahezu in jeder Stadt gibt. Bei den Szenen handelt es sich um organisierte gemeinschaftliche Aktivitäten im Unterhaltungsbereich (Bars, Diskotheken etc.). Sie dienen ihren Teilnehmern als eine Ergänzung zu ihrem beruflichen Dasein oder auch als dessen völliger Ersatz und sollen ihnen zum Teil auch Deutungsmuster für ihr Leben liefern. Dabei wird zwischen konventionellen und alternativen Lebensstilszenen unterschieden. Die Teilnahme an den alternativen Szenen ist im Gegensatz zu der Teilnahme an den gesellschaftlich anerkannten konventionellen Szenen (Bars, Diskotheken) mit dem Risiko

---

1 So auch Böllinger/Stöver 1992, 48.

2 Vgl. Böllinger/Stöver 1992, 48; Schlender/Kaplan 1980,39; Schneider 1990, 37.

3 Vgl. Schlender/Kaplan 1980, 37 ff.; Scheerer 1989a, 286; siehe auch Kreuzer 1987a, 34 ff.

behaftet, den sozialen Status innerhalb der Gesellschaft zu verlieren. Bei der alternativen Lebensstilszene bilden sich nämlich Lebensentwürfe und Weltdeutungen heraus, die mit denen der etablierten Gesellschaft stärker in Konkurrenz treten.[1] An diese theoretischen Ansätze knüpft auch die Theorie des Drogenkonsums an. Danach begibt sich der Betroffene mehr oder weniger freiwillig in ein Aktivitätssystem, in den der Drogenkonsum eingeordnet ist. Die Zugehörigkeit zur Drogenszene ist allerdings nicht statischer Natur im Sinne eines "Entweder-Oder"-Systems, sondern als abgestuftes "Mehr-Oder-Weniger"-Phänomen zu verstehen. Der Abhängige ist nicht entweder in der Szene oder nicht, sondern er partizipiert in einem mehr oder weniger starken Maße an ihr, und zwar je nach der Art und der Intensität seines momentanen Drogenkonsums.[2]

Wohl eher als eine Fortentwicklung des "Szenenmodells" denn als eine Alternative dazu ist das "Karrieremodell" zu verstehen. Dieser Ansatz versucht der Erkenntnis, daß es keine "allgemeine" Theorie der Drogenabhängigkeit bzw. daß es "den" Drogenabhängigen nicht gibt, dadurch Rechnung zu tragen, daß er die einzelnen Erklärungsmodelle und empirischen Ergebnisse miteinbezieht, um auf diese Weise zu einem komplexen Verständnis des Drogenproblems zu gelangen.[3] Drogenkonsum und Drogenabhängigkeit sowie Drogenabstinenz sind danach Produkte eines Interaktionsprozesses zwischen dem Individuum, seinem sozialen Milieu (Nahraum) einerseits und den gesellschaftlichen Einflüssen (gesamtgesellschaftliche Einstellungen und Werthaltungen gegenüber Drogen, formale und informale Regelungen des Drogenkonsums) andererseits. Dem Karrierekonzept zufolge werden die einzelnen Schritte auf dem Weg zur Abhängigkeit gesondert betrachtet und dementsprechend auch gesondert erklärt.[4] Relevant sind also hier lediglich die spezifischen Ereignisse, die zu einem späteren Zeitpunkt eine Drogenkarriere im engeren Sinne in die Wege leiten. Zwar bauen sie oftmals auf Problembiographien auf, entfalten aber auch bei vielen "Normalbürgern" in gleicher Weise ihre Wirkung.[5] Diese Karriere wird

1 Vgl. Schlender/Kaplan 1980, 38 ff.; Scheerer 1989a, 285 ff.
2 Vgl. Schlender/Kaplan 1980, 38 ff.; Quensel 1982, 158 ff.
3 Vgl. Böllinger/Stöver 1992, 48; siehe auch Hess 1978, 3.
4 Vgl. Scheerer/Vogt 1989, 23; Böllinger/Stöver 1992, 48 f.
5 Vgl. Schmerl 1984, 108; Scheerer 1989a, 291.

von vier Ausgangsbedingungen entscheidend erleichtert, nämlich 1. Verfügbarkeit, 2. Neugier, 3. Hedonismus, 4. Lernen am Modell.[1] Es handelt sich hier also um durchaus alltägliche Motive und Reaktionen. Die Drogenabhängigkeit beginnt danach so wie alle anderen Abhängigkeiten auch, z.B. das Kaffee-, Teetrinken, Alkohol etc.[2] Die Frage nach der Drogenkarriere hingegen ist in die Frage nach den engeren Begleitumständen bis zum erstmaligen Probieren und danach nach der Entscheidung für oder gegen einen weiteren Gebrauch, nach der Entwicklung einer Abhängigkeit und schließlich nach der sozialen Verelendung bei fortdauernder Abhängigkeit aufzuteilen.[3]

Im einzelnen läßt sich der Weg zum Drogenumgang kurz wie folgt skizzieren: Ist dem Individuum die Verfügbarkeit einer Droge bekannt, dann hängt es von dem Maß seiner Experimentierfreude, Neugier bzw. Lernbereitschaft sowie insbesondere von seiner Gleichaltrigen- und Freundesgruppe ab, ob es die Droge ausprobiert. Dabei geht in das Bedingungsgefüge häufig die Tatsache der Androhung negativer Sanktionen in der Weise ein, daß der Konsumreiz noch verstärkt wird.[4] In den allermeisten Fällen fällt die Entscheidung über Beginn/-Weiterführung oder Nichtweiterführung des Konsums eigenverantwortlich, also nicht fremdbestimmt. Bisher gibt es keine ernsthaften Anhaltspunkte für das sog. Anfixen gegen den Willen des Betroffenen. Hier soll es sich lediglich um einen Mythos handeln.[5] Nachdem der erste Drogenkonsum vollzogen wurde, stellt sich dem Individuum die Frage, ob es sich für oder gegen den weiteren Konsum entscheidet. Dabei spielen die positiven oder negativen Drogeneinwirkungen auf den Erstkonsumenten sowie die Reaktion seines sozialen Umfeldes darauf eine Rolle.[6] Letzte Anstöße kommen allerdings überwiegend aus dem Bekanntenkreis, bei Mädchen und Frauen zumeist von ihren männlichen Partnern.[7] Als nächstes folgt eine Phase, in der nach anfänglichem Konsum das Individuum mehrere verschiedene Wahlmöglichkeiten hat. Der Drogenprobierer

1 Vgl. Quensel 1982, 179; Schmerl 1984, 108; Scheerer 1989a, 291.
2 So auch Quensel 1982, 179.
3 Vgl. Schmerl 1984, 108; Scheerer 1989a, 291.
4 Vgl. Scheerer/Vogt 1989, 24; Kreuzer 1987a, 43; Platt/Labate 1982, 127 ff.; Noller 1989, 57; Reuband 1981, 587.
5 Vgl. Scheerer 1989a, 292; Kreuzer 1987a, 48; Quensel 1982, 179.
6 Vgl. Scheerer/Vogt 1989, 24.
7 Vgl. Kreuzer 1987a, 44; Albrecht 1987, 115; Weber/Schneider 1992, 545 f.

kann den Drogenkonsum fortsetzen, ihn gänzlich aufgeben oder als Wochenendkonsument fortführen.[1] Dabei ist interessant, daß nur ganz wenige über das Probierstadium hinaus ihren Drogen-/Heroinkonsum fortsetzen bzw. von leichten auf harte Drogen umsteigen (Schrittmachertheorie).[2] Die Gründe für weiteren Heroinkonsum sind genauso zahlreich und vielfältig wie diejenigen dagegen. Negative Erfahrungen mit dem Erstkonsum, familiäre und sonstige soziale Bindungen[3] und nicht zuletzt die Angst vor der physischen Abhängigkeit können die Entscheidung gegen die weitere Heroineinnahme beeinflussen.[4] Demgegenüber kann eine Gewöhnung an Drogen sozusagen auf Umwegen in der Weise erfolgen, daß ein Lebensstil, dessen Bestandteil auch die Drogen bilden, angenommen wird, weil dort der Betroffene Akzeptanz vorfindet und für ihn andere brauchbare Alternativen hierzu nicht sichtbar sind.[5] Generell kann das Fehlen echter Alternativen zum praktizierten Lebensstil zu einer Karriereverfestigung führen. Als solche Alternativen können Partnerbeziehungen, Beruf, Ausbildung genannt werden. Ebenso können negative Erlebnisse und als unangenehm empfundene Auseinandersetzungen im eigenen unmittelbaren Umfeld (Familie, Arbeitsplatz etc.) der Karriereverfestigung förderlich sein.[6] Der weitere Verlauf der Drogenkarriere ist dann durch ihren sozio-ökonomischen Hintergrund bestimmt, durch ihre Ressourcen, die finanziellen Voraussetzungen und helfenden Beziehungen. Solange der Heroinkonsument finanziell in der Lage ist, die Droge, ohne Begleitaktivitäten entfalten zu müssen, zu kaufen und sonst ein noch unauffälliges Leben zu führen, solange wird er aller Wahrscheinlichkeit nach der gesundheitlichen Verelendung und der Kriminalisierung nicht anheimfallen. Begleitkriminalität[7] und Sekundärkrankheiten[8] brauchen für ihn noch kein Begriff zu sein. Aber auch unabhängig von den finanziellen Möglichkeiten ist das Fixer-Dasein vor allem in den jüngeren Jahren eine höchst interessante Vollzeitbeschäftigung, die die

1 Vgl. Scheerer/Vogt 1989, 24.
2 Vgl. Reuband 1981, 586; Weber/Schneider 1992, 545.
3 Vgl. Kreuzer 1987a, 45; Bühringer 1990, 19.
4 Vgl. Scheerer/Vogt 1989, 24.
5 Vgl. Scheerer/Vogt 1989, 24; Noller 1989, 116 ff.; siehe auch Nusselt 1980, 167.
6 Vgl. Quensel 1982, 179; Solms 1988, 35; Bühringer 1990, 19.
7 Siehe unten S. 144 f., 150.
8 Siehe unten S. 68 ff., 150 f.

Betroffenen in aller Regel nicht missen wollen.[1] Das Bild eines von unzähligen Krankheiten[2] gezeichneten, psychisch und sonst körperlich kaputten Heroinfixers ist überwiegend vom Endstadium einer langen Heroinkarriere geprägt. Dabei sollte nicht unerwähnt bleiben, daß die Kriminalisierung hierzu einen erheblichen Beitrag leistet, worauf noch an anderer Stelle einzugehen sein wird.[3] Die Drogen-/Heroinkarriere kann schließlich auf verschiedene Art und Weise zu Ende gehen, durch den Tod des Fixers[4], durch einen selbstinitiierten Ausstieg[5] bzw. nach einer Therapie oder durch ein Umsteigen auf kontrollierten Gebrauch.[6] Die beschriebene Drogenkarriere verläuft selbstverständlich nicht gradlinig und zwangsläufig. Ob es zur Abhängigkeit mit ihren weiteren Folgen kommt, ist weitgehend abhängig vom Ausprägungsgrad und dem Andauern der verschiedenen Faktoren wie von deren Wechselwirkungen.[7] Man kann eine Drogenkarriere stets nur für den Einzelfall rekonstruieren. Dafür ist nicht zuletzt der Umstand verantwortlich, daß das Individuum nicht vollständig determiniert werden, sondern stets auch eigene subjektive Entscheidungen treffen kann, wie *Hess* es formuliert: "Solange der Mensch nicht durch organische Besonderheiten auf ein biologisches Wesen reduziert ist, solange wird er Umstände, die ihn beeinflussen, überdenken, ihre direkte Wirkung durch Reflexion brechen, aus Alternativen wählen und über sein zukünftiges Handeln entscheiden."[8]

---

1 Vgl. Quensel 1982, 181; Bühringer 1990, 22; siehe auch Pernhaupt 1986, 19.
2 Siehe unten S. 68 ff.
3 Siehe unten S. 149 ff.
4 Siehe unten 2.1.4.4.3.
5 Siehe unten 2.2.3.4.
6 Siehe unten 2.2.3.3.
7 Vgl. Böllinger/Stöver 1992, 49; Gerlach/Kemmesies 1990, 30.
8 Hess 1978, 13.

2.1.4.4 Medizinische Aspekte der Drogenabhängigkeit

2.1.4.4.1 Pharmakologische und biochemische Erkenntnisse

Opiatabhängigkeit stellt im allgemeinen ein psycho-pharmakologisches Problem dar, das vor allem dank der Forschungsergebnisse der letzten 20 Jahre, also seit etwa Anfang der siebziger Jahre, zumindest im Hinblick auf die pharmakologischen Fragen weitgehend geklärt zu sein scheint.[1] Der entscheidende Durchbruch gelang der Wissenschaft, als nachgewiesen werden konnte, daß Opiate mit dem Hirngewebe in direkte Interaktionen treten können. Dieser Befund legte den Schluß nahe, daß es im Zentralnervensystem (ZNS) spezifische Bindungsstellen (Rezeptoren) für morphinähnliche Stoffe (Opioide) geben mußte. Diese These konnte in einer Reihe von Untersuchungen mit radioaktiv markierten Opiaten im ZNS auch belegt werden.[2]

Der pharmakologische Prozeß von der Opiateinnahme bis hin zur Entwicklung einer körperlichen Abhängigkeit läßt sich daher folgendermaßen darstellen: Für die Intensität der Wirkung und den Zeitpunkt ihres Eintritts ist zunächst von größter Bedeutung, auf welche Art und Weise die Opioide dem Körper zugeführt werden. Erfolgt die Aufnahme oral über den Gastrointestinaltrakt (Magen-Darm-Trakt), dann hängt die Wirkung von der Lipophilie (Fettlöslichkeit) des verwendeten Stoffes ab. Dieser geht über das Venaporta-System schnell in die Leber, wo er metabolisiert und zum Teil wirkungslos wird. Demgegenüber führt eine parenterale Applikation, sei es als intramuskuläre oder als subkutane Injektion sowohl zu einer viel schnelleren Entfaltung der Wirkung als auch zu einer erheblichen Erhöhung der Wirkung einer bestimmten Dosis, als nach oraler Einnahme.[3] Eine intravenöse Injektion schließlich bewirkt den sofortigen Eintritt der Opioidwirkung. Das infolge der intravenösen Injektion in die Blutbahn gelangte Morphin wird zu einem Ein-Drittel-Anteil an die Plasmaeiweiße gebunden, während das restliche frei vorkommende Morphin aus der

---

1 Vgl. Grimm 1985, 155; Wüster 1981, 796.
2 Vgl. v. Wely 1989, 306; Cohen 1981b, 800; Wüster 1981, 796; Platt/Labate 1982, 7 ff.
3 Vgl. v. Wely 1989, 301.

Blutbahn austritt und sich anschließend in Organen wie den Nieren, der Leber, den Lungen, der Milz, den Nebennieren und der Schilddrüse, anhäuft. Vor allem in den Skelettmuskeln befindet sich der größte Teil der wirksamen Substanz. In Anbetracht der Tatsache, daß die pharmakologische Auswirkung der Opioide vor allem im Gehirn zustandekommt, die Blut-Hirn-Schranke jedoch nur einen ganz geringen Teil des im Körper befindlichen Morphins zum Gehirn zuläßt, geht der überwiegende Teil der möglichen Wirkungen des Morphins verloren.[1] Die Situation ändert sich jedoch schlagartig, wenn anstatt Morphin das analgetisch zweimal stärkere Heroin intravenös genommen wird. Heroin ist im Vergleich zu Morphin geringfügig stärker euphorisierend und verursacht stärker respiratorische Depressionen.[2] Das Heroin (Diacetyl-Morphin) wird im Körper sehr schnell infolge seiner Biotransformation durch Hydrolyse zu Monoacetyl-Morphin und danach zu Morphin umgewandelt. Da das Monoacetyl-Morphin stärker lipophil als der ursprüngliche Stoff ist, ist beim Heroinkonsum ein wesentlich größerer Teil dieser Substanz im Stande, die Blut-Hirn-Schranke zu überwinden. Dies begründet die Tatsache, daß Heroin sehr viel schneller als Morphin wirkt und zu dem sog. "flash-effect" führt.[3] Dabei ist interessant, daß Heroin als solches nur sehr geringe Wirkungen auf das ZNS entfaltet. Es wird nur nach seiner Umwandlung in Monoacetyl-Morphin wirksam. Dieses wiederum dient nur als "Transportmittel" zu den Aufnahmestellen im ZNS. Die pharmakologischen Effekte auf das Gehirn sind indessen Wirkungen des Morphins. Alle Heroinwirkungen auf das ZNS sind primär Folgen der Umwandlung, was nicht zuletzt dadurch deutlich wird, daß Morphin im Gehirn wesentlich länger als Heroin und das Monoacetyl-Morphin verweilt. Alle Langzeiteffekte sind demnach Auswirkungen des Morphins. Das Heroin gelangt lediglich schneller aufgrund seiner besseren Fettlöslichkeit zum Gehirn als Morphin und wird dort anschließend in Morphin transformiert. Da die Transformation von Heroin in Monoacetyl-Morphin schneller einsetzt als die pharmakologischen Wirkungen nach subkutaner Aufnahme, wird daraus gefolgert, daß die Wahl der Applikationsmethode darüber entscheidet, ob Heroin unmittelbar

---

1 Vgl. v. Wely 1989, 302; Platt/Labate 1982, 5.
2 Vgl. Platt/Labate 1982, 5.
3 Vgl. v. Wely 1989, 302; Platt/Labate 1982, 5.

auf das ZNS einwirkt.[1] Der Abbau des Morphins bzw. des in Monoacetyl-Morphin und Morphin transformierten Heroins erfolgt in der Leber, von wo es über die Nieren ausgeschieden wird. Darin liegt die relativ kurze Halbwertzeit von 2,5 bis 3 Stunden für diese Opiate begründet.[2]

Durch die direkte Einwirkung der Opiate/Opioide auf das ZNS werden keinerlei pharmakologische Effekte hervorgerufen.[3] Ihre Wirkung kommt vielmehr durch eine Besetzung spezifischer Stellen im ZNS zustande. Dabei handelt es sich um hochspezifische Rezeptorstellen, die nur solche Verbindungen annehmen, die zu ihnen passen, wie ein Schlüssel ins Schlüsselloch.[4] Die Verteilung der Rezeptoren im ZNS ist nicht gleichmäßig. Eine besondere Vorkommensdichte herrscht vor allem in Teilen des Mittelhirns und dem Rückenmark.[5] Es handelt sich hier interessanterweise um Gebiete, denen entscheidende Bedeutung bei der Schmerzübertragung zukommt.[6] Insoweit lag die Vermutung sehr nahe, daß die Rezeptoren bei der Schmerzregulation des Organismus bzw. bei der Regulation von Stimmungen eine Rolle spielten und daß ihr Vorkommen offenbar mit der Existenz endogen gebildeter Substanzen der sog. Liganden zusammenhängen könnte.[7] Die auf diese Vermutungen gestützten Untersuchungen mündeten schließlich in der Isolierung von Substanzen, die eine opiatähnliche Wirkung auf Versuchstiere ausübten. Diese Substanzen wurden als *Enkephaline* bezeichnet. Sie entfalten eine lediglich schwache kurzzeitige analgetische Wirkung.[8] Demgegenüber haben die *Endorphine* (Alpha, Beta, Gamma), die ebenfalls isoliert werden konnten, eine längere Wirkungszeit und sind analgetisch effektvoller als Morphin.[9] Sie sind ihrerseits in der Lage, eine körperliche Abhängigkeit zu erzeugen[10], die zur Toleranzentwicklung führt. Überdies läßt sich

---

1 Vgl. Platt/Labate 1982, 5.
2 Vgl. v. Wely 1989, 302; v. Bülow/Kirsche 1991, 30.
3 Vgl. v. Wely 1989, 305.
4 Vgl. Cohen 1981b, 801; Grimm 1985, 155.
5 Vgl. Wüster 1981, 797; Platt/Labate 1982, 7.
6 Vgl. Wüster 1981, 797.
7 Vgl. Cohen 1981b, 801; v. Wely 1989, 306.
8 Vgl. v. Wely 1989, 306; v. Bülow 1991a, 14 ff.
9 Vgl. v. Wely 1989, 306.
10 Vgl. Grimm 1985, 157; v. Wely 1989, 307.

sogar eine Kreuztoleranz mit exogenen Opioiden nachweisen.[1] Das β-Endorphin beispielsweise wirkt als Neurohormon im Gegensatz zu den Enkephalinen, die als Neurotransmitter fungieren.[2] Neben der Analgesie gehört zu den Aufgaben der endogenen Opioide auch die Erzeugung von Euphorie, Unterdrükkung von Hustenreiz und Obstipation.[3] Darüber hinaus sollen sie bei der emotionalen Verarbeitung von Streß sowie von Lust- und Unlustgefühlen eine Rolle spielen.[4]

Durch die Einnahme von Opiaten werden die für die endogenen Substanzen vorgesehenen Rezeptorstellen mit dem exogenen Morphin besetzt, weshalb es zu einer spezifischen Reaktion kommt. Diesen Bindungspartner bezeichnet man als Agonisten.[5] Demgegenüber gibt es Bindungspartner, die den Rezeptor zwar besetzen und ihn dadurch für andere Substanzen blockieren, jedoch nur eine geringe oder gar keine Reaktion hervorrufen. Diese Substanzen werden Antagonisten genannt.[6] Das β-Endorphin ist in der Lage, sowohl mit den Agonisten als auch mit den Antagonisten in Kreuztoleranz zu treten.[7] Dabei drängt sich unweigerlich die Frage nach der Erklärung der Entstehung der Abhängigkeit und Toleranz aus biochemischer Sicht auf. Während hinsichtlich der Entstehung psychischer Abhängigkeit mehr oder weniger nur Vermutungen angestellt werden können, die mangels gesicherter Erkenntnisse keine eindeutigen Aussagen erlauben, lassen sich im Bezug auf die Entstehung der körperlichen Abhängigkeit und Toleranz wesentlich genauere Ergebnisse präsentieren. Psychische Abhängigkeit soll auch durch die exogene Einwirkung auf die Opiatrezeptoren einerseits und durch den Zusammenhang zwischen dem im Gehirn angesiedelten "Belohnungssystem" und seiner Aufgabe der Euphorieerzeugung andererseits zustandekommen.[8] Genaueres hierüber weiß man bis dato

1 Vgl. v. Wely 1989, 307.
2 Vgl. v. Wely 1989, 307.
3 Vgl. v. Wely 1989, 307; Cohen 1981b, 801.
4 Vgl. v. Wely 1989, 307; Wüster 1981, 797.
5 Vgl. Grimm 1985, 155; v. Wely 1989, 300 ff.
6 Vgl. Grimm 1985, 155; v. Wely 1989, 300 ff. und 309 ff.; Russi 1986, 29 ff.; Cohen 1981b, 801; siehe auch Schönhöfer 1985, 101.
7 Vgl. v. Wely 1989, 307.
8 Vgl. Grimm 1989, 158 ff.; Boning 1990, 71 f.

allerdings nicht.[1] Für die Entstehung der körperlichen Abhängigkeit und Toleranz läßt sich dagegen mit einer gewissen Sicherheit sagen, daß hierbei eine entscheidende Bedeutung dem Enzym *Adenylatzyklase* zukommt. Dieses Enzym katalysiert die Bildung von zyklischem Adenosis-Monophosphat (cAMP), das ein intrazellulärer Informationstransmitter ist. Durch die exogene Opiatzufuhr wird nun in den Zellkulturen die Hemmung der Adenylatzyklase und damit einhergehenden Reduktion der Synthese von cAMP und somit eine Verminderung der neuronalen Aktivität bewirkt. Eine fortwährende Opiatzufuhr führt jedoch in wenigen Tagen zu adaptiven Prozessen, die ihrerseits die Adenylatzyklase aktivieren. Dabei wird auch die Bildung von cAMP wieder sichergestellt. Es hat sich in der Zelle eine Toleranz herausgebildet. Die Zelle ist jedoch auf die ständige Opiatzufuhr angewiesen, womit körperliche Abhängigkeit erklärt werden kann. Wird jedoch die Opiatzufuhr unterbrochen, dann kommt es folgerichtig zu einer überschießenden Aktivität des Enzym-Systems. Es treten die Entzugserscheinungen auf.[2] Durch die Bindung der Opiate an die Rezeptoren verlieren letztere also die ursprüngliche Sensibilität, was beim Ausbleiben der Opiatversorgung das Entzugssyndrom nach sich zieht.[3] Neben der zu geringen Sensibilität der Opiatrezeptoren ist aber die *Hypersensibilität* anderer Rezeptoren für die Entstehung von Abhängigkeit und Toleranz verantwortlich. Durch die Opiatzufuhr wird nämlich außer der geschilderten Enzym-Hemmung auch eine Hemmung der Abgabe anderer Neurotransmitter in die Synapsenspalte hervorgerufen. Dies führt zu einer reduzierten Besetzung der postsynaptischen Rezeptoren z.B. mit Noradrenalin, wogegen sich ebenfalls Toleranz entwickeln kann. Eine dauernde Opiatversorgung hat zur Konsequenz, daß die postsynaptischen Rezeptoren hypersensibel werden. Hierdurch wird die Wirkung der Opiate aufgehoben. Nach deren Absetzen treten aber Entzugserscheinungen auf, die in Form erhöhter Aktivität in diesen Transmittersystemen zum Ausdruck kommen.[4]

---

1 Vgl. v. Wely 1989, 307; Grimm 1985, 161.

2 Vgl. Wüster 1981, 798; v. Wely 1989, 309; v. Bülow 1991a, 22 f.; Täschner/Wiesbeck 1991, 1605 f.

3 Vgl. v. Wely 1989, 309.

4 Vgl. v. Wely 1989, 309.

2.1.4.4.2 Gesundheitliche Folgen der Drogenabhängigkeit

Die vorherrschende Vorstellung von einem Heroinabhängigen ist die eines verwahrlosten, mit unzähligen Hautabszessen übersäten, von Karies befallenen, abgemagerten "Junkies", wie sie vor allem durch die Massenmedien geprägt wird.[1] Gegen dieses Bild läßt sich auch kaum etwas einwenden, denn in der Tat passen die meisten langjährigen Heroinabhängigen wegen ihres äußeren und gesundheitlichen Zustandes in dieses Klischee.[2] Dies muß jedoch zunächst überraschen, wenn man sich vergegenwärtigt, daß selbst der jahrelang betriebene Heroinkonsum zu keinen nennenswerten psychischen, intellektuellen oder psychologischen Schädigungen führt, sofern es sich um relativ reines Heroin handelt. Diese Erkenntnis gilt inzwischen als wissenschaftlich abgesichert.[3] Hier liegt auch der entscheidende Unterschied zu den legalen gesellschaftlich akzeptierten Drogen Alkohol, der bekanntermaßen im späten Stadium zu einer Vielzahl von Folgekrankheiten (Leberzirrhose, Epilepsie etc.) führt[4], zu Tabak, dessen Genuß erwiesenermaßen die akute Gefahr des Lungenkrebses begründet[5] oder auch zu Kaffee, dessen gesundheitliche Unbedenklichkeit zumindest bisher nicht einwandfrei nachgewiesen wurde.[6] Und obwohl diese Tatsache bereits in den zwanziger und dreißiger Jahren im Rahmen von einschlägigen wissenschaftlichen Untersuchungen an Heroinabhängigen in den USA beobachtet wurde[7] und seither zumindest in der pharmakologischen Wissenschaft bekannt ist, wird sie heute noch weitgehend z.B. in den Medien verschwiegen, um hiermit, so die gängige Kritik, die geltenden Drogenverbote und die darauf sich stützende Verfolgungspraxis zu rechtfertigen.[8] Das so eindrucksvolle Bild des schwerkranken, depravierten Heroinabhängigen ist also nicht auf seine

---

1 Vgl. Quensel 1980, 5; ders. 1982, 32; ders. 1985, 15 ff.
2 Vgl. Quensel 1982, 178.
3 Vgl. Scheerer 1980, 329; ders. 1983a, 15; ders. 1983b, 86; Quensel 1982, 156; ders. 1985, 132; Grimm 1985, 143; Fuchs 1986, 10; Harding 1981, 696; Gmür/Uchtenhagen 1980, 1231; Heinen 1987, 10; Böllinger/Stöver 1992, 37; Elias 1987, 5; Newman 1987a, 17; Russi 1986, 4; Seidenberg 1990, 219; Schmidt-Semisch 1990a, 40; v. Wely 1989, 305; Scheerer/Vogt 1989, 25; Täschner 1983, 36 ff.
4 Hierzu ausführlich Teschke 1989, 111 ff.; siehe auch Heberle/Gerchow 1980, 35.
5 Hierzu ausführlich Hess 1989a, 135 ff.
6 Hierzu ausführlich Maritsch/Uhl 1989, 179 ff.
7 Vgl. Selling 1989b, 143 ff.
8 Vgl. Scheerer 1983a, 14.

Abhängigkeit als solche und auf die Wirkung der Droge zurückzuführen, sondern - grob gesagt - hauptsächlich auf die Umstände ihrer Beschaffungsschwierigkeiten und es stellt daher auch nicht die Suchterkrankung als solche dar, sondern lediglich die Summe ihrer Komplikationen. Von den primären auf die Droge als solche zurückgehenden gesundheitlichen Nebenfolgen des Heroingenusses werden neben der Verstopfung auch die bei hohen Dosierungen zuweilen auftretende Impotenz und Miose genannt.[1] Zu denken ist auch an die akute Gefahr der Abhängigkeitsherausbildung.[2] Die ansonsten bei den Heroinabhängigen anzutreffenden körperlichen Erkrankungen und Komplikationen entstehen vor allem durch eine Über- oder Unterdosierung der Opiate, durch infektiöse oder nichtinfektiöse Verunreinigungen der Droge bzw. der Injektionsutensilien, dann durch Polytoxikomanie, durch körperliche Verwahrlosung, Fehl- bzw. Mangelernährung und generell durch unhygienisches Verhalten. Sie werden im übrigen in ihrer Ausbreitung durch Prostitution und Promiskuität begünstigt.[3] Der mehrfachen Benutzung der unsterilen Injektionsgeräte ist beispielsweise die Erkrankung an der infektiösen Gelbsucht zuzuschreiben, die im Zuge der ständigen Verharmlosung jeglicher gesundheitlicher Gefahren unter den Heroinabhängigen geradezu als Statussymbol und als Zeichen der Zugehörigkeit zur Szene angesehen wird.[4] Regelmäßig anzutreffen sind auch diverse Lebererkrankungen, wie die *Hepatitis A und Hepatitis B*, wobei erstere als Folge mangelnder Hygiene , letztere dagegen als Folge der parenteralen Applikation u.a. durch einen Kontakt mit der Injektionsnadel entsteht.[5] Aus der Fülle der möglichen Lungenerkrankungen ist vor allem das infolge der Überdosierung oft auftretende *Lungenödem* zu nennen.[6] Zu Überdosierungen kommt es vor allem deshalb, weil das auf dem Markt erhältliche Heroin regelmäßig zwecks Gewinnmaximierung mit anderen Substanzen wie Milchzucker, Gips,

---

1 Vgl. Russi 1986, 4; Scheerer 1983a, 14.

2 Vgl. Scheerer 1983a, 14; Schmerl 1984, 169. Die traditionelle Sichtweise, wonach schon die bloße Abhängigkeit von Drogen stets als eine Krankheit aufzufassen ist, wird mittlerweile aber zunehmend mit guten Gründen in Frage gestellt, hierzu ausführlicher siehe unten 4.1.5.1.2.

3 Vgl. Russi 1986, 4.

4 Vgl. Kreuzer 1987a, 47.

5 Vgl. v. Elpen 1989, 313 ff.; Täschner 1983, 36; Platt/Labate 1982, 39 ff.; Elias 1992, 94 f.; Ramström 1984, 196; siehe auch May/Prack/Rosenstock 1980, 13.

6 Vgl. v. Elpen 1989, 314.

Strychnin, Säure etc. gestreckt ist.[1] Die darin lauernde Gefahr ergibt sich zum einen aus der Gefährlichkeit der Beimengungen selbst[2] aber auch und vor allem aus der Unkenntnis des tatsächlichen Heroinanteils in der Injektion.[3] Der Reinheitsgrad des Heroins schwankt zum Teil erheblich. Die Schwankungsbreite soll sogar zwischen 5 % und 90 % betragen.[4] *Penkert* und *Sonnewald* haben auf jeden Fall für das ehemalige West-Berlin festgestellt, daß die größte Schwankung des Heroingehalts 1980, als er zwischen 7 % und 65 %, bzw. 1983, als er zwischen 10 % und 60 % lag, zu verzeichnen war.[5] Es erscheint also durchaus wahrscheinlich, daß im Extremfall der Reinheitsgehalt des Heroins zwischen 5 % und 90 % liegt. Bei einer Überdosierung steigert sich das Gesundheitsrisiko bis hin zum Tod, der nicht selten eintritt.[6] Nicht zuletzt wegen der Heroinverknappung weichen die Abhängigen auf andere Substanzen wie Alkohol, Barbiturate etc. aus, was ebenfalls erhebliche Gesundheitsrisiken in sich birgt.[7] Die *Endokarditis* als die wichtigste Veränderung des Herzens ist ebenfalls auf das Heroin-Injizieren zurückzuführen, wobei hier vor allem die bakterielle Endokarditis zu nennen ist. Diese Form hängt, so vermutet man, weitgehend damit zusammen, daß injizierte Verunreinigungen (Watteteilchen etc.) rezidivierende Mikrotraumata der Herzklappen verursachen, was wiederum Mikrothromben nach sich zieht, die als Brutstätten für virulente Mikroorganismen dienen sollen.[8] Diese Krankheit hat oft ebenfalls einen tödlichen Verlauf.[9] Aus der nahezu unüberschaubaren Fülle aller möglichen sekundären gesundheitlichen Komplikationen, die den Heroinkonsum unter den gegenwärtigen Markt- und Kontrollbedingungen begleiten[10], seien exemplarisch noch die ausgedehnten Thrombophlebitiden[11], venöse und arterielle Gefäßverschlüsse, die zu Extremitätenverlusten führen können, neben den bakteriellen auch die

---

1 Vgl. Russi 1985, 5 ff.; Hess 1989a, 456.
2 Vgl. Böllinger/Stöver 1992, 25.
3 Vgl. Platt/Labate 1982, 35; Hess 1989a, 456.
4 Vgl. Quensel 1982, 318, Fn. 158.
5 Vgl. Penkert/Sonnewald 1987, 254.
6 Vgl. Platt/Labate 1982, 35; siehe auch unten 2.1.4.4.3.
7 Vgl. Böllinger/Stöver 1992, 29; Schmidt-Semisch 1990a, 42.
8 Vgl. v. Elpen 1989, 315; Platt/Labate 1982, 38.
9 Vgl. Platt/Labate 1982, 38.
10 Vgl. Elias 1987, 3; ausführlich Platt/Labate 1982, 36 ff., 47 und insbesondere Russi 1986, 45 ff.
11 Vgl. v. Elpen 1989, 315.

Pilzinfekte, Milz- und Nierenabszesse[1], Karies[2] etc. angeführt.[3] Der Zwang zur unkontrollierten Prostitution führt bei den weiblichen Abhängigen zu einer Erhöhung der Auffälligkeit für Geschlechtskrankheiten.[4] Gefährdet sind auch die Kinder, deren Mütter bereits vor der Geburt drogenabhängig waren, wobei sich diese Gefährdung vornehmlich aus der Lebensweise der Mütter und nicht der Droge selbst ergibt. Hier wirkt sich das polytoxikomane Verhalten der Mutter auf das Kind besonders negativ aus.[5] Der körperliche Allgemeinzustand der Heroinabhängigen mit langen "Karrieren" ist in der Regel auch äußerst schlecht. Ursächlich hierfür ist vor allem deren dissoziale Lebensweise, die ihnen durch die rechtlichen Gegebenheiten geradezu aufgezwungen wird.[6] Das überwiegend durch die Verfolgungspraxis bedingte hohe Preisniveau des Heroins[7] und dessen hohe Tagesaufwendungen[8] treiben die Drogenabhängigen in die Beschaffungskriminalität[9], weshalb sie weder Interesse noch Geld haben, sich um grundlegende Bedürfnisse wie Wohnen, körperliche Hygiene etc. zu kümmern. Hinzu kommen die katastrophalen Ernährungsgewohnheiten.[10] Die zunehmende Brutalisierung der Heroinszene[11] und die Verringerung der Schmerzempfindlichkeit, mit der eine erhöhte Schwellenangst gegenüber ärztlicher Versorgung, weil sonst die Drogenabhängigkeit bekannt werden würde, einhergeht[12], tragen ihr übriges dazu bei, daß im Einzelfall vielfach schon von einer gesundheitlichen Verwahrlosung gesprochen werden kann.[13] Eine neue Dimension des Heroinproblems stellt schließlich das AIDS-Problem dar.[14]

---

1 Vgl. Elias 1987, 3.
2 Vgl. Täschner 1983, 36 ff.; Ramström 1984, 197.
3 Hierzu zusammenfassend Täschner/Wiesbeck 1991, 1607 f.
4 Vgl. Quensel 1982, 156.
5 Vgl. Quensel 1982, 15; siehe auch Ramström 1984, 197 ff.
6 Hierzu im einzelnen siehe unten 2.2.2.5.
7 Vgl. Quensel 1982, 161; siehe auch unten S. 149.
8 Nach Quensel 1982, 161 muß der Heroinabhängige zwischen DM 50,- und DM 300,- täglich aufbringen, um seine Tagesration bezahlen zu können; siehe auch Scheerer 1985a, 39.
9 Hierzu im einzelnen siehe unten S. 144 f., 150.
10 Vgl. Russi 1986, 4; Kapuste 1986, 84; v. Wely 1989, 305; Michaelis 1990, 101.
11 Vgl. Schuller/Stöver 1989, 29; Quensel 1982, 161; Noller 1989, 155.
12 Vgl. Quensel 1982, 156.
13 Vgl. Moll 1990, 59.
14 Hierzu im einzelnen siehe unten 2.1.4.4.4.

Hinsichtlich der psychischen Komplikationen, denen ebenfalls Heroinkonsum zugrundeliegen soll, wird in Psychiaterkreisen häufig auf die Herausbildung des sogenannten *amotivationalen Syndroms*, das aus den Symptomen Euphorie, Apathie und Passivität besteht, hingewiesen.[1] Dieses wird durch "Gleichgültigkeit gegenüber der Umgebung, der eigenen Person, Interessenlosigkeit gegenüber den Belangen des Alltags, Passivität im Hinblick auf das eigene Schicksal" gekennzeichnet.[2] Es liegt zwar unter Berücksichtigung der gesamten Situation der Heroinabhängigen, insbesondere des auf ihnen tagtäglich lastenden Beschaffungsdrucks unter den prohibitiven Bedingungen und den damit zusammenhängenden Folgekonsequenzen (gesundheitliche Verwahrlosung etc.), sehr nahe, daß dies alles sichtbare Spuren an Geist, Psyche, Moral und Körper der Abhängigen hinterlassen kann.[3] Es erscheint aber fraglich, ob die von der Psychiatrie mitgeteilten Verhaltensmuster als Symptome eines pathologischen Zustandes aufzufassen sind. Es ist nämlich genauso gut möglich, daß sich in solch einem Verhalten, das die Psychiater mit den Begriffen Euphorie, Apathie und Passivität zu umschreiben versuchen, lediglich eine Ausdrucksform der persönlichen Einstellung des Drogenkonsumenten gegenüber den Normen und Werten konventioneller Gesellschaft widerspiegelt und nicht eine als Krankheit aufzufassende psychische Veränderung. Im übrigen ist selbst bei einer unterstellten Richtigkeit des psychiatrischen Ansatzes noch nichts über die Ursache einer derartigen Persönlichkeitsveränderung gesagt, ob es sich hier also um pharmakologisch bedingte oder lediglich um sozialbedingte Folgen des Heroinkonsums handelt. Nicht zuletzt mangels eincs schlüssigen Nachweises der Drogenursächlichkeit weist alles auf den engen Zusammenhang zwischen einer möglichen psychischen "Abweichung" und den sozialen und gesellschaftlichen Bedingungen, unter denen Drogenkonsum stattfinden kann, hin.[4] Diese Vermutung wird auch dadurch erhärtet, daß beim Opiatkonsum Psychosen als die schwerwiegenden psychischen Veränderungen, z.B. in Form von Schizophrenien offenbar äußerst selten vorkommen.[5] Anders dagegen beim Alkoholkonsum.[6]

---

1 Vgl. Täschner 1983, 38.
2 So Täschner 1983, 38.
3 Vgl. Schmidt-Semisch 1990a, 45; Nusselt 1980, 148 ff.; Elias 1992, 95.
4 Vgl. Schmidt-Semisch 1990a, 44; Elias 1992, 95.
5 Vgl. Täschner 1983, 134; hierzu ausführlich Bron 1991, B-1654.
6 Vgl. Teschke 1989, 111.

2.1.4.4.3 *Mortalitätsrisiko bei intravenösem Drogenkonsum*

Insbesondere durch die regelmäßigen Veröffentlichungen der Zahlen der Drogentoten von seiten der amtlichen Stellen, allen voran des Bundeskriminalamtes, in Form der jährlichen Todesfallstatistik, aber auch seitens der Massenmedien, hier vor allem der Presse, die die Bevölkerung - sozusagen - auf dem Laufenden hält, indem die einzelnen als Drogenopfer vermuteten Toten einzeln gezählt werden und nicht selten der Zeitung sogar eine Schlagzeile wert sind[1], dringt das Drogenproblem in das öffentliche Bewußtsein ein. Dabei wird die Drogentotenstatistik häufig auch als ein Indikator für eine Entspannung oder eine Verschärfung des Drogenproblems angesehen.[2] Der jährlichen Statistik des Bundeskriminalamtes läßt sich so entnehmen, daß in den achtziger Jahren nach einem zunächst kurzzeitigen Rückgang der Zahl der Drogentoten, als 1983 noch 472, im darauf folgenden Jahr 1984 361 und 1985 gar nur 324 Tote gezählt wurden, ein ansonsten stetiger Anstieg der im Zusammenhang mit Drogenkonsum stehenden Totenzahlen zu verzeichnen war.[3] Die bisher höchste Steigerungsrate gab es 1988. Diese betrug in einem Jahr ca. 52 % gegenüber dem Vorjahr. So standen den 442 Drogentoten des Jahres 1987 670 Drogentote des Jahres 1988 gegenüber. 1989 wurde eine Steigerung um ca. 48 % (991 Drogentodesfälle) gegenüber dem Jahr 1988[4] und 1990 eine um ca. 46 % (1.491 Drogentodesfälle) gegenüber dem Vorjahr registriert. 1991 wurde erstmalig die 2.000-Grenze mit genau 2.125 Drogentoten überschritten.[5] Auch wenn die Zuverlässigkeit der polizeilichen Drogenstatistiken nicht von vornherein in Frage gestellt werden sollte, da sie sicherlich zumindest grobe Tendenzen in der Mortalitätsentwicklung innerhalb der Drogenszene anzudeuten vermag, bedarf sie gleichwohl einiger Relativierungen, die es bei der Diskussion der jeweiligen Totenzahlen stets zu berücksichtigen gilt. Zunächst läßt sich einwenden, daß in der Todesfallstatistik die jüngeren Drogentoten gegenüber den älteren überrepräsentiert sind, was mit der schlichten Tatsache zusammenhängt, daß jüngere Drogenkonsumenten öfter an auffälligen Orten der Drogenszene (öffentliche

1 Vgl. Scheerer 1980, 328.
2 Vgl. Leune 1990, 39; Lange 1986, 105 ff.
3 Vgl. Bundeskriminalamt 1991, 194.
4 Vgl. Leune 1990, 39.
5 Siehe Bundeskriminalamt 1992, 190.

Toiletten etc.) gefunden und obduziert werden. Ältere Drogenkonsumenten hingegen sterben nicht selten im klinischen Bereich, wo sie hinsichtlich der Todesursache anders deklariert werden.[1]Gleiches dürfte für die Aussteiger aus der Drogenszene gelten, die in ihrem privaten Bereich sterben. Der Jahresstatistik des Bundeskriminalamtes über Drogentote liegt die Meldepflicht aller Todesfälle zugrunde, die als "Drogentod" zu qualifizieren sind und "die in einem kausalen Zusammenhang mit mißbräuchlichem Konsum von BtM oder als Ausweichmittel verwendeten Ersatzmittel stehen. Darunter fallen insbesondere: Todesfälle in beabsichtigter oder unbeabsichtigter Überdosierung, Todesfälle aufgrund langzeitigen Mißbrauchs, Selbsttötung aus Verzweiflung über die Lebensumstände oder unter Einwirkung von Entzugserscheinungen sowie tödliche Unfälle von unter Drogeneinfluß stehenden Personen."[2] Die Meldepflicht ändert aber nichts an dem Umstand, daß infolge der sehr häufig vorliegenden Polytoxikomanie der Befund hinsichtlich der Todesart und Todesursache zumeist nur spekulativ angedeutet werden kann.[3] Es ist anzunehmen, daß viele Todesfälle, wo auch beispielsweise Alkohol im Spiel war, des öfteren nicht auf Drogen als deren primäre Ursache zurückgeführt werden und folglich in der Statistik keinen Niederschlag finden.[4] Genausowenig dürften Suizide in der Jahresstatistik des Bundeskriminalamtes auftauchen, die ohne medikamentöse Form wie Erhängen, Erschießen etc., ausgeführt wurden.[5] Suizide der Familienangehörigen des Drogenabhängigen aus Verzweiflung über die Abhängigkeit dürften ebensowenig erfaßt werden, wie Todesfälle, die im Ausland, z.B. in den Niederlanden, eintreten. Zu denken ist letztlich an Fälle, wo ein Abhängiger wegen einer Überdosis ins Krankenhaus eingeliefert wird, dann aber zwei Wochen später beispielsweise an Thrombose stirbt, oder wo ein an AIDS infolge der Mehrfachbenutzung des Spritzbesteckes erkrankter Abhängiger an einer Lungenentzündung stirbt. Beiden dieser Fälle dürfte gemeinsam sein, daß sie von der Statistik nicht berücksichtigt werden.[6]

---

1 Vgl. Kreuzer 1987a, 13 ff.; ders. 1988a, 19.
2 So Bundeskriminalamt 1991, 194.
3 Vgl. Heberle/Gerchow 1980, 30; Scheerer 1989a, 293.
4 Vgl. Scheerer 1989a, 293.
5 Vgl. Keup 1984, 91; Scheerer 1989a, 293; Leune 1990, 41.
6 Vgl. Leune 1990, 42.

Ungeachtet dieser Vorbehalte kann derzeit für die Bundesrepublik von einer Mortalitätsrate, worunter man im allgemeinen das Verhältnis der Zahl der jährlich gestorbenen Abhängigen zu der angenommenen Gesamtzahl der Abhängigen versteht[1], von ca. 20 % ausgegangen werden.[2] Als Ursache dieser hohen Mortalitätsrate wird vielfach vor allem die Überdosierung angenommen. Diese liegt in der Regel dann vor, 1. wenn nach einer Entwöhnungsphase mit nachfolgendem Toleranzverlust eine vor der Abstinenz übliche Dosis injiziert wird, 2. wenn das Wirkungspotenzial des Heroins nicht genau bekannt ist und der Konsument im Einzelfall auf sehr viel stärkeres Heroin trifft, als das von ihm bisher eingenommene, 3. wenn die bewußte Herbeiführung des Todes mittels der Injektion angestrebt wird (Selbstmordversuch).[3] Der Tod durch Überdosis führt so die Statistik des Bundeskriminalamtes für das Jahr 1989 hinsichtlich der Todesursachen mit 44,2 % an.[4] Gegen die zu vorschnelle bzw. zu häufige Annahme einer Überdosis ist jedoch vielerorts Kritik laut geworden. Diese Kritik knüpft zunächst an die formellen Voraussetzungen der Todesursachenfeststellung an, insbesondere daran, daß es bisher noch keine allgemeine Obduktionspflicht, die beispielsweise die Häufigkeit und den Umfang einer Obduktion regeln würde, gebe.[5] Oftmals werde daher aufgrund der Auffindungssituation, z.B. mit der Nadel in der Hand, auf Heroinüberdosierung geschlossen. Weitere Untersuchungen, die die Feststellung einer Mischintoxikation zum Ziel hätten, blieben dann in der Regel aus.[6] Im übrigen wird auf die Schwierigkeiten hingewiesen, die sich aus den pathologisch-biologischen Befunden selbst ergeben, was nur bedingt eine exakte Differenzierung zwischen den möglichen Todesursachen zulasse.[7]

---

1 Vgl. Penkert/Sonnewald 1987, 253.
2 Vgl. Lange 1986, 108; Penkert/Sonnewald 1987, 253; Kreuzer 1987a, 14.
3 Vgl. v. Elpen 1989, 315; Platt/Labate 1982, 35; Ramström 1984, 193.
4 Vgl. Leune 1990, 40.
5 Vgl. Kreuzer 1988a, 19; Leune 1990, 40.
6 Vgl. Leune 1990, 40; siehe auch Neurath 1980, 464, der ausführt, daß der Begriff der Überdosis in den USA umstritten sei. Der Begriff soll vielmehr eine Erfindung der Leichenbeschauer bzw. der Journalisten sein, die von einer Überdosis sprechen, wenn ein Drogenabhängiger tot aufgefunden wird, mit der Nadel in der Hand oder unter der Haut und eine unmittelbare Todesursache sich nicht gleich finden läßt.
7 Vgl. Grimm 1985, 97; hierzu ausführlich Heberle/Gerchow 1980, 30 ff.

Mittlerweile werden Überlegungen dahin angestellt, daß es eigentlich wenig Sterbefälle gebe, denen ausschließlich die unmittelbare Wirkung des verabfolgten Heroins zugrundeliege.[1] Dies wird aus der Tatsache gefolgert, daß bei vielen der zunächst angeblich an einer Überdosis gestorbenen Abhängigen hinterher sich oft noch eine Mischintoxikation feststellen läßt. Diese Abhängigen standen also bereits vor der Heroininjektion unter Einfluß von Alkohol und/oder Barbituraten.[2] In der Tat ist in der Szene die Sitte stark verbreitet, bei Nichtverfügbarkeit des Heroins zur Dämpfung der Entzugserscheinungen Barbituratpillen und Alkohol einzusetzen, die ihrerseits depressiv auf das Atemzentrum wirken. Eine Heroininjektion unter der Wirkung der Überbrükkungsmittel kann so sehr schnell zu einer Überdosisbewußtlosigkeit führen.[3] In diesem Zusammenhang ist die von *Penkert* und *Sonnewald* gemachte Beobachtung anzuführen, daß der mit der Verknappung des Angebots einhergehende Rückgang des Heroinreinheitsgehalts nicht unbedingt sofort, was eigentlich naheliegen würde, zu einem Absinken der Mortalität führt, weil dann offenbar sofort ein Ausweichen auf Ersatzdrogen (Methadon etc.), deren Gefährdungspotential die Abhängigen offenbar nicht kennen, erfolgt. Erst bei länger gleichbleibendem niedrigen Reinheitsgehalt des Heroins und der gewachsenen Kenntnis über die neuen Risiken läßt sich ein Rückgang der Sterblichkeit in der Szene feststellen.[4] Zu Überdosierungen kann es schließlich kommen, wenn auf dem Schwarzmarkt Heroin auftaucht, dessen Wirkungspotential nicht bekannt ist, und es entweder sehr rein ist, was übrigens äußerst selten vorkommt, oder – ganz im Gegenteil – es größtenteils mit anderen Substanzen, die ihrerseits ein Gefährdungspotential in sich tragen[5], gestreckt ist.[6] Nach Abstinenzphasen aufgrund von Entzugstherapien oder von Aufenthalten in den Strafvollzugsanstalten kann es wegen des Toleranzverlustes ebenfalls zu Überdosierungen kommen, wenn die ursprüngliche Heroindosis injiziert wird.[7]

---

1 Vgl. Heberle/Gerchow 1980, 30; v. Elpen 1989, 316; de Ridder 1991, 29.
2 Vgl. v. Elpen 1989, 316; Russi 1986, 39; Stein-Hilbers 1980, 17.
3 Vgl. Scheerer 1989a, 293.
4 Vgl. Penkert/Sonnewald 1987, 256; siehe auch Russi 1986, 39.
5 Siehe oben S. 68 f.
6 Vgl. Scheerer 1989a, 293.
7 Vgl. Scheerer 1989, 293; Quensel 1982, 157; Böllinger/Stöver 1992, 29; siehe auch Trüg 1992, 39 ff.

Bei einer Heroinüberdosis kommt es in der Regel zu einer Atemlähmung, die mit einem Opiatantagonisten, z.B. Naloxon, behoben werden kann.[1] Dabei muß allerdings stets bedacht werden, daß dieser Antagonist nur eine relativ kurze Halbwertzeit hat, was bei Behandlung langwirkender Opiate die Wiederholung der Injektion nach spätestens 1 Stunde erforderlich macht, da der Patient sonst wieder ins Koma fällt.[2] Wenig bekannt ist auch die Tatsache, daß für die hohe Mortalitätsrate vor allem Krankheiten verantwortlich sind, die mit dem Heroinkonsum im Zusammenhang stehen, jedoch von reinem Heroin nicht verursacht werden.[3] Denn viele der Krankheiten, von denen die Heroinabhängigen regelmäßig befallen werden[4], führen entweder selbständig oder im Zusammenwirken mit allen anderen Leiden zum Tode.[5]

Problematisch, ja geradezu mysteriös sind indessen jene Fälle, die ohne vorausgegangene Entgiftung und ohne erkennbare Dosissteigerung noch mit der Nadel in der Vene aufgefunden werden. Zur Erklärung dieses Phänomens werden verschiedene Überlegungen angestellt. Man vermutet, daß in einzelnen Fällen möglicherweise das zu schnelle Injizieren den Tod herbeiführen könne bzw. daß eine allergische Hypersensitivität eintrete. Ein Schocktod wird ebenfalls in Erwägung gezogen.[6] Sehr wahrscheinlich erscheint auch die These, daß der durch langen vorausgegangenen intravenösen Konsum reduzierte Gesundheitszustand (bakterielle Endokarditis etc.)[7] den plötzlichen Todeseintritt begünstigt.[8] Einen beträchtlichen Anteil an den Drogentodesfällen nehmen auch Suizide ein, die vor allem auf eine gezielte Überdosis zurückzuführen sein dürften. Während das Bundeskriminalamt von 9,5 % der Suizidfälle im Jahre 1989 spricht[9], wird allgemein angenommen, daß die Selbstmordquote weitaus

---

1 Vgl. Quensel 1982, 157; v. Elpen 1989, 317.
2 Vgl. v. Elpen 1989, 317; siehe auch oben S. 65.
3 Vgl. Platt/Labate 1982, 31; Scheerer 1989a, 293.
4 Siehe Russi 1986, 45 ff.; Platt/Labate 1982, 36 - 47; siehe auch oben S. 68 ff.
5 Vgl. Platt/Labate 1982, 31 ff.
6 Vgl. Heberle/Gerchow 1980, 30; v. Elpen 1989, 316; Scheerer 1989a, 293 ff.; Ramström 1984, 194.
7 Siehe oben S. 69.
8 Vgl. Platt/Labate 1982, 35; Scheerer 1989a, 294.
9 Vgl. Leune 1990, 40.

höher liegt.[1] Der Grund, der die Abhängigen in den Selbstmord treibt, wird vor allem in ihrer ausweglosen psychosozialen Situation gesehen.[2] Es ist daher vor allem als eine Verzweiflungstat zu verstehen, um u.a. der gesundheitlichen Verwahrlosung, den sozialen Auswirkungen der Drogenabhängigkeit[3], und nicht zuletzt dem Streß der Szene mit ihrer konkurrenzbedingten Brutalisierung und schließlich der gesellschaftlichen Reaktion auf die Drogenabhängigkeit zu entgehen. Als Todesursachen können außerdem in Frage kommen: Wahnhandlungen, drogenbedingte Straßenverkehrsunfälle. Letztlich ist an Todesfälle zu denken, die aufgrund vorsätzlichen oder fahrlässigen Verhaltens anderer herbeigeführt werden.[4]

Das Mortalitätsrisiko ist nach allem sehr eng mit den sozialen Umständen des Drogenkonsums verknüpft. Die sozialen Faktoren spielen jeweils in erheblichem Ausmaß bei nahezu allen Todesursachen eine Rolle. Dies gilt ebenfalls bei Überdosierungen, bei denen als Ursache überwiegend die Wirkungen der Droge selbst angenommen werden. Vergessen wird dabei aber, daß es sich bei den Überdosierungen nicht um spezifische Wirkungen der Droge selbst, sondern vielmehr um Fehler des Konsums handelt, die sich im Gefolge der sozialen Umstände, unter denen Drogen derzeit überhaupt konsumiert werden können, regelmäßig einstellen. Das Ausbleiben amtlicher Qualitätskontrollen beispielsweise, die den Abhängigen Kenntnis vom Reinheitsgrad und dem darauf basierenden Wirkungspotential des von ihnen zu konsumierenden Heroins vermitteln würden, um entsprechend ungefährlich dosieren zu können, ist ein wichtiger sozialer Faktor, der der Sterblichkeit auf der Szene Vorschub leistet.[5] Die Ausbreitung infektiöser Krankheiten unter den Abhängigen, die letztendlich zum Tode führen, ist auch nicht der Droge selbst, was bereits bei der Erörterung der gesundheitlichen Folgen der Drogenabhängigkeit festgestellt wurde[6], zuzu-

---

1 Vgl. Quensel 1982, 169, der eine Suizidrate von 14 % bis 18 % für die Bundesrepublik annimmt; Grimm 1985, 96, geht sogar von einer Quote von 14 % bis 48 % aus; siehe auch Platt/Labate 1982, 34; Schmidt-Semisch 1990a, 42; Elias 1992, 95.
2 Vgl. Scheerer 1980, 329; ders. 1989a, 295; Quensel 1982, 157; Böllinger/Stöver 1992, 29.
3 Siehe unten 2.1.4.5.
4 Vgl. Kreuzer 1987a, 14; ders. 1988a, 14 ff.
5 Vgl. Scheerer 1989a, 293.
6 Siehe oben 2.1.4.4.2.

schreiben, sondern liegt ebenfalls weitgehend in den gesamten Umständen des Konsums begründet. Zu nennen sind hier abermals die Applikationsform, insbesondere die gefährlichste Form der intravenösen Injektion mit den sie begleitenden unhygienischen Bedingungen.[1]

Da schließlich Suizide in der Drogenszene u.a. als eine Reaktion auf die sozialen und gesundheitlichen Folgen des Drogenkonsums, die allerdings nicht von der Droge selbst ausgelöst werden, sondern weitgehend in den sozialen Umständen des Konsums begründet liegen, zu verstehen sind, wird deutlich, daß das Mortalitätsrisiko, wie überhaupt das Gesundheitsrisiko, eine soziale Dimension besitzt, die es in erheblichem Maße beeinflußt.[2] Durch die spezifische gesellschaftliche Reaktion auf die Drogenabhängigkeit wird dieses Risiko noch erheblich gesteigert.[3]

2.1.4.4.4 Drogenabhängigkeit und AIDS

Die Krankheit *Aquired Human Immune Deficiency Syndrome* (AIDS) breitet sich seit etwa 1982 auch in der Bundesrepublik aus.[4] Nachdem zum ersten Mal im Herbst 1983 hierzulande auf den engen Zusammenhang zwischen einem Infektionsrisiko und dem intravenösen Drogenkonsum hingewiesen wurde, ließ sich in der Nachfolgezeit ein stetiger Anstieg der Infizierungen bzw. Erkrankungen, insbesondere unter den Heroinabhängigen feststellen.[5] Im allgemeinen geht man davon aus, daß die intravenösen Drogenabhängigen (Fixer) nach den promiskuösen homosexuellen Männern zu der Gruppe gehören, die am meisten gefährdet ist, sich mit dem Virus LAV bzw. HTLV-3 oder, wie es heute kurz bezeichnet wird, HIV[6] zu infizieren[7] und vielleicht an AIDS zu erkranken. Bei der Krankheit lassen sich grob drei Stadien unterscheiden. Das erste Stadium

1 Vgl. Scheerer 19891, 294 ff.; siehe auch unten S. 150 f.
2 Vgl. Scheerer 1989a, 294.
3 Hierzu im einzelnen siehe unten 2.2.2.5.
4 Vgl. Arnold/Frietsch 1987, 238; Schuller/Stöver 1989, 21.
5 Vgl. Bossong 1988, 79.
6 Abkürzung für Human Immune Deficiency Virus.
7 Vgl. Zoulek/Gürtler/Eberle/Lorbeer/Deinhard 1986, 567; Schuller/Stöver 1989, 21; Keup 1990a, 230.

beginnt mit der Infektion, die jedoch zunächst arm an Symptomen ist.[1] Da das HIV eine sehr geringe Kontagiosität, also Ansteckungsfähigkeit, besitzt, die Voraussetzung dafür ist, daß ein Virus als ein Krankheitserreger wirken kann, ist das Risiko, sich mit diesem Virus zu infizieren, eher gering.[2] Es wird durch Einbringung von erregerhaltigen Körperflüssigkeiten (Blut, Genitalsekrete) über verletzte Haut oder Schleimhäute in die Blutbahn übertragen.[3] Als Hauptübertragungsweg gilt daher der homo- und heterosexuelle Verkehr.[4] Dann folgen der gemeinsame Nadelgebrauch der Drogenabhängigen, Bluttransfusionen, Vergabe von Blutpräparaten an Hämophyliker und die intrauterine Übertragung von einer infizierten Schwangeren auf den Embryo.[5] Wegen der geringen Kontagiosität des HIV bedarf es zur Infektion einer hohen Infektionsdosis, einer Makroinokulation. Aus diesem Grunde führen beispielsweise Nadelstichverletzungen nicht in jedem Fall zur HIV-Übertragung, wohl aber zu einer Infektion mit Hepatitis B und von Kryptokokken, da diese Krankheiten wesentlich leichter übertragbar sind.[6] Demgemäß wurde eine Infektionsrate für das Hepatitis-B-Virus von 25 % ermittelt, während die des HIV lediglich etwa 0,3 % betragen soll.[7] Nach einer Inkubationszeit von etwa 6 Wochen, während deren das Virus in der Regel serologisch negativ, also noch nicht nachweisbar ist, können allmählich die Antikörper auftreten. Die Zeitspanne kann aber wesentlich länger sein, angeblich über ein halbes Jahr, wobei noch nicht feststeht, ab welchem Zeitpunkt trotz vorhandener Infektiosität die eigene Fähigkeit beginnt, andere anzustecken.[8] Für den Nachweis einer HIV-Infektion werden zwei Methoden angewandt, der ELISA-Test (Enzyme Linked Immunosorbent Assay) und bei positivem Ergebnis der sich ihm anschließende Western-Blot bzw. Immunoblot-Test.[9] Beiden Testarten ist gemeinsam, daß sie nicht das Virus direkt, sondern nur das Vorhandensein von Antikörpern gegen das HIV anzeigen, was das Testverfahren unzuverlässig macht, da beim Vorkommen

---

1 Vgl. Scheerer 1989a, 295.
2 Vgl. Gürtler/Eberle/Deinhard 1986, 267; Scheerer 1989a, 296; ders. 1989b, 165.
3 Vgl. Scheerer 1989a, 296.
4 Vgl. Scheerer 1989a, 296; Gürtler/Eberle/Deinhard 1986, 267.
5 Vgl. Scheerer 1989a, 296; ders. 1989b, 165; hierzu ausführlich Koch 1990, 305 ff.
6 Vgl. Gürtler/Eberle/Deinhard 1986, 267; Scheerer 1989a, 296.
7 Vgl. Scheerer 1989a, 296; ders. 1989b, 165.
8 Vgl. Scheerer 1989a, 296.
9 Vgl. Scheerer 1989a, 296; Gürtler/Eberle/Deinhard 1986, 267.

ähnlicher Antikörper leicht eine Fehldiagnose gestellt werden kann.[1] Im zweiten Stadium kommt die Krankheit zum Ausbruch (das Lymphadenopathiesyndrom). Die Latenzzeit beträgt durchschnittlich fünf Jahre[2], kann aber auch bis zehn Jahre oder länger dauern.[3] Der Ausbruch der Krankheit äußert sich durch eine generalisierte Lymphknotenschwellung an mindestens zwei Körperstellen und durch die "unspezifischen Symptome" wie Nachtschweiß, Fieber und Durchfall ohne Erregernachweis, Gewichtsverlust, ggf. Hautveränderungen. Das zweite Stadium kann wiederum fünf Jahre dauern, wobei die Infizierten schon mehr oder weniger stark beeinträchtigt und vermindert erwerbsfähig sind. In dem dritten Stadium (Endstadium) kommt es zu einer Herauskristallisierung des sog. Vollbildes der HIV-Infektionskrankheit AIDS, das durch verschiedene lebensbedrohliche Infektionen gekennzeichnet ist. Dabei sterben 95 % der Infizierten innerhalb von 3 Jahren, die das Vollbild aufweisen. Es ist bisher nicht bekannt, daß jemand wieder gesund geworden wäre.[4]

Die Ausbreitung der AIDS-Krankheit bei den Drogenabhängigen verlief in dem vergangenen Jahrzehnt in der Bundesrepublik Deutschland sehr rasant. War 1981 noch in ganz Europa nur ein AIDS-Fall unter den intravenösen Drogenabhängigen bekannt und bestand noch bis etwa 1983/84 eher kein Anlaß zur Beunruhigung[5], so änderte sich die Situation in der Folgezeit entscheidend.

Zoulek et. al untersuchten die Seren von 927 intravenösen Drogenabhängigen aus den Jahren 1983 bis 1985 und stellten dabei fest, daß 1983 die HIV-Antikörperprävalenz bei 10,1 %, 1984 bei 17,6 % und 1985 gar bei 23,9 % lag.[6] *Kleiber* gibt als das Ergebnis einer 1989 durchgeführten Befragung von mehr als 1.250 intravenösen Drogenabhängigen an, daß eine durchschnittliche Prävalenzrate von 19,9 % ermittelt werden konnte. Dabei ergab sich eine regionale

1 Vgl. Scheerer 1989a, 296.
2 Vgl. Plaut/Ramloch-Sohl 1987, 281; Scheerer 1989a, 296.
3 Vgl. Scheerer 1989a, 296; siehe auch Koch 1990, 307.
4 Vgl. Scheerer 1989a, 296; ders. 1989b, 167.
5 Vgl. Velimirovic 1990, 4, der davon berichtet, daß bis 1984 lediglich zwei Patienten in Europa bekannt gewesen seien, deren *einziger* Risikofaktor ihre Drogenabhängigkeit gewesen sein sollte.
6 Vgl. Zoulek/Gürtler/Eberle/Lorbeer/Deinhardt 1986, 567.

Schwankungsbreite zwischen 24 % (für West-Berlin) und 9,7 % (für Hamburg).[1] Im allgemeinen werden aber für die Bundesrepublik Deutschland (alte Bundesländer) unter Berücksichtigung regionaler Unterschiede wesentlich höhere Prävalenzraten angenommen.[2] Überproportional hoch ist dabei der Anteil der weiblichen Drogenkonsumenten, die mit HIV infiziert sind.[3]

Als mögliche Infektionswege werden in den Fachkreisen vor allem die gemeinsame Benutzung von möglicherweise kontaminierten Infektionsspritzen (Needle Sharing) und ungeschützter Geschlechtsverkehr angesehen.[4] Letzterem wohnt noch ein weiteres Problem inne, und zwar die im Rahmen der Beschaffungsprostitution vonstattengehende Übertragung der HIV-Infektion von dem Drogenmilieu auf die Außenwelt. Die unter ständiger Geldknappheit leidenden drogenabhängigen Frauen und Männer gehen oft zur Geldbeschaffung der Prostitution nach, wodurch die Infektion auf die nicht drogenabhängigen Freier übertragen wird, die sie ihrerseits weitertragen.[5] Nach Schätzungen betreiben mindestens ein Drittel im allgemeinen aber eher mehr als die Hälfte der weiblichen Drogenabhängigen Prostitution.[6] Bei den männlichen Drogenabhängigen liegt die Prostitutionsrate bei etwa 10 %.[7] Als der herausragende Grund für das Needle Sharing wird überwiegend die Besteckknappheit angesehen.[8] Überdies wird gelegentlich auch auf eine historisch sich verfestigte Ritualisierung der Drogenapplikation in der Gruppe hingewiesen.[9] Dem letztgenannten Gesichtspunkt

---

1 Vgl. Kleiber 1990, 21.

2 Scheerer 1989a, 297, nimmt eine Prävalenzrate von bis zu 30 % an; Arnold/Frietsch 1987, 238 und Springer 1990, 230, sogar bis 60 %.

3 Vgl. Schuller/Stöver 1989, 21, die von einem Anteil von 50 % ausgehen; siehe auch Arnold/Frietsch 1987, 244.

4 Vgl. Reuband 1988a, 75 ff.; Bossong 1988, 79; Scheerer 1989b, 170; Kleiber 1990, 17 ff.; Stöver/Schuller 1991, 6 f.

5 Vgl. Bossong 1988, 79; Zoulek/Gürtler/Eberle/Lorbeer/Deinhard 1980, 570; Mielck 1990, 408 ff.; Reuband 1988a, 81 ff.

6 Vgl. Zoulek/Gürtler/Eberle/Lorbeer/Deinhard 1986, 570; Harms/Laukmann-Josten/Bienzle/Guggenmoos-Holzmann 1987, 377; Bossong 1988, 83.

7 Vgl. Harms/Laukmann-Josten/Bienzle/Guggenmoos-Holzmann 1987, 377; Bossong 1988, 83; ders. 1989a, 67.

8 Vgl. Schuller/Stöver 1989, 15; dies. 1991, 6 f.; Bossong 1988, 81; siehe auch Scheerer 1989b, 169.

9 Vgl. Kreuzer 1987a, 41; Bossong 1988, 81.

wird jedoch eine nur untergeordnete Bedeutung beigemessen.[1] Im übrigen war es nach dem Auftreten der AIDS-Gefahr in der Szene üblich, daß solche Rituale von Vorsichtsmaßnahmen, beispielsweise dergestalt, daß Hepatits-B-Infizierte beim Needle Sharing prinzipiell als letzte in der Runde oder ihre eigene Spritze benutzen, begleitet wurden.[2] Generell läßt sich entgegen den oft geäußerten Bedenken, Drogenabhängige würden über Aufklärung und verbessertes Wissen zu einer Verhaltensänderung nicht zu bewegen sein[3], eine steigende Bereitschaft unter den Heroinabhängigen feststellen, riskante Praktiken wie Needle Sharing zu reduzieren.[4] Allerdings werden oft beim drohenden oder manifest werdenden Entzug alle Vorsichtsmaßnahmen wieder über den Haufen geworfen, wenn sterile Spritzen nicht in unmittelbarer Griffnähe sind. Obwohl Needle Sharing außer in der Verfügbarkeit von Heroin und in der Nichtverfügbarkeit einer eigenen sterilen Spritze auch noch seinen Grund in den partnerschaftlichen engen Beziehungen zwischen den drogenabhängigen Männern und Frauen hat[5], kommt dem letztgenannten Grund gegenüber den Verfügbarkeitsaspekten wohl eine nur untergeordnete Bedeutung zu. Dabei tauchen einige in der Vergangenheit relevant gewordene Problemaspekte auf. Sofern Drogenberatungsstellen und AIDS-Hilfen nicht vorhanden sind, können Spritzen vor allem in den Apotheken mit ihren spezifischen Ladenschlußzeiten (in der Regel zwischen 9 Uhr und 18.30 Uhr) erworben werden, was einen außerhalb der Geschäftszeiten liegenden Kauf unmöglich macht. Im übrigen sind die Apotheken zur Abgabe von Spritzen an Heroinabhängige nicht verpflichtet, weshalb nicht selten auch der Verkauf von Injektionsbesteck an Abhängige verweigert wird. Neben den Beschaffungskosten, die scheinbar niedrig sind, aber wegen der notorischen Geldknappheit ein nicht zu vernachlässigendes Problem darstellen können, ist noch vor allem der Umstand zu nennen, daß benutzte Spritzen von der Polizei

---

1 Vgl. Schuller/Stöver 1989, 17.
2 Vgl. Bossong 1988, 81.
3 Vgl. Gros/Best 1990, 24.
4 Vgl. Kleiber 1988, 320; Schneider 1990, 37; Uchtenhagen 1990, 11; Gros/Best 1990, 24; Schuller/Stöver 1989, 20; Arnold/Frietsch 1987, 241, die im Rahmen einer an 65 Drogenabhängigen 1986 durchgeführten Befragung feststellten, daß 38,4 % der Befragten kein Needle Sharing betrieben und Arnold/Frietsch 1988, 309, wonach der Anteil der Needle Sharing nicht praktizierenden Drogenabhängigen sich auf 56,6 % erhöhte. Diese Untersuchung wurde im Verlauf der Jahre 1987/88 durchgeführt.
5 Vgl. Schuller/Stöver 1989; Bossong 1989a, 66.

des öfteren als Beweismittel gegen die Abhängigen beschlagnahmt werden, was einer geordneten Spritzenentsorgung entgegenwirkt. Die Abhängigen versuchen nämlich sehr oft sobald wie möglich sich des benutzten Spritzbesteckes zu entledigen, indem sie es einfach wegwerfen.[1] Daß das Problem des Needle Sharing nicht einfach durch die alleinige Installierung von Spritzenautomaten und Entsorgungsbehältern, um eine reibungslose Rund-um-die-Uhr-Versorgung mit Spritzen bzw. ihre Entsorgung sicherzustellen[2], befriedigend gelöst werden kann, zeigt das Beispiel Bremen, wo im Juli 1987 der erste Spritzenautomat in der Bundesrepublik vom Arbeitskreis Drogenpolitik aufgestellt wurde.[3] Dort sind nämlich auf einem Kinderspielplatz, der in der Nähe eines Drogenstrichs gelegen ist, in einer Woche ca. 70 benutzte Injektionsspritzen gefunden worden. Es gab dort auch Fälle von Stichverletzungen, die sich die dort spielenden Kinder zugezogen hatten[4], obwohl es bei den Automaten einen Sammelbehälter gab. Da die Abhängigen offenbar die öffentlichen Plätze mangels spezieller "Druckräume" aufzusuchen gezwungen waren, waren sie nach der erfolgten Heroininjektion vermutlich nicht mehr in der Lage, die benutzte Spritze ordnungsgemäß zu entsorgen. Trotz der zweifelsohne in einer derartigen Einrichtung des Spritzenautomaten liegenden Liberalisierungstendenz ist sie dennoch nur als halbherzig anzusehen. Daß in solchen nicht zu Ende gedachten Aktionen auch die nicht zu unterschätzende Gefahr liegt, daß trotz des guten Vorsatzes gerade das Gegenteil erreicht wird, lehrt gerade das Bremer Beispiel. Die Spritzenfunde haben die Eltern der auf dem besagten Kinderspielplatz spielenden Kinder medienwirksam veranlaßt, in "Selbsthilfe" den Kinderspielplatz zu schließen, was wegen der Berichterstattung im lokalen Fernsehen und in der Presse in der Bevölkerung zu einem merklichen Stimmungswechsel im Sinne von "weg von Liberalisierung - hin zu mehr Polizei" führte.[5] Durch eine gleichzeitige Zurverfügungstellung von hygienischen Räumen, in denen die Abhängigen die Injektion hätten vornehmen können, wäre eine Gefahr der Stichverletzungen und die daraus resultierende Behinderung einer Liberali-

---

1 Vgl. Bossong 1988, 81; ders. 1989a, 66; siehe auch Schuller/Stöver 1989, 15 ff.
2 Vgl. Bossong 1988, 82.
3 Vgl. Scheerer 1989a, 297; zum Spritzenaustauschprogramm für Drogenabhängige in Frankfurt siehe Gros/Best 1990, 19 ff.
4 Siehe Weser Kurier v. 9. Februar 1991, S. 16.
5 Siehe Weser Kurier vom 9. Februar 1991, S. 16.

sierung in der Drogenarbeit, weil sich die verantwortlichen Politiker bekanntlich über die öffentliche Meinung nur schwer hinwegsetzen können, von vornherein gebannt.[1] Grundsätzlich ist eine Spritzenabgabe im Hinblick auf die AIDS-Prophylaxe jedoch zu begrüßen, zumal auch die noch anfangs vorhandenen rechtlichen Bedenken wegen des § 29 Abs. 1 Nr. 10 BtMG (Verschaffen einer Gelegenheit zum unbefugten Gebrauch von Betäubungsmitteln) mittlerweile als überwunden gelten können.[2] Die letzten rechtlichen Zweifel hat der Gesetzgeber selbst mit dem Gesetz zur Änderung des Betäubungsmittelgesetzes vom 9. September 1992, das seit dem 16. September 1992 in Kraft ist, ausgeräumt. Danach bestimmt § 29 Abs. 1 S. 2 BtMG nunmehr: "Die Abgabe von sterilen Einmalspritzen an Betäubungsmittelabhängige stellt kein Verschaffen von Gelegenheit zum Verbrauch im Sinne von Satz 1 Nr. 10 dar."[3]

Es erscheint auch sehr wahrscheinlich, daß Vor- und Begleitschäden, wie beispielsweise die Hepatitis-B-Infektion sowie die mehr oder weniger drastische Allgemeinverelendung, die den Organismus erheblich schwächen, den Ausbruch von AIDS begünstigen.[4] Es deutet alles darauf hin, daß das Risiko einer HIV-Infektion und AIDS-Ausbildung nicht nur mit der Häufigkeit des praktizierten Needle Sharing korreliert, sondern auch wesentlich von den sozialen Lebensbedingungen und dem Grad der psychosomatischen Verelendung entscheidend mitbestimmt wird.[5]

Als eine relevante Schleuse des HI-Virus in die heterosexuelle Allgemeinbevölkerung gilt die Beschaffungsprostitution. Allerdings versteht man darunter nur diejenige Prostitution, der zwecks Beschaffung von Geld für den täglichen Drogenbedarf nachgegangen wird. Hierzu zählen also nicht Fälle, wo zur Bewältigung des mit diesem "Beruf" verbundenen Ekels und Stresses Drogen

---

1 Hierzu siehe auch unten S. 164 f.

2 Vgl. Lesting 1990, 226; Kreuzer 1987b, 269; Böllinger 1991b, 294 ff.

3 BGBl. 1992 I, 1593.

4 Vgl. Bossong 1989a, 66.

5 Vgl. Kleiber 1990, 24 ff., seiner Untersuchung zufolge waren diejenigen Heroinabhängigen zu einem weitaus höherem Prozentsatz (28,1 %) HIV infiziert, die häufig die Nadel mit anderen getauscht hatten. Dabei haben sich als gute Indikatoren für HIV-Infektionen "Vorbelastung durch Hepatitis" und "frühere Geschlechtskrankheiten" erwiesen.

konsumiert werden.[1] Dabei scheint es so zu sein, daß männliche und weibliche Drogenabhängige, die ihren Drogenbedarf durch Ausübung der Prostitution finanzieren, weitaus eher zu unsicheren Sexualpraktiken bereit sind.[2] Diese Bereitschaft steigert sich in der Regel noch mehr beim Vorliegen des Entzugssyndroms.[3] Diese Risikobereitschaft ist wohl auch an erster Stelle für die hohe Infektionsrate in den Populationen drogenabhängiger Prostituierter verantwortlich und nicht etwa das promiske Sexualverhalten selbst.[4] In der Zeit der Drogenprostitution scheinen die Frauen auch mehr Drogen zu konsumieren, so daß hier ein Teufelskreis entsteht. Mangels einer Identität als Prostituierte werden mehr Drogen benötigt, um den Ekel vor dem Anschaffengehen zu überwinden, was gleichzeitig bedingt, daß mehr anschaffen gegangen werden muß, um wiederum den Mehrbedarf an Drogen zu finanzieren.[5]

Die Situation der intravenösen Drogenabhängigen im Hinblick auf das HIV- bzw. AIDS-Risiko in den bundesdeutschen Gefängnissen gestaltet sich nicht viel anders. Es wird eher angenommen, daß die Prävalenzraten bei den Heroinabhängigen in den Gefängnissen größer sind als draußen.[6] Es ist mittlerweile auch kein Geheimnis mehr, daß in den Gefängnissen seit jeher gefixt wird[7], wobei ein Heroinbriefchen oft wesentlich einfacher hineingeschmuggelt werden kann als eine Spritze.[8] Als möglicher Infektionsweg kommt somit auch wieder vor allem das Needle Sharing in Frage. Da Spritzen Mangelware sind, werden sie oft gegen Tabak, Kaffee oder eine Teilnahme am "Druck" verliehen.[9] Die "Stationspumpen" sind oft HIV-verseucht, was die Gefangenen häufig dennoch von einer Injektion nicht abhält.[10] Als weitere relevante Übertragungsmöglich-

1 Vgl. Bossong 1989a, 67.
2 Vgl. Plaut/Ramloch-Sohl 1987, 282; Mielck 1990, 409; siehe auch Pohle/Eichenlaub 1987, 120.
3 Vgl. Loimer/Hollerer 1990, 27.
4 Vgl. Kleiber 1990, 24; siehe auch Vogt 1983, 80 ff.
5 Vgl. Kleiber 1990, 24.
6 Vgl. Schuller/Stöver 1989, 26; siehe auch Kleiber 1990, 25.
7 Vgl. Kleiber 1990, 25; Harms/Laukmann-Josten/Bienzle/Guggenmoos-Holzmann 1987, 378; Harms/Bienzle/Schneider/Bschor 1987, 392; siehe auch Quensel 1982, 162; Kreuzer 1987a, 88 ff.
8 Vgl. Schuller/Stöver 1989, 26; siehe auch Lieder 1988, 689.
9 Vgl. Schuller/Stöver 1989, 26.
10 Vgl. Schuller/Stöver 1989, 27.

keiten kommen weiterhin der ungeschützte Geschlechtsverkehr sowie unsterile Nadeln beim Tätowieren in Frage.[1] Dennoch sollen über 90 % der HIV-Infektionen in den Gefängnissen über den gemeinsamen Gebrauch von Spritzbestekken zustandekommen. Das AIDS-Problem ist im Strafvollzug ganz überwiegend an die Heroinabhängigen gebunden. Bei dieser Gefangenengruppe sollte also auch eine effektive AIDS-Prävention ansetzen.[2] Demgemäß wird in jüngster Zeit immer verstärkt die Vergabe von Spritzbestecken in den Gefängnissen gefordert.[3] Gleiches gilt hinsichtlich der anonymen und kostenlosen Vergabe von Kondomen.[4] Aus prophylaktischer Sicht erscheint gegenwärtig sowohl die Durchführung von Spritzaustauschprogrammen sowie von Kampagnen für freizügige Abgabe und Benutzung von sterilen Spritzbestecken sowie Kondomen, und zwar im Strafvollzug und draußen, als der einzig gangbare Weg.[5] Ein Rückzug auf das Strafrecht ist weder dogmatisch nötig, wie dies von mehreren Autoren überzeugend dargelegt wurde[6], noch praktisch sinnvoll.[7] Zwischenzeitlich hat auch der Gesetzgeber für eine diesbezügliche Klarstellung gesorgt.[8] Nicht zuletzt wegen der praktischen Undurchführbarkeit sind auch die von einigen Politikern geforderten Meldepflichten für AIDS-Infizierte abzulehnen.[9] Die Meldepflichten werden erfahrungsgemäß von den Ärzten nur unzureichend befolgt, wie dies im Zusammenhang mit legalen Schwangerschaftsabbrüchen deutlich wurde. Zudem mindern sie bei den Abhängigen die Bereitschaft, sich ärztlich untersuchen zu lassen bzw. an sonstigen Vorbeugemaßnahmen teilzunehmen. Dies dürfte gleichermaßen für die übrige Bevöl-

---

1 Vgl. Bruns 1987, 504; AK/StVollzG/Lesting, vor § 56, Rz. 29; siehe auch Lieder 1988, 689 ff.
2 Vgl. Lesting 1990, 226.
3 Vgl. Strafverteidigertag 1988, 275; Bruns 1987, 505; Feest 1988a, 684, Lesting 1990, 230; AK/StVollzG/Lesting, vor § 56, Rz. 30; Lieder 1988, 590.
4 Vgl. Ak/StVollzG/Lesting, vor § 56, Rz. 29; Quensel 1986, 32.
5 Vgl. 12. Strafverteidigertag 1988, 275; in Bremen wird die anonyme und kostenlose Abgabe von Kondomen bereits praktiziert, siehe AK/StVollzG/Lesting, vor § 56, Rz. 30; zur Prävention siehe auch Koch 1990, 309 ff. Zur nationalen und internationalen Situation hinsichtlich der Vergabe von sterilem Spritzbesteck siehe die Untersuchung von Stöver/-Schuller, 1991.
6 Vgl. Kreuzer 1987b, 269, Lesting 1990, 226 ff.; Böllinger 1991b, 294 ff.
7 Siehe unten 2.2.2.5.
8 Siehe BGBl. 1992 I, 1593; siehe auch oben S. 84.
9 Vgl. Gauweiler 1989, 233.

kerung gelten. Die Meldepflichten sind auch geeignet, einer Stigmatisierung der Drogenabhängigen Vorschub zu leisten, zumindest solange die AIDS-Krankheit nicht geheilt werden kann.[1] Im Ergebnis dürften die Nachteile einer derartigen Maßnahme die durch sie vermutlich zu erzielenden Vorteile bei weitem übersteigen. Auch sonstige legislatorische Maßnahmen versprechen keinen Erfolg.[2] Daß oft nicht einmal die Furcht vor einer Infektion mit möglicherweise tödlichem Ausgang die Heroinabhängigen von der Fortsetzung gefährlicher Drogenkonsum- und Sexualpraktiken abhält, dürfte aus den vorangegangenen Erörterungen deutlich geworden sein. Die Furcht vor dem möglichen Tode dürfte aber mit Sicherheit gegenüber der Furcht vor staatlicher Bestrafung überwiegen.[3] Der Versuch, das AIDS-Problem mit Mitteln des Strafrechts, egal auf welche Weise, zu lösen, muß daher von vornherein scheitern. Es kann sich hier lediglich um eine symbolische Gesetzgebung bzw. Kriminalpolitik handeln, die mangels eines derzeit schon tauglichen, also eines lebenserhaltenden AIDS-Behandlungskonzepts dem hohen Problemlösungsbedarf keine wirksamen Möglichkeiten einer Problemlösung entgegenzustellen vermag. Ihre Wirkungen erschöpfen sich somit nicht in der Lösung des gesetzgeberischen AIDS-Problems, sondern in der Produzierung des beruhigenden öffentlichen Eindrucks, daß der Staat präsent ist und entschlossen handelt.[4] In Wirklichkeit läuft aber eine derartige staatliche Reaktion, der im Idealfall eigentlich nur positive spezial- bzw. generalpräventive Gesichtspunkte zugrundeliegen müßten, auf eine negative Spezialprävention im Sinne einer Unschädlichmachung ungeliebter Risikogruppen und auf eine diffuse Generalprävention im Sinne einer Schrekkensverbreitung hinaus.[5]

---

1 Zu den gegen eine Meldepflicht sprechenden Gründen siehe Kreuzer 1987b, 270, ders. 1988a, 126 ff.

2 Zu denken ist hier an die zum Teil geforderte und in Bayern bereits verwirklichte Unterstellung der AIDS-Krankheit unter das Bundesseuchengesetz, vgl. Gauweiler 1989, 233; hierzu ausführlich Pohle/Eichenlaub 1987, 119.

3 Vgl. Pohle/Eichenlaub 1987, 119.

4 Vgl. Hassemer 1987, 258.

5 Vgl. Herzog/Nestler-Tremel 1987, 361.

2.1.4.5 *Soziale Folgen der Drogenabhängigkeit*

Mit dem Beginn der Opiatabhängigkeit werden die bisherigen Lebensräume mit ihrem konventionellen Werte- und Verhaltensmuster allmählich durch die Szene, den Schwarzmarkt für Drogen und sein soziales Umfeld ersetzt.[1] Dabei werden allerdings die Beziehungen zu den Eltern in den meisten Fällen nicht sofort abgebrochen. Jedoch bereits vor dem Erkennbarwerden der Abhängigkeit ist das Binnenklima der Familie oft erheblich beeinträchtigt, was in der Regel durch gestörtes Interaktionsmuster gekennzeichnet ist.[2] Während einerseits durch die Aufgabe gesellschaftlich erwarteter Verhaltensmuster sich bei dem Drogenkonsumenten der Eintritt und Aufstieg in der Drogenszene vollzieht, führt andererseits seine Nichtübereinstimmung mit den elterlichen Wertmaßstäben nach und nach zu einer sozialen Distanz, verbunden mit einem Verlust emotionaler Akzeptanz.[3] Im Anfangsstadium der Drogenkarriere ist es dem Drogenkonsumenten oftmals durchaus noch möglich, den eigenen Drogenkonsum unter scheinbarer Selbstkontrolle zu halten, gleichzeitig die Verhaltenserwartungen der Eltern zurückzuweisen und sich beispielsweise durch Aufgabe der Ausbildungsverhältnisse etc. der sozialen Kontrolle zu entziehen. Sein ganzer Tagesablauf und sein gesamtes Verhalten wird unter dem Blickwinkel der Drogenkonsumtion ausgerichtet.[4] Mit der Fortsetzung der Drogeneinnahme und der Herausbildung der körperlichen Toleranz, die die Entzugssymptome herbeiführt und zur Dosissteigerung treibt, wird unter den gegebenen gesellschaftlichen Bedingungen die Aufrechterhaltung der Freizeitaktivitäten, der sozialen Kontakte zu Verwandten, Freunden und Bekannten sowie der sonstigen außerhalb der Heroinszene zu pflegenden Aktivitäten zunächst vielleicht nur erschwert, dann aber nach und nach ganz unmöglich gemacht.[5] In den Vordergrund treten jetzt eindeutig diejenigen Aktivitäten, die mit der Drogenbeschaffung zusammenhängen.[6] Für den Drogenabhängigen vollzieht sich ein totaler

---

1 Vgl. Kindermann 1980, 139.

2 Vgl. Solms 1988, 35.

3 Vgl. Nusselt 1980, 147; Täschner 1983, 38; siehe auch Ranefeld 1982, 140, der im Heroinkonsum die Möglichkeit jugendlicher Heroinkonsumenten sieht, an ihren Eltern Rache zu nehmen, ihre Angst- und Schuldgefühle maximal zu provozieren.

4 Vgl. Nusselt 1980, 147.

5 Vgl. Nusselt 1980, 147; Täschner 1983, 38 ff.

6 Vgl. Kindermann 1980, 139.

Umbau seiner sozialen Kontaktbeziehungen.[1] Alte Kontakte, sei es zu den Eltern, sei es zu den Freunden, sofern sie überhaupt noch bestehen, werden oft nicht mehr an Werten zwischenmenschlicher Beziehungen, sondern an deren finanzieller Verwertbarkeit gemessen.[2] Dies ist u.a. ein Bestandteil der Szenenökonomie.[3] Der Umbau der Kontaktbeziehungen drückt sich nicht nur in dem Abbau der bestehenden Kontakte aus, sondern auch in der Entwicklung neuer Sozialbeziehungen und in einem insgesamt geänderten Sozialverhalten.[4] Es entsteht also nach dem weitgehenden Abbruch der Kontakte zu der konventionellen Außenwelt nicht ein Kontaktvakuum, sondern der Abhängige beginnt ein Teil der anderen Welt, nämlich der Szene zu werden, wo er Anerkennung und Bestätigung finden will und einen vollkommen neuen Kommunikationsstil erlernt.[5] Die Szene ist jedoch lediglich eine Zweckgemeinschaft, die von Konkurrenz unter den Abhängigen beherrscht ist und wo nur das Recht des Stärkeren zur Geltung kommt.[6] Freundschaft und Partnerschaft sowie alles andere, was dem Abhängigen in seinem konventionellen Leben vielleicht wichtig war, wird jetzt dem Zwang zur Heroinbesorgung untergeordnet.[7] "Was zählt, ist der nächste Schuß oder das nächste Vermittlungsgeschäft" - so ein interviewter Heroinabhängiger.[8] Die Notwendigkeit der Beschaffung großer Geldmengen wegen des regelmäßig hohen Preises der Droge[9] und der sich darauf gründende Zwang zur Ausübung krimineller Handlungen (Beschaffungskriminalität)[10] sowie die diese Aktivitäten ständig begleitende Angst vor einem Polizeizugriff lassen einen enormen Beschaffungsstreß bei dem Abhängigen entstehen. Vor

---

1 Vgl. Quensel 1982, 182; Elias 1992, 94; Bühringer 1990, 21.
2 Vgl. Kindermann 1980, 139.
3 Vgl. Noller 1989, 145, 159.
4 Vgl. Quensel 1982, 182; Elias 1992, 94; Bühringer 1990, 21.
5 Vgl. Quensel 1982, 183.
6 Vgl. Schuller/Stöver 1989, 29.
7 Vgl. Schuller/Stöver 1989, 29; Bühringer 1990, 21; siehe auch Noller 1989, 147.
8 Zit. bei Noller 1989, 155.
9 Nach Böllinger 1987, 29, benötigt der Fixer zwischen 3.000 DM und 6.000 DM monatlich; Quensel 1982, 161, geht hingegen von 1.000 DM bis 10.000 DM monatlich aus. Während Kreuzer 1987a, 9, einen Monatsbedarf von 500 DM bis 1.500 DM annimmt. Letzterenfalls dürfte es sich wohl um einen Heroinkonsumenten im Anfangsstadium handeln. Der spätere Bedarf dürfte höher liegen, so auch Moll 1990, 51, Fn. 5; Schwanke 1989, 170, nimmt schließlich einen Monatsbedarf von 2.000 DM bis 2.500 DM an.
10 Hierzu im einzelnen siehe S. 144 f.

allem der Verfolgungsdruck wirkt sich destruktiv auf die sozialen Beziehungen in der Szene aus, die über den Konkurrenzkampf hinaus auch noch Resignation, gegenseitiges Mißtrauen und demzufolge auch Einsamkeit verstärkt fördert.[1] Die Isolierung des Abhängigen sowie seine Abhängigkeit von der Szene, die die Versorgung mit den Drogen sicherstellt, machen ihn aber anfällig für Erpressungen, Prostitutionsforderungen, Verrat, Betrug, Diebstahl und Vermittlung falscher Ware.[2] Er befindet sich in einem ständigen Kampf ums Überleben und die Szene ist sein Kampfplatz.[3]

2.2 Das Drogenproblem aus bundesdeutscher Sicht

2.2.1 Die Entwicklung des Drogenkonsums

Bis etwa Mitte der sechziger Jahre gab es weder in der Bundesrepublik Deutschland noch in den übrigen europäischen Ländern eine derartige Erscheinung, die man als ein Drogenproblem nach heutigem Verständnis begriff. Dies obwohl bereits viel früher in Deutschland Erfahrungen auf dem Gebiet der Opiatabhängigkeit gemacht wurden. Die Rede ist hier von den sog. "klassischen Morphinisten". Diese zahlenmäßig wenigen Fälle wurden eher als ein medizinisches denn als ein kriminelles Phänomen angesehen.[4] Dabei handelte es sich zumeist um Erwachsene, die in der Gesellschaft gut integriert waren und auch sonst angepaßt lebten.[5] Bezeichnenderweise dominierten hier Personen derjenigen Berufsgruppen, die einen relativ unkomplizierten Zugang zu Opiaten hatten, also Ärzte, Apotheker, Angehörige des medizinischen Pflegepersonals etc. Diese soziale Problemgruppe ist weder in strafrechtlicher noch in medizinischer Hinsicht in Erscheinung getreten. Eine Kontrolle fand eher nur auf der standesrechtlichen Ebene statt, so daß ein beispielsweise übermäßiger Konsum mit

---

1 Vgl. Schuller/Stöver 1989, 29.
2 Vgl. Nusselt 1980, 147.
3 Siehe Noller 1989, 155.
4 Vgl. Dünkel 1983, 165.
5 Vgl. Schlender/Kaplan 1980, 35; Dünkel 1983, 165.

etwaigen Berufsverboten geahndet werden konnte.[1] Der Typ des heutigen Opiatabhängigen mit seiner subkulturellen Einbindung in die Drogenszene und der zumeist erheblichen Drogenbegleitkriminalität ist somit mit dem des "klassischen Morphinisten" nicht vergleichbar.[2] Seit Mitte der sechziger Jahre stieg der Drogenkonsum in der Bundesrepublik wie in den meisten Ländern Europas stark an, wobei er jetzt andere Konsumentenkreise ergriff, zunehmend mehr Jugendliche.[3] Obwohl die Keimzellen der späteren Drogenepidemie zunächst weitgehend ohne ideologischen Hintergrund waren[4], kann angenommen werden, daß die Entstehung des Drogenphänomens als Massenphänomen im Zusammenhang mit der Entstehung von subkulturellen Bewegungen, insbesondere der studentischen Protest- bzw. Hippiebewegung zu sehen ist.[5] Die Hippiebewegung war nämlich von dem östlichen Prinzip der Reduzierung persönlicher Bedürfnisse auf ein Minimum fasziniert und wollte sich damit von den Konsum- und Produktionszwängen befreien. Sie griff daher zu Drogen als jenen Hilfsmitteln, die das Erreichen der Meditations-, Verinnerlichungs- und Entsagungszustände versprachen.[6] Sowohl die Hippiebewegung als auch die studentische Protestbewegung propagierten in ihrer Frühphase den Konsum der Halluzinogene wie Haschisch und LSD, die mit den Attributen "Bewußtseinssteigerung", "Kreativität", "Kommunikation", "Psychedelismus" etc. verbunden waren, gleichzeitig aber auch als Symbole gegen die bestehende Leistungsgesellschaft und das gesamte "Establishment" verstanden wurden.[7] Soziologisch kann die Gruppe dieser Drogenkonsumenten durch ihre Herkunft aus der Mittelschicht charakterisiert werden.[8] Der u.a. durch Drogenkonsum manifestierte Protest resultierte also nicht aus einer materiell unzulänglichen Situation, sondern vielmehr aus einer emotionellen Auseinandersetzung mit der Familie, Schule und schließlich dem ganzen Gesellschaftssystem.[9] Erst nach 1969 ist eine

---

1 Vgl. Stein-Hilbers 1980, 19; Schmidt-Semisch 1990a, 31.
2 Vgl. Dünkel 1983, 165.
3 Vgl. Eisenbach-Stangl 1980, 418.
4 Vgl. Kreuzer 1987a, 36, der insgesamt von 3 (a) der Entstehungsphase, (b) der makroepidemischen und ideologischen Phase und (c) der endemischen Phase ausgeht.
5 Vgl. Reuband 1981, 584; Kreuzer 1987a, 36.
6 Vgl. Böllinger/Stöver 1992, 17.
7 Vgl. Kreuzer 1987a, 36; Böllinger/Stöver 1992, 17.
8 Vgl. Beil/Trojan 1978, 412; siehe auch Eisenbach-Stangl 1980, 418 ff.
9 Vgl. Beil/Trojan 1978, 412.

Teilung des Lagers der rebellierenden Jugendlichen in ein politisch, also an einer gesellschaftlichen Veränderung orientiertes und in ein mehr oder weniger "entpolitisiertes", an Veränderung und Entfaltung der eigenen Person orientiertes Lager festzustellen. Während die erste Gruppe Drogen für politische Aktivitäten jetzt ablehnte, benutzten sie die "Hedonisten" weiterhin, um ihrem Ziel der "Selbstverwirklichung" näher zu kommen.[1] Durch die Protestbewegung bekamen auch die unterprivilegierten Jugendlichen Kontakt mit illegalen Drogen. Diese waren jedoch aufgrund der materiell bedingten Einschränkung ihrer Handlungsspielräume besonders gefährdet für ein Abgleiten in eine ernste Drogenkarriere. Vor allem aus diesen Jugendlichen setzte sich daher die zu dieser Zeit aufkommende harte Drogensubkultur zusammen.[2] Während also die weichen Drogen, insbesondere Cannabisprodukte, unter Schülern und Studenten an Bedeutung verloren zu haben schienen, war der Konsum der harten Drogen, insbesondere von Heroin in den siebziger Jahren gestiegen. Die Ursachen dieses Wandels werden vor allem in den in den vergangenen zwanzig Jahren immer perfektionierteren Strafverfolgungsmaßnahmen und in den Kriminalisierungsbestrebungen auf der legislativen Ebene gesehen.[3] Mitte der siebziger Jahre sollte die Zahl der Heroinabhängigen etwa 40.000 betragen.[4] Um 1980 dagegen zwischen 60.000 und 80.000.[5] Für die achtziger Jahre geht man im allgemeinen von einer Zahl zwischen 40.000 und 100.000 aus.[6] Diese Zahlen werden jedoch zunehmend unter Hinweis auf die Tatsache, daß es erwiesenermaßen durchaus einen kontrollierten unauffälligen Heroinkonsum[7] und ein Herauswachsen aus der Heroinabhängigkeit[8] gibt, in Frage gestellt.[9] Es deutet alles darauf hin, daß die Heroinszene eher rückläufig ist.[10]

---

1 Vgl. Eisenbach-Stangl 1980, 420; siehe auch Reuband 1981, 585; Böllinger/Stöver 1992, 17; Kreuzer 1988a, 26.
2 Vgl. Eisenbach-Stangl 1980, 420.
3 Vgl. Dünkel 1983, 166; hierzu siehe auch unten S. 145 ff.
4 Vgl. Kreuzer 1987a, 16.
5 Vgl. Kreuzer 1987a, 16; Reuband 1981, 586; Täschner 1983, 59; Dünkel 1983, 165.
6 Vgl. Scheerer 1989b, 161; Albrecht 1989, 188; Körner 1990, Einl., Rz. 9; Leune 1990, 42; Reuband 1989, 119.
7 Vgl. Harding 1981, 694 ff.; siehe hierzu auch unten 2.2.3.3.
8 Siehe hierzu unten 2.2.3.4.
9 Vgl. Kreuzer 1987a, 16; Scheerer 1989a, 289.
10 Vgl. Kreuzer 1987a, 16; ders. 1988b, 66.

2.2.2 Die offizielle Drogenpolitik

In der Soziologie der sozialen Kontrolle wird im allgemeinen zwischen aktiver und reaktiver sozialer Kontrolle unterschieden. Im ersten Fall handelt es sich um Mechanismen, die ein ungewünschtes Verhalten präventiv auszuschließen suchen, indem beispielsweise in bestimmten Situationen den einzelnen Akteuren nur beschränktes Wissen vermittelt wird, sie gewissermaßen dumm gehalten und so zu konformem Verhalten angehalten werden.[1] Da jedoch die reaktive soziale Kontrolle nicht zuletzt wegen der Individualität eines jeden menschlichen Individuums und der ihr ständig innewohnenden Möglichkeit einer Verhaltensabweichung niemals vollständig funktionieren kann, soll durch eine Reaktion auf Abweichung eine präventive Wirkung bzw. die Schließung der Lücken der aktiven Kontrolle erzielt werden. Die reaktive Kontrolle wird ihrerseits in eine formelle und informelle unterschieden. Während erstere durch Interaktionspartner in Gruppen, deren primärer Zweck nicht die Kontrolle ist, also z.B. Familie, Nachbarschaft, Schule, Betrieb etc., mittels Mißbilligung, Spott, Statusverlust etc. ausgeübt wird, bedient sich letztere der eigens zu diesem Zweck sich bereithaltenden Instanzen wie Polizei, Strafanstalten, Militär etc.[2]

Diese soziologisch-theoretischen Ansätze lassen sich auch auf den Bereich der Drogenpolitik im allgemeinen und den der Drogenkontrolle im besonderen übertragen. Ihnen kommt auch entscheidende Bedeutung bei der Einschätzung der bundesdeutschen Drogenpolitik zu. Während einerseits außer Frage steht, daß der Umgang mit Drogen der Kontrolle bedarf, ist andererseits äußerst umstritten, wie diese Kontrollen auszusehen haben.[3] Zunächst dem Gedanken der aktiven Drogenkontrolle folgend hält der Staat eine Fülle möglicher Maßnahmen bereit, die geeignet erscheinen, unerwünschten Drogenkonsum zu verhindern, wobei sowohl die Verfügbarkeit von Drogen schlechthin als auch die Motivation zum Drogengebrauch potentieller Kunden das Ziel staatlicher regulierender Eingriffe sein können. So unterliegen Alkohol, Zigaretten etwa den Jugendschutzbestimmungen. Arzneimittel hingegen dem sehr viel strengeren

---

1 Vgl. Hess 1983, 8.
2 Vgl. Hess 1983, 12 ff.
3 Vgl. Scheerer/Vogt 1989, 30.

Arzneimittelgesetz (AMG).[1] Demgegenüber zielt etwa eine Besteuerungspolitik bzw. Preisgestaltung nicht auf eine Einschränkung der Verfügbarkeit ab, sondern auf eine Beeinflussung der Motivation potentieller Konsumenten, vor allem zu einer Mäßigung im Umgang mit bestimmten Substanzen (Alkohol/-Tabak). Hierbei spielt auch vor allem die öffentliche Aufklärung eine Rolle.[2] Bei der Befassung mit den Opiaten kommt aber vor allem der reaktiven Drogenkontrolle eine überragende Bedeutung zu. Die reaktiven Kontrollen treten auf bereits erfolgten unerwünschten Drogenkonsum hin ein und sollen in die Zukunft gerichtete präventive Wirkung entfalten. Besonderer Stellenwert kommt in diesem Zusammenhang den informellen Kontrollen in der Familie, unter Freunden, Schule, Kirche etc., also innerhalb des gesamten sozialen Umfelds zu. Die Furcht vor dem Verlust von Ansehen und Status oder auch der Verlust von Arbeitsplatz und Einkommen vermögen mitunter größere Kontrolleffizienz herbeizuführen, als formelle Reaktionen, die nicht selten gänzlich wirkungslos bleiben, ja sich gerade kontraproduktiv erweisen können, indem sie die vorhandenen Konfliktregelungsmechanismen innerhalb des sozialen Umfelds außer Kraft setzten und so die Situation nur noch verschlimmern. Insbesondere das Strafrecht ist so angelegt, daß nicht erst die Wirkung und Erschöpfung informeller Konfliktregelungspotentiale abgewartet wird. Dem wohnt daher stets die Gefahr inne, daß aufgrund der enormen Eingriffsintensität, die dem Strafrecht eigen ist, die negativen Folgen gegenüber den positiven Folgen der staatlichen Reaktion, die sie zeitigen soll, ganz überwiegen. Gerade dieser Gesichtspunkt tritt im Zusammenhang mit der Drogenpolitik der Bundesrepublik, worauf noch später einzugehen ist[3], verstärkt zutage.[4] Die Wahl der entsprechenden Art der Kontrollreaktion richtet sich weitgehend danach, wie die jeweilige Abweichung definiert wird, ob sie also als Kriminalität, Krankheit oder auch als Ausdruck eines subkulturellen Lebensstils aufgefaßt wird. Mit der jeweiligen Diagnose korreliert dann folgerichtigerweise auch die Reaktionsweise, die sich als Kriminalisierung, Pathologisierung oder Neutralisierung erweisen kann.[5] Von der jeweiligen Grundausrichtung der Drogenpolitik hängt demnach die Struktur der

---

1 Hierzu ausführlich Scheerer/Vogt 1989, 30 ff.
2 Hierzu ausführlicher Scheerer/Vogt 1989, 32 ff.
3 Siehe unten 2.2.2.5.
4 Vgl. Scheerer/Vogt 1989, 35 ff.; siehe auch Rüter 1991, 3 f.
5 Vgl. Hess 1983, 14 ff.; Scheerer/Vogt 1989, 35.

formellen Drogenkontrolle ab.[1] Sie kann legalistisch-repressiver Art (legal approach) sein. Hier wird den strafrechtlichen Mitteln bei der Bewältigung des angeblichen Drogenproblems Vorrang gegenüber anders ausgerichteten Ansätzen eingeräumt.[2] Als solche Alternativen werden heute der liberal-psychosoziale Ansatz (liberal approach) angesehen, dessen herausragendes Ziel der weitgehende Verzicht auf das Strafrecht innerhalb der Konsum- und Kleinhandelssphäre ist.[3] Entkriminalisierung heißt also hier das überragende Schlagwort. Schließlich geht der medizinisch-psychologische bzw. sozialpolitische Ansatz (social approach) davon aus, daß Drogenabhängigkeit eine Krankheit oder psychische Störung ist, auf die dementsprechend in medizinisch-psychiatrischer Weise zu reagieren ist.[4] Allerdings lassen sich die Grenzen zwischen den letztgenannten Ansätzen hinsichtlich ihres Inhalts nicht immer exakt ziehen, da nicht selten die Forderungen der einen drogenpolitischen Strategie auch Bestandteil der anderen sind oder sein können.[5] Die drei drogenpolitischen Grundstrategien entsprechen weitgehend den Entstehungsbedingungen einer Drogenabhängigkeit, also Droge, Persönlichkeit der Drogenkonsumenten und Gesellschaft. Während der legal approach an die Droge anknüpft, konzentriert sich der liberal approach schwerpunktmäßig auf die gesellschaftlichen Verhältnisse. Der social approach will demgegenüber die Persönlichkeit des Drogenabhängigen verändern. In der internationalen drogenpolitischen Szene lassen sich aber lediglich Mischformen liberaler, prohibitiver und soziopolitischer Strömungen mit unterscheidbaren Haupttendenzen feststellen. Zumindest im europäischen Ausland bzw. in den USA gibt es keine Drogenpolitik, der nur eine der Grundstrategien zugrundeliegen würde.[6]

---

1 Vgl. Kreuzer 1987a, 97 ff.; ders. 1988a, 94.

2 Vgl. Böllinger/Stöver 1992, 49; siehe auch Kreuzer 1981, 668 ff.; ders. 1987a, 99; ders. 1988a, 95; Heckmann 1987, 256.

3 Vgl. Böllinger/Stöver 1992, 52; siehe auch Heckmann 1987, 256; zu den bekanntesten radikalen Vertretern einer Liberalisierungspolitik gehört allen voran der amerikanische Psychiater Thomas Szasz 1978, 153 - 218.

4 Vgl. Böllinger/Stöver 1992, 52; siehe auch Kreuzer 1981, 669; ders. 1987a, 98; ders. 1988a, 95 ff.; Heckmann 1987, 256; Hellebrand 1990b, 9.

5 Vgl. Scheerer 1980, 319, der sich für die Aufnahme der Entkriminalisierungsforderungen in den "social approach" ausspricht; siehe auch Vogt/Scheerer 1989, 36.

6 Vgl. Heckmann 1987, 257; Hellebrand 1990b, 9.

2.2.2.1 Strafrechtliche Drogengesetzgebung im Ausland

Alle westeuropäischen Länder sind dem Einheitsübereinkommen über die Rauschgiftkontrolle von 1961 (Single Convention) mit dem Übereinkommen über psychotrope Stoffe von 1971 sowie dem Zusatzabkommen von 1988 beigetreten.[1] Diesen Konventionen hat sich auch die Bundesrepublik Deutschland angeschlossen. Der Präambel der Single Convention von 1961 zufolge soll "in Erwägung der Sorge um die Gesundheit und das Wohl der Menschheit und in Erkenntnis, daß die Rauschgiftsucht für den einzelnen voller Übel und für die Menschheit sozial und gefährlich ist", durch die internationale Zusammenarbeit und grenzüberschreitende Kontrolle die Herstellung, Verbreitung und der Konsum von Rauschgift reduziert werden.[2] Interessanterweise fanden Eingang in diese Übereinkommen nur Vorstellungen hinsichtlich der Gefährlichkeit von Drogen der westlichen Industriestaaten, während die klassischen Drogen der Industriestaaten wie Tabak und Alkohol von der Konvention unberücksichtigt blieben.[3] Trotz der engen Fassung der von den internationalen Abkommen zu verfolgenden Ziele bieten die Drogengesetze der verschiedenen Länder ein breites Spektrum zum Teil sehr unterschiedlicher Lösungsmöglichkeiten. Von den zentralen Fragen der Drogengesetzgebung, die unterschiedlich behandelt werden, sei zunächst die Differenzierung zwischen "harten" und "weichen" Drogen genannt. Während Länder wie die Schweiz und Frankreich eine Klassifizierung der Drogen nach ihrer Gefährlichkeit u.a. unter Hinweis auf die angebliche Funktion der weichen Drogen als potentielle Einstiegsdrogen bisher ablehnten[4], wurde in den Niederlanden die Unterscheidung zwischen Drogen mit unannehmbaren Risiken und Drogen mit minderschweren Risiken bereits 1976 als zentrale Neuerung eingeführt. Dem lag die Annahme unterschiedlicher Gesundheitsrisiken zugrunde, aber auch die Überlegung, daß die Verfolgung der weichen Drogen wie Cannabisprodukte nur die wesentlich wichtigere Konzentration auf die Bekämpfung der harten Drogen wie Heroin behindere.[5]

---

1 Vgl. Albrecht 1987a, 67; siehe auch Eisenbach-Stangl 1989a, 3 ff.

2 Abgedruckt bei Pfeil/Hempel/Schiedermair, 1978, D5, 37 ff.

3 Vgl. Albrecht 1987a, 67.

4 Vgl. Spaniol 1987, 327; Meyer 1987, 748.

5 Vgl. Scholten 1987, 450; Meyer 1987, 748; siehe auch Dünkel 1981 677; ders. 1983, 169.

Die Unterscheidung zwischen den beiden Drogenarten bestimmt die gesamte Tatbestandssystematik des niederländischen Opiumgesetzes, so daß beispielsweise die Höchststrafen für Drogenein- und -ausfuhr deutlich abgestuft sind.[1] In Italien und England werden harte und weiche Drogen in verschiedenen Listen erfaßt mit der Folge, daß für das inkriminierte Verhalten im Zusammenhang mit weichen Drogen ein milderer Strafrahmen gilt.[2] Seit 1983 gilt diese Gesetzessystematik auch mit noch milderen Strafrahmen in Spanien.[3] In Belgien, der Schweiz, Österreich wird erst auf der Ebene der Strafzumessungspraxis zwischen harten und weichen Drogen unterschieden.[4] Interessant erscheint auch der Versuch Dänemarks, eine faktische Entkriminalisierung des Cannabis herbeizuführen in der Weise, daß die Ermittlungs- und Anklagebehörden per Runderlaß des Reichsanklägers Nr. 144 vom 15.7.1969 angewiesen wurden, Vergehen im Zusammenhang mit Cannabisprodukten wesentlich milder zu beurteilen als im Zusammenhang mit Opium.[5]

Der Besitz und Erwerb von Drogen zum Eigenkonsum wird mit unterschiedlicher Reichweite in allen vorgenannten Ländern privilegiert. Relativ liberal erscheint hier die Lösung Spaniens, wonach nur die Förderung des rechtswidrigen Drogenkonsums, nicht aber der Konsum selbst oder der Besitz von Drogen zum Eigenkonsum oder Vorbereitungshandlungen dazu wie die Ein- und Ausfuhr mit Strafe bedroht sind.[6] Gleiches gilt in Italien.[7] In den Niederlanden werden die meisten Tathandlungen durch mildere Strafdrohung privilegiert, sofern es sich nur um geringe Drogenmengen (bis 30 g bei Hanfprodukten und bis 0,5 g bei harten Drogen) handelt. Hier ist sogar Straffreiheit vorgesehen (§ 10 Abs. 2 Ndl. Opiumgesetz).[8] Die in einigen Ländern geltende Verbindung von Therapie und Strafe bei drogenabhängigen Tätern weist auch zum Teil sehr

---

1 Siehe Art. 10 Niederländisches Opiumgesetz, abgedr. bei Scholten 1987, 486 - 493.

2 Vgl. Meyer 1987, 748; Dünkel 1981, 678 (Großbritannien), 679 (Italien); ders. 1983, 169.

3 Vgl. Reeg 1987, 671; Meyer 1987, 748 ff.; zu der bis 1983 geltenden Regelung Dünkel 1981, 679 ff.

4 Vgl. Meyer 1987, 749; Dünkel 1981, 678 ff.; ders. 1983, 169.

5 Vgl. Klages 1987, 179; Meyer 1987, 751.

6 Vgl. Reeg 1987, 666.

7 Vgl. Meyer 1987, 750.

8 Vgl. Scholten 1987, 460; siehe auch ders. 1987, 460, Fn. 33.

problematische Züge auf. Zu nennen ist hier vor allem die Möglichkeit der Zwangsbehandlung, die beispielsweise in Frankreich im Rahmen der staatsanwaltschaftlich-polizeilichen Voruntersuchung sogar durch den Staatsanwalt im Zusammenwirken mit der Gesundheitsbehörde angeordnet werden kann.[1] Sofern sich der Verurteilte einer gerichtlich angeordneten Entziehungskur entzieht, so wird er hierfür zusätzlich bestraft (Art. 628-4).[2] Demgegenüber sieht das dänische Strafgesetzbuch (§ 56) die Möglichkeit einer Aussetzung des Strafausspruchs bzw. der Strafvollstreckung nur dann vor, wenn sich der Täter einer freiwilligen Entziehungskur unterzieht.[3] Die Drogengesetzgebung der USA hingegen ist durch verschiedene Entkriminalisierungstendenzen in den einzelnen Bundesstaaten einerseits und ständige Strafverschärfungen, die bis hin zur Todesstrafe reichen, vornehmlich auf Bundesebene andererseits gekennzeichnet. Die Entwicklung in den USA wird häufig dazu benutzt, um die Ineffizienz einer Ausweitung des strafrechtlichen Reaktionssystems im Hinblick auf die Bekämpfung des Drogenkonsums darzustellen.[4] Es gibt noch eine Vielzahl anderer Fragen, die in den einzelnen nationalen Betäubungsmittelgesetzen zum Teil sehr unterschiedlich beantwortet wurden und denen im Rahmen dieser Arbeit nicht weiter nachgegangen werden kann.[5] Es sei aber noch auf einen wesentlichen drogenpolitischen Aspekt eingegangen, der vor allem im Zusammenhang mit der niederländischen Drogenpolitik oft angeführt wird. Gemeint ist hier das in den Niederlanden, aber auch in einigen anderen westeuropäischen Staaten, geltende Opportunitätsprinzip.[6] Die Strafverfolgungsorgane haben sich danach nur nach Zweckmäßigkeitsgesichtspunkten zu richten. Demgegenüber gilt in Deutschland das Legalitätsprinzip, das die Polizei bei jedem Verdacht einer Straftat zum Eingreifen zwingt.[7] Das niederländische

---

1 Vgl. Spaniol 1987, 323; Meyer 1987, 753.

2 Vgl. Spaniol 1987, 342.

3 Vgl. Dünkel 1981, 677; ders. 1983, 168.

4 Hierzu ausführlicher Dünkel 1981, 681; ders. 1983, 170; Gramckow 1990, 31 ff.

5 Eine sehr ausführliche Darstellung der westlichen europäischen Drogengesetze enthält Meyer, J. (Hrsg.), Betäubungsmittelstraftrecht in Westeuropa, Freiburg 1987.

6 Das Opportunitätsprinzip gilt außer in den Niederlanden auch noch in Belgien, Dänemark, England, Frankreich, Luxemburg; vgl. Meyer 1987, 768.

7 Vgl. Rüter 1988, 388 ff.; ders. 1991, 10 f., zum Umgang mit dem niederländischen Opportunitätsprinzip ausführlicher ders. 1992, 57 ff.; das deutsche Legalitätsprinzip hat neuerdings durch das Gesetz zur Änderung des Betäubungsmittelgesetzes vom 9. September 1992 eine Aufweichung insoweit erfahren, als es jetzt im § 31a ein Absehen von der

Drogenbekämpfungsmodell wird als in Europa einzigartig im positiven Sinne gewürdigt.[1] Die gesetzliche Festschreibung der Differenzierung zwischen harten und weichen Drogen sowie die dem Opportunitätsprinzip eigentümliche Prioritätssetzung bei der Drogenkriminalitätsverfolgung haben durchaus bemerkenswerte Erfolge nach sich gezogen. Der niederländische Markt für weiche Drogen ist heutzutage ein de facto legalisierter Markt. Ihr Konsum hat alle Tabus verloren.[2] Es trat eine gewisse Normalisierung im Umgang mit Drogen ein. Nach der de facto-Entkriminalisierung ist ein beachtlicher Rückgang der Zahl der Benutzer weicher Drogen registriert worden. Offenbar ist aber auch die Zahl der Heroinabhängigen im Begriff zu sinken.[3] So kann der niederländischen Drogenpolitik eine zumindest teilweise Effizienz bescheinigt werden. Im allgemeinen wird die niederländische Drogenpolitik wie folgt charakterisiert: Sie wolle den bloßen Drogenkonsumenten und Drogenabhängigen als solchen nicht verfolgen und bestrafen, genausowenig zu Therapie oder gar einer bestimmten Therapie und zu drogenfreiem Leben zwingen. Sie setze im verstärkten Maße auf Selbstbestimmung und Konfliktregulierung in gesellschaftlichen Gruppen als auf staatliche Kontrolle und zentralisierte Regelungen. Sie favorisiere eindeutig den sozialpolitischen gegenüber dem legalistisch-repressiven Ansatz.[4] Allerdings werden in der letzten Zeit auch Stimmen laut, die ihre Zweifel an der "Progressivität" der niederländischen Drogenpolitik anmelden.[5] Das gegenwärtig bestimmende Prinzip soll vielmehr lediglich eine Kosten-Nutzen-Analyse darstellen.[6]

Verfolgung auf der Ebene der Staatsanwaltschaft vorsieht, BGBl. 1992 I, 1593; kritisch dazu und zur Übertragung des Opportunitätsprinzips auf deutsche Verhältnisse u.a. Bossong 1992, 24.

1 Vgl. Reeg 1989, 33.

2 Vgl. Reeg 1989, 33.

3 Nach Reeg 1989, 33, konsumierten 1973 noch etwa 15 % der niederländischen Jugendlichen Hanfdrogen. 1983 waren es aber nur 3 %. In Amsterdam soll die Zahl der Heroinabhängigen von 12.000 (1982) auf 7.000 (1989) gesunken sein; siehe auch Wijngaart 1988, 94.

4 Vgl. Kreuzer 1986, 397; siehe auch Reuband 1989, 145; Samsom 1992, 36 f.

5 Vgl. Cohen 1989, 138; Trautmann 1989a, 126 ff.

6 Vgl. Trautmann 1989a, 134; ders. 1992, 227 f.

2.2.2.2 *Geschichte deutscher Drogengesetzgebung*

Der Beginn erster staatlicher Drogenkontrollen überhaupt fällt in das 18. Jahrhundert, als China den Versuch unternahm, sich der Opiumeinfuhr der Engländer aus deren indischer Kolonie zu erwehren, die auch ihre eigene Opiumproduktion gefährdete.[1] Der Konflikt mündete schließlich in den beiden Opiumkriegen, die die britischen bzw. westlichen Truppen gewannen.[2] Die in der Folgezeit einsetzende Überschwemmung Chinas mit Opium, der ein drastischer Anstieg der Abhängigenzahlen folgte[3], führte zu einer moralisch-negativen Bewertung des bis dahin moralisch akzeptierten Rausch- und Heilmittels. Die moralische Abwertung wurde daher über komplizierte Wege durch außen- und innenpolitische und ökonomische Interessen der USA gestützt und gefördert, was zu einem "Meinungsklima" in den USA und Großbritannien führte.[4] Der indisch-(britisch-)chinesische Opiumhandel wurde zur "Unmoral" erklärt.[5] Es bildeten sich in den besagten Ländern Antiopiumbewegungen. Vor allem die am lukrativen Opiumhandel nicht beteiligten USA prangerten den unmoralischen Handel an. Die amerikanische Antiopiumpolitik traf so zunächst die ab 1850 eingewanderten Chinesen.[6] Den starken Zustrom von billigen chinesischen Arbeitskräften empfanden die weißen Arbeiter als Konkurrenz für ihre Arbeitsplätze. Sehr bald wurden Chinesen als eine Gefahr für die amerikanische Wirtschaft schlechthin angesehen.[7] Diese führte zu einer Reihe von antichinesischen Gesetzen.[8] Es folgte Gesetz auf Gesetz, bis schließlich kaum ein Aspekt der chinesischen Arbeits- und Lebensweise übrigblieb, der nicht strengen Einschränkungen unterworfen gewesen wäre. Dieser ethnischen Konfliktsituation entsprang schließlich das erste westliche Strafgesetz gegen Opiumkonsum, das 1878 von San Francisco Board of Supervisors erlassen wurde. Dieses das Opiumrauchen verbietende und unter Strafe stellende Strafgesetz erwies sich

---

1 Vgl. Scheerer 1982a, 27 ff.
2 Hierzu siehe oben S. 36 f.
3 Zwischen 1850 und 1900 stieg der Zahl der Abhängigen von 2 Mio. auf über 20 Mio., vgl. Thamm 1989a, 68.
4 Vgl. Scheerer 1982a, 32 ff.
5 Vgl. Thamm 1989a, 68.
6 Hierzu siehe auch oben S. 41 f.
7 Vgl. Scheerer 1989a, 282; ders. 1989b, 16; siehe auch Thamm 1989a, 69.
8 Hierzu ausführlicher siehe Selling 1989a, 282; ders. 1989b, 17.

aber recht bald als untauglich, um dem Opiumkonsum beizukommen. Neben der durchaus beabsichtigten Marginalisierung der Chinesen bewirkte es aber nur, daß die Opiumraucher sich an verborgenen Plätzen trafen, wo sie ihrem Opiumkonsum ungestört nachgehen konnten. Bereits das Gesetz von 1878 belegt eindrucksvoll, daß Drogengesetzgebung jenseits gesundheitspolitischer Erwägungen auch andere Motive wie die Kriminalisierung einer unliebsamen Minderheit verfolgen kann.[1]

Nach der Beendigung des spanisch-amerikanischen Krieges im Jahre 1898, aus dem die USA als Sieger hervorgegangen waren, und nachdem die Philipinnen an die Siegermacht übergingen, wodurch eine weitere Konkurrenzmacht in den ostasiatischen Handelsraum einrückte, fanden die Amerikaner ein von den Spaniern 1843 errichtetes und gut funktionierendes Monopol für den Verkauf von Opium an die dort lebenden Chinesen vor. Sehr rasch brach aber unter der amerikanischen Administration die Organisation des Opiummonopols zusammen und der Opiumkonsum griff auch auf die philippinische Bevölkerung und die amerikanischen Besatzungssoldaten über.[2] Diese Entwicklung führte 1904 zur Bildung der sogenannten Philippine Opium Commission, die unter Führung des Bischofs Charles Brent das Opiumproblem auf den Philipinnen studierte.[3] Brent drängte auch 1906 den Präsidenten Th. Roosevelt, eine internationale Konferenz einzuberufen, auf der Möglichkeiten der Beendigung des Opiumproblems besprochen werden sollten.[4] Auf Initiative der USA kam es so 1909 zur ersten internationalen Konferenz in Shanghai, an der auch China, Deutschland, Frankreich, England, Italien, Japan, die Niederlande, Österreich-Ungarn, Persien, Portugal, Rußland und Siam teilnahmen.[5] Die Ergebnisse dieser Konferenz bestanden zwar in unverbindlichen Empfehlungen an die Regierungen der beteiligten Länder, in denen unter anderem gefordert wurde, die Ausfuhr von Opium und Narkotika nach Ländern, die die Einfuhr verbieten, zu unterlassen, die Produktion und Handel mit Morphin und seinen Derivaten einer

1 Vgl. Selling 1989a, 282.
2 Vgl. Selling 1989a, 283; Ellinger 1974, 19.
3 Vgl. Selling 1989a, 283; Johnson 1981, 659.
4 Vgl. Johnson 1981, 659; Ellinger 1974, 19 ff.
5 Vgl. Ellinger 1974, 20; Behr/Juhnke 1985, 47; Selling 1989a, 283; Johnson 1981, 659; Dünkel 1983, 166; Körner 1990, Einf. Rz. 3; Thamm 1989a, 70 ff.; Scheerer 1982a, 36.

Überwachung zu unterstellen und wissenschaftliche Untersuchungen über Opium, Opiate und Antiopiummittel vorzunehmen.[1] Dies war jedoch der erste Versuch, die Opiumfrage durch internationale Abkommen zu lösen und gleichzeitig die Geburtsstunde der internationalen und deutschen Gesetzgebung auf dem Drogensektor.[2] Da jedoch der Versuch, auch Opiate zum Verhandlungsgegenstand zu machen, scheiterte[3], vertagten sich die Teilnehmerstaaten für 1912 nach Den Haag.[4] Da zwischenzeitlich auch Kokain und vor allem der Marktrenner der Firma Bayer, Heroin, ins Gerede gekommen waren, gab es diesmal wesentlich mehr Probleme als drei Jahre zuvor. Am 12. Januar 1912 wurde jedoch von Vertretern aus 60 Ländern eine Resolution, die als "Haager Abkommen" bekannt wurde, unterschrieben, in der sich die einzelnen Teilnehmerstaaten verpflichteten, Opium und seine Produkte a) verschreibungspflichtig zu machen, b) ihre Herstellung und c) ihren Handel zu kontrollieren. Gleiches sollte für Kokain gelten.[5] Dem Wunsch Großbritanniens, auch Heroin dem Abkommen zu unterstellen, wollte jedoch Deutschland nicht folgen und verweigerte zunächst die Ratifizierung. Dies wurde dann im Rahmen des Friedensvertrags von Versailles von Deutschland abermals gefordert und 1921 schließlich nachgeholt.[6] Zur Stärkung eigener Glaubwürdigkeit gegenüber den alten Opiumstaaten, die zwischen dem von den USA auf der internationalen Ebene an den Tag gelegten Eifer hinsichtlich einer möglichst weitreichenden Opiumkontrolle einerseits und der auf Bundesebene praktizierten, eher zurückhaltenden Drogenpolitik andererseits einen Widerspruch sahen, wurde im Jahre 1914 der *Harrison Narcotic Act* verabschiedet. Es handelte sich hier um ein reines Steuergesetz.[7] Dieses war bestimmt, Produktion, Import, Handel und Abgabe von Narkotika zu kontrollieren. Produzenten, Importeure, Apotheker und Ärzte sollten für geringe Steuer die Lizenz erhalten, Narkotika herzustellen und zu vertreiben. Das Gesetz bot eine rechtliche Grundlage zum einen zur

---

1 Vgl. Johnson 1981, 659 ff.; abgedr. bei Pfeil/Hempel/Schiedermair 1978, D1, 1 ff.
2 Vgl. Ellinger 1974, 20.
3 Offenbar war das Geschäft mit Opiaten der wachstumsträchtigen pharmazeutischen Industrie zu gewaltig, vgl. Thamm 1989a, 21.
4 Vgl. Behr/Juhnke 1985, 47; Thamm 1989a, 21.
5 Vgl. Behr/Juhnke 1985, 48; Ellinger 1974, 20; abgedr. bei Pfeil/Hempel/Schiedermair 1978, D2, 3 ff.
6 Vgl. Behr/Juhnke 1985, 48; Ellinger 1974, 20 ff.; siehe auch Selling 1989a, 283.
7 Vgl. Selling 1989a, 284; Eisenbach-Stangl 1980, 363.

Registrierung derjenigen Personen, die mit größeren Mengen von Narkotika in Berührung kamen und zum anderen zur Verfolgung derjenigen, die ohne Lizenz in Besitz derselben waren.[1] Der Harrison Narcotic Act entwickelte sich recht bald zum repressiven Kampfmittel gegen Drogenkonsumenten. Er wurde zur Entstehungsbedingung desjenigen Phänomens, das heute allgemein als "Drogenszene" mit all ihren negativen Begleiterscheinungen verstanden wird.[2] In der Folgezeit sollten die zwischenzeitlich zur Weltmacht emporgestiegenen USA die dominierende Rolle bei dem Antidrogenfeldzug spielen.[3]

Auch in Deutschland ist zu Beginn des 20. Jahrhunderts die "Opiumfrage" allmählich in das Bewußtsein der Öffentlichkeit gedrungen. Vor allem diejenigen Personen, die Opiate von Ärzten zur Schmerzlinderung oder zu Heilzwekken erhalten haben, darunter viele Soldaten der Kriege von 1866 und 1870/71, viele Hausfrauen und viele Angehörige medizinischer Berufe waren den Opiaten verfallen.[4] Dennoch sahen die amtlichen Stellen in Deutschland nicht zuletzt mit Rücksicht auf die sehr produktive und im Ausland sehr erfolgreiche Pharmaindustrie[5] in der medizinischen Anwendung der Opiumtinktur, des Morphins, des Heroins und des Codeins etc. zunächst keinen öffentlichen Mißstand, der zum Eingreifen Anlaß gegeben hätte.[6] Zumal die Abhängigen mit den Normen und Werten der Gesellschaft konform waren, ihr Konsumverhalten also weder als ein Protest gegen anerkannte Werte oder Normen zu verstehen war, noch einen Rückzug aus dem gesellschaftlichen Leben symbolisierte.[7] Gemäß dieser öffentlichen Anschauung, die vor allem darin ihren Ausdruck fand, daß keine qualitativen Unterscheidungen zwischen solchen Substanzen, die später unter das Betäubungsmittelgesetz fallen sollten, und solchen, die heute nach dem Arzneimittelrecht behandelt werden, vorgenommen wurden, behandelte die

---

1 Vgl. Eisenbach-Stangl 1980, 363.
2 So Selling 1989a, 284; siehe auch ders. 1989b, 95 ff.; Eisenbach Stangl 1980, 366; Trebach 1982, 118 ff.
3 Eine ausführliche chronologische Darstellung der amerikanischen Antidrogenpolitik enthält Thamm 1989a, 62 – 84; zum "Krieg gegen Drogen" in den letzten Jahrzehnten, speziell in den USA, siehe auch Szasz 1981, 752 ff. und Gramckow 1990, 31 ff.
4 Vgl. Eisenbach-Stangl 1980, 413; Scheerer 1982a, 51 ff.
5 Vgl. Selling 1989a, 284; Ellinger 1974, 19; siehe auch Scheerer 1982a, 39.
6 Vgl. Ellinger 1974, 19; Moll 1990, 15 ff.; siehe auch Scheerer 1982a, 51 ff.
7 So Scheerer 1982a, 52.

Apothekerverordnung von 1872 Opiate und Indischen Hanf genauso wie Kirschlorbeerwasser, Rizinus und Baldrianöl etc. und machte sie allesamt apothekenpflichtig.[1] Als weitere spezielle Regelungen, die die Betäubungsmittel erfaßten, folgten die "Bestimmungen, unter welchen gewisse Medikamente nicht ohne ärztliche Verordnung in den Apotheken verabreicht werden dürfen" vom 3. Juni 1873[2], die preußische Bekanntmachung vom 22. Juni 1896 betreffend die Abgabe stark wirkender Arzneimittel sowie die Beschaffenheit und Bezeichnung der Arzneigläser und Standgefäße[3], die "Bekanntmachung betreffend die Abgabe stark wirksamer Arzneimittel" vom 24. November 1899[4] sowie die kaiserliche "Verordnung betreffend den Verkehr mit Arzneimitteln" vom 22. Oktober 1901.[5] Durch die allgemeinen arzneimittelrechtlichen Normen schien die Kontrolle von Opium etc. bis zum Ausbruch des Ersten Weltkrieges hinreichend gesichert zu sein.[6] In den Jahren des Ersten Weltkriegs konnte eine steigende Zahl von Abhängigen registriert werden. Damit ging eine steigende Zahl von Betäubungsmitteldiebstählen aus Heeresbeständen einher.[7] Darüber hinaus wurde durch die Handelsblockade die Produktion der Alkaloidindustrie empfindlich getroffen, weshalb der kriegsbedingte Bedarf der Feldlazarette an Opium und Morphin gefährdet zu sein schien.[8] Dies alles veranlaßte die amtlichen Stellen zu der "Verordnung betreffend den Handel mit Opium und anderen Betäubungsmitteln" vom 22. März 1917.[9] Danach durften Opium, Morphin und die übrigen Opiumalkaloide und Kokain sowie entsprechende Stoffe mit Ausnahme des Großhandels, der ebenfalls Bindungen unterworfen wurde, nur in Apotheken und nur als Heilmittel abgegeben werden (§ 1 Satz 1). Zuwiderhandlungen sollten mit Gefängnis bis zu einem Jahr und mit Geldstrafe bis zu 10.000,– Mark bestraft werden (§ 2 Satz 1). Diese Verordnung wurde dann durch die "Verordnung über den Verkehr mit Opium" vom 15. Dezember 1918

---

1 RGBl. 1872 I, 85; siehe auch Scheerer 1982a, 49, hier auch auszugsweise abgedruckt.
2 MBliV 1878, 117.
3 MBliV 1896, 123.
4 MBliV 1899, 231.
5 RGBl. 1901 I, 380.
6 Vgl. Scheerer 1982a, 51.
7 Vgl. Ellinger 1974, 20.
8 Vgl. Scheerer 1982a, 41; Eisenbach-Stangl 1980, 413.
9 RGBl. 1917 I, 256; abgedr. auch bei Scheerer 1982a, 41 ff.

abgelöst.[1] Diese wiederum wurde durch die Verordnung vom 20. August 1919 ergänzt.[2] Unter Beibehaltung der Strafandrohung von Gefängnis bis zu sechs Monaten und Geldstrafe von bis zu 10.000,– Mark folgte sodann die "Verordnung über den Verkehr mit Opium und anderen Betäubungsmitteln" vom 20. Juli 1920.[3] Diese sah eine Erlaubnispflicht für den Handel, Erwerb und die Veräußerung von Betäubungsmitteln vor (§ 1), wobei der Erlaubnisinhaber nur dann abgeben durfte, wenn der Erwerb gestattet war (§ 2). Ausgenommen hiervon waren nur der Großhandel, wissenschaftliche Institute und die Abgabe an und in Apotheken als Heilmittel (§ 2), um den Verbrauch und die Notwendigkeit des Verbrauchs kontrollieren zu können. Der Erlaubnisinhaber war zudem lagerbuchpflichtig (§ 3) und bezugsscheinpflichtig (§ 4). Durch die kriegsbedingte Handelsblockade war man nämlich gezwungen, mit den vorhandenen Vorräten sparsam umzugehen.[4] Das erste deutsche Opiumgesetz, das in vielem bereits die Merkmale des heutigen Betäubungsmittelgesetzes aufwies, ist jedoch auf die im Versailler Vertrag enthaltene Verpflichtung, dem Haager Abkommen beizutreten (Art. 295), zurückzuführen.[5] Es handelte sich hier um das "Gesetz zur Ausführung des internationalen Opiumabkommens vom 23. Januar 1912" vom 30. Dezember 1920.[6] Dieses trat am 1. Januar 1921 in Kraft und sah im § 8 bei Verstößen gegen die Erlaubnis-, Bezugsschein- und Lagerbuchführungspflicht gewisse Ein- und Ausfuhrregelungen und das neueingeführte absolute Verkehrsverbot für Rauchopium, wie seine Verordnungsvorgänger, Gefängnisstrafen bis zu sechs Monaten und/oder Geldstrafe bis zu 10.000,– Mark vor. Durch das Gesetz vom 21. März 1924 wurden die Strafbestimmungen dahingehend erweitert, daß auch der Versand von Betäubungsmitteln durch die Post ins Ausland mit Strafe bedroht wurde und die Strafandrohung nunmehr auf Gefängnisstrafe bis zu drei Jahren und/oder Geldstrafe bis zu 10.000,– Mark erhöht wurde.[7] Anlaß der Verschärfung des Opiumgesetzes vom 30. Dezember 1920, dessen Grundgedanke darin bestand, den Verbleib von Betäu-

---

1 RGBl. 1918 I, 1447; abgedr. auch bei Scheerer 1982a, 42 ff.
2 RGBl. 1919 I, 1474.
3 RGBl. 1920 I, 1464, abgedr. auch bei Scheerer 1982a, 45 ff.
4 Vgl. Ellinger 1974, 21; Scheerer 1982a, 48.
5 Vgl. Scheerer 1977, 481.
6 RGBl. 1921 I, 2; abgedr. auch bei Pfeil/Hempel/Schiedermair 1978, D7, 101 ff.
7 RGBl. 1924 I, 290; abgedr. auch bei Pfeil/Hempel/Schiedermair 1978, D8, 105 ff.

bungsmitteln von der Einfuhr bis zur Abgabe an den Verbraucher zu kontrollieren[1], war der, daß es oft durch ein Ausweichen auf Ersatzstoffe umgangen wurde und man irrig glaubte, lediglich durch eine Erhöhung der Strafandrohung der Lage Herr werden zu können.[2] Obwohl das Haager Abkommen durch das erste Genfer Opiumabkommen vom 11. Februar 1925 ergänzt und teilweise ersetzt wurde, blieb es wegen seiner wesentlichen Bezogenheit auf die Gebiete des Fernen Ostens für die deutsche Opiumgesetzgebung zunächst ohne Bedeutung.[3] Dies änderte sich jedoch mit dem zweiten Genfer Abkommen vom 19. Februar 1925, das durch Deutschland am 26. Juni 1929 ratifiziert wurde und am 29. Juni 1929 in Kraft trat.[4] Gemäß dem zweiten Genfer Abkommen wurden die Vertragsmächte verpflichtet, die Betäubungsmittel ausschließlich zu medizinischen und wissenschaftlichen Zwecken zu verwenden (Art. 5).[5] Diesem Postulat schien die deutsche bisherige Gesetzgebung nicht genügen zu können, weshalb am 10. Dezember das am 1. Januar 1930 in Kraft getretene "Gesetz über den Verkehr mit Betäubungsmitteln" (OpiumG) verkündet wurde.[6] Das Gesetz bot in sachlicher Hinsicht aufgrund der Ermächtigung des § 1 Abs. 2 die Möglichkeit, ständig neue Substanzen durch Rechtsverordnungen dem OpiumG zu unterstellen. Im personalen Geltungsbereich brachte es die Neuerung, daß allen Ärzten, Zahnärzten und Tierärzten hierin erstmalig Vorschriften gemacht wurden. Mit dieser Regelung glaubte man der sich über Jahre herausgebildeten bedenklichen Verschreibungspraxis, die den suchtmäßigen Verbrauch an Betäubungsmitteln gefördert haben soll, erfolgreich begegnen zu können, zumal die Appelle und behördlichen Mahnungen nicht die erhofften Wirkungen zeigten.[7] In das OpiumG fanden also auf die damaligen Verhältnisse völlig neue Gedanken Eingang. Jetzt endete die Aufsicht über den Verkehr mit Betäubungsmitteln nicht beim Apotheker, wie dies nach dem Opiumge-

---

1 Die Konsumentensphäre wurde durch das Opiumgesetz vom 30. Dezember 1920 nicht beeinträchtigt; vgl. Scheerer 1982a, 53 ff.

2 Vgl. Scheerer 1982a, 54.

3 Vgl. Scheerer 1977, 481; Ellinger 1974, 22; abgedr. bei Pfeil/Hempel/Schiedermair 1978, D3, 11 ff.

4 RGBl. 1929 I, 407; abgedr. auch bei Pfeil/Hempel/Schiedermair 1978, D4, 17 ff.

5 Vgl. Scheerer 1977, 481.

6 RGBl. 1929 I, 215, abgedr. auch bei Pfeil/Hempel/Schiedermair 1978, D10, 111 ff.; eine ausführliche Besprechung des Gesetzes enthält Schendzielorz 1988, 118 - 131.

7 Vgl. Scheerer 1977, 481; ders. 1982 a. 55 ff.; Ellinger 1974, 23.

setz vom 30. Dezember 1920 noch der Fall war, sondern das Gesetz machte nun auch dem Arzt, Zahnarzt und Tierarzt Vorschriften über die Art und den Umfang des Verschreibens von Betäubungsmitteln. Der Apotheker selbst wurde auch gewissen Einschränkungen unterworfen. Hierdurch sollte also primär die Sucht als solche bekämpft und nicht wie bisher nur der Verbleib der Betäubungsmittel einer Kontrolle unterworfen werden.[1] Es ging jetzt nicht mehr um die Kontrolle der Betäubungsmittel schlechthin, sondern vielmehr um die Kontrolle des Konsums von Einzelnen und damit auch um die Kontrolle der Abhängigen.[2] Die Bestimmungen des Gesetzes wurden durch eine Reihe von Folgeverordnungen geregelt.[3] Hiervon ist vor allem die Verordnung vom 19. Dezember 1930 über das Verschreiben Betäubungsmittel enthaltender Arzneien und ihre Abgabe in den Apotheken zu nennen, die in ihrem § 6 festlegte, daß Betäubungsmittel nur dann verschrieben werden dürften, wenn die Anwendung des Betäubungsmittels ärztlich, zahnärztlich oder tierärztlich begründet sei.[4] Ein wesentliches Moment des neuen OpiumG bestand darin, daß durch die Bekämpfung der Betäubungsmittelabhängigkeit als solche eine präventive Gesetzgebung begründet wurde.[5] In den folgenden Jahren wurde das OpiumG mehrfach geändert, ohne jedoch nennenswerte Neuerungen zu bringen.[6] Eine neue Stufe staatlicher Drogenkontrolle bedeutete erst das Gesetz vom 26. März 1959, mit dem die Bundesrepublik die Protokolle von Paris (1948) und New York (1953) ratifizierte, die eine Ausdehnung der Betäubungsmittelkontrollen auf synthetische Drogen sowie detaillierte Bestimmungen über Anbau, Erzeugung, Handel und Verwendung von Opium enthielten.[7] Mit dieser weiteren Verschärfung der Drogenkontrolle ging zunächst aber nicht eine Verschärfung des Drogenproblems einher, die diese Maßnahme hätte rechtfertigen können.

---

1 Vgl. Ellinger 1974, 23; Moll 1990, 21.
2 So Eisenbach-Stangl 1980, 416.
3 Eine Übersicht über die Folgeverordnungen des Jahres 1930 enthält Schendzielorz 1988, 65 ff.
4 RGBl. 1930 I, 635.
5 Vgl. Anselmino/Hamburger 1931, 13.
6 Siehe das Gesetz zur Änderung des Opiumgesetzes vom 22. Mai 1933, RGBl. 1933 I, 287 und das Zweite Gesetz zur Änderung des Opiumgesetzes vom 9. Januar 1934, RGBl. 1934 I, 22; im übrigen zu den Änderungen siehe Ellinger 1974, 23 ff.; zur Gesetzgebung speziell im Dritten Reich siehe Moll 1990, 23 f.
7 BGBl. 1959 I, 333.

Eher ganz im Gegenteil. In der Nachkriegszeit trat das Drogenproblem, wie früher auch, nur in Form der iatrogenen Opiatabhängigkeit auf, da viele Kriegsverletzte über längere Zeiträume mit Opiaten behandelt wurden. Diese Aufgabe der Behandlung von Abhängigkeit wurde in der Folgezeit gänzlich der Ärzteschaft überantwortet, was sich insbesondere auch in der Statistik der rechtskräftigen Verurteilungen niederschlug, die bis 1968 nicht mehr als 350 Verurteilungen auswies.[1] Die überwiegende Mehrzahl der Abhängigen lebte dementsprechend polizeilich unauffällig, führte ein normales angepaßtes Familien- und Berufsleben, jedenfalls solange es ihnen gelang, ihre Abhängigkeit geheimzuhalten.[2] Die in der Mitte der zwanziger Jahre allmählich einsetzende und im Dritten Reich weiter gezielt geförderte Dramatisierung des "Rauschgifts", die nach dem Ende des Zweiten Weltkrieges eine entspanntere Sichtweise in Bezug auf Drogen und Süchte nicht mehr zuließ[3], war offenbar in nicht unerheblichem Maße für die weitere Entwicklung in der Drogenfrage verantwortlich. Diese Entwicklung wurde zunächst durch eine Rücküberantwortung der Definitionsmacht über das Drogenproblem von den Ärzten an die Strafverfolgungsorgane eingeleitet.[4] Vor allem die Apotheker und Ärzte sahen sich seit 1955 erneut einer Kampagne des Bundeskriminalamtes gegenüber, das für eine Verstärkung der Kontrollen der beiden Berufsgruppen eintrat.[5] Gleichzeitig zeichnete sich auch eine Wandlung in der Einstellung zur Behandlung der Opiatabhängigkeit innerhalb der Ärzteschaft selbst ab. Gemäß den "Richtlinien zur Behandlung von rauschgiftgefährdeten und rauschgiftsüchtigen Ärzten" des Präsidiums des Deutschen Ärztetages von 1955 wurde die stationäre Behandlung in einer geschlossenen Anstalt als die einzige berufsgerechte Therapie definiert. Demgegenüber ist die ambulante Behandlung von Morphinisten als Verstoß gegen die ärztlichen Berufspflichten angesehen worden.[6] Mit dem Beginn der sechziger Jahre hat das Drogenproblem gänzlich an Bedeutung verloren. Die Zahl der polizeilich registrierten Verstöße gegen das Opiumgesetz

---

1 Vgl. Scheerer 1982a, 67 f.

2 Vgl. Scheerer 1982a, 67, 90; zu den "klassischen Morphinisten" siehe oben S. 90 f.

3 Vgl. Scheerer 1982a, 68.

4 Vgl. Scheerer 1982a, 70.

5 Vgl. Scheerer 1982a, 69 f.

6 Vgl. Bschor 1980, 1208; ders. 1981, 48; Scheerer 1982a, 80; ders. 1985, 247; Eisenbach-Stangl 1980, 417; siehe auch unten S. 182 f.

sowie der rechtskräftigen Verurteilungen sank seit 1953, dem Beginn der Bundeskriminalstatistik, kontinuierlich ab.[1] Das Drogenproblem machte nur noch 0,04 % der registrierten Gesamtkriminalität aus.[2] In diese Zeit der "Ruhe vor dem Sturm"[3] fiel neben der vorerwähnten Ratifizierung der Abkommen von Paris und New York auf internationaler Ebene die Unterzeichnung des Einheitsübereinkommens über Suchtstoffe vom 30. Juni 1961 (Single Convention on Narcotic Drugs). Durch dieses Abkommen wurden die Vereinbarungen von 1912 bis 1953 zusammengefaßt und erweitert. Dieses erfuhr durch die Konvention über die psychotropen Stoffe vom 21. Februar 1971 (Convention on Psychotropic Substances) in Wien eine weitere wichtige Ergänzung. Hierdurch haben sich die Unterzeichnerstaaten[4] verpflichtet, die staatliche Drogenkontrolle über den bisherigen Bereich der klassischen Suchtstoffe hinaus auf halluzinogene Stoffe, Stimulantien, Sedativa und Tranquilizer sowie deren Zubereitungen auszudehnen.[5] Die beiden Abkommen wurden mit den Gesetzen vom 4. September 1973[6] und vom 18. Dezember 1974[7] schließlich auch von der Bundesrepublik ratifiziert. Das Ratifizierungsgesetz hat aber das Ausmaß der bis dahin bestehenden Kontrollen kaum verändert, da die meisten der mit den Abkommen erfaßten Substanzen bereits mittels früherer Verordnungen einer Kontrolle unterworfen waren.[8] Trotz der scheinbar großen Aktivität des Reichs- bzw. Bundesgesetzgebers auf dem Drogensektor seit dem Inkrafttreten des Opiumgesetzes vom 10. Dezember 1929 waren die jeweiligen Neuerungen, wie bereits vorstehend erwähnt, im Verhältnis zu dem, was Ende der sechziger, Anfang der siebziger Jahre kommen sollte, eher nur von untergeordneter Bedeutung. Mit dem Gesetz vom 22. Dezember 1971 kam es nämlich zu einer einschneidenden Veränderung der deutschen Drogenpolitik. Das "Gesetz zur Änderung des Gesetzes über den Verkehr mit Betäubungsmitteln ("Opiumge-

---

1 Siehe die statistischen Angaben bei Ellinger 1974, 26 ff.; siehe auch Scheerer 1982a, 71 f.; Eisenbach-Stangl 1980, 417.
2 Vgl. Scheerer 1982a, 72.
3 So Scheerer 1982a, 71.
4 Zwischenzeitlich wurde die Single Convention von 1961 von 115 Staaten unterzeichnet, vgl. Behr/Juhnke 1985, 52.
5 Vgl. Scheerer 1977, 482; Behr/Juhnke 1985, 53 f.
6 BGBl. 1973 I, 1353.
7 BGBl. 1974 I, 1.
8 Vgl. Scheerer 1977, 482.

setz") vom 10. Dezember 1929" wurde am 10. Januar 1972 bekanntgemacht.[1] Dem ging folgende Entwicklung voraus: Mit dem kontinuierlichen Anstieg der Zahl der Drogenkonsumenten seit etwa der Mitte der sechziger Jahre[2] bildete sich auch ein neuer Typus des Konsumenten heraus. Während die "klassischen Morphinisten" dauernd bestrebt waren, ihre Abhängigkeit geheimzuhalten, wollten die sich vor allem aus der Jugendszene rekrutierenden Konsumenten gerade das Gegenteil bewirken. Auf der Suche nach einer neuen Identität wollten sie entdeckt werden, um Anstoß zu erregen bzw. schockieren zu können. Es wurde so die neue Identität der Protestkultur vornehmlich im Konflikt mit dem Elternhaus, den Bildungsinstitutionen, dem gesamten sozialen Nahraum gesucht.[3] Dies veranlaßte die etablierte Gesellschaft zum Gegenangriff auf die Revolte der Haschischkonsumenten. Es begann der "moralische Kreuzzug" gegen den Drogenkonsum.[4] Aufgrund der Erkenntnis, daß die Zunahme des Drogenkonsums und die nunmehrige selbstbewußte Artikulation der Drogenkonsumenten nicht mehr als nur eine vorübergehende Modeerscheinung zu begreifen und mit den damals üblichen Mitteln der Kontrolle nicht zu kanalisieren war, zumal der Protestkultur in verstärktem Maße von seiten der etablierten Gesellschaft sehr viel Verständnis entgegengebracht worden ist oder deren Haltungen sogar geteilt wurden, setzte sich allmählich eine bis dahin in der Bundesrepublik nicht dagewesene Anti-Drogenkampagne in Bewegung, und zwar auf allen Ebenen des gesellschaftlichen Lebens.[5] War der Drogenkonsum für die Konsumenten das Symbol einer Suche nach neuen Lebensformen, so diente er der Antidrogenkampagne als Symbol für das Ansteigen der Jugendkriminalität. Er wurde selbst mit Pornographie und antiautoritären Kinderläden in Verbindung gebracht.[6] Neben den Massenmedien - allen voran dem Fernsehen und der Presse[7] - nahmen vor allem die deutschen Ärzte eine fast durchgängig negative Haltung gegenüber Cannabiskonsum ein. Obwohl die Ärzteschaft auf die Gesetzgebung nicht unmittelbar Einfluß nehmen konnte, so blieben die

---

1 BGBl. 1971 I, 2092.
2 Vgl. Bundeskriminalamt 1981, 150.
3 Vgl. Scheerer 1982a, 90; siehe auch oben S. 91 f.
4 Vgl. Scheerer 1982a, 91.
5 Vgl. Scheerer 1982a, 93.
6 Vgl. Scheerer 1982a, 95.
7 Vgl. Behr/Juhnke 1985, 71.

entsprechenden Publikationen nicht ungehört. Die hierdurch alarmierte Öffentlichkeit verschärfte ihre negative Haltung gegenüber den Drogenkonsumenten bis 1972 grundlegend.[1] Auf der parlamentarischen Ebene wurde das Thema "illegale Drogen" seit 1966 zunächst nur zögerlich behandelt. Dennoch waren im Innenministerium aufgrund der vorausgegangenen polizeilichen Aktivitäten die Weichen für die Gesetzesänderung bereits Ende der sechziger Jahre gestellt. Die im außerparlamentarischen Bereich einsetzende Diskussion hat so die Änderung der Opiumgesetzgebung lediglich beschleunigt.[2] 1970 wurde durch die Regierung das "Aktionsprogramm zur Bekämpfung des Drogen- und Rauschmittelmißbrauchs" beschlossen. Damit ist der "Krieg gegen die Drogen" auch auf der parlamentarischen Ebene ausgerufen worden.[3] Es wird jedoch vermutet, daß hinter der Antidrogenkampagne der Bundesregierung sich vor allem wahltaktische Überlegungen verbargen. Mit dem Aktionsprogramm sollte dem immer stärker werdenden Druck von seiten der konservativen Opposition, die das Drogenproblem immer mehr in den Mittelpunkt ihrer Wahlkampagne stellte, begegnet werden.[4] Die Gesetzesinitiative war in letzter Konsequenz also das Ergebnis des "Selbsterhaltungsinteresses" der Bundesregierung.[5]

Der offiziellen Begründung des BtMG 1972 zufolge diente das Gesetz dem Ziel, "der Rauschgiftwelle in der Bundesrepublik Deutschland Einhalt zu gebieten und damit große Gefahren von dem einzelnen und der Allgemeinheit abzuwenden. Es geht darum, den einzelnen Menschen, insbesondere den jungen Menschen vor schweren und nicht selten irreparablen Schäden an der Gesundheit und damit vor einer Zerstörung seiner Persönlichkeit, seiner Freiheit und seiner Existenz zu bewahren. Es geht darum, die Familie vor der Erschütterung zu schützen, die ihr durch ein der Rauschgiftsucht verfallenes Mitglied droht. (...) Es geht schließlich darum, die Funktionsfähigkeit der Gesellschaft nicht gefährden zu lassen."[6] Das bestimmende Strukturelement dieses Gesetzes war

---

1 Vgl. Scheerer 1982a, 96; Eisenbach-Stangl 1980, 421 f.

2 Vgl. Scheerer 1982a, 108; Eisenbach-Stangl 1980, 422.

3 Vgl. Albrecht 1987a, 68 f.; Moll 1990, 28. Dem Kampf gegen Drogen wurde jetzt zum Teil derselbe Stellenwert beigemessen wie dem Kampf gegen den Terrorismus, so Gerhard Baum, zit.b. Behr/Juhnke 1985, 72.

4 Vgl. Scheerer 1982a, 104 ff.

5 So Scheerer 1982a, 107.

6 BTDrucks. 6/1877, 5.

das Bestreben nach vollständiger Kontrolle des legalen und vollständiger Unterdrückung des illegalen Verkehrs mit Betäubungsmitteln. Diese Tendenz drückte sich sowohl in bezug auf die zunehmende Anzahl der vom Gesetz erfaßten Drogen als auch hinsichtlich der Quantität und der Qualität der strafbedrohten Handlungen aus.[1] Aus der Fülle der eingeführten gesetzlichen Neuerungen sei zunächst hervorgehoben, daß jeder Umgang mit Betäubungsmitteln eine selbständige Straftat darstellte. So verbot § 11 Abs. 1, ohne Erlaubnis BtM einzuführen, auszuführen, zu gewinnen, herzustellen, zu verarbeiten, mit ihnen Handel zu treiben, sie zu erwerben, abzugeben, zu veräußern oder sonst in den Verkehr zu bringen. Verboten war auch der Besitz von BtM, verstanden als bewußt-kausales Verhalten zur Aufrechterhaltung der tatsächlichen Sachherrschaft. Auch Verhalten, das vom Endziel des Täters aus gesehen eher eine Teilnahmehandlung darstellte, wurde zum selbständigen Straftatbestand erhoben. Danach sollte mit Freiheitsstrafe bis zu drei Jahren mit/oder Geldstrafe auch bestraft werden, wer BtM einem anderen verabreichte oder zum Genuß überließ, bzw. wer eine Gelegenheit zum Genuß, zum Erwerb oder zur Abgabe von BtM öffentlich oder eigennützig mitteilte oder eine solche Gelegenheit einem anderen verschaffte oder gewährte.[2]

Das Gesetz erfuhr vielfache Kritik.[3] Vor allem die Kriminalisierung des Besitzes wurde als die Stoßlinie gegen den Konsumenten und nicht gegen den Händler, dem die eigentliche Aufmerksamkeit des Gesetzes gelten sollte, gewertet.[4]

---

1 Vgl. Scheerer 1977, 483; ders. 1982a, 82.
2 Eine ausführliche Besprechung des BtMG 1972 enthält Scheerer 1977, 482 ff.; ders. 1982a, 82 ff.; siehe auch Eisenbach-Stangl 1980, 423 f.
3 Vgl. Scheerer 1977, 485 ff. m.w.N.; Behr/Juhnke 1985, 72 f.; Dünkel 1981, 675.
4 Vgl. Eisenbach-Stangl 1980, 423.

2.2.2.3 *Das geltende Drogenstrafrecht - BtMG 1982*

2.2.2.3.1 *Festigung der mit dem BtMG 1972 eingeleiteten Drogenpolitik*

Das BtMG von 1972 stellte nur einen Zwischenschritt zu einer umfassenden Neuordnung des Betäubungsmittelrechts dar. Dies wurde von der sozialliberalen Bundesregierung bereits im selben Jahr angekündigt.[1] Dementsprechend wurden im Jahre 1978 die Arbeiten an der Novellierung des BtMG aufgenommen.[2] Diese mündeten zunächst in einem Regierungsentwurf eines "Gesetzes zur Neuordnung des Betäubungsmittelrechts"[3], der in der Folgezeit jedoch einige Änderungen erfuhr und schließlich vom Bundestag nach zweiter und dritter Beratung am 26. Mai 1981 verabschiedet und dem vom Bundesrat am 26. Juli 1981 zugestimmt wurde.[4] Am 31. Juli 1981 hat der Deutsche Bundestag das "Gesetz zur Neuordnung des Betäubungsmittelrechts" vom 28. Juli 1981 verkündet. Dieses trat dann am 1. Januar 1982 in Kraft.[5] Der wesentliche Anlaß der Novellierung sollte der offiziellen amtlichen Begründung zufolge zum einen in der Schaffung der aufgrund verschiedener in der Vergangenheit vorgenommenen Änderungen des Gesetzes bzw. wegen der zu ihm erlassenen Verordnungen zwischenzeitlich verlorenen Übersichtlichkeit und zum anderen in der Anpassung der deutschen Drogengesetzgebung an die internationalen Abkommen bestehen.[6] Nach den Gesetzesmaterialien sollten Zweck und Ziel des reformierten BtMG hingegen wie folgt sein:

"1. dem Schutz der menschlichen Gesundheit zu dienen,
2. den Verkehr mit Betäubungsmitteln so zu regeln, daß
   a) dessen Sicherheit und Kontrolle gewährleistet,

---

1 Vgl. BTDrucks. 6/1877, 5, 8.
2 Vgl. Wiedermann 1985, 302.
3 Vgl. BTDrucks. 8/3551.
4 Zum parlamentarischen Verlauf der Entstehung des BtMG 1982 siehe ausführlicher Bekker/v. Lück 1990, 19 ff.; siehe auch Scheerer 1982a, 210 f.
5 BGBl. 1981, 681.
6 BTDrucks. 9/27, 25.

b) die notwendige medizinische Versorgung der Bevölkerung sichergestellt und
c) der Mißbrauch von Betäubungsmitteln sowie das Entstehen oder Erhalten einer Betäubungsmittelabhängigkeit verhindert wird,
3. die Voraussetzung für eine angemessene Ahndung auch der besonders gravierenden Rauschgiftdelikte zu schaffen, die nach Zahl und Schwere trotz der Verschärfung der Strafvorschriften durch die Novellierung im Jahre 1971 ständig zugenommen haben,
4. kleine bis mittlere drogenabhängige Straftäter mehr als bisher zu einer notwendigen therapeutischen Behandlung zu motivieren, wobei Strafdrohung und Strafvollstreckung nur Hilfsmittel sein können, den erforderlichen "Initialzwang" zur Therapiebereitschaft auszulösen."[1]

Den Kern des BtMG 1982 bildeten auch diesmal, wie 1972, die Strafbestimmungen. Gegenüber seinen Vorgängern brachte das BtMG 1982 zunächst die Änderungen, daß die sog. Grundtatbestände bezüglich des Besitzes, Erwerbs, der Einfuhr und nunmehr auch des Anbaus verbotener Drogen zunächst mit bis zu vier Jahren Freiheitsstrafe (bisher 3 Jahre) geahndet werden konnten, die qualifizierten Tatbestände insbesondere des Besitzes, Erwerbs etc. "nicht geringer Mengen" von Betäubungsmitteln mit mindestens einem Jahr (im Falle gewerbs- oder bandenmäßiger Regelung zwei Jahre) bis zu höchstens 15 Jahren (bisher 10 Jahre) Freiheitsstrafe (§ 29). Diese Regelungen gelten mittlerweile auch als überholt. Im Zuge der jüngsten Gesetzgebung gegen die "Organisierte Kriminalität" sind ebenfalls nicht unwesentliche Änderungen des BtMG so auch hinsichtlich der Strafvorschriften vorgenommen worden. Gemäß Artikel 2 des "Gesetzes zur Bekämpfung des illegalen Rauschgifthandels und anderer Erscheingungsformen der Organisierten Kriminalität" (OrgKG) vom 15. Juli 1992 wurde u.a. § 29 Abs. 1 dahingehend geändert, daß die Grundtatbestände nunmehr mit bis zu *fünf* Jahren Freiheitsstrafe geahndet werden können. Unter Streichung in Absatz 3 Satz 2 der Nummern 3 und 4 wurde gleichzeitig ein neuer § 29 a (Straftaten) geschaffen, der jetzt den Gegenstand der gestrichenen Vorschriften gesondert regelt und darüber hinausgehende Verbrechenstatbestände enthält, wie z.B. die Regelung, daß diejenige Person über 21 Jahre mit

1 BTDrucks. 9/27, 25 f.

Freiheitsstrafe nicht unter einem Jahr bestraft wird, die Betäubungsmittel ohne Erlaubnis nach § 3 Abs. 1 Nr. 1 an eine Person unter 18 Jahren abgibt oder sie ihr entgegen § 13 Abs. 1 verabreicht oder zum unmittelbaren Verbrauch überläßt oder (...) (§ 29a Abs. 1 Nr. 1a). Überdies wurden neue Regelungen in den eingefügten §§ 30a bis c vorgenommen, die weitere Strafverschärfungen mit sich brachten.[1]

Der Gesetzgeber hat ebenso wie bei der Reform 1971 eine Definition der "geringen" ebenso wie der "nicht geringen" Menge unterlassen. Ebenso verzichtete er auf eine Unterscheidung zwischen "weichen" und "harten" Drogen. Neben der in " 29 Abs. 5 vorgesehenen Möglichkeit eines Absehens von Strafe auf gerichtlicher Ebene bei Einfuhr, Erwerb, Besitz etc. von Betäubungsmitteln in "geringen Mengen" wurde diese Möglichkeit auch für Kronzeugen, die an der Aufklärung von Straftaten mitwirken, geschaffen. Sie können aber zumindest milder bestraft werden (§ 31). Mit der Einfügung des § 31a durch das Gesetz zur Änderung des Betäubungsmittelgesetzes vom 9. September 1992, das am 16. September 1992 in Kraft trat, wurde die Möglichkeit eines Absehens von der Strafe neuerdings um die weitere Möglichkeit eines Verfolgungsverzichts bereits auf der Ebene der StA erweitert.[2]

Auf Druck der Fachöffentlichkeit wurden die §§ 35 ff als Sondervorschriften für betäubungsmittelabhängige Straftäter geschaffen, die bei einer Verurteilung zu nicht mehr als zwei Jahren Freiheitsstrafe eine Zurückstellung der Strafvollstreckung ermöglichten (§ 35), wenn der Verurteilte sich einer Therapie unterzog. Auf der Ebene der StA war bei einer zu erwartenden Freiheitsstrafe von höchstens zwei Jahren ein Absehen von der Strafverfolgung vorgesehen (§ 37). Die in der Therapieeinrichtung verbrachte Zeit war auf die Strafe anzurechnen, wenn sich der Verurteilte in einer staatlich anerkannten Einrichtung behandeln ließ, in der die freie Gestaltung seiner Lebensführung erheblichen Beschränkungen unterlag.[3] Die Therapievorschriften der §§ 35 ff. sind durch das Gesetz

---

1 Siehe BGBl. 1992 I, 1302, 1305.
2 Siehe BGBl. 1992 I, 1593 f.
3 Eine ausführliche Besprechung des BtMG 1982 enthalten: Wiedermann 1985, 302 ff; Böllinger/Stöver 1992, 112 ff; Albrecht 1987a, 70 ff.

vom 9. September 1992 nunmehr in einigen Punkten ebenfalls geändert worden.[1]

Im übrigen erfolgt die Definition des "Betäubungsmittels" nicht im Gesetz selbst, sondern wird durch im Wege von Rechtsverordnungen (§ 1 Abs. 2 und 3) ergänzbare Listen gesetzt, die dem BtMG als Anlagen I bis III beigefügt sind. Hierdurch werden Betäubungsmittel in drei Gruppen aufgespalten, namentlich in a) nicht verkehrsfähige Betäubungsmittel (Marihuana, Haschisch, Heroin, Meskalin, LSD etc.), b) verkehrsfähige, aber nicht verschreibungsfähige Betäubungsmittel (Kokablätter, Codein, Methadon etc.), c) verkehrsfähige und verschreibungsfähige Betäubungsmittel (Kokain, Opium, Morphin etc.).

Das BtMG 1972 war, wie bereits vorstehend dargelegt, von den Polizeibehörden initiiert und durch deren Probleme wesentlich geprägt worden.[2] Die Zunahme polizeilicher Aktivitäten ab 1970 hat bewirkt, daß die Zahlen der Verhaftungen und der Verurteilungen rapide stiegen.[3] Diese wurden ihrerseits zum Anlaß genommen, um die Situation dramatisieren zu können. Obwohl die Zahlen der Drogenkonsumenten eher im Begriff waren zu sinken[4], sah sich die parlamentarische Opposition veranlaßt festzustellen, daß sich die "Rauschgiftkriminalität" an der "Drogenfront" geradezu "wie ein Steppenbrand" ausbreitete.[5] Diese Entwicklung führte schließlich zum Ausbau eines gewaltigen Drogenbekämpfungsapparates und der Verabschiedung des BtMG 1972. Die Folgejahre waren durch weitere ständige Verbesserungen und Perfektionierungen der Drogenbekämpfung gekennzeichnet.[6] Diese Maßnahmen schlugen sich unweigerlich auf das Statistikbild der "Rauschgiftdelikte in der Bundesrepublik Deutschland".[7] Im Jahre 1979, dem "Höhepunkt der Drogenwelle"[8], wurden

---

1 Siehe BGBl. 1992 I, 1593 f.
2 Vgl. Eisenbach-Stangl 1980, 923; siehe auch oben S. 111.
3 Vgl. Bundeskriminalamt 1980, 209.
4 Vgl. BTDrucks. 7/4200, 267; Eisenbach-Stangl 1980, 427; Reuband 1988b, 61.
5 Vgl. Scheerer 1982a, 200.
6 Vgl. Scheerer 1982a, 201 ff.
7 Vgl. Bundeskriminalamt 1980, 208. 1966 wurden 810 Tatverdächtige registriert, 1967 - 1.226, 1968 - 1.937, 1969 - 4.405, 1970 - 16.188, 1971 - 23.200, 1972 - 22.607, 1973 - 24.015, 1974 - 25.671, 1975 - 27.106, 1979 - 47.258.

insgesamt 47.258 Tatverdächtige im Zusammenhang mit Drogenstraftaten registriert. Daneben wurden 623 Drogentote gezählt.[1] Ob man tatsächlich von einer "Drogenwelle" aufgrund der hohen Zahlen der Registrierungen von Tatverdächtigen bzw. der Drogentoten ausgehen konnte, darf jedoch bezweifelt werden. In den Zahlen scheinen sich eher die verstärkten Strafverfolgungsaktivitäten widerzuspiegeln, denn eine echte zur Besorgnis Anlaß gebende Zunahme der Drogenkriminalität, die ein Eingreifen des Gesetzgebers gerechtfertigt hätte. Die Steigerung der Bekämpfungsaktivitäten hat dem Schwarzmarkt im Ergebnis schätzungsweise nicht mehr als 5 % seines Volumens entzogen.[2] Dort wo sie jedoch spürbare Angebotsverknappung bewirkte, führte sie zu einer Erhöhung der Heroinpreise. Letztendlich waren lediglich die Konsumenten von dem "Krieg gegen das Rauschgift" unmittelbar betroffen. Dieser Krieg führte zu einer weitgehenden Abschottung von der Hauptgesellschaft und war letztlich sehr gut dazu geeignet, einen "harten Kern" dauerhafter, von Hilfs- wie Verfolgungsinstanzen gleichermaßen abgeschirmter Heroinkonsumenten entstehen zu lassen.[3]

Auf diesem Hintergrund wurde das "neue" BtMG erlassen. Jedoch sollte mit diesem Gesetzeswerk überraschenderweise nicht die falsche im BtMG 1972 verbriefte Strategie korrigiert, sondern mit verstärktem Aufwand weiterbetrieben werden.[4] Den amtlichen Erklärungen zufolge habe es sich bei dem Katalog der Maßnahmen des BtMG 1982 nicht um neue, sondern um mehr und bessere Maßnahmen gehandelt.[5] Hier wird die Orientierung an dem klassischen kriminalpolitischen Konzept des "more of the same" unübersehbar.[6] Das Gesetz ist in bester Tradition der ihm vorausgegangenen Drogengesetze, die fortlaufende

---

8 Vgl. Becker/v. Lück 1990, 24.

1 Keup 1985, 81.

2 Vgl. Scheerer 1982a, 204; heute sollen es auch nicht mehr als 10 % sein, vgl. Meyer 1987, 736; Böllinger/Stöver 1992, 24.

3 Vgl. Scheerer 1982a, 204; Schmidt-Semisch 1990a, 25 ff. Dabei ist interessant, daß der im Zuge der Drogenbekämpfungsaktivitäten sichergestellten Heroinmenge von nur 207 kg im Jahre 1979 6.407 kg Cannabisprodukte gegenüberstehen, siehe Bundeskriminalamt 1991, 194.

4 Vgl. Scheerer 1982b, 230.

5 Vgl. A. Huber in BTStenogr. Berichte 8/200, 15938

6 Vgl. Albrecht 1987a, 66.

Verschärfungen mit sich brachten. Insoweit ist die Feststellung nur zu berechtigt, daß die Geschichte deutscher Drogengesetzgebung nichts anderes als die Geschichte fortlaufender Perfektionierungsversuche prohibitiver Modelle ist.[1] Sofern also gelegentlich von seiten der Fachöffentlichkeit behauptet wird, daß das BtMG 1982 neben dem legalistisch-repressiven Ansatz gleichermaßen auch noch den medizinisch-psychologischen mit Rücksicht auf die §§ 35 ff. bzw. den liberal-psychosozialen Ansatz unter Hinweis auf die Regelung des § 29 Abs. 5 zu verwirklichen suche[2], so mag dies auf den ersten Blick zunächst richtig erscheinen. Beim genaueren Hinsehen ist jedoch festzustellen, daß dem kriminalpolitischen Ansatz sowohl in rechtsdogmatischer als auch in praktischer Hinsicht eindeutig der Vorrang gegenüber den anderen Grundstrategien der bundesdeutschen Drogenpolitik eingeräumt wird.[3] Bei dem BtMG 1982 handelt es sich um ein Beispiel des präventiven Strafrechts.[4] Aufgrund der Tatsachen, daß das Drogenproblemen gerade in den letzten beiden Jahrzehnten stärker in das öffentliche Bewußtsein gedrungen ist und die Öffentlichkeit eine "angemessene" Reaktion staatlicher Stellen auf dieses Problem erwartet, andererseits aber weder ein statistisch signifikanter Nachweis für einen Zusammenhang zwischen unmittelbarem Drogeneinfluß und gesteigerter Kriminalität erbracht werden konnte[5], noch ein wirklich taugliches Behandlungskonzept für Drogenabhängige, das auch nur annähernd als abgesichert gelten könnte, derzeit existiert, stellt das Betäubungsmittelrecht, wie im Zusammenhang mit der AIDS-Problematik vorstehend bereits konstatiert[6], eine symbolische Gesetzgebung dar. Deren Wirkungen erschöpfen sich lediglich in der Entstehung des beruhigenden Eindrucks bei der Öffentlichkeit, daß der Staat präsent ist und entschlossen handelt.[7] Hieran ändern auch die Therapievorschriften der §§ 35 ff. nichts. Auch der scheinbare Verzicht auf Strafe ist ein Teil des Präventionskonzeptes. Auch

---

1 So auch Behr/Juhnke 1985, 71.
2 Vgl. Hellebrand 1990b, 17.
3 Vgl. Kreuzer 1986, 398; ders. 1989a, 1507; ders. 1989b, 45; Albrecht 1987a, 66; ders. 1987b, 271; Böllinger 1991a, 395; Böllinger/Stöver 1992, 52; Wiedermann 1985, 312.
4 Vgl. Hassemer 1987, 260.
5 Vgl. Kerner 1985, 350; siehe auch Kreuzer 1988b, 59 f.
6 Siehe oben S. 87.
7 Vgl. Hassemer 1987, 258; Böllinger 1991a, 408.

die Therapievorschriften drücken lediglich die Rigorosität der deutschen Drogenpolitik aus.[1]

Das BtMG 1982 gibt Anlaß zu vielen kritischen Anmerkungen. Als absolut verfehlt kann der Versuch gewertet werden, mit seiner Hilfe den Zugriff auf den organisiert und gewerbsmäßig operierenden Rauschgifthändler zu ermöglichen und andererseits kleinere Drogendelikte zu depönalisieren. Die Strenge und Intensivierung des Zugriffs wirken sich nämlich zu allererst bei den Drogenkonsumenten aus.[2] Die polizeilichen Kriminalitätsstatistiken belegen, daß nur ein Bruchteil der Tatverdächtigen mit Handel und Schmuggel in Verbindung gebracht werden kann, wobei auch bei diesen Tatverdächtigen oft noch berechtigte Zweifel hinsichtlich ihrer Zugehörigkeit zu organisierter und professioneller Drogenkriminalität angebracht sind.[3] Der Grund hierfür besteht nicht zuletzt in der Fehlvorstellung des Gesetzgebers, eine exakte Grenzziehung zwischen dem amateurhaften Handel, auf dessen unterster Verteilerstufe der selbst abhängige Kleindealer zu finden ist, und dem organisierten Verbrechen im kriminologischen Sinne vornehmen zu können.[4] Im übrigen scheint der Gesetzgeber generell den strukturellen Aufbau des internationalen Drogenhandels verkannt zu haben[5], was nunmehr überwiegend nur die Drogenkonsumenten zu spüren bekommen. Heftig umstritten war und ist auch weiterhin die vom Gesetzgeber unterlassene Unterscheidung zwischen den "harten" und "weichen" Drogen, die vor allem mit der Begründung des Fehlens einer erwiesenen gesundheitlichen Unbedenklichkeit und unter Hinweis auf eine mögliche "Schrittmacherfunktion" der weichen Drogen, insbesondere der Cannabisprodukte weiter beibehalten wurde.[6] Während im europäischen Ausland teilweise vorher schon Drogen-

---

1 So Hassemer 1987, 260.

2 Vgl. Wiedermann 1985, 305; Albrecht 1987b, 273; Scheerer 1982b, 236; Scheerer/-Kappel 1981, 4.

3 Vgl. Albrecht 1987b, 273. Von den 94.000 erfaßten BtM-Delikten im Jahre 1989 wurden 73.084 Tatverdächtige ermittelt. Dabei handelte es sich überwiegend um Abhängige, die sich im Zusammenhang mit der Beschaffung der Drogen schuldig gemacht haben, siehe Leune 1990, 37.

4 Vgl. Hess 1989c, 455.

5 Zum illegalen Drogenhandel ausführlich Hess 1989c, 447 - 485; siehe auch ders. 1989b, 24 ff.

6 Siehe BTDrucks. 9/27, 26.

gesetze geschaffen wurden, die nach dem Gefährlichkeitsgrad einzelner Drogen differenzierten - und obwohl man damit in diesen Ländern auch durchaus positive Erfahrungen gemacht hatte[1] -, ging die deutsche Entwicklung indessen in eine andere Richtung. Hier sind "sämtliche unerwünschte Drogen wieder wie Kraut und Rüben in ein einziges Gesetz" geworfen worden.[2] Die Schrittmacher - oder anders die Drogeneinstiegstheorie - war in den USA bereits längst widerlegt, als man sie in Deutschland bei der Durchsetzung der ins Auge gefaßten Gesetzeskonzeption bemühte.[3] Zahlreichen Untersuchungen zufolge ist davon auszugehen, daß Drogenkarrieren nicht unbedingt mit Haschisch, sondern vielmehr mit legalen Drogen wie Alkohol und Nikotin sowie oftmals auch mit Medikamenten und Schnüffelstoffen beginnen.[4] Im übrigen scheint nach neuesten Erkenntnissen die Frage nach der Erstdroge nicht von dem jeweiligen Drogenangebot oder von der Pharmakologie der jeweiligen Drogen abzuhängen, als vielmehr von der soziokulturellen Prägung, welche in den jeweiligen Milieus der Drogenkonsumenten die eine oder andere Substanz attraktiv werden läßt.[5] Die Dynamik des Übergangs von der einen auf die andere Droge wird dementsprechend durch die Art der jeweils vorherrschenden Droge bestimmt, was in der Regel zufolge hat, daß ein Übergang von der gerade konsumierten zu der nun "populären" Droge vorgenommen wird. Dabei ist es interessanterweise nicht so, wie von den Befürwortern der "Schrittmachertheorie" oftmals behauptet, daß regelmäßig ein Umsteigen auf die nächst härtere Droge stattfindet. Es scheint vielmehr ein Drogenmenü zu geben, das in der einen oder anderen Folge eingenommen werden muß, ehe sich Heroin oder andere Opiate anschließen.[6] In dem unterschiedlichen Drogenkonsum drückt sich oft nur die eine individuelle Art der persönlichen Problembearbeitung aus.[7] Von wenigen

---

1 Vgl. Rüter 1988, 394 f.; Dünkel 1983, 171; Kreuzer 1988b, 63; Scheerer 1984, 193; siehe auch oben S. 97.

2 So Behr/Juhnke 1985, 72 im Zusammenhang mit dem BtMG 1972.

3 Vgl. Kreuzer 1989b, 51.

4 Vgl. Kreuzer 1986, 398; ders. 1987a, 104 ff.; ders. 1989b, 51; Rütter 1988, 399; Quensel 1982, 39 ff.; Albrecht 1987, 15; Leonhardt 1981, 744; Weber/Schneider 1992, 545.

5 Vgl. Reuband 1990, 12.

6 Vgl. Reuband 1990, 11; siehe auch Middendorf/Stoeckert/Roghmann/Spring/Algeier 1977, 171.

7 Vgl. Hurrelmann/Hesse 1991, 242 ff.

Ausnahmen abgesehen[1] wird daher die Schrittmachertheorie im Schrifttum allgemein abgelehnt.[2]

Sofern von den Befürwortern eines Cannabisverbots auch mit den gesundheitlichen Schäden aufgrund eines chronischen Cannabiskonsums argumentiert wird, so liegen zwischenzeitlich gesicherte Erkenntnisse vor, die eindeutig gegen eine Annahme ernsthafter gesundheitsschädigender Wirkungen des Cannabiskonsums sprechen.[3] Die durch den chronischen Cannabiskonsum festgestellten gesundheitlichen Risiken sind im Vergleich zu denen der legalen Drogen Alkohol und Nikotin weniger gravierend, auf keinen Fall aber höher einzuschätzen.[4] Behauptungen des Inhalts, daß fortgesetzter Genuß von Haschisch zu einer Reihe von Schäden führe, die bis zum völligen Abbau der menschlichen Persönlichkeit führen könnten[5], bleiben bisher den Nachweis der Richtigkeit schuldig.

Zahlreiche Bedenken lassen sich auch gegen die mit § 31 eingeführte Kronzeugenregelung vorbringen.[6] Es drängt sich vor allem die Frage nach deren Vereinbarkeit mit verfassungsrechtlichen und kriminalpolitischen Prämissen des deutschen Strafrechtssystems auf.[7] Zwar kennt das geltende Recht mehrere Möglichkeiten für einen Verzicht auf Strafe und die Durchbrechung des Legalitätsprinzips (§§ 153, 153a StPO bei Bagatelldelikten und §§ 154, 154a StPO wegen verfahrensökonomischer Gesichtspunkte), jedoch ist es anerkannt, daß das Institut des Kronzeugen in der deutschen Strafrechtspflege nur im Sinne eines "Notnagels" für exzeptionell strukturierte Kriminalitätsbereiche akzeptierbar erscheint.[8] Es sollte nur als *ultima ratio* zum Einsatz kommen. Dennoch

---

1 Vgl. Täschner 1986, 247 f.

2 Vgl. Quensel 1982a, 39; ders. 1989, 391; Wijngaart 1988, 94; Dünkel 1983, 171; Kreuzer 1987a, 104 ff.; ders. 1988a, 89; Böllinger/Stöver 1992, 48.

3 Vgl. Leonhardt 1981, 744 f.; Kreuzer 1987a, 107; May 1980, 48 ff., 51; Middendorf/-Stoeckert/Roghmann/Spring/Algeier 1977, 172; Ladewig 1980, 71, 73; and. SPD-Fraktion im Deutschen Bundestag 1992, 3; Kovar 1992, 34 ff.

4 Vgl. Uchtenhagen 1981, 789 f.; Cohen 1981a, 785 f.; Quensel 1982, 56 ff.; ders. 1985, 63 ff, 166 ff.; ders. 1989c, 384 ff.; Kreuzer 1987a, 107; Kindermann 1989, 66.

5 So Bauer 1972, 84; siehe auch Täschner 1986, 248 ff.; Schmidbauer/v. Scheidt 1989, 531; Penkert 1993, 41 f.; Kovar 1992, 34 f.

6 Zu der parlamentarischen Diskussion ausführlich Bocker 1991, 27 - 29.

7 Eine Zusammenfassung der rechtlichen Probleme enthält Jaeger 1986, 103 ff.

8 Vgl. Jung 1986, 41.

hat der Gedanke des Kronzeugenprinzips nicht zuletzt dank der großzügigen Rechtsprechung des BGH mittlerweile auch in die Bereiche der "normalen" Kriminalität Einzug gehalten.[1] Die Kronzeugenregelung gehört schon zur Normalität der deutschen Strafrechtspflege.[2] Im Gegensatz zu den anderen einen Verzicht auf Strafe aussprechenden Vorschriften, bei denen die Erwägung eine Rolle spielt, schwerwiegende Nachteile für die Bundesrepublik Deutschland vermeiden oder sonstige überwiegende Interessen berücksichtigen zu können, verfolgt der § 31 das Ziel, die Beweissituation und Ermittlungseffizienz gegenüber anderen Beteiligten oder anderen Betäubungsmittelstraftätern zu verbessern.[3] Indem sich jedoch der Staat zwecks der – zugegebenermaßen – problematischen Durchsetzung von Sanktionsnormen im Bereich der opferlosen Delikte eines derartig zweifelhaften Rechtsinstituts bedient, setzt er gleichzeitig die Glaubwürdigkeit der ganzen Strafrechtspflege auf das Spiel. Denn diese greift zu erkauften Zeugenaussagen, deren Beweiswert äußerst fragwürdig erscheint.[4] Ist das Kronzeugenprinzip unter rechtsstaatlichen Gesichtspunkten generell, also für jeden Kriminalitätsbereich sehr fragwürdig, denn es bedeutet stets einen gefährlichen Abbau demokratischer Rechte[5], so ist die Situation im Zusammenhang mit Betäubungsmittelkriminalität eher noch drastischer. Hier wird nämlich eine Notlage des abhängigen Drogenkonsumenten ausgenutzt, der sich seinerseits im Streben nach Strafmilderung leicht zu falschen Anschuldigungen hinreißen lassen kann. Im übrigen ist die Kronzeugenregelung lediglich geeignet, das Vertrauensverhältnis von Drogenkonsumenten untereinander zu beeinträchtigen, die Szene zu verunsichern und letztlich auch die Selbstheilungsansätze der Betroffenen zu bedrohen bzw. die Herstellung und Aufrechterhaltung eines für die therapeutische Behandlung notwendigen Vertrauensverhältnisses zu therapeutischen Wohngemeinschaften erheblich zu erschweren.[6] Darüber hinaus sind Kronzeugen ständig der Gefahr ausgesetzt, Racheakten seitens der Verratenen mitunter mit tödlichem Ausgang zum Opfer zu fallen. Schließlich ist

---

1 Vgl. BGH StV 1983, 505 f.; Bocker 1991, 38; siehe auch Körner 1990, § 31, Rz. 3.

2 Vgl. Jung 1986, 42; Bocker 1991, 38; Wiedermann 1985, 306; seit dem 16. Juni 1989 kann die Kronzeugenregelung auch in Terroristenprozessen angewendet werden, siehe BGBl. 1989 I, 1059.

3 Vgl. Albrecht 1987a, 77.

4 Vgl. Jung 1986, 42; Albrecht 1987a, 77.

5 Vgl. Bocker 1991, 94; Albrecht 1989, 184.

6 Vgl. Scheerer 1982a, 238; Wiedermann 1985, 306; siehe auch Jaeger 1986, 189 f.

auf den durch die Rolle als Zeuge gegen ehemalige Freunde und Bekannte bedingten "Identitätsverlust", der bis zum Selbstmord führen kann, hinzuweisen.[1] Die Kronzeugenregelung hat sich in der Praxis trotz anders lautender Aussagen von seiten der Bundesregierung und der Polizei[2] im Ergebnis nicht bewährt. Ihr Erfolg wird überwiegend als minimal angesehen und im Verhältnis zu den Gefahren, die ihr innewohnen, wird diese generell oder zumindest in der jetzigen Form abgelehnt. Entgegen der gesetzgeberischen Intention werden durch den § 31 in der Praxis meistens Schwerkriminelle privilegiert. Je tiefer ein Tatverdächtiger in die Rauschgiftszene verstrickt ist, desto umfangreichere Angaben kann er logischerweise machen und sich somit auf Kosten kleiner bis mittlerer Dealer, die oft nur wegen ihrer Abhängigkeit dealen, freikaufen. Eine Verbesserung der Bekämpfung der Schwer- und Schwerstkriminalität konnte kaum verzeichnet werden.[3] Selbstbelastungen sind oft so schwerwiegend, daß die Kronzeugen zu höheren Strafen verurteilt werden, als dies ohne die Offenbarung der Fall wäre.[4] Erwähnenswert im Zusammenhang mit der Kronzeugenproblematik ist stets auch die strafprozessuale "Perversion", der zufolge der Verteidiger zu einem Organ der Strafverfolgung wird, indem er seinem Mandanten zum Verrat von Komplizen rät.[5]

Als völlig mißglückt kann auch die Einführung des Prinzips "Therapie statt Strafe" gewertet werden.[6]

Das BtMG bleibt jedoch vor allem aus verfassungsrechtlichen Gründen ein äußerst umstrittenes Gesetzeswerk. Seit der 1975 abgeschlossenen Großen Strafrechtsreform besteht nämlich in der kriminalpolitischen Wissenschaft Einigkeit darüber, daß das verfassungskonforme Strafrecht mit den folgenden Prinzipien im Einklang stehen muß:

---

1 Vgl. Jaeger 1986, 190.
2 Vgl. BTDrucks. 10/5856, 25 ff.; BTDrucks. 10/843, 25; Jaeger 1986, 188 f.; Körner 1990, § 31, Rz. 5.
3 Vgl. Bocker 1991, 31; Jaeger 1986, 189 f.; Albrecht 1987a, 78; Kreuzer 1987a, 125 f.; BTDrucks. 10/5856, 25 f.; BTDrucks. 10/843, 25.
4 Vgl. Böllinger/Stöver 1992, 140; Jaeger 1986, 189.
5 Vgl. Weider 1987, 6 ff.
6 Hierzu im einzelnen siehe unten 2.2.2.3.2.

1. Das Strafrecht dient allein dem Rechtsgüterschutz. Der Gesetzgeber ist daher nur legitimiert, sozialgefährliche Verhaltensweisen unter Strafe zu stellen.

2. Die Schädlichkeit oder Gefährlichkeit des zu beurteilenden Verhaltens bedarf des empirischen Nachweises.

3. Selbst wenn der Nachweis der Gefährlichkeit gelingt, darf eine Strafvorschrift nur geschaffen werden, wenn Unrechtsgehalt und Schädlichkeit so gravierend sind, daß die Strafbarkeit nicht unverhältnismäßig, also als Überreaktion erscheint.

4. Nur tatbestandstypische Gefahren sind zu berücksichtigen. Strafvorschriften, die gefährliche und ungefährliche Verhaltensweisen umfassen, sind nicht zu rechtfertigen.

5. Strafrecht ist nur die ultima ratio im Instrumentarium des Gesetzgebers, weshalb die Strafbarkeit nur das äußerste Mittel der Sozialpolitik sein darf. Dies setzt voraus, daß der Gesetzgeber vor Anwendung dieses letzten äußersten Mittels auch prüfen muß, ob nicht andere, außerstrafrechtliche Mittel zum Schutz der betroffenen Rechtsgüter ausreichen.

6. Etwaige durch das Strafrecht verursachte Sekundärschäden hat die Gesetzgebung in ihr Kalkül einzubeziehen und ggf. auf Kriminalisierung zu verzichten, wenn die hierdurch hervorgerufenen Schäden im Vergleich mit dem durch sie bewirkten Schutz von Rechtsgütern unverhältnismäßig hoch sind.

7. Der Strafgesetzgeber muß mit zeitgerechten wissenschaftlichen Standards und unter Reflexion von Manipulationsmöglichkeiten "veröffentlichter Meinung" prüfen, ob sein Unwerturteil sich mit den Wertüberzeugungen der Bevölkerung soweit deckt, daß sich bei ihr Folgebereitschaft einstellt.[1]

---

1 Vgl. Jäger 1984, 68 f.; Böllinger 1991a, 398 f.

Auf dem Hintergrund dieser Prinzipien lassen sich gegen das BtMG tiefgreifende Bedenken hinsichtlich seiner Verfassungsmäßigkeit erheben. Gemäß der vorstehenden Ziffer 1 wird die Aufgabe des Strafrechts im allgemeinen im Schutz von Rechtsgütern vor Gefährdung oder Verletzung gesehen.[1] Demgegenüber werden weder eine bestimmte "Sittlichkeit" noch eine "Verhaltensmoral" von dem Strafrecht geschützt.[2] Das Rechtsgut des BtMG ist der amtlichen Begründung zufolge die "menschliche Gesundheit".[3] Es soll mit dem Strafrecht allerdings nur die Gesundheit anderer Menschen vor Schädigung bewahrt werden, während die Selbstschädigung bis hin zur versuchten Selbsttötung straflos bleibt.[4] Dieser Grundsatz hielt den Gesetzgeber davon ab, auch den reinen Konsum von Drogen mit einem expliziten Verbot zu belegen. Durch die "Umzingelung" des nicht strafbaren Konsums durch eine Auflistung aller nur denkbaren drogenbezogenen Verhaltensweisen im § 29 BtMG, die die Vor- und Rahmenbedingungen des Konsums darstellen, gelang es dem Gesetzgeber allerdings, einen rechtlichen Zustand zu schaffen, der nur gedanklich einen straffreien Konsum ermöglicht.[5] Danach ist auch der Konsum von Drogen faktisch strafbar.[6] Wie bereits aus den vorausgegangenen Ausführungen deutlich wurde, läßt sich eine Gesundheitsschädlichkeit weder der weichen[7] noch der harten[8] Drogen nachweisen, sofern sie in relativ reinem Zustand eingenommen werden. Danach fehlt es an einem schlüssigen Nachweis einer spezifischen Sozialschädlichkeit des pönalisierten Verhaltens und damit an einer Schädigung der "menschlichen Gesundheit" oder auch der "Volksgesundheit".[9] Darüber hinaus läßt das Argument von der Gefährlichkeit der Drogen eine dem Grundrechtseingriff adäquate Kausalität und Unmittelbarkeit der Fremdgefährdung vermissen. Sofern also der Gesetzgeber die freie Entscheidung eines durch-

---

1 Vgl. AK/StGB/Hassemer, vor § 1, Rz. 247, m.w.N.
2 Vgl. AK/StGB/Hassemer, vor § 1, Rz. 261.
3 Vgl. BTDrucks. 9/27, 25.
4 Hierzu ausführlich Hobbing 1982, 38 ff.; siehe ausführlich auch unten 4.2.2.1.2.1 und 4.2.2.1.2.2.
5 Vgl. Schulte 1987, 33; Lüderssen 1981, 748; Körner 1989, 78; siehe auch Winckler 1988, 177.
6 Vgl. Schulte 1987, 33; Bertel 1984, 183.
7 Siehe oben S. 121.
8 Siehe oben S. 67.
9 Vgl. Böllinger 1991a, 405; ders. 1992a, 156.

schnittlichen Bürgers für oder gegen Drogen in irgendeiner Weise mit strafrechtlichen Mitteln zu beeinflussen versucht, läuft dies auf eine verfassungsrechtlich nicht zu rechtfertigende Bevormundung hinaus.[1] Das Grundgesetz gibt der Freiheit des einzelnen, also auch der des Drogenkonsumenten, selbst auf die Gefahr ihres Mißbrauchs hin den Vorzug vor der Möglichkeit einer umfassenden Kontrolle. Diese Freiheit, die bis hin zum selbstgewählten Tode führen kann, endet in der Regel nur dort, wo die Rechte anderer unmittelbar gefährdet werden.[2] Eine mittelbare Gefährdung der Rechte dergestalt, daß andere als Mitglieder von Solidargemeinschaften von finanziellen Auswirkungen des Verhaltens des einzelnen betroffen werden, scheidet als Rechtfertigung eines Eingriffs in die Grundrechtssphäre aus.[3] Andernfalls stellt sich die Frage, weshalb die erheblich höheren Folgekosten, die aus dem Gebrauch der legalen Drogen, wie Alkohol und Nikotin[4] oder auch aus anderen "sozialadäquaten Verhalten" wie beispielsweise Autoraserei, resultieren und zwar trotz der mit ihnen verbundenen Ausstrahlungs- und Imitationsgefahren, von der Solidargemeinschaft aufgefangen werden sollten.[5] Indem der Staat trotz Fehlens einer wesentlichen Verletzung von Rechtsgütern anderer infolge des Drogenkonsums dennoch regulierend in den Lebensstil der Bürger eingreift, betreibt er damit eine "Kolonialisierung"[6] ihrer Lebenswelt im Sinne einer Kontrolle der zwischenmenschlichen Beziehungen.[7] Im Ergebnis wird so der Mißbrauch der Selbstbestimmung unter Strafe gestellt.[8] Gleichzeitig macht sich der Staat auch zum Mittler einer Durchsetzung der Abstinenzmoral.[9] Aus vorstehenden Erwägungen dürften durch das BtMG bereits aufgrund seiner Zielsetzung der Wesensgehalt der Grundrechte auf freie Entfaltung der Persönlichkeit und der Gewissensfreiheit (Art. 2 Abs. 1 i.V.m. Art. 1 Abs. 1 sowie Art. 4 Abs. 1 GG) verletzt sein.[10]

---

1 Vgl. Böllinger 1991a, 406; ders. 1992a, 156; Scheerer/Vogt 1989, 42.
2 Vgl. Hobbing 1982, 38 ff.; Neskowic 1992, 62 f.
3 Vgl. Schulte 1987, 33.
4 Vgl. Böllinger/Stöver 1992, 21; ders. 1992a, 157.
5 Vgl. Böllinger 1991a, 406; ders. 1992a, 156.
6 Vgl. Habermas 1981, 522 ff.
7 Vgl. Böllinger/Stöver 1992, 43.
8 So auch Lüderssen 1981, 749; Lange 1989, 85.
9 Vgl. Böllinger 1991a, 406; ders. 1992a, 156.
10 So auch Böllinger 1991a, 406; ders. 1992a, 157.

Die ungleiche Differenzierung zwischen den Konsumenten legaler Drogen (Alkohol, Nikotin etc.) und denen der illegalen Drogen, und zwar trotz des erheblich höheren Gefährdungspotentials der legalen Drogen läßt ferner einen Verstoß gegen den Gleichheitsgrundsatz (Art. 3 Abs. 3 GG) vermuten.[1]

Das Grundrecht auf die Entfaltung der Persönlichkeit (Art. 2 Abs. 1 GG) ist zwar zunächst ein Abwehrrecht der Bürger gegen die Tendenz der Staatsgewalt, im Wege der Ausübung ihrer Regelungsbefugnis den Spielraum selbstverantworteter Lebensgestaltung im privaten und öffentlichen Bereich zu verengen. Da jedoch die abwehrende Funktion des Grundrechts vielfach nicht ausreicht, den Spielraum selbstverantworteter Lebensgestaltung zu gewährleisten, wird seine Wirkung durch eine Leistungsfunktion ergänzt. Danach ist der Staat verpflichtet, dem Einzelnen entsprechende Hilfe zukommen zu lassen, sofern er aufgrund der allgemeinen Bedingungen der Rechts- und Wirtschaftsordnung nicht in der Lage ist, sich die rechtlichen, kulturellen und partnerschaftlichen Voraussetzungen der freien Entfaltung seiner Persönlichkeit selbst zu schaffen.[2] Die Teilhaberechte gelten auch für abweichende Lebensstile und Subkulturen.[3] Würde also der Staat die Verfassung ganz ernstnehmen, dann müßte er nicht nur seine repressive Verfolgungspolitik gegenüber den Drogenkonsumenten völlig einstellen, sondern seinerseits Bedingungen schaffen, die den drogenkonsumierenden Bürgern die Verwirklichung ihres Lebensstils ermöglichte, auch wenn Drogen und deren Konsum zum integrierten Bestandteil dieser Lebensform gehören würden. Da der Staat den Drogenkonsumenten nicht einmal ein Minimum an einer Möglichkeit der Entfaltung ihrer Persönlichkeit durch Pflege eines abweichenden Lebensstils infolge aktiver Repression gewährleistet, dürfte zumindest der Wesensgehalt des Art. 2 Abs. 1 GG in eklatanter Weise angetastet sein.[4]

---

1 So auch Böllinger 1991a, 406; ders. 1992a, 157; Moll 1990, 45 f.
2 Vgl. AK/GG/Podlech, Art. 3, Rz. 50; Böllinger 1991a, 406 f.; ders. 1992a, 157.
3 Vgl. AK/GG/Kittner, Art. 20, 1-3 IV, Rz. 34.
4 Vgl. Böllinger 1991a, 407; ders. 1992a, 157.

Weitere Bedenken gegen das BtMG ergeben sich aus dem auch für die Strafgesetzgebung geltenden Verhältnismäßigkeitsgrundsatz. Dem Rechtsstaatsprinzip des Art. 20 GG liegt der Gedanke der Subsidiarität des Strafrechts zugrunde, der besagt, daß das Strafrecht nur dann eingesetzt werden kann, wenn das Ziel der strafrechtlichen Normierung nicht auf andere, den Adressaten weniger belastende Weise erreicht werden kann (ultima ratio).[1] Auch im Strafrecht gilt das Willkürverbot, das den Gesetzgeber im Strafrechtsbereich zum zurückhaltenden Handeln zwingen soll. Dabei gliedert sich das Gebot der Verhältnismäßigkeit in den Grundsatz der Eignung, der Erforderlichkeit und der Verhältnismäßigkeit im engeren Sinne.[2] Hinsichtlich der Eignung der BtMG zum Schutz der "menschlichen Gesundheit" bzw. der "Volksgesundheit" bleibt festzustellen, daß es bisher an einem schlüssigen Nachweis fehlt, daß das BtMG die Ausbreitung des nichtmedizinischen Drogenkonsums verhindert bzw. nur verlangsamt oder auch zu dessen Eindämmung einen wesentlichen Beitrag leistet.[3] Es ist eher so, daß es mit seiner Existenz gerade die Bedingungen schafft, die es zu bekämpfen vorgibt.[4] Der Schwarzmarkt für Drogen findet gerade unter prohibitiven Bedingungen einen fruchtbaren Boden zur Umsatzsteigerung, mit dem die Zunahme des Drogenangebots, soziale Verelendung der Drogenabhängigen, Steigerung der Drogentodesfälle etc. einhergeht.[5] Es mangelt auch an der Erforderlichkeit, da nicht zuletzt aufgrund der Erfahrungen im Ausland mit weniger grundrechtseinschränkenden Mitteln, beispielsweise in Form einer Überführung der Straftatbestände in die Ordnungswidrigkeiten-Regelungen, deutlich wurde, daß dem nicht unbedingt eine Drogenepidemie folgen muß. Die Herabstufung vieler Drogendelikte in den Niederlanden hat zu keinem nennenswerten Anstieg der Konsumentenzahlen geführt. Diese sind vielmehr seit 1976, dem Jahr der Einführung des bis heute geltenden Opiumgesetzes, stetig zurückgegangen.[6] Die angedrohten Höchststrafen sind schließlich unverhältnismäßig. Die Unverhältnismäßigkeit ergibt sich zum einen aus dem

---

1 Vgl. BVerfGE 39, 1, 47; Kreuzer 1987a, 101.
2 Vgl. Scheerer/Vogt 1989, 43; BVerfGE 39, 1, 47; 61, 126, 134; 70, 297, 311; 78, 38, 50; 79, 256, 270 f.
3 Vgl. Scheerer/Vogt 1989, 43; Böllinger 1992a, 161.
4 So auch Böllinger 1991a, 394; Schmerl 1984, 37; Moll 1990, 43; Rüter 1988, 399.
5 Vgl. Scheerer/Vogt 1989, 43; Böllinger 1991a, 394.
6 Vgl. Rüter 1988, 400; Scheerer/Vogt 1989, 44; Reeg 1989, 33; Böllinger 1992a, 161; siehe auch oben S. 109.

Umstand, daß die Strafandrohung primär Handlungen weit im Vorfeld von Rechtsgutverletzungen betrifft und zum anderen aus der Tatsache, daß die Kriminalisierung die Drogenabhängigen zu destruktiven Karrieren zwingt, die vornehmlich durch eine Isolierung von der etablierten Gesellschaft, Leben in ständiger Angst vor einem Zugriff der Polizei, allmähliche Verelendung mit immer stärker zutagetretenden Gesundheitsproblemen, illegale Beschaffungskriminalität und Prostitution gekennzeichnet ist.[1] So gesehen findet hier quasi eine Doppelbestrafung der Drogenabhängigen statt.

Die Grundrechte der Drogenkonsumenten können noch in vielfältiger Weise durch das BtMG berührt bzw. verletzt sein, was jedoch im Rahmen dieser Arbeit nicht vollständig untersucht werden kann.[2] Dennoch lassen die knappen Ausführungen deutlich werden, daß durch das kriminalpolitische Konzept des BtMG die bundesdeutsche Drogenpolitik völlig verfehlt wurde. Durch ihre Etablierung wurde nicht zuletzt unter verfassungsrechtlichen Gesichtspunkten ein äußerst bedenklicher Rechtszustand geschaffen, der in einem demokratischen Rechtsstaat normalerweise nichts zu suchen hat. Dies hat *Scheerer* vor nicht langer Zeit exakt auf den Punkt gebracht, als er sagte: "In dieser Situation kann etweder das Grundgesetz weichen oder das Betäubungsmittelgesetz. Eine friedliche Koexistenz beider gibt es nicht. Wo und wenn (wie heute) so getan wird, als gelte das Grundgesetz im Bereich der Drogenpolitik ebenso wie das BtMG, lügt sich in die Tasche. Was heute praktiziert wird, ist – im Bereich illegaler Drogen – ein sektoraler Polizeistaat, in dem die Rechte der Betroffenen auf Post- und Briefgeheimnis, auf Leben und körperliche Unversehrtheit, auf Information und Meinungsfreiheit faktisch außer Kraft gesetzt sind. Das Grundgesetz schützt heute alle Bürger – außer den Konsumenten und Händlern illegaler Drogen. Wenn es wirklich alle Bürger schützen soll, muß das Betäubungsmittelgesetz weichen."[3]

---

1 Vgl. Scheerer/Vogt 1989, 44; Böllinger 1992a, 161.

2 Eine ausführlichere Untersuchung der Verfassungsmäßigkeit des BtMG enthält Böllinger 1991a, 393 - 408; ders. 1992a, 151 - 162; ders. 1992b, 49 - 56.

3 Scheerer 1991, 17; in diesem Sinne auch Böllinger 1992b, 49 ff.

Gerade verfassungsrechtliche Bedenken haben zunächst das LG Lübeck[1] und dann das LG Hildesheim[2] unlängst veranlaßt, beim BVerfG eine Vorlage gemäß § 80 BVerfGG i.V.m. Art. 100 Abs. 1 GG zu machen, das nun über die Verfassungsmäßigkeit des Verbots der weichen Drogen zu befinden haben wird. Sofern jedoch von seiten der Befürworter der Prohibitionspolitik zur Rechtfertigung des bestehenden Rechtszustands als letztes Argument die vermeintlichen internationalen Verpflichtungen ins Feld geführt werden[3], so vermögen sie auch nicht die Existenz des BtMG plausibel zu rechtfertigen. Zum einen sieht die Single Convention vor, daß die Vertragsparteien die erforderlichen Maßnahmen lediglich insoweit treffen, als diese mit ihrer eigenen Verfassungsordnung vereinbar sind. Zum anderen wird durch dieses Abkommen eine generelle Verpflichtung an die Unterzeichnerstaaten zur Pönalisierung des Besitzes zum Eigenkonsum nicht ausgesprochen, weshalb einige andere Länder trotz der Unterzeichnung des Abkommens eine legislative oder faktische Entkriminalisierung des Drogenbesitzes vorgenommen haben. In letzter Konsequenz könnten die Abkommen auch gekündigt werden.[4]

---

1 Siehe Az: 713 Js 16817/90 StA Lübeck - 2 Ns (Kl. 167/90), abgedr. in NJW 1992, 1571 ff.

2 Siehe Az: 18 Ns 18 Js 21210/90; so auch LG Frankfurt StV 1993, 77 ff.

3 Vgl. Körner 1991, 579.

4 Vgl. Moll 1990, 47; Böllinger 1991a, 407; Hess 1989b, 28; Rüter 1991, 9 f.; zu den internationalen Abkommen bezüglich der Drogenkontrolle und den Konsequenzen für die nationale Drogengesetzgebung siehe Schneider 1992, 490; Albrecht 1992, 67 f.; Haffke 1992b, 15.

2.2.2.3.2 Das Prinzip "Therapie statt Strafe"

2.2.2.3.2.1 Die Institutionalisierung der Zwangstherapie

Nach §§ 35 - 37 BtMG kann bei Durchführung einer Therapie auf Anklageerhebung verzichtet werden (§ 37) oder die Vollstreckung einer verhängten Strafe bzw. eines Strafrestes zurückgestellt werden. Dabei kann die Therapiezeit angerechnet und der Strafrest zur Bewährung ausgesetzt werden (§§ 35, 36). Das als "Therapie statt Strafe" bezeichnete Prinzip war zunächst das Ergebnis eines Übereinkommens, das nach eiligen Beratungen vor allem zwischen dem Bundesministerium der Justiz und den Landesjustizverwaltungen erzielt wurde. Damit sollte vor allem dem immer lauter werdenden Ruf der Drogenarbeit nach "Therapie statt Strafe" Rechnung getragen werden.[1] Der Regierungsentwurf der 8. Legislaturperiode sah diesbezüglich noch keine Regelungen vor.[2] Nachdem der Regierungsentwurf zum Ende der Legislaturperiode am Widerstand des Bundesrates gescheitert war, erhielten die §§ 35 ff. in der 9. Legislaturperiode als eine Kompromißlösung die heute geltende Fassung.[3] Danach sollte auf Strafe generell nicht verzichtet werden. Diese sollte jedoch bei betäubungsmittelabhängigen Straftätern einer Therapie auch nicht entgegenstehen, sondern als zusätzliches Mittel mit Hilfe des "Initialzwanges" die fehlende Therapiemotivation ausgleichen.[4] Im Ergebnis wurde das Prinzip "Therapie statt Strafe" lediglich im Rahmen des § 37, also beim Absehen von der öffentlichen Klage verwirklicht.[5] Diese Vorschrift fristet aber lediglich ein Schattendasein, da sie in den allerseltensten Fällen zur Anwendung kommt.[6] Die Notwendigkeit einer Normierung der Drogentherapie wird im allgemeinen aus der Resozialisierungsaufgabe des Staates gegenüber den drogenabhängigen Straftätern, die sich aus der Verfassung ergibt[7], hergeleitet[8], da der bis 1981 bestehende "strafrecht-

1 Vgl. Katholnigg 1988, 81.
2 Vgl. BTDrucks. 8/3551.
3 Vgl. Katholnigg 1988, 81.
4 Vgl. BTDrucks. 9/27, 25 f., abgedr. oben S. 114.
5 So auch Katholnigg 1988, 82.
6 Vgl. Katholnigg 1988, 87; Eberth 1988, 111; Kreuzer 1988b, 72.
7 Vgl. BVerfGE 35, 202, 235 f.
8 Vgl Schröder 1986, 56 ff.; Becker/v. Lück 1990, 28 f., 33.

liche Sanktionsvollzug - angesichts der Masse der drogenabhängigen Straftäter - nur eine umzureichende Möglichkeit für eine Behandlung" bot "mit der Folge, daß die Untergebrachten vielfach einem Verwahrvollzug - ohne Hoffnung auf Heilung - unterworfen waren. Seine Aufgabe, Resozialisierung der suchtstoffabhängigen Gefangenen, hat dieser Vollzug nicht erfüllt."[1]

Trotz der auf den ersten Blick zunächst positiv anmutenden Intention des Gesetzgebers, mehr behandlungsbedürftigen Drogenabhängigen als bisher Therapiechancen durch Strafjustiz zu vermitteln, sind die Ziele der §§ 35 ff. jedoch weitgehend verfehlt worden.[2] Zunächst läßt sich feststellen, daß mit der Einführung der "vollstreckungsrechtlichen Lösung des BtMG" die Zahl der Strafaussetzungen zur Bewährung mit Therapieweisung gegenüber den Zurückstellungen der Strafvollstreckung nach § 35 BtMG erheblich zurückgegangen ist.[3] Zwar ist derzeit eine Anrechnung der Therapiezeit auf die Strafe nach § 56 StGB noch nicht möglich, insoweit ist der Gesetzgeber also gefordert, entsprechende Voraussetzungen zu schaffen, dennoch spricht vieles nicht zuletzt wegen der langen Bearbeitungsdauer der Zurückstellungsanträge, mit der ein Sinken der Therapiemotivation häufig einhergeht, für eine vorzugsweise Anwendung der Bewährungslösung.[4] Anlaß zur Kritik gibt auch die Festsetzung der Höchstgrenze auf zwei Jahre Freiheitsentzug, da mit Rücksicht auf die erhöhten Strafandrohungen der §§ 29, 30 BtMG die Zweijahresfrist leicht überschritten werden kann, weshalb ein nicht unbeträchtlicher Teil der verurteilten Drogenabhängigen von der Therapiemöglichkeit ausgeschlossen bleiben dürfte.[5] Die im Rahmen jüngster Änderungen des BtMG offenbar im Gefolge der heftigen Kritik von seiten der Fachöffentlichkeit[6] eingeführte Möglichkeit einer Anfechtung der Verweigerung der Zustimmung des Gerichts zur Zurückstellung

---

1 So Schröder 1986, 176.

2 Siehe auch Winkler 1987, 149, nach dessen Meinung der 7. Abschnitt des BtMG sich trotz praktischer Schwierigkeiten bewährt haben soll.

3 Vgl. Wiedermann 1985, 309; Hellebrand 1990a, 281; and. Endemann 1987, 155.

4 Eine Auflistung der gegen die Vollstreckungslösung sprechenden Gründe enthält Kreuzer 1987a, 132 f.; siehe auch ders. 1988b, 73 f.; Böllinger/Stöver 1992, 147 f.; Dachverband Drogen und Rauschmittel e.V. 1988, 317; Eberth 1988, 115; Katholnigg 1988, 83; Moll 1990, 76 f.; Wille 1988, 126.

5 Vgl. Scheerer/Kappel 1981, 15; Moll 1990, 77; Böllinger/Stöver 1992, 147.

6 Vgl. Eberth 1988, 117; Winkler 1988, 108; Adams 1989, 17.

der Strafvollstreckung kann im Ergebnis auch nur wenig überzeugen. Danach steht lediglich der Vollstreckungsbehörde die Möglichkeit einer allgemeinen Beschwerde zu, während der Verurteilte nur dann eine Anfechtungsmöglichkeit nach den §§ 23 ff. EGGVG haben soll, wenn die Vollstreckungsbehörde die Zurückstellung verweigerte.[1] In diesen Fällen wird also eine schnelle Überprüfung der Entscheidung des Gerichts bzw. der Vollstreckungsbehörde nicht möglich sein. Im übrigen bestand die Möglichkeit einer Anrufung des OLG gemäß § 23 EGGVG bereits früher, von ihr wurde jedoch selten Gebrauch gemacht.[2] Durch die Rückmeldepflichten nach § 35 Abs. 3 BtMG verkommen die Therapeuten zu "Staatstherapeuten"[3] bzw. zu "Hilfsstaatsanwälten".[4] Durch die Mitteilung eines Abbruchs der Therapie an die Vollstreckungsbehörde wird erfahrungsgemäß das Vertrauensverhältnis zwischen dem Klienten und seinem Therapeuten nachhaltig gestört und damit die wichtigste Basis für eine möglicherweise erfolgreiche Zusammenarbeit beseitigt.[5] Diese Regelung widerstreitet im übrigen der mittlerweile gesicherten Erkenntnis, daß es in der Regel mehrerer Therapieanläufe bedarf, bis sich der erstrebte Erfolg einstellen kann. Ein Therapieabbruch läßt keinesfalls auf eine mangelnde Therapiewilligkeit oder gar Therapieunfähigkeit des Abhängigen schließen.[6] Der Rückfall ist oftmals ein positiver Schritt in Richtung Drogenfreiheit.[7] Sowohl die Therapieabbrecher als auch die Therapieabsolventen haben erwiesenermaßen in etwa die gleichen Chancen, in der Zukunft drogenfrei zu leben.[8] Nach allem ist ein Rückfall als ein Normalzustand zu akzeptieren.[9] Eine sich dem Therapieabbruch anschließende Inhaftierung läßt die guten Chancen allerdings auf Null sinken.

---

1 Siehe BGBl. 1992 I, 1593, 1594.

2 Siehe Begründung zur Änderung des BtMG des Bundesrates BTDrucks. 12/934, S. 6.

3 So Wiedermann 1985, 308.

4 Vgl. Böllinger/Stöver 1992, 151.

5 So auch Wiedermann 1985; Böllinger/Stöver 1992, 151.

6 Vgl. Kreuzer 1987a, 136 f.; Böllinger/Stöver 1992, 151; Hellebrand 1990a, 281; Schulte 1987, 25; Lange 1989, 86.

7 Vgl. Bohnert 1988, 85 ("Herauswachsen"); Groenemeyer 1988, 137 f.; Schneider 1990, 35.

8 Nach den Erfahrungen des "Hammer Modells" vermögen sowohl von den Therapieabsolventen als auch von den Therapieabbrechen jeweils 20 % drogenfrei zu werden, vgl. Bohnert 1988, 53 und 85.

9 Vgl. Kreuzer 1988b, 75; Heckmann/Kühnel 1990, 289; Gerlach/Schneider 1990, 4.

Nach allem kam der Drogentherapie mithin von Anfang an der Strafcharakter zu. Dieser trat nicht nur in Form der Rückmeldepflichten zutage, sondern vor allem in Form der vor kurzem noch geltenden gesetzlichen Forderung nach einer staatlichen Anerkennung der Therapieeinrichtung, "in der die freie Gestaltung der Lebensführung des Verurteilten erheblichen Beschränkungen unterliegt", damit im Falle einer Zurückstellung der Vollstreckung eine Anrechnung der Behandlungszeit auf die Strafe erfolgen konnte (§ 36 Abs. 1 a.F.). Nach der Gesetzeskonzeption trat also an die Stelle des Strafvollzuges die Behandlungseinrichtung. Dabei wurden allerdings dessen Strukturen weitgehend beibehalten[1], weshalb der Grundsatz "Therapie und Strafe" die seinerzeit geltende therapiebezogene Rechtslage wohl zutreffender umschrieb[2], als dies die offizielle Bezeichnung "Therapie statt Strafe" tat. In den gesetzlich favorisierten stationären Langzeittherapien erfuhren die Abhängigen eine Vielzahl von Grundrechtseinschränkungen. Dem ging in der Regel ein demütigendes Aufnahmeritual voraus, um die Persönlichkeit des Abhängigen grundlegend zu verändern.[3] Aus diesem Grunde erschien die Rechtsposition der Strafgefangenen oftmals günstiger, da das StVollzG klare Regelungen hinsichtlich der Rechte der Gefangenen enthielt, als die Rechtsposition der Drogenabhängigen in der privaten Therapieeinrichtung, in der sie dem jeweiligen ihre Grundrechte in eklatanter Weise verletzenden Therapiekonzept häufig schutzlos ausgeliefert waren.[4] Obwohl die privaten Therapieeinrichtungen keine staatlichen Hoheitsträger waren, andererseits aber der Drogenabhängige die Erklärung, daß er sich mit der Behandlung und den durchzuführenden Maßnahmen einverstanden erklärte, letztlich nur aufgrund des durch staatliche Stellen ausgeübten Drucks unterschrieb, wobei die grundrechtseinschränkenden Maßnahmen von seiten des Staates vorausgesetzt wurden, waren die privaten Träger im Endeffekt an der Durchsetzung staatlicher Zielsetzungen im Bereich des Strafvollzuges beteiligt. Es erschien daher die gelegentlich erhobene Forderung nur zu berechtigt, für

---

1 Vgl. Dammann 1985, 102.

2 So auch Albrecht 1987a, 102; Böllinger/Stöver 1992, 148; siehe auch Scheerer/Kappel 1981, 19 ff.; Hess 1989b, 27.

3 Vgl. Scheerer 1983a, 16 f.; ders. 1984, 191; Dammann/Scheerer 1985a, 78 ff.; Dammann 1985 ff.; Schmidt-Semisch 1990a, 58.

4 Vgl. Scheerer 1984, 191; ders. 1983a, 16 ff.; ders. 1983b, 87 ff.; Dammann/Scheerer 1985a, 78 ff.; dies. 1986, 23 ff.; dies. 1985b, 8; Schmidt-Semisch 1990a, 57.

die Drogenabhängigen in den Langzeittherapien den gleichen Grundrechtsschutz zu gewährleisten, wie ihn die Gefangenen durch das StVollzG genossen. Hier bestand zweifelsohne rechtsstaatlicher Handlungsbedarf.[1] Diesem Postulat wollte der Gesetzgeber offenbar mit dem Gesetz zur Änderung des Betäubungsmittelgesetzes vom 9. September 1992 gerecht werden.[2] Dies ist ihm aber nur teilweise gelungen. Zwar mutet der Umstand, daß er im Falle einer Zurückstellung der Vollstreckung die Frage der Anrechnung der Behandlungszeit auf die Strafe nicht mehr davon abhängig machen will, ob der Verurteilte in der Behandlung erheblichen Beschränkungen in der freien Gestaltung seiner Lebensführung unterworfen war, zunächst sehr positiv an. Wenn man sich jedoch vergegenwärtigt, daß der Gesetzgeber aber weiterhin zumindest an dem Erfordernis der staatlichen Anerkennung der Therapieeinrichtung festhalten will, dann relativiert sich dieses positive Urteil schon erheblich. Denn auch nach der nunmehr geltenden Rechtslage dürfte die Zeit etwa in einer ambulanten Substitutionsbehandlung durch einen niedergelassenen Arzt nach wie vor keine Berücksichtigung nach § 36 finden.

Mit dem § 35 BtMG sollte auch ein "Initialzwang" gesetzt werden, der den Weg in die Behandlung erleichtern und die fehlende Therapiemotivation ausgleichen würde. Die Drogentherapeuten gehen nämlich mehrheitlich davon aus, daß zum Entschluß, aus der Drogenszene und dem Drogenkonsum auszusteigen, häufig auch ein bestimmtes Maß an "Leidensdruck" nötig sei.[3] Die Drogenabhängigen müssen also erst ihren persönlichen Tiefpunkt erreichen, sozusagen "total im Dreck liegen"[4], also genügend Leidensdruck entwickeln, bevor man ihnen zu helfen bereit ist. Dies geschieht allerdings unter bewußter Inkaufnahme der Möglichkeit, daß die Drogenabhängigen häufig aufgrund bereits fortgeschrittener körperlicher und hirnorganischer Schäden nicht mehr therapierbar sind. Die Therapie erhält dann lediglich den Charakter einer höchstens noch

1 Vgl. Dammann/Scheerer 1985b, 8 f.; zur Kritik des BtMG aus der Praxis siehe auch Becker/v. Lück 1990, 75 - 85.
2 Siehe BGBl. 1992 I, 1593 f.
3 Vgl. Schmidbauer/v. Scheidt 1989, 529; Chorzelski/Raschke/Schlömer 1989, 41; Stöver 1990, 17; Algeier 1980, 1200 f.
4 So Berauer 1982, 23.

menschenwürdigen Verwahrung in einem Heim.[1] Der Leidensdrucktheorie zufolge wird die Motivation zur Therapie auch durch strafrechtliche Sanktionen verstärkt bzw. aufrechterhalten.[2] Der Wert einer Zwangstherapie erscheint vor dem Hintergrund des Leidensdruckskonzepts als das Mittel zur Durchsetzung der in §§ 35 BtMG verbrieften Abstinenzorientierung äußerst fragwürdig. Dementsprechend wird die Therapie des "helfenden Zwanges" außerhalb des therapeutischen Psychiatriebereichs als kontraproduktiv überwiegend abgelehnt.[3] Demgegenüber wird von seiten deren Befürworter oft auf die teilweise Effektivität justizieller Zwänge hingewiesen.[4] Im übrigen soll mit den Mitteln des Strafrechts Druck dahingehend ausgeübt werden, daß der Drogenabhängige wieder Krankheitseinsicht gewinne.[5] Die Argumente der Befürworter der Zwangstherapie vermögen im einzelnen nicht zu überzeugen. Eine Loslösung von der Drogenabhängigkeit, sofern überhaupt eine totale Drogenabstinenz angestrebt wird, oder auch nur ein Übergang von einem unkontrollierten nunmehr zu einem kontrollierten Drogenkonsum kann nur auf der Basis bestehender Eigenmotivation erreicht werden.[6] Die Bereitschaft, durch Inanspruchnahme therapeutischer Hilfen seine Drogenabhängigkeit zu überwinden, wächst in dem Maße, wie erstrebenswert den Drogenabhängigen das Alternativleben zu dem Leben mit Drogen erscheint. Dabei ist gleichermaßen wichtig, inwiefern sich die Drogenabhängigen auch die Bewältigung der erforderlichen Lebensveränderung zutrauen.[7] Es dürften hierbei die gleichen Faktoren eine Rolle spielen, die auch dafür verantwortlich sind, daß die angetretene Therapie erfolgreich absolviert wird, namentlich der Grad der noch bestehenden sozialen

---

1 Vgl. Andritsch 1987, 235; Bühringer 1989, 22.

2 Vgl. Grimm 1985, 89; Chorzelski/Raschke/Schlömer 1989, 41.

3 Vgl. Kaplan 1982, 34; Grimm 1985, 84 ff.; Bertel 1984, 185; Bossong 1983, 32 ff.; Kindermann 1989, 70; Böllinger/Stöver 1992, 186 ff.; Chorzelski/Raschke/Schlömer 1989, 41 f.; Schmidt-Semisch 1990a, 51 ff.; Scheerer/Vogt 1989, 43; Stein-Hilberts 1980, 23; Dammann/Scheerer 1986, 22 ff.; Scheerer 1983a, 16 f.; Stöver 1990, 17 f.; Becker/v. Lück 1990, 196; Quensel 1986, 29; Gerlach/Schneider 1990, 5; Schneider 1990, 35; Bühringer 1990, 26; Weber/Schneider 1992, 31.

4 Vgl. Bühringer 1989, 25; Katholnigg 1990, 196.

5 Vgl. Kreuzer 1987a, 129; eine Auflistung der für und gegen die Zwangstherapie sprechenden Gründe mit einer Stellungnahme enthalten Böllinger/Stöver 1992, 186 ff.

6 Vgl. Middendorf/Stoeckert/Roghmann/Spring/Algeier 1977, 175; Weber/Schneider 1992, 30 f.

7 So auch Chorzelski/Raschke/Schlömer 1989, 42.

Integration bzw. der Grad der Wahrscheinlichkeit, nach der Therapie sozial integriert zu werden. Gleiches gilt für die berufliche Integration.[1] Je größer also die Wahrscheinlichkeit einer sozialen und beruflichen Integration nach der Absolvierung der Therapie besteht, desto größer dürfte die Therapiemotivation sein. Umgekehrt ist davon auszugehen, daß beim Vorliegen von sozialer Ausgrenzung, repressiver Verfolgung sowie Verelendung und der daraus resultierenden Hoffnungslosigkeit die Therapiemotivation entsprechend gering ist. Sie kann auch nicht in bedeutendem Umfang durch justiziellen Zwang erhöht werden.[2] Dieser ist lediglich geeignet, gerade das Gegenteil zu bewirken, indem die Drogenabhängigen eine aggressive und abwehrende Haltung gegenüber jeglichen therapeutischen Vereinnahmungsversuchen entwickeln.[3]

2.2.2.3.2.2 Die Situation der Drogentherapie in der Bundesrepublik

Die Geschichte der deutschen Suchttherapie begann bereits im vorigen Jahrhundert, als man die ersten Versuche unternahm, Trunksüchtige "zu einer völligen, durch das ganze weitere Leben andauernden Enthaltung von allen geistigen Getränken" zu erziehen.[4] Dem Abstinenzgedanken verhaftet sind so zunächst bis 1933 eine Vielzahl von verschiedenen Institutionen aufgebaut worden, die auch die Drogenabhängigen von ihrer Sucht befreien sollten. Im "Dritten Reich" sind die ersten nennenswerten Zentralisierungstendenzen in der Drogenhilfe im Gefolge des "Gesetzes über die Vereinheitlichung des Gesundheitswesens des Deutschen Reiches" vom 3. Juli 1934, das am 1. April 1935 in Kraft trat, aufgekommen.[5] In der Nachkriegszeit bis etwa Ende der sechziger Jahre ging die Organisation der Suchtkrankenhilfe dann wieder merklich zurück. Die wenigen stationären Einrichtungen waren in dieser Zeit vor allem für die Alkoholkranken vorgesehen. Für die Drogenabhängigen gab es hingegen keine besonderen Einrichtungen. Die wenigen Therapieangebote in den stationä-

---

1 Vgl. Bohnert 1988, 25 f.
2 Vgl. Becker/v. Lück 1990, 195 ff.; Chorzelski/Raschke/Schlömer 1989, 41.
3 Vgl. Noller 1989, 77.
4 So Wlassak, zit. b. Scheerer/Vogt 1989, 45.
5 RGBl. 1934 I, 531 (794).

ren Einrichtungen waren vor allem vom Typ der Arbeitstherapie.[1] Das Ziel der Behandlung bestand allerdings weiterhin in dem Abstinenzpostulat.[2] Als gegen Ende der sechziger und Anfang der siebziger Jahre der Heroinkonsum zunahm, gab es in der Bundesrepublik kein adäquates therapeutisches Angebot. In der Fachwelt herrschte allgemeine Ratlosigkeit, wie dem Suchtkranken zu begegnen sei.[3] Hinzu kam, daß auf seiten der Konsumenten überhaupt keine Bereitschaft zur Therapie bestand, da der Drogenkonsum stark mit gesellschaftspolitischen Überlegungen motiviert wurde.[4] Dieses therapeutische Vakuum wurde um 1970 durch eine auf freier Initiative basierende Bewegung ausgefüllt, die sich zur Aufgabe gemacht hatte, Drogenabhängigen zu helfen. Die aus vielen verschiedenen Bereichen kommenden Initiatoren und Mitarbeiter orientierten sich in ihren Zielen vornehmlich an dem Konzept der in England entstandenen "Release-Bewegung". Diese identifizierte sich mit den Gedanken des Jugend- und Studentenprotestes und forderte lediglich den informierten, kontrollierten, jedoch nicht den abstinenten Drogenkonsum. Nicht die Resozialisierung der Drogenabhängigen stellte den Kern der Behandlung dar, sondern die Befreiung von gesellschaftlichen Zwängen, Tabus und die Entwicklung alternativer Lebensformen.[5] Allerdings bereits seit etwa 1972 befand sich die Release-Bewegung wieder auf dem Rückzug. Materiell wurde sie zwar von den etablierten Verbänden beerbt. Diese grenzten sich jedoch inhaltlich von ihr scharf ab. Der Auflösung der Verklammerung von politischer Arbeit und Drogenarbeit folgte eine Individualisierung der Drogenabhängigkeit in der praktischen Arbeit. Die Entstehung der Sucht wurde von den gesellschaftsbezogenen Ursachen abgekoppelt und fortan als individuelles Versagen interpretiert.[6] Der therapeutische Stil wurde allgemein autoritär. Harte Aufnahmekriterien und ein rigider Umgang mit Drogenabhängigen bestimmten von nun an den therapeutischen Alltag.[7] Die weitere Entwicklung war durch eine fortschreitende therapeutische Professionalisierung, Anpassung an Vorgaben von Justiz und Sozialbehörden und durch

---

1 Vgl. Scheerer/Vogt 1989, 45, 48.
2 Vgl. Villinger 1978, 18 f.
3 Vgl. Wille 1988, 120 f.; Scheerer/Vogt 1989, 48.
4 Vgl. Bühringer 1981, 702; siehe auch oben S. 91 f.
5 Vgl. Wille 1988, 121; Scheerer/Vogt 1989, 48; Bühringer 1981, 702; Schuller 1990, 32 ff.; Kreuzer 1987a, 137.
6 Vgl. Scheerer/Vogt 1989, 49; Bühringer 1981, 702; Schuller 1990, 35 f.
7 Vgl. Bühringer 1981, 702; Wille 1988, 123.

eine Orientierung an rigiden amerikanischen Selbsthilfekonzepten gekennzeichnet.[1]

Der neue Therapiestil wurde vor allem durch die in den USA entwickelte und in den selbständigen Lebensgemeinschaften (Synanon, Day-Top, Odyssey- und Phoenix Houses)[2] praktizierte therapeutische Arbeit, deren wesentliches Element die harte Konfrontation des Abhängigen mit seiner Persönlichkeit in festem Rahmen der Gruppe war, beeinflußt.[3] Die Merkmale der zunehmenden therapeutischen Professionalisierung waren im einzelnen die verstärkte Beschäftigung von Sozialarbeitern mit Diplompsychologen, verbesserte therapeutische Aus- und Weiterbildung, Dokumentation und Erfolgskontrolle der Betreuungsmaßnahmen.[4] Der Beendigung des "Modellprogramms" im Jahre 1978 schloß sich auf Initiative der Bundesregierung das "Psychosoziale Anschlußprogramm" an, dessen Ziele in der Erarbeitung von Konzepten und Organisationsformen für die ambulante Versorgung von Drogengefährdeten und Abhängigen bestanden.[5] Der Abhängige erfuhr in dem Prozeß der Professionalisierung und therapeutischen Neubestimmung eine Degradierung seiner Persönlichkeit in der Weise, daß er nicht mehr als ein akzeptiertes und gleichgestelltes Kollektivmitglied im Sinne der Release-Ideologie war, sondern daß er von jetzt an als ein gestörter, defizitärer Klient angesehen und so zum Objekt berufsmäßiger und therapeutischer Intervention wurde.[6] In dem Maße, wie die Professionalisierung der therapeutischen Drogenhilfe vorangetrieben wurde, betrieb man in demselben Maße auch die systematische Entmündigung des Abhängigen.[7]

Gegen Ende der siebziger Jahre, als die Selbsthilfegruppen nur noch regional von Bedeutung waren, ist verstärkt der Gedanke von der Verbindung einzelner Hilfsmaßnahmen für Drogengefährdete, Drogenabhängige und deren Freunde und Angehörige aufgekommen und unter der Bezeichnung "Therapiekette" zum

---

1 Vgl. Schuller 1990, 36.
2 Zu den einzelnen Arten der therapeutischen Gemeinschaften in den USA siehe ausführlich Platt/Labate 1982, 155 - 166.
3 Vgl. Wille 1988, 123.
4 Vgl. Bühringer 1981, 702; Wille 1988, 124.
5 Vgl. Wille 1988, 123.
6 Vgl. Schuller 1990, 36; Marzahn 1983, 121; Gerlach/Kemmesies 1990, 29.
7 Vgl. Grimm 1985, 22 f., Fn. 1; Gerlach/Kemmesies 1990, 29.

"Zauberwort"[1] der Drogenpolitik geworden.[2] Idealtypisch besteht die Therapiekette aus der: Kontakt-, Entzugs-, Entwöhnungs-, Nachsorge- und Wiedereingliederungsphase.[3] Da sich jedoch eine geschlossene Kette von nacheinander folgenden Maßnahmen als nachteilig erwiesen hatte, da der Behandlungsverlauf in vielen Fällen nicht geradlinig ist, sondern durch Abbrüche, Rückfälle und Neuanfänge bestimmt wird, hat sich in der Praxis eingebürgert, von einem "Therapienetz" oder "Verbundsystem", dessen einzelne Glieder nebeneinander angeordnet und jederzeit austauschbar sind, zu sprechen.[4] Während im Rahmen der Kontaktphase vor allem die derzeit etwa 300 Drogenberatungsstellen zwecks Weckens und Förderung der Therapiemotivation, der Beratung, der Therapievermittlung und der Weiterleitung der Klienten ambulant tätig werden[5], findet die Entzugsphase ausschließlich im stationären Bereich namentlich in Krankenhäusern und speziellen Suchtkliniken statt. Hierbei haben sich der weiche und der harte auch "cold turkey" genannte Entzug herausgebildet. Im ersten Fall erfolgt eine fortlaufende Dosisreduktion des Suchtmittels in einem Zeitraum von ca. 2 bis 4 Wochen, wodurch heftige Entzugserscheinungen vermieden werden können. Beim harten Entzug dagegen wird sofort ein eindeutiges Signal für ein drogenfreies Leben in der Weise gesetzt, daß vom ersten Tag an das Suchtmittel abrupt abgesetzt und mit dem körperlichen Entzug begonnen wird.[6] An die Entzugsphase schließt sich die Entwöhnungsphase an, die derzeit überwiegend in der stationären Langzeittherapie unter Verwendung der Psychotherapie, Sozialtherapie, Arbeitstherapie und der sozialpädagogischen Ansätze absolviert wird. Die Aufenthaltsdauer in der Langzeittherapie schwankt zwischen 6 und 18 Monaten und ist durch ein absolutes Drogenverbot gekennzeichnet.[7] Aufgrund der negativen Erfahrungen und der Erkenntnisse auf dem

---

1 So Böllinger/Stöver 1992, 57.

2 Vgl. Heckmann 1982, 51.

3 Vgl. Böllinger/Stöver 1992, 58; Wille 1988, 130; Dammann 1985, 99; Bühringer 1981, 709 ff.

4 Vgl. Heckmann 1982, 51; Wille 1988, 130; Kreuzer 1987a, 138; siehe auch Raschke 1988, 180.

5 Vgl. Böllinger/Stöver 1992, 58; Bühringer 1981, 703 f.; Kreuzer 1987a, 138; ausführlich hierzu auch Wille 1988, 132 ff.

6 Hierzu ausführlich Wille 1988, 155 ff.; Böllinger/Stöver 1992, 59 ff.; siehe auch Bühringer 1981, 705 f.; Täschner 1983, 80 ff.

7 Vgl. Böllinger/Stöver 1992, 61; Wille 1988, 199 ff.; zur Praxis der stationären Versorgung ausführlich Schuler 1990, 151 ff.

Gebiet der Psychiatrie besteht seit einigen Jahren allerdings ein Trend zu ambulanten Behandlungen, weshalb die mit großem Kostenaufwand erbauten Therapieeinrichtungen oftmals nicht vollständig belegt werden können. Dieser Umstand hat letztlich dazu geführt, daß die Fachkliniken auf den Nachschub aus dem Justizvollzug geradezu angewiesen waren.[1] Eine überragende Bedeutung kommt schließlich den Nachsorge- und Wiedereingliederungsphasen zu, die für die Stabilität der therapeutischen Erfolge unverzichtbar sind.[2] Hierzu haben sich mehrere verschiedene Modelle entwickelt, die sowohl bei der sozialen als auch beruflichen Integration ansetzen.[3] Nicht unproblematisch hat sich bisher auch die Erfolgsforschung in bezug auf die stationären Langzeittherapien nicht zuletzt wegen ihrer Manipulierbarkeit erwiesen.[4] Vor dem Hintergrund der Tatsache, daß den 60.000 - 90.000 Heroinabhängigen nur ca. 2.600 Therapieplätze in den stationären Langzeiteinrichtungen gegenüberstehen, erscheint die Effektivitätsdiskussion jedoch ziemlich absurd. Dies umso mehr, als es den Therapieeinrichtungen derweil schwerfällt, alle Therapieplätze belegt zu bekommen.[5] Derzeit kann angenommen werden, daß bis ca. 30 % der Therapieabsolventen über einen längeren Zeitraum ohne Drogenkonsum leben kann.[6] Bezogen auf die Gesamtpopulation (90.000 Heroinabhängige) entspricht dies einer Erfolgsquote von 0,86 %. Als Gründe für diese niedrige Erfolgsquote wird im allgemeinen zunächst der zwanghafte Charakter der Therapieaufnahme genannt. Wie vorstehend bereits ausgeführt wurde, werden die Langzeiteinrichtungen verstärkt mit Drogenabhängigen belegt, die die Therapie gegenüber dem Strafvollzug lediglich als das "geringere Übel" betrachten und ansonsten

---

1 Vgl. Scheerer/Vogt 1987, 509; Selling 1980, 224; Bossong 1983, 33.

2 Vgl. Bühringer 1981, 707; Wille 1988, 154; Täschner 1983, 89.

3 Hierzu ausführlich Böllinger/Stöver 1992, 64 ff.; zur Bedeutung der nachtherapeutischen Startsitution siehe auch Groenemeyer 1985, 129 ff.; zur Hilfe und Betreuung nach der Therapie siehe auch Raschke 1988, 169 ff.

4 Vgl. Böllinger/Stöver 1992, 72; Grimm 1985, 62; siehe auch Raschke/Remetsch 1987, 198 ff.; Raschke 1985, 21 ff.

5 Vgl. Böllinger 1987, 52; Schneider 1990, 35.

6 Vgl. Bossong 1983, 31; Grimm 1985, 60; Kreuzer 1987a, 140; Klett 1987, 162 ff.; Raschke/Rometsch 1987, 190 f.; Raschke/Schliehe 1985, 6; Bohnert 1988, 25; Böllinger/Stöver 1992, 73.

keinerlei Motivation haben, die Behandlung auch erfolgreich zu absolvieren.[1] Das der repressiven kriminalisierenden Drogenpolitik zugrunde liegende Leidensdruckprinzip zerstört im übrigen die physischen, psychischen und sozialen Vorbedingungen für einen Therapieerfolg, indem beispielsweise erst nach einem völligen Bruch mit der etablierten Gesellschaft (Familie, Freunde, Beruf) dem therapiewilligen Drogenabhängigen der Zugang zur Therapie ermöglicht wird.[2] Der autoritäre Stil mancher Einrichtungen sowie die Angst vor einer Stigmatisierung als Drogenabhängiger mit den sie begleitenden sozialen und beruflichen Nachteilen, sofern die Drogenabhängigkeit bis dahin geheimgehalten werden konnte und nun bekannt werden würde, lassen den Drogenabhängigen die etablierten stationären Langzeittherapien ebenfalls wenig attraktiv erscheinen.[3] Wird letztlich berücksichtigt, daß es neben den Erfolgsabsolventen einer stationären Langzeittherapie auch noch eine etwa gleich große Population der "Selbstheiler"[4] bzw. der integrierten Drogenkonsumenten[5] gibt, dann muß der Sinn bzw. Unsinn der justiziellen auf Abstinenz ausgerichteten Therapiepolitik mit all ihren negativen Begleiterscheinungen zwangsläufig kritisch hinterfragt werden.[6] Das bisher alles überstrahlende Element der bundesdeutschen Therapiedoktrin "Zwang" muß daher gänzlich eliminiert werden. Damit müssen auch die Ziele der Therapie neu definiert werden, indem als erstes das Festhalten an der Abstinenzorientierung aufgegeben wird. Abstinenz kann allenfalls der Endpunkt einer individuellen Zielsetzung sein, wobei die Therapie allenfalls unterstützend mitwirkt. Im Vordergrund jedweder Therapieformen, also sowohl der stationären als auch der ambulanten sollte der Aufbau von sozialen Beziehungen sein und nicht das Lernen, die von der etablierten Gesellschaft vorgegebenen "positiven" Werte wie Arbeit, Ordnung und Sicherheit zu akzeptieren.[7] Jedes Therapiekonzept sollte von der Prämisse ausgehen, daß die meisten der Therapierten nach der planmäßigen Beendigung der Behandlung wieder zu

---

1 Vgl. Gerlach/Schneider 1990, 5; Scheerer/Vogt 1989, 50; Weber/Schneider 1990, 50; Schmidt-Semisch 1990a, 62; Becker/v. Lück 1990, 197; Seeling 1980, 224; siehe auch oben S. 135 f.

2 Vgl. Bossong 1983, 32.

3 Vgl. Schmidt-Semisch 1990a, 62; siehe auch Franke 1985, 96 ff.

4 Vgl. Bohnert 1988, 85 ff.; siehe auch unten 2.2.3.4.

5 Vgl. Bohnert 1988, 64 ff.; siehe auch unten 2.2.3.4.

6 Vgl. Bossong 1983, 35.

7 So auch Böllinger/Stöver 1992, 72.

Drogen greifen werden. Für die Therapieabbrecher gilt dies ohnehin. Folgerichtig sollte die Therapie vor allem dieser Tatsache Rechnung tragend über die erwähnte Fähigkeit zum Aufbau von sozialen Beziehungen hinaus auch die Fähigkeit zum gemäßigten, also kontrollierten Umgang mit Drogen zu vermitteln versuchen. Beide Ziele bedingen sich allerdings wechselseitig. Je besser im Einzelfall die soziale und berufliche Integration ist, desto besser stehen die Chancen für die Pflege eines nur kontrollierten oder gar abstinenten Drogenkonsums und umgekehrt. Daß dieses Akzeptanzpostulat jedoch bloßes Wunschdenken bleiben muß, solange es eine Drogenpolitik gibt, die zwar nicht theoretisch gleichwohl faktisch auch den Drogenkonsum sanktioniert, versteht sich von selbst. Generell kann resümiert werden, daß die Kriminalisierung den Therapieprozeß eher behindert und vielfach auch verhindert.[1] Nach allem drängt sich die Notwendigkeit eines Rückzugs des Strafrechts aus dem Therapiearbeitsbereich geradezu auf.

2.2.2.4 Drogenkriminalität und staatliche Drogenkontrolle

Ein Zusammenhang zwischen dem bloßen Drogenkonsum und Kriminalität ließ sich bisher schlüssig nicht nachweisen. Mit Rücksicht auf die Tatsachen, daß es vor dem "Fixer" auch schon den "klassischen Morphinisten" gab bzw. es heute eine nicht unbeträchtliche Population von Heriongebrauchern gibt, die einen kontrollierten also nicht abhängigmachenden Konsum pflegen, denen beiden der Umstand gemeinsam ist, daß ihre jeweilige Lebensform als gesellschaftlich etabliert angesehen werden kann, erscheint die Wahrscheinlichkeit eines Zusammenhangnachweises nicht sonderlich groß.[2] Dennoch ist die Kriminalität ein fester Bestandteil der gegenwärtigen Heroinszene. Im Zusammenhang mit Drogen wird hierbei zwischen der unmittelbaren und der mittelbaren Drogenkriminalität unterschieden. Erstere besteht aus der Summe der illegalen Handlungen in der Konsumsphäre, letztere dagegen aus den Handlungen des illegalen

---

1 Vgl. Raschke 1985, 92.

2 Vgl. Kerner 1985, 350; Kreuzer 1987a, 56; ders. 1989a, 1506; Pommerehne/Hartmann 1980, 104.

Betäubungsmittelverkehrs (Schwarzhandel).[1] Der illegale Handel und Schmuggel wird sowohl durch sehr gut organisierte internationale als auch durch weniger gut organisierte nationale Tätergruppen sowie durch gelegentliche Drogenkonsumenten betrieben.[2] Die Organisationsstrukturen des internationalen Handels lassen sich nicht genau bestimmen. Es gibt aber verläßliche Angaben, nach denen die Schmuggelringe manchmal über eine ethnische Basis und oft auch über protektive Verbindungen zu politisch mächtigen Hintermännern verfügen.[3] Der Heroinmarkt weist - grob skizziert - eine Dreistufenhierarchie auf, auf deren untersten Stufe der Gelegenheits- und Kleinhändler, Vermittler, Schmuggler, die selbst Drogen zu sich nehmen und so ihren Drogenbedarf verdienen, zu finden sind. Sie prägen in aller Regel das Bild der Drogenszene. Auf der Zwischenstufe befinden sich hingegen der Dealer und der Profihändler. Auf der obersten Hierarchiestufe hat man es schließlich mit professionellen, organisierten Händlern zu tun, die offenbar nicht zuletzt wegen der erwähnten vielschichtigen protektiven Verbindungen und oftmals auch wegen ihrer persönlichen überragenden gesellschaftlichen Stellung in den allerseltensten Fällen zur strafrechtlichen Verantwortung gezogen werden können.[4] Dennoch scheinen diese "Mächtigen" nicht die Oligopolstellung im professionellen Drogengeschäft innezuhaben. In der Mehrzahl der Fälle sind es Kleingruppen, die sowohl im Ursprungsland als auch auf den Zwischenstationen sowie auf den Verbrauchermärkten mehr oder weniger dauerhafte Geschäftsbeziehungen haben, aber noch nicht die Struktur des organisierten Verbrechens aufweisen. Die im Gefolge der Prohibition steigenden Endpreise lassen nämlich auch für die Neueinsteiger das Drogengeschäft äußerst verlockend erscheinen.[5]

Die mittelbare Kriminalität gliedert sich demgegenüber in direkte und indirekte Beschaffungskriminialität einerseits und Folgekriminalität andererseits.[6] Wäh-

---

1 Vgl. Scheerer 1977, 489; Kemper 1980, 59.
2 Vgl. Scheerer 1977, 489; hierzu ausführlich auch Hess 1989c, 452 ff.; ders. 1992, 315 ff.
3 Vgl. Hess 1989c, 454; zum organisierten Verbrechen in bezug auf Drogen siehe Thamm 1989a, 127 ff.
4 Vgl. Kreuzer 1987a, 62; siehe auch Scheerer 1977, 489; Hess 1989c, 452 ff.; Reeg 1989, 30 f.
5 Vgl. Hess 1989c, 455; ders. 1989b, 26.
6 Vgl. Scheerer 1977, 489 f.

rend es sich bei der direkten Kriminalität um Straftaten zur Erlangung der Drogen selbst, also vornehmlich in Form von Apothekeneinbrüchen, Rezepterschleichungen und dergleichen[1] handelt, werden unter der indirekten Kriminalität alle Straftaten zur Beschaffung der Zahlungsmittel oder Sachwerte für den Drogenerwerb verstanden.[2] Hierzu zählen vor allem Vermögensdelikte wie Diebstähle aller Art (Ladendiebstähle, Einbruchdiebstähle in Wohnungen und Kraftfahrzeugen), Betrügereien, Kreditschwindeleien, Straßenraub und nicht selten auch Banküberfälle.[3] Im Verhältnis zu den Gesamtzahlen der aufgeklärten Straftaten scheint der Anteil der von drogenabhängigen Tätern begangenen Straftaten eher eine unbedeutende Größenordnung einzunehmen. So wird beispielsweise für Hamburg berichtet, daß bei einer Aufklärungsquote von ca. 80 – 90 % bezogen auf einen Zeitraum von 5 Jahren nur etwa 0,3 % dieser Straftaten als Beschaffungsdelikte anzusehen gewesen seien.[4] Es wird geschätzt, daß im Rahmen der Beschaffungskriminalität ca. 25 Mio. Straftaten jährlich begangen werden[5], die einen enormen Schaden für die Allgemeinheit verursachen.[6] Zur mittelbaren Drogenkriminalität zählt auch noch die Folgekriminalität, die solche strafbaren Handlungen erfaßt, die durch die spezielle Wirkung der Droge hervorgerufen werden (z.B. Fahrten im Rauschzustand).[7] Schließlich ist im Zusammenhang mit der Drogenkriminalität auch die Prostitution zu nennen, die zwar nur noch in Ausnahmefällen strafbares Verhalten darstellt, der jedoch eine herausragende Bedeutung in der Drogenszene zukommt, da sich in ihrem Umfeld häufig weitere Formen der Delinquenz von weiblichen und männlichen Drogenabhängigen ansiedeln (z.B. Gewaltverbrechen).[8]

---

1 Vgl. hierzu ausführlich Kreuzer 1987a, 68 ff.
2 Vgl. Scheerer 1977, 489; Kemper 1980, 60.
3 Vgl. Kreuzer 1987a, 73 ff.; Schwanke 1989, 151 f.
4 Vgl. Schwanke 1989, 169.
5 Vgl. Kreuzer 1987a, 53.
6 Siehe Schwanke 1989, 170, der den durch Drogenabhängige in Hamburg jährlich verursachten Schaden auf ca. 1 Mrd. schätzt; siehe auch Quensel 1982, 216 ff.
7 Vgl. Scheerer 1977, 490; Kemper 1980, 60.
8 Vgl. Kreuzer 1987a, 75 ff.; siehe auch Vogt 1983, 80 f.; Bossong 1989a, 67 f.; Michaelis 1990, 100 f.

Die Drogenarbeit in der Bundesrepublik wird im Gefolge der stärkeren Betonung des legalistisch-repressiven Ansatzes im wesentlichen durch polizeiliche Aktivitäten bestimmt. Da es sich bei den Drogendelikten überwiegend um opferlose Straftaten handelt, weshalb die polizeiliche Ermittlungstätigkeit in seltensten Fällen anzeigegeleitet ist, versuchen die Verfolgungsorgane seit geraumer Zeit dieses "Manko" durch Entfaltung eigener Kontrollinitiative wettzumachen.[1] Ende der sechziger und Anfang der siebziger Jahre ist unter Einfluß der Studentenbewegung zum einen die sog. "Drogenwelle" und zum anderen der sich militant artikulierende politische Terrorismus aufgekommen, wobei die Drogenpolitik als sozusagen gleichwertiges Übel immer mehr mit der Terrorismusbekämpfung verknüpft wurde.[2] Diese beiden Phänomene dienten letztlich als Legitimation für den Ausbau eines gewaltigen Sicherheits- und Verfolgungsapparates, der in der Folgezeit immer mehr perfektioniert wurde und heute immer noch nicht perfekt genug zu sein scheint. Neben seiner Zentralisierung beim Bundeskriminalamt erfuhr er stetig eine Erhöhung der Planstellen sowie eine Verbesserung der technischen Ausstattung.[3] Im Rahmen der in regelmäßigen Abständen wiederholten Ausrufung des "Krieges gegen die Drogen" wird auch in jüngster Zeit zur Steigerung der Effektivität der Rauschgiftbekämpfung der Ruf nach einer Verbesserung der materiellen und personellen Mittel im Sinne des Prinzips "more of the same" unüberhörbar.[4] Hand in Hand mit der personellen und materiellen Verstärkung geht auch der Ausbau der proaktiven Ermittlungsstrategien, insbesondere durch Einsatz der V-Leute, der verdeckten Ermittler und der Lockspitzel.[5] Obwohl diese Aufklärungsmethoden ernsten rechtlichen Bedenken begegnen[6] und auch praktische Relevanz weitgehend vermissen lassen[7], werden sie zumindest von seiten der Straf-

---

1 Vgl. Kreuzer 1987a, 118; ders. 1986, 406; Schulz 1987, 359; Jaeger 1992, 264.

2 Vgl. Scheerer 1980, 336.

3 Vgl. Scheerer 1980, 337 ff.; Böllinger/Stöver 1992, 23; Albrecht 1987a, 116; Schmidt-Semisch 1990a, 26.

4 Vgl. Thamm 1989a, 179 ff.; Jaeger 1992, 264 ff.

5 Vgl. Albrecht 1987a, 116; ders. 1989, 185; Kreuzer 1987a, 121 ff.; Schmidt-Semisch 1990 a, 28; Böllinger/Stöver 1992, 23; Thamm 1989a, 198 ff.

6 Siehe Kreuzer 1987a, 126 ff.; ders. 1986, 406 f.

7 Siehe Beck 1990, 222 ff., der u.a. feststellt, daß mehr als zwei Drittel der von Gerichten verhandelten Fälle, an denen V-Leute beteiligt waren, einfache Besitzdelikte betraf.

verfolgungsorgane vehement verteidigt.[1] In diesem Kontext ist auch die bereits an anderer Stelle besprochene Kronzeugenregelung zu nennen.[2] Als Legitimationsgrundlage für diese Entwicklung dient seit jeher die "Polizeiliche Kriminalstatistik", die eine sukzessive Steigerung der Tatverdächtigenzahlen auf der einen Seite und der sichergestellten Drogenmengen auf der anderen Seite ausweist. So wurden im Jahr 1970 16.188 Tatverdächtige festgestellt, was jedoch gegenüber dem Vorjahr zunächst mehr als eine Verdreifachung der Tatverdächtigenzahlen bedeutete (4.405).[3] In den Folgejahren stiegen die Zahlen regelmäßiger, so daß im Jahr 1989 insgesamt 73.084 Tatverdächtige im Zusammenhang mit Betäubungsmitteln polizeilich festgestellt wurden. Davon waren allerdings 69,4 % Wiederholungstäter.[4] Obgleich das Bundeskriminalamt dramatisierend davon spricht, daß sich eine Organisationsstruktur gefestigt habe, die eine ausreichende Versorgung des Marktes sicherstellen könne[5], drängt sich die Vermutung auf, daß es sich bei den Registrierten größtenteils um Abhängige handelt, die im Zusammenhang mit der Beschaffung der zu konsumierenden Droge in den Verdacht einer strafbaren Handlung geraten sind.[6] Darüber hinaus sagt die Kriminalstatistik wenig darüber aus, ob sich der Anfangsverdacht später konkretisierte und der Tatverdächtige im Sinne dieses Verdachtes auch angeklagt und später schuldig gesprochen wurde.[7] Letztlich fällt auf, daß nur 20 % der Tatverdächtigen im Zusammenhang mit Handel und Schmuggel und nur 4 % im Zusammenhang mit Einfuhr von Drogen registriert wurde.[8] Hinsichtlich der Mengen der sichergestellten Drogen läßt sich eine ähnliche Entwicklung feststellen. Der Heroinmenge von 0,494 kg bzw. der Cannabismenge von 4.331,967 kg des Jahres 1970 stehen nun 727 kg Heroin bzw. 12.073 kg Cannabis des Jahres 1989 gegenüber.[9] Im Jahre 1990 wurden

---

1 Siehe Schulz 1987, 511 ff.
2 Siehe oben S. 121 ff.
3 Vgl. Keup 1985, 58.
4 Vgl. Leune 1990, 33.
5 Vgl. Bundeskriminalamt, zit. b. Leune 1990, 33 f.
6 So auch Leune 1990, 34.
7 Vgl. Schmidt-Semisch 1990a, 28; Leune 1990, 37.
8 Vgl. Leune 1990, 37.
9 Vgl. Leune 1990, 32, der auch darauf hinweist, daß die Steigerung der Cannabismenge um 470 % gegenüber dem Vorjahr auf eine Beschlagnahme von 8 t libanesischen Cannabisharzes am 9. Februar 1989 im Freihafen Hamburg zurückzuführen ist.

hingegen 847 kg Heroin bzw. 13.641 kg Cannabis sichergestellt.[1] Die Zunahme der Zahlen bei den Tatverdächtigen bzw. bei den Mengen der sichergestellten Drogen muß aber nicht unbedingt ein Indikator für eine Ausweitung des Drogenkonsums sein. Ebensogut können die höheren Zahlen nur Ausdruck des kontinuierlichen Ausbaus der Drogenverfolgungsapparates sein, worauf u.a. die Beobachtung hindeutet, daß es jeweils dann signifikante statistische Veränderungen hinsichtlich der Zahlen der Tatverdächtigen bzw. der Sicherstellungen gab, wenn die Verfolgungsanstrengungen der Polizei merklich zugenommen haben.[2] Vor dem Hintergrund der Tatsache, daß in der Bundesrepublik jährlich ca. 14.600 kg Heroin verbraucht werden, läßt die im Jahre 1990 sichergestellte Heroinmenge von 847 kg schon aus ökonomischen Gründen erhebliche Zweifel an der Richtigkeit der Strategie "more of the same" aufkommen. Da trotz der kostenintensiven Perfektionierung des Verfolgungsapparates lediglich 5 % - 10 % des jährlichen Heroinbedarfs aus dem Verkehr gezogen werden können, kommt offenbar dem Cannabisverbot im Kontext der bundesdeutschen Drogenpolitik eine Schlüsselrolle zu. Wenn man sich vergegenwärtigt, daß sowohl hinsichtlich der Sicherstellungen als auch hinsichtlich der Anzahl der festgestellten Verstöße gegen das BtMG das Schwergewicht jeweils eindeutig beim Cannabis lag, dann erscheint die These, daß vor allem der Cannabiskonsument im Mittelpunkt der polizeilichen Aktivitäten stehe[3], durchaus nachvollziehbar. Im übrigen scheint es der bundesdeutschen Drogenpolitik, die, wie ausgeführt, schwerpunktmäßig durch Repression und Therapeutisierung gekennzeichnet ist, den Dienst zu erweisen, daß es in der breiten Öffentlichkeit den Eindruck aufrechterhält, daß sie zum einen notwendig und zum anderen geeignet ist, des Drogenproblems in der gewünschten Weise Herr zu werden, es sie sozusagen erst zumindest plausibel erscheinen läßt.[4]

---

1 Siehe Bundeskriminalamt 1991, 194; die Zahlen für 1991 siehe Bundeskriminalamt 1992, 190.

2 Vgl. Schmidt-Semisch 1990a, 29; Leune 1990, 37; Böllinger/Stöver 1992, 23; Brandt 1992, 3.

3 Vgl. Leune 1990, 36; Albrecht 1989, 189 f.; Neskowic 1992, 64; siehe auch Brandt 1992, 3 f.

4 Vgl. Quensel 1982, 48 ff., 122 ff.

2.2.2.5 *Folgen gegenwärtiger Drogenpolitik*

Die im Vordergrund der bundesdeutschen Drogenpolitik stehende Repression läßt eine Reihe unerwünschter Folgen entstehen, die sie paradoxerweise gerade zu bekämpfen vorgibt. So hat die ständige Perfektionierung des Drogenbekämpfungsapparates zu einer Professionalisierung des Drogenhandels- bzw. marktes geführt. Die Gelegenheitstäter wurden entweder im Zuge der Ermittlungsarbeit der Verfolgungsinstanzen direkt ausgeschaltet bzw. aufgrund des wesentlich höheren Entdeckungsrisikos zur freiwilligen Aufgabe gezwungen oder auch durch die nunmehr sich herausgebildeten größeren und kleineren Organisationen vom Drogengeschäft nach und nach verdrängt.[1] Mit dieser Entwicklung ging auch eine Dezentralisierung des Handels einher. Der Verfolgungsapparat sieht sich jetzt nämlich nicht, wie von seiner Seite oft zur Entschuldigung der vergleichsweise geringen Ermittlungserfolge behauptet, einer Mafia, sondern vielmehr einer Vielzahl von organisierten Kleingruppen gegenüber.[2] Damit wurde der Handel weitgehend ungreifbar.[3] Die Kriminalisierung als solche, aber auch die im Gefolge der fortschreitenden Verbesserung des Verfolgungsapparates verursachte Kostensteigerung zur Sicherung und Aufrechterhaltung des illegalen internationalen Transportsystems läßt den Endpreis des Heroins in die Höhe steigen. Unter Ausnutzung der Notlage der Heroinabhängigen kann so der Verteilermarkt Wucherpreise verlangen[4], die je nach regionalen Unterschieden und Reinheitsgrad des Heroins zwischen 50 und 500 DM pro Gramm Straßen-Heroin betragen.[5] Die Prohibition sichert somit die Profitmaximierung im Drogengeschäft.[6] Überdies fördert sie den Einfluß der Drogenhändlerkar-

---

1 Vgl. Reeg 1989, 30 f.; Scheerer 1989a, 288; ders. 1989b, 164; siehe auch Burchard 1978, 368, der 1972 noch an die Möglichkeit glaubt, durch verschärfte Aktivitäten der Polizei eine Etablierung eines großen illegalen Opiatmarktes verhindern zu können.

2 Siehe oben S. 144 f.

3 Vgl. Hess 1989b, 27; siehe auch ders. 1992, 315 ff.

4 Vgl. Scheerer 1985a, 39; ders. 1989a, 288; ders. 1991, 12; Thamm 1989b, 91; Rüter 1991, 5 f.

5 Vgl. Quensel 1982, 161; Schmidt-Semisch 1990a, 37; Scheerer 1985a, 39; siehe auch Thamm 1989a, 149, demzufolge der Preis für 1 Gramm Heroin Mitte der achtziger Jahre in der BRD zwischen 140 und 600 DM betragen sollte.

6 Vgl. Thamm 1989a, 154 f.; ders. 1989b, 90 f., der den Jahresgewinn aus Drogengeschäften auf 300 - 500 Mrd. US-$ schätzt; siehe auch Rüter 1991, 5; Bossong 1992a, 23.

telle auf die Politik und das Wirtschaftssystem.[1] Die hohen Gewinnspannen locken nicht nur die Abhängigen in den Handel, um die eigene tägliche Heroinration zu verdienen, sondern auch absolute Neueinsteiger.[2] Während durch die Prohibition also die Profitinteressen des illegalen Handels erst erweckt und angesichts der enormen Gewinnmöglichkeiten auch realisiert werden, wirkt sich diese auf der Ebene des abhängigen Konsumenten hingegen besonders verheerend aus. So werden sie zunächst wegen des hohen Heroinpreises in die Beschaffungskriminalität und Prostitution getrieben, weshalb sie regelmäßig einer doppelten Verfolgung ausgesetzt werden. Besonders besorgniserregend sind die gesundheitlichen Risiken, die nicht zuletzt zwecks Rechtfertigung des repressiven Ansatzes oft dem Heroin zugeschrieben werden.[3] Die anfangs bereits ausführlicher dargestellten Gesundheitsschäden wie beispielsweise Hepatitis, ruinöse Zähne, Abszesse[4], HIV-Infektion[5] und der Drogentod[6] sind nicht auf die Droge als solche, sondern auf den aufgezwungenen Umgang mit ihr bzw. auf ihre Beschaffungsschwierigkeiten zurückzuführen.[7] Hepatitis und HIV-Infektion sind vor allem Folgen einer nichtsterilen Verabreichung der Substanz, weil die Abhängigen aus Angst vor Entdeckung häufig auf verborgenen Plätzen unter Praktizierung des Needle Sharing die Drogen einnehmen.[8] Die durch polizeiliche Kontrollarbeit bedingte Heroinverknappung bewirkt oft ein Ausweichen auf andere Drogen, wie Alkohol und Barbiturate, Schmerzmittel und Psychopharmaka, die die Konsumenten in vielfache neue Abhängigkeiten (Polytoxikomanie) treiben.[9] Darüber hinaus führt eine Heroindosis unter dem Einfluß eines derartigen "Downers", weshalb die sedierende Wirkung potenziert wird, zur Lähmung des Atemzentrums und u.U. auch zum Tode. Nur eine umgehende Hilfeleistung, in der Regel durch eine Verabreichung eines An-

---

1 Vgl. Reeg 1989, 31; Thamm 1989a, 164 f.; Hartwig/Pies 1989, 678; Böllinger 1991b, 292.
2 Vgl. Hess 1989b, 27.
3 Vgl. Schmerl 1984, 174.
4 Siehe oben S. 68 ff.
5 Siehe oben 2.1.4.4.4.
6 Siehe oben 2.1.4.4.3.
7 Vgl. Harding 1981, 696; Ladewig 1980, 71 f.; de Ridder 1991, 27 f.; Elias 1992, 93, 95.
8 Vgl. Schmidt-Semisch 1990a, 41; Schneider 1990, 40.
9 Vgl. Grimm 1985, 116; Elias 1992, 95; Scheerer 1991, 13.

tagonisten, kann diesen verhindern. Dies ist jedoch oftmals nicht möglich, da der Drogennotfall wegen der unzugänglichen Orte der Heroininjektion zumeist zu spät entdeckt wird.[1] Da das Heroin vom Hersteller bis zum Konsumenten sehr viele Stationen durchläuft und dabei immer mehr mit anderen Substanzen gestreckt wird, weshalb es dem Konsumenten unmöglich ist festzustellen, welchen Reinheitsgrad das von ihm zu konsumierende Heroin aufweist, kommt es oft zu Überdosierungen.[2] Etwaige Gütekontrollen, die das Risiko der Überdosierungen minimieren würden, sind jedoch unter prohibitiven Bedingungen genausowenig möglich wie die Pflege weniger riskanter Konsumformen ("chinezen" etc.), weil die Substanz aufgrund des hohen Heroinpreises möglichst gut, also in der Regel im Wege der intravenösen Injektion ausgenutzt sein will.[3] Die Isolation und Ausweglosigkeit sowie materielle Verelendung treibt die Abhängigen nicht selten in den Suizid.[4] Prohibitionsbedingte Beschaffungsprostitution und ein Mangel an Spritzbestecken führen zur rasanten AIDS-Ausbreitung nicht nur unter den drogenabhängigen Populationen. Der Verfolgungs- und Beschaffungsdruck bewirkt auch, daß früher oder später alle sozialen Beziehungen außerhalb der Heroinszene zerstört werden.[5] Durch den Einsatz der V-Leute und verdeckter Ermittler wird das gegenseitige Mißtrauen, Haß und Betrug innerhalb der Szene gefördert. Gleiches bewirkt die Kronzeugenregelung. Eine Solidarität der Abhängigen untereinander, eine vertrauensvolle Geselligkeit, die zugleich auch Hilfe im Notfall und Vermeidung von ungewollten Nebenfolgen bedeutet, wird durch die proaktiven Aufklärungsmethoden unmöglich gemacht.[6] Zu den negativen Konsequenzen der Drogenkriminalisierung gehört auch der hohe finanzielle und personelle Aufwand, den der Verfolgungsapparat erfordert. Ferner die Überlastung der Gerichte und die Überfüllung der Gefängnisse mit Drogenstraftätern.[7] Schließlich verdienen die ständige Korruptionsgefahr und die den "Krieg gegen die Drogen" begleitende Aufweichung der

---

1 Vgl. Scheerer 1985a, 41; Schmidt-Semisch 1990a, 39 f.
2 Siehe oben S. 75, 77 f.
3 Vgl. Hess 1989b, 27; Scheerer/Vogt 1989, 21 f.; Seidenberg 1990, 219; Scheerer 1991, 12.
4 Vgl. Scheerer 1983a, 19; Grimm 1985, 116 f.
5 Vgl. Schmidt-Semisch 1990a, 39; v. Bülow 1989a, 15; Elias 1992, 94.
6 Vgl. Scheerer 1985a, 47; Albrecht 1987a, 120.
7 Zur Situation in den Gefängnissen siehe Kreuzer 1987a, 86 ff.; siehe auch Böllinger/Stöver 1992, 163 ff.; Albrecht 1989, 190; Brandt 1992, 4 f.

rechtsstaatlichen Garantien erwähnt zu werden.[1] Gemessen an den Erfolgen, die die offizielle Drogenpolitik aufzuweisen hat, und den sie regelmäßig begleitenden Nachteilen erscheint das Festhalten an dem repressiven Ansatz durch keine vernünftigen Erwägungen mehr gerechtfertigt. Diese Ansicht scheint sich auch mehr und mehr in der Fachöffentlichkeit vor allem angesichts der kontraproduktiven Wirkungen der Konsumentenkriminalisierung durchzusetzen.[2] Es wird aber gelegentlich auch auf die unter dem Gesichtspunkt der Sozialrechtsstaatlichkeit zwar bedenklichen aber von offizieller Seite offenbar durchaus erwünschten Nebenfolgen der offiziellen Drogenpolitik hingewiesen. Gemeint ist hier die normstabilisierende Wirkung der Drogenpolitik, indem durch den Ausbau des Kontroll- und Verfolgungssystems im Bewußtsein der Bevölkerung die Überzeugung von der Gefährlichkeit des Heroinumgangs und der Notwendigkeit der gesetzlich vorgesehenen Bekämpfungsmaßnahmen gefestigt wird. Die im Rahmen der Öffentlichkeitsarbeit betriebene scharfe Abgrenzung zwischen den Konsumenten legaler und illegaler Drogen vermag weiter im Bewußtsein der Öffentlichkeit den Eindruck entstehen zu lassen, daß nur die Cannabis, Heroin etc. konsumierenden Populationen zu den verfolgungswürdigen Gruppen gehörten. Letztlich sind die verfolgungsbedingten Konsequenzen auch gut dazu geeignet, eine abschreckende Wirkung auf potentielle Neukonsumenten auszuüben, indem die Heroinszene als eine Form des alternativen Lebensstils in der öffentlichen Vorstellung als ein Ort der ständigen kriminellen Beschaffungsaktivitäten, Prostitution, körperlichen und gesundheitlichen Verwahrlosung und des Szenentodes erscheint und damit automatisch an Attraktivität einbüßt. Die seit Jahren eher stagnierenden Zahlen der Konsumenten harter Drogen scheinen diese These auch zu bestätigen.[3] Schließlich sollten auch die negativen Auswirkungen der deutschen Drogenprohibition auf der staatspolitischen Ebene nicht unerwähnt bleiben. Denn sowohl die im vorstehenden geschilderten

---

1 Vgl. Hess 1989b, 27.

2 Siehe Dammann/Scheerer 1986, 22 f.; Schlömer 1989, 97; Bossong 1983, 36; Rüter 1991, 4 ff.; Reeg 1989, 30; Stein-Hilberts 1980, 21; Trautmann 1989a, 129; Josuttis 1981, 733; Schmerl 1984, 174; Schmidt-Semisch 1990a, 37 ff.; Hess 1989b, 26 f.; Böllinger/Stöver 1992, 27 ff.; Scheerer 1989b, 164; Solms 1988, 38; Grimm 1985, 117; Kindermann 1989, 69 f.; Thamm 1989b, 92; Quensel 1980, 10 f.; v. Bülow 1989a, 14; zu den Folgen der Prohibitionspolitik zusammenfassend siehe Scheerer 1991, 7 - 16; Rüter 1991, 4 - 6 und Bossong 1992a, 23.

3 Vgl. Scheerer 1989a, 290; siehe auch Quensel 1985, 23 f.

Drogenverbotsfolgen als auch der Umstand, daß sich der Staat der Drogenpolitik entgegen der offiziellen Zweckbestimmung zur Disziplinierung bestimmter Gruppen von (unliebsamen) Bürgern bedient, sind nämlich geeignet, die Glaubwürdigkeit dieses Staates gegenüber seinen Bürgern erheblich zu erschüttern bzw. zu bewirken, daß sich zumindest diese Bürger dem Staat und seinen Gesetzen entfremden und hierbei letztlich die staatspolitische Loyalität verloren geht.[1]

2.2.3 Notwendigkeit einer grundlegenden Umorientierung in der Drogenpolitik

Angesichts der besorgniserregenden Auswirkungen der bisherigen Drogenpolitik hat sich in der nahezu gesamten Fachöffentlichkeit mittlerweile ein Konsens dergestalt herauskristallisiert, daß die deutsche Drogenpolitik reformbedürftig sei, wobei jedoch die einzelnen Vorschläge hinsichtlich der Reichweite dieser Reformansätze zum Teil sehr erheblich divergieren.[2] Das breite Spektrum der Reformvorschläge reicht von einer "inneren Reform des Betäubungsmittelrechts" im Sinne einer justiziellen Ausnutzung der gesetzlichen Ermessens- und Beurteilungsspielräume[3] bzw. der vereinzelten Änderungen der prozessualen Elemente des BtMG (z.B. Ausdehnung des Zeugnisverweigerungsrechts aus

---

1 In diesem Sinne auch Neskowic 1992, 62 f.

2 Vgl. Böllinger 1991a, 408; Schmidt-Semisch 1990a, 74 ff.; Scheerer 1985b, 240 ff.; Leune 1990, 48 f.; Hess 1989b, 28 f.; Josuttis 1981, 733 ff.; Reeg 1989, 31 ff.; Schmerl 1984, 188 ff.; Adams 1989, 15 ff.; Bühringer 1989, 58 ff.; Eberth 1989, 29 ff.; Katholnigg 1990, 193 ff.; Heckmann 1989, 42 ff.; Illmer 1989, 58 ff.; Kindermann 1989, 64 ff.; Körner 1989 73 ff.; Lange 1989, 83 ff.; Thamm 1989b, 89 ff.; Wanke/Caspari 1989, 96 ff.; Winkler 1989a, 99 ff.; Quensel 1983, 109 ff.; Trautmann 1989a, 126 ff.; Hartwig/Pies 1989, 678 ff.; Albrecht 1989, 182 ff.; Hellebrand 1990b, 280 ff.; Stöver/Herwig-Lempp 1988, 38 ff.; Dammann 1985, 107; Winckler 1988, 177 ff.; Schlender/Kaplan 1980, 20 ff.; Seidenberg 1990, 218 ff.; Kreuzer 1989b, 45 ff.; Behr/Juhnke 1985, 234 ff.; Pommerehne/Hartmann 1980, 142; Hoffmann-Bayer 1989, 63 ff.; Stöver 1989a, 10; v. Bülow 1989a, 14 f.; Schuller/Stöver 1989, 123; Allmers 1991, 41 ff.: Dünkel 1981, 682; Kappel/Scheerer 1980, 46 ff.; Wiedermann 1985, 312 ff.; Steinke 1989, 329 f.; Schneider 1990, 40; Petzold/Hentschel 1990, 13 ff.; Gerlach/Kemmesies 1990, 31 f.; Elias 1992, 101; Rüter 1991, 6 ff.; SPD-Fraktion im Deutschen Bundestag 1992, 2 f.

3 Vgl. Hellebrand 1990a, 280; ders. 1990 b, 29 ff.

beruflichen Gründen nach § 53 StPO auf Suchtberater in Beratungsstellen)[1], wobei jeweils das BtMG gänzlich bzw. in seiner "fundamentalen Substanz" unangetastet bleibt, über eine "Herabstufung der Cannabis-Prohibition", indem der Besitz und Erwerb von Cannabis in kleineren Mengen nicht mehr strafbedroht und als bloße Ordnungswidrigkeit behandelt wird[2] bzw. eine generelle Entkriminalisierung des Besitzes und des Erwerbs von Drogen zum Eigengebrauch[3] bis hin zu einer Legalisierung aller Drogen.[4] Diese Diskussion hat sich inzwischen auf die Legislativebene verlagert, wie dies die beiden Gesetzesentwürfe zur Änderung des Betäubungsmittelgesetzes zum einen der Freien und Hansestadt Hamburg[5] und zum anderen des Landes Baden-Württemberg[6], die jeweils beim Bundesrat eingereicht wurden, zeigen, auch wenn sie inhaltlich ganz unterschiedliche Änderungen anstreben. Oft wird aber in der öffentlichen Diskussion auch unterschiedslos von "Entkriminalisierung" bzw. "Entpönalisierung" einerseits und "Legalisierung" andererseits gesprochen. Dabei wird offenbar übersehen, daß die Legalisierung substanzbezogen, während Entkriminalisierung bzw. Entpönalisierung stets auf menschliches Verhalten bezogen ist.[7] Dies bedeutet, daß die Legalisierung in der Konsequenz einen Schritt weiter geht. Durch die Entkriminalisierung des Konsumenten einer Droge kann diese weiterhin illegal bleiben. Durch die Legalisierung hingegen wird aber auch der Konsument entkriminalisiert.[8] Innerhalb des Begriffs der "Entkriminalisierung" läßt sich ebenfalls differenzieren und zwar zwischen deklaratorischer, scheinbarer und wirklicher Entkriminalisierung, wie *Naucke* dies gezeigt hat.[9] Damit erfährt dieser Begriff, der normalerweise positiv gefärbte Vorstellungen zu wecken vermag, eine nicht unwesentliche Relativierung. Während die

---

1 Vgl. Adams 1989, 15; Winkler 1989, 108 ff.; Illgner 1989, 60.
2 Vgl. Kreuzer 1981, 672 ff.; ders. 1987a, 108 ff.; Lange 1989, 85.
3 Vgl. Kindermann 1989, 71; Körner 1989, 78; Thamm 1989b, 92 f.; Allmers 1991, 44; Wiedermann 1985, 314; Quensel 1983, 109 f.; SPD-Fraktion im Deutschen Bundestag, 1992, 2.
4 Vgl. v. Bülow 1989a, 14; Stöver 1989 a, 9; siehe auch unten 2.2.3.1.
5 Siehe BTDrucks. 57/90; BRDrucks. 296/92 v. 5. Mai 1992.
6 Siehe BTDrucks. 65/92; v. 29. Januar 1992.
7 Vgl. Schmidt-Semisch 1990a, 79; Scheerer 1985b, 240; zu den Termini Entkriminalisierung/Legalisierung siehe auch Haffke 1992a, 2; ders. 1992b, 8 ff.
8 Vgl. Scheerer 1985b, 240.
9 Siehe Naucke 1984, 199 - 217; zu den derzeit diskutierten Formen der Entkriminalisierung im Drogenbereich und ihren Unzulänglichkeiten siehe Scheerer 1991, 19 ff.

deklaratorische Entkriminalisierung den Verlust des Interesses der Gesellschaft an einer Bestrafung in Bereichen, die kein "crimen" mehr enthalten, zum Ausdruck bringt, meint die scheinbare Entkriminalisierung die Ausgliederung einer vorher inkriminierten Handlung aus dem Strafrecht, wobei gleichzeitig andere funktionale Äquivalente staatlich-repressiven Eingreifens ersatzweise bereitgestellt werden, wie die vorstehend erwähnte Überführung einer Handlung ins Ordnungswidrigkeitenrecht.[1] Nur die wirkliche also ersatzlose Entkriminalisierung hält, was das Wort verspricht. Hier erfolgt ein bedingungsloser Wegfall von Verbrechen und Strafe ohne Zuhilfenahme anderer Abweichungsetikettierungen mit Zwangsformen.[2]

Sofern durch eine Entkriminalisierung die negativen Auswirkungen der Prohibition allen voran des Heroins völlig beseitigt oder zumindest spürbar positiv beeinflußt werden sollen, um dessen Konsumenten "dieselben guten und schlechten Chancen zur politischen, sozialen und kulturellen Lebensgestaltung einzuräumen, über die andere, nicht diskriminierte gesellschaftliche Gruppen auch verfügen"[3], verspricht nur eine vollständige Befreiung der gesamten Konsumsphäre von Strafverfolgung und sozialer Diskriminierung in bezug auf alle Drogenarten Erfolg.[4] Drogenpolitik ist generell aus dem Feld der Kriminalität herauszunehmen. Sie ist zu entstaatlichen.[5] Die Entkriminalisierung beispielsweise nur der Cannabiskonsumenten berührt nämlich in keinster Weise die nur im Zusammenhang mit der Verfolgung der Heroinkonsumenten stehende Gefahr der allmählichen sozialen Verelendung, der gesundheitlichen Schädigung und schließlich des Herointodes.[6] Im übrigen ist eine Aufspaltung in "harte" und "weiche" Drogen dazu geeignet, der falschen Vorstellung von einer in der Substanz selbst liegenden, von dem Anwendungsmodus unabhängigen Gefährlichkeit Vorschub zu leisten. Die Kehrseite einer derartigen Betonung der "Gefährlichkeit" bestimmter Drogen kann letztlich auch darin bestehen, daß

---

1 Vgl. Naucke 1984, 202 ff.
2 Vgl. Naucke 1984, 201.
3 So Scheerer 1985b, 240.
4 Vgl. Schmidt-Semisch 1990a, 121 f.
5 Zur "Entstaatlichung" der Drogenpolitik ausführlich Quensel 1983, 109 ff.; zu den sich bietenden Alternativen siehe auch ausführlich Böllinger/Stöver 1992, 83 - 109.
6 Zu den einzelnen Entkriminalisierungsschritten siehe Böllinger 1992a, 163 ff.

diese Einschätzung auf alle anderen Drogen übertragen und zur Legitimation der Verfolgung deren Konsumenten herangezogen wird, während sich der Blick gleichzeitig von den legalen Drogen (Alkohol, Tabak) und der in ihnen schlummernden erwiesenen Gefährlichkeit abwendet.[1] Eine Entkriminalisierung im Sinne des niederländischen Modells, das sich durch einen pragmatischen Ansatz auszeichnet und gemäß den Richtlinien für die Untersuchung und die Verfolgung von Straftaten drei Prioritätsstufen für die Verfolgungsaktivitäten kennt[2], kann nur ein Zwischenschritt auf dem Weg zu einer vollständigen Entkriminalisierung sein, da sie trotz ihrer teilweisen Effizienz[3] die Gefahren des illegalen Heroins keineswegs gänzlich abzuschaffen vermag.[4]

Die gegenwärtige öffentliche Diskussion über die Möglichkeiten einer Repressionsverminderung im Drogenbereich wird insgesamt durch vier Argumentationslinien beherrscht, die sich zwar teilweise überschneiden, sich jedoch von unterschiedlichen Motivationen und Zielvorstellungen leiten lassen. Es handelt sich im einzelnen um den ökonomischen, liberalen, klientenfixierten und den integrativen Ansatz.[5] Dem ökonomischen Ansatz zufolge müsse prohibitive Drogenpolitik scheitern, weil

1. mit Verboten Herstellung, Handel und Konsum von Gütern selbst unter Strafandrohungen vollständig nicht unterbunden werden könne;

2. die durch die Angebotsverknappung bedingten Preiserhöhungen die Nachfrage nur geringfügig beeinflußten, weil die Abhängigen gezwungenermaßen über Beschaffungskriminalität, Prostitution und den illegalen Drogenhandel ihren Drogenbedarf finanzierten und

---

1 Vgl. Scheerer 1980, 333; ders. 1985b, 241; Quensel 1990, 63 f.; Stöver 1989a, 9; Bossong 1992a, 25.

2 Siehe Reeg 1989, 33, demzufolge höchste Strafverfolgungspriorität alle Handlungen haben, die sich auf harte Drogen mit Ausnahme ihres Gebrauchs beziehen. Die zweite Prioritätsstufe umfaßt alle strafbaren Taten in bezug auf weiche Drogen mit Ausnahme ihres Gebrauchs, die dritte Stufe schließlich alle Handlungen des Drogenkonsums. Siehe auch Trautmann 1989a, 127 ff.; Rüter 1988, 388 f.; ders. 1992, 57 ff.

3 Siehe oben S. 99.

4 Vgl. Schmidt-Semisch 1990a, 125; kritisch zur niederländischen Drogenpolitik siehe Trautmann 1989a, 126 f. und Cohen 1989, 136 ff.

5 Vgl. Schmidt-Semisch 1990a, 81 ff.

3. sie sich als der eigentliche Motor des Marktes erweise.[1]

Aus diesen Gründen fordert der ökonomische Ansatz die staatliche Monopolisierung des Drogenhandels mit der Folge, daß das staatliche Verbot durch ein staatliches Monopol ersetzt, während der nichtstaatliche Handel weiterhin kriminalisiert wird.[2] Die übrigen Ansätze kommen weitgehend in den Diskussionen über die "Entkriminalisierung" und "Legalisierung" (liberaler Ansatz), über die "akzeptierende Drogenarbeit" (klientenfixierter Ansatz) und über den "kontrollierten Drogenkonsum" bzw. die "Selbstheilung" (integrativer Ansatz) zum Ausdruck. Sie sollen im folgenden ausführlicher besprochen werden.

2.2.3.1 Legalisierung aller Drogen - Utopie oder Chance?

Die Strategie der Repressionsverminderung vermöge einer wenn auch vollständigen Entkriminalisierung der Konsumsphäre kann mit Sicherheit einen erheblichen Beitrag zur Abschwächung der negativen Auswirkungen derzeitiger Drogenverbotspolitik leisten. Angesichts der Existenz eines Drogenmarktes unter weiterhin prohibitiven Bedingungen, die, wie gezeigt, sich profitfördernd und so markterhaltend auswirken, ist mit einer grundsätzlichen Beseitigung der individuellen und gesellschaftlichen Folgen dieser Drogenpolitik jedoch nicht zu rechnen. Zum einen bleiben hiervon die ökonomischen Vorbedingungen für einen grundlegenden Wandel - allen voran der Heroinpreis - unberührt, und zum anderen ändert sich an dem Status des Konsumenten als ein Abhängiger und somit als ein Kranker entscheidend nichts, was eine Fortsetzung seiner gesellschaftlichen Ausgrenzung zur Folge haben dürfte. Aus diesem Grunde hat sich in den letzten zwei Jahrzehnten in der Bundesrepublik neben dem Modell einer Substitutionsbehandlung auch die in ihrer Zielsetzung radikalste Strömung herausgebildet, die zunächst in ihrer Beschränkung nur auf Cannabis gemäß dem Slogan "Legalize it" und zuletzt auch in bezug auf Heroin die Folgen einer völligen Drogenfreigabe diskutiert.[3] Beiden Modellen ist gemeinsam, daß sie

---

1 Vgl. Hartwig/Pies 1989, 678 f.; siehe auch Steinke 1989, 329 ff.

2 Vgl. Hartwig/Pies 1989, 679 f.

3 Zu der "legalize-it"-Bewegung der Cannabiskonsumenten siehe ausführlich Thamm 1989a, 308 - 328.

von der die offizielle Drogenpolitik beherrschenden Vorstellung einer absoluten Drogenfreiheit abrücken und statt dessen gemäß den neuesten therapeutischen Erkenntnissen als vordringliches Ergebnis eine psycho-soziale Stabilisierung bei dem Konsumenten herbeizuführen suchen.[1] In der öffentlichen Diskussion hinsichtlich der weichen Drogen lassen sich nur wenige Argumente ausmachen, die in überzeugender Weise gegen eine Legalisierung sprechen würden. Von seiten der Gegner einer Cannabisfreigabe wird vor allem geltend gemacht, es würden die Risiken einer totalen Freigabe noch unsicher sei, durch die Legalisierung würden Marktmechanismen in Gang kommen, so daß infolge von Werbung eine Konsumausweitung zu befürchten wäre.[2] Schließlich sei Cannabis kulturfremd. Auch, wenn sich nicht von der Hand weisen läßt, daß der Cannabiskonsum auch gewisse Gefahren, die jetzt vielleicht noch gar nicht vorhersehbar sind, etwa für den Straßenverkehr, mit sich bringen kann, so läßt sich bereits nach dem derzeitigen Erkenntnisstand konstatieren, daß dieses Gefahrenpotential gegenüber dem der legalen Drogen eher geringer, zumindest aber nicht höher einzuschätzen ist. Erfahrungen aus dem Ausland, wo eine weitgehende Entkriminalisierung der Konsumsphäre stattgefunden hat, belegen, daß eine Liberalisierung der Drogenpolitik nicht unbedingt zu einer Steigerung der Zahlen der Cannabiskonsumenten[3] bzw. der Heroinabhängigen[4] führen muß, daß sie vielmehr zu einer Problementspannung entscheidend beitragen kann. Durch ein Werbeverbot, einen Entzug der Subventionen und steuerlicher Unterstützungen oder auch durch eine Einschränkung der Verkaufsmöglichkeiten (Verbot des Verkaufs in Automaten etc.) könnte im übrigen der Gefahr einer Cannabiswelle begegnet werden.[5] Das Argument von der Kulturfremdheit des Cannabis überzeugt letztlich auch recht wenig. Ungeachtet des Umstandes, daß dieses Argument wegen der faktisch sehr starken Cannabisverbreitung im westeuropäischen Kulturraum schon vom Ansatz her offenbar falsch ist[6], steht überdies einer Integration des Cannabis beispielsweise in die deutsche Kultur

---

1 Siehe Ergebnisse des "Hammer Modells", Raschke 1985, 21 - 86 und Bohnert 1988, 49 - 96.

2 Vgl. Kreuzer 1981, 672; ders. 1987a, 110; ders. 1988a, 92; ders. 1989b, 46 f.; SPD-Fraktion im Deutschen Bundestag 1992, 3.

3 Vgl. Hess 1989a, 28; Reeg 1989, 33; Rüter 1988, 400; ders. 1991, 7; Samsom 1992, 37.

4 Vgl. Reeg 1989, 33.

5 Vgl. Hess 1989b, 28.

6 Vgl. Thamm 1989a, 317; Neskowic 1992, 62.

nichts entgegen. Genauso wie das Kaffee- bzw. Teetrinken ehemals als kulturfremd galten und durch das allmähliche Erlernen des vernünftigen Umgangs mit ihnen kultureigen wurden, kann auch der Cannabiskonsum durch seine Einbindung in bestimmte Handlungsrituale und Erwartungsmuster, die die Entfaltung seiner positiven und Ausschaltung seiner negativen Seiten gewährleisten, zu einer kultureigenen Droge werden.[1] In der Fachöffentlichkeit wird daher eine Cannabislegalisierung immer mehr beführwortet.[2] Durch die jüngste durchaus mutige Entscheidung des Landgerichts Lübeck, worauf an anderer Stelle bereits hingewiesen wurde, das vor allem wegen der gesundheitlichen Unbedenklichkeit der Substanz "Cannabis" das sich darauf beziehende Verbot wegen des Verstoßes gegen Art. 3 Abs. 1, Art. 2 Abs. 1 und Art. 2 Abs. 2 GG für verfassungswidrig hielt und daher das BVerfG nach § 80 BVerfGG i.V.m. Art. 100 Abs. 1 GG anrief[3], fand die Diskussion um die Cannabislegalisierung auch Eingang in die Sphäre der Normalbevölkerung. Es verging seither kaum ein Tag, an dem in der Tagespresse sowie im Rundfunk und Fernsehen über das Legalisierungsproblem nicht berichtet wurde, wobei es auffällt, daß die anfängliche weitgehend sachliche Berichterstattung über die möglichen Folgen einer Verbotsaufhebung nun immer mehr einer die ganze Drogenpolitik seit jeher beherrschenden Desinformationskampagne, die sich vor allem durch eine Herstellung einer Verbindung zwischen den Drogentoten und Cannabis auszeichnet, weichen muß.[4] Unter diesen Umständen ist nicht damit zu rechnen, daß die Lübecker Richter eine breite Gefolgschaft in der Bevölkerung oder auch beim BVerfG finden, die allerdings eine Voraussetzung für einen grundlegenden Wandel in der Cannabisfrage wäre.[5]

---

1 So auch Quensel 1985, 69 f.; Gerlach 1991.

2 Vgl. Böllinger 1987, 55 f.; Thamm 1989b, 92; Quensel 1982, 95.

3 Siehe Beschluß vom 19. Dezember 1991, Az: 713 Js 16817/90 StA Lübeck - 2 Ns (Kl. 167/90), abgedr. in NJW 1992, 1571 ff. Der Auffassung des LG Lübeck hat sich neuerdings auch das LG Hildesheim in seinem Beschluß vom 26. März 1992 angeschlossen, siehe Az: 18 Ns 18 Js 21210/90. In diesem Sinne zuletzt auch LG Frankfurt StV 1993, 77 ff.

4 Siehe z.B. Pfundtner 1992, 16 ff.

5 Siehe BGH NJW 1992, 2975; dazu kritisch Neskowic 1992, 61 ff.

In der Fachöffentlichkeit wird aber auch ernsthaft über eine Legalisierung des Heroins nachgedacht.[1] Im Hinblick auf die möglichen Vorteile einer Entkriminalisierung des Handels und des Konsums ist nicht nur theoretisch davon auszugehen, daß man dem illegalen Markt hierdurch die ökonomische Grundlage nehmen würde, da die bis dahin immens überzogenen Preise wegen anderweitiger und preiswerterer Verfügbarkeit zusammenbrechen dürften. Damit würde auch die Notwendigkeit des Dealens und des Streckens mit anderen gesundheitsschädlichen Substanzen voraussichtlich entfallen. Unter freien Konsumbedingungen könnten sich auch weniger gefährliche Applikationstechniken entwickeln und praktiziert werden. Die mit dem Heroinpreis korrelierende Beschaffungskriminalität und -Prostitution dürfte in nicht unerheblichem Maße zurückgehen.[2] Von seiten der Gegner einer Heroinfreigabe wird vor allem eingewendet, daß eine so weitgehende Liberalisierung zu einer jetzt nicht absehbaren Zahl neuer Heroinkonsumenten führen würde.[3] Die niederländischen Erfahrungen haben jedoch gezeigt, daß mit einer Liberalisierung der Drogenpolitik keinesfalls eine spürbare Problemverschärfung, wie befürchtet, einhergehen muß. Ganz im Gegenteil, sie kann das Problem merklich, wie vorstehend im Zusammenhang mit der Cannabisfreigabeproblematik dargelegt[4], positiv beeinflussen. Zu einer Prognose des Inhalts, daß durch eine Heroinlegalisierung sich auch die Populationen der Konsumenten bzw. der Abhängigen vergrößern würden, besteht nach den vorliegenden Erfahrungen somit kein Anlaß.[5] Vor dem Hintergrund der Tatsachen, zum einen daß diese Konsumenten ihre Drogenvorliebe voraussichtlich nicht mehr mit dem Preis der gesundheitlichen Schäden und

---

1 Zu den Befürwortern einer Legalisierung zählen u.a.: Grimm 1992, 337; v. Bülow 1989, 14 f.; Stöver 1989a, 7 ff.; Schmidt-Semisch 1990a, 161 f., 165 ff.; Böllinger 1991a, 408; Josuttis 1981, 733 ff.; Reeg 1989, 35; Thamm 1989b, 95; Schneider 1990, 41; Bauer 1991; Pommerehne/Hart 1991, 67 ff.; Bräutigam 1991. Demgegenüber sprechen sich gegen eine Legalisierung aus u.a.: Bühringer 1989, 22 f.; Körner 1989, 75 ff.; Lange 1989, 84; Winkler 1989, 102; Behr/Juhnke 1985, 238; Leune 1990, 48; Bleibtreu 1992, 214 ff.

2 Vgl. v. Bülow 1989a, 15; Thamm 1989b, 91; Schlender/Kaplan 1980, 43 f.; zu den Argumenten Pro und Contra einer Freigabe siehe ausführlich Thamm 1989a, 372 - 384.

3 Vgl. Pommerehne/Hartmann 1980, 142 f.; Bühringer 1989, 22; Körner 1989, 76; Winkler 1989, 102.

4 Vgl. Reeg 1989, 35; Rüter 1991, 7; and. Körner 1989, 76; ders. 1991, 579; siehe oben S. 157 f.

5 So auch Pommerehne/Hartmann 1980, 142 f.; Schmidt-Semisch 1990a, 137.

strafrechtlichen Verfolgung zu erkaufen hätten und zum anderen, daß das zur Erhaltung des Verfolgungsapparates verwendete Geld der Steuerzahler nunmehr sinnvoller eingesetzt werden könnte, wäre zu überlegen, ob ein vorübergehendes Ansteigen der Konsumentenzahlen nicht einfach in Kauf genommen werden müßte.[1] Nach den bisherigen Erfahrungen liegt jedoch die Annahme sehr nahe, daß die weitere Entwicklung nach einer Legalisierung weitgehend durch die Rahmenbedingungen, in die die nunmehr legal gewordenen Drogen eingebettet werden, bestimmt wird.[2] Das Hauptproblem dürfte lediglich darin bestehen, daß die Drogen grundsätzlich zu einer Ware mit allen Gesetzmäßigkeiten der industriellen Warenproduktion, sie also dem kapitalistischen Markt mit seinen Werbe- und Verkaufsstrategien ausgesetzt werden. Hier wird neben der Prohibition das zweite soziale Regelsystem sichtbar, das den gesellschaftlichen Umgang mit Drogen steuert. Während der Drogenkonsum als Warenkonsum dem Imperativ folgt, maximalen Verbrauch zu erzielen, verbietet das Drogenverbot diesen Konsum. Beiden dieser Systeme ist allerdings gemeinsam, daß sie "dem Individuum das Wissen um die Droge und die Entscheidung für oder gegen ihren Gebrauch abnehmen wollen, ihn enteignen."[3] Nach allem sind weder das Drogenverbot noch der Drogenmarkt geeignet, etwaige Schäden von dem Individuum abzuwenden. Eine vollständige unkontrollierte Legalisierung ist demnach nicht wünschenswert.[4] Den voraussichtlichen negativen Folgen einer unter kapitalistischen Marktbedingungen vorzunehmenden totalen Heroinfreigabe sollte zumindest mit Werbeverbot, Preisbindung etc., wie bei der Cannabisfreigabe, begegnet werden.[5] Denkbar ist auch die Errichtung eines Heroinstaatsmonopols oder auch die staatliche Vergabe einer Lizenz an ganz bestimmte Unternehmen der pharmazeutischen Industrie, die nur reines, chemisch überprüftes und staatlich kontrolliertes Heroin herstellen und in den Verkauf über Apotheken bringen würden.[6] Eine Legalisierung des Heroins würde aller

---

1 So auch v. Bülow 1989a, 15; siehe auch Pommerehne/Hartmann 1980, 143; Grimm 1985, 165; Scheerer 1991, 11.

2 Vgl. Reeg 1989, 35, der darauf hinweist, daß der rapide Anstieg der Konsumentenzahl in den USA nach der Aufhebung der Alkohol-Prohibition auf die unmittelbar danach in großem Stil betriebene Werbekampagne der Alkoholindustrie zurückzuführen gewesen sei.

3 So Marzahn 1983, 124.

4 Vgl. Marzahn 1983, 124; Schmidt-Semisch 1990a, 139; ders. 1990b, 127.

5 Vgl. Hess 1989b, 28; siehe auch oben S. 158.

6 Vgl. Thamm 1989a, 389; siehe auch Stöver 1989a, 9.

Voraussicht nach nicht nur sofortige Erfolge dergestalt erzielen, daß die Beschaffungskriminalität, gesundheitliche Verelendung etc. zurückgehen würden, sondern gleichzeitig auch die Chance eröffnen, daß "eine Integration dieser Droge in die sozial anerkannten Verhaltensmuster" stattfindet[1] oder daß sich eine "Heroinkultur" herausbildet.[2] Darunter sind die langfristigen Veränderungen im Umgang mit Heroin zu verstehen. Eine derartige Kultur oder auch Subkultur schafft Situationen, Regeln und Sanktionen, wie, wann und wo Heroin eingenommen oder auch dessen Konsum unterlassen werden sollte. Sie führt also zu einem kundigen und autonomen Umgang mit Drogen. Eine Drogenkultur ermöglicht genauso die unbehinderte Verständigung über Lebensziele und Lebensstile sowie die Rolle der Drogen in ihnen, wie das Wissen über ihre positiven und negativen Wirkungen, was die Konsumenten in die Lage versetzt, durch Befolgung bestimmter Regeln eine Abhängigkeit vermeiden zu können. Neben dieser inneren Ordnung hat Drogenkonsum eine äußere Ordnung, die dadurch gekennzeichnet ist, daß er einen festen Platz in Raum und Zeit hat, also eine ausschließliche Fixierung des Lebens auf die Droge verhindert wird. Wichtig erscheint schließlich auch der Aspekt, daß im Rahmen einer Drogenkultur eine Einweisung der neuen unerfahrenen durch die erfahrenen, kundigen Drogenkonsumenten stattfinden kann.[3] Diese Regeln ermöglichen jetzt schon nicht unerheblichen Populationen von Heroinkonsumenten, den abhängigmachenden Konsum zu vermeiden und so ein unauffälliges sozial und beruflich integriertes Leben zu führen.[4] Die offizielle Drogenpolitik "produziert" indessen den exzessiv konsumierenden und sozial verelendeten Heroingebraucher, der den kontrollierten Heroinkonsum aufgrund des Fehlens seiner kulturellen Einbindung allenfalls informell erlernen kann, was jedoch die Gefahr in sich birgt, daß dieser Lernprozeß möglicherweise mißlingt.[5] Die Legalisierungsdiskussion eröffnet also eine neue realistische Perspektive, mit der die Hoffnung einer spürbaren Verbesserung der Situation der Drogenkonsumenten verknüpft

---

1 So Josuttis 1981, 734.

2 Zum Kulturbegriff in bezug auf Drogenkultur siehe ausführlicher Schmidt-Semisch 1990a, 140 - 154 sowie ders. 1990b, 108 - 131.

3 Vgl. Marzahn 1983, 124; v. Bülow 1989a, 14 f.; Schmidt-Semisch 1990a, 152 f.; ders. 1990b, 129 ff.; Quensel 1982, 88 f.

4 Vgl. Harding 1981, 694; hierzu im einzelnen siehe unten 2.2.3.3.

5 So auch v. Bülow 1989a, 15; ders. 1989b, 123; ders. 1990, 25.

ist. Da jedoch mit einem derartigen radikalen Wandel in der deutschen Drogenpolitik in absehbarer Zeit nicht zu rechnen ist, was u.a. einem Eingeständnis des Scheiterns der bisherigen strafrechtlich dominierten kostenträchtigen Steuerungsbemühungen gleichkäme[1], sollte zumindest eine Umorientierung der kleinen Schritte angestrebt werden und zwar in der Weise, daß zunächst eine vollständige Entkriminalisierung der Konsumsphäre erfolgt. Wichtig ist gleichermaßen, daß eine sachliche Aufklärung sowohl über die Drogen als auch über die derzeitige Drogenpolitik mit ihrer Destruktivität als auch über die Perspektiven einer Legalisierung betrieben wird.[2] Damit sollte erreicht werden, daß die sich im Bewußtsein der breiten Öffentlichkeit im Gefolge der dramatisierenden Desinformationskampagne von seiten der Anhänger eines repressiv-prohibitionistischen Ansatzes festgesetzten Fehlvorstellungen von Drogen und deren Wirkungen zugunsten einer objektiven, sich durch Normalität auszeichnenden Sichtweise des Drogenproblems weichen und so den Grundstein für eine Abkehr von der Drogenprohibition legen. Aus kriminalpolitischen und verfassungsrechtlichen Gründen scheint eine Legalisierung nicht nur wünschenswert, sondern geradezu geboten zu sein.[3]

2.2.3.2 Akzeptierung des Drogenkonsums als Voraussetzung einer repressionsvermindernden Drogenarbeit

2.2.3.2.1 Praktische und normative Umorientierung in der Drogenarbeit

Seit Mitte der achtziger Jahre ist sowohl in der professionellen Drogenarbeit als auch auf der Ebene der Selbsthilfe eine grundlegende Umorientierung festzustellen, die mit Begriffen wie "nichtbevormundende", nichtbegleitende", "offensive", "klientenorientierte", "risikomindernde", "akzeptierende" oder "niedrigschwellige" Drogenarbeit zum Ausdruck gebracht wird. Das Konzept der akzeptierenden Drogenarbeit stellt ein Gegenkonzept zu der etablierten Drogen-

---

1 Vgl. Stöver 1989a, 10; einen Weg zur Legalisierung der kleinen Schritte befürworten auch Scheerer 1991, 23 ff. und Böllinger 1992a, 165 ff.

2 Zur Problematik öffentlicher Aufklärung heute siehe Scheerer/Vogt 1989, 33 f.

3 Siehe die verfassungsrechtliche Untersuchung von Böllinger 1991a, 105 - 110; ders. 1992a, 151 - 162; siehe auch oben S. 123 ff.

arbeit dar, die in der Vergangenheit oft als "bevormundend" und "hochschwellig" wahrgenommen wurde.[1] Die Notwendigkeit einer sofortigen Verbesserung der Lebensbedingungen der Drogenabhängigen und die neueren Erkenntnisse in bezug auf den verschiedenartigen Kontext von Drogenumgang und -abhängigkeit scheinen immer mehr dem Akzeptanzmodell unter Verdrängung des mit dem "Leidensdruckprinzip" arbeitenden Abstinenzparadigmas zum Durchbruch zu verhelfen.[2] Diesem liegen sowohl Elemente einer praktischen wie auch einer normativen Umorientierung zugrunde. Ersterenfalls geht es um die Akzeptierung des Drogenkonsums derjenigen Drogengebraucher, die ihren Gebrauch nicht aufgeben wollen und können, wobei dies von Angeboten und Maßnahmen flankiert wird, die geeignet sind, zunächst einen Kontakt zu diesen Drogengebrauchern herzustellen und ferner die gesundheitlichen und sozialen Risiken des Drogenkonsums auf ein erträgliches Maß herabzusetzen.[3] Es geht hier um Überlebenshilfen und Maßnahmen der Gesunderhaltung, die die Lebensphase der Abhängigkeit überhaupt und dann ohne irreversible Schäden, wie beispielsweise HIV-Infektion, überstehen helfen. Im einzelnen gehören hierzu Angebote des Gesundheitsschutzes (Spritzenaustauschprogramme, Kondomverteilung, medizinische Basishilfen, nahrhaftes und billiges Essen, Organisation einer Substitutionsbehandlung) und der Wohnraumversorgung (Übergangshäuser, Übernachtungshäuser, Hilfen bei der Wohnungssuche).[4] Rechtliche Hilfen (Rechtsbeistand, Sozialhilfeberatung, Schuldenregulierung, Haftvermeidung) sollen schließlich den Kriminalisierungsdruck mindern.[5] Diese Hilfen können von den

---

1 Vgl. Herwig-Lempp/Stöver 1988, 51; Schuller/Stöver 1989, 119 f.; Stöver 1990, 14; Hoffmann-Bayer 1989, 64 ff.; Gerlach/Kemmesies 1990, 31 ff.; siehe auch Villinger 1978, 22, der sich die Frage stellt: "Was kann und soll geschehen, um einen tragbaren und unserem heutigen Rechtsempfinden entsprechenden Rechtsgrund zu schaffen für die so nötige Entziehung einsichtsloser, willensschwacher oder willensschwach gewordener Süchtiger?".

2 Vgl. v. Epen 1989, 333; Eisenbach-Stangl 1984, 170; Quensel 1986, 31; ders. 1990, 61 ff.; Steffan 1990, 52 ff.; Oppermann 1990, 92 ff.; zur akzeptierenden Arbeit speziell mit drogenabhängigen Prostituierten siehe Michaelis 1990, 180 ff.

3 Vgl. Stöver 1990, 14. Zu der Angebotspalette akzeptanzorientierter Drogenarbeit siehe Weber/Schneider 1992, 33 ff.

4 Vgl. Oppermann 1990, 92 ff.; hierzu ausführlich auch Gerlach/Schneider 1990, 6 ff.; Schneider 1990, 39; zu Möglichkeiten regionaler Versorgung Drogenabhängiger am Beispiel Bremen siehe Siegert 1987, 32 ff.

5 Vgl. Stöver 1990, 15; Schuller/Stöver 1989, 120.

Bedürftigen aber nur dann in Anspruch genommen werden, sofern überhaupt ein Zugang zu ihnen gefunden wurde. Gerade daran krankt aber das herkömmliche Drogenhilfesystem. Um die Erreichbarkeit somit zu vergrößern, werden von einigen Trägern von Beratungsstellen separate Kontaktläden eröffnet oder Aufenthaltsbereiche innerhalb bestehender Institutionen eingerichtet, die oft ein unverbindliches reichhaltiges Serviceangebot bereithalten.[1] Da die Aktivitäten in den Kontaktläden oder Übernachtungsstätten dort auf ihre Grenzen stoßen, wo es um die Erlaubnis zum Drogenkonsum geht, werden auch Forderungen nach Räumen laut, wo die Drogenabhängigen unter sterilen Bedingungen die Drogen einnehmen können. Es handelt sich um die im benachbarten Ausland zum Teil schon eingerichteten sog. Druckräume, die auch als Kontakt und Kommunkationsräume dienen.[2] In strafrechtlicher Hinsicht begegnet deren Einrichtung keinerlei Bedenken.[3] Demgegenüber wird den Drogenkonsumenten auf der normativen Ebene gerade unter den Bedingungen des fortgesetzten Konsums ein Recht auf menschenwürdige gesundheitliche und soziale Lebensbedingungen zugestanden. Unter dieser Prämisse ist selbst scheinbar unverständliches Drogenkonsumverhalten als eine persönliche Entscheidung, der offenbar ein anderes Wertkonzept in einem anderen Lebensstil zugrundeliegt, zu akzeptieren. Drogenkonsum ist danach Alltagsverhalten.[4] Drogenarbeit im Sinne des Akzeptanzansatzes kann aber nicht nur den Abhängigen in der Freiheit zugutekommen. Sie darf keinesfalls Halt vor den Gefängnismauern machen, wo erhebliche Populationen von Heroinabhängigen unter den Strafgefangenen regelmäßig zu finden sind.[5] In jüngster Zeit wird daher immer mehr gefordert, das Akzeptanzmodell mit all seinen Hilfsangeboten auch auf den Strafvollzugsbereich zu erstrecken.[6] Akzeptierende Drogenarbeit sollte also überall dort

---

1 Vgl. Schuller/Stöver 1990, 80; v. Elpen 1989, 334; Stöver 1989b, 47.

2 Vgl. Schuller/Stöver 1990, 84; Seidenberg 1990, 220; Schuller 1991, 192 ff.; Böllinger/-Stöver 1992, 90 ff.; siehe auch Heckmann 1989, 47.

3 Siehe die rechtliche Untersuchung von Böllinger 1991b, 292 ff. und ders. 1991c, 112 ff.

4 Vgl. Böllinger/Stöver 1992, 36; Gerlach/Schneider 1990, 6.

5 Vgl. Wambsganß 1990, 109, der davon berichtet, daß in der JVA Bremen-Oslebshausen die Gruppe der Abhängigen ca. 25 % aller inhaftierten Männer stellt. Bei den Frauen liegt das Verhältnis der abhängigen zu den nichtabhängigen Frauen gar 1:1; siehe auch oben S. 85 ff.

6 Vgl. Lesting 1990, 230; AK/StVollzG/Lesting, vor § 56, Rz. 30; ausführlich Wambsganß 1990, 109 ff.

ansetzen, wo die Auswirkungen der gegenwärtigen Drogen-"Doppelmoral" besonders gravierend zutage treten. Dies umso mehr im Drogenknast, als sich die dort einsitzenden Drogenabhängigen oft nur des zum Eigenverbrauch bestimmten Drogenbesitzes schuldig gemacht haben, was Konsumenten der legalen Drogen regelmäßig erspart bleibt.

Drogenarbeit im Sinne des Akzeptanzmodells bedeutet also nicht nur, neue Methoden innerhalb traditioneller Zusammenhänge, sondern auch völlig andere Prämissen über die Bedeutung und Bewertung von Drogenabhängigkeit, die Konsumenten, die Drogen, die bisherige Behandlung und über die bisherigen Zielsetzungen zu entwickeln.[1] Die Veränderungen im Bereich des praktischen gesellschaftlichen Umgangs mit Heroinabhängigen erscheinen trotz der derzeit unbefriedigenden strafrechtlichen Situation nicht nur aus humanitären Gründen geboten, sondern auch und vor allem, weil sie den Boden für einen Wandel auf judikativer Ebene bereiten. Durch Gesetze werden in der Regel nur die bereits faktisch vollzogenen Veränderungen gesichert bzw. weitergehende Reformen in die Wege geleitet.[2]

2.2.3.2.2 Medikamentengestützte Therapieformen

Gemäß der Ideologie des Akzeptanzmodells werden immer häufiger Menschen, die aufgrund ihrer Drogenvorliebe früher als Kriminelle oder anderswo als Kranke angesehen wurden, heute als Mitmenschen betrachtet, die von bestimmten Normen abweichen und in ihrer Andersartigkeit akzeptiert werden.[3] Bei dieser Sichtweise müßte auch die freie Vergabe von Heroin und anderen Drogen an Heroinabhängige möglich sein, und zwar unabhängig von ihrer inneren Konsummotivation. Sollte dies unter dem Behandlungsaspekt aus humanitären Gründen geschehen, dann dürften erst recht jegliche Zweifel hinsichtlich der Frage nach deren ethischen und rechtlichen Zulässigkeit ausgeräumt sein.

---

1 Vgl. Herwig-Lempp/Stöver 1988, 51 f.; Gerlach/Schneider 1990, 7.
2 Vgl. Kappel/Scheerer 1980, 47.
3 Vgl. v. Epen 1989, 333.

Zwecks Überwindung der negativen Folgen des unter prohibitiven Bedingungen stattfindenden Heroinkonsums werden seit Jahrzehnten vor allem im Ausland Versuche unternommen, soziale und gesundheitliche Stabilisierung, Reduzierung der Beschaffungskriminalität etc. durch Vergabe von Drogen, die das Heroin ersetzen sollen, zu erreichen. Parallel mit der Einführung der Methadonbehandlung in den USA in der Mitte der sechziger Jahre, worauf noch unten im einzelnen einzugehen sein wird, wurden dort auch Untersuchungen mit Cyclazocin, einem Opiatantagonisten mit langer Wirkungsdauer, vorgenommen, die schließlich in der Erkenntnis mündeten, daß diese Substanz tatsächlich die klinischen Auswirkungen von Opiaten blockierte. Im Verlauf der Cyclazocin-Programme, die durch hohe Abbruchraten gekennzeichnet und sonst auch nur wenig erfolgreich waren, ist in den USA der neue Opiatantagonist Nalaxone gefunden worden. Jedoch auch die mit diesem Antagonisten verbundenen Hoffnungen wurden sehr bald enttäuscht, da für eine orale Blockade sehr große Mengen dieser Substanz wegen ihrer kurzen Wirkungsdauer gebraucht wurden und deshalb oft auch nicht beschafft werden konnten. Die Entdeckung neuerer Antagonisten, die zum Teil die Vorzüge der beiden genannten Substanzen in sich vereinten und weitere positive Eigenschaften aufwiesen, wie z.B. EN-1639A, Naltrexone etc. war zwar für den medizinischen Fortschritt von beachtlicher Bedeutung, jedoch in bezug auf die Langzeitbehandlungen der Drogenabhängigen als Opiatblocker offenbar wenig hilfreich.[1] Die Anfang der siebziger Jahre angekündigte Entwicklung eines Ersatzmittels, das keine Abhängigkeit produzieren, jedoch die Wirkung des Opiates am Rezeptor voll blockieren sollte, ist bis heute ebenfalls ausgeblieben.[2]

Um den Lebensstil der zum Teil völlig verwahrlosten Abhängigen zu ändern, werden mancherorts auch Morphiumprogramme durchgeführt, im Rahmen derer den Heroinabhängigen dosiertes Morphium verabreicht wird. Vor allem in Holland wurden seit Ende der siebziger Jahre Experimente zur Morphiumverteilung mit ermutigenden Ergebnissen durchgeführt.[3] Das letzte Modellprojekt

---

1 Vgl. Fink 1978, 422 ff.; Burchard 1978, 365.

2 Vgl. Keup 1978, 393. Zur Behandlung mittels Antagonisten siehe auch v. Epen 1989, 323 f.; zur Behandlung mittels Psychopharmaka siehe Athen 1982, 137 ff.

3 Vgl. Derks/Daansen 1986, 67 ff.; Trautmann 1989b, 74 f.

war auf 40 Teilnehmer angelegt, wovon Ende der achtziger Jahre noch 17 Heroinabhängige mit Morphium dosiert versorgt wurden. Dieses Projekt war von Anfang an nicht auf einen Heroinentzug ausgerichtet, sondern vielmehr auf die Untersuchung, ob die Sicherheit, jederzeit injizierbare Opiate erhalten zu können, sich in irgendeiner Weise auf die soziale Situation der heroinabhängigen Projektteilnehmer auswirkt.[1] Durch dieses Experiment wurde u.a. deutlich, daß Morphium in der Behandlung von Heroinabhängigen zwar nicht als Ersatzmittel fungiert, aber durchaus positive Effekte zu zeitigen vermag. So konnte bei den Teilnehmern eine deutliche Abnahme von sozialen und psychischen Problemen festgestellt werden.[2]

Außerdem wird seit geraumer Zeit in der Fachöffentlichkeit auch diskutiert, inwieweit sich solche Substanzen wie Clonidin[3] oder auch Codein[4] als Ersatzdrogen zur Behandlung Heroinabhängiger eignen. Jüngst hat u.a. Hamburg gemäß den "Richtlinien für die Ersatzdrogenbehandlung mit Codeinpräparaten" der Ärztekammer Hamburg vom 14. Oktober 1991 mit einem Codeinsubstitutionsprogramm begonnen.[5]

In zunehmendem Maße wird ebenfalls die Frage diskutiert, ob den Abhängigen nicht gleich Heroin auf eine kontrollierte, legitime Weise verabreicht bzw. zur Verfügung gestellt werden sollte. Diese Überlegung wird nicht zuletzt aufgrund der Erkenntnis angestellt, daß es immer Abhängige gab und geben wird, die von keinem der vorhandenen traditionellen oder auch ersatzmittelgestützten Therapieangebote erreicht werden können.[6] Durch eine Heroinabgabe sollen zumindest die mit der Beschaffung der Drogen zusammenhängenden sozialen und gesundheitlichen Folgen beseitigt sowie eine Reduzierung der Beschaffungskriminalität erreicht werden. Eine Vorreiterrolle in der Behandlung der Abhängigen mit Heroin kam Großbritannien zu. Dort wurde bereits in den zwanziger Jahren als Reaktion auf die negativen Folgen des Harrison Acts und

---

1 Vgl. Cohen 1989, 137.
2 Vgl. Trautmann 1989a, 128; ders. 1989b, 75; ders. 1992, 223.
3 Vgl. Keup 1982, 148.
4 Vgl. Grimm 1985, 15, 221 ff, der selbst Codeinbehandlungen mit beachtlichem Erfolg durchführt.
5 Siehe Ärztekammer Hamburg 1991; Weser Kurier vom 19. Oktober 1991, S. 31.
6 Vgl. Bohnert 1988, 75 ff.

besonders wegen der verheerenden Folgen der Klinikschließungen in den USA den Ärzten überlassen, ob sie Morphium und Heroin an abhängige Patienten verschreiben wollten. Bis in die sechziger Jahre gab es daher in Großbritannien kaum Heroinabhängige. Jedoch hat sich die Zahl der britischen Heroinabhängigen gegen Ende der sechziger Jahre erheblich vergrößert. Die aufgrund dieser Entwicklung angeordneten Untersuchungen kamen zu der zentralen Schlußfolgerung, daß vor allem die relativ großzügige Verschreibungspraxis einiger Ärzte für den registrierten Anstieg der Abhängigenzahlen verantwortlich gewesen wäre. Als Reaktion auf den ansteigenden Heroinverbrauch veranlaßte die britische Regierung die Verabreichung von Heroin durch zentrale Kliniken, deren ärztliches Personal für diese Fragen speziell ausgebildet war.[1] Praktische Ärzte konnten aber weiterhin Abhängige mit Morphium oder Methadon behandeln.[2] Trotz des relativen Anstiegs der Abhängigenzahlen hat das britische Drogenproblem nicht die Ausmaße wie in den USA angenommen, weshalb viele amerikanische Drogenexperten von dem liberalen britischen Modell beeindruckt waren.[3] Bis heute hält sich das Heroinproblem in Großbritannien in Grenzen.[4] Aufgrund der britischen Erfahrungen wurde auch in anderen Staaten erwogen, Heroinbehandlungen zuzulassen, so beispielsweise 1983/84 in Holland. Dieses Vorhaben wurde aber letztlich von der Landesregierung als nicht praktikabel abgelehnt, u.a. auch deshalb, weil negative Reaktionen aus dem Ausland - allen voran aus der Bundesrepublik - befürchtet wurden. Vor dem Hintergrund der AIDS-Gefahr wird diese Möglichkeit aber wieder ernst in Betracht gezogen.[5] In Zürich soll demnächst auch ein Pilotversuch zur kontrollierten Heroinabgabe gestartet werden. Auch in der Bundesrepublik scheint mittlerweile nicht nur die interessierte Fachöffentlichkeit einer Zulassung der Heroinbehandlung unter bestimmten Voraussetzungen immer mehr positiv

---

1 Vgl. Platt/Labate 1982, 193 ff.; Schmerl 1984, 177 ff.; Wille 1987, 198; Grimm 1985, 145, Fn. 1; Pommerehne/Hartmann 1980, 133; Kemper 1985, 139 ff.

2 Vgl. Schmerl 1984, 178.

3 Vgl. Platt/Labate 1982, 195 f.; Schmerl 1984, 179.

4 Vgl. Schmerl 1984, 180.

5 Vgl. Trautmann 1989a, 128 f.; ders. 1989b, 75; Wijngaart 1988, 98.

gegenüberzustehen[1], wie es die neuerliche diesbezügliche Gesetzesinitiative von Hamburg beweist.[2] Von seiten der Gegner einer kontrollierten Abgabe von Heroin an Abhängige wird nicht selten ebenfalls unter Hinweis auf die britischen Erfahrungen vor allem ins Feld geführt, die Verschreibung von Heroin, Methadon oder anderen Ersatzdrogen wirke in der Regel suchtverlängernd und motiviere nicht zum Entzug und zur Abstinenz etc.[3] *Wille* führt zur Begründung seiner skeptischen Haltung gegenüber einer kontrollierten Heroinabgabe u.a. das Beispiel an, daß die heroinabhängige Frau Rose K., die das Heroin regelmäßig auf Rezept in einer der staatlichen Drogenkliniken erhielte, erst durch die Beziehung zu ihrem nichtabhängigen Freund aus ihrer Abhängigkeit hätte herauskommen können.[4] Das was *Wille* negativ bewertet, kann allerdings in einem ganz anderen Licht erscheinen, wenn man sich vergegenwärtigt, daß offenbar erst durch die soziale Stabilisierung die Heroinabhängigkeit überwunden werden konnte. Es erscheint nämlich durchaus wahrscheinlich, daß erst durch den Umstand, daß Rose K. kontrolliert Heroin bekam und damit einer gesundheitlichen und sozialen Verelendung nicht anheimfallen mußte, die Begründung und Festigung der partnerschaftlichen Beziehung überhaupt ermöglicht wurde.[5] Im übrigen berichtet *Wille*, daß einer Untersuchung zufolge 30 % der vor 10 Jahren abhängigen und mit Heroin kontrolliert versorgten Drogenkonsumenten bereits seit einigen Jahren abstinent und sozial deutlich stabilisiert lebte.[6] Es wird angenommen, daß die Heroinvergabeprogramme nach dem britischen Modell in der Lage sind, insgesamt fast 80 % der registrierten Heroinabhängigen sozial soweit zu stabilisieren, daß sie ein normales Leben ohne Kriminalität, Gefängnisstrafen und gesundheitliche Schäden führen können.[7] Insoweit sind auch die therapeutischen und moralischen Argumente

---

1 Vgl. Schmidt-Semisch 1990a, 111 ff.; Böllinger/Stöver 1992, 101 f.; Quensel 1982, 259 ff.; Pommerehne/Hartmann 1980, 135 ff.; Scheerer 1985b, 242; Schmerl 1984, 183 ff.; zu der Heroinbehandlungsproblematik hierzulande siehe auch Der Spiegel, Heft 34, v. 17. August 1992, S. 102 ff.

2 Siehe BTDrucks. 296/92 v. 5. Mai 1992.

3 Vgl. Wille 1987, 206 f. mit weiteren Argumenten gegen eine kontrollierte Heroinabgabe.

4 Siehe Wille 1987, 200 ff.

5 Rose K.: "... Dabei mag eine Rolle gespielt haben, daß ich nicht aussah wie eine Süchtige und einen festen Job hatte. Außerdem hatte ich keine Gefängnisstrafen", zit. b. Wille 1987, 201.

6 Siehe Wille 1987, 199 f.

7 Vgl. Schmerl 1984, 183.

gegen kontrollierte Heroinvergabe ideologischen Charakters und nicht wissenschaftlich-objektiv fundiert. Es ist daher *Schmerl* beizupflichten, die meint, 80 % normal lebende und lebendige Drogenabhängige, auch wenn die Hälfte von ihnen nicht drogenfrei sei und ungünstigstenfalls keiner von ihnen therapeutisch behandelt sei, seien besser als ein verschwindend geringer Teil drogenfreier Langzeittherapierter, kombiniert mit einem in Kriminalität und Asozialität verstrickten Großteil von über 90 % aller Drogenabhängigen.[1] Mit den Heroinvergabeprogrammen könnten nahezu alle Heroinabhängigen erreicht werden, also neben denjenigen Konsumenten, die sich weder den klassischen Therapien unterziehen noch an den Substitutionsprogrammen (Methadon etc.) teilnehmen wollten bzw. nicht konnten oder diese abbrachen, aber über genügend Motivation verfügen, ihre Abhängigkeit irgendwann zu überwinden, auch diejenigen, die perspektivlos weitermachen.[2] Vor allem letzterer Population würde nur in Form eines Heroinprogramms geholfen werden, indem sie trotz ihrer Drogenvorliebe ein Leben ohne gesundheitliche Verwahrlosung und Beschaffungsdruck führen könnte. Die psycho-soziale Stabilisierung, die sich ebenfalls bei kontrollierter Heroinabgabe einzustellen vermag, könnte so ein wichtiges Moment für einen Ausstiegsprozeß aus der Abhängigkeit auch der "perspektivlosen" Heroinkonsumenten sein.[3]

2.2.3.3 Kontrollierter Heroinkonsum

In der Zwischenzeit wird in den interessierenden Fachkreisen auch nicht mehr ernsthaft bestritten, daß es nicht nur die Erscheinungsform des sozial und gesundheitlich ruinierten und neuerdings auch durch AIDS bedrohten Heroinkonsumenten gibt, der ständig zwischen Szene, Strafvollzug und Therapie pendelt, sondern daß ebenso eine nicht geringere Anzahl von Drogengebrauchern dem nicht abhängigmachenden Heroinkonsum nachgeht und im übrigen

---

1 So Schmerl 1984, 184.
2 Vgl. Bohnert 1988, 75 ff.
3 Kritisch zur praktischen Durchführbarkeit siehe v. Epen 1989, 334; zur Bedeutung der psychosozialen Prozesse bei der Überwindung der Drogenabhängigkeit siehe Algeier 1980, 1199 ff.

ein sozial integriertes unauffälliges Leben führt.[1] Insoweit ist die vor allem in den Massenmedien aber auch in einem Teil der Fachöffentlichkeit vertretene Ansicht, daß bereits der ein- oder zweimalige Heroinkonsum zur Sucht führe, diese kaum ohne professionelle Therapie aufgehoben werden könne und quasi automatisch den stereotypen Ruin nach sich ziehe, nicht mehr aufrechtzuerhalten.[2] Dieser Tatsache ist immanent, daß ein Heroinkonsument nicht ohne weiteres mit einem Fixer gleichzusetzen ist.[3] Amerikanischen Untersuchungen zufolge machen die nichtabhängigen Heroinkonsumenten einen Anteil von ca. 40 % aller Heroingebraucher aus.[4] Für die Bundesrepublik kann demgegenüber von einem Anteil von mindestens 20 % ausgegangen werden.[5] Der Unterschied zwischen den abhängigen und den nichtabhängigen Heroinkonsumenten besteht im wesentlichen in dem soziokulturellen Bereich. Danach spielt es keine Rolle, wie die Droge verfügbar ist oder welche Persönlichkeitsmerkmale der Konsument aufweist. Ebensowenig kommt es im einzelnen auf die Drogenart an. Entscheidend ist vielmehr, ob der Konsument eine Verbindung zu Gruppen hat, die die Droge kontrolliert benutzen. Dort erlernt er nämlich bestimmte Riten und Normen, die ihn auf gemäßigten Heroinkonsum festlegen. Hierdurch ist es ihm möglich, potentiell nachteilige Wirkungen zu vermeiden bzw. zu verringern.[6] Zwar folgen die abhängigen Konsumenten den gleichen Ritualen wie die Nichtabhängigen, wie beispielsweise das Abbinden der Adern mit einem Gürtel. Jedoch wird der Konsum der Erstgenannten nicht von selbstauferlegten Regeln begleitet, die gerade das Abhängigwerden verhindern sollen. Hierzu zählen im einzelnen:

---

1 Vgl. Schlender/Kaplan 1980, 39; Kreuzer 1988b, 59 f.; Wille 1987, 200; Trautmann 1989a, 126 f.; Schmidbauer/v. Scheidt 1989, 319; Harding 1981, 694 ff.; v. Bülow 1989b, 118 ff.; Schmidt-Semisch 1990a, 154 ff.; ders. 1990b, 129 ff.; Scheerer/Vogt 1989, 47; Scheerer 1983a, 15; ders. 1983b, 85; ders. 1985a, 44 f.; ders. 1989a, 299; Hellebrand 1990a, 282; Weber/Schneider 1990, 50 ff.; Böllinger/Stöver 1992, 46 f.; Springer 1986b, 71 f.

2 Vgl. v. Bülow 1989b , 119; Scheerer 1989a, 299, de Ridder 1991, 26 f.; Bühringer 1990, 22; Weber/Schneider 1992, 30.

3 Vgl. Springer 1986b, 71; de Ridder 1991, 25 f.

4 Vgl. Harding 1981, 700; Schmidt-Semisch 1990a, 154; ders. 1990b, 131; Scheerer 1989a, 299; v. Bülow 1989b, 119.

5 Vgl. Bohnert 1988, 64 ff.

6 Vgl. Harding 1981, 698; Weber/Schneider 1992, 44 ff.

1. Nur der mäßige Heroinkonsum wird akzeptiert, der zwanghafte und unkontrollierte dagegen verurteilt.
2. Rituale und Sanktionen begrenzen den Heroinkonsum auf örtliche, soziale und dosismäßige Arrangements, die einen positiven und sicheren Drogengenuß sicherstellen sollen.
3. Rituale und Sanktionen verstärken das Prinzip, Abhängigkeit zu vermeiden. Der Wunsch nach Dosiserhöhung wird als das Zeichen beginnender Abhängigkeit gedeutet und mit einer zumindest zeitweiligen Einstellung des Konsums beantwortet.
4. Regeln und Rituale dienen dazu, die Wirkung des Heroins vorsichtig abzuschätzen, um eine Überdosis vermeiden zu können, etwa in der Form, daß zunächst nur ein Teil der Droge eingenommen und abgewartet wird, welche Wirkungen sie entfaltet.
5. Regeln und Sanktionen ermöglichen und unterstützen schließlich die Aufrechterhaltung drogenfreier Beziehungen. Der Verzicht auf Drogenkonsum am Sonntagabend soll gewährleisten, daß der Konsument am nächsten Tag ausgeruht am Arbeitsplatz erscheinen kann und damit Konflikte mit dem Arbeitgeber vermieden werden können.[1]

Der kontrollierte Heroinkonsum enthält also alle Elemente einer Drogenkultur.[2] Das dominierende Merkmal des nichtabhängigen Heroinkonsums ist also die weitgehende Distanz zur Drogenszene und die geschilderte Ritualisierung des Drogenkonsums. Sofern bisher der Einfluß der Gleichaltrigen nur im Zusammenhang mit einer Drogenkarriereförderung gesehen wurde, bedarf diese These einer dahingehenden Relativierung, daß sich dieser Einfluß auch sozialisierend und hemmend auf exzessiven Drogenkonsum auswirken kann. Jedoch verhindert die Illegalität eine gesellschaftlich relevante Etablierung eines sich auf Ritualen und Sanktionen gründenden Kontrollsystems.[3] Bei denjenigen Heroinkonsumenten, die nach Überwindung ihrer Abhängigkeit nur noch kontrolliertem Drogenkonsum nachgehen, stellt die Illegalität im übrigen einen erheblichen Destabilisierungsfaktor dar, da die erzielten Fortschritte vor allem im sozialen Lebens-

---

1 Vgl. Harding 1981, 698 f.; v. Bülow 1989b, 120; Schmidt-Semisch 1990a, 155 f.; ders. 1990b, 132; Scheerer 1989a, 299; Weber/Schneider 1992, 22 ff., 463 ff.

2 Siehe oben S. 161 f.

3 Vgl. v. Bülow 1989b, 122; ders. 1990, 25; Weber/Schneider 1992, 31 f.

bereich oder der beruflichen Integration unvermittelt zerstört werden können, wenn sie in Strafverfahren verwickelt oder gar länger inhaftiert werden.[1] Auch in diesem Bereich wird also die destruktive Wirkung derzeitiger Drogenpolitik überdeutlich.

2.2.3.4 "Herauswachsen" aus der Heroinabhängigkeit

Anfang der sechziger Jahre sind in den USA Erkenntnisse aufgrund Langzeituntersuchungen veröffentlicht worden, die im Widerspruch zu der pessimistischen Vorstellung der unbezwingbaren Macht der Droge über den Willen des Abhängigen gemäß dem Motto: "einmal süchtig - immer süchtig" stand. Danach ließ sich ein "Herauswachsen" aus der Abhängigkeit ("Selbstheilung", "maturing out") nach durchschnittlich 8 bis 9 Jahren beobachten, sofern die Drogenabhängigen vorher nicht durch versehentliche Überdosen und sekundäre Komplikationen starben.[2] Auch für die Bundesrepublik liegen zwischenzeitlich Ergebnisse vor, die die amerikanischen Erfahrungen weitgehend zu bestätigen scheinen. Während nach den amerikanischen Untersuchungen der Anteil der ohne professionelle Hilfe erfolgreich durchgeführten Entzugsversuche bis zu 70 % betragen sollte[3], liegen in der Bundesrepublik Daten vor, die den Schluß zulassen, daß hier der Anteil der Aussteiger aus der Heroinabhängigkeit mindestens 20 % beträgt.[4] Ersten Aufschluß über die sozialen Bestimmungsfaktoren der freiwilligen Aufgabe des Heroinkonsums gaben die Erfahrungen mit ehemals heroinabhängigen Soldaten aus dem Vietnamkrieg, die nach ihrer Heimkehr in eine "normale" Welt, in gewohnte soziale Strukturen, wo es kein billiges und hochprozentig reines Heroin gab, bereits nach einigen Monaten mehrheitlich kein Heroin zu sich genommen haben. Extremer Umgebungswechsel und das gleichzeitige Vorliegen positiver Sozialfaktoren können also den Prozeß des "Herauswachsens" erheblich beschleunigen.[5] Der Ausstieg aus der

1 Vgl. Bohnert 1988, 64.

2 Vgl. Schmerl 1984, 129 ff.; Quensel 1982, 154 f.; v. Bülow 1989b, 120 f.; Ramström 1984, 77 ff.; Weber/Schneider 1992, 65 ff.

3 Vgl. Quensel 1982, 154 f.; v. Bülow 1989b, 120 f.

4 Vgl. Middendorf/Stoeckert/Roghmann/Spring/Algeier 1977, 170 ff.; Bohnert 1988, 85; Lange 1986, 108 f.

5 Vgl. Schmerl 1984, 136; Ramström 1984, 79 f.; Quensel 1982, 155; Weber/Schneider 1992, 25.

Abhängigkeit verläuft gewöhnlich nicht geradlinig, sondern ist durch häufige Selbstentzüge und Rückfälle gekennzeichnet.[1] Dieser Prozeß gelingt dem Abhängigen in dem Maße, wie es ihm auch gelingt, sich privat, sozial und beruflich eine befriedigende Lebensperspektive aufzubauen und im Verlauf dieses biographischen Entwicklungsprozesses sich die Bedeutung des Heroinkonsums bis auf Null verringert.[2] Dies korreliert auch mit einem Wandel der Einstellung zum Drogenkonsum, der nicht mehr positiv, sondern jetzt als Ergebnis einer Ernüchterung, als eine stressige negative Angelegenheit persönlich wahrgenommen wird.[3] Maßgeblicher Faktor der Stabilisierung ist die Herausbildung drogenfreier Beziehungen und der Vertrauens- und Sozialkontakte.[4] Jedoch nicht nur glückhafte Ereignisse und positive Erfahrungen tragen zur Aufgabe des Heroinkonsums bei, sondern auch Überwindungen von schwierigen Lebenssituationen, die sich in bezug auf die Persönlichkeitsentwicklung stabilisierend und identitätsstärkend auswirken.[5] Der sukzessive Ausstieg aus der Abhängigkeit wird jedoch durch die Illegalität und die Kriminalisierung der Konsumsphäre ständig behindert.[6]

2.3 Fazit

Bei der Drogenabhängigkeit handelt es sich um ein komplexes Phänomen, das mit individualisierenden, eindimensionalen Ansätzen nicht erklärt werden kann. Drogenkonsum und Drogenabhängigkeit sowie Drogenabstinenz sind vielmehr Produkte eines Interaktionsprozesses zwischen dem Individuum, seinem sozialen Nahraum auf der einen Seite und den gesellschaftlichen Einflüssen auf der anderen Seite. Drogenabhängigkeit ist also nicht der Ausdruck einer ganz bestimmten ontologischen Persönlichkeitsstruktur, sondern das Merkmal einer

---

1 Vgl. Grimm 1985, 20; v. Bülow 1989b, 121; Kreuzer 1987a, 50 f.; Gerlach/Schneider 1990, 4; Schneider 1990, 35 f.; Weber/Schneider 1992, 549.
2 Vgl. Bohnert 1988, 86; Schneider 1990, 36; Weber/Schneider 1992, 549 f.
3 Vgl. Bohnert 1988, 87; Kreuzer 1987a, 50.
4 Vgl. Bohnert 1988, 88; v. Bülow 1989b, 121; Weber/Schneider 1992, 31.
5 Vgl. Bohnert 1988, 88; siehe auch Quensel 1982, 155; Schneider 1987, 32; Bühringer 1990, 21.
6 Vgl. Weber/Schneider 1992, 31 f.

bereits fortgeschrittenen Drogenkarriere des Abhängigen, die allerdings nicht zwingend in eine Abhängigkeit von Drogen führen muß, jedoch oft vor allem wegen der destruktiven Auswirkungen der Prohibitionspolitik, die etwa die Pflege eines kontrollierten Heroinkonsums behindert, führt. Die deutsche Drogenpolitik, in der der repressive Ansatz dominiert, hat es bisher nicht vermocht, den illegalen Drogenhandel auch nur teilweise in Richtung Angebotsverknappung zu beeinflussen. Sie hat vielmehr seine Professionalisierung vorangetrieben, so daß er für den gigantischen kostenträchtigen Verfolgungsapparat weniger greifbar wurde. Besonders verheerend wirkt sich die Drogenpolitik in der Konsumsphäre aus. Hier treten die kontraproduktiven Folgen der Dominanz des repressiven Ansatzes in Form einer sozialen und gesundheitlichen Verelendung, des Drogentodes, der Beschaffungskriminalität etc. für jeden sichtbar zutage. Auch das Prinzip "Therapie statt Strafe" drückt lediglich die Rigorosität der deutschen Drogenpolitik aus. Die von offizieller Seite favorisierten stationären Langzeittherapien verzeichnen relativ niedrige Erfolgsquoten, da sie nach wie vor dem Abstinenzparadigma verhaftet sind und sich im übrigen über einen zwanghaften Charakter auszeichnen, weil die meisten Patienten die Therapie im Rahmen der vollstreckungsrechtlichen Lösung nach § 35 BtMG in Angriff nehmen, ohne jedoch über genügende Therapiemotivation zu verfügen. Schließlich läßt auch der Therapieverlauf mit seinen einzelnen Angeboten/Maßnahmen, die die Grundrechte der Patienten zu beeinträchtigen geeignet sind, ohne daß dies rechtlich gerechtfertigt wäre, die stationäre Therapieform wenig attraktiv erscheinen. Da die offizielle Drogenpolitik kaum positive Ergebnisse zu zeitigen vermag, sie vielmehr paradoxerweise das Drogenproblem, das sie gerade beseitigen will, selbst verschärft, besteht die akute Notwendigkeit einer grundlegenden Umorientierung in der Drogenarbeit. In der professionellen Drogenarbeit scheint sich deshalb immer mehr das Akzeptanzmodell durchzusetzen, nach dem der Drogenkonsum desjenigen Drogengebrauchers akzeptiert wird, der seinen Gebrauch nicht aufgeben will oder kann. Mit verschiedenen Angeboten und Maßnahmen, die als Überlebenshilfen dienen, soll vor allem den negativen Auswirkungen der Kriminalisierung der Konsumsphäre entgegengewirkt werden. Akzeptierende Drogenarbeit erfaßt aber auch drogengestützte Therapieformen, wie die jüngst wieder intensiv diskutierte Möglichkeit einer kontrollierten Versorgung der Abhängigen mit Heroin. Das "Britische Modell" hat nämlich gezeigt, daß bei bestimmten Drogenabhängigen, die mit keinem der existierenden Therapieangebote (stationäre Langzeittherapie, ambulante Methadonbehandlung etc.) erreicht werden können, die ärztliche Versorgung mit Heroin durchaus angezeigt sein kann, um auch den "perspektivlosen Weitermachern" ein Leben in Würde zu ermöglichen. Trotz der immer intensiver werdenden Aktivitäten der Drogenverfolgungsorgane gelingt es allerdings einer nicht kleinen Population von Heroingebrauchern, ihre Drogenvorliebe nicht mit dem Preis der Abhängigkeit und mit dieser einhergehenden sozialen und gesundheitlichen Verelendung erkaufen zu müssen. Diese Heroinkonsumenten vermögen durch Einhaltung bestimmter Riten und Normen ihren Heroingebrauch so zu pflegen, daß sie weder die psychische noch die körperliche Abhängigkeit entwickeln. Dieser kontrollierte Heroinkonsum enthält Merkmale einer Drogenkultur, die sich durch Ritualisierung der Drogeneinnahme und strikte Distanz zur Heroinszene auszeichnet. Ein derartiges auf Riten und Sanktionen basierendes Kontrollsystem wird jedoch durch die Illegalität weitgehend unmöglich gemacht. Einer möglichen Legalisierung des Heroins sollte jedoch alsbald eine völlige Entkriminalisierung der Konsumsphäre vor allem hinsichtlich des Konsums harter Drogen vorausgehen. Von einem derartigen Entkriminalisierungsprogramm sind auch die selbst abhängigen Kleindealer in irgendeiner Weise zu erfassen. Generell ist zu fordern, daß das Strafrecht den Rückzug aus dem Drogenbereich antritt. Dafür spricht nicht zuletzt die bisher kaum bekannte bzw. bekannt gemachte Tatsache, daß es neben dem kontrollierten Heroinkonsum auch ein "Herauswachsen" aus der Abhängigkeit gibt. Danach geben die meisten Heroinabhängigen nach durchschnittlich 8 bis 9 Jahren, in der Regel in der vierten Lebensdekade, ihren Drogenkonsum auf, sofern sie diesen Zeitraum ohne nennenswerte gesundheitliche Schäden oder überhaupt überlebt haben. Die repressive Drogenpolitik wirkt sich jedoch auch im Kontext dieses Phänomens äußerst negativ aus, da die meisten Abhängigen gerade wegen der enormen polizeilichen Verfolgungsaktivitäten in den sozialen und gesundheitlichen Ruin oder auch in den Drogentod getrieben werden, so daß viele von ihnen nach 8 oder 9 Jahren entweder im Zustand völliger psychischer und physischer Verelendung perspektivlos weitermachen, da sie für sich keine befriedigende Lebensperspektive etwa in Form einer drogenfreien Beziehung sehen oder bereits vorher verstorben sind.

Welchen Beitrag zu einer Entspannung dieser weitgehend durch die prohibitive Drogenpolitik verursachten Situation die Substitutionsbehandlung leisten kann, soll nachfolgend geprüft werden.

3. Die Behandlung mit Substitutionsmitteln

3.1 Geschichte der Substitutionsbehandlung

Der Gedanke einer Behandlung der Drogenabhängigkeit mit Hilfe von Ersatzdrogen ist keinesfalls eine "Erfindung" neuerer Zeit, auch wenn die Tatsache, daß diese Problematik gerade in den letzten Jahren wieder besonders intensiv diskutiert wird, diesen Rückschluß durchaus nahelegen könnte. Der starke Anstieg der Abhängigenzahlen als Folge des massenhaften Einsatzes des Morphiums insbesondere im Krim-Krieg (1853 - 1856), im amerikanischen Bürgerkrieg (1861 - 1865) und im Deutsch-Französischen Krieg (1870 - 1871)[1] veranlaßte die amerikanischen und westeuropäischen Ärzte und Wissenschaftler, über die Möglichkeiten der Bekämpfung des Morphinismus durch Kokain zunächst nachzudenken und alsbald auch in die Tat umzusetzen. Dem ging die in dieser Zeit gemachte Beobachtung voraus, daß Morphinhunger sich mittels Cocapräparate unterdrücken ließ und daß die bei der Morphinentwöhnung auftretenden schweren Entzugserscheinungen auf ein geringes Maß reduziert werden konnten.[2] Die Grundeinstellung gegenüber den Opiumprodukten und sonstigen Drogen war jedoch damals die, daß der Drogenkonsum eigene Angelegenheit derjenigen sei, die ihn pflegten. Im schlimmsten Fall wurde Drogengenuß als ein Laster oder Schwäche betrachtet. Dies änderte sich auf dem amerikanischen Kontinent jedoch schlagartig, als der Harrison Narcotic Act 1914 verabschiedet wurde und in Kraft trat. Dieses Gesetz verbot den Gebrauch von Opiaten für nicht medizinische Zwecke.[3] Das Opiumverbot bewirkte, daß um die Droge jetzt ein bestimmtes moralisches Klima dergestalt aufgebaut wurde, daß die Drogenkonsumenten von nun an als Gesetzesbrecher und demzufolge als Feinde der gesamten gesetzlichen Grundlage der gesellschaftli-

1 Siehe oben S. 39 f., 103.
2 Vgl. Thamm 1989a, 328 f.
3 Siehe oben S. 42 f., 102 f.

chen Ordnung angesehen wurden.[1] Davon wurde die Ärzteschaft in gleicher Weise betroffen. Mit der Verabschiedung des Gesetzes verwandelten sich die Abhängigen in Patienten, da sie Ärzte aufsuchen mußten, um im Rahmen einer ärztlichen Verschreibung an die Droge zu kommen. Da jedoch die relativ liberale Verschreibungspraxis nach Meinung der Polizei den "Geist" des Harrison Acts verletzte, sah sich nun die Ärzteschaft, die mit Drogen die Abhängigkeit behandelte, verstärkter polizeilicher Verfolgung gegenüber. Die Folge dieser Entwicklung war schließlich eine nachlassende Bereitschaft vieler Ärzte, sich der Verfolgungsgefahr weiterhin auszusetzen, weshalb sie von der bis dahin ausgeübten liberalen Verschreibungspraxis allmählich Abstand nahmen.[2] Für ihre Patienten bedeutete dies aber, daß sie von ihrer Versorgung abrupt abgeschnitten und gezwungen wurden, sich die benötigten Drogen auf nunmehr illegale Weise zu steigenden Preisen zu beschaffen.[3] Um den Verfolgungsdruck zu mindern und gleichsam die Versorgung der Heroinabhängigen zu gewährleisten, schlug die betroffene Ärzteschaft einen anderen Weg als den über privatärztliche Verschreibungen ein, und zwar über die Errichtung von Heroin-"maintenance"-Kliniken, die mehr Verantwortung und Kontrolle sicherzustellen in der Lage waren, als die Privatärzte. Jedoch sehr bald gerieten diese Kliniken wegen der häufigen Ansammlung der auf ihr Heroin wartenden Abhängigen und nicht zuletzt wegen ihrer Funktion zum Austausch von Drogen und Marktinformationen ins Schußfeld öffentlicher Kritik, was deren Schließung letztlich zur Folge hatte. Die parallel zu den Behandlungen in den Spezialkliniken verlaufende Suche der Medizin nach einer Heilungsmöglichkeit der Sucht ohne Zuhilfenahme von Heroin brachte Ergebnisse, die wenig ermutigend waren. Gleichzeitig stellte der "Supreme Court" klar, daß der einzelne Arzt ungesetzlich handelte, wenn er Süchtige durch Verabreichung von Heroin behandelte.[4] Im Ergebnis setzte sich die Meinung der Polizei durch, die Sucht als eine unheilbare Krankheit begriff, weshalb der einzig verantwortungsvolle Weg der der Vorbeugung sein sollte, in der Weise, daß die Abhängigen zu verhaften und für lange Zeit von der Öffentlichkeit zu isolieren waren. Die Polizei wurde so

---

1 Vgl. Kaplan 1982, 37.
2 Vgl. Kaplan 1982, 39; Schmerl 1984, 33 f.; Cooper 1987, 119.
3 Vgl. Schmerl 1984, 34.
4 Hierzu ausführlich Trebach 1982, 126 ff.

zu alleiniger Autorität in bezug auf das Problem der Drogenabhängigkeit.[1] Diese durch die Polizei und ihr Verständnis von der Heroinabhängigkeit geprägte Politik währte jedoch nicht lange, da die in den dreißiger Jahren mit nicht behandelten Abhängigen überfüllten Gefängnisse einen Liberalisierungsprozeß notwendig machten mit der Folge, daß Krankenhäuser für chronisch Süchtige eingerichtet wurden, wo sie sich einer Behandlung unterziehen konnten.[2]

Die Entwicklung der Substitutionsbehandlung in Deutschland weist eine interessante Parallele mit zeitlicher Verschiebung auf. War in den USA der Drogenbekämpfungsapparat bereits seit Jahren fest institutionalisiert, der, wie dargelegt, seine Aktivitäten in starkem Maße auch gegen die Ärzteschaft richtete, sind in Deutschland erst seit Mitte der zwanziger Jahre massive Anstrengungen unternommen worden, die geltenden Betäubungsmittelgesetze[3] in personeller und sachlicher Hinsicht auszudehnen.[4] Dabei wurde immer mehr auch die als zu liberal empfundene Verschreibungspraxis der Privatärzte Gegenstand verschärfter Kontrollmaßnahmen.[5] Während das "Gesetz zur Ausführung des internationalen Opiumabkommens vom 23. Januar 1912" vom 30. Dezember 1920[6] den Ärzten noch keine Vorschriften hinsichtlich der Verschreibung von Opium und Opiaten an Abhängige machte[7], änderte sich die Situation entscheidend nach dem Erlaß des Opiumgesetzes vom 10. Dezember 1929.[8] Jetzt konnte ein Arzt gemäß § 10 Abs. 1 Nr. 6 OpiumG bestraft werden, wenn er gegen die nach § 8 OpiumG das Opiumgesetz ergänzende Reichsverordnung über das Verschreiben betäubungsmittelenthaltender Arzneimittel und ihrer Abgabe in Apotheken vom 19. Dezember 1930 verstieß.[9] Nach § 6 dieser Verordnung durften nur in Fällen einer medizinischen Indiziertheit Opiate vom Arzt an Kranke abgegeben werden. Dem Sinneswandel auf der judikativen Ebene ging

---

1 Vgl. Kaplan 1982, 40; Moll 1990, 84.
2 Vgl. Kaplan 1982, 40.
3 Siehe oben S. 105 f.
4 Vgl. Scheerer 1982a, 55.
5 Siehe oben S. 106 f.
6 Siehe oben S. 106 f.
7 Vgl. Eisenbach-Stangl 1980, 414 f.
8 Siehe oben S. 106 f.
9 RGBl. 1930 I, 635; siehe auch oben S. 107.

allerdings ein solcher auf standespolitischer Ebene voraus. Die durch Anstaltsdenken geprägte deutsche Psychiatrie und Ärzteschaft konnte sich nicht vorstellen, eine Substituierung des Abhängigen, was einer Festschreibung seiner lasterhaften, kranken und selbstverschuldeten Lebensweise gleichkäme, ohne "wenn und aber" zuzulassen. Der Standesorganisation der Ärzte zufolge konnte nur eine freiwillige oder bei fehlender Krankheitseinsicht, die dem Abhängigen in der Regel stets unterstellt wurde, auch zwangsweise ausgeführte stationäre Drogenentzugstherapie in einer Straf- oder geschlossenen psychiatrischen Anstalt erfolgversprechend sein.[1] Diese prohibitive Einstellung ärztlicher Standesorganisationen, die durch die ausnahmslose Akzeptanz der Drogenfreiheit als dem einzigen und obersten Therapieziel zum Ausdruck kam, wurde in den die gesamte Ärzteschaft bindenden Richtlinien des Deutschen Ärztetages 1928 in Danzig festgeschrieben. In diesen Leitsätzen zur Verordnung von Betäubungsmitteln und zur Behandlung vom Suchtmittel wurde als Ziel der Behandlung die Entwöhnung vom Suchtmittel bezeichnet, wobei die klinisch-stationäre Entziehung als eine empfehlenswerte Methode empfohlen und vor dem Versuch, die Entziehung im häuslichen Bereich zu erreichen, gewarnt wurde. Als Aufgabe des niedergelassenen Arztes wurde hervorgehoben, daß dieser bei Abhängigen auf möglichst sofortige Einleitung der Entziehungskur zu dringen habe und bis zum Beginn der Entziehungskur mit möglichst geringen Dosen von Morphin auszukommen versuchen solle.[2] Die "Danziger Leitsätze" von 1928 wurden vom Präsidium des Deutschen Ärztetages 1955 erneut aufgegriffen und diesmal deutlich schärfer gefaßt. Danach war die einzige berufsgerechte Therapie Abhängiger die stationäre Behandlung auf einer geschlossenen psychiatrischen Abteilung. In den Leitsätzen wurde ausdrücklich betont, daß die ambulante Behandlung von Morphinisten gegen die ärztlichen Berufspflichten verstieße.[3] Während bis Mitte der fünfziger Jahre zumindest gegenüber dem abhängigen medizinischen Personal auf kollegialer Basis gewisse Nachsicht trotz der eindeutigen Stellungnahmen und der Gefahr der Strafverfolgung geübt wurde, ging

---

1 Vgl. Kemper 1985, 147 f.
2 Siehe Bschor 1980, 1208; ders. 1981, 48; Kemper 1985, 128; Bossong 1989b, 8.
3 Siehe Bschor 1980, 1208; ders. 1981, 48; Kemper 1985, 148; siehe auch oben S. 108 f.

man in der Folgezeit dazu über, abhängige Ärzte zu kriminalisieren und mit Berufsverboten zu belegen.[1]

3.2 Die Methadonbehandlung

3.2.1 Die Methadon-Diskussion

Seit einigen Jahren werden in der Bundesrepublik vor dem Hintergrund der jährlich regelmäßig steigenden Zahlen der Drogentoten und der allgemein um sich greifenden Verelendung der Heroinkonsumenten die Vor- und Nachteile sowie die Möglichkeiten und Grenzen medikamentengestützter Drogentherapie wieder verstärkt diskutiert. Diese Diskussion wird jedoch im Gegensatz zu jener der siebziger Jahre, als es vornehmlich um die Frage nach der generellen Brauchbarkeit der Methadontherapie ging, von der Erkenntnis geprägt, daß es einen nicht unbeachtlichen Teil von Heroinabhängigen gibt, denen mit den traditionellen Therapiekonzepten nicht beizukommen ist.[2] Im Wege einer Methadonverabreichung unter ärztlicher Kontrolle, die in der Regel von einem psycho-sozialen Begleitprogramm flankiert ist, soll also primär diesen Heroinkonsumenten zunächst als kurzfristige Zielsetzung in der Weise geholfen werden, daß zum einen ihre körperliche und psychische Verfassung verbessert wird und zum anderen sie aus der Drogenszene mit ihren kriminellen Verstrickungen, sprich Beschaffungskriminalität und Beschaffungsprostitution, herausgelöst werden. Als langfristige Ziele hingegen werden soziale und berufliche Integration sowie die Absetzung des Drogenkonsums verfolgt. Bei der Methadonbehandlung handelt es sich also um eine andere Form akzeptierender Drogenarbeit, da dem Substitutionskonzept zufolge Drogenkonsum zumindest kurzfristig akzeptiert wird.[3] Drogenabstinenz steht also hierbei nicht im Mittelpunkt der therapeutischen Anstrengung. Eine andere aus dem Substitutionsproblem

1 Vgl. Eisenbach-Stangl 1980, 417; Kemper 1985, 149.
2 Vgl. v. Bülow 1991, 7.
3 Vgl. Schmidt-Semisch 1990a, 94.

resultierende Streitfrage ist die nach der Form der Ausgestaltung der Substitutionsbehandlung, ob also diese lediglich als staatlich kontrollierte "Programme" zulässig ist oder ob auch die niedergelassenen Ärzte entsprechend ihrem ureigensten Auftrag der Heilung und Linderung von Krankheiten ambulant Methadon verabreichen dürfen, worauf diese Arbeit in ihrem Kern eine Antwort zu geben versucht. Die Ansicht, wonach es sich bei dem substituierenden Arzt um einen "Dealer im weißen Kittel" handele[1], ist gegenwärtig keinesfalls schon vollständig überwunden. Nicht zuletzt der Akzeptanzcharakter der Methadonbehandlung und die aus ihr zwangsläufig resultierende Notwendigkeit einer kritischen Hinterfragung des traditionellen Therapiekonzeptes, was auf das Eingeständnis des Scheiterns der bisherigen Therapiepolitik hinauslaufen kann, hat seit Mitte der achtziger Jahre zur Herausbildung zweier sich scheinbar unversöhnlich gegenüber stehender Lager der Befürworter[2] und der Gegner des "Abstinenzparadigmas" geführt.[3] Seither prägte der Begriff des "Glaubenskrieges" die öffentliche Methadondiskussion.[4] Denn während ein Teil der Fachöffentlichkeit die Bemühungen durch Modellvorhaben die Methadondiskussion zu versachlichen guthieß[5], rief demgegenüber der andere Teil nach der

---

1 So u.a. Heckmann 1979, 40 ff.; siehe auch Süddeutsche Zeitung 1990; Münchner Merkur 1990.

2 Zu den Befürwortern der Methadonbehandlung zählen: v. Hippel 1989, 289 ff; Quensel 1989b, 36 ff; Butzko 1987, 306 ff; Bschor 1987, 907 ff.; Burian 1986, 61 ff.; Lewing 1986, 63 ff.; Chorzelski/Raschke/Schlömer 1989, 28; Bossong 1989b, 8 ff.; Bossong/-Scheerer 1989, 336 ff.; Kemper 1980, 39 ff.; Newman 1987a, 1 ff.; Kapuste 1978b, 1577 ff.; Grimm 1985, 236; Böllinger/Stöver 1992, 74 ff.; Stöver 1989b, 46 ff.; Brüninghaus 1989, 116 ff.; Heinen 1987, 9 ff.; Gill-Rode 1987, 25 ff.; Schmidt-Semisch 1990a, 110; Springer 1986b, 73; Hellebrand 1990a, 284; Schmerl 1984, 189; Schneider 1990, 37; Gerlach/Schneider 1990, 7; Kappel/Scheerer 1980, 50; Scheerer 1985b, 240 ff.; v. Bülow 1991, 90 ff.; Loimer/Hollerer 1990, 29; Bruns 1989, 192; Hurrelmann in: Ärzte-Zeitung 1992, 7; Brockhaus 1990, 366 ff.; Elias 1991c, 601 ff.

3 Zu den Gegnern der Methadonbehandlung zählen u.a.: Schied/Heimann 1986, 2765 ff.; Kühne 1989, 1 ff; Pernhaupt 1986, 17 ff.; Wissenschaftliches Kuratorium der deutschen Hauptstelle gegen die Suchtgefahren und der Deutschen Gesellschaft zur Suchtforschung und Suchttherapie e.V. 1988, 351 ff.; Keup 1990b, 243 ff.; Franke 1988, 345 ff.; Bühringer 1989, 23; Heckmann 1989, 46: Winkler 1989, 107 f.; Kreuzer 1989b, 58 f.; Wille 1988, 127 ff.; Soyka/Hippius 1990, 689 f.; Böcker 1991, 132 ff.

4 Vgl. Hellebrand 1989, 161; v. Hippel 1988, 291; ders. 1989, 311 ff.; Winkler 1989, 112; Kühne 1989, 1 ff.

5 Vgl. v. Hippel 1988, 291; ders. 1989, 311 ff.

Staatsgewalt, um den "Krieg" zugunsten der Methadongegner entscheiden zu lassen.[1]

Sowohl die Befürworter als auch die Gegner der Substitutionsbehandlung sind in der Lage, eine Vielzahl unterschiedlicher Argumente zu nennen, die die Richtigkeit ihrer jeweiligen Position bestätigen sollen, wobei auch in beiden Fällen medizinisch-therapeutische neben allgemeinen Argumentationslinien verfolgt werden. Von seiten der Methadonbefürworter wird so in medizinisch-therapeutischer Hinsicht vor allem geltend gemacht:

- Ursachenbezogene Therapie werde durch die soziale Stabilisierung in den meisten Fällen erst möglich gemacht. Aufgabe der Medizin sei im übrigen nicht nur Heilung, sondern auch Linderung von Symptomen gemäß dem Gesundheitsbegriff der WHO.
- Drogenfreie Therapien würden nicht gefährdet werden.
- Medizinische Indikation sei bei langjährig-chronischer Abhängigkeit, vergeblichen Entziehungsversuchen, psychisch-sozialem Verfall und erwiesener Therapiemotivation auf jeden Fall gegeben.
- Nebenwirkungen seien unschädlich, insbesondere im Vergleich zu den Nebenwirkungen des illegalen Konsums, z.B. AIDS-Infektionsrisiko, Hepatitis etc.

Von den allgemeinen befürwortenden Argumenten seien genannt:

- Durch die Methadonbehandlung stelle sich sehr rasch auch ein Erfolg in der Weise ein, daß eine Loslösung von der Drogenszene mit ihrem zerstörerischen Einfluß erfolge.
- Methadonpatienten seien oft arbeitsfähig und zumindest in der Lage, ein einigermaßen sozial geregeltes Leben zu führen.
- Langzeittherapien stigmatisierten den Drogenabhängigen und verfestigten damit die Drogenkarriere.

Demgegenüber wenden die Methadongegner in medizinisch-therapeutischer Hinsicht u.a. ein:

- Abstinenz sei nicht nur Ziel, sondern auch Basis der Behandlung. Suchterhaltende Medikamente verlängerten die Sucht und nähmen dem Süchtigen die Entziehungsmotivation.

1 Vgl. Kühne 1989, 1 ff.

- Gefahr von Nebenwirkungen.
- Lebens- und Polytoxikomanie-Gefahr durch Beigebrauch oder Überdosierung anderer Drogen.
- Niedergelassene Ärzte hätten nicht die erforderliche Sachkunde und könnten nicht die notwendigen Kontrollen und rehabilitative Hilfen durchführen.
- Es bestehe nur eine Regelindikation bei Levomethadon, die von den ärztlichen Standesorganisationen bestimmt werde.

Von den allgemeinen Argumenten fallen insbesondere auf:
- Gefahr des Schwarzmarktes;
- hohe Kosten der Methadonbehandlung;
- Politische Gefahr einer falschen Beruhigung der Öffentlichkeit;
- ethische Probleme, wenn die Ärzte über die "Therapieunfähigkeit" eines Drogenabhängigen entschieden;
- Unglaubwürdigkeit, wenn über Fortsetzung der Drogeneinnahme Drogenfreiheit angestrebt werde;
- Inhumanität, wenn Drogenabhängige für immer zu Methadon - "Zombies" gemacht werden würden.[1]

Unbeeindruckt von der Diskussion innerhalb der Fachöffentlichkeit zeigten sich jedoch stets die ärztlichen Gremien, die von Anfang an, wie bereits erwähnt, eine strikt substitutionsfeindliche Position einnahmen und diese größtenteils trotz des in den letzten Jahren verstärkt einsetzenden Meinungsumschwungs in allen gesellschaftlichen Bereichen im Sinne einer Pro-Methadon-Entscheidung bis in die jüngste Zeit beibehielten. Die überwiegende Mehrheit der interessierten Fachöffentlichkeit spricht sich mittlerweile für einen Einsatz des Methadons im Rahmen der Therapie Drogenabhängiger aus, was eine Durchsicht der einschlägigen Literatur ergibt. Die Methadon noch ablehnenden Stimmen sind zumeist älteren Datums.[2] Zwischenzeitlich bejahen 8 Gesundheitsminister bei 11 Bundesländern die Methadontherapie. Diese Haltung kommt in der Entschließung der Sonderkonferenz der Innen-, Justiz-, Jugend-, Kultus- und

---

1 Eine Auflistung der verschiedenen gängigen Argumente der Befürworter und Gegner einer Methadonbehandlung enthalten Böllinger 1987, 57 - 60; Zieger 1986, 12 - 19; Körner 1990, § 29 , Rz 650 - 651.

2 Siehe oben S. 184 Fn. 3.

Gesundheitsminister vom 30. März 1990 eindeutig zum Ausdruck.[1] Nach dem Konzept zur Drogenbekämpfung der Freien und Hansestadt Hamburg vom Januar 1990 sind "Substitutionsangebote, insbesondere mit Methadon oder mit Levomethadon (L-Polamidon) für einen nicht unerheblichen Teil der Heroinabhängigen ein wirksames Mittel zur sozialen Reintegration und zur Bekämpfung der Drogen- und Beschaffungskriminalität. Weiter liest man: "Deshalb müssen Substitutionsangebote über den bisher praktizierten Rahmen hinaus wesentlich erweitert werden."[2] Auch auf der politischen Bundesebene vollzieht sich gegenwärtig offenbar ein Umdenkungsprozeß in bezug auf Methadon. Dieser erreichte mit der jüngsten Verabschiedung der Ergänzung des § 13 Abs. 1 S. 1 BtMG seinen vorläufigen Höhepunkt. Danach dürfen die in Anlage III bezeichneten Betäubungsmittel nur von Ärzten, (...) und nur dann verschrieben oder im Rahmen einer ärztlichen, (...) Behandlung *einschließlich der ärztlichen Behandlung einer Betäubungsmittelabhängigkeit* verabreicht oder einem anderen zum unmittelbaren Verbrauch überlassen werden, wenn ihre Anwendung am oder im menschlichen (...) Körper begründet ist.[3]

Demgegenüber stehen die ärztlichen Standesorganisationen, wie erwähnt, einer Methadontherapie traditionell wesentlich weniger aufgeschlossen gegenüber. Diese substitutionsskeptische Haltung wurde, wie dargelegt, durch den Deutschen Ärztetag von 1955 begründet, indem die Danziger Leitsätze aus dem Jahre 1928 deutlich verschärft wurden und fortan eine ambulante Behandlung "erfahrungsgemäß" als erfolglos und demzufolge als regelmäßig gegen die ärztlichen Berufspflichten verstoßend anzusehen war.[4] Im Mai 1973 stellten sowohl die Beraterkommission des Bundesgesundheitsamtes in Angelegenheiten des Verkehrs mit Suchtstoffen[5] als auch die Arzneimittelkommission der Deutschen Ärzteschaft wie auch der Ausschuß: "Psychohygienische Fragen" der Bundesärztekammer fest, daß die Anwendung mit Methadon, Levomethadon etc. das Suchtverhalten nicht beeinflusse und daß deswegen deren Anwendung zur Behandlung der Drogenabhängigkeit ärztlich nicht begründet sei bzw. daß

---

1 Siehe Haffke 1991, 32 f.
2 Siehe Freie und Hansestadt Hamburg 1990, 8.
3 Siehe BGBl. 1992 I, 1592.
4 Siehe Bschor 1980, 1208; ders. 1981, 48; siehe auch oben S. 108 f., 182.
5 Siehe Bschor 1981, 48; Körner 1990, § 29 Rz. 647; Keup 1980, 79.

eine ambulante Behandlung mit oralen Methadongaben nur für kurze Zeit bis zur stationären Aufnahme als Überbrückungsmaßnahme zu verantworten sei.[1] Am 10. Januar 1974 teilte der Arbeitskreis der Drogenbeauftragten der Länder und des Bundes zur Methadonvergabe an Suchtkranke mit, daß "in Ausnahmefällen es erforderlich sein" kann, "geeignete Zubereitungen durch zentrale Stellen im Rahmen wissenschaftlich kontrollierter Programme zu verabfolgen. Eine Verordnung im Rahmen ambulanter Behandlung, auch als sog. Überbrückungsbehandlung durch niedergelassene Ärzte, muß als Kunstfehler angesehen werden."[2] In dem "Blauen Papier", das anläßlich des Deutschen Ärztetages 1974 herausgegeben wurde, warnte der Deutsche Ärztetag ausdrücklich vor der Anwendung von Drogen, die ihrerseits Sucht erzeugen könnten, zur Behandlung von Drogenabhängigen.[3] Beim 81. Deutschen Ärztetag wurde am 4. November 1978 eine Entschließung angenommen, die unter Nr. 5 feststellte, ambulante Entzüge Heroinabhängiger seien in der Regel nicht kontrollierbar und dann ohne Erfolg. In diesem Zusammenhang sei auch die Verordnung von suchterhaltenden Medikamenten im Sinne eines Erhaltungsprogramms abzulehnen.[4] Im Rahmen des 87. Deutschen Ärztetages von 1984 erneuerte die Bundesärztekammer ihre ablehnende Haltung gegenüber ambulanten Substitutionsprogrammen.[5] Einer Stellungnahme der Arzneimittelkommission der Deutschen Ärzteschaft aus dem Jahre 1985 zufolge, sei Drogenabhängigkeit keine Indikation für Levomethadon. Dieses sei nur bei lebensbedrohlichen Entzugserscheinungen, opioidpflichtigen Schmerzzuständen oder Schwangerschaft ab dem 5. Monat erlaubt.[6] Auf dem 89. Deutschen Ärztetag in Hannover brachte die Bundesärztekammer zum Ausdruck, daß einen ärztlichen Kunstfehler begehe, wer nicht aus medizinischer, sondern aus sozialer Indikation heraus ein ambulantes Substitutionsprogramm mit Polamidon durchführe.[7] Während auf dem Berliner Symposium "AIDS und Sucht" vom 23./24. Oktober 1987 die Methadonbehandlung im Hinblick auf die HIV-Prävention noch nicht der gangbare

---

1 Siehe DÄBl. 1973, 1181; Keup 1980, 78.
2 Siehe Bschor 1981, 48; Körner 1990, § 29 Rz. 647; Keup 1980, 79.
3 Siehe DÄBl. 1974, 3431; Bschor 1981, 49; Keup 1980, 79.
4 Siehe DÄBl. 1978, 2805/2806; Bschor 1980, 1208; ders. 1981, 48.
5 Siehe DÄBl. 1984, 1783.
6 Siehe DÄBl. 1985, 2265.
7 Siehe Körner 1990, § 29 Rz. 647.

Weg sein sollte, war gerade das weltweite Anwachsen der Zahlen der HIV-positiven Drogenabhängigen dafür verantwortlich, daß der vom AIDS-Beirat eingesetzte Ausschuß "AIDS und Drogen" am 11. November 1987 Ausnahmeindikationen für die kontrollierte Abgabe von Polamidon oder anderen Opiaten an AIDS-kranke Drogenabhängige formulierte.[1] Am 4. Februar 1988 umschrieb der Vorstand der Bundesärztekammer nach Stellungnahme des gemeinsamen Arbeitskreises des Wissenschaftlichen Beirates und des Ausschusses "Psychiatrie, Psychotherapie und Psychohygiene" einige wenige Indikationen für die kontrollierte Abgabe von Methadon bzw. Polamidon an Drogenabhängige, sprach sich aber grundsätzlich gegen die ambulante Verabreichung von Ersatzdrogen an Drogenabhängige aus.[2] Danach sah die Indikationslage wie folgt aus: Polamidonverordnungen konnten nur bei:

1. Drogenabhängigen mit lebensbedrohlichen Zuständen im Entzug,
2. Drogenentzug bei schweren konsumierenden Erkrankungen,
3. Drogenentzug opioidpflichtigen Schmerzzuständen,
4. Drogenabhängigen am Ende der Schwangerschaft bzw. unter der Geburt,
5. drogenabhängigen AIDS-Kranken mit fortgeschrittener manifester Erkrankung

und, wenn die Behandlung von – in der Therapie von Drogenabhängigen – erfahrenen Ärzten in Institutionen und unter strenger Kontrolle erfolgte, begründet sein. Der Vorstand der Bundesärztekammer hat am 9. Februar 1990 einen Beschluß zu "Ersatzdrogen-Programmen" gefaßt. Danach ist gemäß Ziff. 2 "das oberste Ziel der ärztlichen Behandlung drogenabhängiger Suchtkranker die völlige Freiheit von allen suchterzeugenden Medikamenten und Substanzen." Entsprechend Ziff. 3 dagegen "erscheint eine Substitution Drogenabhängiger mit Methadon (L-Polamidon) im Einzelfall und nur durch Ärzte und unter berufsrechtlicher Aufsicht der Ärztekammern gerechtfertigt. Die Anwendung anderer Drogen als Ersatzstoffe ist ärztlich nicht zu verantworten.[3] In ihrer gemeinsamen ergänzenden Stellungnahme zu dem Problem der "Ersatzdrogen" wiederholten der gemeinsame Arbeitskreis des Wissenschaftlichen Beirates und der Ausschuß "Psychiatrie, Psychotherapie und Psychohygiene" der Bundes-

---

1 Siehe Körner 1990, § 29 Rz. 647.
2 Siehe DÄBl. 1988, B-192.
3 Siehe DÄBl. 1990, B-575; Grigoleit/Wenig/Ziegler, 7.4-9, Anh. 3.

ärztekammer ihre Ablehnung gegenüber Methadonbehandlungen. Danach sei eine soziale Zielsetzung, wie Verringerung der Kriminalität mit dem Betäubungsmittelgesetz nicht vereinbar, das eine Verschreibung und die Vergabe von Betäubungsmitteln davon abhängig mache, daß ihre Anwendung ärztlich begründet und der beabsichtigte Zweck auf eine andere Weise nicht erreichbar sei. Durch eine Ersatzbehandlung werde in der Regel die Abhängigkeit verfestigt. Nach allem bejahen die vorgenannten Gremien der Bundesärztekammer lediglich das Vorliegen der 5 bereits am 4. Februar 1988 befürworteten Indikationen.[1] Große Beachtung fand neuerdings die Neufassung der Richtlinien des Bundesausschusses der Ärzte und Krankenkassen über die Einführung neuer Untersuchungs- und Behandlungsmethoden (NUB-Richtlinien) vom 2. Juli 1991, die am 1. Oktober 1991 in Kraft traten.[2] Diese NUB-Richtlinien sind mittlerweile auch schon überarbeitet worden, so daß seit Anfang 1993 die am 7. August 1992 beschlossenen Behandlungsrichtlinien gelten.[3] Die NUB-Richtlinien regeln die Frage der Abrechnungsfähigkeit einer Levomethadonbehandlung, nicht jedoch deren *rechtliche Zulässigkeit*. Danach können Kassenärzte bei bestimmten Indikationen Levomethadon verordnen.[4]

3.2.2 Das Präparat Methadon

3.2.2.1 Seine Entwicklung

Methadon[5] wurde bei den Farbwerken Hoechst in den Jahren 1939 – 1941 entwickelt. Es handelte sich dabei um ein bis dahin letztes Mittel einer ganzen Kette von Entwicklungen synthetischer schmerz- und entzündungshemmender Substanzen, wie Pyramidon 1897; Novalgin 1921; Dolantin 1939, die in den Hoechst-Werken getätigt worden sind.[6] Auf der Grundlage der Hypothese des Pharmakologen O. Schaumann, wonach es Substanzen geben müßte, die trotz

1 Siehe DÄBl. 1990, B-576 f.; Grigoleit/Wenig/Ziegler, 7.4-10, Anh. 3.
2 Siehe Bundesausschuß der Ärzte und Krankenkassen 1991.
3 Siehe Bundesausschuß der Ärzte und Krankenkassen 1992.
4 Hierzu ausführlich siehe unten 4.1.5.1.3.2.
5 Chemische Bezeichnung: dl-6-Dimethylamino-4,4-diphenyl-3-heptanon.
6 Vgl. Ehrhart 1963, 289 ff.; Bäumler 1963, 233.

des vom Morphin und Dolantin formal weitgehend abweichenden Aufbaus die analgetische Wirksamkeit besäßen[1], fand der Chemiker Ehrhart eine neue Gruppe zentralanalgetisch wirksamer Substanzen, die basischen Diphenylmethane.[2] Die größte Beachtung wurde dabei dem unter der vorläufigen Bezeichnung "Amidon Hoechst 10820" im Herbst 1942 nach eingehender pharmakologischer Untersuchung der klinischen Prüfung übergebenen Produkt geschenkt.[3] Diese Substanz übertraf erstmalig um ein Mehrfaches die schmerzstillende Wirkung des Morphins und konnte auch bei oraler Einnahme ihre Wirkung entfalten.[4] Die Kriegs- und Nachkriegsereignisse verhinderten jedoch, daß das neue Präparat in Deutschland in den Arzneiverkehr kam. Die Unterlagen der IG-Farben wurden vielmehr 1945 von dem US-Department of Commerce Intelligence beschlagnahmt und die entsprechenden Patente von den Alliierten enteignet, weshalb jede interessierte Firma die Herstellungsrechte für einen Dollar erwerben konnte.[5] So erhielt das Präparat je nach Erzeugerstaat Namen wie "Adanon", "Dopridol", "Dolamid", "Dolophin" etc.[6] In den USA wurde es hingegen "Methadon" genannt. In Deutschland erschien es 1949 unter dem gesetzlich geschützten Namen "Polamidon" auf dem Arzneimarkt. Seine Weiterentwicklung "Polamidon C" versprach 1950 eine bessere Verträglichkeit und eine verstärkt krampflösende Wirkung. Es handelte sich dabei aber weiterhin um das aktive links- und inaktive rechtsdrehende Racemat Polamidon, wie das international übliche Methadon. Ende der fünfziger Jahre gelang es aber den Wissenschaftlern, die linksdrehende aktive von der rechtsdrehenden inaktiven Form zu isolieren und so das etwa doppelt so starke "L-Polamidon" (= "Levomethadon") zu entwickeln. Seit 1965 wird daher in den Hoechst-Werken ausschließlich Levomethadon hergestellt.[7] Bis 1974 waren noch beide Präparate, also sowohl das Polamidon als auch das Levomethadon rechtlich verschreibungsfähig.[8] 1974 wurde das Polamidon jedoch verboten mit der Folge, daß

---

1 Vgl. Ehrhart/Schaumann 1949, 605; Moll 1990, 87.
2 Vgl. Ehrhart/Schaumann 1949, 605; Ehrhart 1963, 338 f.; Bossong/Scheerer 1989, 336.
3 Vgl. Ehrhart/Schaumann 1949, 605.
4 Vgl. Ehrhart 1963, 339; Bäumler 1963, 233.
5 Vgl. Bossong/Scheerer 1989, 336.
6 Vgl. Ehrhart 1963, 339.
7 Vgl. Bossong/Scheerer 1989, 336.
8 Vgl. BGBl. 1972 I, 1732.

seither paradoxerweise nur noch das doppelt so starke Levomethadon verschrieben werden darf.[1]

3.2.2.2 Seine pharmakologischen Eigenschaften

Methadon als eine synthetische, narkotisch und analgetisch wirkende Substanz besitzt eine Vielzahl pharmakologischer Eigenschaften des Morphins sowie der anderen Opiate also auch des Heroins.[2] Es ist mit Heroin kreuztolerant.[3] Durch die Methadoneinnahme werden somit die gleichen Rezeptoren belegt, die auch auf Heroin ansprechen, wodurch der Heroinhunger zurückgedrängt wird. Diese Rezeptorblockade führt dazu, daß der Patient keinem körperlichen Verlangen nach Heroin mehr ausgesetzt ist.[4] Die entscheidenden Unterschiede zwischen Methadon und Heroin bestehen zum einen darin, daß das Methadon auch oral wirksam ist und zum anderen darin, daß es über eine längere Halbwertzeit, die zwischen 24 und 36 Stunden beträgt, verfügt. Während das Methadon bei nicht heroinabhängigen Menschen bei genügender Dosierung eine exzessiv-euphorisierende Wirkung herbeiführt, führt es bei einem Heroinabhängigen indessen zu einer Abwendung des Entzugssyndroms, weshalb dieser in einem ausgeglichenen Normalzustand bleiben kann.[5] Im Gegensatz zu Alkohol und Zigaretten bewirkt das Methadon ebenso wie die anderen Opiate bei regelgerechter Anwendung keine nennenswerten Gesundheitsschäden.[6] Als negative Begleiterscheinungen der Methadonbehandlung werden demgegenüber Hitzewallungen, vermehrte Schweißbildung und eine beschleunigte Herztätigkeit beobachtet. Neben einer Obstipation, die allerdings mit einer Diät oder mit stuhlgangfördernden Mitteln behandelt werden kann, wird über sexuelle Störungen, Schlafprobleme und Menstruationsbeschwerden berichtet.[7] Nach einer

---

1 Vgl. BGBl. 1974 I, 110; sofern in dieser Arbeit im folgenden vom Methadon in bezug auf die deutschen Verhältnisse die Rede ist, ist dabei stets das Levomethadon/L-Polamidon gemeint.

2 Siehe oben 2.1.4.4.1.

3 Vgl. Gmür/Uchtenhagen 1980, 1231; Platt/Labate 1982, 16; Fuchs 1989a, 133.

4 Siehe oben S. 64 ff. und unten S. 199 f.

5 Vgl. Gmür/Uchtenhagen 1980, 1231; Quensel 1982, 141; Platt/Labate 1982, 16; Russi 1986, 23.

6 Vgl. Gmür/Uchtenhagen 1980, 1231; Gmür 1981, 54; v. Bülow/Kirsche 1991, 41.

7 Vgl. v. Bülow/Kirsche 1991, 40 f.; Gmür/Uchtenhagen 1980, 1231; Russi 1986, 23 f.; Fuchs 1989a, 131 f.

längeren Methadonverabreichung verschwinden allerdings diese negativen Begleiteffekte zum größten Teil.[1] Die Beeinflussung der Immunlage des Körpers aufgrund der Methadonverabreichung erscheint mit Rücksicht auf die AIDS-Problematik zwar denkbar, der derzeitige Stand des Wissens in bezug auf die Auswirkungen der Methadonbehandlung und auf das Immunsystem läßt jedoch bisher keine Schlußfolgerung des Inhalts zu, daß Methadon für HIV-Positive und AIDS-Patienten nicht abgegeben werden sollte.[2] Die bisherigen Erfahrungen haben vielmehr gezeigt, daß eine Beeinflussung des Immunsystems aufgrund einer Methadonverabreichung nur in positive Richtung verläuft.[3] Methadon hat allerdings wie alle Opiate eine zentral atemdepressive Wirkung und kann bei einer Überdosierung bei einem nicht opiattoleranten Patienten den Tod durch Atemstillstand bewirken.[4]

3.2.3 Geschichtlicher Hintergrund der Methadonbehandlung

Isbell et al. führten 1948 in den USA die ersten Untersuchungen hinsichtlich der Wirksamkeit des Methadons für den menschlichen Organismus durch, indem sie 15 morphinabhängigen Gefangenen Methadondosen zwischen 20 und 100 mg täglich über einen Zeitraum von 28 und 186 Tagen gaben. Aufgrund der experimentell gewonnenen Ergebnisse kamen sie zu der Schlußfolgerung, daß Methadon eindeutig in hohem Maße zum Mißbrauch und zur Sucht führen könne.[5] Eine Methadonabgabe in größerem Umfang wurde jedoch erstmals von Paulus und Holliday 1959 in Vancouver/Kanada durchgeführt.[6] In den USA war in den fünfziger und sechziger Jahren Methadon auch bei der Heroinentgif-

---

1 Vgl. Platt/Labate 1982, 210.

2 So auch Fuchs 1989a, 132; siehe auch v. Bülow/Kirsche 1991, 41; zur Pharmakologie des Methadons siehe auch ausführlich Schönhöfer 1985, 101 ff.; Marx 1991, 27 ff.

3 Vgl. Schlömer 1989, 112, unter Bezug auf die Ergebnisse des im Lande Nordrhein-Westfalen zur Zeit laufenden Erprobungsverfahrens; siehe auch Hofmeister-Wagner/Wiesner v. Jagwitz/Streidl/Peters 1991, 457 f.; Brockmeyer/Mertins/Kreuzfelder/Husemann/Groos 1990, 484 f.; and. Schied 1989, 124.

4 Vgl. Fuchs 1989a, 131; Jage 1990, 552 f.

5 Vgl. Platt/Labate 1982, 209 f.; Marx 1991, 25; Heidhaus 1991, 44.

6 Vgl. Burian 1986, 63.

tung allgemein üblich.[1] Die erste systematische Anwendung des Methadons bei der Heroinbehandlung sollte jedoch dem amerikanischen Ärzteehepaar Vincent Dole und Marie Nyswander vorbehalten bleiben. Anfang der sechziger Jahre stellten sie nämlich die Hypothese auf, daß der Opiatabhängige durch die kurze Wirkungsdauer des Heroins gezwungen sei, den ganzen Tag unterwegs zu sein, um sich Heroin zu besorgen. Dadurch sei er nicht in der Lage, geregelter Arbeit nachzugehen und somit die ersten Schritte zu seiner sozialen Reintegration zu machen. Der Abhängige sollte daher aus diesem sich tagtäglich wiederholenden Zyklus durch eine Blockade der Opiatrezeptoren im Wege einer Medikation, wodurch auch Euphorie und das Entzugssyndrom ausgeschaltet werden würden, befreit werden. Dieses Ziel sollte ferner nur durch ein Medikament erreicht werden, dessen Wirkung lange andauern würde und im übrigen oral hätte eingenommen werden können. Im November 1963 erhielten Dole und Nyswander vom New York City Health Research Council die Genehmigung zur Durchführung eines Pilotprojekts über Methadonbehandlung an der Rockefeller-Universität.[2] Es wurde eine Gruppe von 22 heroinabhängigen Patienten in einem 3-Phasen-Modell behandelt. Im Rahmen der ersten Phase wurden die Patienten in der geschlossenen Abteilung eines Krankenhauses untergebracht und mit zunächst niedrigen Dosen, die mit wachsender Toleranz erhöht wurden, behandelt. Diese Phase dauerte ca. 6 Wochen. In dieser Zeit schrieben sich die Patienten in einen Kurs ein, der zur Vorbereitung auf einen Schulabschluß diente. In der zweiten Phase konnten die Patienten außerhalb des Krankenhauses wohnen, wo sie ihre tägliche Methadonration abzuholen und unter ärztlicher Aufsicht einzunehmen hatten. Zuverlässigen Patienten wurde auch gelegentlich das "Take home"-Privileg gewährt, wonach sie eine genügende Methadonmenge für ein Wochenende oder eine kurze Reise mitnehmen durften. In der dritten Phase, die sich hinsichtlich der Abgabe von Methadon von der zweiten Phase nicht unterschied, galt der Patient als stabil und als "normaler Bürger", der lediglich wie ein Diabetiker von der regelmäßigen Medikamenteinnahme abhängig war und ansonsten ohne Drogenprobleme lebte. Die von Dole und Nyswander mitgeteilten Ergebnisse des Pilotprojekts stimmten überaus optimistisch. Sie berichteten, daß das Verlangen nach dem Suchtmittel bei den Patien-

1 Vgl. Cooper 1987, 116.
2 Vgl. Platt/Labate 1982, 210 f.

ten verschwunden wäre. Sie hätten sogar abhängige Freunde besuchen können, die in ihrer Gegenwart Heroin injiziert hätten.[1] Abgesehen von der Obstipation hätten die Patienten keine pathologischen Wirkungen gezeigt, die auf die Einnahme des Methadons zurückzuführen gewesen wären.[2] Aufgrund der positiven Erfahrungen des von Dole und Nyswander initiierten Pilotprojekts wurden in der Folgezeit in den USA weitere Programme durchgeführt, so daß 1974 sich ca. 80.000 Personen in einer Methadonbehandlung befanden. In dieser Zeit wurde in den USA die Methadonerhaltungstherapie, nachdem deren Wirksamkeit auch gegenüber dem als nicht behandelbar geltenden "harten Kern" der Heroinabhängigen in einigen Untersuchungen nachgewiesen wurde, zur Therapie der Wahl.[3] Insoweit vermochten diejenigen Stimmen, die undifferenziert ein generelles Scheitern der ersten Methadonprogramme verkündeten[4], kein annähernd zutreffendes Bild von deren wirklichem Nutzen zu vermitteln, auch wenn in der Folgezeit die anfänglichen Erfolge von Dole und Nyswander wieder in Zweifel gezogen wurden. Es wird nämlich gelegentlich von erheblichen Rückfallquoten berichtet, deren Ursachen nicht zuletzt in einem Mangel an begleitender medizinischer Versorgung, also an Unterstützungsmaßnahmen gesehen werden.[5]

3.2.4 Arten der Methadonbehandlung

In der Praxis lassen sich im wesentlichen drei Behandlungsarten unterscheiden:

1. *Kurzzeitbehandlungen* von höchstens einigen Wochen. Hierzu gehören die Detoxifikationsprogramme oder anders bezeichnet die Entgiftungsprogramme und die Überbrückungsprogramme. Erstere bieten den Patienten eine langsam reduzierte Dosis, bis sie völlig entgiftet sind und in der Regel anschließend in eine drogenfreie Therapie weitergeleitet werden können. Sie stellen also eine Alternative zu dem harten Entzug dar. Demgegenüber

---

1 Hierzu ausführlich Dole/Nyswander 1978, 157 ff.; siehe auch Platt/Labate 1982, 214.
2 Vgl. Dole/Nyswander 1978, 168.
3 Vgl. Platt/Labate 1982, 234; Gmür 1981, 54; Cooper 1987, 116 f.; Sorensen 1987, 141.
4 Vgl. Keup 1978, 389 ff.
5 Vgl. Heidhaus 1991, 48; siehe auch ausführlich Platt/Labate 1982, 234 ff.

beruhen die Überbrückungsprogramme auf der Erfahrung, daß sich Therapiemotivation nicht über einen längeren Zeitraum konservieren läßt, vor allem wenn die Therapiewilligen noch in der Drogenszene leben und dem Beschaffungsdruck weiterhin ausgesetzt sind. Da die Erledigung der therapievorbereitenden Formalitäten regelmäßig viel Zeit in Anspruch nimmt, oft auch in der gewünschten Einrichtung Wartelisten bestehen, soll durch die zeitweilige Methadonverabreichung die bestehende Motivation für eine Therapie aufrechterhalten werden, was der Überbrückungsbehandlung einen sozialen Sinn verleiht.

2. *Mittelfristige Programme* (Maintenance-to-abstinence-programs). Diese Programmform hat sich aus dem klassischen Erhaltungsprogramm entwikkelt. Dieser wohnt der Gedanke inne, daß in den allermeisten Fällen erst die soziale Integration eine drogenfreie Stabilisierung herbeizuführen verspricht, die allerdings nicht erst im Rahmen der Therapienachsorge angegangen werden darf, sondern bereits in den Mittelpunkt der therapeutischen Bemühungen als vorläufiges Ziel gestellt werden muß. Die Maintenance to Abstinence-Behandlung dauert in der Regel zwei Jahre oder länger. Zwar wird hier auch die dauerhafte Drogenabstinenz als Ziel angestrebt, diese steht jedoch nicht am Beginn der Behandlung als Voraussetzung, sondern am Ende des Behandlungsprozesses.

3. *Langzeitprogramme* (Maintenance- bzw. Erhaltungsprogramme). Es handelt sich hier um das klassische Dole/Nyswander-Modell, das in verschiedenen Erscheinungsformen heute zu finden ist. Allen Variationen dieser Behandlungsform ist aber gemeinsam, daß dem Abhängigen ohne Druck in Richtung auf Drogenabstinenz über einen längeren oft unbestimmten Zeitraum Methadon zur Verfügung gestellt wird, um ihm auf diese Weise ein legales zugleich weniger gesundheitsgefährdendes Leben zu ermöglichen. Hierbei kommt es auf drogentherapeutische Bemühungen im herkömmlichen Sinne, also ob der Patient letztlich Drogenfreiheit anstrebt, überhaupt nicht an. Es geht hier nur um die Befriedigung des Drogenhungers, und zwar auf legale Weise. Diese Programme versuchen in erster Linie diejenigen langjährigen Abhängigen anzusprechen, die aus jedem sozialen Kontext herausfallen und mit keinem der sonstigen Behandlungsangebote erreichbar sind. Auch dem "harten Kern" der Heroinabhängigen soll somit im Wege der Methadonver-

sorgung ein Minimum an menschlicher Existenz angediehen lassen werden. Der zweifelsohne bestehenden Gefahr der Polytoxikomanie soll dabei durch eine Abgabe einer ausreichenden Methadonmenge begegnet werden. Im übrigen soll eine ausreichende medizinische Vorsorge durch regelmäßige Untersuchungen ermöglicht werden. Damit geht in der Regel eine Entlastung der oft ratlosen Umwelt einher.[1]

3.2.4.1 Zugangskriterien

In der Methadondiskussion geht es vor allem um die Maintenance to Abstinence-Behandlungen. Insbesondere den Kurzzeitbehandlungen kommt dagegen nur eine untergeordnete Bedeutung im Sinne einer Hilfsbehandlung zu. Seit Ende der achtziger Jahre werden mancherorts auch in der Bundesrepublik in begründeten Einzelfällen kontrollierte Maintenance to Abstinence-Programme mit Levomethadon, da nur dieses verschreibungsfähig ist[2], durchgeführt. So kam es mit dem Kabinettentscheid vom 14. Juli 1987, mit dem der Vorschlag des nordrhein-westfälischen Gesundheitsministers H. Heinemann die Zustimmung der Landesregierung fand, zur Einführung eines wissenschaftlich begleiteten Erprobungsvorhabens zur medikamentengestützten Rehabilitation bei Opiatabhängigen in ausgewählten Städten des Bundeslandes Nordrhein-Westfalen. In derselben Entscheidung wurde im übrigen auch die Verbesserung der Behandlung AIDS-kranker Drogenabhängiger unter fakultativer Zuhilfenahme von Methadon beschlossen.[3] Ähnliches Vorhaben nahm 1988 Hamburg, dem dann andere Bundesländer folgten[4], in Angriff.[5] Nachfolgend seien sowohl die Rahmenbedingungen als auch die Zulassungsvoraussetzungen am Beispiel des nordrhein-westfälischen Erprobungsvorhabens, das zumindest in den Grundzügen der Mehrzahl aller in der Bundesrepublik geltenden diesbezüglichen Behandlungskriterien entsprechen dürfte, dargestellt. Für die Methadonbe-

---

1 Vgl. Bossong/Scheerer 1989, 337; Bossong 1989b, 14 f.; ders. 1992b, 24 ff.; hierzu ausführlich auch Schumacher 1989, 7 - 31.

2 Vgl. Anlage II zum § 1 Abs. 1 BtMG.

3 Vgl. Huisgen 1989, 108.

4 Zur Methadonbehandlung in der Bundesrepublik siehe ausführlich Marx 1991, 107 - 167; Bossong/Stöver 1992, 43 ff.

5 Vgl. Schlömer 1989, 96.

handlung in Nordrhein-Westfalen gelten im einzelnen folgende Rahmenbedingungen:

- qualifizierte ärztliche Indikation,
- Bewilligung der Aufnahme durch den Minister auf Vorschlag einer Bewilligungskommission auf Landesebene,
- tägliche orale Verabreichung des Methadon unter ärztlicher Kontrolle,
- regelmäßige therapeutisch begründete Urinanalysen und Blutplasmabestimmungen,
- psychosoziales Betreuungsprogramm,
- zentrale Registrierung.

Demgegenüber formulierte die Landesregierung von Nordrhein-Westfalen folgende Zulassungsvoraussetzungen:

- mindestens zwei gescheiterte mehrmonatige Abstinenztherapien,
- mehrjährige Opiatabhängigkeit, keine bestehende Mehrfachabhängigkeit, keine unbehandelte Alkoholabhängigkeit,
- mindestens 22 Jahre,
- Verpflichtung zur Teilnahme an psychosozialen Betreuungsprogrammen mit dem Ziel der Rehabilitation.

Für HIV-infizierte Drogenabhängige der Stadien 1 – 3 WAR-Skala wurden die Zulassungsvoraussetzungen bezüglich des Alters und der vorausgegangenen Abstinenzbemühungen wie folgt reduziert:

- Mindestalter 18 Jahre,
- mindestens eine gescheiterte mehrmonatige Abstinenztherapie oder mehrere Entzugsbehandlungen. Ansonsten gelten die allgemeinen Zulassungskriterien.[1]

Diese Zulassungsvoraussetzungen sind im Ergebnis als sehr restriktiv zu werten.[2] Es ist daher zu vermuten, daß eine nicht unbeachtliche Zahl von therapiewilligen aber die Zulassungskriterien nicht erfüllenden Drogenabhängigen nicht

---

1 Siehe Huisgen 1989, 108 f.; siehe auch die in der Schweiz geltenden Zulassungsbedingungen, Eidgenössische Betäubungsmittelkommission 1989, 47.

2 So auch Bossong/Scheerer 1989, 345.

in den Genuß einer Methadonbehandlung kommen kann. Diese Abhängigen bleiben damit dem zerstörerischen Einflußbereich der Drogenszene weiterhin ausgeliefert.

3.2.4.2 Durchführung der Behandlung

Bevor mit der eigentlichen Substitutionsbehandlung durch Aufnahme der Medikation begonnen werden kann, müssen zunächst noch andere Maßnahmen durchgeführt werden, die teils aus juristischen teils aus medizinischen Erwägungen unabdingbar sind. In diesem auch als Eingangsphase zu bezeichnenden Behandlungsstadium findet zunächst eine gründliche Voruntersuchung statt, deren einzelne Bestandteile eine ausführliche Anamnese, der Opiatnachweis und eine gründliche medizinische Untersuchung bilden. Dem schließen sich die Indikationsstellung, die Aufklärung des Betroffenen über Wesen und Folgen der langfristigen Substitutionsbehandlung und die Festlegung eines Behandlungsvertrages, in dem im einzelnen die Behandlungsbedingungen, die Laufzeit und die Zielsetzungen der Substitutionsbehandlung geregelt sind, an. Erst wenn der Betroffene diese Maßnahmen über sich ergehen ließ und von seiten des jeweiligen Arztes bzw. einer sonstigen entscheidungsbefugten Stelle keinerlei Bedenken gegen seine Teilnahme an der Substitutionstherapie erhoben wurden, kann mit der Behandlung im engeren Sinne begonnen werden.[1]

Die eigentliche Substitutionsbehandlung läßt sich indessen in drei Phasen einteilen. In der 1. Phase erfolgt die Einstellung auf die Erhaltungdosis. Zunächst gilt es aber, die Initialdosis, die auf eine bereits bestehende Opiattoleranz abgestimmt werden muß, herauszufinden. Im allgemeinen pflegt man, eine niedrigere Anfangsdosis zu verabreichen und diese entsprechend der Intensität der auftretenden Entzugserscheinungen zu steigern. So beträgt bei nachgewiesener Opiattoleranz die Initialdosis max. 60 mg. Methadon, bei nicht sicher anzunehmender Opiattoleranz dagegen max. ca. 30 mg täglich.[2] Bei Verabreichung von dem zweimal stärkeren Levomethadon halbieren sich folgerichtig

---

1 Vgl. Vuceljic 1987a, 32; Bornemann/Bschor/Schmitz da Silva 1991, 94; Böllinger/Stöver 1992, 81.

2 Vgl. Russi 1986, 24; Eidgenössische Betäubungsmittelkommission 1989, 51; vgl. Bornemann/Bschor/Schmitz da Silva 1992, 95; Böllinger/Stöver 1992, 81.

diese Werte. Die Einstellung auf die Erhaltungsdosis dauert individuell bis zu 6 Wochen. In diesem Zeitraum wird der Heroinkonsum immer noch verringert. Stattdessen erhält der Patient zur Beseitigung der Entzugssymptome täglich eine geringe Dosis Methadon bzw. Levomethadon, die oral eingenommen und allmählich gesteigert wird. Aufgrund der zwischen Methadon und Heroin bestehenden Kreuztoleranz können die durch das Ausbleiben der Heroinzufuhr bedingten Entzugserscheinungen mit einer höheren Methadondosis, der Erhaltungsdosis, gänzlich ausgeschaltet werden.[1] Die Erhaltungsdosis beträgt max. 150 mg Methadon täglich. Empfohlen wird aber eine mittlere Dosis von 40 - 100 mg täglich, also 20 - 50 mg Levomethadon.[2] Die 2. Phase besteht darin, daß der Patient täglich die Klinik aufsucht und dort Methadon, das mit einem Saft oder Sirup verdünnt ist, unter zumeist ärztlicher Aufsicht zu sich nimmt. Nach einer gewissen Zeit, wenn kein Anlaß zu der Annahme besteht, daß der Patient das ihm entgegengebrachte Vertrauen mißbraucht, kann er die Wochenration nach Hause mitnehmen.[3] Es werden auch regelmäßig Urinkontrollen durchgeführt, die Aufschluß darüber geben sollen, ob sich der Patient an die Behandlungsvorgaben, wie das strikte Verbot des Konsums anderer Drogen, hält.[4] Die Methadonvergabe bzw. -einnahme wird in der Regel durch ein therapeutisches Gespräch oder/und durch eine gruppentherapeutische Sitzung, die jede Woche stattfindet, und sonstige psychotherapeutische Maßnahmen, wie beispielsweise autogenes Training, Familientherapie etc., begleitet.[5] In der 3. Phase, die sich hinsichtlich der Methadonabgabe gegenüber der 2. Phase nicht unterscheidet, lebt der Patient wie jeder "normale" Bürger sozial in der Gesellschaft integriert. Er ist zwar weiterhin von der Droge – Methadon – abhängig, weshalb seine Situation der eines Diabetikers, worauf schon Dole Nyswander hinwiesen[6], ähnelt. Soweit die soziale Integration des Patienten eine erhebliche Stabilisierung erfahren hat, kann im Anschluß daran die Methadondosis allmählich verringert werden, bis der Patient auf das Methadon gänzlich verzichten

1 Vgl. Böllinger/Stöver 1992, 81; hierzu ausführlich auch Vuceljic 1987b, 10 ff.
2 Russi 1986, 24; Vuceljic 1987b, 14; Eidgenössische Betäubungsmittelkommission 1989, 51; Böllinger/Stöver 1992, 81; Bornemann/Bschor/Schmitz da Silva 1991, 95.
3 Zur Regelung des Take-Home-Privilegs in der BtMVV 1993 siehe unten S. 352.
4 Vgl. Böllinger/Stöver 1992, 81 f.; Bornemann/Bschor/Schmitz da Silva 1991, 95.
5 Vgl. Vuceljic 1987a, 32; Bornemann/Bschor/Schmitz da Silva 1991, 96.
6 Siehe oben S. 194.

kann, ohne sich der Gefahr eines Rückfalls auszusetzen. Die Dosisreduktion sollte im Falle einer Vorbereitung auf den definitiven Methadonentzug wöchentlich 5 - 10 mg gegenüber der Tagesdosis, sofern diese im Mittelwertbereich liegt (40 - 100 mg), betragen. Wenn die Tagesdosis dagegen unter 30 mg liegt, dann sollte die wöchentliche Dosisreduktion etwa 10 % gegenüber der Tagesdosis betragen. Beim definitiven Methadonentzug ist die Tagesdosis, sofern es sich bei ihr um einen Mittelwert handelt, täglich um 10 - 20 mg zu reduzieren. Dies sollte von geeigneten Betreuungsmaßnahmen flankiert sein.[1]

3.2.5 Substitutionsbehandlung durch niedergelassene Ärzte

Sofern in der Bundesrepublik in der Vergangenheit über den Wert oder Unwert einer Substitutionsbehandlung und die sich daraus ergebenden Konsequenzen für die Praxis gestritten wurde, so bezog sich dies stets auf die staatlich organisierten und kontrollierten Substitutionsprogramme in Form einer Maintenance to Abstinence-Therapie, wie das vorerwähnte nordrhein-westfälische Erprobungsverfahren. Die Behandlung durch niedergelassene Ärzte war dagegen ein Tabu. Offenbar vor allem das Schicksal des Münchner Arztes Dr. Johannes Kapuste, der seit Mitte der siebziger Jahre 185 Heroinabhängige behandelte und 5.000 Levomethadonverschreibungen vornahm[2], bevor er wegen Verschreibens zum unkontrollierten Gebrauch zunächst zu 2 Jahren Freiheitsstrafe verurteilt und dazu mit einem fünfjährigen Berufsverbot belegt wurde[3], ehe der BGH diese Entscheidung am 8. Mai 1979 aufhob[4] und Dr. Kapuste im Rahmen einer Neuverhandlung durch eine andere Kammer des LG München diesmal zu "nur" 8 Monaten Freiheitsstrafe und einem dreijährigen Berufsverbot verurteilt wurde[5], schreckte viele Ärzte – in Befürchtung, ähnlichen existenzbedrohenden Verfolgungen von seiten der Ärzteorganisationen und der Strafjustiz ausgesetzt

1 Vgl. Vuceljic 1987b, 15; Lewing 1986, 65; Eidgenössische Betäugungsmittelkommission 1989, 51 f.; zur praktischen Durchführung der Levomethadon-Substitution siehe auch Gölz 1992, 74 ff.
2 Vgl. Kapuste 1978b, 1577.
3 Vgl. LG München vom 1. Oktober 1978 23 KLs 338 Js 16060/76; siehe auch unten S. 264 f.
4 Vgl. BGH NJW 1979, 1943.
5 Vgl. LG München KJ 1980, 217.

zu werden - vor regelmäßigen Substituierungen ab.[1] Massiven Behinderungen in der Berufsausübung sah sich auch der Kieler Arzt Dr. Grimm gegenüber, der seit etwa Ende der siebziger Jahre Substitutionsbehandlungen überwiegend mit codeinhaltigen Präparaten durchführt. So hatte sich Dr. Grimm in den vergangenen 10 Jahren mehrerer gegen ihn eingeleiteten Straf- und Berufsverfahren zu erwehren[2], die er allerdings allesamt erfolgreich überstand. Daneben war er seinerseits mehrfach gezwungen, wegen der Nichtübernahme der Behandlungskosten seitens der Krankenkassen vor das Sozialgericht zu gehen.[3] Bei der Neuaufnahme in das Codein-Programm bediente sich Dr. Grimm stets der Hilfe von 3 bis 5 ehemaligen Drogenabhängigen, die sich aus der Selbsthilfegruppe "Initiative für humane Hilfe Drogenabhängiger" rekrutierten. Deren Hauptaufgabe bestand darin, Abhängige von den Nichtabhängigen, die beispielsweise nur Schwarzmarktgeschäfte betreiben wollten, zu unterscheiden. Als eine weitere Aufnahmevoraussetzung galt die erfolglose Absolvierung einer oder mehrerer Abstinenztherapien. Wenn nach 3 - 7 Tagen die Erhaltungsdosis, die zwischen 4 und 40 Kapseln Remedacen pro Tag betrug, gefunden wurde, fand die Behandlung ihre Fortsetzung zumeist in der Weise, daß die Patienten die Praxis regelmäßig einmal pro Woche aufsuchten und im Verlauf dieses Besuchs ein psychosozial orientiertes ärztliches Gespräch stattfand. Die Medikation wurde dabei regelmäßig von Urinkontrollen begleitet. Alle 6 bis 12 Wochen sind dagegen auch die Blutwerte kontrolliert worden. Auf ähnliche Weise führt Dr. Grimm auch heute noch sein Codein-Programm durch, jedoch mit dem Unterschied zu früher, daß er keine neuen Patienten wegen Arbeitsüberlastung mehr aufnimmt. Hinsichtlich der Effektivität der von Dr. Grimm

---

1 Am 24. Juli 1986 wurde Dr. Kapuste verhaftet, da er seit Anfang der achtziger Jahre erneut die Substitutionsbehandlungen durchführte. Seine Praxis wurde sofort nach der Verhaftung geschlossen, vgl. Feest 1987, 30. Am 13. Juli 1988 wurde Dr. Kapuste mit einem lebenslangen Berufsverbot belegt, soweit es sich um die Behandlung Drogenabhängiger handelt, siehe Weser Kurier vom 22. Juli 1988, S. 14. Gerade dagegen kämpft Dr. Kapuste erneut, siehe Merian 1991, 22.

2 Siehe LG Kiel, I. Große Strafkammer, Urt. v. 1. November 1989, Az: IKLs (2/87), unveröff. und BG Schleswig, Urt. v. 5. Juli 1991, Az: BG 5/85, unveröff.

3 Siehe SG Kiel, Urt. v. 14. September 1988, Az: S 8 Ka 29/86 unveröff. Eine Zusammenstellung sämtlicher gegen Dr. Grimm ergangener Gerichtsentscheidungen enthält Grimm 1992, 346 ff. (Anhang); mit ähnlichem Schicksal mußte auch der Frankfurter Arzt Dr. Herbert Elias fertig werden, siehe Laux 1992; siehe ferner AG Frankfurt, Urt. v. 9. Dezember 1988, Az: 90 Js 10 933/85 - 933 Ls 227; siehe auch unten S. 372.

durchgeführten Codeinsubstituierungen berichtete dieser, daß sich seine Patienten ähnlich wie in einem Methadonprogramm einer relativ guten körperlichen und geistig-seelischen Gesundheit erfreut hätten. Im sozialen Bereich wäre ebenfalls ein Rückgang der Beschaffungskriminalität, der Verbesserung sozialer Verhaltensweisen und die Wiederherstellung von Schul- und Arbeitsfähigkeit zu beobachten gewesen.[1]

3.2.6 Verbreitung der Methadonbehandlung und die damit gemachten Erfahrungen

3.2.6.1 USA

Die USA haben, wie bereits dargelegt, in der Welt die Vorreiterrolle hinsichtlich der Methadonbehandlung übernommen. Aufgrund der ermutigenden Resultate der von Dole und Nyswander entwickelten Methadonbehandlung wurde diese zu Beginn der siebziger Jahre in den USA zu einer grundlegenden Behandlungsform, was auf die Tatsache zurückgeführt wird, daß sie bei der Verhütung der Kriminalität bemerkenswerte Ergebnisse herbeiführte.[2] 1969 sind in mindestens 23 amerikanischen Städten Methadonerhaltungsprogramme durchgeführt worden. Doch sollte in den nachfolgenden fünf Jahren ihre Anzahl noch rapide steigen, so daß sich Mitte der siebziger Jahre über 70.000 Patienten, worauf bereits hingewiesen wurde, einer Methadontherapie unterzogen. Der Grund für die starke Zunahme der Zahl der Methadonpatienten lag vor allem in der großzügigen Erhöhung der Finanzmittel von seiten des Bundes und der Staaten. Dem ging allerdings eine Reihe gesetzgeberischer und verwaltungsmäßiger Maßnahmen der Bundesregierung voraus, die eine stetige Institutionalisierung der Methadonbehandlung – offenbar als eine parallel verlaufende Strategie zum "Krieg gegen die Drogen" – vorantrieb. Das Endprodukt dieses Institutionalisierungsprozesses war letztlich die Schaffung des Narcotic Addict

1 Siehe Grimm 1985, 221 ff.
2 Vgl. Sorensen 1987, 141.

Treatment Acts von 1972. Dieses Gesetz hat zum ersten Mal die Drogenerhaltung als legale Behandlungsmethode auf Bundesebene verankert.[1] Dieses zunächst sehr positiv aufgenommene Vorpreschen der amerikanischen Regierung bei der Institutionalisierung der Substitutionsbehandlung sah sich aber später einer zunehmenden Kritik gegenüber. Man vermutete nämlich vor allem politische Gründe hinter der amerikanischen Drogenpolitik.[2] Die durchgeführten Methadonprogramme waren insgesamt schlecht strukturiert und es mangelte ihnen vor allem an fachkundiger Unterstützung und sonstigem Begleitprogramm. Eine individuelle die Stärken und Schwächen sowie die Probleme jedes einzelnen Abhängigen berücksichtigende Behandlung war so nicht möglich.[3] Die Folgen dieses Mißstands waren schließlich die Entstehung eines Methadonhandels, der Anstieg der Methadontoten und die Zunahme von Methadonabhängigen, die allerdings niemals mit Methadon behandelt wurden. Darüber hinaus hat die staatliche Förderung der Methadonprogramme zu solchen fragwürdigen Nebeneffekten geführt, wie die oftmals gerichtlich verordnete Teilnahme an einer Behandlung als Bewährungsauflage. Dies provozierte wiederum bei einem Teil der amerikanischen Fachöffentlichkeit schwerwiegende Bedenken wegen der Verletzung der Grundrechte der Abhängigen, der Einschränkung ihrer Entscheidungsfreiheit und wegen der Praktizierung einer Zwangsbehandlung, der stets die Gefahr innewohnte, daß auch nur mit Heroin experimentierende, aber davon noch nicht abhängige Jugendliche einer Methadonbehandlung unterzogen und als deren Resultat methadonabhängig werden würden.[4] Anstatt sich dieser Behandlungsprobleme anzunehmen, beschränkte sich die amerikanische Regierung in den vergangenen Jahren zunehmend auf Durchführung spektakulärer und daher medienträchtiger Aktionen, wie beispielsweise die Zerstörung der bolivianischen Kokain-Laboratorien mit Hilfe amerikanischer Hubschraubereinheiten, was die Vermutung nahelegt, daß die amerikanische Drogenpolitik derzeit stärker als früher durch wahltaktische Überlegungen bestimmt wird. Trotz der scheinbar sehr großen Verbreitung der Methadonbehandlung in den USA gibt es dort dauernd akuten Platzmangel, was überall lange Wartelisten

1 Vgl. Cooper 1987, 119 ff.
2 Vgl. Marx 1991, 254 f.
3 Vgl. Newman 1987b, 136; Platt/Labate 1982, 234.
4 Vgl. Platt/Labate 1982, 235.

nach sich zieht. So wird berichtet, daß allein in New York 1987 über 2.000 Personen auf einen Behandlungsplatz gewartet haben. Auf Bundesebene gestaltet sich das Problem eher noch dramatischer.[1] Als Grund für den starken Einsatz des Methadons in der Behandlung Heroinabhängiger in den USA wird gelegentlich geltendgemacht, daß in dem amerikanischen Gesundheitswesen sowie in der amerikanischen Gesellschaft generell ein recht großer Trend zu Medikalisierung bei der Behandlung jedweder gesundheitlicher Komplikationen bestehe.[2] Trotz der vielerorts bestehenden Probleme werden in vielen Kliniken des Landes aber auch Methadonprogramme durchgeführt, die sich durch vorbildliche Ausgestaltung auszeichnen und bemerkenswerte Erfolge aufzuweisen haben. Exemplarisch sei hier das Methadonprogramm im San Francisco General Hospital genannt. Interessanterweise sind an diesem Programm sowohl Fachleute mit herkömmlicher Ausbildung als auch frühere Drogenabhängige als Berater beteiligt, die ihre beratende Kompetenz in therapeutischen Gemeinschaften wie Synanon, Daytop Village etc. erworben haben. Überdies werden in den Behandlungsprozeß auch die Familienmitglieder integriert, indem sie u.a. jeden Monat zusammen mit den Patienten an Unterstützungsgruppensitzungen teilnehmen. Ziel der Behandlung ist die Wiederherstellung, also die völlige Loslösung von der Heroinbindung. Die am San Francisco General Hospital gemachten Erfahrungen werden im Ergebnis als durchweg positiv bewertet. Man hat nicht nur einen spürbaren Rückgang des Heroinverbrauchs und der Beschaffungskriminalität festgestellt, sondern auch registriert, daß die Beschäftigungsquoten merklich erhöht wurden, wodurch die Möglichkeit einer sozialen Rehabilitation geboten wurde.[3] Ähnliche Erfahrungen wurden im Rahmen anderer Methadonprogramme gemacht.[4] Insoweit vermögen diejenigen Stimmen, die die amerikanischen Erfahrungen mit Methadon pauschal als durchweg negativ bewerten wollen, nicht zu überzeugen.[5]

---

1 Vgl. Newman 1987b, 136; zur amerikanischen Drogenpolitik unter der Bush-Administration siehe Gramckow 1990, 31 ff.

2 Vgl. Marx 1991, 255.

3 Vgl. Sorensen 1987, 143 ff.

4 Vgl. Cooper 1987, 123 ff.; Newman 1987b, 138 f.; ders. 1991, 584 f.; Heidhaus 1991, 47 ff.; ausführlich Platt/Labate 1982, 228 ff.; Bausch 1991, 171 ff.

5 Vgl. Schied/Heimann 1986, 2766.

3.2.6.2 Niederlande

In den Niederlanden findet Methadon bereits seit Ende der sechziger Jahre im Rahmen der Behandlung von Heroinabhängigen Verwendung. Im Jahre 1968 begann das Amsterdamer Jellinekzentrum einer sorgfältig ausgewählten Gruppe von Heroinabhängigen im Rahmen eines Entzugsprogramms erstmals Methadon auszugeben.[1] Da dieses Programm mit einem hohen Maß an Sachverstand und Sorgfalt durchgeführt wurde, was eine Selektivität zufolge hatte, entstanden lange Wartelisten.[2] Diese Wartelisten sowie die hohen Motivationsanforderungen und die ausschließliche Orientierung am definitiven Entzug haben jedoch bewirkt, daß sich viele Abhängige an ihre Hausärzte wandten.[3] Nach anfänglicher Weigerung vieler Ärzte, die Heroinabhängigen mit Methadon zu behandeln, stieg in der darauffolgenden Zeit ihre Zahl regelmäßig an, so daß im Jahre 1981 der Anteil des im Jellinekzentrum verschriebenen Methadons im Verhältnis zu der Gesamtmenge des in Amsterdam verabreichten Methadons lediglich 10 %, während er einige Jahre davor noch 75 % betrug.[4] Da die Hausärzte mit der Zeit auch entgegen der in der Drogenhilfe herrschenden Doktrin Methadon auch im Rahmen einer Dauerbehandlung verschrieben, wurden sie von Vertretern verschiedener Drogenhilfeeinrichtungen heftig mit der Begründung kritisiert, sie würden die Abhängigkeit eher bestätigen als abbauen. Nachdem jedoch die Amsterdamer Stadtverwaltung zu Beginn der achtziger Jahre wegen dieser Verschreibungspraxis intervenierte, ist die Zahl der ärztlichen Verschreibungen merklich zurückgegangen.[5] Seit dem ersten Erprobungsverfahren Ende der sechziger Jahre erfuhr die Methadonbehandlung in den nächsten 10 bis 20 Jahren eine enorme Ausdehnung. Während im Jahre 1977 15 kg bzw. im Jahre 1980 36 kg Methadon verschrieben wurden, waren es im Jahre 1984 gar 75 kg.[6] Diese Menge dürfte heute noch höher liegen. Der geschätzten Anzahl aller Heroinabhängigen in den Niederlanden von 15.000 - 20.000 stand bereits 1984 die Anzahl aller Methadonempfänger von 5.000

---

1 Vgl. Trautmann 1989a, 127; ders. 1989b, 73.
2 Vgl. Mulder 1987, 185; Kröger 1991, 55.
3 Vgl. Trautmann 1989b, 73.
4 Vgl. Mulder 1987, 185.
5 Vgl. Trautmann 1989a, 128; ders. 1989b, 73; ders. 1990, 152.
6 Vgl. Hoekstra 1987, 177; Fromberg 1987, 41.

gegenüber.[1] Es ist auch hierbei zu vermuten, daß die Zahl aller Methadonempfänger zwischenzeitlich wesentlich höher liegt.[2] Der Grund für die rasche Ausbreitung der Methadonbehandlung jenseits ihrer therapeutischen Wirksamkeit wird nicht zuletzt in der sich in den Niederlanden bereits Anfang der siebziger Jahre herauskristallisierten Auffassung gesehen, daß nicht die Beendigung der körperlichen Abhängigkeit im Vordergrund der therapeutischen Bemühungen stehen müßte, sondern daß es darum gehe, die Wiedereingliederung des Drogenabhängigen in das gesellschaftliche Leben zu ermöglichen und zwar mit oder ohne Drogen.[3] Diese Auffassung fand ihren Niederschlag größtenteils auch in dem Opiumgesetz von 1976.[4] Seither ist die allgemeine Zielsetzung der niederländischen Drogenpolitik "Normalisierung" und die "kulturelle Integration" anstelle extremer Lösungen wie Heroin-Verabreichung, Zwangsbehandlung oder Legalisierung des Drogenhandels und Drogenverbrauchs.[5] In den Niederlanden gibt es derzeit ca. 250 Hilfeeinrichtungen, worunter sich 20 Drogenkliniken befinden. Ansonsten handelt es sich dabei um unterschiedliche Unterstützungsangebote, die von den kommunalen Beratungsstellen organisiert werden. Dabei wird zwischen einem Reduktionsprogramm, dessen Schwerpunkt darauf liegt, den Drogenkonsum zu vermindern, und einem Erhaltungsprogramm, das den Konsum stabilisieren soll, unterschieden.[6] Vor allem im Rahmen des Erhaltungsprogramms wird in großen Städten das Substitutionsmittel am Methadonbus abgeholt. Der Methadonbus hat eine festgelegte Zahl von Haltestellen, die er zu bestimmten Zeiten anfährt und wo die Abhängigen an Ort und Stelle das Methadon einnehmen können.[7] Im allgemeinen werden die Behandlung, die die Heilung der Abhängigkeit anstrebt, und die Therapie mit Methadon strikt voneinander getrennt. Dabei kommt den Reduktionsprogrammen eine weitaus geringere Bedeutung zu.[8] Besonders reiche Erfahrungen mit dem Methadonerhaltungsprogramm wurden in Amsterdam gemacht, wo seit

---

1 Vgl. Hoekstra 1987, 177; Marx 1991, 233.
2 Man schätzt, daß derzeit 50 % - 60 % der Gesamtpopulation der Opiatabhängigen vom Gesundheitsamt erreicht wird, siehe Trautmann 1992, 228.
3 Vgl. Marx 1991, 234.
4 Siehe oben S. 97 f., 99 f.
5 Vgl. Fromberg 1987, 39; Hoekstra 1987, 176.
6 Vgl. Buismann/Goos 1985, 110; Kröger 1991, 56.
7 Vgl. Wijngaart 1988, 96.
8 Vgl. Hoekstra 1987, 179.

1981 ein Methadonprogramm durchgeführt wird. In Amsterdam leben schätzungsweise 7.000 bis 8.000 Drogenkonsumenten, wovon eine Population von etwa 40 % intravenös abhängig sein soll.[1] Derzeit werden dort ca. 1.750 Heroinabhängige über Methadon erreicht.[2] Das Amsterdamer Methadonprogramm kommt in mehreren verschiedenen Formen, die sich durch unterschiedliche Anforderungen auszeichnen, zum Tragen. Da gibt es neben dem Methadonangebot des Amsterdamer städtischen Gesundheitsamtes, das die Vergabe koordiniert und größtenteils auch selbst ausführt, auch noch ein relativ kleines hochschwelliges Methadonprogramm im Jellinekzentrum sowie die Verschreibung durch Hausärzte, die in Amsterdam zwischenzeitlich allerdings nur noch die vom Gesundheitsamt für stabil genug befundenen und an sie überwiesenen Drogenabhängigen mit Methadon versorgen. Auch im Untersuchungsgefängnis erfolgt eine Methadonverabreichung durch den Anstaltsarzt, und zwar in beiden Programmarten.[3] Schließlich werden die Methadonempfänger mit drei Bussen, die die verschiedenen Stadtteile mit ihrer wechselnden Szene anfahren, erreicht und mit der Ersatzsubstanz versorgt. Interessanterweise brauchen die Teilnehmer des Methadonprogramms auf Heroin nicht zu verzichten. Hier ist Nebengebrauch von anderen Drogen nicht ausdrücklich verboten. Das herausragende Ziel dieses Programms ist nämlich lediglich die Herstellung von Kontakten bei der Methadonausgabe und nötigenfalls Behandlung von Hilfesuchenden.[4] Dies gilt derweil auch bei den anderen Methadonbusprogrammen, die außerhalb von Amsterdam durchgeführt werden.[5] Bei den vorerwähnten vier anderen festen Ausgabestellen gelten demgegenüber wesentlich höhere Anforderungen, namentlich das Verbot des Nebengebrauchs anderer Drogen, dessen Einhaltung durch wöchentliche Urinkontrollen sichergestellt werden soll.[6] Zur Vermeidung von Doppelverabreichungen besteht ein Registrierungszwang, um sich einen Überblick über die Szene verschaffen zu können. Bereits 1984 waren so über 5.000 einheimische und ca. 2.000 ausländische Methadonempfänger registriert.[7] Nicht

---

1 Vgl. Buning 1987, 191; Kröger 1991, 57.
2 Vgl. Marx 1991, 234.
3 Vgl. Trautmann 1989b, 74.
4 Vgl. Mulder 1987, 186; Kröger 1991, 57.
5 Vgl. Trautmann 1989b, 74.
6 Vgl. Mulder 1987, 186; Kröger 1991, 57.
7 Vgl. Kröger 1991, 58.

zuletzt die geschilderte sehr tolerant erscheinende Methadonvergabepraxis hat der niederländischen Drogenpolitik den Ruf als sehr liberal eingebracht, weshalb sich nicht selten progressive Kreise zu ganz offener Bewunderung vor allem aus dem Ausland mit einer ungleich repressiveren Drogenpolitik, wie sie beispielsweise in der Bundesrepublik vorherrscht, einerseits und konservative Kräfte dagegen zu ebenso offener Abscheubekundung wegen des Sittenverfalls andererseits veranlaßt fühlen. Es wird aber auch immer häufiger Kritik aus den Reihen der für akzeptierende Drogenarbeit eintretenden Fachöffentlichkeit laut, daß das niederländische Drogenhilfemodell den zweifellos noch bestehenden Vorsprung gegenüber Nationen wie die Bundesrepublik, wo der Schwerpunkt der staatlichen Reaktion auf das Drogenproblem eindeutig im repressiven Bereich liegt, zu verlieren drohe, da die drogenpolitische Praxis immer mehr durch einen Stillstand und allmähliche Restaurierungstendenzen gekennzeichnet sei.[1] Auf dem Hintergrund eines niedrigschwelligen und normalisierenden Ansatzes, der sich vor allem durch erleichterte Zugangsmöglichkeiten zu einer Methadonversorgung auszeichnet, erscheint die niederländische Drogenpolitik in der Tat nicht so positiv, wie man auf den ersten Anschein zu denken geneigt ist. Zum einen die "ordnenden" Eingriffe der Amsterdamer Stadtverwaltung in die ärztliche Vergabepraxis mit der Folge, daß jetzt vor allem das Gesundheitsamt für die Methadonvergabe zuständig ist, sowie zum anderen die strengen Registrierungsanforderungen, Urinkontrollen, tägliches Abholen, direkte Einnahme und die relativ große Entfernung der stadtviertelgebundenen Methadonvergabestellen vom eigenen Wohnviertel lassen die niederländischen Methadonpolitik insgesamt in einem anderen Licht erscheinen.[2] Denn eine Drogenpolitik bzw. Methadonpolitik erscheint offenbar in dem Maße niedrigschwellig bzw. liberal, wie die rechtlichen und praktischen Möglichkeiten gegeben sind, über den Hausarzt mit Methadon versorgt zu werden.[3] Hinsichtlich der Wirksamkeit der niederländischen Methadonprogramme lassen sich mangels systematischer Begleitforschung, was von den dortigen Fachleuten auch kritisiert wird[4], keine pauschalen Aussagen machen. Das Spektrum der Bewertungen

---

1 Vgl. Trautmann 1989b, 76; ders. 1990, 156; ders. 1992, 226.
2 So auch Trautmann 1989a, 133; ders. 1989b, 77; ders. 1990, 157; Cohen 1989, 138.
3 Vgl. Trautmann 1990, 153; ders. 1992, 226.
4 Vgl. Noorlander 1987, 17.

variiert nämlich häufig von Programm zu Programm zwischen positiven und negativen Ergebnissen, je nachdem, was den Erfolg bzw. Mißerfolg ausmachen soll. Es wird vereinzelt vor allem Skepsis im Hinblick auf die Möglichkeit geäußert, mit Methadon eine große Anzahl von Abhängigen von ihrem Heroinkonsum und dem damit zusammenhängenden kriminellen Verhalten, abzulösen.[1] Einer Studie von *Vernooy* und *Wijngaarts* zufolge, die sie in Utrecht durchführten, wurde der Nebengebrauch von Heroin bei 70 % der untersuchten Klienten verzeichnet.[2] Es wird aber auch von durchaus ermutigenden Ergebnissen berichtet. Einer Untersuchung am Jellinekzentrum in Amsterdam zufolge haben 25 % der Abhängigen ein Reduktionsprogramm dort beendet und etwa die Hälfte der Abhängigen blieb länger als vier Wochen in Behandlung. Nach den Ergebnissen eines in Groningen durchgeführten Reduktionsprogramms beendeten dort 52 der 123 Abhängigen das Programm nach einem ersten Versuch und nahmen keine Drogen mehr. Von den übrigen Abhängigen machten 40 einen zweiten Versuch. 12 von ihnen waren nach diesem Versuch drogenfrei.[3] Einer dortigen Studie über den illegalen Heroinmarkt zufolge geht der Heroinverbrauch drastisch zurück, wenn der Betreffende an einem Methadonprogramm teilnimmt, und zwar die durchschnittliche Tagesdosis von 0,59 g auf 0,08 g.[4] Nach dem Resultat eines Erhaltungsprogramms in der Jellinekklinik haben 73 % der Abhängigen nach einer gewissen Zeit ihren Nebengebrauch von Heroin gänzlich eingestellt.[5] Es wurde für Amsterdam eine niedrigere Sterbequote von 0,55 % ermittelt[6], die von Berlin/West zum Vergleich beträgt zwischen 1,6 % und 2,7 %.[7] Im allgemeinen läßt sich ein Trend im Sinne von "Weg von Drogen" feststellen.[8] Nach neueren Erkenntnissen weisen 50 - 70 % der Heroinabhängigen psychiatrische Syndrome auf, wie Depression, Schizophrenie, "Borderline-States" und Psychopathie. In diesem Zusammenhang hat sich herausgestellt, daß Methadon ein gutes Anti-Depressi-

---

1 Vgl. Wijngaart 1988, 96; Noorlander 1987, 14.
2 Siehe Vernooy/v.d. Wijngaarts 1984, 77.
3 Siehe Buisman/Goos 1985, 111.
4 Siehe Hoekstra 1987, 181.
5 Siehe Buisman/Goos 1985, 112.
6 Siehe Kröger 1991, 59.
7 Siehe Kröger 1991, 59.
8 Vgl. Buning 1987, 191.

vum darstellt und in Krisenzeiten sinnvoll eingesetzt werden kann.[1] Die oft geäußerte Befürchtung, durch die Methadonvergabe würden die Abhängigen der Bereitschaft beraubt werden, den Drogenkonsum gänzlich einzustellen, hat sich nicht bewahrheitet. Seit 1981 stieg in Amsterdam die Zahl der Teilnehmer an drogenfreien Therapien nämlich um mehr als das Doppelte.[2] Auch im Hinblick auf die AIDS-Verhütung wurden in den Niederlanden aufschlußreiche Erfahrungen mit Methadon gemacht. So wurde in einer Studie festgestellt, daß die Quote der AIDS-Erkrankungen unter den intravenösen Drogenabhängigen nur 4 - 8 % betrug[3], während für die benachbarte Bundesrepublik günstigstenfalls von einer Prävalenzrate von bis zu 30 % und schlimmstenfalls von bis zu 60 % ausgegangen wird.[4] Die Schätzungen werden auch durch die Feststellung erhärtet, daß von den 60 in Amsterdam 1987 verstorbenen Drogenabhängigen 35 Deutsche waren, die mit Methadon nicht versorgt wurden (58,3 %).[5] Nach einer anderen Amsterdamer Studie waren von 310 an einem niedrigschwelligen Methadonprogramm teilnehmenden drogenabhängigen Prostituierten 28 % HIV-positiv. Dabei erwies sich die deutsche Nationalität als besonderer Risikofaktor, was mit der Tatsache erklärt wird, daß an Deutsche normalerweise in den Niederlanden kein Methadon herausgegeben werde, weshalb diese einem höheren Infektionsrisiko ausgesetzt seien.[6] Das Zustandekommen der durchaus erfreulichen Ergebnisse der niederländischen Methadonprogramme in bezug auf die AIDS-Prävention wird vermutlich auch in nicht geringem Maße durch die beispielsweise in Amsterdam bereits seit 1984 durchgeführten Spritzentauschprogramme begünstigt.[7]

3.2.6.3 Großbritannien

In Großbritannien ist man bereits 1926 zu der Einsicht gelangt, daß Opiatabhängigkeit eine Krankheit im medizinischen Sinne und nicht eine Form lasterhafter Befriedigung sei, mit der Folge, daß eine Substituierung für bestimmte Gruppen

1 Vgl. Fromberg 1987, 43; Hoekstra 1987, 181.
2 Vgl. Buning 1987, 190.
3 Siehe Hoekstra 1987, 181; v. Hippel 1988, 291.
4 Siehe oben S. 81 Fn. 3.
5 Vgl. v. Hippel 1988, 291.
6 Vgl. Kröger 1991, 60.
7 Vgl. Buning 1987, 192.

von Abhängigen in Frage kommen konnte, und zwar bei denjenigen, die sich einer stufenweisen Entgiftung unterziehen wollten bzw. bei denjenigen, die nach einer vergeblichen Entzugsbehandlung ihre Droge in einer nicht steigenden gewöhnlichen geringen Menge bekamen und dabei fähig waren, ein "nützliches" und "normales" Leben zu führen. Mit dieser Sichtweise setzte sich Großbritannien zu dem in den USA spätestens seit dem Harrison Act 1914 vorherrschenden bzw. in Deutschland sich immer mehr durchsetzenden Dogma, daß ein Drogenabhängiger ein "Krimineller" und/oder ein "Geisteskranker" sei, in Widerspruch.[1] Interessanterweise beansprucht dies heute noch kaum verminderte Gültigkeit. Damit wurde das, was heute allgemein als das "British System" bezeichnet wird, begründet.[2] Seither durften Ärzte, wie bereits an anderer Stelle ausgeführt, in eigener Verantwortung entweder mit Heroin oder mit Ersatzdrogen Abhängige behandeln, bis ihnen Ende der sechziger Jahre durch die Schaffung der Fachkliniken das Handwerk gelegt wurde. Während zunächst sowohl Heroin als auch andere Opiate im Rahmen der Behandlung in den Fachkliniken an Abhängige abgegeben wurden, ist man in der Folgezeit immer mehr zu Methadonverschreibungen übergegangen, so daß heute bis auf wenige Ausnahmen regelmäßig Methadonbehandlungen durchgeführt werden.[3] Die Droge soll ausnahmslos oral eingenommen werden. In organisatorischer Hinsicht erscheint besonders aus bundesdeutscher Sicht interessant, daß das Methadon verordnende Rezept gewöhnlich an eine mit der jeweiligen Fachklinik kooperierende Apotheke verschickt wird, von wo sich der Abhängige seine tägliche Methadondosis abholt.[4] Die konzeptionelle Handlungsgrundlage der derzeitigen Substitutionstherapien bilden die 1984 vom Gesundheits- und Sozialministerium herausgegebenen "Guidelines Of Good Clinical Practice In The Treatment Of Drug Addiction" und die Aktualisierungen durch den ACMD-Report "AIDS and Drug Misuse", Teile I und II von 1988. Angesichts der aufkommenden AIDS-Gefahr ist aber auch diese Form des Britischen Systems im Begriff, sich allmählich wieder zu verändern. Um Kontakte zu den intravenösen Drogenkonsumenten herzustellen, werden Spritzentauschprogramme durch-

---

1 Vgl. Kemper 1985, 139 f.
2 Siehe oben S. 168 ff.
3 Vgl. Kemper 1985, 142; Ghodse 1987, 213; Marx 1991, 58 f.
4 Vgl. Ghodse 1987, 213.

geführt und vereinzelt wieder Heroinverschreibungen vorgenommen. Hier ist das Liverpooler Drogenprojekt, im Rahmen dessen über 200 Abhängige auf kontrollierte Weise mit Heroin versorgt werden, zu nennen.[1] Darüber hinaus werden Kondome, soziale Betreuung und Hilfen, allgemeine ärztliche Versorgung und Streetwork angeboten.[2] Im Hinblick auf die in Großbritannien mit Methadon gemachten Erfahrungen lassen sich sowohl sehr optimistisch stimmende Resultate als auch solche eher zur Skepsis Anlaß gebende feststellen. Es wird u.a. geltendgemacht, daß viele Abhängige trotz der Methadonverschreibung in genügender Menge weiterhin Drogen vom Schwarzmarkt beziehen. Einer Ende der siebziger Jahre durchgeführten Studie zufolge, nach der ein Vergleich zwischen der Erhaltungstherapie mit Methadon und der Erhaltungstherapie mit Heroin vorgenommen wurde, hat ergeben, daß die Weigerung, Heroin zu verschreiben, zu einer sichtbaren Zunahme derer führte, die die regelmäßige Behandlung aufgaben, während die Beibehaltung der Verschreibung zwar zur Fortsetzung der Behandlung führte, jedoch unter Aufrechterhaltung der subkulturellen also auch kriminellen Aktivitäten. Demgegenüber brachte das Verschreiben einer oralen Methadonbehandlung im Ergebnis eine höhere Abstinenzquote, wobei jedoch eine Tendenz zur Polarisierung der Patienten in zwei Gruppen festgestellt werden konnte, in der Weise, daß ein Teil der Methadonempfänger die Drogensubkultur gänzlich mied, während der andere Teil die meiste Zeit weiterhin dort verbrachte.[3] Im Rahmen einer anderen Studie aus dem Jahre 1978 wurden 575 Abhängige untersucht, die in der Zeit zwischen 1968 und 1975 in Londoner Kliniken behandelt wurden. Dabei stellte man fest, daß ein Anteil von 52 % sich immer noch in der Erhaltungsbehandlung befand, 28 % der Patienten sich immer noch in der früheren Gemeinde aufhielt, jedoch ohne die Behandlung fortzusetzen, 11 % war mittlerweile gestorben, 6 % war in Haft und 3 % der Patienten verließ das Land. Dabei wurde Heroin allmählich durch Methadon ersetzt, das intravenös eingenommen wurde. Zur Zeit der Datenerhebung war ein Anteil von 46 % der Patienten inzwischen berufstätig, was eine Verdopplung der Zahl derer bedeutete, die einer geregelten Arbeitsbeschäftigung zum Zeitpunkt der Behandlungs-

1 Vgl. Mühlhausen 1991.
2 Vgl. Marx 1991, 84.
3 Siehe Ghodse 1987, 213 f.; Senay/Uchtenhagen 1990, 43.

aufnahme nachgingen. Nach einer anderen Untersuchung aus dem Jahre 1978 sind von den 60 männlichen Patienten einer Londoner Drogenklinik 43 % drogenfrei geworden, 23 % nahmen weiterhin Drogen und 15 % sind im Laufe der Zeit gestorben. Nach anderen sich auf einen Untersuchungszeitraum von sieben Jahren beziehenden Ergebnissen mehrerer Erhebungen, die ebenfalls Ende der siebziger Jahre bzw. Anfang der achtziger Jahre veröffentlicht wurden, hat 43 % der Patienten zum Zeitpunkt der Ergebniserhebung die Drogenklinik noch besucht, 41 % hat die Behandlung inzwischen abgebrochen, 12 % war verstorben und 5 % der Patienten hat ihre Heroinabhängigkeit durch andere Drogen ersetzt.[1]

3.2.6.4 Schweiz

Die Schweiz verfügt über ein stark differenziertes pluralistisches Hilfsangebot für Drogenabhängige, das weiter ausgebaut wird, wie kaum ein anderes westliches Land. Neben einem reichhaltigen Angebot an Langzeiteinrichtungen gibt es dort auch Methadonprogramme, und zwar sowohl im Rahmen hausärztlicher Praxis als auch in staatlichen Institutionen, wie beispielsweise in den sozialpsychiatrischen Diensten, die gleichzeitig auch sozial- und psychotherapeutische Hilfe anbieten.[2] Dem ging eine Entwicklung voraus, die durch vier unterschiedliche Phasen gekennzeichnet war. Im Rahmen der 1. Phase, die bis 1975, also bis zur Verabschiedung des neuen Bundesgesetzes über die Betäubungsmittel, andauerte, konnten alle niedergelassenen Ärzte Opiatabhängige mit Betäubungsmitteln behandeln. Im Zuge des Aufkommens eines neuen Typs von Drogenabhängigen, des Heroinfixers, stieß diese Form der unkontrollierten Substitution nicht zuletzt mangels entsprechender Behandlungserfahrungen der niedergelassenen Ärzte und der damit einhergehenden chaotischen Verschreibungspraxis, die zum häufigen Mißbrauch der Verschreibungen von seiten der Abhängigen führte, sehr rasch auf ihre Grenzen. Die 2. Phase wurde durch Revidierung des Betäubungsmittelgesetzes eingeläutet, mit der Folge, daß jetzt gemäß Art. 15 a eine Bewilligungspflicht, wonach jede Abgabe von Betäubungsmitteln an betäubungsmittelabhängige Personen einer speziellen Bewil-

1 Siehe Senay/Uchtenhagen 1990, 42 f.
2 Vgl. Kröger 1991, 67.

ligung bedarf, eingeführt wurde. Die Ausführungsbestimmungen dieses Bundesgesetzes oblagen allerdings den Kantonen. Auf der Bundesebene wurden weiter auch Richtlinien erlassen, die den Gefahren der Substitutionsbehandlung begegnen sollten. Davon ist insbesondere die Einführung einer Indikationsregelung zu nennen, wonach zwischen dem beantragenden Arzt bzw. Therapeuten und die bewilligende Instanz des Kantonsarztes, ein sog. Indikationsarzt, ausgestattet mit rein konsultativen Funktionen, zwischengeschaltet wurde. Indikationsärzte mußten Spezialärzte für Psychiatrie sein, die sich aufgrund eigener beruflicher Erfahrungen auf dem Gebiet der Drogenabhängigkeit besonders gut auskannten. Die 2. Phase, die durch einen verstärkten Ausbau einer drogentherapeutischen Infrastruktur, durch eine teilweise sehr unterschiedliche Entwicklung der Drogenszene sowie durch eine ebenso unterschiedliche Reaktion auf diese Situation in den einzelnen Kantonen und die daraus allgemein resultierende Unzufriedenheit gekennzeichnet war, dauerte bis 1983. Damals war die Methadonbehandlung lediglich das Mittel der zweiten Wahl. Als jedoch zu Beginn der achtziger Jahre die Diskrepanz zwischen dem Leben und Arbeiten in den auf Abstinenz fixierten Wohngemeinschaften und dem normalen Berufsleben außerhalb der Wohngemeinschaft immer deutlicher zutage trat, sind sich die Vertreter dieser Abstinenzeinrichtungen allmählich der Bedeutung arbeitsrehabilitativer Maßnahmen und ihres Beitrags zur Abstinenz bewußt geworden. Die Geburt vieler Kinder, deren Eltern drogenabhängig waren, ließ die ambulante Methadonbehandlung, um die Familien nicht wegen drogenfreier Therapien auseinanderzureißen, immer attraktiver erscheinen. Schließlich entzog die rapide Ausbreitung der AIDS-Erkrankungen unter den intravenösen Drogenabhängigen der traditionellen Drogenarbeit endgültig den Boden. Die 3. Phase kam dementsprechend durch eine kontinuierliche Zunahme der Methadonbehandlungen, die durch eine ebenso kontinuierliche Aufweichung der bis dahin sehr strengen Indikationskriterien begleitet war, zum Ausdruck. Die 4. Phase begann schließlich 1987 und brachte im Juni des gleichen Jahres die Aufgabe der bisherigen Indikationspraxis mit sich. Seither vollzog sich in der schweizerischen Drogenpolitik ein grundlegender Wandel. Das Verbot der Abgabe des sterilen Infektionsmaterials wurde aufgehoben, es wurde von nun an die Abgabe von Spritzen und Kondomen durch staatliche Stellen propagiert. Im Gefolge der Verwerfung der bisherigen Indikationspraxis war ein Arzt, der Methadonbehandlungen durchführen wollte, fortan nur einmalig verpflichtet, um eine Bewilligung zur Abgabe von Methadon nachzusuchen, damit er eine unbegrenzte Zahl von Drogenabhängigen behandeln durfte. Diese bis heute geltende Regelung wurde um die weiteren Verpflichtungen ergänzt, seine Patienten dem Kantonsarzt zu melden sowie halbjährlich einen Verlaufsbericht zu erstellen.[1] Die Zahl der Teilnehmer an einem Methadonprogramm nahm in den vergangenen 10 Jahren stetig zu. Wurden 1985 noch 1.303 Methadonempfänger gezählt, so waren es drei Jahre später schon 3.668 Personen, die Methadon erhielten.[2] Die Mitteilungen der Ergebnisse der verschiedenen Methadonbehandlungen erfüllen zum überwiegenden Teil mit Optimismus. So wird berichtet, daß bei 46 Patienten eines Züricher Methadonprogramms eine deutliche Reduzierung der kriminellen Aktivitäten beobachtet werden konnte.[3] Ein Vergleich zwischen den Erfolgen einer drogenfreien therapeutischen Gemeinschaft, einer Methadonbehandlung und denen eines Gefängnisses zeigte, daß nach zwei Jahren die Methadonpatienten die größten Fortschritte in bezug auf ihre realen Lebensbedingungen gemacht hatten. 80 % dieser Personen war berufstätig und im übrigen war ein starker Rückgang der Suizidraten bzw. Suizidhandlungen bei den Methadonpatienten festzustellen.[4] Einer anderen Studie zufolge ging im Verlauf der Methadonbehandlung bei den 48 Patienten eines staatlichen Methadonprogramms der Opiatkonsum deutlich zurück. Des weiteren konnte bei diesen Patienten eine signifikante Verbesserung des körperlichen Gesundheitszustandes sowie ein Rückgang der Delinquenz und Suizidalität bzw. Suizidversuche beobachtet werden. Überdies fiel es auf, daß der Opiat- und Barbituratkonsum sehr rasch zurückging, während die Einnahme von Benzodiazepinen und Kokain keiner Beeinflussung unterlag.[5] Die oft geäußerte Befürchtung, Methadonvergabe würde einen großen Schwarzmarkt entstehen lassen, hat sich nicht bewahrheitet.[6] In einer anderen Untersuchung konnte konstatiert werden, daß die Anzahl der Fürsorgeempfänger in Methadonprogrammen gestiegen war, da die Patienten nicht mehr auf illegale Einkommensquellen zurückgriffen.[7] Ein Rückfall in das durch

---

1 Vgl. Fuchs 1989b, 66 ff.; ders. 1992, 198 ff.; Uchtenhagen 1987, 76 ff.; Kröger 1991, 64 ff.
2 Vgl. Kröger 1991, 69.
3 Fuchs 1987, 34; siehe auch Ladewig 1985, 107.
4 Siehe Fuchs 1989b, 69; Senay/Uchtenhagen 1990, 45; ähnlich Ladewig 1985, 107.
5 Siehe Fuchs 1989b, 69; Senay/Uchtenhagen 1990, 45.
6 Siehe Kröger 1991, 69; and. Marx 1991, 172.
7 Siehe Fuchs 1989b, 69; Senay/Uchtenhagen 1990, 45.

Regelmäßigkeit geprägte Heroinkonsummuster nach einer Methadonbehandlung scheint bei den Methadonpatienten im Gegensatz zu den Patienten einer Abstinenzeinrichtung weniger oft vorzukommen.[1] Hinsichtlich der Opiatabstinenz deuten die vorliegenden Ergebnisse darauf hin, daß die Methadonpatienten diesbezüglich eine Mittelstellung dergestalt einnahmen, daß der Anteil derer, die infolge einer Methadonbehandlung abstinent wurden, geringer gegenüber dem Anteil der Absolventen eines Abstinenzprogramms, aber größer gegenüber dem Anteil der Gefängnisinsassen ist.[2] Die Methadonbehandlung muß nicht unbedingt eine "Einbahnstraße" darstellen. Es gibt nämlich des öfteren Methadonpatienten, die nach mehrjähriger Methadoneinnahme in die Abstinenzbehandlung überwechseln. Genauso kommt der umgekehrte Fall vor, daß Absolventen einer Abstinenztherapie es noch zwei Jahre in einem Substitutionsprogramm versuchen. Dies belegt, daß in verschiedenen Phasen des Abhängigkeitsverlaufs unterschiedliche therapeutische Reaktionen sinnvoll sein können.[3] Die vorliegenden Ergebnisse bezüglich der Frage, ob Methadon einen wirksamen Beitrag zur AIDS-Prävention leistet, lassen zwar diese Frage nicht abschließend beantworten. Bereits nach den vorläufigen Resultaten der durchgeführten Untersuchungen wird aber diese zu bejahen sein. So hat beispielsweise eine Befragung von 97 in einer Behandlung befindlichen Patienten ergeben, daß der freiwillige im Rahmen der Behandlung durchgeführte HIV-Test dazu führte, daß sowohl die HIV-positiven als auch HIV-negativen Patienten fortan sich selbst und ihre Umwelt besser vor einer Ansteckung schützten. Man konnte auch beobachten, daß 21 beim Eintritt in ein Methadonprogramm HIV-negativen Patienten auch nach 34 Monaten noch HIV-negativ waren. Derselben Untersuchung zufolge stieg der Anteil der sozial integrierten Methadonpatienten von 48 % am Anfang der Behandlung auf 90 % im weiteren Verlauf der Substitution. Eine andere vergleichende Studie hat gezeigt, daß von 20 Patienten, die die Behandlung vor dem Jahr 1980 begannen und ohne Unterbrechung bis zum 31. Mai 1989 fortsetzten, am Stichtag 1 (5 %) Patient HIV-positiv und 19 Patienten (95 %) HIV-negativ waren. Von einer Gruppe von 21 Patienten, die vor dem Jahr 1980 die Behandlung aufnahmen und diese ein- oder mehr-

1 Siehe Uchtenhagen 1987, 85.
2 Siehe Uchtenhagen 1987, 85; ähnlich Ladewig 1987, 91.
3 Vgl. Fuchs 1987, 37.

mals unterbrachen und wieder neu antraten, waren dagegen 6 (29 %) Patienten HIV-positiv und 15 (71 %) HIV-negativ. Ein Vergleich von einer Gruppe von 65 Patienten, die vor dem 1. Mai 1982 die Behandlung begannen und diese ohne Unterbrechung mindestens 3 Jahre fortführten, mit einer anderen Gruppe von 64 Patienten, die nach dem 1. Mai 1982 in die Behandlung eintraten und etwa den gleichen Zeitraum in der Behandlung verblieben, hat demgegenüber ergeben, daß in der ersten Gruppe 11 (17 %) Patienten HIV-positiv, 54 (83 %) HIV-negativ, in der zweiten Gruppe dagegen 37 (58 %) HIV-positiv und 27 (42 %) HIV-negativ waren.[1] Aufgrund dieser und ähnlicher Ergebnisse scheint sich in der Schweiz die Auffassung immer mehr durchzusetzen, daß mit Hilfe von Methadon eine Risikoverminderung bezüglich einer HIV-Infektion für den Patienten erreicht werden könne.[2] Diese positiv zu wertenden Ergebnisse werden auch in der zweiten Auflage des Methadonberichts vom August 1989 weitgehend bestätigt.[3]

3.2.6.5 Skandinavien

Seit 1966 wird in *Schweden* mit Methadon behandelt. Das erste Methadonprogramm wurde in Ulleråker Krankenhaus in Uppsala unter Leitung von L. Gunne nach den Richtlinien von Dole gestartet.[4] Bis 1989 wurden so 174 Personen, die schwerste Opiatabhängigkeit aufwiesen, im Rahmen eines Erhaltungsprogramms mit Methadon versorgt. Das Programm nennt sich offiziell "Methadonunterstütztes Wiedereingliederungs-Programm", dessen zentrale Zielsetzung in der Wiedereingliederung in die Arbeitswelt und darüber in die Gesellschaft bestehen soll. Insgesamt handelt es sich um ein ziemlich hochschwelliges Programm, das mit einem 3 – 6 Monate andauernden stationären Aufenthalt beginnt und die Behandlung anschließend ambulant im Wege einer eigenverantwortlichen Versorgung über die Apotheke fortgesetzt wird. Drei wöchentliche Urinproben sollen die Freiheit von anderen Drogen gewährleisten.

---

1 Siehe Fuchs 1989b, 71; ders. 1992, 210 f.
2 Vgl. Kröger 1991, 71.
3 Vgl. Eidgenössische Betäubungsmittelkommission 1989, 22 – 31; siehe auch Gmür 1981, 58; zu den Ergebnissen der schweizerischen Substitutionsbehandlungen zusammenfassend auch Fuchs 1992, 202 ff.
4 Vgl. Grönbladh 1987, 151.

Ein Rückfall in die früheren Verhaltens- bzw. Konsumgewohnheiten hat einen Ausschluß aus dem Programm zufolge.[1] Im Hinblick auf die Resultate schwedischer Methadonprogramme wird in der einschlägigen Literatur vor allem auf die Studie von *Grönbladh* von 1987 Bezug genommen. Dieser nahm einen Vergleich zwischen 17 Patienten, die Methadon erhielten, und einer entsprechend großen Gruppe von nichtsubstituierenden Abhängigen vor. Die Untersuchung erstreckte sich auf einen Zeitraum von 9 Jahren. Dabei konnte er feststellen, daß bereits nach 2 Jahren 12 Patienten aus der Methadongruppe abstinent wurden. Demgegenüber ist aus der Kontrollgruppe in dieser Zeit nur 1 Person drogenfrei geworden. Nach 9 Jahren dagegen wurde aus der Methadongruppe noch ein weiterer Patient drogenabstinent. 9 drogenabhängige Personen aus der Kontrollgruppe sind in ein Methadonprogramm genommen worden, mit dem Ergebnis, daß 8 von ihnen drogenabstinent geworden sind. Von den restlichen 9 nicht behandelten Abhängigen waren 6 verstorben und eine Person drogenfrei.[2]

In *Dänemark* kann Methadon sowohl durch niedergelassene Ärzte verschrieben werden, als auch im Rahmen entsprechender Methadonprogramme, die von staatlichen und privaten Einrichtungen durchgeführt werden, abgegeben werden. Bis Ende 1989 befanden sich in Dänemark insgesamt 2.300 Personen in irgendeinem Methadonprogramm. Insgesamt deutet sich in Dänemark ein Rückgang der drogenfreien Behandlungen zugunsten der Methadonsubstituierungen an. Hierbei kommt den niedergelassenen Ärzten immer größere Bedeutung zu.[3] In *Norwegen* werden dagegen jegliche Methadonbehandlungen, in welcher Form auch immer, abgelehnt.[4]

3.2.6.6 Sonstige Länder

Methadontherapien werden auch in *Frankreich* durchgeführt. Es bestehen dort zur Zeit zwei Methadonprogramme, die in Pariser Einrichtungen stattfinden. Mangelnde Attraktivität der Methadonbehandlung aufgrund der allgemeinen

---

1 Vgl. Marx 1991, 212; Grönbladh 1987, 153 ff.
2 Siehe Grönbladh 1987, 159 f.
3 Hierzu ausführlicher Marx 1991, 214 ff.
4 Vgl. Marx 1991, 212.

Auffassung, daß Methadon sich nicht als Lösungsmittel zur Überwindung der Suchtprobleme eigne, soll dafür ursächlich sein, daß die bestehenden Kapazitäten nicht vollständig ausgeschöpft werden, sondern es lediglich unter experimentellen Gesichtspunkten zur Anwendung kommt.[1] In *Italien*, neben Spanien das Land mit dem größten Anteil von Drogenabhängigen unter den AIDS-Betroffenen (70 %), befanden sich 1989 insgesamt 11.991 Abhängige in Methadonprogrammen. Insgesamt werden in Italien über 40.000 Personen von den verschiedenen Hilfsangeboten erreicht.[2] Auch in *Österreich* werden derzeit verstärkt Methadonbehandlungen durchgeführt, so daß bis Anfang 1990 insgesamt 1.062 Personen Methdon erhielten.[3] Das österreichische Suchtgiftgesetz (SGG) hat zumindest rein theoretisch seit jeher die Abgabe von Opiaten und opiathaltigen bzw. opiatähnlichen Substanzen an Drogenabhängige ermöglicht. Der § 5 SGG erlaubt nämlich die Verschreibung nichtgifthaltiger Arzneien (mit Ausnahme einiger weniger wie Heroin), "wenn ihre Anwendung nach den Grundsätzen der ärztlichen ... Wissenschaft begründet ist und mit anderen Arzneien das Auslangen nicht gefunden werden kann." Voraussetzung ist lediglich, daß die in der Suchtgiftverordnung festgelegten detaillierten Verschreibungsvorschriften eingehalten werden. Diese scheinbar klare Rechtslage hat offenbar bewirkt, daß die österreichische Ärzteschaft sich niemals "gezwungen" sah, die Abgabe von Opiaten an Opiatabhängige verurteilen zu müssen. Da sie jedoch verabsäumt hat, klare Kriterien hinsichtlich der "wissenschaftlichen Begründetheit" aufzustellen, führte dies jedoch zu einer doppelten Praxis. Während die Substituierung iatrogener Opiatabhängigkeit mit Opiaten den behandelnden Arzt keinerlei Gefahr einer strafrechtlichen Verfolgung aussetzte, war die Abgabe von Opiaten an die illegalen Drogenabhängigen mit hohem Risiko behaftet, daß der betroffene Arzt sich vor Gericht würde verantworten müssen bzw. daß gegen ihn ein Disziplinarverfahren von seiten der Standesorganisationen eingeleitet werden würde. Diesem Zustand sollte daher der ministerielle Erlaß vom 25. September 1987 (zu § 5 SGG) ein Ende setzen ("Methadonerlaß").[4] Damit wurde mit begrüßenswerter Deutlichkeit klargestellt, daß die "Verschreibung

1 Hierzu ausführlicher Marx 1991, 40 ff.
2 Hierzu ausführlicher Marx 1991, 86 ff.
3 Vgl. Marx 1991, 192.
4 Vgl. Eisenbach-Stangl 1989b, 60 f.; zu dem "Methadonerlaß" im einzelnen Marx 1991, 195 f.

von nichtgifthaltigen Arzneimitteln einer weiteren Heroinabhängigkeit vorzuziehen ist." Seither werden die früher noch bestehenden Bedenken gegen eine Methadonbehandlung kaum noch hörbar. Diese scheint sich in Österreich weitgehend durchgesetzt zu haben, indem sie nun als eine Ergänzung zu den traditionellen drogenfreien Behandlungsangeboten angesehen wird. Den entscheidenden Antrieb zu dem "Methadonerlaß" und damit zu einer liberaleren Substitutionspolitik soll aber letztendlich auch die sprunghafte Zunahme der AIDS-Erkrankungen bzw. AIDS-Toten unter den intravenösen Drogenabhängigen gegeben haben.[1] Nach den bisher vorliegenden Ergebnissen scheinen sich auch in Österreich die vor allem auf AIDS-Prophylaxe abzielenden Erwartungen zu bestätigen.[2]

3.2.7 Levo-Methadonbehandlung in Deutschland

In Deutschland wurden bereits in den zwanziger Jahren sowohl auf legislativer Ebene etwa durch die Schaffung des Opiumgesetzes von 1929[3] als auch auf ärztlicher standespolitischer Ebene durch den Erlaß der "Danziger Leitsätze" von 1928[4] die Weichen für die spätere Haltung des Staates und der Ärzteschaft gegenüber der Methadontherapie gestellt. Der Abstinenzgedanke sollte in der Folgezeit die alleinige akzeptable therapeutische Zielsetzung sein. So kam es, daß nach einem Anfang der siebziger Jahre in Hannover in Angriff genommenen und nach zwanzigmonatiger Laufdauer abgebrochenen Modellversuch mit Levomethadon die Substitutionsbehandlung anschließend in der Bundesrepublik, von ein paar freipraktizierenden Ärzten abgesehen, weitgehend zu einem Tabu wurde, so daß die Bundesrepublik neben zunächst auch Österreich und Norwegen das einzige Land in Westeuropa war, wo die medikamentengestützte Behandlung der Opiatabhängigen grundsätzlich abgelehnt worden ist. Das "Hannoversche Methadonprogramm" wurde von der niedersächsischen Hauptstadt durchgeführt. Es handelte sich dabei um ein streng strukturiertes

---

1 Vgl. Eisenbach-Stangl 1989b, 64 f.; zur Geschichte österreichischer Substitutionspraxis ausführlich siehe Eisenbach-Stangl/Uhl 1992, 181 ff.

2 Vgl. Pfersmann/Loimer/Hollerer/Werner/Schmidt-Siegel/Presslich 1991, 248 ff.

3 Siehe oben S. 106 f.

4 Siehe oben S. 182.

Methadon-maintenance-to-abstinence-Programm, das 1975 wegen angeblicher Erfolglosigkeit abgebrochen wurde. Die "negativen" Ergebnisse dieses Programms dienten hinterher den Gegnern der Substitutionstherapie oft zur Rechtfertigung ihrer ablehnenden Haltung[1], um nicht zu sagen, zur Rechtfertigung der gesamten Methadonpolitik.[2] In einer 11-Jahres-Katamnese, die an den anfänglich 20 Programmteilnehmern durchgeführt wurde, sahen sich die seinerzeit an dem Programm beteiligten Therapeuten allerdings gezwungen, ihre negative Beurteilung von 1978 zu revidieren. Von den 11 Teilnehmern, die das Programm planmäßig durchliefen (3 verließen das Programm vorzeitig, um einen Entzug zu machen, 6 wurden aus verschiedenen Gründen ausgeschlossen) waren nämlich alle mehrjährig drogenfrei sowie sozial und beruflich integriert.[3] Das Hannoversche Methadonprogramm war bis 1988 der einzige Versuch einer strukturierten Substitutionsbehandlung für Opiatabhängige in der Bundesrepublik. Erst nachdem im Juli 1987, wie bereits erwähnt, die nordrhein-westfälische Landesregierung beschloß, die vorhandenen Hilfen für Heroinabhängige durch Etablierung von substitutionstherapeutischen Angeboten im Rahmen eines wissenschaftlich begleiteten Probelaufs zu ergänzen, bekam die Methadondiskussion eine neue Nahrung, da dies immerhin den Bruch mit dem bis dahin zumindest unter den staatlichen Stellen in Übereinstimmung mit den ärztlichen Standesorganisationen bestehenden einhellig geteilten Dogma, daß nur die traditionelle Abstinenztherapie sich zur Behandlung der Opiatabhängigkeit eigne, bedeutete. Offenbar durch die Entscheidung Nordrhein-Westfalens ermutigt, gab ein Jahr später Hamburg seine ablehnende Haltung gegenüber jeglichen Substitutionsbehandlungen auf.[4] Es sollten noch weitere Bundesländer wie Bremen[5], Berlin[6], Schleswig-Holstein[7], Saarland[8] und Niedersachsen[9] folgen. Diese drogenpolitische Umorientierung ist das Resultat einer übereinstimmenden Analyse beider Bundesländer, daß die traditionellen Drogeneinrichtungen mit

1 Vgl. Schied/Heimann 1986, 2766 f.; Körner 1985, § 29 Rz. 511.
2 Vgl. Krach/Peschke 1987, 46; Martius 1991, 79.
3 Vgl. Krach/Peschke 1987, 50.
4 Vgl. Schlömer 1990, 122.
5 Siehe Schöfer/Buscher 1991, 5 ff. und Der Senator für Gesundheit 1991.
6 Siehe Marx 1991, 110 ff.
7 Siehe Marx 1991, 110 ff.
8 Siehe Schlömer 1990, 123.
9 Siehe Hannoversche Allgemeine Zeitung vom 26. Februar 1991, S. 10.

ihrer Abstinenzausrichtung nur wenige Drogenkonsumenten erreichen, geschweige denn zur dauerhaften Überwindung der Drogenabhängigkeit entscheidend beitragen und daß die Drogenbindung regelmäßig zu Verstrickungen in Kriminalität und Prostitution, zu ihrer sozialen Desintegration und Verelendung sowie in ein erhebliches Todesrisiko, das die Drogenkonsumenten selbst betrifft, aber auch wegen der HIV-Infektionsgefahr, die von ihnen ausgeht, führt.[1] So übereinstimmend die Beweggründe für eine Abkehr von der bisherigen Drogenpolitik für beide Bundesländer leitend waren, so unterschiedlich fielen jedoch die praktischen Umsetzungen der jeweiligen Grundsatzentscheidungen aus. Das nordrhein-westfälische Konzept kennt insgesamt zwei Behandlungsebenen. Auf der einen Ebene erfolgt eine Substituierung AIDS-kranker Heroinabhängiger durch niedergelassene Ärzte, der der gesundheitsministerielle Erlaß vom Dezember 1987 zugrundeliegt. Hierbei handelt es sich noch nicht um das Erprobungsverfahren, das Anlaß zum Wiederaufflammen der Methadondiskussion gab, sondern vielmehr um eindeutig medizinisch begründete ärztliche Behandlungen erkrankter Patienten. Im Rahmen des "wissenschaftlichen Erprobungsverfahrens zur medikamentengestützten Rehabilitation bei i.V. Opiatabhängigen" findet dagegen in fünf Städten (Bochum, Düsseldorf, Essen, Bielefeld, Köln) für jeweils 25 Heroinabhängige (in Bochum nur 20) medizinische Versorgung mit Substitutionstherapie mit Levomethadon statt. Das Projekt wird wissenschaftlich begleitet und ausgewertet. Die Zielsetzung des Modells ist nämlich der empirische Nachweis an einer streng ausgelesenen Gruppe von Patienten[2], daß Heroinabhängige, die Entgiftungs- und Entwöhnungsbehandlungen nach wiederholtem Scheitern entmutigt oder ablehnend gegenüberstehen, auch in der Bundesrepublik im Rahmen einer substitutionstherapeutischen Unterstützung soziale Integration, soziale Stabilisierung, berufliche Rehabilitation und längerfristig auch Drogenfreiheit erreichen können.[3] Die bisher veröffentlichten Ergebnisse der wissenschaftlichen Begleitung sind insgesamt geeignet, die positiven Erfolgserwartungen der Substitutionsbefürworter zu bestätigen. Bereits 1989 konnte festgestellt werden, daß die gesundheitliche und soziale Stabilisierung bei allen Patienten rasch einsetzte und das Kriminalitäts-

---

1 Vgl. Schlömer 1990, 122.
2 Zu den Zugangskriterien siehe oben 3.2.4.1.
3 Vgl. Schlömer 1990, 124 f.

und Prostitutionsverhalten sich zum Positiven hin veränderte. Der anfänglich beobachtete Nebenkonsum wurde nicht als chronisch, sondern als krisenbedingt bewertet, so daß er mit Fortschreiten der Rehabilitation nachließ.[1] Dieser Trend bestätigte sich auch im Jahre 1990.[2] Seit dem Beginn der Behandlung im Jahre 1988 sind bisher 24 Patienten vorzeitig ausgeschieden. Darunter fallen vier Todesfälle, von denen drei in keinem Zusammenhang mit dem Drogenkonsum standen und einer als Suizid gewertet wurde. In einem Fall wurde der Patient wegen fortschreitender AIDS-Erkrankung in Einzelsubstitution durch einen niedergelassenen Arzt vermittelt. In einem anderen Fall ist wegen akuter psychiatrischer Erkrankung eine psychiatrische Behandlung eingeleitet worden. In den übrigen 17 Fällen lagen echte Abbrüche bzw. Ausschlüsse vor, was einem Anteil von 13 % entspricht.[3]

Das Hamburger Einzelfallkonzept unterscheidet sich in einigen Punkten grundlegend von dem Modellvorhaben in Nordrhein-Westfalen. Es ist weder auf einen bestimmten Erprobungszeitraum begrenzt noch hinsichtlich fester Kriterien nach Alter, Dauer der Opiatabhängigkeit und Zahl der gescheiterten Therapieversuche der Patienten eingegrenzt. Es handelt sich hierbei nicht um ein Methadonprogramm im üblichen Sinne. Der "Sachverständigenkommission Substitionsmaßnahmen" (SVK) zufolge, die aus Vertretern der Hamburger Ärzteschaft, dem zuständigen Oberstaatsanwalt, dem Drogenbeauftragten des Hamburger Senats und Experten der Behörde für Arbeit, Jugend und Soziales zusammengesetzt wurde[4], sollte die Möglichkeit eröffnet werden, "nach kritischer Nutzen/Risikoabwägung unter Berücksichtigung der Besonderheiten des einzelnen Falles" Methadon an hierfür in Frage kommende Opiatabhängige zu vergeben. Substitutionsmaßnahmen mit Levomethadon sollten in medizinisch-ärztlich begründeten Einzelfällen in der Behandlung von i.v. Drogenabhängigen unter Voraussetzung einer obligaten psychosozialen und psychotherapeutischen Begleitung der Patienten durchgeführt werden. Dabei sollte Opiatabstinenz als

1 Siehe Huisgen 1989, 111 f.; Martius 1991, 84 f.
2 Siehe Rösinger/Gastpar 1991, B-2465 f.; Ärzte-Zeitung 1991.
3 Siehe Rösinger/Gastpar 1991, B-2466 f.; siehe auch Rüter/Haardt/Demelius 1991, 450; eine ausführlichere Besprechung des nordrhein-westfälischen Methadonprogramms enthalten Marx 1991, 129 - 140 und Huisgen 1989, 108 - 112.
4 Vgl. Schlömer 1989, 99; ders. 1990, 131.

Behandlungsziel keinesfalls gänzlich aufgegeben werden, sondern nur Zielen wie der Verbesserung der körperlichen Gesundheit, der psychosozialen Stabilisierung einschließlich der beruflichen Rehabilitation nachgeordnet werden. Die SVK hat demnach an der Abstinenztherapie als Therapiemethode erster Wahl festgehalten. Den Kern ihrer Empfehlungen bildet jedoch ein Katalog von Indikationen für langfristige Substitution als Behandlung zweiter Wahl. Für die SVK gilt die Einzelfalllösung als medizinisch gerechtfertigt und u.U. sogar geboten bei:

- i.v. Opiatabhängigen mit schweren chronischen somatischen Erkrankungen,
- i.v. Opiatabhängigen in der Schwangerschaft,
- i.v. Opiatabhängigen mit erheblichen Persönlichkeitsstörungen,
- i.v. Opiatabhängigen mit ausgesprochen destruktiven Tendenzen,
- i.v. Opiatabhängigkeit mit ungewöhnlich malignem Verlauf,
- i.v. Opiatabhängigkeit, die mit einem anderen Medikament mindestens sechs Monate lang erfolgreich d.h. ohne Nebenkonsum von Heroin und eine psychosoziale Stabilisierung herbeiführend, substituiert worden ist.[1]

Dieser Katalog läßt somit auch die psychosozialen Indikationen zu, was den Kreis der potentiell Substituierbaren erheblich erweitert.[2] Die praktische Durchführung dieses Konzepts gestaltete sich zwar, wie berichtet wird, am Anfang sehr schwierig, da zum einen die Finanzierung der ärztlichen/psychosozialen Betreuung sowie die Arbeit des SVK nicht gesichert waren und zum anderen nicht geklärt war, wo die Ausgabe des Levomethadons stattfinden sollte. Es kam zu einem Streit zwischen Krankenkassen, die eine Finanzierung der Methadonbehandlung wegen der Verfolgung in erster Linie sozialtherapeutischer und nicht medizinischer Ziele ablehnten, und dem Sozialhilfeträger, der die Zuständigkeit bei den Krankenkassen sah.[3] Diese Streitigkeiten gingen im Ergebnis zu Lasten derjenigen, die eine Substitutionsbehandlung in Angriff nehmen wollten, da die Antragsbehandlung nur schleppend vorankam. Inzwischen sollen aber diese Schwierigkeiten weitgehend behoben sein, so daß der

1 Siehe SVK 1988, 224.
2 Vgl. Schlömer 1990, 132.
3 Vgl. Schlömer 1989, 102.

Hamburger Senat jetzt erwägt, weitere Stellen für die psychosoziale Betreuung der Methadonpatienten einzurichten.[1] Ungeachtet der verständlichen Anfangsschwierigkeiten fanden die Vorstöße beider Bundesländer in der Methadonfrage in überwiegendem Maße Zustimmung von seiten der interessierten Öffentlichkeit. Bemerkenswert ist dabei, daß durch das Hamburger Konzept der traditionellen Drogenpolitik mit ihrem repressiven Paradigma in deutlicher Weise eine Absage erteilt wird und dies interessanterweise in Kooperation zwischen der Landesregierung und der Hamburger Ärztekammer.[2] Die bereits vorliegenden Ergebnisse des Hamburger Substitutionsprogramms sind insgesamt überaus positiv zu bewerten. Bei den substituierten Patienten läßt sich vor allem eine drastische Verbesserung des Gesundheitszustandes feststellen. Bei ihnen ist ebenfalls zu einer Besserung im Bereich der psychischen Beschwerden gekommen. Im übrigen wird die Behandlung von der überwiegenden Mehrheit der Patienten auch positiv beurteilt.[3]

Durch die aus- und inländischen Erfahrungen fühlen sich, wie bereits angedeutet, immer mehr Bundesländer ermuntert, Methadonprogramme in der einen oder anderen Weise durchzuführen, wobei es auffällt, daß eine diesbezügliche Bereitschaft im Norden der Bundesrepublik stärker ausgeprägt zu sein scheint als im Süden, was offenbar mit den jeweiligen politischen Mehrheitsverhältnissen zusammenhängt.[4] Demgemäß lehnen die CDU bzw. CSU regierten Bundesländer Baden-Württemberg[5] und Bayern[6] immer noch jegliche Methadonprogramme ab und wollen auch nicht in absehbarer Zeit den "Dealern in Weiß", wie es dort oft heißt, eine Chance geben[7], obwohl die Zahl der Drogenopfer in diesen Regionen gerade in letzter Zeit dramatisch zunimmt.[8] Diejenigen nieder-

---

1 Vgl. Martius 1991, 89; eine ausführliche Besprechung des Hamburger Einzelfallkonzepts enthalten Marx 1991, 140 - 162 und Schlömer 1989, 96 - 107.

2 Vgl. Schlömer 1989, 100 f.

3 Vgl. Weber 1992, 17 f.

4 Vgl. Marx 1991, 168.

5 Siehe Giepen 1991.

6 Siehe Schmitt 1991; Nürnberger Nachrichten vom 1. - 3. November 1991 und vom 18. November 1991, 10. Interessanterweise befürwortet der neue Präsident der Bayerischen Landesärztekammer, Hege, die Methadonbehandlung, siehe Graupner 1991.

7 Vgl. Süddeutsche Zeitung vom 19. November 1990; Münchner Merkur vom 22. November 1990.

8 Vgl. Süddeutsche Zeitung vom 26./27. Oktober 1991.

gelassenen Ärzte, die trotz der warnenden Worte ihrer Standesorganisationen oder/und ihrer jeweiligen Landesgesundheitsbehörden Methadonbehandlungen durchführen, setzen sich oft strafrechtlicher und daneben berufsrechtlicher Verfolgung aus. Darüber hinaus sehen sie sich nicht selten Regreßansprüchen der Krankenkassen gegenüber.[1] Eine Anhörung im Gesundheitsausschuß des Bundestages in Bonn vom 5. Dezember 1991 hat indessen ergeben, daß die Mehrheit der Juristen und Mediziner eine kontrollierte Methadonabgabe an Heroinabhängige befürwortete.[2]

Es sind allerdings vor allem die niedergelassenen Ärzte in der Bundesrepublik, die in den letzten Jahren trotz der Behinderungen vielfältige Erfahrungen mit Ersatzdrogen gesammelt haben und daher über deren therapeutische Wirksamkeit verläßlichere Angaben zu machen im Stande sind. So wird in den Reihen frei praktizierender Mediziner nahezu einhellig die Auffassung vertreten, daß sich der Gesundheitszustand substituierter Patienten drastisch verbessert, womit eine soziale und berufliche Integration in den allermeisten Fällen einhergeht.[3] Beschaffungskriminalität und Beschaffungsprostitution gehen merklich zurück.[4] Die Mortalitätsrate im Einzugsgebiet einer Substitutionsbehandlung sinkt signifikant.[5] Methadon erweist sich auch als ein wirksames Mittel gegen die Ansteckung mit HIV.[6] Überdies hilft es, die Latenzphase zu verlängern, so daß die AIDS-Erkrankung mitunter erheblich hinausgezögert wird.[7] Wie bereits dargelegt, wird das Immunsystem der HIV-positiven i.v. Drogenabhängigen durch die Ersatzdroge nicht beeinträchtigt.[8]

Dieses wird vielmehr, wie die Tatsache der Veränderung der Latenzphase es zeigt, in einer positiven Richtung beeinflußt. Auch im Hinblick auf die Erfah-

---

1 Vgl. Laux 1992; Ärzte Zeitung vom 16./17. November 1990, S. 8.
2 Vgl. Süddeutsche Zeitung vom 5. Dezember 1991, S. 6.
3 Siehe Elias 1990, 19; ders. 1991a, 95; Bschor 1991, 13, Vucelijic 1991, 37; Bornemann/Bschor/Schmitz da Silva 1991, 87; Grimm 1985, 209 f.; Ulmer 1990, 10 f.
4 Siehe Elias 1990, 19; ders. 1991 b, 2; siehe auch Newman 1991, 585 f.
5 Elias 1991 b, 1, berichtet davon, daß in seinem Einzugsgebiet infolge der Methadonbehandlung die Sterberate von 4 % auf 0,6 % gesunken sei.
6 Siehe Ulmer 1990, 12; Elias 1991 b, 1; Bornemann/Bschor/Schmitz de Silva 1991, 87; and. Böcker 1991, 133.
7 Siehe Bschor 1991, 12.
8 Siehe Brockmeyer/Mertins/Kreuzfelder/Husemann/Groos 1990, 489; Hoffmeister-Wagner/Wiesner v. Jagwitz/Streidl/Peters 1991, 458; siehe auch oben S. 192 f.

rungen mit Methadonsubstitution bei AIDS-Kranken i.v. Drogenabhängigen werden überwiegend positive Ergebnisse registriert, da den an dieser tödlichen Krankheit leidenden Menschen für die letzten Jahre ihres Lebens zumindest die Möglichkeit gegeben werden kann, ein Leben jenseits Kriminalität und Prostitution sowie Gefängnis und Beschaffungsdruck zu führen.[1] Außerordentlich interessant, weil auch rechtlich sehr bedeutsam und im übrigen die Position der Methadongegner in erheblichem Maße schwächend, erscheint die im Rahmen praktischer und wissenschaftlich experimenteller Arbeit gewonnene Erkenntnis, daß Methadon entgegen der bislang hartnäckig vertretenen These keinesfalls regelmäßig suchterhaltend bzw. suchtverlängernd wirkt, nur weil der aus den Beschaffungsschwierigkeiten resultierende Leidensdruck fortfällt. Der schlüssige Nachweis, daß die ausschließlich nichtsubstituiven Behandlungsangebote eine kürzere Dauer der Krankheitsverläufe hätten als die Methadonangebote, ist von den Gegnern der Substitutionstherapie bisher nicht erbracht worden. Nach allem scheint Methadon zumindest die statistische Chance der Patienten drogenabstinent zu werden, nicht zu verschlechtern, sondern eher zu verbessern.[2]

Diese positiven Erfahrungen scheinen auch die jüngsten Ergebnisse des Bremer Substitutionsprogramms zu bestätigen.[3] Es liegt derweil ein Zwischenbericht der seit Mai 1991 laufenden Begleitforschung zur Methadon-Substitution im Lande Bremen vor, der die ersten Behandlungsresultate zusammenfaßt. Der Bericht basiert auf einer Befragung aller Beteiligten (262 Substituierte, 39 Ärzte und 47 Drogenhilfemitarbeiter) und weist u.a. folgende Ergebnisse aus: Hinsichtlich des Heroinbeigebrauchs ist im Wege der Befragung der substituierten Abhängigen festgestellt worden, daß zum ersten Befragungszeitpunkt (durchschnittliche Substitutionsdauer: 12 Monate) 33 % der Abhängigen neben der täglichen Polamidon-Einnahme zusätzlich Heroin konsumierten (35 % der weiblichen und 32 % der männlichen Substituierten), wobei jedoch diese Ergebnisse zunächst noch mit Zurückhaltung interpretiert werden, da die positiv

---

1 Siehe Rüter/Haardt/Demelius 1991, 447 f.

2 Siehe Elias 1990, 19; ders. 1991 a, 99 f.; Vuceljic 1991, 36 f.; siehe auch Jage 1989, 16 f.; ders. 1990, 554; zu den Behandlungsergebnissen zusammenfassend auch Bossong 1992b, 28 - 37.

3 Zum Bremer Methadonvergabemodell siehe ausführlich Brechner 1992; hierzu siehe auch Gesundheitssenatorin J. Gaertner, Der Spiegel, Heft 47, vom 16. November 1992, S. 103 f.

anmutenden Prozentzahlen nicht nur als Folge des zögerlichen Eingeständnisses des eigenen Konsumverhaltens von seiten der befragten Substituierten zustande gekommen sein können. In diesem Zusammenhang erscheint die Beobachtung interessant, daß mit der Behandlungsdauer wider Erwarten eine Zunahme des Heroin-Beigebrauchsverhaltens einhergeht. Dies gilt im verstärktem Maße bei Männern mit einer Substitutionsdauer von länger als 18 Monaten. Bei den Frauen liegt der prozentuale Anteil des Beigebrauchs bei gleicher Substitutionsdauer dagegen bei etwa 30 %. Ohne Zweifel können diese Ergebnisse auf eine Zunahme der Eingeständnisbereitschaft bezüglich des eigenen Heroinbeigebrauchs bei den länger als 18 Monate substituierten Männern und/oder auf einen bei ihnen vorliegenden suchtbedingten schweren Erkrankungsgrad (HIV-Infektion etc.), der eine Heroin-Abstinenz nicht mehr erstrebenswert erscheinen läßt, zurückzuführen sein, dennoch sollte dieses Phänomen noch zum Gegenstand einer genaueren Untersuchung gemacht werden. Des weiteren weist der Zwischenbericht eine signifikante Veränderung der Konsumgewohnheiten anderer Suchtstoffe aus. Während vor Beginn der Substitution bei den Frauen die Einnahme von Schlafmitteln und codeinhaltigen Mitteln mit einem Durchschnittsgebrauch an etwa 22 bzw. 20 Tagen pro Monat dominierte, hat sich im Laufe der Substitution die Situation dahingehend geändert, daß nur noch Haschisch in nennenswertem Umfang etwa jeden zweiten Tag konsumiert wird. Daneben gibt es noch einen Gebrauch von Schlafmitteln, deren Einnahmehäufigkeit sich allerdings halbiert hat und nur bei 12 Tagen im Monatsdurchschnitt liegt. Durch die Substitutionssituation wurde der Alkoholkonsum der Probandinnen kaum beeinflußt. Bei den Männern liegen ähnliche Veränderungen vor. Bei ihnen wird der aktuelle Drogengebrauch im wesentlichen durch Haschisch und Alkohol geprägt.[1] In bezug auf die gesundheitliche Situation läßt sich sowohl bei den Frauen als auch Männern ein drastischer Rückgang bei einzelnen Erkrankungen feststellen. Der Anteil der an Spritzenabszessen leidenden weiblichen Substituierten ist von 61 % vor der Substitution auf nur noch 15 % zum Befragungszeitpunkt zurückgegangen. Die gleichen prozentualen Veränderungen sind bei den Männern verzeichnet worden. Die Folgen von Verletzungen sind ebenfalls merklich zurückgegangen und zwar von 34 % bei den Frauen bzw. 44 % bei den Männern vor Substitutionsbeginn auf 23 % bzw. 30 % zum Befra-

1 Siehe Zwischenbericht 1992, 32 f.

gungszeitpunkt. Der Rückgang der Lebererkrankungen ist bei den Männern höher als bei den Frauen. Für den Zeitpunkt des Substitutionsbeginns gaben 81 % der opiatabhängigen Männer gegenüber 61 % bei den Frauen eine derartige Erkrankung an. Derzeit leiden 64 % der Männer und 52 % der Frauen an einer Lebererkrankung.[1]

In sozio-ökonomischer Hinsicht sind ebenfalls gravierende Veränderungen vonstatten gegangen. Während zu Beginn der Substitution mehr als 30 % der Frauen ihren Lebensunterhalt ausschließlich oder überwiegend durch Prostitution oder Dealen bzw. Vermitteln von Drogengeschäften bestritten, waren es zum Befragungszeitpunkt nach eigenen Angaben nur noch 2 % der befragten Frauen. Eine ähnliche Entwicklung läßt sich auch bei den Männern beobachten. Während früher 40 % der Abhängigen durch Dealen bzw. Vermitteln ihren Lebensunterhalt bzw. Drogenbedarf verdienten, kommt dieser Erwerbstätigkeit Ende 1991 prozentual die geringste Bedeutung zu.[2] Von den befragten Frauen sind 70 % ohne ein Beschäftigungsverhältnis. Der Anteil der erwerbslosen Männer liegt dagegen bei etwa 50 %. Die Wohnsituation der Frauen hat sich im Vergleich vor Substitutionsbeginn geringfügig verbessert. Für die Männer sind diesbezüglich keine bedeutsamen Veränderungen festzustellen.[3] Nur 20 % der Substituierten sind schuldenfrei.[4]

Die Angaben der substituierten Patienten, insbesondere zu deren gesundheitlichen Situation, werden auch durch ihre Ärzte weitgehend bestätigt. Diese berichten von einem dramatischen Rückgang der Spritzenabszesse und Venenleiden. Die letztgenannte Art der Erkrankung läßt sich bei 52 % bis 69 % weniger Abhängigen in der aktuellen Situation finden als zu Beginn der Substitution. Die Suizidalität hat sich bei Frauen und Männern von 42 % auf 18 % reduziert. Es wurden deutlich weniger psychische Störungen bei 35 % weniger Frauen und 20 % weniger Männern diagnostiziert. Lebererkrankungen sind um 17 % bei Frauen und 21 % bei Männern zurückgegangen. Die Zahl der HIV-Infektionen bzw. AIDS-Erkrankungen ist bislang gleichgeblieben.[5]

1 Siehe Zwischenbericht 1992, 33 f.
2 Siehe Zwischenbericht 1992, 36 f.
3 Siehe Zwischenbericht 1992, 39 f.
4 Siehe Zwischenbericht 1992, 40 ff.
5 Siehe Zwischenbericht 1992, 50.

Resümierend läßt sich feststellen, daß die mittlerweile in der Bundesrepublik mit Ersatzdrogen erzielten therapeutischen Resultate von denen des Auslands nicht wesentlich abweichen. Obwohl die ausländischen Ergebnisse aufgrund der sehr viel längeren Substitutionspraxis verläßlichere Basis für eine Wirksamkeitsbeurteilung bezüglich der Substitutionstherapie darstellen dürften, sind es in der Bundesrepublik vor allem die niedergelassenen Ärzte, die mittlerweile über eine gewisses Erfahrungspotential verfügen, das mittlerweile ziemlich zuverlässige Aussagen über den Nutzen der Substitutionstherapie auch hierzulande zuläßt. Dementsprechend können auch die in Deutschland durchgeführten bzw. laufenden Substitutionsbehandlungen im Ergebnis als überaus positiv bewertet werden.[1]

3.3 Fazit

Substitutionsbehandlung hat, wie gezeigt, eine lange Geschichte, die bis in das vorige Jahrhundert zurückreicht. Dennoch sollte erst die Entdeckung des Methadons bzw. Levomethadons und seine erstmalige Anwendung als Rezeptorblokker in einem strukturierten Programm durch das amerikanische Ärzteehepaar Dole und Nyswander bewirken, daß die medikamentengestützte Erhaltungstherapie alsbald weltweite Anerkennung und dem sich anschließende rasche Verbreitung - allen voran - in den USA und bei den meisten bundesdeutschen Nachbarn gefunden hat. Die Bundesrepublik hat bis vor kurzem eine generell ablehnende Haltung gegenüber der Substitutionstherapie eingenommen, die allerdings jetzt durch die von einigen Bundesländern eingeführten Methadonprogramme wesentliche Aufweichung erfahren hat, ohne jedoch gänzlich revidiert zu werden. Die Evaluationen der verschiedenen Methadonprogramme, die im Laufe der letzten 25 Jahre weltweit durchgeführt wurden, lassen im Hinblick auf die Frage nach dem Stellenwert des Methadons im Zusammenhang mit der Behandlung Opiatabhängiger keine eindeutigen Aussagen zu, die über jegliche Kontroverse erhaben wären. Es konnten nämlich sowohl solche Ergeb-

1 Zur Praxis der Substitutionsbehandlung in der Bundesrepublik zusammenfassend siehe Bossong/Stöver 1992, 43 ff.

nisse feststellt werden, die spontan sehr positiv stimmten und einer breiten Anwendung des Methadons in der Therapie der Drogenabhängigkeit das Wort redeten, als auch solche, die zunächst eher eine negative Beurteilung nahelegten. Dabei war allerdings stets von großer Bedeutung, wie der Erfolg im Einzelfall definiert wurde, ob also gegebenenfalls die völlige Opiatfreiheit das vorrangige Ziel der Behandlung war, oder ob die soziale und gesundheitliche Stabilisierung unter Inkaufnahme zeitweiliger oder auch dauernder Opiatabhängigkeit im Vordergrund der therapeutischen Bemühungen stehen sollte. Dementsprechend kann ein und derselbe Einzelfall u.U. zwei grundverschiedenen Beurteilungen zugänglich sein, je nachdem, was den Erfolg ausmachen soll. Ungeachtet solcher kontroversen Konstellationen ist aber das Methadon auch geeignet, eindeutig über jeden Zweifel erhabene positive Ergebnisse zu zeitigen, wenn etwa am Ende der Behandlung Drogenfreiheit vorliegt. Aussagen des Inhalts, daß es sich bei Methadon um eine "therapeutische Illusion" handele[1], erscheinen daher in dieser generalisierenden Form kaum geeignet, die Bedeutung des Methadons in therapeutischem Kontext annähernd zutreffend zu beschreiben. Die behandelnden Ärzte sind schon gar nicht "Dealer in weißem Kittel".[2] Dem stehen, wie gesagt, die bisherigen positiven Erfahrungen, die die negativen Ergebnisse sogar unter Zugrundelegung des Erfolgskriteriums "Drogenfreiheit" gemäß dem Abstinenzparadigma zu übertreffen vermögen, entgegen. Die Abstinenzquote in Methadonprogrammen ist nämlich zumindest so hoch wie in den drogenfreien Einrichtungen.[3] Die Waagschale neigt sich aber endgültig zugunsten der Methadontherapie, wenn die durch sie angestrebten Ziele vom Standpunkt des Akzeptanzmodells her bestimmt werden. Im bezug auf nahezu alle Methadonprogramme wird von der Reduzierung der kriminellen Aktivitäten und der Prostitution sowie von der Verbesserung der sozialen und gesundheitlichen Folgen der Abhängigkeit berichtet. Die vorliegenden Ergebnisse weisen im Hinblick auf die Frage nach dem Beitrag des Methadons zur AIDS-Prophylaxe allesamt in eine positive Richtung, so daß solange diese Krankheit die Reihen der intravenösen Drogenkonsumenten lichtet, vorbehalt-

---

1 So Pernhaupt 1986, 17 ff.

2 So Heckmann 1979, 40 f. Zum Argumentationsstil der Methadongegner siehe Quensel 1989, 38 f.; Gerlach/Schneider 1990, 7.

3 Siehe oben S. 165 f. und 3.2.6 sowie 3.2.7.

lich rechtlicher Zulässigkeit kein Weg an der Substitutionsbehandlung vorbeiführen kann.[1]

Die bisherigen Erfahrungen haben auch deutlich gemacht, daß die ambulante Substitutionsbehandlung für eine Vielzahl der Fälle die weniger praktikable Therapieform ist, was sich u.a. dadurch manifestiert, daß trotz ambulanter Substitutionsangebote die stationären Langzeittherapien nicht nur aufgrund justiziellen Zwanges in Anspruch genommen werden. Das drogenfreie Therapieangebot wird also durch die Substitutionstherapie, sei es als staatlich organisierte Programme, sei es als Behandlungen im Rahmen ärztlicher Verschreibungspraxis, keinesfalls, wie von seiten der Substitutionsgegner immer wieder ins Feld geführt, verdrängt.[2] Vielmehr wird das bestehende Drogenhilfesystem nur erweitert. Demgemäß wird in Reihen der interessierten Fachöffentlichkeit eine pluralistisch orientierte Drogenarbeit immer mehr beführwortet.[3] Drogenabhängigkeit ist nicht der Ausdruck, wie gezeigt, einer ontologischen Persönlichkeitsstruktur, die sich mit eindimensionalen Ansätzen erklären läßt, sondern ein individuelles Problem, das vielschichtige Ursachen und Verlaufsbedingungen haben kann. Ein Drogenhilfesystem muß also genauso vielschichtig und daher flexibel aufgebaut sein, damit es jeder Individualität des Einzelfalles Rechnung tragen kann. In concreto bedeutet dies, daß es Drogenabhängige gibt, die mit dem rein drogenfreien Hilfsangebot nicht zu erreichen sind, genauso wie es umgekehrt Drogenabhängige gibt, die mit der ambulanten Substituierung nichts anzufangen wissen. Insoweit hat sich das Selbstverständnis des deutschen Drogenhilfesystems grundlegend zu wandeln. Nicht die Abhängigen sollten sich den Anforderungen des jeweiligen Therapieangebots unterwerfen, sondern das gesamte Hilfesystem ist gehalten, entsprechende Angebote bereitzustellen.[4] Bereits auf dieser Ebene hat also ein Paradigmawechsel stattzufinden. Die Notwendigkeit eines derartigen Umdenkens läßt sich

---

1 Zur Bedeutung des Methadons im Zusammenhang mit der AIDS-Problematik siehe Stöver 1989b, 46 ff.

2 Vgl. Elias 1991a, 98; Bschor 1991, 11; Newman 1991, 586.

3 Siehe Gerlach/Schneider 1990, 7 f.; Schneider 1990, 38 ff.; Böllinger 1991b, 293; Bossong/Scheerer 1989, 344; v. Bülow 1990, 24; Bruns 1989, 192.

4 In diesem Sinne wohl auch Bühringer 1990, 26, wenn er sich für eine Individualisierung der Suchttherapie ausspricht.

nicht nur mit therapeutischen Praktikabilitäts- und Rationalitätserwägungen begründen, sondern auch und vor allem aus der Verfassung herleiten. Es ist nämlich seit einiger Zeit allgemein anerkannt, wie bereits im Zusammenhang mit dem Grundrecht auf Entfaltung der Persönlichkeit im Sinne des Art. 2 Abs. 1 GG dargelegt[1], daß jedem Grundrecht neben seiner staatsabwehrenden Freiheitsverbürgung auch ein staatsbezogener Anspruch auf Schaffung der tatsächlichen Grundlage für die Ausübung des Grundrechts innewohnt. Eine derartige Effektivierung der Grundrechte ergibt sich entweder aus der Idee der "Teilhaberechte"[2] oder der der "sozialen Grundrechte"[3], sofern es um staatliche Leistungen zugunsten der Gesundheit geht. Dies ist Bestandteil des dem Staat erteilten Sozialauftrags (Art. 20, 28, 79 Abs. 3 GG)[4] und dürfte mittlerweile kaum noch auf ernstzunehmenden Widerstand stoßen. Der Staat entledigt sich aber seiner verfassungsrechtlichen Pflicht, das Leben und die Gesundheit der Drogenabhängigen zu schützen, nicht dadurch, daß er drogenfreie Langzeittherapien bereithält bzw. sonstige auf alsbaldige Drogenfreiheit fixierte Leistungen anbietet, da diese Hilfsangebote nachweislich nur einem sehr begrenzten Teil der Hilfesuchenden zu helfen vermögen, für die überwiegende Mehrheit der übrigen Drogenabhängigen sich aber von vornherein als ungeeignet erweisen. Im Falle der mit den Abstinenztherapien nicht anzusprechenden Population der Drogenabhängigen laufen damit die die aktiven Leistungen des Staates im Bereich des Gesundheitsschutzes auslösenden Grundrechte leer, gleichzeitig aber auf eine unter dem Aspekt des Gleichheitsgrundsatzes des Art. 3 GG nicht hinzunehmende Privilegierung einer Minderheit aus. Die Pflicht des Staates zum Schutze der Menschenwürde gem. Art. 1 Abs. 1 S. 2 GG[5], das Sozialstaatsprinzip gem. Art. 20 Abs. 1 i.V.m. Art. 2 Abs. 2 GG[6], aber auch das Willkürverbot gem. Art. 3 Abs. 1 GG[7] fordern von dem Staat vielmehr eine Bereitstellung einer breiten – nach Möglichkeit – jeder Individualität des Einzelfalles Rechnung tragenden Angebotspalette.[8] In diesem Kontext findet die

---

1 Siehe oben S. 127 f.
2 Vgl. Seewald 1982, 14 ff.
3 Vgl. AK/GG/Kittner, Art. 20, 1 – 3, Rz. 64, 67.
4 Vgl. Maunz/Dürig/Dürig, GG Art. 2 Abs. 2, Rz. 26; siehe auch Däubler 1972, 1108 f.
5 Vgl. Seewald 1982, 15 ff.
6 Vgl. Maunz/Dürig/Dürig, GG Art. 2 Abs. 2, Rz. 26.
7 Vgl. Seewald 1982, 34 ff., 36.
8 In diesem Sinne wohl auch Scheerer 1983b, 87.

Methadonbehandlung offenbar auch ihre grundsätzliche Rechtfertigung. Dies umso mehr, als Leistungsansprüche gegen den Staat auch aufgrund vorangegangenen Handelns begründet werden können. Bei bestimmtem staatlichen Tun kann nämlich ein Bedarf an Grundrechtseffektivierung im Sinne einer Handlungspflicht entstehen, wenn dieses Tun in gleicher Weise zur Beeinträchtigung von Grundrechten wie ein "Eingriff" führt.[1] Dieser Gesichtspunkt gilt auch im Gesundheitsbereich, was das BVerfG mehrfach feststellte.[2] Danach wird ein Anspruch auf lebens- und gesundheitsschützende Maßnahmen schon im Falle einer nur wahrscheinlichen Verletzung der Grundrechte auf Leben und körperliche Unversehrtheit bejaht. Diesem verfassungsrechtlichen Grundsatz ist vor allem in dem hier interessierenden therapeutischen Zusammenhang Geltung zu verschaffen. Wie bereits aus den vorausgegangenen Überlegungen deutlich wurde, hat der Staat durch die Institutionalisierung einer weitgehend repressiven Drogenpolitik größtenteils es selbst zu vertreten, daß die Drogenkonsumenten der gesundheitlichen und sozialen Verelendung anheimfallen und durch die gesamten Umstände des Konsums unter prohibitiven Bedingungen in die Abhängigkeit geradezu getrieben werden.

Die für die stationäre Langzeittherapie typische Zielsetzung der absoluten Drogenfreiheit sowie die durchweg zu beobachtende strenge Reglementierung des Therapieablaufs lassen die in vielen Fällen an sich vorhandene Bereitschaft der Abhängigen zur Überwindung ihrer Drogenbindung oft nicht zur Entfaltung kommen, was entweder den Entschluß zur freiwilligen Therapieaufnahme verhindert oder eine positive Erfolgsbewertung der bereits begonnenen Therapie wegen der nachfolgenden Therapieabbrüche und Rückfälle kaum erlaubt. Die Methadonprogramme erhöhen indessen nachweislich die Erreichbarkeit, die je nach der Ausgestaltung der jeweiligen Zulassungskriterien variieren kann. Zu fordern sind daher möglichst niedrigschwellige Methadonprogramme, die auch die Mehrzahl der mit dem traditionellen drogenfreien Drogenhilfesystem nicht anzusprechenden Drogenabhängigen erreichen, damit auch diesen bisher als "therapieunwillig" bzw. "therapieunfähig" geltenden Drogenkonsumenten eine Chance geboten werden kann. Hierbei ist die Zielsetzung der "Drogenfreiheit"

---

1 Vgl. Seewald 1982, 47 ff.; Maunz/Dürig/Dürig, GG Art. 2 Abs. 2, Rz. 6.
2 Siehe BVerfGE 49, 89, 141 f.; 52, 215 ff.

der sozialen und gesundheitlichen Stabilisierung als vordergründiges Ziel der Behandlung unterzuordnen. Es gilt somit von dem Abstinenzparadigma, wie seit langem gefordert, Abschied zu nehmen.[1] Diese therapeutische Prioritätenneubestimmung erscheint aufgrund der in dieser Arbeit bereits dargelegten Erkenntnisse, daß der Drogenfreiheit in den allermeisten Fällen eine soziale und berufliche Integration vorauszugehen hat, daß viele intravenösen Drogenkonsumenten selbst nach mehrjähriger Abhängigkeit aus dieser herauswachsen können und daß die Verseuchung mit HIV unter den intravenösen Drogenabhängigen immer mehr um sich greift, schon aus humanitären Gründen geradezu zwingend erforderlich. Vorbehaltlich rechtlicher Probleme wäre es insoweit wünschenswert, eine breite Versorgung mit Methadon über niedergelassene Ärzte sicherzustellen. Die vorstehenden Beweggründe die für eine Methadonbehandlung sprechen, kommen aber auch zum Tragen, wenn es um die Frage einer kontrollierten Heroinabgabe für bestimmte Populationen der "perspektivlosen" Heroinkonsumenten geht. Nach allem erscheint es durchaus sinnvoll, auch die Heroinbehandlung unter bestimmten Voraussetzungen in der Bundesrepublik zu ermöglichen. Insoweit wäre der Gesetzgeber gefordert, die nötigen rechtlichen Änderungen im Betäubungsmittelrecht vorzunehmen.[2] Denn nur ein Drogenhilfesystem, das sowohl aus strikt drogenfreien Angeboten als auch aus solchen, die den weiteren Drogenkonsum akzeptieren, sei es in Form unterschiedlicher Substitutionstherapien, sei es in Form der Heroinabgabeprogramme, besteht, bietet die Möglichkeit, den überwiegenden Teil der intravenösen Drogenabhängigen vor dem zerstörerischen Einfluß der illegalen Drogenszene zu bewahren.

Inwieweit der Verwirklichung der Substitutionspostulate dagegen betäubungsmittelrechtliche Schranken im Wege stehen, soll nachfolgend untersucht werden.

---

1 So auch Bschor 1987, 907.
2 Z.B. im Sinne der Gesetzesinitiative von Hamburg, BRDrucks. 296/92 v. 5. Mai 1992.

4. Rechtliche Zulässigkeit der Substitutionsbehandlung

4.1 Die Regelung nach dem BtMG

4.1.1 Die juristische Ausgangsbasis

Ausgangspunkt der juristischen Bewertung der Substitutionsbehandlung bildet, sofern ein Betäubungsmittel verwendet wurde, der § 29 Abs. 1 Nr. 6 BtMG. Danach wird bestraft, wer entgegen § 3 BtMG Betäubungsmittel verschreibt (a), verabreicht oder zum unmittelbaren Verbrauch überläßt (b). Sofern ggf. im Rahmen der Substitutionsbehandlung die beiden zuletzt genannten Anwendungsmodalitäten ebenfalls zum Tragen kommen, kann neuerdings auch noch der an anderer Stelle bereits erwähnte neue § 29a Abs. 1 Nr. 1a BtMG bedeutsam werden.[1] Dreh- und Angelpunkt der Substitutionsbehandlung ist demnach § 13 Abs. 1 BtMG. Nach dieser Vorschrift dürfen die in Anlage III bezeichneten Betäubungsmittel nur von Ärzten, Zahnärzten und Tierärzten und nur dann verschrieben oder im Rahmen einer ärztlichen, zahnärztlichen oder tierärztlichen Behandlung einschließlich der ärztlichen Behandlung einer Betäubungsmittelabhängigkeit verabreicht oder einem anderen zum unmittelbaren Verbrauch überlassen werden, wenn ihre Anwendung am oder im menschlichen oder tierischen Körper begründet ist. Die Anwendung ist insbesondere dann nicht begründet, wenn der beabsichtigte Zweck auf andere Weise erreicht werden kann. Dagegen dürfen die in den Anlagen I und II bezeichneten Betäubungsmittel, darunter auch das Methadon, nicht verschrieben werden. Demgegenüber stellt der Absatz 2 S. 1 dieser Vorschrift klar, daß die nach Absatz 1 verschriebenen Betäubungsmittel nur im Rahmen des Betriebs einer Apotheke und gegen Vorlage der Verschreibung abgegeben werden dürfen.

---

1 Zum Wortlaut des § 29a Abs. 1 Nr. 1a BtMG siehe oben S. 114 f.

Der Wortlaut des § 13 Abs. 1 BtMG knüpft weitgehend an das OpiumG und die dazu erlassene "Verordnung über das Verschreiben Betäubungsmittel enthaltender Arzneien und ihre Abgabe in den Apotheken" (BtMVV) vom 19. Dezember 1930 an. Nach § 10 Abs. 1 Nr. 6 OpiumG wurde nämlich mit Gefängnis oder mit einer dieser Strafen bestraft, sofern nicht nach anderen Strafgesetzen eine schwere Strafe verwirklich war, wer den aufgrund des (...) § 8 erlassenen Bestimmungen zuwiderhandelte.[1] Nach § 6 der gemäß § 8 OpiumG erlassenen BtMVV durften Arzneien nur von Ärzten, (...) und nur dann verschrieben werden, wenn ihre Anwendung *ärztlich (...) begründet* war.[2] Diese Regelung wurde später Gegenstand des Gesetzes. So durfte ein Betäubungsmittel nur verschrieben werden, wenn seine Anwendung *ärztlich begründet* war.[3]Demgegenüber wies weder die BtMVV vom 24. Januar 1974[4] noch die vom 25. April 1978[5] in jeweils ihrem § 4 das Merkmal "ärztlich" hinsichtlich der Begründetheit der Verschreibung noch auf. Der Wortlaut des § 4 BtMVV 1978 stand offenbar Pate für den jetzt geltenden § 13 Abs. 1 BtMG, da sich die beiden Vorschriften im wesentlichen gleichen. Mit dem "Gesetz zur Änderung des Betäubungsmittelgesetzes" vom 9. September 1992, das am 16. September 1992 in Kraft trat, erfuhr der § 13 Abs. 1 BtMG allerdings insoweit eine Erweiterung seines Wortlauts, als nach dem Wort "Behandlung" nunmehr die Worte "einschließlich der ärztlichen Behandlung einer Betäubungsmittelabhängigkeit" eingefügt worden sind.[6] Obwohl § 13 Abs. 1 BtMG zumindest seinem Wortlaut nach keinesfalls nur auf die *ärztliche Begründetheit* beschränkt zu sein schien, sondern er auch die Berücksichtigung anderer als nur der rein ärztlichen Gesichtspunkte durchaus ermöglichte, wurde ihm anfänglich regelmäßig eine nur medizinische Indikationslage unterstellt.[7] Dies kam gerade im Hinblick auf die rechtliche Bewertung der Substitutionsbehandlung, wie noch zu zeigen sein

---

1 Siehe RGBl. 1929 I, 215.
2 Siehe RGBl. 1930 I, 635.
3 Siehe BGBl. 1971 I, 2092.
4 Siehe BGBl. 1974 I, 100.
5 Siehe BGBl. 1978 I, 537.
6 Siehe BGBl. 1992 I, 1593.
7 Vgl. Joachimski, § 13, Anm. 10a; Endriß/Malek 1986, Rz. 248; Erbs/Kohlhaas/Pelchen, § 13 Anm. 4; Ebert/Müller 1982, Rz. 50; Körner 1990, § 13, Rz. 5.

wird, besonders deutlich zum Tragen. Mittlerweile wird aber der rein medizinische Charakter des Begründetheitsbegriffs zunehmend in Zweifel gezogen.[1]

Nach der Gesetzeskonzeption stellt § 13 eine Ausnahmevorschrift dar, die die §§ 3 und 4 BtMG ergänzt. Während § 3 regelt, wer eine Erlaubnis zum Verkehr mit Betäubungsmitteln des Bundesgesundheitsamtes benötigt, stellt § 4 demgegenüber klar, wer von einer derartigen Erlaubnispflicht befreit ist.

Nach § 13 Abs. 1 darf der Arzt also Betäubungsmittel entweder *verschreiben, verabreichen* oder *zum unmittelbaren Verbrauch überlassen.* Demgegenüber darf der Apotheker nach § 3 Abs. 2 BtMG aufgrund einer ärztlichen Verschreibung *abgeben.*

Unter *Verschreibung* versteht man die persönliche schriftliche Anweisung eines im Inland approbierten Arztes auf einem Betäubungsmittel-Rezept an den Apotheker, an eine bestimmte Person ein bestimmtes Betäubungsmittel zu bestimmten Bedingungen auszuhändigen.[2]

Unter *Verabreichen* versteht man dagegen alle Formen des Einführens von Betäubungsmitteln an bzw. in den Patienten ohne dessen maßgebliche Mitwirkung.[3]

Unter *Überlassen zum unmittelbaren Verbrauch* versteht man schließlich das Zuführen einer Betäubungsmitteldosis an Dritte zum sofortigen Verbrauch, wobei sich der Adressat den Stoff selbst einführt.[4]

Von dem letztgenannten Gesichtspunkt ist das *Abgeben* zu unterscheiden, das darauf beruht, daß der Adressat über den Stoff selbst Verfügungsgewalt erlangt. Es bleibt ihm insoweit freigestellt, ob und wann er das Betäubungsmittel konsumieren will.[5]

Im Rahmen der ärztlichen Substitutionstherapie können zumindest rein theoretisch alle drei zuerstgenannten Anwendungsmodalitäten in Frage kommen. In der Bundesrepublik waren aber bisher nur die "Verschreibung" und das "Über-

---

1 Vgl. u.a. Haffke 1989, 63; Moll 1991, 2335; Schumacher 1989, 168; Böllinger/Stöver 1992, 116; hierzu im einzelnen siehe unten 4.1.5.1.1.2.
2 Siehe Joachimski, § 13, Anm. 2; Körner 1990, § 29, Rz. 631 (2a).
3 Siehe Joachimski, § 13, Anm. 4; Körner 1990, § 29, Rz. 631 (2b).
4 Siehe Joachimski, § 13, Anm. 5; Körner 1990, § 29, Rz. 631 (2c).
5 Siehe Körner 1990, § 29, Rz. 631 (2c).

lassen zum unmittelbaren Verbrauch" Gegenstand der juristischen Zulässigkeitsdiskussion, da das "Verabreichen" etwa in Form der Betäubungsmittel-Injektion aufgrund der Möglichkeit oraler Einnahme des Levomethadons durch den Patienten in den medizinischen Fachkreisen niemals ernsthaft in Erwägung gezogen und wohl auch kaum wirklich praktiziert wurde.[1] Während bei den staatlich organisierten Methadonprogrammen wohl das "Überlassen zum unmittelbaren Verbrauch" eine entscheidende Rolle spielen dürfte, kam im Zusammenhang mit den Behandlungen durch niedergelassene Ärzte bisher der "Verschreibung" die überragende Bedeutung zu.[2] Da diesem Gesichtspunkt auch in der zukunftsorientierten neuerlichen juristischen Diskussion die zentrale Aufmerksamkeit geschenkt wird, soll sich auch in der vorliegenden Arbeit der Gegenstand der rechtlichen Untersuchung auf die "ärztliche Verschreibung" beschränken. Insoweit dürfte dem § 29a Abs. 1 Nr. 1a BtMG im Kontext der Substitutionsproblematik praktisch keinerlei Bedeutung zukommen.

Nach § 13 Abs. 1 BtMG ist, wie gezeigt, die Begründetheit der ärztlichen Verschreibung das bestimmende Kriterium für die rechtliche Zulässigkeit der jeweiligen Substitutionsbehandlung mit Betäubungsmitteln. Bei der Begründetheit handelt es sich um einen unbestimmten Rechtsbegriff, dessen Inhalt im Wege der Auslegung ermittelt werden muß. Satz 2 enthält lediglich eine negative Ausgrenzung, wonach die Anwendung insbesondere dann nicht begründet ist, "wenn der beabsichtigte Zweck auf andere Weise erreicht werden kann." Hierbei ist unbestritten, daß die Frage, wie der Begriff der Begründetheit auszulegen ist, nach juristischen Maßstäben zu beantworten ist, während die

1 Vgl. Schumacher 1989, 139; Moll 1990, 161.

2 Obwohl es vor dem Hintergrund der Rechtsprechung des BGH (Urt. vom 8. Mai 1979, NJW 1979, 1943 f.) auch naheliegen könnte, die rechtliche Substitutionsproblematik direkt unter dem Gesichtspunkt des "Überlassens zum unmittelbaren Verbrauch" zu diskutieren. Der BGH behandelt die Rechtsfrage hinsichtlich der Begründtheit einer Substitutionstherapie gemäß § 13 Abs. 1 BtMG offiziell zwar unter dem Gesichtspunkt der *"Verschreibung"*, faktisch aber mit Rücksicht auf das von ihm entwickelte Postulat nach der Sicherstellung des verschreibungsgemäßen Gebrauchs des Betäubungsmittels unter dem Aspekt des *"Überlassens zum unmittelbaren Verbrauch"*, indem er fordert, daß das Substitut nur unter Aufsicht des Arztes oder der Aufsicht seiner zuverlässigen Hilfspersonen eingenommen werden darf. In bezug auf die Substitutionsproblematik wird also bei der Begründtheitsfrage de facto die "Verschreibung" eliminiert und nur noch der Gesichtspunkt des "Überlassens zum unmittelbaren Verbrauch" zum Gegenstand rechtlicher Bewertung gemacht, siehe auch Haffke 1989, 74 f.

Frage nach der Geeignetheit der jeweiligen Substitutionsmethode als Heilmittel sich nach den rein medizinischen Grundsätzen bestimmt.[1] Daran ändert auch nichts, daß das Gericht oftmals über ausreichende Sachkunde nicht verfügt und sich daher der Hilfe eines Sachverständigen bedient. Die eigentliche juristische Wertung ist jedoch einzig und alleine dem entscheidenden Gericht vorbehalten. Die Feststellungen des Sachverständigen stellen lediglich eine Tatsachenbasis dar, die die jeweilige richterliche Entscheidung stützen soll.[2] Denn Ziel und Aufgabe des Sachverständigen im Strafprozeß ist es, dem Richter bei der Erforschung materieller Wahrheit behilflich zu sein.[3] Vor dem Hintergrund der Tatsachen, daß vor kurzem noch einige Juristen, deren Argumenten die Rechtspraxis stets großes Gewicht beigemessen hatte, die Auffassung vertraten, daß den ärztlichen Standesorganisationen bei der Auslegung der Begründetheitsklausel eine Art von "Richtlinienkompetenz" zukäme[4], und daß der jeweilige Ausgang des Strafverfahrens gegen substituierende Ärzte zumeist davon abhing, welche persönliche Haltung der vom Gericht beauftragte medizinische Sachverständige gegenüber der Substitutionstherapie an den Tag legte[5], erscheint der selbstverständlich anmutende Rechtsgrundsatz der ausschließlichen Entscheidungskompetenz der Judikatur jedoch nicht mehr so selbstverständlich. Die Auslegung des Begriffs der Begründetheit hat auch, so die gängige Auffassung[6], den Zweck des BtMG gemäß § 5 Abs. 1 Nr. 6 zu respektieren. Nach § 5 Abs. 1 Nr. 6 BtMG soll das BtMG 1. die notwendige medizinische Versorgung der Bevölkerung sicherstellen und daneben 2. den Mißbrauch von Betäubungsmitteln und 3. das Entstehen und Erhalten einer Betäubungsmittelabhängigkeit soweit wie möglich ausschließen. Insoweit soll die ärztliche Therapiefreiheit eingeschränkt sein. Schließlich wird durch die BtMVV auch die ärztliche Rezeptierfreiheit objektiv begrenzt.[7] Mit Rücksicht auf die These, daß das BtMG in Verfolgung seines Zwecks, der jetzt u.U. einer an sich ärztlich angezeigten Therapie der Opiatabhängigkeit entgegenstehen soll, oftmals völlig

---

1 Vgl. Hellebrand 1989a, 162; ders. 1992, 14.
2 Vgl. Böllinger 1989a, 407; ders. 1989b, 294.
3 Siehe hierzu Albrecht 1983, 49 m.w.N.
4 Vgl. Körner 1990, § 29, Rz. 646.
5 Vgl. Bschor 1981, 48; Zieger 1986, 3; Marx 1991, 37; Ulsenheimer 1988, 21 f.
6 Siehe Körner 1990, § 29, Rz. 629; siehe auch RGSt 62, 369, 389; BGHSt 1, 318, 319.
7 Siehe Körner 1990, § 29, Rz. 629.

kontraproduktive Wirkungen im Sinne einer weiteren Problemverschärfung zeitigt und somit auch die Therapie erst überhaupt nötig macht, dürften sich verständliche Zweifel an der Richtigkeit der Auffassung, daß der Zweck des Gesetzes die äußerste Schranke der Zulässigkeit der Substitutionsbehandlung sei, ergeben. Ein Rechtszustand, nach dem das Gesetz, hier das BtMG, gerade die Probleme schafft, die es zu bekämpfen vorgibt und es im übrigen gleichzeitig verhindert, daß das von ihm zu vertretene Problem beseitigt oder zumindest in seinen negativen Auswirkungen soweit wie möglich abgeschwächt wird, könnte einer Nachprüfung anhand verfassungsrechtlicher Grundsätze kaum standhalten.[1] Dies umso mehr, als das ganze BtMG in vielen Punkten, wie bereits gezeigt wurde, durchgreifenden verfassungsrechtlichen Bedenken begegnet.[2]

4.1.2 Beurteilung der rechtlichen Zulässigkeit in der Literatur

Zunächst soll im Wege einer Durchsicht der Fachliteratur der Frage nachgegangen werden, wie die rechtliche Zulässigkeit der Substitutionsbehandlung im juristischen Schrifttum noch vor dem Inkrafttreten des Gesetzes zur Änderung des BtMG vom 9. September 1992 beurteilt wurde. Daraus lassen sich eventuell Rückschlüsse hinsichtlich der Frage nach der generellen Zulässigkeit der Substitutionsbehandlung einerseits und hinsichtlich deren Reichweite andererseits ziehen und zwar betreffend die Zeit vor wie auch nach dem letzten Tätigwerden des Bundesgesetzgebers auf diesem Problemfeld. Vor dem Hintergrund der Erfahrung, daß durch Gesetze in der Regel nur die bereits faktisch vollzogenen Veränderungen gesichert bzw. weitergehende Reformen in die Wege geleitet werden,[3] erscheint es interessant festzustellen, inwieweit das juristische Schrifttum neben der Rechtsprechung, deren Standpunkt zur rechtlichen Beurteilung der Substitutionstherapie nachfolgend die zentrale Aufmerksamkeit gewidmet werden soll, den Boden für einen Wandel auf judikativer Ebene bereitet hat. So

---

1 Zu den Grundsätzen verfassungskonformen Strafrechts siehe oben S. 124 f.
2 Hierzu ausführlicher siehe oben S. 125 ff.
3 Vgl. Kappel/Scheerer 1980, 47.

werden gesondert zuerst die Erläuterungswerke und anschließend das sonstige Schrifttum einer Kurzanalyse unterzogen werden.

4.1.2.1 Die Meinung in den Erläuterungswerken

Den Erläuterungswerken/Kommentaren zum BtMG kommt in bezug auf die Feststellung der Rechtslage hinsichtlich der Levomethadon-Behandlung die überragende Relevanz zu, da die entscheidenden Instanzgerichte bzw. deren Richter sich oft erst mit ihrer Hilfe rechtskundig machen und in Abhängigkeit vom Ansehen eines Kommentars bzw. dessen Verfasser sich den jeweiligen Rechtsansichten anschließen und diese ihrer Entscheidung zugrundelegen. Dieser Praxis ist naturgemäß immanent, daß das Festhalten bestimmter Autoren an mittlerweile überkommenen aber von ihnen schon immer vertretenen Positionen, auch nur, um das Gesicht zu wahren, sich auf die Rechtsprechung dergestalt auswirkt, daß diese nicht mehr zeitgemäßen Auffassungen in den gerichtlichen Entscheidungen immer noch aufgehen.

Hierbei kommt insbesondere dem aktuellsten und umfangreichsten Kommentar zum BtMG von H.H. *Körner* eine besondere Bedeutung zu, da die Rechtspraxis unstreitig immer wieder auf dieses Werk zurückgreift und in kaum einem Urteil es unterläßt, dieses zu zitieren.[1] In seiner letzten 3. Auflage aus dem Jahre 1990 setzt sich dieser Autor wesentlich eingehender mit der Problematik der juristischen Zulässigkeit auseinander[2], als in der Vorauflage.[3] Einen grundlegenden Meinungswandel läßt Körner in der 3. Auflage jedoch nicht erkennen. Es muß ihm aber zugute gehalten werden, daß er zumindest den Versuch einer wesentlich differenzierteren Problembetrachtung unternimmt. Im Jahre 1985 sah Körner eine Verschreibung oder Verabreichung von Betäubungsmitteln an Drogenabhängige nur bei den nach den Stellungnahmen ärztlicher Standesorganisationen ausnahmsweise gegebenen Indikationen als zulässig an. Dies galt insbesondere bei einer sehr kurzfristigen Überbrückungsbehandlung. Ansonsten

---

1 In diesem Sinne auch Moll 1990, 167 u. Fn. 5.
2 Siehe Körner 1990, § 29, Rz. 629 - 660.
3 Siehe Körner 1985, § 29, Rz. 485 - 513.

sollte die Substitutionstherapie durch ambulante Polamidon-Verschreibungen ärztlich unbegründet sein.[1] Demgegenüber bejaht er fünf Jahre später in Übereinstimmung mit der Bundesärztekammer das Vorliegen einiger weniger Indikationen für die kontrollierte Abgabe von Methadon bzw. Polamidon an Drogenabhängige, wie etwa bei Drogenabhängigen am Ende der Schwangerschaft bzw. unter der Geburt und bei drogenabhängigen AIDS-Kranken mit fortgeschrittener manifester Erkrankung etc.[2] Im übrigen gesteht er der Bundesärztekammer eine "Art von Richtlinienkompetenz" zu, da bei der Frage der ärztlichen Begründetheit einer Verschreibung die allgemein oder weitaus überwiegend anerkannten Regeln der ärztlichen Wissenschaft (der Schulmedizin) und nicht die hiervon abweichende wissenschaftliche Überzeugung einzelner Ärzte maßgeblich seien.[3] Entscheidend seien dabei ausschließlich die medizinischen Stimmen im Inland.[4] Heute noch seien, so Körner, ambulante Methadon-Substitutions-Programme, von Ausnahmen abgesehen, gemäß § 13 BtMG nicht begründbar, weil der beabsichtigte Zweck der Drogenfreiheit auf ungefährlichere Weise erreicht werden könne, nämlich durch drogenfreie Therapieprogramme. Auch wenn die Substitutionsprogramme regelmäßig zu einer besseren gesundheitlichen Verfassung des Drogenabhängigen führten, so würden die Betäubungsmittel zumeist nicht zur Heilung einer Suchtkrankheit, sondern zur Blockierung des Opiathungers verabreicht werden. Vielfach seien die Erhaltungsprogramme keine ärztlich begründeten Behandlungen oder Heilungen von Drogenabhängigen, sondern politische Entscheidungen

a) zur sozialen Stabilisierung von Drogenabhängigen,
b) zur Verminderung bzw. zur Verhinderung einer drogenbedingten Beschaffungs- und Folgekriminalität,
c) zur Eindämmung der AIDS-Immunseuche.

Wenn der Gesetzgeber anstelle oder neben ärztlicher Therapie eine medikamentöse Ruhigstellung und verwaltungsgemäße Erfassung der Drogenszene und ein soziales Drogenhilfeprogramm mit Polamidon anstrebe, bedürfte es aber

---

1 Siehe Körner 1985, § 29, Rz. 506 u. 512.

2 Siehe Körner 1990, § 29, Rz. 647; zu den Indikationen, die die Bundesärztekammer bejaht, siehe oben S. 189 f.

3 Siehe Körner 1990, § 29, Rz. 646.

4 Siehe Körner 1990, § 29, Rz. 645.

einer Änderung der §§ 5 Abs. 1 Nr. 6, 13 u. 29 Abs. 1 Nr. 6 BtMG, wonach Betäubungsmittel verordnet werden dürften, wenn es aus sozialen Erwägungen begründet sei.[1] Während Körner die staatlich organisierten kontrollierten Substitutionsprogramme trotz ihrer Abweichung von der Schulmedizin hinnehmen will, ist er in bezug auf die Polamidonsubstituierungen durch niedergelassene Ärzte dagegen der Ansicht, daß diese wegen der Möglichkeit anderer Therapien mit § 13 BtMG nicht zu vereinbaren seien.[2]

Demgegenüber halten sich *Lundt/Schiwy* mit einer rechtlichen Beurteilung der Substitutionsbehandlung weitgehend zurück und raten statt dessen dem einzelnen Arzt, sich des aktuellen Standes der diesbezüglichen wissenschaftlichen Diskussion zu vergewissern. Wenn sich der Arzt für die Anwendung von Methadon entscheide, so *Lundt/Schiwy,* müsse er diese jedenfalls restlos kontrollieren, um jeden Mißbrauch auszuschließen.[3]

Erbs/Kohlhaas meinen in bezug auf die Begründetheitsklausel des § 13 Abs. 1 BtMG ebenfalls ganz kurz, daß die Verschreibung ärztlich begründet sein müsse. Im übrigen beschränken sie sich weitgehend darauf, kommentarlos einen Teil der ohnehin allseits zitierten Kasuistik aufzuführen.[4]

Bei *Joachimski* hingegen nimmt die Indikationsproblematik wesentlich breiteren Raum ein. Er ist zwar der Ansicht, daß die abweichenden Auffassungen einzelner Ärzte die medizinische Begründung nicht stützen dürften, es schiene jedoch überzogen - so Joachimski -, den ärztlichen Standesorganisationen eine Art "Richtlinienkompetenz" zuzugestehen, da es nicht auf die unter vorwiegend standespolitischen Aspekten gewählten Vertreter dieser Organisationen, sondern auf die breite Mehrheit der Auffassungen ankommen müsse.[5] Der Einsatz von Betäubungsmitteln bei der Behandlung Drogenabhängiger sei nach h.M. in der Literatur und in der Rechtsprechung nur in Ausnahmefällen ärztlich begründet, aber nicht schlechthin unzulässig. Jedenfalls im Rahmen einer streng überwach-

1 Siehe Körner 1990, § 29, Rz. 652.
2 Siehe Körner 1990, § 29, Rz. 658.
3 Lundt/Schiwy, § 13, II Anm. 5.
4 Siehe Erbs/Kohlhaas/Pelchen, § 13, Anm. 4.
5 Siehe Joachimski, § 13, Anm. 7.

ten stationären Überbrückungstherapie seien zur Linderung der akuten Entzugsschmerzen Betäubungsmittel-Verschreibungen im Einzelfall möglich. Wegen der in diesen Fällen sehr hohen Mißbrauchsgefahr bedürfte es einer besonders strengen Kontrolle der jeweiligen Notwendigkeit. Nur in ganz wenigen Ausnahmefällen, etwa beim Bevorstehen einer Aufnahme in eine stationäre Therapieeinrichtung, könne auch eine ambulante Überbrückungstherapie in Betracht kommen. Von der Überbrückungstherapie sei die ambulante Entzugstherapie zu unterscheiden, die stets ärztlich unbegründet sei.[1] Im übrigen könne nach Joachimski die Verschreibung von Betäubungsmitteln nur dann erfolgen, wenn die Anwendung der Betäubungsmittel ärztlich begründet sei.[2]

Eberth/Müller vertreten unter Berufung auf die Entscheidung des BGH vom 8. Mai 1979[3] die Auffassung, daß unter Beachtung der notwendigen Sorgfaltsgebote und in therapeutischer Zielsetzung eine Behandlung von Suchtpatienten mit Levomethadon als ultima ratio z.B. für Entzugsbehandlung ärztlich begründet sein könne.[4] Denn Voraussetzung der ärztlichen Begründetheit einer Betäubungsmittel-Verschreibung sei, daß nach den allgemeinen oder weitaus überwiegend anerkannten Regeln der ärztlichen Wissenschaft das Mittel für das Leiden des Patienten als Heilmittel geeignet sei.[5] Letztlich rechtfertigten nach Eberth/Müller Eignung und Erforderlichkeit die Verschreibung noch nicht ohne weiteres. Kraft der Fürsorgepflicht, die der Arzt seinem Patienten gegenüber habe, müsse er sein Augenmerk auch auf das Risiko der Selbstbeschädigung oder Selbstgefährdung des Patienten durch verschreibungswidrigen Gebrauch des Mittels richten.[6]

In etwa demselben Sinne wie Eberth/Müller nehmen auch *Endriß/Malek* zu der Frage der Begründetheit einer Betäubungsmittel-Verschreibung Stellung, was dementsprechend genausowenig ergiebig ist. Auch sie halten die allgemeinen oder weitaus überwiegend anerkannten Regeln der ärztlichen Wissenschaft für

---

1 Siehe Joachimski, § 13, Anm. 8.
2 Siehe Joachimski, § 13, Anm. 10a.
3 BGH NJW 1979, 1943; hierzu ausführlicher siehe unten 4.1.3.2.
4 Siehe Eberth/Müller, § 29, Rz. 53.
5 Siehe Eberth/Müller, § 29, Rz. 50.
6 Siehe Eberth/Müller, § 29, Rz. 51.

maßgebend, weshalb die hiervon abweichende wissenschaftliche Überzeugung des einzelnen Arztes unerheblich sein soll. Sofern die Heilung eines Opiatsüchtigen durch Anwendung eines substituierenden Suchtmittels überhaupt in Betracht komme, so diese Autoren, müsse der behandelnde Arzt jedenfalls Vorkehrungen treffen, um die naheliegende Gefahr eines Mißbrauchs seiner Verschreibung zu bannen. Das könne er wirksam nur dadurch tun, daß er den Patienten das Mittel nur unter eigener Aufsicht oder unter der Aufsicht zuverlässiger Hilfspersonen gebrauchen lasse. Eine Verschreibung zu unkontrolliertem Gebrauch sei ärztlich nicht zu verantworten und deswegen nicht im Sinne des § 13 begründet.[1]

Bei *Hügel/Junge* schließlich nimmt die ärztliche Betäubungsmittel-Verschreibungsproblematik zwar einen breiteren Raum ein. Jedoch bleibt auch dieser Kommentar trotz seiner laufenden Aktualisierung hinter der allgemeinen Entwicklung in diesem Bereich zurück. So werden darin nur die von der Bundesärztekammer befürworteten Indikationen anerkannt. Die Bekämpfung der Entzugserscheinungen dagegen wird genausowenig als mit dem BtMG im Einklang stehend bewertet wie die Bekämpfung und Linderung der sekundären Folgen der Drogenabhängigkeit. Die ärztliche Polamidon-Substitution soll diesem Erläuterungswerk zufolge dem Gesetzeszweck, Suchtstoffabhängigkeit zu vermeiden und ihre Erhaltung zu verhindern, zuwiderlaufen. Im Anschluß an diese Feststellung wird sodann unter Zitierung umfangreicher zumeist aber älterer Literatur die Behauptung aufgestellt, daß in Deutschland die Durchführung von ambulanten Polamidonprogrammen nach *nahezu einhelliger Auffassung* als Kunstfehler, jedenfalls aber als unzulässig gelte. Die ärztliche Betäubungsmittel-Verschreibung an Drogenabhängige soll nur durch das Vorliegen einer medizinischen Einzelfallindikation gerechtfertigt sein, wobei andere Aspekte wie Entkriminalisierung und soziale Stabilisierung außer Acht zu bleiben hätten.[2]

Die meisten Erläuterungswerke zum Betäubungsmittelrecht geben im Hinblick auf die Frage nach den rechtlichen Grenzen einer Levomethadonbehandlung im

---

1 Siehe Endriß/Malek 1986, Rz. 257.

2 Siehe Hügel/Junge/Winkler, § 29, 1.1, Rz. 16.2.3.

Ergebnis recht wenig, um nicht zu sagen, gar nichts her. Mit Ausnahme von *Körner* und *Hügel/Junge,* die sich der Substitutionsproblematik ausführlicher widmen, beschränken sich die übrigen Kommentatoren weitgehend auf die unkritische Wiedergabe der ihrer Meinung nach entscheidenden Stellen des Grundsatzurteils des BGH vom 8. Mai 1979 oder auch anderer Entscheidungen. Vermittelnde oder die Substitutionsproblematik grundsätzlich befürwortende Stimmen lassen sich demgemäß auch nur in den beiden vorgenannten Gesetzeskommentaren finden[1], was wohl auch damit zusammenhängen dürfte, daß die Methadondiskussion erst in der zweiten Hälfte der achtziger Jahre erst richtig in Gang kam, während einige Kommentierungen älteren Datums sind. Andererseits aber ist es bei der großen Bedeutung der hier interessierenden Rechtsfragen unerfindlich, weshalb in Kommentaren, die laufend aktualisiert werden, wie z.B. *Lundt/Schiwy,* dieses Thema nach wie vor in sehr kurzer allgemeiner Form abgehandelt wird.[2] Unter allen Kommentatoren scheint jedoch in der Frage der Art der Indikation des § 13 Abs. 1 BtMG Einmütigkeit zu bestehen, indem in allen Erläuterungswerken durchweg die Rede von der "ärztlichen Begründetheit" ist. In diesem Sinne sprechen sich nur *Körner* und *Hügel/Junge* als einzige explizit gegen eine Anerkennung neben der medizinisch ärztlichen auch der sozialen Indikationen aus, weil die Berücksichtigung der psycho-sozialen Stabilisierung im Rahmen der Indikationsstellung mit dem Gesetzesprogramm des Betäubungsmittelrechts nicht vereinbar sein soll. *Körner* gesteht den ärztlichen Standesgremien eine Art von Richtlinienkompetenz bei der Festlegung "der allgemeinen oder weitaus überwiegend anerkannten Regeln der ärztlichen Wissenschaft", die mit der Schulmedizin deckungsgleich sein sollen, zu. Von der Maßgeblichkeit deutscher Schulmedizin bei der Auslegung der Begründetheitsklausel des § 13 Abs. 1 gehen im übrigen alle Erläuterungswerke aus, ohne daß dieser Grundsatz von irgendjemand nur im Ansatz hinterfragt worden wäre. Anhand der Tatsache, daß zwischenzeitlich der BGH in seiner viel beachteten jüngsten Entscheidung zur Substitutionsbehandlung vom 17. Mai 1991 sowohl die Richtlinienkompetenz der ärztlichen Standesorganisa-

---

1 Siehe Körner 1990, § 29, Rz. 646; Hügel/Junge/Winkler, § 29, 1.1., Rz. 16.2.3.

2 Angesichts des Zusammenhangs zwischen der AIDS-Krankheit und Drogenabhängigkeit und der Bedeutung der Substitutionsbehandlung, die ihr in diesem Kontext zukommt, erscheint diese Haltung absolut nicht nachvollziehbar.

tionen als auch die Gleichsetzung der allgemeinen oder weitaus überwiegend anerkannten Regeln "der ärztlichen Wissenschaft" mit der Schulmedizin klarstellend ausdrücklich für rechtlich unzulässig erklärte, worauf übrigens vom sonstigen engagierten Schrifttum seit längerer Zeit immer wieder hingewiesen wurde[1], wird deutlich, daß die gängigen Kommentare zum Betäubungsmittelrecht allesamt die geltende Rechtslage bezüglich der Levomethadonbehandlung nur äußerst unzulänglich zu umschreiben vermögen.[2] Aufgrund der jüngsten Gesetzesänderung dürfte in allen zukünftig erscheinenden bzw. aktualisierten Erläuterungswerken, sozusagen gezwungenermaßen, das Eingehen auf die rechtliche Problematik der Substitutionsbehandlung jedoch die Regel darstellen.

4.1.2.2 Die Meinung im sonstigen Schrifttum

Da alle gängigen Erläuterungswerke mit Ausnahme von *Körner* und *Hügel/-Junge* sich des Substitutionsproblems im besonderen nur ganz am Rande oder gar nicht angenommen haben, konnten sie in der Vergangenheit nur einen sehr bescheidenen Beitrag zu der Diskussion hinsichtlich der rechtlichen Grenzen der Substitutionsbehandlung leisten. Folgerichtigerweise fand bisher die intensivste und gleichzeitig fruchtbarste Auseinandersetzung um den § 13 Abs. 1 BtMG vornehmlich innerhalb der sonstigen juristischen Literatur statt.

Eine Durchsicht der Veröffentlichungen zu der Indikationsfrage in bezug auf die Substitutionsbehandlung, die die letzten 15 Jahre umfaßt, läßt zweifelsohne eine signifikante Entwicklung auf diesem Problemfeld deutlich werden. So überwog Ende der siebziger, Anfang der achtziger Jahre die Auffassung, daß die ambulante Behandlung Drogenabhängiger mit Betäubungsmitteln mangels Indikation unzulässig sei. Dementsprechend sah sich *Gerchow* 1978 veranlaßt festzustellen, daß es keine Indikation für eine Entzugsmedikation oder eine Substitutionstherapie gebe. Lediglich die Anwendung von Betäubungsmitteln beim Vorliegen

---

1 Siehe Böllinger 1989a, 407; ders. 1989b, 294; siehe auch unten S. 301.

2 Es drängt sich so unweigerlich die Vermutung auf, daß so manches Strafgericht im Gefolge der Unzulänglichkeiten der benutzten Betäubungsmittel-Kommentare zu einem Fehlurteil geradezu verleitet wurde.

einer Schwangerschaft in den letzten Monaten könne nach dessen Meinung ausnahmsweise indiziert sein.[1]

Winkler hielt 1980 nur in wenigen Ausnahmefällen die Polamidonanwendung für medizinisch indiziert, namentlich beim lebensbedrohenden Entzugssyndrom, bei schwangeren Opiatabhängigen ab dem 6. Schwangerschaftsmonat und beim Neugeborenen einer opiatabhängigen Mutter.[2] Eine Entziehungsbehandlung mit Polamidon sei nach Winkler ärztlich nicht gerechtfertigt. Dagegen sei eine sozialmedizinische Indikation zur Überbrückung unter strengen Voraussetzungen akzeptabel[3], sofern diese nicht mehr als 7 - 10 Tage dauere. Eine Verabreichung von L-Polamidon zur Erhaltung sei ärztlich nicht begründet.[4]

Kreuzer erkennt in seiner viel beachteten Anmerkung zu dem Grundsatzurteil des BGH vom 8. Mai 1979 eine ärztliche Begründetheit für eine L-Polamidon-Therapie als ultima ratio an, wenn diese unter der Beachtung der vom BGH aufgezeigten Sorgfaltsgebote und in therapeutischer Zielsetzung erfolgt.[5] Anfang der achtziger Jahre sind aber auch schon Stimmen laut geworden, die die Substitutionsbehandlung unter bestimmten Voraussetzungen grundsätzlich für rechtlich zulässig hielten. Zu nennen sind *Bschor*[6], *Selling*[7] und *Böllinger*[8]. Der Unterschied zwischen Kreuzer und den drei zuletzt genannten Autoren bestand im wesentlichen darin, daß ersterer die Substitutionsbehandlung eher nur ausnahmsweise für rechtlich zulässig hielt, während die anderen von der prinzipiellen Zulässigkeit ausgingen, obwohl alle interessanterweise ihren jeweiligen Standpunkt aus der Rechtsprechung zur Levomethadon-Behandlung herleiteten.

Die Folgejahre waren gleichwohl weiterhin durch eine überwiegend ablehnende Haltung gegenüber der Substitutionsbehandlung gekennzeichnet. In diesem Sinne stellte *Klemm* 1982 fest, daß die Verschreibung von Drogen, besonders

1 Siehe Gerchow 1978, 135.
2 Siehe Winkler 1980a, 30.
3 Siehe Winkler 1980a, 33.
4 Siehe Winkler 1980a, 34.
5 Siehe Kreuzer 1979, 2358; siehe auch Janz 1981, 116 ff.
6 Siehe Bschor 1980, 1211; ders. 1981, 49.
7 Siehe Selling 1980, 223 f.
8 Siehe Böllinger 1983, 71.

von Opiatdrogen, an Rauschgiftsüchtige ärztlich in keinem Falle gerechtfertigt sei. Sie sei für den Arzt strafbar. Die Betäubungsmittel-Sucht könne nicht durch Betäubungsmittel, sondern nur durch den totalen Entzug verbunden mit geeigneten Maßnahmen zur Beseitigung der psychischen Abhängigkeit geheilt werden.[1] Nach *Kamps* dürfe Polamidon in der ambulanten Behandlung allenfalls in der Übergangsphase vom letzten Abhängigkeitsstadium zur Entziehungsphase bis zu max. 10 Tagen gegeben werden. Dies nimmt er zum Anlaß, an die Ärzte die Warnung auszusprechen, sich mit der ambulanten Behandlung überhaupt zu befassen und den Drogenabhängigen Betäubungsmittel nach Anlage III zu § 1 Abs. 1 BtMG zu verschreiben.[2] Gestützt auf die Auffassung, daß eine Verabreichung von L-Polamidon dann nicht ärztlich begründet sei, wenn sie zur Erhaltung oder zur Überbrückung von mehr als 7 bis 10 Tagen erfolge, lehnen auch *Schied/Heimann* in ihren schriftlichen Beiträgen aus den Jahren 1986 bzw. 1987 das Vorliegen einer darüber hinausgehenden Indikation ab.[3]

Im Jahre 1986 setzte aber in einem Teil des Schrifttums ein allmählicher grundlegender Meinungswandel bezüglich der Zulässigkeit einer ambulanten Substitutionstherapie mit Betäubungsmitteln ein. Waren bis dahin die die grundsätzliche Zulässigkeit der ambulanten Levomethadonbehandlung bejahenden Stimmen nur sehr vereinzelt hörbar[4], so sind seit 1986 immer mehr Beiträge offenbar auch im Zuge der verstärkten AIDS-Ausbreitung erschienen, die die Verschreibung von Betäubungsmitteln an Drogenabhängige im Rahmen einer Substitutionstherapie nicht nur als generell sinnvoll, sondern auch als mit der geltenden Rechtslage im Einklang stehend bewerteten. Neben *Zieger*, der im Rahmen seines 1986 erstellten Gutachtens eine Methadon-/Polamidon-Behandlung mit dem Ziel der langfristigen Entziehung der Drogenabhängigen dann für nicht strafbar hielt, wenn drogenfreie Therapien nach dem ärztlichen Wissensstand keinen Erfolg versprächen, weshalb diese Behandlungsmethode vor allem bei älteren, langjährigen opiatabhängigen Patienten und nicht bei jungen Abhängigen oder den "Wochenend-Fixern" bzw. "Probierern" in Betracht kommen sollte, während die reine Erhaltungsbehandlung, und zwar auch dann, wenn sie

---

1 Siehe Klemm 1982, 142.
2 Siehe Kamps 1984, 169.
3 Siehe Schied/Heimann 1986, 2770; dies. 1987, 24.
4 Siehe oben S. 250 Fn. 7 und 8.

zu einer gewissen körperlichen und psycho-sozialen Stabilisierung führte, trotz der sonst immer unerläßlichen Mitwirkung eines im Drogenbereich erfahrenen Arztes nicht indiziert sein sollte[1], ist auch vor allem *Quensel* zu nennen. Dieser nimmt in seinem Gutachten an das Landgericht Dortmund[2] vom 13. Februar 1986 eine sehr viel weitergehende Position zu der Indikationsfrage einer L-Polamidon-Behandlung ein, als *Zieger*. Ausgehend von den Überlegungen, daß die Polamidon-Behandlung im Hinblick auf das vorrangige Ziel der Behandlung der dauerhaften Drogenfreiheit zumindest in gleicher Weise wie die Langzeittherapien wirksam sein könne und daß diese darüber hinaus Linderung der Entzugsschmerzen, gesundheitliche Wiederherstellung und psychische Hilfen ermögliche, sieht sich Quensel zu der Schlußfolgerung veranlaßt, daß durch die Substitutionsbehandlung vor allem ärztliche Ziele angestrebt bzw. erreicht werden würden, während die mit dieser Behandlungsmethode in der Regel einhergehenden drogenpolitischen Folgen, wie Eindämmung des schwarzen Marktes oder Verringerung der Beschaffungskriminalität von eher zweitrangiger Bedeutung seien.[3]

In Auslegung des Urteils des BGH vom 8. Mai 1979[4] bzw. des AG Hildesheim vom 19. Dezember[5] kommen auch *Feest*[6] und *Haffke*[7] im Jahre 1987 zu dem übereinstimmenden Ergebnis, daß eine L-Polamidon-Verschreibung auch im Rahmen der ambulanten Therapie prinzipiell rechtlich zulässig sei. In demselben Jahr bejahte auch *Hanke-Simoneit* in ihrer wissenschaftlichen Arbeit das Vorliegen der Begründetheit des § 13 Abs. 1 BtMG bei bestimmten Populationen der Drogenabhängigen, insbesondere wenn sie die von den ärztlichen Standesgremien befürworteten Indikationen aufwiesen oder wenn es sich im Einzelfall um Drogenabhängige handelte, die die ambulante Behandlung nur als Überbrückungshilfe benötigten, die mehrmals vergeblich drogenfreie Entziehungsbehandlungen gemacht hätten, und die aufgrund ihres individuellen

---

1 Siehe Zieger 1986, 65 ff.
2 Zu Az.: KLs 10 Js 116/89 und 14 (VI) M 15/85.
3 Siehe Quensel 1988, 28 ff.
4 BGH NJW 1979, 1949; hierzu siehe auch unten 4.1.3.2.
5 AG Hildesheim KJ 1980, 219 f., hierzu siehe auch unten S. 271.
6 Siehe Feest 1988b, 10 ff.
7 Siehe Haffke 1988, 33 ff.

psychischen und physischen Zustandes nicht in der Lage wären, an drogenfreien Programmen teilzunehmen.[1] Diese Verfasserin spricht sich überdies auch für eine grundsätzliche Anerkennung "der Verbesserung des sozialen Wohlbefindens" im Sinne der WHO als eine die ambulante Substituierung rechtfertigende Indikation aus, schränkt aber gleichzeitig ein, daß dies mit dem Sinn und Zweck des BtMG nicht zu vereinbaren wäre.[2] Sofern Hanke-Simoneit die prinzipielle Begründetheit als gegeben ansieht, macht sie aber die rechtliche Zulässigkeit der gesamten Substitutionsbehandlung letztlich auch noch von der Einhaltung der Durchführungskautelen abhängig.[3]

Schumacher hingegen untersucht die Zulässigkeitsfragen einer Substitutionstherapie mittels Betäubungsmittel in Abhängigkeit von der Behandlungsart und kommt so zu teils unterschiedlichen Ergebnissen, je nachdem ob es sich um ein Detoxifikationsprogramm, ein Erhaltungsprogramm oder Medikation ohne Konzept etc. handelt. Im vorliegenden Zusammenhang sind vor allem die Resultate hinsichtlich der beiden ersten Behandlungsarten von Interesse. Bei der Frage, ob die Detoxifikationstherapie zur Heilung von Drogenabhängigen geeignet ist, kommt Schumacher unter Zugrundelegung der Erfahrungen der internationalen Praxis zu dem Ergebnis, daß dieser Therapietyp ausgehend von den zunächst ausschlaggebenden Kriterien der Erfolgsquote und der Akzeptanz nur für sehr motivierte Patienten in Frage kommen könne, wobei die Abgabe von Ersatzdrogen von geeigneten Betreuungsmaßnahmen begleitet zu sein habe. Ob im Einzelfall die Detoxifikationsbehandlung ungeachtet deren höherer Akzeptanz gegenüber der stationären Langzeittherapie als geeignetes Heilmittel einzustufen ist, hängt dieser Verfasserin zufolge davon ab, welche Alternativen es sonst noch gebe, so daß beim Vorliegen einer aussichtsreicheren Heilmethode diese zur Anwendung kommen müßte. Erst wenn es keine andere Möglichkeit gebe, werde die weniger aussichtsreiche Heilmethode als geeignet zu bewerten sein.[4] Hinsichtlich der tatbestandsmäßigen Erforderlichkeit kommt es nach Schumacher auf die persönliche Einstellung des Patienten gegenüber der jeweiligen

1 Siehe Hanke-Simoneit 1987, 50 f.
2 Siehe Hanke-Simoneit 1987, 52 f.
3 Siehe Hanke-Simoneit 1987, 53 f.
4 Siehe Schumacher 1989, 154.

Heilmethode an, mit der Folge, daß durch die autonome Entscheidung des Patienten für eine Substitutionsbehandlung diese gleichzeitig als erforderlich im Sinne des § 13 Abs. 1 S. 2 BtMG anzusehen sei.[1] Im Zusammenhang mit den Sorgfaltsanforderungen, deren Einhaltung nach Ansicht der Verfasserin für die Begründetheit ebenfalls unerläßlich sein soll, kommt Schumacher zu dem Ergebnis, daß Betäubungsmittel an Drogenabhängige nur zum unmittelbaren Verbrauch überlassen werden dürften.[2] Darüber hinaus seien regelmäßige Kontrollen der Patienten auf Nebeneinnahme von Drogen eine Voraussetzung für die Geeignetheit der Behandlung.[3] Im Hinblick auf die Erhaltungsprogramme spricht sich Schumacher auch für das Behandlungsziel der "sozialen Heilung" aus, da soweit die soziale Verwahrlosung des Süchtigen geheilt werden könne, so diese, dann werde dadurch auch ein Teil des Heilziels der Rehabilitation erreicht und somit die Krankheit teilweise geheilt.[4] Jedoch eine Substitutionsbehandlung, die das Ziel der Überwindung der Opiatsucht von Beginn an nicht in ihr Behandlungsziel aufnehme, so Schumacher, widerspreche somit dem Zweck des BtMG und sei unbegründet.[5] Ansonsten sollen dieselben Voraussetzungen wie bei der Detoxifikationsbehandlung gelten.[6]

In der Folgezeit nahmen auch *v. Hippel*[7] und *Bruns*[8] in ihren jeweiligen Kurzbeiträgen zu der Indikationsproblematik Stellung. Beide Verfasser befürworteten auch das Vorliegen der Begründetheit des § 13 Abs. 1 BtMG bei der ambulanten Substitutionsbehandlung.

Neben weiteren die prinzipielle Zulässigkeit der Levomethadonbehandlung bejahenden Beiträgen[9], die im Jahre 1989 erschienen, sind aber auch weiterhin entgegengesetzte Ansichten vertreten worden. *Kühne* wendet sich energisch

---

1 Siehe Schumacher 1989, 157 f.
2 Siehe Schumacher 1989, 161.
3 Siehe Schumacher 1989, 162.
4 Siehe Schumacher 1989, 169.
5 Siehe Schumacher 1989, 171.
6 Siehe Schumacher 1989, 176.
7 Siehe v. Hippel 1988, 292 f.; ders. 1989, 311 f.
8 Siehe Bruns 1989, 192.
9 Siehe Bossong/Scheerer 1989, 393; siehe auch Böllinger 1989b, 301; Haffke 1989, 56 ff.

gegen eine rechtliche Zulässigkeit der Levomethadonbehandlung, da mit dem Substitut die Abhängigkeit zunächst aufrechterhalten werde. Die Krankheit werde also gerade nicht bekämpft, so dieser Autor, sondern vielmehr die psycho-soziale Ausgangslage verbessert.[1] Mit der gleichen Begründung bringt auch *Laufs* seine Skepsis gegenüber der Substitutionsbehandlung zum Ausdruck.[2] Den Zulässigkeitsfragen bezüglich der ambulanten Substitutionstherapie außerhalb eines wissenschaftlichen Erprobungsverfahrens steht ebenso *Hellebrand* eher negativ gegenüber.[3]

Demgegenüber kommt *Moll* in seiner Dissertation aus dem Jahre 1990 zu völlig anderen den vorstehenden Ansichten gerade entgegengesetzten Ergebnissen. Auch er hält die Levomethadonbehandlung für grundsätzlich zulässig. Für die ärztliche Begründetheit müßten therapeutische Geeignetheit und Erforderlichkeit sowie Kontrolle des Patienten vorliegen.[4] Unter Bejahung eines wissenschaftlichen Meinungsstreits lehnt dieser Verfasser die Anwendung der "Regeln der ärztlichen Wissenschaft" bei der Überprüfung der rechtlichen Zulässigkeit der Substitutionsbehandlung ab und fordert, daß das ärztliche Handeln nur auf die Erfüllung der allgemeinen ärztlichen Sorgfaltspflichten hin überprüfbar werde.[5] Im Hinblick auf die ratio des Gesetzes favorisiert der Verfasser eine moderne strafrechtliche Gesetzesauslegung, die die Folgen der verschiedenen Auslegungsmöglichkeiten berücksichtigt. Insbesondere die ratio legis, das Entstehen oder Erhalten einer Betäubungsmittel-Abhängigkeit auszuschließen, sei, so Moll, in bezug zu setzen zu den möglichen Folgen der Gesetzesauslegung auf das übergeordnete Schutzgut der menschlichen Gesundheit. Wenn aber die schwerwiegenden organischen und psychosozialen Auswirkungen der Opiatabhängigkeit zu einem erheblichen Teil der Kriminalisierung des Konsums, dem Gebrauch der Droge unter den Bedingungen der Illegalität und der damit verbundenen dissozialen Lebensweise zuzurechnen seien, so handele es sich hierbei im Hinblick auf den primären Schutzzweck des BtMG unzweifelhaft um unerwünschte und kontraproduktive Folgen. Aus diesem Grund erscheine eine

---

1 Siehe Kühne 1989, 4; ähnlich argumentiert weiterhin Winkler 1989b, 112.
2 Siehe Laufs 1989a, 1522; ders. 1989b, 41 f.
3 Siehe Hellebrand 1989a, 164; ders. 1989b, 224.
4 Siehe Moll 1990, 245 f., 255.
5 Siehe Moll 1990, 240.

"Aufspaltung" des Schutzzwecks im Sinne einer Differenzierung zwischen nichtabhängigen und abhängigen Konsumenten durchaus als sinnvoll. Möge für erstere die vom Gesetz angestrebte absolute Verhinderung des Zugangs zu Opiaten im Hinblick auf deren Suchtpotential durchaus vernünftig erscheinen, so zeige die Wirklichkeit, daß der in die Abhängigkeit geratene Konsument dagegen durch die Abdrängung in die Illegalität endgültig sozial entwurzelt und sein "Einstieg aus dem Ausstieg" erheblich erschwert werde. Bei der Folgenbetrachtung seien nach Moll neben den gesundheitlichen aber auch psychosoziale Auswirkungen der Methadonbehandlung miteinzubeziehen.[1]

In ihrem Endbericht empfiehlt die *Enquete-Kommission des 11. Deutschen Bundestages* "Gefahren von AIDS und wirksame Wege zu ihrer Eindämmung" unter ihrer Ziff. 11 "die Beratung und Betreuung von HIV-infizierten Drogenabhängigen durch eine Erweiterung der Drogenberatung auf eine Lebensberatung auszubauen, dabei den Bereich der Sexualität stärker einzubeziehen und die Hilfen durch den Ausbau niedrigschwelliger Angebote und durch eine den Einzelfall berücksichtigende Möglichkeit der Vergabe von Methadon zu unterstützen".[2]

Während *Marx*[3] sich auf den Standpunkt stellt, daß Substitutionsbehandlungen von Betäubungsmittel-Abhängigen durch niedergelassene Ärzte und auch in Substitutionsprogrammen nach der geltenden Rechtslage grundsätzlich nicht erlaubt seien, vertritt dagegen *v. Bülow*[4] die Ansicht, daß Polamidonbehandlungen in der Bundesrepublik rechtlich zulässig seien, wenn eine medizinische Indikation vorliege und die Durchführungsbedingungen beachtet werden würden. Einig scheinen sich jedoch diese Autoren diesbezüglich zu sein, daß zeitlich unbegrenzte Methadonerhaltungsprogramme einerseits und Verschreibungen von Levomethadon zur Vorbeugung von HIV-Infektionen oder zur Verhinderung der sozialen Verelendung des Abhängigen andererseits rechtlich nicht zulässig seien.

---

1 Siehe Moll 1990, 240 f.
2 Siehe Enquete-Kommission 11. BT 1990, 19.
3 Siehe Marx 1991, 38.
4 Siehe v. Bülow 1991b, 94.

Im Vergleich dazu postuliert *Elias* unter Berufung auf die neuesten wissenschaftlichen Erkenntnisse hinsichtlich der medikamentösen Behandlung die Anerkennung einer generellen Indiziertheit.[1]

Böllinger/Stöver schließlich bejahen nicht nur die grundsätzliche Zulässigkeit der Substitutionsbehandlung, wenn die rein medizinischen Indikationen vorliegen, sondern auch bei den sog. "sozialen Indikationen", da für die Frage, wie eine Krankheit entstanden sei und wie ihre Behandlung aussichtsreich sein könne, der Arzt psychosoziale Erwägungen anstellen müsse. Im Rahmen des § 13 Abs. 1 BtMG würden lediglich die Maßstäbe der ärztlichen Sorgfalt bei der Substitutionsbehandlung von Drogenabhängigen präzisiert werden. Eine Strafbarkeit aus § 223 StGB komme nur in Betracht, wenn der Arzt bei der Durchführung dieser an sich legalen Behandlungsmethode Kunstfehler begehe, z.B. gegen Sorgfaltspflichten verstoße.[2]

Resümierend ist festzuhalten, daß das Schrifttum jenseits der Kommentare zum BtMG in den letzten Jahren im ganz überwiegenden Maße die grundsätzliche Zulässigkeit der Substitutionstherapie unter Berufung auf die vor dem 16. September 1992 geltende Rechtslage bejahte, sofern die Behandlung therapeutischen Zwecken diente und der anweisungsgemäße Gebrauch des Betäubungsmittels gewährleistet war. Vereinzelt wurde auf die zuletztgenannte Voraussetzung im Rahmen der Begründetheitsprüfung im Sinne des § 13 Abs. 1 BtMG aber auch verzichtet, da die Durchführungskautelen nur im Rahmen einer Prüfung anhand der §§ 223, 230 StGB Bedeutung erlangen sollten. Ernsthaft gestritten wurde allenfalls nur noch über den Umfang des Indikationenkatalogs, so daß die der Substitutionstherapie weniger aufgeschlossen gegenüber stehenden Autoren zumindest die Indikationen der Ärztegremien befürworteten, während dagegen auf der Seite der Substitutionsanhänger das Spektrum der möglichen Indikationen sehr viel breiter war und bis hin zu einer generellen Indiziertheit reichte. Insoweit vermochten diejenigen Stimmen, die noch kurz vor der gesetzlichen Verankerung der Substitutionsbehandlung von der grundsätzlichen Unzulässigkeit der Substitutionstherapie mittels eines Betäubungsmittels spra-

---

1 Siehe Elias 1991b, 2.
2 Siehe Böllinger/Stöver 1992, 116.

chen, wie z.B. *Kühne* und *Marx*, kaum zu überzeugen. Auf der Grundlage dieser vielmehr differenzierenden Meinungen besteht die Veranlassung zu der Annahme, daß die die rechtliche Zulässigkeit der Substitutionsbehandlung verneinden Ansichten der wirklichen Rechtslage nicht gerecht wurden. Die Relevanz der sog. "sozialen Indikationen" scheint innerhalb des substitutionsskeptischen Schrifttums auch überbewertet worden zu sein, da die Argumentationen der die rechtliche Zulässigkeit befürwortenden Autoren ganz überwiegend auf die medizinischen Indikationen abstellten, während die Verringerung der Beschaffungskriminalität offenbar nur als ein positiver Nebeneffekt der Substituierung angesehen wurde. Bis auf wenige Ausnahmen forderten diese Autoren aber durchweg, daß die Drogenfreiheit zumindest langfristig in das Behandlungskonzept von vornherein aufgenommen werden würde.[1]

Im folgenden soll demgegenüber eine Durchsicht der hierbei interessierenden früheren Rechtsprechung vorgenommen werden.

4.1.3 Beurteilung der rechtlichen Zulässigkeit in der Rechtsprechung

4.1.3.1 Frühere Entscheidungen

Die Verschreibung von Betäubungsmitteln an Betäubungsmittel-Abhängige durch einen Arzt war erstmalig Gegenstand einer höchstrichterlichen Auseinandersetzung in dem Urteil des *RG* vom 5. Oktober 1926[2] und anschließend in dem Urteil vom 23. November 1928[3]. Beiden Entscheidungen lag ein ähnlicher Sachverhalt zugrunde. Angeklagt waren jeweils praktische Ärzte, die innerhalb eines bestimmten Zeitraums wiederholt Rezepte zum Kokainbezug aus der Apotheke ausgestellt und an Kokainschnupfer abgegeben hatten, wobei jedoch

1 Siehe auch die Literaturdurchsicht bei Zieger 1986, 30 - 35; und vor allem bei Moll 1990, 167 - 185.
2 Siehe RGSt 60, 365.
3 Siehe RGSt 62, 369.

nur den Gründen des zweiten Urteils entnommen werden kann, daß mit einem Teil der Verschreibungen die Linderung von bestimmten Schmerzen herbeigeführt werden sollte, während ersterenfalls offenbar nur Genußzwecke verfolgt wurden. Der jeweils erkennende I. Strafsenat des RG hatte in beiden Fällen mit Rücksicht auf § 2 Abs. 4 OpiumG vom 30. Dezember 1920, wo bestimmt war, daß Betäubungsmittel ohne die im Abs. 1 dieser Vorschrift bezeichnete Erlaubnis in den Apotheken nur als Heilmittel erworben hergestellt, verarbeitet oder abgegeben werden durften, zu entscheiden, wann die Merkmale "Abgabe etc. als Heilmittel" vorlagen. "Wann jene Merkmale vorliegen", so das RG, " ist den Regeln der ärztlichen Wissenschaft zu entnehmen. Selbstverständlich ist hierbei, daß nur die allgemein oder doch weitaus überwiegend anerkannten Regeln der ärztlichen Wissenschaft maßgebend sein können, nicht die hiervon abweichende wissenschaftliche Überzeugung einzelner Ärzte, daß ferner im Falle eines offensichtlichen Widerstreits zwischen den Regeln der ärztlichen Wissenschaft und dem erkennbaren Willen des Gesetzes bis auf weiteres das Gesetz maßgebend bleibt."[1] Das Gericht führte weiter aus: "Da die Rauschgiftsucht im allgemeinen selbst eine schwere Krankheit ist, so ist es erste Aufgabe und Pflicht des Arztes, diese Krankheit zu beseitigen; die Beseitigung ist aber nur möglich durch ein sachgemäß durchgeführtes Entziehungs- und Entwöhnungsverfahren. Soweit innerhalb eines solchen Heilverfahrens eine vorübergehende Verabreichung des Rauschgifts zur Linderung von Enthaltungsstörungen nach den Regeln der ärztlichen Wissenschaft geboten erscheint, kann das Rauschgift in ähnlicher Weise als Heilmittel betrachtet werden, wie bei der Anwendung zur Schmerzstillung. Gleiches gilt für die Fortgewährung des Rauschgifts bis zum Beginn eines fest vereinbarten, aber aus äußeren Gründen nicht sofort durchführbaren Heilverfahrens."[2]

Hinsichtlich der Frage, wann eine Arzneimittelverschreibung eines Arztes sachlich begründet ist, machte sich auch der *BGH* in der Folgezeit die Rechtsprechung des RG zu eigen.[3]

---

1 RGSt 60, 368; 62, 385.
2 RGSt 62, 386.
3 Siehe BGHSt 1, 318, 322; BGH NJW 1957, 29, 30.

Es sind aber vor allem die unteren Instanzen, die sich mit der rechtlichen Verschreibungsproblematik immer wieder zu befassen hatten. So wurden vom *OLG Stuttgart* in einer Entscheidung vom 19. November 1968 zwei Ärzte aufgrund der Revision der Staatsanwaltschaft gegen einen landgerichtlichen Freispruch verurteilt. Die Ärzte hatten den Bestimmungen des OpiumG unterliegende Medikamente verschrieben, wobei sie den falschen Angaben ihrer Patienten über angebliche schwere Schmerzen, zum Teil sogar nur vom Hörensagen, Glauben geschenkt haben. Der Freispruch wurde aufgehoben, weil die Angeklagten entgegen allgemeinen medizinischen und rechtlichen Grundsätzen ihre Patienten persönlich nicht kannten bzw. nicht untersucht hatten. In solch einem Fall sollte die Verschreibung der Mittel nicht "ärztlich begründet" gewesen sein. Der Zweck des BtMG werde verfehlt, so das OLG Stuttgart, wenn der Süchtige auf bloße Erzählungen hin Betäubungsmittel ärztlich verschrieben erhalte.[1]

Mit einem Urteil des *BayOLG* vom 30. Oktober 1969 wurde, auch auf die Revision der Staatsanwaltschaft hin, eine Entscheidung des Amtsgerichts aufgehoben, das einen Arzt freisprach, obwohl er nach den Feststellungen des Tatrichters dem jetriumsüchtigen Zeugen O., der ihn eines Tages in der Praxis aufsuchte und für seine draußen im Auto befindliche und angeblich an heftigen Regelschmerzen leidende Ehefrau das Betäubungsmittel Jetrium wünschte, das Medikament wunschgemäß verschrieb, ohne die Patientin genau zu untersuchen. Er begnügte sich vielmehr damit, einen Blick aus dem Fenster zu werfen, so daß er in dem Fahrzeug eine Frau bemerkte, die auf ihn einen angegriffenen Eindruck machte. Die Verschreibung wiederholte er am darauffolgenden Tag, ohne sich von deren Notwendigkeit abermals selbst zu überzeugen. Das Revisionsgericht hat zur Begründetheit der Verschreibung die Auffassung vertreten, es sei allgemein anerkannt, daß der Arzt bei der Prüfung der Frage, ob eine Verschreibung ärztlich begründet sei, sich nicht auf die Angaben des Patienten verlassen dürfe, jedenfalls dann nicht, wenn er den Patienten überhaupt nicht kenne. Der Arzt sei vielmehr gehalten, sich durch eine ärztliche Untersuchung von dem Bestehen, von der Art und von der Schwere des behaupteten Krankheitszustandes eine eigene Überzeugung zu bilden und sodann auf Grund seiner

---

1 Siehe OLG Stuttgart, Urteil vom 19. November 1968, Az.: 4 Ss 621/68, unveröff.

Diagnose zu entscheiden, ob zur Heilung oder Linderung gerade dieses Krankheitszustandes ein Medikament nötig sei, das Betäubungsmittel enthalte. Das BayOLG fährt in dem Urteil fort, der innere Grund dafür, daß der Arzt sich bei der Verschreibung von Arzneien, die Betäubungsmittel enthielten, nicht auf die Angaben des Patienten verlassen dürfe, liege einmal in der Gefahr begründet, daß diese Medikamente beim Kranken eine Sucht hervorriefen. Gerade deshalb müsse sich der Arzt auch immer die Frage vorlegen, ob nicht zur Bekämpfung der diagnostizierten Krankheit Mittel genügten, die ungefährlich seien. Zum anderen müßten sich die Ärzte stets vor Augen halten, daß Süchtige sie vielleicht zu täuschen und ihre Mithilfe zu mißbräuchlicher Anwendung von Betäubungsmitteln zu erlangen versuchten. Letztlich fühlte sich das Gericht zu der Bemerkung veranlaßt: "Eine vom Standpunkt des Arztes aus indizierte Verschreibung ohne ärztliche Untersuchung und ohne ärztliche Diagnosestellung gibt es nicht."[1]

Am 19. Juni 1975 verwarf das *LG Frankfurt/M* die Berufung des angeklagten Arztes gegen das Urteil des *AG Frankfurt/M* vom 14. Januar 1975[2], das ihn wegen eines Vergehens nach § 11 Abs. 1 Nr. 9a BtMG 1972 i.V.m. § 6 BtMVV zu einer Geldstrafe von 5 Tagessätzen zu je DM 100,– verurteilte. Den auf der Einlassung des Angeklagten und den Ausführungen des Sachverständigen Prof. Dr. Wanke beruhenden Feststellungen zufolge verschrieb der 61jährige Arzt in der Zeit von Dezember 1972 bis Ende Januar 1975 zwei drogenabhängigen Patienten in fallender Dosis Polamidon. Dabei unterließ er aber, eine eingehende ärztliche Untersuchung durchzuführen. Es war ihm im übrigen nicht bekannt, welche Drogen die Patienten nahmen, wie häufig und wie lange sie diese zu sich nahmen und ob sie bereits in fachärztlicher Behandlung waren. In rechtlicher Würdigung dieses Sachverhalts und in Anlehnung an das vorstehend besprochene Urteil des BayOLG vom 30. Oktober 1969 sah das Berufungsgericht es als erwiesen an, daß der Angeklagte die Betäubungsmittel-Verschreibungen ohne die nötige Indikation vornahm. Es wurde dem Angeklagten insbesondere vorgehalten, daß er weder seine Patienten eingehend untersucht noch die genaue Diagnose hinsichtlich der Art der Abhängigkeit gestellt

1 Siehe BayOLG NJW 1970, 529 f.
2 Az: 928 Ds 60/74, unveröff.; auch ausführlich besprochen bei Moll 1990, 186 f.

hätte. Das LG schloß sich der Meinung des Sachverständigen an, der ausführte, nur bei langandauernden Heroinsüchtigen wäre als Überbrückungsmaßnahme für kurze Zeit bis zur stationären Behandlung eine orale Gabe von Polamidon und zwar unter den Augen des behandelnden Arztes zu verantworten gewesen. Eine Indikation für die unkontrollierte Verschreibung von Polamidon habe nicht vorgelegen. Es gäbe eine ärztliche Regel, nach der einem Süchtigen keine Betäubungsmittel verschrieben werden dürften. Wenn ein Arzt von dieser Regel abweiche und nicht über entsprechende eigene Erfahrung verfüge, müsse er auf bereits bestehende Erfahrung seiner Fachkollegen zurückgreifen oder sich durch das Studium der einschlägigen wissenschaftlichen Literatur absichern. Aufgrund dessen erblickte das Gericht in dem Verhalten des Angeklagten einen Verstoß gegen § 11 Abs. 1 Nr. 9a BtMG 1972 i.V.m. § 6 BtMVV und bestätigte die Verurteilung.[1]

In der Folgezeit sind noch einige andere Entscheidungen bekannt geworden, die allesamt Schuldsprüche gegen die angeklagten Ärzte enthielten. Das *LG Augsburg* verurteilte am 26. Januar 1977 einen Arzt, weil er, ohne über besondere Erfahrung in der Behandlung von Drogenabhängigen zu verfügen, einem Patienten L-Polamidon ohne echtes therapeutisches Ziel verschrieb. Der festgestellte Wille des Arztes, den Patienten von seiner Drogenabhängigkeit zu befreien und die bloße Hoffnung, dieses Ziel, bewußt entgegen den anerkannten Regeln ärztlicher Kunst, durch eine über ein Jahr lang laufend erfolgende Verschreibung von L-Polamidon zu erreichen, so das LG Augsburg, entbinde den Angeklagten nicht von dem Vorwurf, dabei billigend in Kauf genommen zu haben, durch diese Behandlung laufend gegen das BtMG zu verstoßen.[2]

Das *LG Lübeck* fällte einen Schuldspruch gegen einen Arzt, da er einem Patienten, der einen festgeplanten Termin zum Beginn einer stationären Behandlung hatte, zur Linderung seiner Entzugserscheinungen Betäubungsmittel verschrieb. Das Gericht meinte, eine solche Behandlung sei allenfalls bei akuter Entzugsnot indiziert und eröffne die Möglichkeit einer unkontrollierten Verwendung.[3]

---

1 Siehe LG Frankfurt, Urteil vom 19. Juni 1975, Az.: Ms 10/75, unveröff.
2 Siehe LG Augsburg, Urteil vom 26. Januar 1977, Az: Ns Js 56/74, unveröff., S. 5.
3 Siehe LG Lübeck, Urteil vom 20. Oktober 1978, Az: 6 NS 78/78, unveröff.

Auch das *LG Berlin* hat am 19. Januar 1977 die Berufung des angeklagten Arztes gegen seine Verurteilung verworfen. Der 43jährige Facharzt für Chirurgie und Allgemeinmedizin hatte ihm gut bekannten, körperlich entzogenen, psychisch aber weiterhin abhängigen Patienten zur Vorbeugung gegen einen drohenden Rückfall Ritalin verschreiben, obwohl diese Patienten schon einmal seine Rezepte verfälscht hatten. In der Behandlung von Drogenabhängigen hatte er auch keinerlei Erfahrung. Durch diese Verschreibungen hoffte er aber, seine Patienten vom Heroin zu entwöhnen. Während er anfangs nur vermutete, daß seine Patienten neben Ritalin auch weiterhin Heroin zu sich nahmen, erfuhr er dies später auch definitiv von seinen Patienten, was ihn jedoch von weiteren Verschreibungen zunächst nicht abhielt. Wegen verstärkter Zweifel hinsichtlich der Zweckmäßigkeit seiner Behandlung veranlaßte er schließlich die Einweisung einer Patientin in ein Krankenhaus. Diese Behandlung brach die Patientin jedoch bald ab und ließ sich weitere Betäubungsmittel-Rezepte durch den Angeklagten ausstellen, obwohl die Patienten die im Rahmen einer gerichtlichen Bewährungsauflage angeordneten Urinkontrollen nicht einhielten. Das LG erblickte in dem Verhalten des Angeklagten ebenfalls einen Verstoß gegen § 11 Abs. 1 Nr. 9a BtMG 1972 i.V.m. §§ 1, 6 und 9 BtMVV. In seinen Urteilsgründen wies es zunächst auf die Regeln der Schulmedizin hin, wonach die Verschreibung von Betäubungsmitteln an Drogenabhängige, auch in Form der Substituierung medizinisch nicht indiziert sein sollte. In seinen weiteren Ausführungen schloß es sich aber der nuancierten Meinung des Sachverständigen Prof. Dr. Bschor an, wonach auch dem praktischen Arzt zuzugestehen sei, im Rahmen einer angewandten, den Besonderheiten des Einzelfalles gerecht werdenden Therapie, die auf den Entzug hinzielende Heilung des Drogenabhängigen zu versuchen. Dies umso mehr, als es bisher ein allgemein anerkanntes und zuverlässiges Heilverfahren nicht gebe und man sich auf dem Gebiet der Behandlung Drogenabhängiger noch im Experimentierstadium befinde. Das LG stimmte dem Sachverständigen darin zu, daß zur Erzielung eines Heilerfolges auch die Substituierung eines Betäubungsmittels durch ein weniger gefährliches Mittel, wie Ritalin, unter gleichzeitiger laufender Kontrolle des Arztes, eine vertretbare ärztliche Maßnahme sein könne. Der Schuldspruch gründete sich schließlich darauf, daß der angeklagte Arzt es an den ärztlich gebotenen Kontrollen hatte fehlen lassen und die Behandlung selbst dann fortsetzte, als er wußte, daß diese nicht einmal Teilerfolge erzielte, sondern auf eine Dauerindikation mit Betäubungsmitteln lediglich zum Zwecke der Linderung von Entzugsfolgen hinauslief.[1]

Neben noch anderen zahlreichen Entscheidungen der Instanzgerichte, die in den siebziger Jahren ergingen und Betäubungsmittel-Verschreibungen zum Gegenstand hatten[2], sollte jedoch vor allem dem Urteil des *LG München I* vom 10. Oktober 1978 besondere Bedeutung zukommen. Dieses Gericht verurteilte nämlich einen Arzt, der zum Zwecke des Entzugs bei begleitender sozialtherapeutischer Behandlung Polamidon verschrieb, wobei er die Rezepte seinen Patienten zur Selbsteinlösung in Apotheken aushändigte, zu einer Freiheitsstrafe von zwei Jahren auf Bewährung und einem partiellen Berufsverbot. Den Urteilsgründen zufolge habe der angeklagte Arzt in Kauf genommen, daß der Patient das Mittel nicht selbst oder aber in Überdosen gebrauchte. Den verschreibungsgemäßen Gebrauch habe er nicht sichergestellt und habe auch vorzeitig neue Rezepte zur Bekämpfung von Entzugssymptomen ausgestellt, wenn der Patient dies gewünscht habe. Das Gericht folgte im wesentlichen den Gutachtern Prof. Wanke und Prof. Specht, nach deren Auffassung die Verabreichung von Polamidon zwar eine unter den konkreten Bedingungen mögliche Methode der Wahl gewesen sei. Da der Arzt jedoch die unbedingt notwendigen allgemeinen medizinischen Voruntersuchungen ungenügend durchgeführt habe, durch die direkte Aushändigung der Rezepte an die Süchtigen deren Gefährdung durch verschreibungswidrigen Gebrauch nicht verhindert habe und sie durch seine Behandlung davon abgehalten habe, sich zu einer Motivation für einen stationären Entzug und damit einer nachhaltigen Behandlung durchzuringen, sah sich das LG aber veranlaßt, die Verurteilung auszusprechen.[3] Gegen den Schuldspruch legte der Angeklagte beim BGH Revision ein, so daß das höchste Gericht sich zum ersten Mal explizit mit den Zulässigkeitsfragen einer Substitutionsbehandlung mittels eines Betäubungsmittels zu beschäftigen hatte.[4]

---

1 Siehe LG Berlin, Urteil vom 19. Januar 1977, Az: (508) 1 Op Ls 344/75-Ns-(18/76), unveröff.; auch ausführlich besprochen bei Moll 1990, 194 ff.

2 Siehe die Besprechung der Urteile bei Moll 1990, 186 - 202.

3 Siehe LG München I Urteil vom 10. Oktober 1978, Az: 23 KLs 338 Js 16060/76, unveröff.; hierzu siehe auch oben S. 201.

4 Zum Sachverhalt siehe auch BGH NJW 1979, 1943.

Allen diesen Entscheidungen ist gemeinsam, daß interessanterweise sämtliche Schuldsprüche nicht aufgrund der mangelnden Begründetheit der durch die angeklagten Ärzte jeweils vorgenommenen Betäubungsmittel-Verschreibungen an Drogenabhängige als solche gefällt wurden, obwohl dies häufig behauptet wurde, sondern daß jedes Mal letztlich die Fehler in der Durchführung der Behandlung zumeist bedingt durch kaum vorhandene Erfahrung in der medikamentengestützten Therapie zu der Verurteilung führten. Die von den Gerichten immer wieder gerügten Fehlverhalten der Ärzte im Zusammenhang mit der durch sie durchgeführten Drogentherapie lassen sich wie folgt zusammenfassen:

1. Mangelnde Untersuchung der Patienten und/oder fehlende Diagnose.
2. Mangelnde Kontrolle des anweisungsgemäßen Gebrauchs.
3. Substituieren ohne ein therapeutisches Ziel bzw. Konzept.
4. Fortführung der Behandlung trotz ersichtlicher Mißerfolge.

Gegenstand der Verurteilungen waren also in der Regel Sorgfaltspflichtverletzungen.

Hierbei fällt auf, daß erst das LG Berlin in seinem Urteil vom 19. Januar 1977 die grundsätzliche Möglichkeit des Vorliegens einer Indikation für die Drogentherapie durch einen Arzt ausdrücklich bejahte, während in den dieser Entscheidung vorausgehenden Urteilen eine Indikation allenfalls für eine kurzzeitige Überbrückungsbehandlung gegeben sein sollte. Es fällt weiter auf, daß die erkennenden Gerichte den jeweiligen Sachverständigen in nahezu allen Fällen gefolgt sind, was die These zu erhärten scheint, daß letztlich die Wahl der Gutachter davon entschied, wie im Einzelfall die Behandlung rechtlich bewertet wurde.[1] Ein Vorwurf, den sich die Instanzgerichte auch in der Folgezeit immer wieder gefallen lassen mußten.

---

1 Siehe auch die Entscheidungsanalyse bei Moll 1990, 192 - 194, 201 - 202.

4.1.3.2 Die Grundsatzentscheidung des BGH vom 8. Mai 1979

Nachdem der Angeklagte gegen das Urteil des LG München I Revision beim BGH einlegte, fällte dieser am 8. Mai 1979 die als "Kapuste-Urteil" bekannt gewordene Entscheidung, worauf schon im anderen Zusammenhang in dem Grundlagenteil hingewiesen wurde.[1] Der Leitsatz dieser Entscheidung lautet:

> "Die Verschreibung eines Betäubungsmittels an einen Süchtigen zum Zwecke der Entziehungskur ist trotz medizinischer Indikation dann nicht ärztlich begründet, wenn der Arzt keine ausreichende Vorsorge dafür trifft, daß der Patient das Mittel verschreibungsgemäß gebraucht."[2]

Auf die Revision hin wurde das Urteil des LG aufgehoben und zur Neuverhandlung an eine andere Strafkammer zurückverwiesen. Der BGH weist in seinen Entscheidungsgründen zunächst darauf hin, daß der Gesetzgeber die Verschreibung nicht in das Ermessen des Arztes gestellt habe, sondern daß das BtMG selbst und die BtMVV die Rezeptierfreiheit des Arztes einschneidend einengen würden. Bei der ärztlichen Begründetheit, deren Voraussetzungen sich mit der nach Art. 103 Abs. 2 GG gebotenen Bestimmtheit aus der Aufgabe des Arztes der Heilung oder der Linderung von Krankheiten ergäben, komme es nicht nur darauf an, ob das Mittel nach den allgemein oder weitaus überwiegend anerkannten Regeln der ärztlichen Wissenschaft für das Leiden des Patienten als Heilmittel geeignet sei, sondern auch darauf, ob nicht auch eine andere, den Patienten weniger gefährdende Heilmaßnahme in Betracht komme. Aber auch Eignung und Erforderlichkeit rechtfertigten die Verschreibung nicht ohne weiteres. Kraft der Fürsorgepflicht des Arztes habe dieser zugleich auf das Risiko einer Selbstschädigung oder Selbstgefährdung des Patienten zu achten. Dies ergebe sich beispielsweise aus den Höchstmengen-Vorschriften des § 6 BtMVV 1978 sowie aus den besonderen Rezeptvorschriften der §§ 9, 10 BtMVV 1978. Der Gesetzgeber habe hiernach die Gefahren, die auch mit der begrenzten Freigabe von Betäubungsmitteln für Heilzwecke verbunden seien, nicht allein dadurch eindämmen wollen, daß er die ärztliche Verschreibung eines derartigen

1 Siehe oben S. 201.
2 BGH NJW 1979, 1943.

Mittels nur vom Bestehen eines anders nicht verfolgbaren Heilungsziels abhängig mache. Vielmehr habe er darüber hinaus dem Arzt eine Mitverantwortung dafür auferlegt, daß die Gefahr von Mißbräuchen seiner Verschreibung in Grenzen bleibe. Der erkennende 1. Strafsenat hat allerdings nicht entschieden, welches Maß an Risiko für einen Arzt, der Betäubungsmittel zur Heilung einer Drogenabhängigkeit verschreibt, noch rechtlich toleriert werden kann. Er stellte aber fest, daß der angeklagte Arzt die ihm zuzubilligende Risikogrenze überschritten hätte. Denn bei jedem Opiatabhängigen bestehe infolge der krankheitsbezogenen Einschränkung seiner Willensfreiheit, so der BGH, eine sehr erhebliche Wahrscheinlichkeit dafür, daß er ein ihm verschriebenes Betäubungsmittel nicht als Heilmittel, sondern als Suchtmittel verwende, wenn es ihm zu unkontrolliertem Gebrauch zugänglich gemacht werde. Sofern die Heilung eines Opiatsüchtigen mittels eines Betäubungsmittels in Betracht komme, müsse der behandelnde Arzt Vorkehrungen treffen, um die handgreiflich naheliegende Gefahr eines Mißbrauchs seiner Verschreibung zu bannen. Dies könne er dadurch erreichen, daß er das Mittel nur unter eigener Aufsicht oder unter Aufsicht zuverlässiger Hilfspersonen gebrauchen lasse. Solche Vorkehrungen sollte auch der angeklagte Arzt nicht eingehalten haben, weshalb das LG München nach Meinung des BGH zu Recht von einer mangelnden Begründetheit der Verschreibungen ausging. Die ambulante Verwendung des Präparates Polamidon zum Zwecke der Heilung wurde vom LG als unter den konkreten Behandlungsbedingungen zulässige Methode der Wahl bezeichnet, was den BGH jedoch zu der Rüge veranlaßte, dem Urteil könne nicht entnommen werden, daß eine weniger gefährlichere, wissenschaftlich anerkannte ambulante Entziehungstherapie möglich gewesen wäre. Es müsse auch überprüft werden, ob der Angeklagte (bedingt) vorsätzlich gehandelt habe oder ob ihm zumindest ein Verbotsirrtum zuzugestehen sei.

Die Entscheidung des BGH fand breites Echo in Reihen der interessierten Fachöffentlichkeit und wurde in der Folgezeit teilweise sehr leidenschaftlich diskutiert, wobei sie nicht selten zur Begründung sowohl des die Zulässigkeit der Levomethadon-Behandlung bejahenden als auch des dem gerade entgegengesetzten Standpunkts herangezogen wurde. In rechtlicher Würdigung der Urteilsgründe sah sich so *Körner* noch 1985 veranlaßt festzustellen, der BGH habe die

Zulässigkeit der ambulanten Substitutionstherapie ausdrücklich in Frage gestellt.[1] Auch *Winkler* wertete das Urteil nicht in dem Sinne, daß der BGH die grundsätzliche Zulässigkeit der Levomethadon-Behandlung bejahte, aus.[2] Demgegenüber war *Kreuzer* von Anfang an das Bemühen um eine wesentlich differenzierendere Sichtweise zu bescheinigen, wenn er konstatierte, "daß unter Beachtung der aufgezeigten Sorgfaltsgebote und in therapeutischer Zielsetzung eine Behandlung von Suchtpatienten mit Polamidon als ultima ratio ärztlich begründet sein kann."[3] Die Mehrheit der Juristen wertet aber die Entscheidung dahingehend aus, daß die Substitutionsbehandlung mittels eines Betäubungsmittels rechtlich grundsätzlich zulässig sei, wobei sich aber auch innerhalb dieser Auffassungen unterschiedliche Interpretationen der Urteilsgründe im Hinblick auf die Reichweite dieser Zulässigkeit ausmachen lassen. Denn während *Haffke* beispielsweise lediglich aus dem Kontext der Entscheidung, wonach dem Arzt ein gewisses "Risiko" ausdrücklich eingeräumt wird, die Vermutung äußert, daß der BGH die Polamidon-Behandlung nur bei der Einhaltung der Risikogrenzen dieser Behandlung billige[4], versteht *Bschor* den BGH zwischen den Zeilen lesend in der Weise, daß das höchste Gericht den deutschen Ärzten nahelege, die zeitweilige Substitution als eine indizierte Heilmaßnahme offenbar generell zu akzeptieren, zumindest in dem Sinne, daß der nun nicht mehr zur illegalen Drogenbeschaffung und damit verbundenen Beschaffungskriminalität gezwungene Patient so eher in Arbeit und sozial geordnete Verhältnisse kommen könne.[5] Wie dem auch sei, ungeachtet der zunächst zweitrangigen Frage nach der Reichweite der rechtlichen Zulässigkeit bleibt festzuhalten, daß es zwischenzeitlich kaum noch Stimmen gibt, die die prinzipielle Zulässigkeit der Levomethadon-Behandlung mit Rücksicht auf die Grundsatzentscheidung des BGH vom 8. Mai 1979 in Frage stellen wollen.[6]

Mit Recht geht die überwiegende juristische Meinung von der prinzipiellen Zulässigkeit der Levomethadon-Behandlung aus. Dem Urteil ist zweifelsfrei zu

---

1 Siehe Körner 1985, § 29, Rz. 514; so auch Joachimski, § 13, Anm. 8.
2 Siehe Winkler 1980b, 84.
3 Siehe Kreuzer 1980, 2358.
4 Siehe Haffke 1988, 33; ders. 1989, 69.
5 Siehe Bschor 1980, 1211.
6 Vgl. Böllinger 1983, 70 f.; Feest 1988b, 10; Moll 1990, 208 ff.

entnehmen, daß beim Vorliegen der gesetzlichen Voraussetzungen Geeignetheit und Erforderlichkeit im Sinne des § 11 Abs. 1 Nr. 9a BtMG 1972 bzw. § 13 Abs. 1 BtMG 1982 sowie der von ihm entwickelten weiteren Voraussetzung der Sicherung des verschreibungsgemäßen Gebrauchs die Betäubungsmittel-Verschreibung ärztlich begründet und daher rechtlich zulässig ist. Dieses ergibt sich nicht zuletzt aus folgender Überlegung: Der § 11 Abs. 1 Nr. 9a BtMG 1972 bzw. § 13 Abs. 1 S. 1 BtMG 1982, wonach es zur Begründung der ärztlichen Verschreibung zunächst nur der Merkmale "Geeignetheit" und "Erforderlichkeit" bedarf, ist offenbar auf den Normalfall zugeschnitten, wo der verschreibende Arzt mit einem nicht betäubungsmittelabhängigen Patienten zu tun hat. Insoweit dürfte also ein Konsens dergestalt bestehen, daß die ärztliche Verschreibung von Betäubungsmitteln an nicht betäubungsmittelabhängige Patienten grundsätzlich zulässig ist, sofern die beiden gesetzlichen Voraussetzungen gegeben sind. Da jedoch nach Meinung des BGH bei jedem Opiatabhängigen infolge der krankheitsbezogenen Einschränkung seiner Willensfreiheit eine sehr erhebliche Wahrscheinlichkeit dafür bestehe, daß er ein ihm verschriebenes Betäubungsmittel nicht als Heilmittel, sondern als Suchtmittel verwende, will das höchste Revisionsgericht diesem Umstand offenbar damit Rechnung tragen, daß es eine weitere dritte Komponente entwickelt und diese als sozusagen gleichberechtigte unerläßliche Voraussetzung neben die beiden anderen stellt. Damit verknüpft er allerdings die "Kontrolle des verschreibungsgemäßen Gebrauchs" mit der Indikationsstellung, was er mit dem Hinweis auf die aus der Fürsorgepflicht des Arztes resultierende Pflicht zur Beachtung des Risikos einer Selbstschädigung oder Selbstgefährdung, die auch für den Straftatbestand des § 11 Abs. 1 Nr. 9a BtMG bedeutsam sei, zum Ausdruck bringt. Ob eine derartige Verknüpfung eines Durchführungserfordernisses mit der Indikationsstellung sachgemäß erscheint, ist eine hierbei nicht zu entscheidende Frage. Maßgebend ist der Gesichtspunkt, daß der BGH in der besagten Entscheidung lediglich die Durchführung der Behandlung verschärfte und damit auch erschwerte und ihr nicht prinzipiell die Indikationsfähigkeit in dem Sinne, ob sie nach den allgemein oder weitaus überwiegend anerkannten Regeln der ärztlichen Wissenschaft für das Leiden des Patienten als Heilmittel geeignet ist, absprechen wollte, denn nur in diesem Falle könnte die Rede davon sein, daß die Levomethadon-Behandlung strafrechtlich unzulässig sei. Dies ergibt sich aus seiner Bemerkung "(...), sofern die Heilung eines Opiatsüchtigen durch Anwendung eines substituierenden Suchtmittels überhaupt in Betracht kommt, (...)."[1] Sowohl aus dieser Bemerkung als auch aus dem Hinweis des BGH, wie eine ambulante Substitutionstherapie durchzuführen ist, insbesondere, daß der Arzt den Patienten das Mittel nur unter eigener Aufsicht oder unter deren zuverlässiger Hilfspersonen gebrauchen lassen dürfe, läßt sich folgern, daß er die Levomethadon-Behandlung für eine denkbare Heilmethode hielt und daher von ihrer prinzipiellen Zulässigkeit ausging. Andernfalls wären diese Ausführungen überflüssig.[2] Es hätte ihn auch nichts gehindert, explizit die Unzulässigkeit der ambulanten Substitution zu erklären, wenn dies seiner Rechtsauffassung entsprochen hätte. Genausowenig nachvollziehbar wären dann auch die Ausführungen, wonach dem Arzt, der Betäubungsmittel zur Heilung einer Betäubungsmittel-Abhängigkeit verschreibt, ein bestimmtes Maß an Risiko zuzuerkennen sei. Dies kann nur bedeuten, daß die Betäubungsmittel-Verschreibung an Drogenabhängige in therapeutischen Zwecken grundsätzlich zulässig ist, solange der Arzt die ihm von Gesetzes wegen auferlegten Schranken nicht überschreitet. Dies gilt aber bei jeder ärztlichen Heilbehandlung.[3]

4.1.3.3 Die nachfolgende Rechtsprechung im Lichte der BGH-Entscheidung

Das Urteil des BGH vom 8. Mai 1979 sollte für längere Zeit die einzige Entscheidung der höchsten Revisionsinstanz sein, die sich mit der Levomethadon-Behandlung befaßte, obwohl gelegentlich als Beleg dafür, daß sich der BGH gegen die Substitutionsbehandlung mittels eines Betäubungsmittels ausgesprochen hätte, der Beschluß des 2. Strafsenats vom 12. September 1979, nach dem die Revision des verurteilten Arztes gegen ein Urteil des LG Koblenz[4] als "offensichtlich unbegründet" gemäß § 349 Abs. 2 StPO verworfen worden ist[5], herangezogen wurde.[6] In der Folgezeit sind indessen zahlreiche Entscheidungen

---

1 BGH NJW 1979, 1944.
2 In diesem Sinne auch Moll 1990, 209.
3 Siehe auch die diesbezüglichen Ausführungen bei Moll 1990, 208 ff.
4 Siehe LG Koblenz, Urteil vom 11. Dezember 1978, Az: 102 Js 6435/77-9 KLs 66/77, unveröff.
5 Siehe BGH, Beschluß vom 12. September 1979, Az: 2 StR 259/79, unveröff.
6 Siehe Körner 1990, § 29, Rz 655; Winkler 1980b, 84.

der unteren Instanzen ergangen, die ärztliche Betäubungsmittel-Verschreibungen an Betäubungsmittel-Abhängige zum Gegenstand hatten. Besondere Beachtung fand hierbei das Urteil des *AG Hildesheim* vom 19. Dezember 1979 und zwar nicht nur deshalb, weil es eine der ersten Entscheidungen nach der Stellungnahme des BGH zur Levomethadontherapie war, sondern auch und vor allem, weil es wohl zum ersten Mal überhaupt einen angeklagten Arzt vom Vorwurf der mißbräuchlichen Betäubungsmittel-Verschreibungen freisprach. Nach dem Gutachten von Prof. Janz[1] wurde in diesem Fall Levomethadon zur Unterstützung einer Gesprächstherapie mit Drogenabhängigen eingesetzt. Bemerkenswert sind hierbei die gerichtlichen Feststellungen, daß nicht jeder Drogenabhängige einen Platz in Kliniken und/oder therapeutischen Wohngemeinschaften finde, wobei von seiten der drogenfreien stationären Einrichtungen teilweise solche Abhängigen als "therapieresistente Fälle" auch gar nicht aufgenommen und wohl auch nicht statistisch erfaßt werden würden, die die Behandlung in diesen Einrichtungen auch deshalb verweigern, weil sie sich den dort bestehenden menschenunwürdigen Aufnahme- und Behandlungsprozeduren nicht aussetzen wollten. Im folgenden arbeitete das Gericht Kriterien aus, bei deren Einhaltung die medikamentengestützte Therapie erlaubt sein sollte:

1. Der behandelnde Arzt müsse in der Entzugsbehandlung erfahren sein.
2. Die Behandlung dürfe sich nicht auf die Verschreibung von Medikamenten beschränken, sondern müsse lediglich Beiwerk einer die ganze Persönlichkeit des Patienten erfassenden therapeutischen Behandlung sein.
3. Voraussetzung sei das ernsthafte Heilungsbestreben des Patienten und die entsprechend möglichst kurze Dauer der Behandlung. Ein reines Substitutionsprogramm mit Dauerkonsum wäre davon nicht gedeckt.
4. Polamidon sei oral einzunehmen.
5. Es müsse verhindert werden, daß Polamidon zusammen mit anderen Drogen oder Medikamenten eingenommen werde.[2]

Demgegenüber kam das *LG München I* im Rahmen der Neuverhandlung der vom BGH zurückverwiesenen Sache zu einem völlig anderen Ergebnis. Ähnlich wie in der angefochtenen und vom BGH aufgehobenen Entscheidung hielt die

---

1 Siehe Janz 1981, 116 ff.

2 Siehe AG Hildesheim KJ 1980, 219 mit Anm. Selling (221).

neue Strafkammer Dr. Kapuste erneut für schuldig, gegen die Verschreibungsvorschriften verstoßen zu haben und verurteilte ihn zu einer Freiheitsstrafe von acht Monaten auf Bewährung sowie einem partiellen Berufsverbot von drei Jahren Dauer. Das Gericht sah es als erwiesen an, daß die vom Angeklagten praktizierten Verschreibungen zum "unkontrollierten Gebrauch" ärztlich nicht zu verantworten und mit den Regeln der ärztlichen Wissenschaft nicht in Einklang zu bringen gewesen seien.[1]

Bis Ende der achtziger Jahre stellte das Urteil des AG Hildesheim vom 19. Dezember 1979 insoweit eine Ausnahme dar, als es einen Freispruch gegen den angeklagten Arzt enthielt. Die meisten Strafgerichte glaubten nämlich, die sich vor ihnen verantwortenden Ärzte verurteilen zu müssen, da die Angeklagten den verschreibungsgemäßen Gebrauch, wie ihn der BGH forderte, nicht sichergestellt hätten. So u.a. das *AG Coburg* am 30. Juni 1980[2] oder auch das *OLG Zweibrücken* am 13. Mai 1982.[3] Das *LG Dortmund* verurteilte hingegen am 28. Februar 1986 einen 63jährigen Arzt zu einer Gesamtstrafe von 2 Jahren mit Bewährung, weil der Angeklagte die Patienten nicht oder nur oberflächlich untersucht und weder Ausrichtung und Grad der bestehenden Abhängigkeit noch deren Vorgeschichte ermittelt haben sollte.[4]

Während die vorerwähnten Entscheidungen allesamt Schuldsprüche enthielten, sprach im Vergleich dazu das *AG Dachau* in dem Urteil vom 24. Juli 1989 einen praktischen Arzt frei, dem die Staatsanwaltschaft zur Last legte, sich an das Behandlungskonzept des Dr. Kapuste gehalten und teilweise auch Levomethadon zur eigenverantwortlichen Verwendung an zwei Patienten ausgehändigt zu haben. Das Gericht hat dagegen festgestellt, daß die zulässigen Betäubungsmittel-Mengen nicht einmal in der Urlaubszeit des Angeklagten, als die Patienten von der dem Angeklagten sehr gut bekannten und zuverlässigen Apothekerin

---

1 Siehe LG München KJ 1980, 217; siehe auch die Besprechungen sowohl des Urteils des AG Hildesheim als auch die des LG München I bei Moll 1990, 211 - 217.
2 Siehe AG Coburg, Urteil vom 30. Juni 1980, Az: KLs 2 Js 2474/79, unveröff.
3 Siehe OLG Zweibrücken, Urteil vom 13. Mai 1982, Az: 1 Ss 337/9, unveröff.
4 Siehe LG Dortmund, Urteil vom 28. Februar 1986, Az: KLs 10 Js 116/83, 14 (VI) M 15/85, unveröff. Dieses und die anderen Urteile werden ausführlicher bei Moll 1990, 218 - 223 besprochen, weshalb hierbei auf deren erneute eingehende Besprechung verzichtet wird.

nach einem bestimmten Behandlungsplan mit genau festgelegten täglichen Dosen versorgt wurden, überschritten worden sind. Dabei wurde die Dosis kontinuierlich gesenkt, so daß die Patienten schließlich von Levomethadon entwöhnt wurden. Den Umstand, daß der Angeklagte keine Urinkontrollen durchführte, wertete das Gericht nicht als einen gegen ihn sprechenden Fehler der Behandlungsdurchführung, da durch die tägliche Kontrolle (Gespräch, Einstichkontrolle, Augenuntersuchung), so das AG Dachau, die wesentlich besseren Kontrollmöglichkeiten bestanden hätten, weil die beiden seine einzigen Betäubungsmittel-Patienten gewesen und dadurch Veränderungen besonders schnell aufgefallen wären. Nachdem auch der herangezogene Sachverständige die Behandlung des Angeklagten als ärztlich indiziert bezeichnete, sah sich das erkennende Gericht gezwungen, den angeklagten Arzt freizusprechen.[1]

Das Grundsatzurteil des BGH vom 8. Mai 1979 ist in nahezu allen bekannten Entscheidungen der unteren Instanzen zur Rechtmäßigkeit der Betäubungsmittel-Verschreibungen aufgegangen. Denn sowohl in den verurteilenden wie auch in den freisprechenden Entscheidungen ging es überwiegend um die zentrale Frage, ob die angeklagten Ärzte gegen die Pflicht zur Sicherstellung des verschreibungsgemäßen Gebrauchs verstoßen haben und nicht, ob die Levomethadon-Behandlung überhaupt zulässig war. Dies war offenbar die Folge einer Interpretation der Urteilsgründe in dem hier vertretenen Sinne. Sofern ausnahmsweise nicht die mangelnde Kontrolle des verschreibungsgemäßen Betäubungsmittel-Gebrauchs den Grund der Verurteilung bildete und statt dessen andere Pflichtverstöße wie ungenügende Untersuchung, fehlende Diagnose etc. die Schuldsprüche nach sich zogen, so handelte es sich gleichwohl in allen Fällen um Nichtbeachtung der ärztlichen Behandlungskautelen, also um Sorgfaltspflichtverletzungen.

1 Siehe AG Dachau, Urteil vom 24. Juli 1989, Az: Ds 42 Js 37802/87, unveröff.

4.1.3.4 Der Beschluß des BGH vom 17. Mai 1991

4.1.3.4.1 Die Entscheidungsgründe

Das LG Düsseldorf hat am 28. August 1990 einen praktischen Arzt, der seinen drogenabhängigen Patienten Levomethadon bzw. Ritalin verschrieb, wegen unerlaubten Verschreibens von Betäubungsmitteln in 10 Fällen zu einer Gesamtstrafe von 100 Tagessätzen verurteilt. Dagegen legte der Angeklagte Revision beim BGH ein. Daraufhin hat der 3. Strafsenat des BGH am 17. Mai 1991 einstimmig beschlossen, daß das Urteil der Vorinstanz mit den Feststellungen aufgehoben und die Sache zu neuer Verhandlung und Entscheidung an eine andere Strafkammer des LG zurückverwiesen werden würde. Der Beschluß des BGH vom 17. Mai 1991 war damit die erste Entscheidung des höchsten deutschen Gerichts seit dem Urteil vom 8. Mai 1979 und die zweite überhaupt, die sich mit der Rechtslage hinsichtlich der ärztlichen Betäubungsmittel-Verschreibungen an Betäubungsmittel-Abhängige befaßte. Die Entscheidung wurde mit dem folgenden Leitsatz veröffentlicht:

> "Der Straftatbestand des unerlaubten Verschreibens von Betäubungsmitteln (hier: Ersatzdroge L-Polamidon) liegt nicht schon deswegen vor, weil der Arzt durch das Verschreiben gegen die Regeln der Schulmedizin oder die Stellungnahme der Bundesärztekammer verstoßen hat."[1]

In seinen Urteilsgründen wirft der BGH zunächst die Frage auf, ob seiner eigenen Auslegung und der des RG für das Verschreiben von Ersatzdrogen für Drogenabhängige, wonach die ärztliche Begründetheit einer Betäubungsmittel-Verschreibung dann angenommen wurde, wenn das Mittel nach den allgemein oder weitaus überwiegend anerkannten Regeln der ärztlichen Wissenschaft als Heilmittel für das Leiden des Patienten geeignet gewesen sei, heute noch uneingeschränkt zu folgen ist. Dies zweifelt der BGH nun an. Denn der geltende § 13 Abs. 1 BtMG 1982, so der BGH, ließe das Verschreiben der in der Anlage III bezeichneten Betäubungsmittel zu, wenn ihre Anwendung am oder im "menschlichen oder tierischen Körper begründet ist". Der früher geltende

---

1 Siehe BGH NJW 1991, 2359, Az: 3 StR 8/91.

§ 11 Abs. 1 Nr. 9a BtMG 1972 habe das Verschreiben von Betäubungsmitteln pönalisiert, "wenn die Anwendung nicht ärztlich, zahnärztlich oder tierärztlich begründet ist". Was der Gesetzgeber mit dem Verzicht auf das Wort "ärztlich" bezweckt habe, ergebe sich aus der Gesetzesbegründung nicht. Der neue Wortlaut ließe auch die Auslegung zu, daß eine sozialmedizinische Indikation zum Verschreiben ausreiche, z.B. um den Opiatabhängigen unter Inkaufnahme einer fortbestehenden Abhängigkeit von dem Zwang zur Beschaffungskriminalität zu befreien. Ob eine solche Auslegung mit dem Zweck des BtMG, das Entstehen oder Erhalten einer Betäubungsmittel-Abhängigkeit soweit wie möglich auszuschließen (§ 5 Abs. 1 Nr. 6 BtMG), zu vereinbaren wäre, brauche der Senat nicht zu entscheiden. Jedenfalls seien an die Erfüllung des Tatbestandsmerkmals "keine Begründetheit der Anwendung am oder im menschlichen Körper" strenge Anforderungen zu stellen. Anschließend wendet sich der BGH der Frage nach der Bedeutung der Regeln der Schulmedizin in dem hierbei interessierenden Kontext zu. Danach liege der Tatbestand des unerlaubten Verschreibens von Betäubungsmitteln nicht deshalb vor, weil der Arzt durch die Verordnung der Ersatzdroge gegen die Regeln der Schulmedizin verstoßen habe. Denn dies würde nach Meinung des BGH zu einer Kriminalisierung medizinisch vertretbarer abweichender Auffassungen führen und durch Strafandrohung die Entwicklung neuer Therapien verhindern. Es sei vielmehr anerkannt, daß die Verfahren der Schulmedizin nicht ohne weiteres mit den für die strafrechtliche Auslegung maßgeblichen Regeln der ärztlichen Kunst gleichzusetzen seien. Die Regeln der ärztlichen Kunst beließen einem Arzt gerade auf einem medizinisch umstrittenen Gebiet wie dem der Verschreibung von Ersatzdrogen für Drogenabhängige einen von ihm zu verantwortenden Risikobereich. Erst wenn die dem Arzt zuzubilligende Risikogrenze eindeutig überschritten sei, greife die Strafnorm des § 29 Abs. 1 Nr. 6a BtMG ein.

Der BGH spricht neuerdings der Bundesärztekammer auch eine "Richtlinienkompetenz" ab mit der Folge, daß der entscheidende Richter von der Verpflichtung nicht entbunden werde, auch unter Berücksichtigung abweichender Stellungnahmen der ärztlichen Wissenschaft in jedem Einzelfall zu prüfen, ob die Verschreibung des Betäubungsmittels begründet gewesen sei. Die Äußerung des Vorstandes der Bundesärztekammer sei nämlich keine Rechtsnorm. Zudem enthalte die Stellungnahme der Bundesärztekammer von 1988 ausdrücklich nur

Beispielsfälle, "so daß auch sie Raum für eine einzelfallbezogene Annahme einer anderen Indikation lassen." Im Hinblick auf die Begründetheit einer ambulanten Betäubungsmittel-Substituierung meint der 3. Strafsenat explizit, daß die ambulante Betreuung ohne Einbindung des Patienten in ein übergreifendes therapeutisches Behandlungsprogramm zwar im Regelfall gegen die Begründetheit der Anwendung von Ersatzdrogen sprechen möge, daß jedoch Ausnahmen denkbar seien, wenn etwa der Arzt die erforderliche strenge Kontrolle gewährleisten könne. Des weiteren vermißt der BGH in Anbetracht der Tatsache, daß der Angeklagte in den abgeurteilten Fällen den Zweck verfolgte, die Patienten bis zum bevorstehenden Antritt einer Therapie oder einer Haftstrafe zu stabilisieren, die Auseinandersetzung des LG Düsseldorf mit der besonderen Problematik der "ambulanten Überbrückungstherapie", zumal diese vom RG für zulässig erachtet worden sei. Als letztes rügt der BGH die landgerichtlichen Erwägungen zur Schuld des Angeklagten, der von der Rechtmäßigkeit seines Tuns überzeugt gewesen sei. Es sei nicht nur ein Verbots-, sondern auch ein Tatbestandsirrtum zu prüfen gewesen.

4.1.3.4.2 Reaktionen auf die Entscheidung in der Literatur

Der Beschluß des BGH vom 17. Mai 1991 ist von der medizinischen und juristischen Welt sehr unterschiedlich aufgenommen worden. Die ersten Stellungnahmen vor allem von medizinischer Seite waren eher positiv. Es wurde vor allem begrüßt, daß der BGH klargestellt hätte, daß den ärztlichen Standesgremien keine "Richtlinienkompetenz" zustehe und daß die "sozialen Indikationen" nunmehr auch obergerichtlich anerkannt worden wären. Man sprach daher von einem "revolutionären Urteil"[1], das die Kurierfreiheit des Arztes stärken würde.[2] Mit dem Beschluß des BGH sollen in zeitlicher Fortführung des "Kapuste-Urteils" die therapeutische Kompetenz und die Verantwortung der niedergelassenen Ärzte bei der Substitutionsbehandlung erheblich gestärkt worden sein.[3] Die Entscheidung soll im übrigen für die betroffenen Ärzte im Vergleich

1 So Brall 1991, A-3074, obwohl es sich, wie gesagt, um einen Beschluß handelt.
2 So Raida 1991, A-3074.
3 So Moll 1991, 2335.

zu bisher mehr Rechtssicherheit bringen.[1] Auf der anderen Seite wird der jüngsten Entscheidung des BGH mit sehr viel weniger Euphorie begegnet. Denn der BGH strebe weder grundsätzlich eine Liberalisierung der Therapie von Drogenabhängigen mit Methadon an noch übe er eine Kritik an den Empfehlungen des Vorstandes der Bundesärztekammer zur "Anwendung von Ersatzdrogen".[2] Indem der BGH die Verhinderung von Beschaffungskriminalität als eine soziale Indikation bezeichne, gehe es ihm um verdeckte Drogenfreigabe als Mittel zur Verhütung dieser Art von Kriminalität.[3] Den meisten dieser Stellungnahmen ist aber gemeinsam, daß sie offenbar nicht auf der Grundlage einer genaueren Befassung mit den Urteilsgründen gewonnen wurden, sondern nur pauschale Beurteilungen enthalten. Eine ausführliche eingehende inhaltliche Auseinandersetzung mit den einzelnen Urteilsgründen nehmen dagegen *Hellebrand*[4] und *Winkler*[5] vor.

Hellebrand begrüßt zunächst, daß der BGH vom herkömmlichen Begriff der ärztlichen Begründetheit abrückt und betont, daß die Anwendung des § 13 BtMG "gerade auf einem medizinisch umstrittenen Gebiet wie dem der Verschreibung von Ersatzdrogen" nicht zu einer Kriminalisierung medizinisch vertretbarer abweichender Auffassungen führen und durch Strafandrohung die Entwicklung neuer Therapien verhindern" dürfe. Andernfalls befürchtet dieser Autor, daß es zu einem Ausschluß der Forschungstätigkeit kommen könnte. Im übrigen trage die Entscheidung den Tatsachen Rechnung, daß die Substitutionsbehandlung eine überaus umstrittene Behandlungsmethode selbst unter den ärztlichen Standeskammern sei und es daher keinerlei Richtlinienkompetenz dieser Kammern geben könne bzw. daß eine Abkopplung der deutschen Substitutionsdiskussion vom wesentlich substitutionsfreudigeren Ausland nicht haltbar sei. Die Entscheidung gibt Hellebrand aber vor allem Anlaß, deren Be-

---

1 So Rieger 1991, 1649; siehe auch Hassemer 1992, 114, der in dem Beschluß einen Beitrag zur Lösung der Drogenprobleme sieht, indem das Strafrecht einer kritischen Überprüfung seiner produktiven und kontraproduktiven Wirkungen unterzogen wird. Demnach sei die Entscheidung ein Schritt auf dem Weg, den der Gesetzgeber weitergehen könnte.

2 So Wagner 1991, B–1693.

3 So Kühne 1992, 1548; siehe auch Laufs 1992a, 1538, der ähnlich wie Kühne kriminalpolitische Zwecke nicht als ärztliche Indikationen ansieht.

4 Siehe Hellebrand 1991, 414 ff.; ders. 1992a, 13 ff.; ders. 1992b, 71 ff.

5 Siehe Winkler, 1992, 61 ff.

gründung als unzureichend zu kritisieren. Er vermißt die eingehende Begründung des Abrückens des BGH von seiner früheren Rechtsprechung, indem es jetzt auch auf die medizinisch vertretbaren abweichenden Auffassungen der einzelnen Ärzte ankomme.[1] Weiter befremdet ihn, daß der BGH hinsichtlich der Auslegung der Begründetheitsklausel darauf abstellt, daß das grundgesetzliche Gebot der Gesetzesbestimmtheit, (Art. 103 Abs. 2 GG) eine Auslegung erfordere, die den Arzt als Adressaten der Strafnorm klar erkennen lasse, "unter welchen Voraussetzungen er sich durch das Verschreiben einer zur ärztlichen Medikation zugelassenen Ersatzdroge strafbar" mache, während er in seiner früheren Rechtsprechung noch der Auffassung gewesen sei, daß der § 11 Abs. 1 Nr. 9a BtMG 1972 nicht festgelegt hätte, welche Voraussetzungen für die Anwendung eines Betäubungsmittels im einzelnen hätten erfüllt sein müssen.[2] Soweit der BGH den Eindruck erwecke, führt Hellebrand fort, die Therapie- und Methodenfreiheit des Arztes gelte uneingeschränkt auch für den Einsatz von Betäubungsmitteln, stelle sich die Frage, welche Bedeutung dann noch § 13 BtMG neben § 226a StGB zukomme, da die Therapiefreiheit etwa durch § 13 BtMG durchaus über den allgemeinen, von § 226a StGB abgesteckten Rahmen eingeschränkt werden könne. Insoweit bleibe zu hoffen, so Hellebrand, daß der BGH in den nächsten Jahren Gelegenheit erhalte, sich eingehender mit dem Verhältnis zwischen Heilversuchen nach allgemeinem Arztrecht und Polamidonsubstitution zu befassen, die Voraussetzungen für beide ärztliche Maßnahmen zu entwickeln und die Bedeutung des § 13 BtMG gegenüber den Regeln des allgemeinen Arztrechts klarzustellen. Dieser Autor rügt des weiteren, daß der BGH auch die Möglichkeit der "sozialen Indikationen" nach dem neuen Wortlaut des § 13 BtMG bejaht, da der BGH durch die andiskutierte Frage die Methadoneuphorie gefährlich anheize. Zum anderen komme es für die Beantwortung dieser Frage nicht nur auf die Entstehungsgeschichte des § 13 BtMG und den Zweck des BtMG, sondern vorrangig darauf an, ob eine solche soziale Indikation noch dem Arzt obliege und wie überhaupt der Krankheitsbegriff und dementsprechend die ärztliche Tätigkeit zu definieren sei. Im Hinblick auf die vom BGH auch beanstandeten mangelnden Feststellungen zum subjektiven Tatbestand meint Hellebrand, daß ausgehend vom herkömmlichen

---

1 Siehe Hellebrand 1992a, 16.
2 Siehe Hellebrand 1992a, 16 f.

Begriff der Begründetheit, der nur wenige Substitutionsindikationen zugelassen hätte, das LG kaum Veranlassung zu entsprechenden Feststellungen gehabt haben dürfte.[1] Als zentrale Schwäche des Beschlusses des BGH vom 17. Juni 1991 sieht Hellebrand allerdings das Vertretbarkeitskriterium an, denn damit lasse der BGH nunmehr jede Substitution zu, sofern sie nur auch unter Berücksichtigung des Auslands vertretbar sei, was irgendwie fast immer begründbar sei. Insofern könne in Zukunft jeder Arzt, der sich zumindest auf eine im Ausland vertretene Substitutionsmeinung stützen könne, auch im Inland substituieren, auch wenn hierdurch einer nicht anerkannten und nicht ungefährlichen Substitutionspraxis Vorschub geleistet werden würde. Daraus zieht dieser Autor den Schluß, daß der BGH neuerdings die Substitutionsproblematik von der Indikation auf die Verabreichungskautelen verschiebe.[2]

Für Winkler hingegen hat die jüngste Entscheidung des BGH die Rechtslage in bezug auf die ambulante Substitutionsbehandlung nicht weiter geklärt. Es sei vor allem über die Zulässigkeit der Verschreibung an sich noch nicht entschieden. Dieser Autor bemängelt weiter, daß die Fassung des Leitsatzes der falschen Vorstellung, daß die Regeln der Schulmedizin oder der von der Bundesärztekammer aufgestellte Indikationskatalog ohne strafrechtliches Risiko mißachtet werden dürften, Vorschub zu leisten geeignet sei. Indessen lasse der BGH in seiner jüngsten Entscheidung gerade offen, ob ein Verstoß gegen § 13 Abs. 1 BtMG vorliege und beauftrage das LG, diese Frage neu zu prüfen. Es sei zwar richtig, daß ein Verstoß gegen Regeln und Richtlinien in Ermangelung ihrer Strafbewehrung nicht zugleich eine Straftat sein könne, was aber noch nichts über die Verbindlichkeit der Regeln der Kunst sage. Der BGH verlange vielmehr ausdrücklich die Auseinandersetzung mit diesen Regeln anhand der individuellen Merkmale des konkreten Lebenssachverhalts, der zur Beurteilung anstehe. Im Zusammenhang mit der Streichung des Wortes "ärztlich" im Text des § 13 Abs. 1 BtMG müsse die Begründung für eine Betäubungsmittel-Verschreibung wegen ihrer Gebundenheit an die Bestallung als Arzt stets ärztlich sein. Nichtärztliche Erwägungen hätten gerade auszuscheiden. Sofern der BGH die sozialen Indikationen für erwägenswert halte, dürfte er sich auch Wider-

1 Siehe Hellebrand 1992a, 17.
2 Siehe Hellebrand 1992a, 18,; ders. 1991, 417.

spruch aus medizinischer Sicht einhandeln. Damit wäre nämlich der Einsatz von Medikamenten zur Kriminalprävention hoffähig. Als nächstes vermißt Winkler eine Auseinandersetzung mit § 13 Abs. 1 S. 2 BtMG. Durch die Ausblendung der negativen Umschreibung der Begründetheit gehe sonst auch die im Gesetz selbst normierte Formel "ultima ratio" verloren. Zweck der Verordnung und Zweck des Gesetzes dürften dabei in keinen Wertungswiderspruch geraten. Deshalb müsse neben die Prüfung des Zwecks der Verschreibung auch die Ermittlung des Gesetzeszwecks treten. Eine solche Prüfung dürfe bei einem Verweis auf § 5 Abs. 1 Nr. 6 BtMG nicht stehen bleiben.[1] Zwar sei auch dem BGH zuzustimmen, fährt Winkler fort, daß das Strafrecht nicht Forschung verhindern und die Weiterentwicklung medizinischer Heilverfahren durch Restriktionen formaler Art stören dürfe, andererseits habe das Grundrecht auf körperliche Unversehrtheit einen hohen Rang. So habe jeder Patient einen Anspruch auf eine Behandlung, die ihm jedenfalls nicht schade. Schutzgut des BtMG sei schließlich das hieraus abgeleitete Kollektivrecht der Volksgesundheit. Da sie nun gegen unqualifizierte Behandlungen verteidigt werden müsse, andererseits die Entwicklung neuer Therapien nicht über Gebühr behindert werden dürfe, bedürfe es dort, wo Betäubungsmittel quasi probeweise eingesetzt werden würden, einer besonderen Zulassung.[2] Im weiteren Verlauf seiner Entscheidungsrezension wendet sich Winkler ebenfalls dem Vertretbarkeitskriterium zu. Er beanstandet zunächst die Zubilligung eines eigenen Verantwortungsbereichs für den Arzt, ohne aber dessen Grenzen festzulegen. Damit gebe der BGH sowohl dem Arzt als auch dem Tatrichter Steine statt Brot, wenn er nicht zugleich einen Hinweis darauf gebe, woran sich diese Risikogrenze orientieren solle. Hierbei werde man nicht umhin kommen, sich auch mit der Rechtsprechung der Obergerichte zur Frage der Körperverletzung durch Suchtmittelverschreibungen an Abhängige zu orientieren. Bedauerlicherweise habe der BGH eine Auseinandersetzung hiermit unterlassen.[3] Des weiteren führt dieser Autor in bezug auf die Frage der Richtlinienkompetenz der Bundesärztekammer aus, daß ungeachtet der Tatsache, daß der BGH den ärztlichen Standesorganisationen eine Richtlinienkompetenz abspreche, dies nichts an der Tatsache ändere, daß

---

1 Siehe Winkler 1992, 62.
2 Siehe Winkler 1992, 63.
3 Siehe Winkler 1992, 63.

gerade in diesen Organisationen der Sachverstand aus Wissenschaft und Praxis zusammenfließe. Was medizinisch vertretbar oder unvertretbar sei, könne letztlich nicht der Jurist bestimmen. Auf sachverständige Hilfe bleibe er weiterhin angewiesen. In Anbetracht des Umstandes, daß der BGH die Bedeutung der Schulmedizin nunmehr abweichend von der bisherigen Rechtsprechung beurteilen soll, als sich die ärztliche Begründetheit einer Opiatverschreibung nach den allgemein oder weitaus überwiegend anerkannten Regeln der ärztlichen Wissenschaft richtete, wobei die hiervon abweichenden wissenschaftlichen Überzeugungen einzelner Ärzte nicht maßgebend sein sollten, seien jetzt auch, so Winkler, solche neuen Methoden in die Prüfung einzubeziehen, was die Beseitigung des Ausschlusses der Außenseiterverfahren zufolge habe. Der Tatrichter habe sich konsequenterweise auf einen Gutachterstreit einzurichten. Dabei werde das ärztliche Risiko nicht gemindert. Es sei im übrigen zu erwarten, daß es zu regionalen Unterschieden in der Rechtsprechung kommen werde.[1] Schließlich bemängelt Winkler auch, daß der BGH die Problematik der Überbrückungsbehandlung nur erwähnt, jedoch nicht weiterlöst. Nach allem habe der BGH nach Meinung von Winkler es nicht vermocht, für die ärztliche und gerichtliche Praxis abschließend Klarheit zu schaffen.[2]

Die Entscheidung des BGH vom 17. Mai 1991 fand verständlicherweise sehr große Beachtung sowohl bei den Juristen als auch Medizinern, da sie ohne Zweifel die bisherige Rechtslage im Hinblick auf die ärztliche Betäubungsmittel-Verschreibung in einigen Punkten zumindest verdeutlichte bzw. einige bisher in der Rechtsprechung weitgehend tabuisierte Aspekte (soziale Indikationen) in einer Weise aufgriff, die zumindest die Bereitschaft des BGH erkennen läßt, auch dem bisher von seiten der Gegner der Substitutionsbehandlung durchweg mißbilligten Rechtsverständnis zum Durchbruch zu verhelfen. Aus diesem Grunde erscheint der jüngste Beschluß des BGH zur Levomethadontherapie bei Ausblendung seiner einzelnen Begründungsdetails zunächst ziemlich substitutionsfreundlich. Offenbar gerade dieses Urteil bildet die hauptsächliche Stoßrichtung der Kritik sowohl von Hellebrand als auch vor allem von Winkler, der seit jeher als kompromißloser Gegner der Substitutionsbehandlung gilt.

---

1 Siehe Winkler 1992, 63 f.
2 Siehe Winkler 1992, 64.

Beide Autoren scheinen den entscheidenden Makel der Entscheidung darin zu erblicken, daß sie fortan nahezu allen niedergelassenen Ärzten ermöglichen soll, ambulante Substituierungen mittels Betäubungsmittel durchzuführen, ohne sich regelmäßig strafbar zu machen, wobei Hellebrand eine insoweit gemäßigtere Position einnimmt, als er die "Absenkung des Indikationsbegriffs" nicht generell verurteilt, sondern nur die Reichweite dieser Maßnahme in den Mittelpunkt seiner Kritik stellt.[1] Seiner Meinung nach hätte es ausgereicht, wenn der BGH den herkömmlichen Indikationsbegriff lediglich für den Forschungsbereich modifiziert hätte[2], während Winkler es offenbar am liebsten gänzlich beim alten Rechtszustand beließe. Unbeschadet der in einigen Punkten teilweise unterschiedlichen Rechtsansichten bezüglich der Substitutionsbehandlung teilen diese Autoren in der entscheidenden Frage der Begründetheit allerdings ihre ablehnende Haltung gegenüber der Auffassung des BGH. Vor allem der Standpunkt Hellebrands überrascht ein wenig, zumal wenn er selbst nur von der "Absenkung des Indikationsbegriffs" spricht, was die Durchführungskautelen auch seiner Meinung nach keinesfalls berührt.[3] Dies bedeutet, daß die bislang geltenden zum Teil sehr restriktiven Durchführungsvoraussetzungen weiterhin Geltung beanspruchen, weshalb die substituierenden Ärzte nach wie vor von der Pflicht, den Patienten gründlich zu untersuchen, eine zuverlässige Diagnose zu stellen, die Behandlung nach einem Behandlungsplan durchzuführen oder auch Urinkontrollen regelmäßig vorzunehmen etc., nicht befreit sind. Insoweit änderte sich für Ärzte, die ohnehin bereits Substituierungen mit Betäubungsmitteln durchführten, nur soviel, daß von ihnen zumindest teilweise der Streß genommen wurde, laufend mit einem Strafverfahren wegen der Substitutionsbehandlung als solche rechnen zu müssen. Unter Berücksichtigung der früheren Rechtsprechung des BGH, insbesondere des Grundsatzurteils vom 8. Mai 1979, aber auch der der unteren Gerichtsinstanzen zu dieser Problematik, als beinahe immer lediglich die Verletzung der Durchführungskautelen und nicht das Fehlen der Indikation als solche beanstandet wurde, dürfte es höchst zweifelhaft erscheinen, ob der BGH tatsächlich eine völlig neue Rechtslage bezüglich der Substitutionstherapie aus der Taufe gehoben hat. Aus denselben Gründen begeg-

1 Siehe Hellebrand, 1992b, 72.
2 Siehe Hellebrand 1991, 416; ders. 1992a, 15; ders. 1992b, 72.
3 Siehe Hellebrand 1992b, 72.

net auch die Ansicht Winklers erheblichen Zweifeln, daß der BGH erst jetzt die Außenseitermethoden, sprich Substitution mit Betäubungsmitteln, zugelassen habe.[1] Wenn dem so wäre, dann hätten die bis dahin erkennenden Gerichte nach der Verneinung der Vorfrage hinsichtlich der Indikationsfähigkeit der zur Entscheidung anstehenden Substitutionspraxis die Schuldsprüche sofort fällen können, ohne sich vorher mit der Problematik der Einhaltung der Durchführungskautelen befassen zu müssen. Nicht zuletzt wegen der offenbar unzutreffenden Bewertung der seit geraumer Zeit geltenden Rechtslage im Hinblick auf die Levomethadonbehandlung vermögen weder Hellebrand noch Winkler die Bedeutung des Beschlusses des BGH vom 17. Mai 1991 für die zukünftige Substitutionspraxis richtig einzuschätzen.

4.1.3.4.3 Bedeutung der Entscheidung für die Klärung der Frage nach der strafrechtlichen Zulässigkeit der Levomethadonbehandlung

Die jüngste Stellungnahme des höchsten deutschen Gerichts zur Frage der strafrechtlichen Zulässigkeit der Levomethadonbehandlung hat, wie bereits erwähnt, sowohl in den Medien als auch in der Fachöffentlichkeit hohe Wellen geschlagen. Dieser Umstand muß so gedeutet werden, daß der Beschluß in weit überwiegendem Maße in der gleichen Weise verstanden wurde, wie dies bei den bereits zitierten Stellungnahmen in der Literatur zum Ausdruck kam, also im Sinne einer völlig neuen "revolutionären", die bisherige Rechtslage auf den Kopf stellenden Entscheidung. Diese Rechtsauffassung kann indessen hierbei nicht geteilt werden. Sie ist offenbar das Ergebnis einer unzureichenden Auseinandersetzung mit den Entscheidungsgründen des Grundsatzurteils vom 8. Mai 1979 einerseits und denen des hier interessierenden Beschlusses vom 17. Mai 1991 andererseits. Bereits dem Urteil des BGH vom 8. Mai 1979 war zu entnehmen, daß die ambulante Substitutionstherapie mit Betäubungsmitteln grundsätzlich zulässig war. Sofern man also von diesem rechtlichen Standpunkt ausgeht, wird die Bedeutung der Entscheidung vom 17. Mai 1991 schon erheblich relativiert, da sie, soweit sie die Verschreibung von Betäubungsmitteln an

---

1 Vgl. RGSt 67, 15, 22; zur Bedeutung der Außenseitermethoden im strafrechtlichen Kontext siehe auch Backes 1982, 148 ff., 152 f.

Drogenabhängige nicht grundsätzlich verbietet, folgerichtig über die prinzipielle strafrechtliche Zulässigkeit nicht mehr befinden kann. Daß die Entscheidung das Recht zur Substitutionsbehandlung mit Betäubungsmitteln verkürzen würde, wird von niemandem ernsthaft behauptet. Lediglich Winkler vertritt nach wie vor die Ansicht, daß weder das Urteil vom 8. Mai 1979 noch der Beschluß vom 17. Mai 1991 über die prinzipielle Zulässigkeit der Betäubungsmittel-Verschreibung an Drogenabhängige entscheide.[1] Die überwiegende Auffassung geht von der Annahme aus, daß die bisherige Rechtslage erheblich zugunsten der Levomethadontherapie erweitert worden sei. Das Studium der jeweiligen Entscheidungsgründe legt indes die Schlußfolgerung nahe, daß der BGH keine wesentliche Abkehr von seiner früheren Rechtsprechung vornehmen, sondern lediglich für eine Klarstellung hinsichtlich seines strafrechtlichen Standpunktes zu Betäubungsmittel-Verschreibungen an Drogenabhängige, der zu oft falsch interpretiert wurde und sicherlich zu einer ganzen Reihe von Fehlurteilen führte, sorgen wollte. Dies ergibt sich aus den folgenden Überlegungen. Sofern der BGH zunächst dem Vorstand der Bundesärztekammer eine "Richtlinienkompetenz" für das Aufstellen eines für den Strafrichter verbindlichen Indikationskatalogs, abspricht, so ist dies eine logische Konsequenz der von ihm vertretenen Rechtsauffassung, daß die Äußerung des Vorstandes der Bundesärztekammer keine Rechtsnorm sei, die die im § 13 Abs. 1 BtMG festgelegte Strafbarkeitsgrenze zu konkretisieren vermöge. Im übrigen weist er auf die Tatsache hin, daß die zu Unrecht für rechtlich entscheidend angesehenen Richtlinien die dort aufgeführten Indikationen ausdrücklich nur als Beispielsfälle genannt hätten. Eine andere diesbezügliche Auffassung hat der BGH bisher nicht vertreten. Sofern sich dennoch die davon abweichende Überzeugung von der Richtlinienkompetenz der ärztlichen Standesgremien eingebürgert hat, so ist dies offenbar auf die hierzu fehlgehenden Ansichten insbesondere von Körner zurückzuführen, die sich die unteren Strafinstanzen zu eigen gemacht haben. Der BGH nimmt hierbei also lediglich die Korrektur der falschen Rechtspraxis vor. Gleiches gilt für die zentrale Aussage des Beschlusses, daß die Verfahren der Schulmedizin nicht ohne weiteres mit der für die strafrechtliche Auslegung maßgeblichen Regeln der ärztlichen Kunst gleichzusetzen seien. Abgesehen davon, daß im juristischen Schrifttum seit längerer Zeit immer wieder darauf hingewiesen

---

1 Siehe Winkler 1992, 61 f.

wurde, daß die "Regeln der ärztlichen Wissenschaft" mit der "Schulmedizin" nicht identisch seien[1], läßt sich keine höchstrichterliche Entscheidung zu ärztlicher Betäubungsmittel-Verschreibung finden, die eine begriffliche Verbindung zwischen den beiden verschiedenen Gesichtspunkten hergestellt hätte.[2] In dem Urteil vom 8. Mai 1979 schränkt der BGH im Gegensatz zu früher[3] auch nicht mehr ein, daß die von "den allgemeinen oder weitaus überwiegend anerkannten Regeln der ärztlichen Wissenschaft" abweichende wissenschaftliche Überzeugung einzelner Ärzte nicht maßgebend sei. Es drängt sich daher die Vermutung auf, daß der BGH neben dem Schrifttum spätestens seit dem 8. Mai 1979 die Rechtsauffassung von der Heterogenität der "Schulmedizin" und der "Regeln der ärztlichen Kunst" vertrat[4], dies jedoch erst jetzt offenbar wegen der wachsenden Rechtsunsicherheit in diesem Bereich mit wünschenswerter Deutlichkeit klargestellt hat. Insoweit muß sich der BGH zunächst den Vorwurf der relativ späten Klarstellung seines diesbezüglichen Standpunktes gefallen lassen und damit der Entwicklung einer aus der Verkennung dieses für die rechtliche Bewertung maßgeblichen Gesichtspunktes resultierenden uneinheitlichen Rechtsprechungspraxis Vorschub geleistet zu haben. Die vom BGH abgegebene Begründung seines Ansatzes erscheint dagegen nicht unproblematisch. Die Annahme der Tatbestandsmäßigkeit des unerlaubten Betäubungsmittel-Verschreibens beim Abweichen von der Schulmedizin "würde zu einer Kriminalisierung *medizinisch vertretbarer abweichender Auffassungen* führen und durch Strafandrohung die Entwicklung neuer Therapien verhindern". (...) Die Regeln der ärztlichen Kunst würden dem Arzt, so der BGH, gerade auf einem medizinisch umstrittenen Gebiet wie dem Verschreiben von Ersatzdrogen für Drogenabhängige einen von ihm zu verantwortenden Risikobereich belassen. Erst wenn die dem Arzt zuzubilligende Risikogrenze eindeutig überschritten sei, greife die Strafnorm des § 29 Abs. 1 Nr. 6a BtMG ein. Zunächst ergibt sich hierbei ein

---

1 Siehe Siebert 1983, 36 f.; Lackner, § 223, Rz. 9; Böllinger 1989a, 407; Dreher/Tröndle, § 223, Rz. 90; Schönke/Schröder/Eser, § 223, Rz. 35; Moll 1990, 235; Narr, Rz. 40; Jung 1985, 55 f.; Schwalm 1979, 547 f.; Kraus 1981, 148 f.

2 Vgl. RGSt 60, 365, 369; 62, 369, 385; BGHSt 1, 318, 322; NJW 1979, 1943. Eine Gleichsetzung ergibt sich dagegen aus dem Urteil des RG vom 1. Dezember 1931, in dem es um die Behandlung einer Blinddarmentzündung durch einen Homöopathen ging, siehe RGSt 67, 12.

3 Siehe RGSt 60, 365, 369; 62, 369, 385; BGHSt 1, 318, 322.

4 Nach allem ist denkbar, daß dies seit der Rechtsprechung des RG der Fall war.

Problem aus dem Bedeutungszusammenhang des Begriffs "Vertretbarkeit", der naturgemäß immer mehrere Deutungsmöglichkeiten zuläßt und daher stets klarer Auslegungskriterien bedarf, wenn er mehr nutzen als Verwirrung stiften soll. Aufgrund dessen hätte der BGH klarer herausstellen sollen, um vor allem dem Postulat nach mehr Rechtssicherheit in diesem Problembereich zu genügen, daß er die Substitutionsbehandlung mittels Betäubungsmittel als solche und zwar in allen ihren Ausprägungen (z.B. Erhaltungstherapie, Überbrückungstherapie etc.) als eine vertretbare Methode ansieht mit der Folge, daß sich die gerichtliche Begründetheitsprüfung auf die Fragen des Vorliegens der erforderlichen Indikationen und auf die der Einhaltung der Durchführungskautelen zu beschränken hätte, oder ob in jedem Einzelfall zunächst die Vereinbarung der zur Entscheidung anstehenden Substitutionstherapie mit dem Vertretbarkeitserfordernis geprüft werden muß, bevor sich dem die Prüfung der Indiziertheit und der Verabreichungskautelen anschließt. Bereits aufgrund der Tatsache, daß die Erhaltungstherapie in der Bundesrepublik sehr umstritten ist, dürfte sich in absehbarer Zeit um diese Fragestellungen eine ernstzunehmende Kontroverse abzeichnen. Ferner ist kritisch anzumerken, daß der BGH, indem er von "vertretbaren abweichenden Auffassungen" spricht, zu suggerieren vermag, daß die Substitutionsbehandlung gegenüber der stationären Abstinenztherapie geringere Effizienz und Akzeptanz besitzt, wovon hierzulande mittlerweile allerdings gar keine Rede sein kann. Die bereits vorliegenden wissenschaftlichen Erkenntnisse bezüglich der therapeutischen Wirksamkeit der ambulanten Ersatzdrogentherapie legen vielmehr den Schluß nahe, daß diese zumindest so effektiv wie die stationäre Langzeittherapie ist und sich im übrigen besserer Erreichbarkeit, die die grundlegende Voraussetzung für jegliche therapeutische Bemühungen ist, erfreut. Bei der Substitutionsmethode handelt es sich also nicht mehr um eine "abweichende Auffassung", sondern um eine solche, die von der überwiegenden Fachwelt geteilt wird. Dieser Tatsache trägt die Entscheidung insoweit nicht Rechnung. Da die Strafbarkeit eines Arztes erst dann eingreifen soll, wenn er die ihm zuzubilligenden Grenzen eindeutig überschritten habe, drängt sich auch die Frage auf, wann die Risikogrenze überschritten sein soll. Hierüber gibt der BGH allerdings keinerlei Auskunft. Fraglich ist gleichermaßen, ob die Tatsache, daß dem Arzt ein von ihm zu verantwortender Risikobereich belassen wird, eine Auswirkung auf die Ausgestaltung der Behandlungsdurchführung hat, ob also die sich zwischenzeitlich herauskristallisierten Durchführungsstandards weiter uneingeschränkt gelten. Sofern der BGH die Problematik der medizinischen und sozialen Indikationen anspricht, so läßt dies darauf hindeuten, daß er einer generellen Anerkennung neben der medizinischen auch der sozialen Indikation nicht abgeneigt gegenübersteht. Da er letztlich jedoch diese Frage offen läßt, vermag er Hoffnungen zu wecken, die in der täglichen Rechtsprechungspraxis jäh enttäuscht werden können. Trotz der scheinbaren Entmachtung der Bundesärztekammer, indem ihr die "Richtlinienkompetenz" für einen für den Richter verbindlichen Indikationskatalog abgesprochen wurde, kommt ihr sicherlich weiterhin erhebliche Bedeutung zu, da ihre Empfehlungen der Richterschaft als eine Entscheidungshilfe dienen können.[1] Da der BGH sich ausdrücklich für eine Einzelfallindikation ausspricht, die zwar mit den Indikationen der ärztlichen Standesorganisationen nicht identisch sein muß, scheint die Möglichkeit nicht sehr fern zu liegen, daß die Nichtübereinstimmung der im Einzelfall vorliegenden Indikationen mit denen der ärztlichen Gremien eine dahingehende Konsequenz nach sich ziehen wird, daß zunächst indiziell regelmäßig von einer fehlenden Indikation ausgegangen wird. Dies dürfte weiter zufolge haben, daß gegen die betroffenen Ärzte zumindest ein Ermittlungsverfahren eingeleitet werden wird.

Nach allem ist der Beschluß des BGH vom 17. Mai 1991 als ein Versuch des höchsten deutschen Gerichts zu werten, seine Rechtsauffassung, die im wesentlichen bereits in dem Grundsatzurteil vom 8. Mai 1979 begründet wurde, deutlich werden zu lassen, wobei er zugegebenermaßen auch neue Aspekte, wie die in der bisherigen Rechtsprechung durchweg tabuisierte Problematik der sozialen Indikationen, aufgreift. Indem er jedoch bestimmte Probleme überhaupt nicht oder nicht zu Ende diskutiert, wirft er neue Fragen auf, die in diesem Rechtsbereich nur die Fortsetzung der kontroversen Diskussion zu fördern geeignet sind. Dies wurde auch an den Stellungnahmen von Hellebrand und Winkler überdeutlich, als vor allem letzterer sich auf den Standpunkt stellte, über die prinzipielle Zulässigkeit der Levomethadonbehandlung sei überhaupt noch nichts entschieden. Diese Kontroverse dürfte ebenso auf die gerichtliche Spruchpraxis in der Weise ausstrahlen, daß weiterhin sogar ganz konträre Entscheidungen je nach der regionalen Akzeptanz der Substitutionstherapie

---

1 So auch Haffke 1992a, 4.

möglich werden. Andererseits, wenn man sich vor Augen hält, wie langsam stets der Prozeß der Durchsetzung völlig neuer Rechtsauffassungen bzw. der Abkehr von bisher für unumstößlich geltenden Überzeugungen und Rechtsgrundsätzen gerade in dem strafjuristischen Bereich verläuft, dann bedeutet die Entscheidung mit Sicherheit einen sogar erheblichen Fortschritt gegenüber der Vergangenheit. Es besteht aber, wie gezeigt, noch höchstrichterlicher Handlungsbedarf, da Rechtssicherheit noch keinesfalls gewährleistet ist, der jedoch keine Verzögerungen duldet. Denn es geht nicht an, daß Ärzte wegen der Substituierung immer noch um ihre Existenz bangen, während die therapiewilligen Abhängigen wegen ihres weiter andauernden Verbleibs in der Drogenszene gar jeden Tag um ihr Leben fürchten müssen.[1]

4.1.3.5 Rechtslage zur ärztlichen Betäubungsmittel-Verschreibung an Opiatabhängige nach dem höchstrichterlichen Ansatz

Unter Berücksichtigung der bisherigen Rechtsprechung des BGH zur Levomethadonbehandlung müssen folgende Voraussetzungen erfüllt sein, damit diese als begründet im Sinne des § 13 Abs. 1 BtMG angesehen werden kann:

4.1.3.5.1 Das Betäubungsmittel muß zur Heilung oder Linderung geeignet sein (therapeutische Geeignetheit)

Bis zu dem höchstrichterlichen Beschluß vom 17. Mai 1991 vertrat der BGH noch die Auffassung, daß das Mittel zunächst nach den allgemein oder weitaus überwiegend anerkannten Regeln der ärztlichen Wissenschaft für das Leiden des Patienten als Heilmittel geeignet sein mußte. Mit Rücksicht auf die Eliminierung des Wortes "ärztlich" in bezug auf die Begründetheit des § 13 Abs. 1 BtMG 1982 stellt er jetzt allerdings die uneingeschränkte Gültigkeit dieses

---

1 Daran ändert auch nichts die jüngste Ergänzung des § 13 Abs. 1 BtMG, weil davon die Frage, wann eine Substitution begründet im Sinne dieser Vorschrift anzusehen ist, unberührt blieb. Die Kontroverse hinsichtlich der Indikationen wurde durch diese gesetzliche Maßnahme in keine Richtung beeinflußt, siehe BGBl. 1992 I, 1593 und Stellungnahme der Bundesregierung zur Begründung des Bundesrates BTDrucks. 12/934, 8.

Rechtsgrundsatzes ausdrücklich in Frage und hält nunmehr auch eine dahingehende Auslegung der Begründetheitsklausel für denkbar, die eine lediglich sozialmedizinische Indikation ausreichen läßt. Die Frage, ob das mit der ratio des Gesetzes in Einklang zu bringen wäre, läßt er allerdings offen. Das Schrifttum interpretierte demgegenüber die Rechtsprechung des BGH in der Weise, daß die Frage der ärztlichen Begründetheit nach den Regeln der Schulmedizin zu beantworten gewesen sei. Dabei tat sich, wie bereits dargelegt, besonders *Körner* hervor, demzufolge nicht die medizinischen Stimmen im Ausland, sondern ausschließlich die medizinischen Stimmen im Inland entscheidend sein sollten, wobei er den ärztlichen Standesorganisationen eine Art Richtlinienkompetenz zuerkannte.[1] Diese Ansicht wurde letztlich vor allem durch die nachfolgende Rechtsprechung zu einem allgemein gültigen, nicht zu hinterfragenden Rechtsgrundsatz erhoben. Auf diese Weise kam den Stellungnahmen der Ärzteschaft die zentrale Bedeutung zu.[2] An ihr Votum fühlten sich die Richter in gewisser Weise auch gebunden. Der BGH hat nun dieser Rechtspraxis ein Ende bereitet, indem er ausführte, daß die Empfehlungen der ärztlichen Standesorganisationen zwar eine Entscheidungshilfe seien, den Richter jedoch nicht von der Verpflichtung entbinden würden, auch unter Berücksichtigung abweichender Stellungnahmen der ärztlichen Wissenschaft in jedem Einzelfall zu prüfen, ob die Verschreibung des Betäubungsmittels begründet gewesen sei. Danach kommen neben den von den Ärztegremien befürworteten Indikationen[3] im Einzelfall auch andere Indikationen in Frage. Aufgrund des Prinzips der Einzelfallindikation kann die Zulässigkeit der jeweiligen Substitutionstherapie auch nicht von bestimmten Zugangsvoraussetzungen in der Person oder in der Suchtbiographie des Therapiewilligen abhängig gemacht werden, wie dies die staatlich organisierten Methadonprogramme regelmäßig kennen.[4]

---

1 Siehe Körner, 1990, § 29, Rz. 645; siehe auch oben S. 243 f.

2 Zu den Stellungnahmen siehe oben S. 187 ff.

3 Siehe oben S. 189 f.

4 So auch Haffke 1992a, 5; zu den Zugangsvoraussetzungen des Methadonprogramms in Nordrhein-Westfalen siehe oben S. 197 f.

4.1.3.5.2 Der Arzt muß weiter prüfen, ob nicht auch eine andere, den Patienten weniger gefährdende Heilmaßnahme in Betracht kommt (therapeutische Erforderlichkeit)

Wenn also die Prüfung ergeben sollte, so der BGH in seinem Urteil vom 8. Mai 1979, daß der Heilzweck auf eine andere Weise erreicht werden könne, so müsse der Arzt, gemäß seiner beruflichen Pflicht bei seinem gesamten Handeln Gefährdungen des Patienten möglichst zu vermeiden, von der Anwendung eines Betäubungsmittels absehen. Der BGH hat sich aber bisher mit einer eingehenden Stellungnahme zu der sog. Subsidiaritätsklausel weitgehend zurückgehalten. Insbesondere läßt er an keiner Stelle seiner Ausführungen in den beiden Entscheidungen erkennen, daß er die drogenfreie stationäre Langzeittherapie als die ärztliche Methode erster Wahl ansehen würde. Der Beschluß vom 17. Mai 1991 läßt aber auch diesbezüglich rechtliche Schlußfolgerungen zu, sofern dem Arzt darin ein von ihm zu verantwortender Risikobereich zugestanden wird. Diese sich auf die Substitutionsbehandlung generell beziehende Feststellung umfaßt somit auch die Wahl der Therapie. Denn die Frage der Therapiewahl kann, wie *Haffke* es zutreffend feststellt, "nur aufgrund fachlicher Verantwortung und Sachkunde durch den behandelnden Arzt vor Ort und unter Berücksichtigung aller Umstände des Einzelfalles beantwortet werden."[1]

4.1.3.5.3 Der behandelnde Arzt muß schließlich auch Vorkehrungen treffen, um die Gefahr eines Mißbrauchs seiner Verschreibung zu verhindern

4.1.3.5.3.1 Das Fehlen der dogmatischen Stringenz

Nach Meinung des BGH könne der Arzt dies dadurch wirksam erreichen, daß er den Patienten das Mittel nur unter eigener Aufsicht oder unter der Aufsicht zuverlässiger Hilfspersonen gebrauchen lasse. Dagegen sei eine Verschreibung

1 Haffke 1992a, 6.

zu unkontrolliertem Gebrauch ärztlich nicht zu verantworten und sei daher im Sinne des § 11 Abs. 1 Nr. 9a BtMG 1972 bzw. § 13 Abs. 1 BtMG 1982 ärztlich nicht begründet. Hierbei verknüpft der BGH sichtlich die Kontrolle des verschreibungsgemäßen Gebrauchs mit der Indikationsstellung. Danach kann einer an sich indizierten Behandlung wieder nachträglich die Indiziertheit genommen werden, wenn sich herausstellen sollte, daß der substituierende Arzt diesem Erfordernis nicht in der vom BGH gewünschten Weise Rechnung getragen hat. Diese rechtliche Konstruktion ist also ein Widerspruch in sich, was eine heftige Kritik des BGH-Ansatzes schon unter dem verfassungsrechtlichen Gesichtspunkt der Widerspruchsfreiheit des Rechts geradezu provoziert. Umso überraschender ist es, daß auf diese rechtliche Widersinnigkeit zunächst nur die Verteidiger in dem Kapuste-Verfahren, das zu dem Urteil vom 8. Mai 1979 führte, hinwiesen[1] und ansonsten die vom BGH propagierte Verbindung der Kontrolle des verschreibungsgemäßen Gebrauchs mit der Begründetheitsfrage unhinterfragt hingenommen und ihr sogar in ihrer allgemeinen Akzeptanz fast der Charakter des formellen Rechts verliehen wurde. Es ist daher vor allem das Verdienst von *Haffke*, dieses Problem Ende der achtziger Jahre wieder aufgegriffen und in das Zentrum der öffentlichen Diskussion gebracht zu haben. Dieser Autor argumentiert gegen eine Subsumtion sowohl der mangelnden Indikation als auch der nichtfachgerechten Durchführung einer Substitutionsbehandlung unter den Begriff der "Begründetheit" vom Standpunkt des Gesetzeszwecks her, der in der Verhinderung der nicht therapeutischen Zwecke dienenden Behandlung und nicht in der über die allgemeinen Strafrechtsnormen ohnehin sichergestellten (§§ 223, 230 StGB) fachgerechten Durchführung der Behandlung selbst bestehen soll. Denn es sei nämlich ein Unterschied, so Haffke, ob ein Arzt in einem von vornherein nicht begründeten Fall behandelt, oder ob er gegen (im übrigen im einzelnen umstrittene) Durchführungsvorschriften der Behandlung verstoße. Eine Behandlung könne ärztlich begründet sein und gleichwohl nicht kunstgerecht durchgeführt werden. Logisch sei die nichtfachgerechte Durchführung einer Behandlung von der mangelnden Indikation zu trennen. Es würden dementsprechend zwei durchaus heterogene Gesichtspunkte miteinander amalgiert werden, wenn man beides unter den Begriff

1 Siehe Schriftsatz der Verteidiger RAe Bossi und Widmaier vom 19. Dezember 1978, 3, zit. bei Moll 1990, 202.

der "Begründetheit" subsumiere.[1] Demgegenüber stellt sich *Moll* ausdrücklich die Frage, ob der BGH im Hinblick auf das im Strafrecht geltende Analogieverbot sich noch im Bereich der zulässigen Gesetzesauslegung bewegt. Der vom BGH konstruierten Pflicht zur Sicherstellung des verschreibungsgemäßen Gebrauchs, von deren Einhaltung die Begründetheit der Betäubungsmittel-Verschreibung abhängen soll, hält Moll die Tatsache entgegen, daß der Gesetzgeber die Einzelheiten und Formalitäten der ärztlichen Verschreibung in der BtMVV sehr detailliert geregelt hat. Daraus zieht er die durchaus nachvollziehbare Schlußfolgerung, daß der Gesetzgeber eine solche Regelung eben nicht vorgesehen habe. Es sei der Rechtsprechung in diesem Fall aber verwehrt, folgert Moll, insoweit Aufgaben der Legislative zu übernehmen und etwa bestehende Lücken des Gesetzes im Hinblick auf den Normzweck zu korrigieren.[2]

Sowohl *Haffke* als auch *Moll* vermögen mit ihrer jeweiligen Argumentationslinie zu überzeugen, weshalb sich zwischenzeitlich auch noch andere Autoren für eine Abkoppelung der "Kontrolle der Behandlungsdurchführung" von der Begründetheit im Sinne des § 13 Abs. 1 BtMG aussprechen.[3]

Des weiteren ist auf einen anderen bisher merkwürdigerweise überhaupt nicht thematisierten Widerspruch in der Rechtsprechung des BGH im Kontext des Problems der Drogenabhängigkeit hinzuweisen, der für die hierbei diskutierte Rechtsfrage nicht ohne Relevanz ist. In dem Urteil vom 8. Mai 1979 ist der zentrale Anknüpfungspunkt des entscheidenden 1. Strafsenats für die Erweiterung des Begründetheitsbegriffs seine Auffassung, daß bei jedem Opiatabhängigen infolge der krankheitsbezogenen Einschränkung seiner Willensfreiheit die erhebliche Wahrscheinlichkeit dafür bestehe, daß er ein ihm verschriebenes Betäubungsmittel nicht als Heilmittel, sondern als Suchtmittel verwende. Danach konstruiert der BGH einen Erfahrungssatz dergestalt, daß jeder Opiatabhängige stets eine eingeschränkte Willensfreiheit aufweise. Aus diesem Grunde soll den Arzt offenbar aufgrund seiner Garantenstellung dem Patienten gegenüber die Pflicht treffen, von diesem die Gefahr einer Selbstschädigung

---

1 Siehe Haffke 1989, 67 f.
2 Siehe Moll 1990, 206.
3 So u.a. Böllinger/Stöver 1992, 116.

oder Selbstgefährdung abzuwenden.[1] Interessanterweise entschied derselbe 1. Strafsenat des BGH in dem Urteil vom 14. Februar 1984, in dem es um die Frage ging, ob eigenverantwortlich gewollte und verwirklichte Selbstgefährdungen dem Tatbestand eines Körperverletzungs- oder Tötungsdelikts unterfallen, wenn das mit der Gefährlichkeit bewußt eingegangene Risiko sich realisiert[2]. Dabei stellte sich der BGH auf den Standpunkt, daß, "auch wenn man mit einem Teil der Wissenschaft annimmt, eigenverantwortliches Handeln sei ausgeschlossen, falls der Selbsttötungs- oder Selbstgefährdungsentschluß an Beurteilungs- oder Willensmängeln leidet, welche das Zustandekommen einer rechtfertigenden Einwilligung in eine Körperverletzung hindern würden", die Feststellungen nicht den Schluß gestatten würden, daß der H. infolge Drogensucht in einer inneren Verfassung gewesen sei, die eine eigenverantwortliche Selbstgefährdung durch Heroinkonsum nicht zuließe.[3] Damit weicht der BGH augenfällig von seiner früheren in dem Kapuste-Urteil vertretenen Auffassung ab. Eine Erklärung für diese unterschiedliche Bewertung der Willensfähigkeit des Drogenabhängigen läßt sich an keiner Stelle der höchstrichterlichen Ausführungen in den beiden Entscheidungen finden. Dies muß befremden, zumal die §§ 20, 21 StGB auch in dem Nebenstrafrecht uneingeschränkt zur Anwendung kommen. In der beanstandeten Auslegung des Begründetheitsbegriffs des § 13 Abs. 1 BtMG gerinnt der dogmatische Ansatz des BGH indessen zu einer verfassungsrechtlich bedenklichen Entmündigung des Patienten. Diesen Vorwurf vermag man nur dadurch zu entkräften, daß von einer schematischen Annahme der Willenseinschränkung bei den drogenabhängigen Substitutionspatienten Abstand genommen wird. Insoweit sollte dem jeweiligen Arzt selbst überlassen werden, zunächst Feststellungen dahin vorzunehmen, inwieweit der Patient eine drogenbezogene Einschränkung seiner Willensfreiheit aufweist, bevor er in Abhängigkeit zu dem Ergebnis seiner Untersuchung die Art und Intensität seiner Kontrollmaßnahmen festlegt. Erst also, wenn eine offensichtliche Diskrepanz zwischen dem Ergebnis der zwecks Feststellung der Willensfähigkeit dienenden Untersuchung und der Ausgestaltung bzw. der Durchführung der

---

1 Vgl. Lenckner 1986, 575.

2 Hierzu im einzelnen siehe unten 4.2.2.1.2.1.

3 BGHSt 32, 262, 266; zu dieser Entscheidung siehe auch unten S. 385.

Kontrollen bestände, wäre eine strafrechtliche Reaktion auf eine derartige Pflichtverletzung vertretbar.[1]

4.1.3.5.3.2 Verfassungsrechtliche Bedenken

Es sind aber auch vor allem verfassungsrechtliche Gesichtspunkte, die gegen eine Verbindung der Einhaltung der Durchführungskautelen mit dem Begründetheitsbegriff des § 13 Abs. 1 BtMG sprechen. Es könnte fraglich sein, ob der dogmatische Ansatz des BGH noch in Einklang mit dem Gesetzlichkeitsprinzip des Art. 103 Abs. 2 GG, das die Verpflichtung an den Gesetzgeber beinhaltet, präzise Strafgesetze zu machen, zu bringen ist. Um Rechts- und Verhaltenssicherheit zu gewährleisten, bietet das Gesetzlichkeitsprinzip vier Einzelprinzipien und zwar das "Bestimmtheitsgebot", das "Rückwirkungsverbot", den "Gesetzesvorbehalt" und das "Analogieverbot", aus deren Zusammenwirken sich die Garantiefunktionen des Strafgesetzes ergeben sollen. Es ist allgemein bekannt, daß eine detaillierte Durchführung des Gesetzlichkeitsprinzips überaus problematisch ist. Auch wenn selten zu befürchten ist, daß der Gesetzgeber in Durchsetzung bestimmter Ordnungsinteressen ganz klar gegen die Einzelprinzipien des Art. 103 Abs. 2 GG verstößt, so eröffnet zumindest die höchstrichterliche Rechtsprechung die Möglichkeit, das Gesetz durch neue Interpretationen schöpferisch fortzuentwickeln. Dies kann im Einzelfall die Durchbrechung des Rückwirkungsverbots bewirken oder andererseits die notwendige zeitgemäße Rechtsfortbildung durch Beharren auf hergebrachte Auslegungen hemmen.[2] Neuerdings läßt sich in diesem Zusammenhang ein Phänomen beobachten, das in der Rechtssoziologie als die "Mediatisierung" des Rechts bezeichnet wird, und zwar in dem Sinne, daß es nicht unmittelbar soziale Prozesse und Zustände regeln will, sondern daß es vielmehr eine indirekte, gleichsam mediatisierte Einflußnahme ausübt.[3] Hierbei ist das Vordringen des Richterrechts als ein

---

1 Nach § 2a Abs. 3 und 4 der neuen BtMVV, die gemäß der 4. BtMÄndV am 1. Februar 1993 in Kraft trat, ist der Substitutionsarzt verpflichtet, die Einnahme des Substituts zu überwachen; hierzu ausführlicher siehe unten S. 351 ff.

2 Vgl. Kargl 1991, 435 ff.

3 Vgl. Röhl 1987, 559.

Aspekt der Mediatisierung des Rechts von Bedeutung.[1] Im Zuge dieses Vordringens wird allerdings der vom geschriebenen Gesetz gesteckte Rahmen immer mehr verlassen und dieses geschriebene Recht allmählich verdrängt.[2] Dies wird u.a. durch die Tendenz der modernen Gesetzgebung, abstrakte, indirekte und generalklauselartige Normen zu schaffen, die die unterschiedlichsten Deutungen zulassen, auch weitgehend gefördert.[3] *Kargl* vertritt in Anbetracht einer derartigen von innen heraus stattfindenden Bedrohung des Gesetzlichkeitsprinzips durch das richterliche "Gewohnheitsrecht" die Rechtsauffassung, daß derjenige, der eine Sanktion statt auf das Gesetz auf seine Meinung vom Recht stütze, evidentermaßen gegen Art. 103 Abs. 2 GG verstoße.[4] Das auf die Verletzung des Gesetzlichkeitsprinzips hinauslaufende Vordringen der Rechtsprechung scheint auch besonders deutlich bei der vorliegend diskutierten Problematik zutagezutreten. Es drängt sich nämlich die Vermutung auf, daß der BGH mit der Verknüpfung der Einhaltung der Durchführungskautelen mit der Indikationsstellung schon den Boden zulässiger Gesetzesauslegung verlassen hat, indem er gegen das Bestimmtheitsgebot verstieß. Zwar votiert das BVerfG, so zuletzt in dem Urteil vom 11. November 1986[5], auch im Strafrecht für eine gewisse Flexibilität der juristischen Sprache, was aufgrund der Fülle gegenwärtiger und zukünftiger Fallmöglichkeiten durchaus verständlich erscheint, sagt aber auch, "daß in Grenzfällen zweifelhaft sein kann, ob ein Verhalten noch unter den gesetzlichen Tatbestand fällt oder nicht. Jedenfalls im Regelfall muß der Normadressat aber anhand der gesetzlichen Regelung voraussehen können, ob ein Verhalten strafbar ist. In Grenzen ist auf diese Weise für ihn wenigstens das Risiko einer Bestrafung erkennbar. Unter diesem Aspekt ist für Bestimmtheit einer Strafvorschrift in erster Linie der für den Adressaten erkennbare und verstehbare *Wortlaut* des gesetzlichen Tatbestandes maßgebend."[6]

Weiter argumentiert das BVerfG in derselben Entscheidung unter Berufung auf das Analogieverbot:

---

1 Vgl. Röhl 1987, 564.
2 Vgl. Kargl 1991, 437.
3 Vgl. Röhl 1987, 564.
4 Vgl. Kargl 1991, 437.
5 BVerfG NJW 1987, 43.
6 BVerfG NJW 1987, 44.

"Der Gesetzgeber hat zu entscheiden, ob und in welchem Umfang er ein bestimmtes Rechtsgut, dessen Schutz ihm wesentlich (und notwendig) erscheint, gerade mit den Mitteln des Strafrechts verteidigen will. Den Gerichten ist es verwehrt, seine Entscheidung zu korrigieren (...). Die Gerichte müssen daher in Fällen, die vom Wortlaut einer Strafnorm nicht mehr erfaßt sind, zum Freispruch gelangen. Dies gilt auch dann, wenn als Folge der wegen des Bestimmtheitsgebots möglichst konkret abzugrenzenden Strafnorm besonders gelagerte Einzelfälle aus dem Anwendungsbereich eines Strafgesetzes herausfallen, mag auch das Verhalten in ähnlicher Weise strafwürdig erscheinen. *Insoweit muß sich der Gesetzgeber beim Wort nehmen lassen.* Es ist seine Sache zu entscheiden, ob er die sich aus einer möglichen Strafbarkeitslücke ergebende Lage bestehen lasse oder eine neue Regelung schaffe. Den Gerichten jedenfalls ist es durch Art. 103 Abs. 2 GG verboten, dieser Entscheidung vorzugreifen."[1]

Es dürfte nach allem außer Zweifel stehen, daß der Wortlaut des § 13 Abs. 1 BtMG den vom BVerfG aus dem Bestimmtheitsgebot bzw. Analogieverbot hergeleiteten Anforderungen nicht genügt, sofern von dem Begründetheitsbegriff auch die Kontrolle des verschreibungsgemäßen Gebrauchs des Betäubungsmittels bzw. die Einhaltung anderer Durchführungskautelen miterfaßt werden soll, zumal diese Vorschrift in erster Linie gerade die nichttherapeutischen Zwecken dienende Behandlung verhindern und nicht die ordnungsgemäße Durchführung der Behandlung sicherstellen soll.[2] Wenn unter dem Einfluß der richterlichen Auslegungstechnik die Grenzen der Tatbestände verschwimmen, dann schwindet damit auch die Legitimität bisheriger Sanktionen.[3] Bereits aufgrund dieser Überlegung ergibt sich, daß hinsichtlich der Anwendung des § 29 Abs. 1 Nr. 6a BtMG äußerste Zurückhaltung angezeigt ist. Aus den dargelegten Verfassungsgründen empfiehlt sich nämlich eine restriktive, sich am Wortlaut orientierende Auslegung des § 13 Abs. 1 BtMG, indem die Frage der Einhaltung der Durchführungskautelen nicht mehr mit der Begründetheitsfrage ver-

---

1 BVerfG NJW 1987, 44; siehe auch Berkemann 1986, 189 f., zum Beschluß des BVerfG vom 23. Oktober 1985, Az: 1 BvR 1053/82.
2 Siehe Haffke 1989, 68; siehe auch Körner 1990, § 13 Rz. 1; siehe auch oben S. 291.
3 So auch Röhl 1987, 564.

knüpft wird. Hinsichtlich der Behandlungsdurchführung können dagegen allenfalls die §§ 223, 230 StGB bedeutsam werden.

4.1.4 Rechtsdogmatische Ungereimtheiten in der geltenden Auslegung

Bereits aus den vorangegangenen Ausführungen ist klargeworden, daß der bisherige vornehmlich auf die höchstrichterliche Rechtsprechung zurückgehende Auslegungsansatz kaum befriedigen kann. Seine Verwirklichung kann, wie gezeigt, nur um den Preis einer unter verfassungsrechtlichen Gesichtspunkten bedenklichen Inkonsequenz in der Rechtsprechungspraxis und einer gesetzesübersteigenden Rechtsfortbildung erreicht werden. Darüber hinaus ist er seit jeher geeignet, zum Teil äußerst abwegigen, beinahe an Absurdität grenzenden Ansichten vor allem in der juristischen Praxis zum Durchbruch zu verhelfen. Zu denken ist hierbei allen voran an die mit gutem Recht vielerorts sehr kritisierte[1] Auffassung, daß bei der Auslegung des unbestimmten Begriffs der Begründetheit des § 13 Abs. 1 BtMG ausschließlich die medizinischen Stimmen im Inland entscheidend seien.[2] Selbstverständlich können die "Regeln ärztlicher Wissenschaft" nicht an den Landesgrenzen Halt machen, sondern müssen auch die Erfahrungen und Erkenntnisse des Auslands mitberücksichtigen, damit sie "den Stand medizinischer Wissenschaft" überhaupt reflektieren können, sollen sie nicht zu "Regeln der deutschen ärztlichen Wissenschaft" verkümmern. Eine derartige auf Verkürzung des gesamten Gesundheitsschutzes hinauslaufende Auslegung kann und wird wohl auch niemand ernsthaft befürworten. Gerade aber diesen Vorwurf muß sich derjenige gefallen lassen, der im Zusammenhang mit der Überprüfung einer Betäubungsmittel-Verschreibung an Drogenabhängige anhand der Begründetheitsklausel des § 13 Abs. 1 BtMG von der Maßgeblichkeit "deutscher Regeln" ausgehen will, da für eine unterschiedliche rechtliche Bewertung im Bereich "normaler" ärztlicher Tätigkeit und ambulanter Substitutionsbehandlung keine vernünftigen Gründe ersichtlich sind.[3]

---

1 Siehe Bschor 1981, 48 f.; Schumacher 1989, 153; Moll 1990, 231 - 233.
2 So u.a. Körner 1990, § 29, Rz. 645.
3 Zu dieser Problematik siehe ausführlicher Moll 1990, 231 - 233.

Die juristische Auffassung, wonach es für die Frage der Begründetheit einer Betäubungsmittel-Verschreibung darauf ankommen soll, ob das Mittel "nach den allgemein oder überwiegend anerkannten Regeln der ärztlichen Wissenschaft für das Leiden des Patienten als Heilmittel geeignet sei", unterstellt weiter, daß es solche allgemeinen oder überwiegend anerkannten Regeln gibt mit der Folge, daß das Strafgericht im Einzelfall nur die Einhaltung dieser fast unumstrittenen Regeln durch den angeklagten Arzt zu prüfen hat. Dementsprechend drehte sich die Substitutionsdiskussion der früheren Jahre fast ausnahmslos um die Frage, unter welchen Bedingungen eine ambulante Substitutionsbehandlung den "anerkannten Regeln der ärztlichen Wissenschaft" genügte.[1] Die Frage, was unter diesen Regeln dagegen zu verstehen war, fiel, wie bereits dargelegt[2], in die Kompetenz der ärztlichen Standesgremien. die die jeweiligen Behandlungsrichtlinien erließen, also die ärztlichen Regeln in bezug auf die Substitutionsbehandlung konkretisierten. Unter Mitwirkung von ärztlichen Sachverständigen in den Strafprozessen gegen substituierende Ärzte, die zumeist den Standpunkt ihrer Standesorganisationen zu reflektieren vermochten, hielten die Regeln der ärztlichen Wissenschaft schließlich auch Einzug in die Sphäre der Justiz, die oft in dem falschen Glauben, an die Richtlinien gebunden zu sein, ihren Entscheidungen die jeweiligen persönlichen Meinungen der gehörten Sachverständigen zugrundelegte, ohne eigene rechtliche Wertungsleistungen zu erbringen.[3] Abgesehen davon, daß diese Rechtspraxis regelmäßig eine Reihe von Verstößen gegen elementarste straf- und verfassungsrechtliche Grundsätze nach sich zog[4], hat diese Verfahrensweise allerdings auch als quasi deren Nebeneffekt bewirkt, zum einen daß die Existenzberechtigung der "Regeln ärztlicher Wissenschaft" fast niemals ernsthaft kritisch hinterfragt wurde, also ob sie überhaupt einen geeigneten, bindenden und u.U. richterlich nachprüfbaren Maßstab darstellen konnten[5] und zum anderen, falls diese Frage bejaht wurde, daß brauchbare Kriterien und Maßstäbe, aus denen die rechtlich bedeutsamen ärztlichen Kunstregeln herzuleiten wären, kaum entwickelt wurden, weil

1 Vgl. Böllinger 1989a, 407; ders. 1989b, 294.
2 Siehe oben S. 244, 289.
3 Hierzu ausführlicher siehe unten S. 336 ff.
4 Hierzu ausführlicher siehe unten S. 337 f.
5 So auch Böllinger 1989a, 407; ders. 1989b, 294.

man dies offenbar wegen der Richtlinienkompetenz der Ärztegremien nicht für notwendig hielt.

Insbesondere dem letzteren Problemkomplex dürfte in der zukünftigen Substitutionsdiskussion nicht zuletzt wegen der Tatsachen, daß jetzt auch höchstgerichtlich klargestellt wurde, daß die ärztlichen Ärztegremien keinerlei Richtlinienkompetenz haben, erhebliche Bedeutung zukommen. Bei den "Regeln der ärztlichen Wissenschaft" handelt es sich, sofern sie im straf- oder zivilrechtlichen Kontext zur Anwendung kommen, nämlich um unbestimmte Rechtsbegriffe, die auslegungsbedürftig sind und zwar mit den spezifischen Mitteln des Rechts. Der Richter ist also stets zur eigenen Urteilsbildung verpflichtet (§ 261 StPO), was voraussetzt, daß er die von den zumeist medizinischen Sachverständigen zitierten wissenschaftlichen Aussagen auf ihr methodisch einwandfreies Zustandekommen hin überprüft, ferner ob sie verbindlich oder kontrovers oder ob sie hinsichtlich ihrer Prämissen auch auf den Einzelfall anwendbar sind.[1]

Unter dem Begriff der "Regeln der ärztlichen Wissenschaft" sind nur elementare ärztliche Verhaltensregeln zu verstehen, "die in einem so hohen Maß gesicherter wissenschaftlicher Erkenntnis entsprechen, daß sie mit dem Anspruch des unbezweifelbar Richtigen auftreten und so auch allgemein akzeptiert sind."[2] Demgemäß lassen sich brauchbare Kriterien und Maßstäbe für die Bestimmung dieser Regeln lediglich aus den medizinischen Hand- und Lehrbüchern bzw. Fachzeitschriften entnehmen, die diejenigen medizinischen Standards widerspiegeln, die der wissenschaftlichen Kontroverse bereits entzogen sind.[3]

Während die Auffassung von der Maßgeblichkeit deutscher medizinischer Regeln wohl mittlerweile als überwunden angenommen werden kann, kommt den "Regeln der ärztlichen Wissenschaft" bei der Begründetheitsprüfung weiterhin die überragende Bedeutung zu, allerdings mit der jetzt höchstgerichtlich festgestellten Maßgabe, daß diese Regeln nicht (mehr) mit der Schulmedizin gleichzusetzen sind. Abgesehen davon, daß schon die Verwendung des Begriffs der "allgemeinen wissenschaftlichen Anerkennung" in der Medizin mit guten

1 Vgl. Buchborn 1987, 222.
2 So Lenckner 1986, 600.
3 In diesem Sinne auch Moll 1990, 234; siehe auch Buchborn 1987, 222.

Gründen sehr umstritten ist, da er u.a. sehr häufig dazu mißbraucht wird, wissenschaftliche Auseinandersetzungen auf wirtschaftlicher und rechtlicher Ebene nicht selten gegen die vitalen Interessen der Kranken zu entscheiden[1], kann speziell bei der Problematik der ambulanten Substitutionsbehandlung kaum die Rede von "allgemein wissenschaftlich anerkannt" im Sinne von "so gut wie unumstritten" sein[2], wenn man sich den Stand der Methadon-Diskussion in der Bundesrepublik vor Augen hält.[3] Zwar gibt es nur noch vereinzelt Stimmen, die sich gegen jegliche Art von Substituierungen "ohne wenn und aber" wenden, was auf eine überwiegende Anerkennung der Substitutionstherapie hindeuten könnte. Dem ist aber nicht so. Zwar haben gerade in den letzten Jahren auch viele der früheren kompromißlosen Verfechter des Abstinenzparadigmas offenbar vor allem im Zuge rascher AIDS-Ausbreitung unter den drogenabhängigen Populationen eine gemäßigtere Haltung dem Substitutionsgedanken gegenüber eingenommen, diese wollen aber weiterhin den drogenfreien Therapien eindeutig den Vorrang einräumen und die Substitutionstherapie nur in Ausnahmefällen zulassen, worunter auch noch ein heftiger Streit über die Form dieser ausnahmsweise als erlaubt zu geltenden Substitution besteht (staatliche Methadonprogramme, ambulante Behandlungen durch niedergelassene Ärzte). Eine nach wie vor überaus zurückhaltende Position zu der Ersatzdrogenbehandlung nehmen, wie dargelegt, die ärztlichen Standesgremien und hier vor allem im Gegensatz zu manchen Landesärztekammern[4] die Bundesärztekammer ein, die nur beim Vorliegen ganz weniger Indikationen bei Einhaltung sehr restriktiver Behandlungsvorschriften die Substitution als zulässige Heilungsmethode erachten will.[5] Insoweit bietet die Substitutionstherapie ein Musterbeispiel für eine Kontroverse in der medizinischen Wissenschaft. Hierbei ist zunächst unerheblich, in welchem Bedeutungszusammenhang die "Regeln ärztlicher Wissenschaft" zur Anwendung kommen, ob also als ein Synonym für Schulmedizin[6] oder als die auf ärztliches Handeln in bestimmten umrissenen Situationen

---

1 Siehe Kienle 1976, 1131; kritisch dazu auch Kriele 1976, 355 ff.; Neuhaus 1980, 137 ff.; Deutsch 1980, 141 ff.; Wieland 1980, 145 ff.

2 So u.a. Deutsch 1980, 143; Kriele 1976, 357.

3 Siehe oben 3.2.1.

4 Z.B. Landesärztekammer Hamburg, hierzu siehe oben S. 224 ff.

5 Siehe oben S. 187 ff.

6 Vgl. Matz 1989, 40; Körner 1990, § 29, Rz. 646.

konkretisierte Summe von Sorgfaltsgeboten, wie entsprechende Sachkunde, sorgfältige Untersuchung, Indikationsstellung und Behandlungsdurchführung sowie Nachbetreuung im Hinblick auf bestimmte Krankheitszustände und Patienten (Lex artis). Denn diese Kontroverse erfaßt sowohl den einen als auch den anderen Gesichtspunkt, weshalb in keiner der beiden Bedeutungsalternativen von einer Regelkonformität die Rede sein kann. Seit der BGH in seinem Beschluß vom 17. Mai 1991 ausdrücklich klargestellt hat, daß die "Verfahren der Schulmedizin nicht ohne weiteres mit den für die strafrechtliche Auslegung maßgeblichen Regeln der ärztlichen Kunst gleichzustellen sind", brachte er gleichzeitig zum Ausdruck, daß die Behandlung Drogenabhängiger nicht unbedingt gemäß dem, wie vorerwähnt, in Reihen ärztlicher Standesorganisationen vorherrschenden Abstinenzgedanken, der früher zur "Schulmedizin" erhoben wurde, durchgeführt werden muß. Im allgemeinen versteht man unter Schulmedizin im Gegensatz zu den medizinischen Außenseitermethoden und Neulandbehandlungen die Richtung in der medizinischen Wissenschaft, die nach wissenschaftlicher Erprobung auf führenden Kongressen, in führenden Fachzeitschriften und von führenden Fachwissenschaftlern vertreten wird und deren Wert in der medizinischen Wissenschaft nicht überwiegend ausdrücklich bestritten ist.[1] Damit sind auch die Außenseitermethoden charakterisiert als medizinische Behandlungen, die von der Schulmedizin abweichen. Als Ausfluß der Freiheitsgarantie des § 1 Abs. 2 BÄO gilt insgesamt im Bereich der ärztlichen Tätigkeit der *Grundsatz der Therapiefreiheit,* der eine strenge Bindung an bestimmte vorgegebene Diagnose- und Behandlungsmethoden oder Verfahren ausschließt, sofern sie sich im Rahmen des wissenschaftlich Möglichen und Vertretbaren bewegen.[2] Daher kann der Arzt zunächst prinzipiell von den Grundsätzen der Schulmedizin abweichen und die Außenseitermethoden anwenden.[3] Bezüglich der Methodenwahl wird ihm nämlich ein Beurteilungsspielraum eingeräumt.[4] So gesehen hat der BGH in seiner jüngsten Entscheidung die geltende Rechts-

---

1 Vgl. Siebert 1983a, 37; ders. 1983b, 218; Schwalm 1979, 546.

2 Vgl. Lenckner 1986, 600.

3 Vgl. Narr, Rz. 40; Jung 1985, 55 f.; Rieger 1984, Rz. 1754; Eser 1985, 12; Schwalm 1979, 548; Laufs 1988, Rz. 40 ff.; Dreher/Tröndle, § 223, Rz. 9c.

4 Vgl. Siebert 1983a, 51 f.; ders. 1983b, 218 f.; Jung 1985, 56; Laufs 1988, Rz. 40 ff.; Böllinger 1989a, 408; ders. 1989b, 295; Güdden 1991, 127; Grupp 1992, 258; abw. Schmid 1986, 2340; zum ärztlichen Ermessen ausführlich siehe auch Buchborn 1987, 221 ff.

lage hinsichtlich der ärztlichen "Kurierfreiheit" lediglich bestätigt. Denn die staatliche Gewalt, so die gängige Begründung der Methodenfreiheit, könne und dürfe sich nicht zum Richter im medizinischen Methodenstreit aufwerfen und die Vorstellung von Arzt und Patient über den wichtigen therapeutischen Weg nicht durch eigene therapeutische Vorstellungen verdrängen.[1] Im übrigen befürchtet man im allgemeinen eine Hemmung des medizinischen Fortschritts durch einen Ausschluß der Außenseitermethoden etc.[2] Bisher wurde die ambulante Substitutionstherapie generell als eine Außenseitermethode angesehen, während der stationären Entzugstherapie der Stellenwert der Schulmedizin zukam. Daran dürfte sich in der letzten Zeit zumindest auf der justiziellen Ebene nichts entscheidend geändert haben. Dieser Grundsatz wurde bisher kaum hinterfragt,[3] was jedoch bei Berücksichtigung der wissenschaftlichen Erkenntnisse zur therpeutischen Wirksamkeit beider Methoden außerordentlich überraschen muß. Die vorliegenden empirischen Nachweise zur Erreichbarkeit und zu dem therapeutischen Nutzen der stationären Langzeittherapie lassen keinesfalls auf eine überragende Überlegenheit dieser Methode gegenüber der ambulanten Substitutionstherapie und die darauf zurückzuführende allgemeine Akzeptanz im Sinne der Definition der Schulmedizin schließen. Diese erweist sich oftmals als eine wesentlich weniger wirksame Methode als die ambulante Substitutionstherapie, was die jeweiligen Erfolgsquoten belegen.[4] Die Waagschale scheint sich hierbei schließlich um so mehr zugunsten der medikamentengestützten Therapie zu neigen, je niedrigschwelliger diese Therapie im einzelnen ausgestaltet ist.[5] An dem Beispiel der Substitutionsbehandlung wird also auch deutlich, wie willkürlich in manchen Fällen das positive Attribut "Schulmedizin" vergeben und andererseits eine Diskriminierung als Außenseitermethode vorgenommen wird.[6] Nach allem erschiene es sachgerecht, insbesondere um dem Pluralitätsgedanken im Drogenhilfesystem Rechnung zu tragen, eine Gleichwertigkeit der Methoden anzunehmen. Derzeit ist es aber noch unum-

---

1 Vgl. Gallwas 1976, 1135; Laufs 1988, Rz. 41; ders. 1992b, § 3, Rz. 15; abw. Schmid 1986, 2341.
2 Vgl. Eser 1985, 12; Laufs 1988, Rz. 41; Jung 1985, 56; BGH NJW 1991, 2359.
3 So u.a. Böllinger 1989a, 407.
4 Siehe oben 3.2.6 (Ausland) und 3.2.7 (Bundesrepublik Deutschland).
5 Siehe oben S. 226 (Hamburg) und S. 228 ff. (Bremen).
6 Vgl. Böllinger 1989a, 407; ders. 1989b, 294.

gänglich, von einem Methodenstreit ausgehen zu müssen, mit der Folge, daß es auch keine allgemein anerkannten Regeln ärztlicher Wissenschaft gibt.[1] Nach der überwiegenden Auffassung kann ein Verstoß gegen die allgemein anerkannten Grundsätze der ärztlichen Wissenschaft aber nur in Bereichen stattfinden, wo derartige allgemein anerkannte Regeln existieren. Wo aber solche allgemein akzeptierten Regeln nicht oder noch nicht gelten, dort kann allenfalls eine Sorgfaltspflichtverletzung vorkommen.[2] Die Bedeutung der Lex artis wird aber auch dadurch relativiert, daß sich die Auffassung durchzusetzen scheint, daß es auch keine verbindlichen allgemeinen Regeln der Lex artis gebe, die den Arzt an ein einmal festgelegtes Handeln innerhalb einer Methode binden würden.[3] Sie sollen ihm lediglich als Leitlinien der Entscheidungsfindung dienen.[4] Nach allem bieten die "Regeln der ärztlichen Wissenschaft" keine gute Grundlage für die Beantwortung der juristischen Frage, ob im Einzelfall die ärztliche Betäubungsmittel-Verschreibung an Opiatabhängige begründet und damit rechtens war. Sofern der BGH die Begründetheitsklausel des § 13 Abs. 1 BtMG mit Hilfe der Kriterien des allgemeinen Arztstrafrechts, die sich vor allem im Zusammenhang mit den Körperverletzungstatbeständen der §§ 222, 223, 230 StGB im Laufe seiner langen Tradition herauskristallisierten, auszulegen versucht, scheint er die Tatsachen nicht zur Kenntnis zu nehmen, daß der Substitutionstherapie in der Bundesrepublik von Anfang an die Anerkennung insbesondere von seiten der organisierten Ärzteschaft, die den anderen Heilmethoden auch aus dem Bereich der Außenseitermethoden normalerweise seit jeher zuteil wird, bis heute versagt blieb und daß in keinem anderen Bereich der Heilkunde als dem Substitutions-Bereich die Bereitschaft des Staates stärker ausgeprägt gewesen war, das Strafrecht als das Mittel zur Durchsetzung bestimmter therapeutischer oder anderer Zielvorgaben einzusetzen, was logischerweise der Entwicklung bestimmter Behandlungsstandards, die die Lex artis bilden könnten, entgegenwirkte. Damit hat er allerdings die geschilderten dogmatischen Ungereimtheiten gerade heraufbeschworen.

---

1 So auch Schumacher 1989, 150; Moll 1990, 240.

2 Vgl. Rieger 1984, Rz. 305; Narr, Rz. 883; Laufs 1988, Rz. 336.

3 Vgl. Kraus 1981, 148 ff.; Schönke/Schröder/Eser § 223, Rz. 35; Eser 1985, 12; Lenckner 1086, 600.

4 Vgl. Kraus 1981, 149.

4.1.5 Eigener Lösungsansatz: Moderne Auslegung des Begründetheitsbegriffs

Die dargelegten verfassungsrechtlichen und rechtsdogmatischen Probleme, die den höchstgerichtlichen Auslegungsansatz regelmäßig begleiten, machen eine neue moderne Auslegung der Begründetheitsklausel des § 13 Abs. 1 BtMG notwendig, die zum einen dem Zweck des Gesetzes Rechnung trägt, aber gleichzeitig auch die Möglichkeit der gerade kontraproduktiven Auswirkungen des Gesetzes nicht aus den Augen verliert und zum anderen gemessen am "Gebot verfassungskonformer Auslegung" keinerlei Bedenken begegnet. Es ist nämlich seit langem anerkannt, daß allen voran die Prinzipien und Wertentscheidungen, die im Grundrechtsteil der Verfassung Ausdruck gefunden haben, insbesondere der Vorrang der "Würde des Menschen" (Art. 1 GG), der Gleichheitssatz mit seinen Konkretisierungen in Art. 3 Abs. 2 und 3 GG oder der Rechtsstaatsgedanke mit seinen Konkretisierungen in Art. 19 Abs. 4 und Art. 20 Abs. 3 GG, bei der Auslegung des einfachen Gesetzesrechts und bei der Konkretisierung von Generalklauseln zu beachten sind.[1] Die im Zuge des verstärkten Vordringens der in ihrer Auslegung die Folgenorientierung favorisierenden Strafgesetze[2] aufkommende Notwendigkeit einer Berücksichtigung der Folgen bei der Auslegung des " 13 Abs. 1 BtMG, worauf *Moll* zutreffend hinwies,[3] dürfte sich gerade aus der Verfassung ergeben. Denn eine Norm, die sich zwar durch dogmatische "Richtigkeit und Reinheit"[4] auszeichnet, gleichzeitig aber die menschliche Würde bzw. die körperliche Integrität der von ihr Betroffenen in nicht unerheblichem Maße zu verletzen geeignet ist, könnte schwerlich mit der Verfassung in Einklang zu bringen sein.

Den zentralen Anknüpfungspunkt bei der Auslegung des Begründetheitsbegriffs des § 13 Abs. 1 BtMG bildet die in § 2 Abs. 5 BÄO festgelegte Aufgabenstellung des ärztlichen Wirkens, wonach die Ausübung des ärztlichen Berufes die Ausübung der Heilkunde unter der Bezeichnung "Arzt" oder "Ärztin" ist. Eine Definition des Begriffs "Heilkunde" findet sich in der BÄO nicht. Dafür

1 Vgl. Larenz 1983, 325.
2 Vgl. Hassemer 1982, 498.
3 Siehe Moll 1990, 240 f.
4 So Hassemer 1982, 503.

formuliert § 1 HPG den Begriff der Heilkunde "als jede berufs- oder gewerbsmäßig vorgenommene Tätigkeit zur Feststellung, Heilung oder Linderung von Krankheiten, Leiden oder Körperschäden bei Menschen, auch wenn sie im Dienste von anderen ausgeübt wird." Eine unmittelbare Anwendung dieser Definition verbietet sich zwar wegen ihrer sachlichen Beschränkung auf das HPG und vor allem wegen der Tatsache, daß neben entsprechendem Fachwissen die unabdingbare Voraussetzung jeglicher ärztlicher Tätigkeit der Besitz der Aprobation ist. Im übrigen ist die ärztliche Tätigkeit kein Gewerbe.[1] Dennoch gibt diese Definition auch Aufschluß über den ärztlichen Begriff der Heilkunde, als sie als deren wesentliches Charakteristikum die Heilung von Krankheiten und Linderung von Leiden bezeichnet und damit den Heilauftrag, der auch den obersten Grundsatz ärztlicher Tätigkeit ausmachen soll,[2] in ihren Mittelpunkt stellt. Ausübung der Heilkunde im Sinne der BÄO ist demnach die auf ärztlich wissenschaftlicher Erkenntnis gerichtete und auf der Aprobation als Arzt beruhende praktische, wissenschaftliche oder verwaltende Tätigkeit, die sich unmittelbar oder mittelbar auf die *Verhütung, Früherkennung, Feststellung, Heilung* oder *Linderung* menschlicher Krankheiten, Körperschäden oder Leiden bezieht, auch wenn sie im Dienste anderer ausgeübt wird.[3]

In dieser Definition konkretisiert sich auch die Leitlinie ärztlicher Ethik, im Rahmen ärztlicher Tätigkeit stets das Wohl des Kranken voranzustellen.[4] Als weitere elementare Leitprinzipien medizinischer Ethik sind anerkannt: das Leben erhalten, dem Kranken nicht schaden, die Würde des Menschen achten, vertrauenswürdig sein.[5] Zwar sollte der gerade im Medizinrecht akut bestehenden Gefahr der Überethisierung und damit der Gefahr einer "moralischen Aufladung" des Rechts entschieden begegnet werden, jedoch dürften gegen eine Beschränkung des Rechts in bezug auf Medizin auf das für das gesellschaftliche Zusammenleben Notwendige, oder, wie *Schreiber* es auch sagt, auf das "ethische Minimum", keinerlei Bedenken bestehen.[6] Derweil hat auch das BVerfG

---

1 Hierzu ausführlicher siehe Narr, Rz. 8 ff.
2 Vgl. Deutsch 1988, 269, ders. 1991, 7.
3 So auch Narr, Rz. 20; siehe auch Schiwy-BÄO, § 2, Anm. 8.2.
4 Vgl. Schreiber 1982, 646.
5 Vgl. Schreiber 1982, 646.
6 So Schreiber 1982, 644; siehe auch Schumacher 1989, 151 f.

ausdrücklich bestätigt, daß ethische Gesichtspunkte durchaus zulässige Auslegungskriterien im Recht darstellen können.[1] Im vorliegenden Zusammenhang kann dahingestellt bleiben, wann eine rechtlich nicht mehr haltbare Überethisierung einsetzt, da kaum auf einen ernstzunehmenden Einwand die Auffassung stoßen dürfte, daß die vorgenannten fünf Leitprinzipien medizinischer Ethik auch im Arztrecht erhebliche Bedeutung haben bzw. daß sie in bezug auf die vorliegend zu klärende Rechtsfrage bei der Auslegung des Begriffs der Begründetheit im Sinne des § 13 Abs. 1 BtMG gebührende Berücksichtigung finden müssen. Denn alle scheinen lediglich der Ausdruck einer Grundrechtseffektierung zu sein. Diese Leitgedanken müssen in das Auslegungskalkül bezüglich des § 13 Abs. 1 BtMG unmittelbar einbezogen werden. Zunächst gilt es, dies im Rahmen der nachfolgenden Überlegungen zur therapeutischen Geeignetheit der Substitutionsbehandlung in die Tat umzusetzen.

4.1.5.1 Therapeutische Geeignetheit der Substitutionsbehandlung

Das Kernproblem des Begriffs der Begründetheit des § 13 Abs. 1 BtMG resultiert aus der Fragestellung, ob das im Einzelfall angewendete Betäubungsmittel sich zur Heilung eignet. Hierbei ist unerheblich, ob die therapeutische Geeignetheit des Betäubungsmittels nach den "Regeln ärztlicher Wissenschaft" gegeben ist, wie dies die h.L. immer noch fordert. Solche Regeln bieten keinen sinnvollen Maßstab, an dem das Vorliegen der Begründetheit zu messen wäre, da, wie bereits ausgeführt, im Bereich der Therapie der Drogenabhängigkeit die medizinische Fachwelt noch weitgehend zerstritten ist, so daß man hier um die Annahme eines Methodenstreits immer noch nicht umhin kann, auch wenn gerade in letzter Zeit im allgemeinen ein Meinungsumschwung zugunsten einer Therapievielfalt, also auch zugunsten der Substitutionsbehandlung unverkennbar wird.[2] Daß in einem derartigen Klima der Zerstrittenheit keine gute Basis für eine allmähliche Herausbildung einer weitgehend unbestrittenen Lex artis besteht, liegt auf der Hand.[3]

---

1 Siehe BVerfG NJW 1979, 1925, 1930; siehe auch Schumacher 1989, 151.
2 Siehe oben 3.2.1.
3 Siehe oben S. 299 ff.

Brauchbare Kriterien für die Beantwortung der Frage, wann eine ärztliche Betäubungsmittel-Verschreibung begründet ist, dürften sich aus dem allgemeinen ärztlichen Berufsrecht ergeben. Danach muß das legitime und ärztliche Handeln die Elemente: Indiziertheit, Einverständnis des Patienten, Verfahren lege artis bzw. Einhaltung der allgemeinen Sorgfaltspflichten aufweisen.[1] Die Begründetheit bzw. Indiziertheit im Sinne des § 13 Abs. 1 BtMG folgt aus dem ärztlichen Heilauftrag. Danach ist eine vom Arzt vorgenommene Betäubungsmittel-Verschreibung indiziert, wenn sie zur Erreichung der allgemeinen Heilzwecke im Sinne der Definition der Heilkunde[2] angezeigt erscheint. Die Verordnung oder Anordnung eines bestimmten diagnostischen oder therapeutischen Verfahrens muß also einen Grund aufweisen, der die Anwendung einer ärztlichen Maßnahme entweder diagnostisch oder therapeutisch rechtfertigt.[3] Dabei muß diese Maßnahme prognostisch eine Besserung beim Patienten erwarten oder erhoffen lassen.[4] Die Heilzwecke können demnach in der Verhütung, Früherkennung, Feststellung, Heilung oder Linderung von menschlichen Krankheiten bestehen. Ungemein umstritten ist derzeit noch die Frage, ob die "Verbesserung des sozialen Wohlbefindens" im Sinne der WHO-Gesundheitsformel einen den ärztlichen Eingriff rechtfertigenden Heilzweck darstellt. Die h.L. lehnt dies noch unter Hinweis auf die Gefahr eines Konturverlustes des Begriffs der Heilbehandlung ab, weil dies dann auch, so die gängige Argumentation, die rein sozialpflegerischen Maßnahmen erfassen würde.[5] Diese Auffassung dürfte es aber schon in der nahen Zukunft sehr schwer haben, sich weiter gegenüber der sich bereits immer mehr durchsetzenden Auffassung von der großen Bedeutung der "sozialen Indikationen" im therapeutischen Kontext zu behaupten, zumal selbst der BGH ihrer ausdrücklichen Anerkennung im Rahmen der Begründetheitsprüfung im Sinne des § 13 Abs. 1 BtMG nun auch wohlgesonnen gegenüberzustehen scheint.[6] In den Publikationen der letzten Jahre sprechen sich immer mehr Autoren für eine Anerkennung der "Verbesserung des sozialen

---

1 Vgl. Laufs 1992b, § 6, Rz. 1 f.
2 Siehe oben S. 305 f.
3 Vgl. Uhlenbruck 1992, § 51, Rz. 1.
4 Vgl. Laufs 1992b, § 6, Rz. 1.
5 Siehe Schönke/Schröder/Eser, § 223, Rz. 34; Laufs 1989a, 1522; Körner 1990, § 29, Rz. 647, 652; Winkler 1989b, 112.
6 Siehe BGH NJW 1991, 2359; zu den Entscheidungsgründen siehe auch oben 4.1.3.4.1.

Wohlbefindens" als einen eigenständigen für sich alleine ausreichenden Heilzweck aus[1], da das Problem der Opiatabhängigkeit in seiner gegenwärtigen Ausprägung sich nicht mehr wie bei den "klassischen Morphinisten" nur in der psychischen und körperlichen Bindung an die Droge erschöpft, sondern mittlerweile durch eine körperliche und psychische sowie soziale Verelendung, akute Gefahr der HIV-Infektion und schließlich durch den Drogentod geprägt wird, wobei die entscheidende Ursache hierfür nicht in der Substanz als solche als vielmehr in den sozialen Umständen des Konsums unter prohibitiven Bedingungen zu sehen ist.[2] Auf die Problematik der sozialen Indikationen im drogentherapeutischen Kontext wird noch später einzugehen sein.[3] Im Zusammenhang mit der Indikationsproblematik vor dem Hintergrund des § 13 Abs. 1 BtMG ist dagegen über das bereits Gesagte hinaus von Interesse, daß dem Indikationsbegriff zwischenzeitlich vor allem aufgrund der rasanten Entwicklung neuerer medizinischer Verfahren (Transfusionen, Organtransplantationen, pränatale Diagnostik, Genomanalyse, Insemination, Invitro-Fertilisation etc.) eine veränderte Bedeutung innewohnt. Während die medizinische Indikation der früher allgemein vertretenen Auffassung zufolge für die Rechtmäßigkeit eines ärztlichen Heileingriffs unerläßlich war und zugleich das Wesensmerkmal der ärztlichen Heilbehandlung darstellte mit der Folge, daß nur ärztliche Maßnahmen, die unmittelbar den Heilzwecken dienten, als Heilbehandlungen zu verstehen waren, bleibt heute in immer stärkerem Maße der individuellen Entscheidungsfreiheit des Patienten überlassen, ob das Vorliegen einer Indikation zur Diagnostik und Therapie zu bejahen ist.[4] Ein Ausdruck dieser Wandlung in dem Verständnis ärztlicher Heilbehandlung ist die mittlerweile allgemein anerkannte Auffassung, daß heute nicht nur die unmittelbar auf die Behebung des Leidens abzielenden Maßnahmen als indiziert anzusehen sind, sondern auch die der diagnostischen und nachbehandelnden Art.[5] Dementsprechend werden derzeit auch rein prophylaktische Maßnahmen unter den Begriff der Arztbehandlung subsumiert.[6]

---

1 Siehe Böllinger 1989b, 296; Moll 1990, 241 f.; Schumacher 1989, 170.
2 Siehe oben S. 150 ff.
3 Siehe unten 4.1.5.1.1.2.
4 Vgl. Uhlenbruck 1992, § 51, Rz. 6 ff.
5 Vgl. Schönke/Schröder/Eser, § 223, Rz. 34; Uhlenbruck 1992, § 51, Rz. 8.
6 Vgl. Uhlenbruck 1992, § 51, Rz. 9.

Im Bereich ärztlicher Tätigkeit herrscht, wie bereits dargelegt, grundsätzlich Behandlungsfreiheit, die besagt, daß der Arzt einerseits selbst entscheiden kann, ob er einen Behandlungsfall - von Notfällen abgesehen - übernehmen will und daß er andererseits die übernommene Behandlung nach der Methode seiner Wahl durchführen kann (Methodenwahl, Therapiefreiheit).[1] Zwecks Gefahrenabwehr kann aber der Gesetzgeber das therapeutische Angebot begrenzen und Zonen gesteigerter Risiken ausweisen, um sie dem Bestimmungsrecht von Arzt und Patient zu entziehen.[2] Gerade dieser Gesichtspunkt veranlaßte den Gesetzgeber im Hinblick auf die Betäubungsmittel-Verschreibung die ärztliche Rezeptier- und Behandlungsfreiheit zu begrenzen, indem er einen enumerativen Katalog der verschreibungsfähigen Betäubungsmittel sowie die Betäubungsmittel-Verschreibungs-Verordnung (BtMVV) schuf, aber auch und vor allem, indem er die ärztliche Betäubungsmittel-Verschreibung von dem Vorliegen eben der Begründetheit/Indiziertheit abhängig gemacht hat.[3] Über diese ausschließlich im Bereich der ärztlichen Verschreibung von Betäubungsmitteln geltenden Einschränkungen der Therapiefreiheit hinaus erfährt diese noch eine weitere Einschränkung durch die Verbindlichkeit von Sorgfaltspflichten, die als ein Korrelat zu der Freiheit der Methodenwahl zu verstehen ist. Danach ist der Arzt zwar nicht verpflichtet, den sichersten therapeutischen Weg zu wählen, jedoch muß das höhere Risiko in den besonderen Sachzwängen des konkreten Falles oder in einer günstigeren Heilungsprognose eine sachliche Rechtfertigung finden.[4] Der konkrete Fall kann es auch rechtfertigen oder sogar erfordern, von den allgemein anerkannten Regeln, wo solche Regeln existieren, abzuweichen und einer anderen Methode zu folgen, wenn dies der Überzeugung des Arztes entspricht.[5] Die Inanspruchnahme eines Beurteilungsspielraums erfordert entsprechende Sachkunde des Arztes sowohl hinsichtlich der von ihm favorisierten als auch hinsichtlich der konkurrierenden Verfahren der Schulmedizin.[6] Erst nach einer gewissenhaften Abwägung der Vor- und Nachteile der von dem

---

1 Vgl. Rieger 1984, Rz. 323; Laufs 1988, Rz. 40; Uhlenbruck 1992, § 52, Rz. 4.

2 Vgl. Gallwas 1976, 1135; Laufs 1992b, § 3, Rz. 15; Güdden 1991, 127; Grupp 1992, 257.

3 Vgl. Schumacher 1989, 152; Moll 1990, 226; Ulsenheimer 1992a, § 147, Rz. 2.

4 Vgl. BGH NJW 1987, 2927.

5 Vgl. Rieger 1984, Rz. 307; Narr, Rz. 40; Laufs 1992b, § 3, Rz. 16.

6 Vgl. Siebert 1983a, 57 ff.; ders. 1983b, 218; Laufs 1988, Rz. 339; ders. 1992b, § 3, Rz. 17.

Arzt ins Auge gefaßten Methode hat dieser die Methodenwahl vorzunehmen. Dabei hat er derjenigen Therapie den Vorzug zu geben, die eher Erfolg verspricht und geringere Gefahren für den Patienten mit sich bringt.[1] Zum elementarsten Grundsatz ärztlicher pflichtgemäßer Tätigkeit gehört auch das Gebot des sofortigen Behandlungsabbruchs beim objektiv erkennbaren Fehlschlag des beschrittenen therapeutischen Weges.[2] Die Wahl einer von vornherein objektiv untauglichen Behandlungsmethode ist genausowenig von dem Grundsatz der ärztlichen Therapiefreiheit gedeckt[3] wie die unerklärliche Nichtanwendung einer Methode, deren therapeutische Wirksamkeit allen anderen Methoden eindeutig überlegen ist.[4]

Durch die Behandlungsübernahme und den Behandlungsvertrag verpflichtet sich der Arzt also zu einer verantwortlichen Therapiewahl, woran die weitere Pflicht anknüpft, daß die Methodenwahl im Rahmen der allgemeingültigen Regeln der Diagnostik erfolgt. Die Diagnosestellung ist nämlich die wichtigste Voraussetzung für eine sachgemäße Behandlung. Sie darf nur aufgrund einer eingehenden Anamnese und nur aufgrund einer sorgfältigen persönlichen Untersuchung vorgenommen werden.[5] Bei unklaren Befunden und den Umwelt- bzw. Verhaltenskrankheiten sowie bei psychosomatischen Krankheiten erscheint die *Sozialanamnese* angezeigt, die Erhebungen über die wesentlichen Daten des beruflichen Werdegangs des Patienten, seine derzeitige Tätigkeit und soziale Umwelt sowie über seinen Familienstand enthält.[6] Erst auf der Grundlage seiner Diagnose kann der Arzt sodann die Entscheidung treffen, ob das Medikament zur Heilung, Linderung etc. gerade dieses Krankheitszustandes erforderlich ist.[7] Die Frage des Behandlungserfolges hängt letztlich davon ab, inwieweit die spezifische Intervention des Arztes (Pharmako-, Psychotherapie etc.) die Mit-

---

1 Vgl. Siebert 1983a, 66 ff.; ders. 1983b, 219; Laufs 1988, Rz. 363; ders. 1992b, § 3, Rz. 18.

2 Vgl. Laufs 1988, Rz. 340; ders. 1992b, § 3; Rz. 20; Uhlenbruck 1992, § 58, 1 ff.

3 Vgl. Siebert 1983a, 70 f.; ders. 1983b, 219; Laufs 1992b, § 3, Rz. 19.

4 Vgl. Laufs 1988, Rz. 341; Narr, Rz. 884; zu den ärztlichen Sorgfaltspflichten zusammenfassend Grupp 1992, 257 f.

5 Vgl. Uhlenbruck 1992, § 50, Rz. 8; Narr, Rz. 886; Hügel/Junge/Winkler, § 29, 1.1, Rz. 16.2.2.

6 Vgl. Uhlenbruck 1992, § 48, Rz. 5.

7 Vgl. Ulsenheimer 1992a, § 147, Rz. 8; BayOLG NJW 1970, 529, 530.

arbeit des Patienten (Compliance) sowie die familiären und sozialen Umgebungskomponenten wechselseitig Wirkungen entfalten.[1]

Die allgemeinen Grundsätze ärztlicher standesgemäßer Tätigkeit beanspruchen auch im Bereich der Substitutionstherapie unveränderte Geltung. Aufgrund der über zwei Jahrzehnte langen reichhaltigen internationalen[2] und der vor allem in den letzten Jahren gesammelten deutschen Erfahrungen in der ambulanten medikamentengestützten Drogentherapie[3], die unter Zugrundelegung des Erfolgskriteriums "Drogenfreiheit" auf eine Erfolgsquote von ca. 20 - 30 % schließen lassen, womit sie in etwa derjenigen der stationären Langzeittherapie entspricht[4], läßt sich folgern, daß diese Therapieform vorbehaltlich der Einhaltung der zur Methodenwahl entwickelten Sorgfaltspflichten zur Heilung, Linderung etc., also im Sinne des ärztlichen Heilauftrags prinzipiell geeignet sein kann. In Ansehung der Tatsache, daß nicht selten immer noch die Ansicht vertreten wird, daß der substituierende Arzt sich nicht mit Linderung anstelle von Heilung begnügen dürfe[5], bedarf es hier abermals der Betonung, daß die Linderung nicht nur im Hinblick auf die sonstigen "normalen" Krankheiten, sondern genauso in bezug auf die Drogenabhängigkeit einen die ambulante medikamentengestützte Drogentherapie rechtfertigenden Heilzweck darstellt. Denn das BtMG im allgemeinen und § 29 Abs. 1 Nr. 6a u. b i.V.m. § 13 Abs. 1 BtMG im besonnderen sollen im Interesse des Gesundheitsschutzes weitgehend u.a. sicherstellen, daß Betäubungsmittel im Rahmen eines Heilverfahrens nur bei unumgänglicher medizinischer Notwendigkeit zum Zwecke der Heilung oder Linderung verordnet werden.[6] Linderung ist also ein vom Gesetz erstrebtes Ziel. Dies umso mehr, als in vielen Fällen die Heilung der Krankheit "Drogensucht" nicht mehr möglich ist.[7] Dabei gilt allerdings zu bedenken, daß der Begriff der Linderung im drogentherapeutischen Kontext stets im extensiven Sinne angewendet wird. Die Krankheit "Drogensucht" als ein psycho-soziales

---

1 Vgl. Böllinger 1989b, 296.
2 Siehe oben 3.2.6.
3 Siehe oben 3.2.7.
4 Siehe oben S. 141.
5 Siehe u.a. Hügel/Junge/Winkler, § 29, 1.1, Rz. 16.2.3.
6 Siehe Körner 1990, § 29, Rz. 629, 642; so auch schon der BGH in dem Urt. v. 8. Mai 1979, siehe NJW 1979, 1943, 1944.
7 Hierzu siche auch oben S. 168 f. und unten S. 320.

Problem macht nämlich erforderlich, daß von dem Linderungszweck nicht nur dann gesprochen wird, wenn die Behandlung zu einer merklichen Abnahme körperlicher Schmerzen (z.B. der Entzugsschmerzen) bei dem drogenabhängigen Patienten führt, sondern auch dann, wenn sich bei ihm überhaupt eine Besserung seines Allgemeinzustandes abzeichnet. Gleiches hat zu gelten, wenn die Behandlung sich dahin auswirkt, daß der Konsum anderer Drogen generell erheblich zurückgeht oder gänzlich eingestellt wird, was die sonst immer akut vorhandene Gefahr der Polytoxikomanie und die mit dieser stets einhergehende Möglichkeit weiterer ernsthafter gesundheitlicher Komplikationen ausschließt.[1]

Die Substitutionsbehandlung ist hinsichtlich ihrer therapeutischen Wirksamkeit den anderen Therapieformen, allen voran der stationären Entzugstherapie, wie gezeigt, keinesfalls unterlegen. In bezug auf die therapeutische Effektivität besteht also im Bereich der Drogentherapie derzeit noch Gleichwertigkeit aller Therapieformen, da sich bisher keine der vorhandenen Methoden als besonders effektiv für das Gros der therapiewilligen Drogenabhängigen erwiesen hat. Vielmehr kommt jede der Therapieformen jeweils bei nur ganz speziellen Populationen von Drogenabhängigen in besonders wirksamer Weise zur Geltung. Eine generelle Favorisierung der stationären Langzeittherapie ohne Rücksichtnahme auf die regelmäßig vorliegenden individuellen Persönlichkeitseigenarten der Drogenabhängigen, die sie nur für ganz bestimmte Therapieformen geeignet erscheinen lassen, laufen im Ergebnis auf eine verfassungsrechtlich nicht hinnehmbare Vorenthaltung gebotener medizinischer (erfolgversprechender) Versorgung, die u.a. Art. 1 Abs. 1 S. 2 und Art. 2 Abs. 2 S. 1 GG garantieren sollen[2], hinaus. Dies legt desgleichen den Verdacht eines eklatanten Verstoßes gegen den Grundsatz der Therapiefreiheit, der seine Rechtfertigung ebenfalls in der Verfassung findet, und zwar für den Arzt im Art. 12 Abs. 1 GG (i.V.m. § 1 Abs. 2 BÄO) und für den Patienten in seinem Persönlichkeits- und Selbstbestimmungsrecht als das Recht auf eine unabhängige Methodenentscheidung

---

1 Siehe z.B. die Entwicklung in Bremen S. 228 ff.; zu den Indikationen im einzelnen siehe unten 4.1.5.1.1.

2 Vgl. Seewald 1982, 19 f.; Däubler 1976, 1108 ff.

des Arztes seines Vertrauens (Art. 2 GG)[1], nahe, wenn der Wille des drogenabhängigen Patienten zur Durchführung einer ambulanten Ersatzdrogentherapie nicht von Anfang an respektiert wird.[2] Die ambulante Substitutionsbehandlung erweist sich aber im Punkt "Erreichbarkeit", die wegen der spezifischen inneren und äußeren Begleitumstände der Krankheit "Drogensucht" (Entzugssymptomatik, gesellschaftliche Ächtung) regelmäßig ein großes Problem jeglicher therapeutischer Vorhaben darstellt, den übrigen Therapiekonzepten weitgehend überlegen. Das Kriterium der Erreichbarkeit muß daher in das Urteil über die therapeutische Geeignetheit einer Therapie einfließen, denn die aus therapeutischer Sicht beste Methode nützt logischerweise nichts, wenn es niemanden gibt, der bereit wäre, diese anzunehmen.[3] Die ambulante medikamentengestützte Drogentherapie ist demnach bereits bei einer Abstellung auf den Heilzweck der "völligen alsbaldigen Überwindung der Drogenabhängigkeit" zur Heilung grundsätzlich geeignet. Das Maß der therapeutischen Geeignetheit hängt jedoch im wesentlichen davon ab, welchen Heilzwecken die Behandlung vordringlich dienen soll. Es geht hier also um die Frage der Indikationen. Wird also auf den primären Behandlungszweck der alsbaldigen Erreichung der unbedingten Drogenfreiheit im Sinne der Maintenance-to-abstinence-Programme[4] abgestellt, dann eignet sich die Substitutionstherapie für lediglich etwa 30 % der substituierten und danach drogenabstinent gewordenen Patienten. Wird dagegen die Geeignetheit daran festgemacht, inwieweit sich eine gesundheitliche und psychosoziale Stabilisierung unter zunächst zeitweiliger Inkaufnahme der Abhängigkeit von dem Ersatzmittel (Levomethadon) einstellt bzw. inwieweit der Patient vor dem Drogentod und der ebenfalls früher oder später tödlich verlaufenden Infizierung mit den HI-Viren bewahrt oder nur von dem Drang zur Beschaffungskriminalität befreit werden kann, dann erscheint der Einsatz der Substitutionsmethode auf breiter Basis angezeigt. Die bereits vorliegenden

---

1 Vgl. Deutsch 1988, 270; zum Selbstbestimmungsrecht des Patienten siehe ders. 1991, 9; Laufs 1988, Rz. 98; Narr, Rz. 40; Uhlenbruck 1992, § 52, Rz. 9; Grupp 1992, 258; das Selbstbestimmungsrecht des Patienten geht so weit, daß selbst bei einer Einwilligung in einen Eingriff der Arzt an die Entscheidung seines Patienten gebunden ist, wenn dieser eine bestimmte Behandlungsmethode ablehnt, siehe Brenner 1983, 42.

2 Die gleichen verfassungsrechtlichen Bedenken ergeben sich im Zusammenhang mit der "Zwangstherapie" im Sinne der §§ 35 ff. BtMG.

3 Vgl. Schumacher 1989, 154.

4 Siehe oben 3.2.4.

wissenschaftlichen Erkenntnisse zum Wesen der Drogenabhängigkeit vom Opiattyp lassen eine ärztliche Behandlung in Form einer Substituierung nicht nur dann gerechtfertigt erscheinen, wenn in dem konkreten Einzelfall in absehbarer Zeit die Drogenabstinenz erreicht werden kann. Über die Aufnahme der Behandlung kann also nicht einzig und alleine die Prognose in bezug auf die Heilungschancen der Hauptkrankheit "Drogensucht" unter gleichzeitiger Außerachtlassung der sekundären Folgen der Drogenbindung entscheiden. Gerade aber diese Sichtweise prägte bisher die Diskussion um die rechtliche Zulässigkeit der Levomethadonbehandlung. Dies geschah überwiegend unter Hinweis auf den Gesetzeszweck, den Mißbrauch von Betäubungsmitteln und das Entstehen und Erhalten einer Betäubungsmittel-Abhängigkeit soweit wie möglich auszuschließen, aber auch nicht selten unter Berufung auf die ärztliche Ethik, die den Arzt nur zur Verfolgung therapeutischer Zwecke anhalten solle, und daher die zeitweilige Aufrechterhaltung der Drogensucht bzw. die Verfolgung sozialpolitischer Zwecke, wie die Befreiung des Abhängigen von dem Beschaffungsdruck mittels des Ersatzmittels, dem Standesrecht, also dem ärztlichen Heilauftrag zuwiderlaufen würde.[1] Der Grund hierfür wurzelt in dem überkommenen Verständnis des ärztlichen Heilauftrags als die Verpflichtung zur unbedingten Verfolgung der Heilzwecke im Sinne der Heilkundedefinition im Hinblick auf die Hauptkrankheit (hier: Drogensucht) einerseits und in einer Verkennung des Wesens moderner Medizin als ein komplexes fachübergreifendes Phänomen im allgemeinen sowie der Krankheit "Drogensucht" im besonderen andererseits. Daß das Festhalten an der Auffassung, die ärztliche Kompetenz erstrecke sich nur auf die der unmittelbaren Behebung des Leidens dienenden Maßnahmen, schon vom Ansatz her falsch ist, ergibt sich bereits aufgrund des zur Wandlung im Verständnis ärztlicher Heilbehandlung zuvor Gesagten.[2] Denn, wie anfangs erwähnt, erschöpft sich die "Krankheit Drogensucht" nicht nur in der körperlichen und psychischen Abhängigkeit von der Droge als einem überwältigenden Verlangen nach ihr, die keine weitere Symptomatik kennt, wie dies bei den Morphiumabhängigen der medizinischen Berufe früher der Fall war und vielleicht heute noch teilweise ist, sondern äußert sich heutzutage durch eine soziale und gesundheitliche Verwahrlosung,

1 Vgl. Körner 1990, § 29, Rz. 652.
2 Siehe oben S. 308 f.

die durch das AIDS-Problem noch erheblich verstärkt wird.[1] Dabei stellt die Opiatabhängigkeit alleine noch nicht das grundlegende Problem dar, das das ärztliche Eingreifen unbedingt erforderlich machen würde, denn die Substanz als solche verursacht keinerlei nennenswerte Gesundheitsschädigungen[2] und überdies sind viele Menschen in der Lage mehr oder minder problemlos mit verschiedenen Süchten (z.B. Tabak) zu leben, wenn sie nur relativ einfach an das Mittel herankommen können. Das Hauptproblem stellen die sekundären Folgen der Opiatabhängigkeit dar, also die zahlreichen aus den Umständen des Konsums resultierenden Krankheiten[3], ihre sozialen Auswirkungen[4], der Drang zur Beschaffungskriminalität und Prostitution[5] sowie die daraus folgenden Schäden für die Gesellschaft[6]. Deshalb sollte das Augenmerk bei der Prüfung der Indiziertheit einer Betäubungsmittel-Verschreibung an Opiatabhängige fürs erste auf die Beseitigung der sekundären Folgen des jeweiligen zur Behandlung anstehenden Falles gerichtet werden, wobei damit keinesfalls die Drogenfreiheit als Heilungsziel aufgegeben zu werden braucht, sondern vielmehr dieser dienen kann. Es findet so lediglich eine durch die Eigenart der Hauptkrankheit "Drogensucht" bedingte Prioritätenverschiebung in der ärztlichen Heilungstätigkeit statt.[7] Wie im Grundlagenteil dargelegt, setzt der Prozeß der Überwindung der Drogenabhängigkeit in der Regel zuerst eine psycho-soziale Stabilisierung voraus, bevor eine allmähliche Loslösung von der Droge erfolgversprechend einsetzen kann.[8] Hier wird das bis dato geltende Abstinenzparadigma aufgrund wissenschaftlicher Erfahrungen mit der Substitutionstherapie lediglich umgekehrt, indem dem Behandlungsziel der Abstinenz die Resozialisierung vorangestellt wird.[9] Auf diese Weise werden möglicherweise auf dem Weg zur Abstinenz zuerst die sozialen Bedingungen der Opiatabhängigkeit zum Gegenstand der therapeutischen Bemühungen.[10] Im übrigen ergibt sich eine Verpflichtung

---

1 So auch Schumacher 1989, 169.
2 Siehe oben S. 67 f., 150.
3 Siehe oben S. 150 f.
4 Siehe oben 2.1.4.5.
5 Siehe oben S. 144 f.
6 Siehe oben S. 145.
7 And. Hügel/Junge/Winkler, § 29, 1.1, Rz. 16.2.2.
8 Siehe oben S. 136 f., 142 f.
9 Siehe oben S. 183; and. Hügel/Junge/Winkler, § 29, 1.1, Rz. 16.2.3.
10 So auch Böllinger 1989a, 412.

des Arztes, dem Patienten auch in bezug auf die Sekundärleiden in bestmöglicher Weise zu helfen, aus seiner ureigensten Aufgabe der Heilbehandlung, die, wie bereits dargelegt, "alle Eingriffe und therapeutischen Maßnahmen, die am Körper eines Menschen vorgenommen werden, um Krankheiten (psychische und psychische Störungen pathologischer Art), Leiden (länger andauernde Beeinträchtigungen des *körperlichen* und *seelischen Wohlbefindens*), Körperschäden (nicht-krankhafte Entstellungen), körperliche Beschwerden (nicht unbedingt krankhafte oder vorübergehende Beeinträchtigungen des Wohlbefindens) oder seelische Störungen nicht krankhafter Natur zu verhüten, zu erkennen, zu heilen oder zu lindern."[1] Dies umso mehr, als die vorliegenden diesbezüglichen wissenschaftlichen Erkenntnisse belegen, daß mit der Aufnahme der Medikation in aller Regel eine dramatische Verbesserung des somatischen und seelischen Zustandes bei der Mehrzahl der Patienten einhergeht.[2] Die Substitutionsmethode ist also geeignet, zumindest die sekundären Krankheiten und Leiden etc. zu heilen oder in sonstiger Weise im Sinne des Heilbehandlungsbegriffs positiv zu beeinflussen. Schon von diesem Standpunkt her ist die Substitutionsbehandlung vorbehaltlich des Vorliegens entsprechender Indikationen im Sinne des § 13 Abs. 1 BtMG begründet. Daß hierdurch die Abhängigkeit nur von einem *Opiat* (Heroin) auf ein *Opioid* (Levomethadon) verlagert, aber zunächst nicht beseitigt wird, ist aus der Sicht des ärztlichen Berufsethos kaum problematisch, da die Abhängigkeit von der Substanz als solche keinerlei Gefahren für die Gesundheit des Patienten in sich birgt, so daß der behandelnde Arzt im Rahmen einer Interessenabwägung dem gefährlicheren Teil der Krankheit den Behandlungsvorrang einzuräumen hat. Diesen Überlegungen liegt der heute noch bestehende Konsens zugrunde, daß die Drogensucht als solche einen pathologischen Zustand darstellt, eine Sicht also, die in jüngster Zeit allerdings immer mehr in Frage gestellt wird.[3]

Diese Auslegung läuft auch keinesfalls dem Zweck des Gesetzes zuwider, sofern es den Mißbrauch von Betäubungsmitteln und das Entstehen und Erhal-

1 So Uhlenbruck 1992, § 52, Rz. 1.
2 Siehe oben S. 226 (Hamburg), 228 ff. (Bremen).
3 Zur rechtlichen Bewertung der Substitutionsbehandlung, wenn der Drogensucht der Krankheitscharakter abgesprochen, sie also als ein Normal- bzw. Alltagszustand angesehen wird, siehe im einzelnen unten 4.1.5.1.2.

ten einer Betäubungsmittel-Abhängigkeit soweit wie möglich ausschließen will. Indem der Gesetzgeber die Rechtmäßigkeit der Verschreibung von Betäubungsmitteln von dem Vorliegen der ärztlichen Begründetheit abhängig gemacht hat, tat er dies offenbar im Hinblick auf diesen Zweck, der wiederum dem vorrangigen Gesetzeszweck des Schutzes der Volksgesundheit dienen sollte.[1] Sofern also eine Betäubungsmittel-Verschreibung begründet ist, dann kann sie nicht gleichzeitig gegen den Gesetzeszweck verstoßen. Dies umso mehr, als die Frage der richtigen Auslegung des Begründetheitsbegriffs im Rahmen der ärztlichen Aufgabenstellung zu beurteilen ist und daher der Heilauftrag die grundlegende Auslegungsleitlinie bildet. Schließlich ist die Sicherstellung der notwendigen medizinischen Versorgung der Bevölkerung ebenfalls ein Zweck des BtMG (§ 5 Abs. 1 Nr. 6). Die Verhinderung einer vom ärztlichen Berufsrecht gedeckten Substitutionsbehandlung unter Berufung auf den Gesetzeszweck der Eindämmung des Gebrauchs der Betäubungsmittel würde also auf eine verfassungswidrige Vorenthaltung gebotener ärztlicher Hilfeleistung hinauslaufen.[2] Im übrigen sei in diesem Zusammenhang wiederholt darauf hingewiesen, daß gerade das Gesetz es weitgehend selbst zu vertreten hat, daß die Opiatabhängigen aufgrund ihrer durch die Verfolgung bedingten Lebensweise um ärztliche Hilfe ersuchen müssen. Aus diesem Grunde kann in einem Rechtsstaat der Zweck eines Gesetzes nicht der gebotenen ärztlichen Hilfeleistung entgegenstehen, wenn der Hilfefall mittelbar auf den Umstand, daß dieser Zweck des Gesetzes von seiten des Staates verfolgt wurde, zurückzuführen ist.[3] Hierdurch drängt sich zwangsläufig die Frage nach der Daseinsberechtigung des gesamten Gesetzes auf.

Im folgenden sollen die bei der Substitutionstherapie in Frage kommenden Indikationen näher thematisiert werden.

---

1 Siehe BTDrucks. 9/27, 25.

2 Hierzu siehe auch Schumacher 1989, 152 f.; siehe auch oben S. 303 f., 399 f.

3 Siehe auch Moll 1990, 241, der aufgrund der kontraproduktiven Folgen des BtMG eine "Aufspaltung" des Schutzzwecks mit der Folge vorschlägt, daß eine Differenzierung zwischen Abhängigen und Nichtabhängigen vorgenommen wird.

4.1.5.1.1 *Indikationen für eine Substitutionsbehandlung*

4.1.5.1.1.1 *Medizinische Indikationen*

Seit die Bundesärztekammer im Jahre 1988 und dann noch einmal im Jahre 1990 exemplarisch fünf Indikationen, die den Einsatz des Levomethadons im Bereich der Therapie Drogenabhängiger rechtfertigen sollen, ausdrücklich anerkannte, besteht zumindest darüber Einigkeit, daß bei:

- Drogenabhängigkeit mit lebensbedrohlichen Zuständen im Entzug,
- Drogenentzug bei schweren konsumierenden Erkrankungen,
- Drogenentzug bei opiatpflichtigen Schmerzzuständen,
- Drogenabhängigkeit am Ende der Schwangerschaft bzw. unter der Geburt sowie bei
- drogenabhängigen AIDS-Kranken mit fortgeschrittener manifester AIDS-Erkrankung

die Substitutionstherapie begründet sein kann.[1]

Darüber hinaus wird das Vorliegen einer sozial-medizinischen Indikation bei einer Überbrückungssituation bejaht entweder, wenn der Patient wegen Platzmangel auf Übernahme in eine stationäre Langzeittherapie wartet oder wenn ihm zur Zeit wegen akuter schwerer Erkrankung nicht zugemutet werden kann, sofort mit der stationären Behandlung anzufangen (Überbrückungstherapie).[2] Überdies ist gemäß den seit dem 1. Oktober 1991 geltenden "Neuen Untersuchungs- und Behandlungsrichtlinien" (NUB) zur Methadon-Substitutionsbehandlung bei i.v. Heroinabhängigen neben den fünf Indikationen der Bundesärztekammer noch eine weitere Indikation anerkannt worden und zwar "Drogenabhängigkeit bei vergleichbar schweren Erkrankungen, bei denen die Kommission nach 2.7 im Einzelfall eine Substitution als Teil der Krankenbehandlung für angezeigt hält."[3] Schließlich erweitern die NUB-Richtlinien vom 7. August 1992 das bis dahin anerkannte Indikationsspektrum in der Weise, daß nunmehr

---

1 Siehe oben S. 189 f.
2 Vgl. Körner 1990, § 29, Rz. 657; Böllinger/Stöver 1992, 200.
3 Siehe Bundesausschuß der Ärzte und Krankenkassen 1991, 2; siehe auch unten S. 342 f.

"bereits" das Vorliegen der Drogenabhängigkeit bei AIDS-Kranken per se einerseits und bis zu 6 Wochen nach der Geburt bei opiatabhängigen Müttern andererseits, die die Substitution rechtfertigenden Behandlungsindikationen darstellen sollen.[1] In aller Regel weisen die langjährigen Opiatabhängigen infolge ihrer Abhängigkeit von dem illegalen Heroin eine Reihe schwerster somatischer Folgeerkrankungen auf, wie Abszesse aller Art, Pilzinfekte, Hepatitis B, verschiedenartige Intoxikationen durch Streckmittelbeigaben zum Heroin etc.[2] Es handelt sich hier also um schwere Erkrankungen im Sinne des Indikationskatalogs der Bundesärztekammer, die die Substitutionstherapie in jedem Falle gerechtfertigt erscheinen lassen.

Sofern die dramatische Tatsache, daß ein Anteil von bis zu 30 % aller intravenösen Abhängigen HIV-infiziert bzw. an AIDS erkrankt ist[3], im Rahmen der Indikationsstellung nur in der Form Berücksichtigung findet, daß bei drogenabhängigen AIDS-Kranken mit fortgeschrittener manifester AIDS-Erkrankung der Einsatz des Ersatzmittels zulässig sein soll, wie dies die Bundesärztekammer immer noch propagiert, so kann dies gleich aus mehreren Gründen nicht akzeptiert werden. Zunächst widerspricht dies in besonders krasser Weise dem ärztlichen Heilauftrag, der, wie im vorstehenden mehrfach hervorgehoben, neben der Heilung auch Linderung und vor allem Verhütung von Krankheiten umfaßt.[4] In Anbetracht dieser hohen Durchseuchungsquote mit den HI-Viren, wobei die Tendenz noch steigend ist, ist somit jeder i.v. Drogenkonsument akut gefährdet. Durch die Substitutionstherapie fallen aber die grundlegenden Ursachen der Infizierungen, nämlich das Needle Sharing und die Beschaffungsprostitution weg. Aus diesem Grunde erscheint zur HIV-Prophylaxe die Substituierung unter dem ärztlichen Gesichtspunkt der Infektionsverhütung durchaus gerechtfertigt. Weiter haben wissenschaftliche Erfahrungen gezeigt, daß beim Vorliegen einer HIV-Infektion das Methadon bzw. Levomethadon die Latenzphase zu verlängern, also den regelmäßig tödlich verlaufenden Ausbruch der AIDS-Erkrankung zu verzögern vermag.[5] Auch in diesen Fällen ist von einer

---

1 Siehe Bundesausschuß der Ärzte und Krankenkassen 1992, 2; siehe auch unten S. 341 f.
2 Siehe oben S. 68 ff.
3 Siehe oben S. 81, Fn. 3.
4 Siehe oben S. 305 f.
5 Siehe oben S. 227.

den ärztlichen Eingriff rechtfertigenden Indikation auszugehen. Die äußerst restriktive Indikation der Bundesärztekammer wird so weder dem akuten AIDS-Problem im Umfeld der i.v. Drogenabhängigkeit generell noch den in seinem Kontext mit der Substitutionstherapie gemachten wissenschaftlich überprüften Erfahrungen gerecht. Es ist im übrigen zu bedenken, daß, wenn nur AIDS-Kranke im Endstadium der Erkrankung eine Heilbehandlung erfahren sollen, sich schon unter humanen Gesichtspunkten eine Beschränkung der Indikation auf die besagte Gruppe der AIDS-Kranken verbietet.

Eine medizinische Indikation ist desgleichen zu bejahen, wenn der Patient über akute Entziehungsschmerzen klagt, da es mittels des Levomethadons gelingt, diese nicht nur zu lindern, sondern auch gänzlich aufzuheben. Dabei darf vor dem Hintergrund ärztlicher Aufgabenstellung die Tatsache der selbstverschuldeten vorausgehenden Intoxikation keinerlei Rolle spielen. Schmerztherapie, sei es durch Heilung oder Linderung, wird nämlich heute allgemein als die "universellste moralische Verpflichtung der Ärzte" angesehen.[1] Dies umso mehr, als das Linderungsmittel eine bestehende Drogenabhängigkeit keinesfalls vorantreibt und auch keine übermäßige physische bzw. psychische Belastung für den Patienten darstellt. Das ärztliche Ziel der Linderung der Entziehungsschmerzen bekommt seinen noch tiefer gehenden Sinn in der Überlegung, daß nach der überwiegend geteilten Suchttheorie die Angst vor der Entzugssituation der entscheidende Grund für das Fortbestehen der Abhängigkeit sei, während die Suche nach dem Rauscherlebnis eher von untergeordneter Bedeutung sei.[2] Das Eingreifen des Arztes in die Entzugsphase vermag so die Abhängigkeit zu stabilisieren oder ihr weiteres Voranschreiten zu verhindern.[3] Dieses Argument erhält noch größeres Gewicht, wenn man sich vergegenwärtigt, daß durch die Substitutionsbehandlung die Sucht erwiesenermaßen nicht verlängert, wie von den Gegnern der medikamentengestützten Drogentherapie immer wieder behauptet[4], sondern der Zeitraum der Abhängigkeit nach vorliegenden durchaus

1 Vgl. Uhlenbruck 1988, 172; and. Hügel/Junge/Winkler, § 29, 1.1, Rz. 16.2.3.
2 Siehe oben S. 52.
3 So auch Quensel 1988, 28.
4 So stellvertretend für viele Kühne 1989, 4; ders. 1992, 1548.

zuverlässigen Erkenntnissen im Vergleich zu den anderen Therapiekonzepten erheblich verkürzt wird.[1]

Die Substitutionstherapie dient den Patienten nicht selten als psychische Hilfe, indem bei ihnen im Zuge der allgemeinen Normalisierung der Lebensführung, mit der oft die Aufnahme einer Erwerbstätigkeit einhergeht, die Bereitschaft wächst, sich einer zusätzlich indizierten Psychotherapie zu unterziehen.[2]

Darüber hinaus ist unter Berücksichtigung der wissenschaftlichen Forschungsergebnisse zur Pharmakologie des Methadons bzw. Levomethadons, wonach diese Substanz selbst bei ihrer regelmäßigen über Jahre hinweg andauernden Einnahme keine Suchtentwicklung vergleichbar derjenigen des Heroins herbeiführt[3] sowie der in der Praxis gewonnenen Erkenntnis, daß, wie im vorstehenden bereits erwähnt, die Ersatzdrogentherapie den Zeitraum der Abhängigkeit in der Regel verkürzt, also die Hauptkrankheit "Drogensucht" gerade bekämpft, ebenso eine medizinische Indikation ungeachtet des Vorliegens der anderen vorgenannten Indikationen anzunehmen. Vor dem Hintergrund der Tatsache, daß die Erfolgsquote der Substitutionstherapie in etwa derjenigen der stationären Langzeittherapie entspricht, erscheint dies überaus folgerichtig.[4]

Inwieweit den sozialen Indikationen bei der Prüfung der Begründetheit im Sinne des § 13 Abs. 1 BtMG eine Bedeutung zukommt, soll nachfolgend geprüft werden.

4.1.5.1.1.2 Soziale Indikationen

Aufgrund der vorangegangenen Ausführungen durfte bereits deutlich geworden sein, daß der Einsatz der Ersatzmittel, allen voran des Levomethadons, in der Behandlung der Drogenabhängigkeit vor allem aus medizinischen Gründen angezeigt erscheint und daß die meisten der diskutierten Indikationen medizini-

---

1 Siehe oben S. 227 f.
2 So auch Quensel 1988, 29, unter Berufung auf schweizerische Erfahrungen.
3 Vgl. z.B. Jage 1989, 16 ff.; siehe auch oben S. 228 f.
4 Siehe oben S. 241, 233 f.

scher und nicht politischer Natur sind.[1] Gleichwohl wird mittlerweile von einer Großzahl der Autoren die Anerkennung der "psycho-sozialen", "der sozialmedizinischen" oder einfach der "sozialen" Indikationen explizit befürwortet.[2] Darunter versteht man in der Regel solche drogenpolitischen Ziele, wie Eindämmung des schwarzen Marktes, Verringerung der Beschaffungskriminalität und der Prostitution einerseits aber auch solche individueller Art, wie soziale und berufliche Integration des Abhängigen, Herstellung partnerschaftlicher Beziehungen, im allgemeinen also den Ausstieg aus der Drogenszene mit einer Normalisierung der Lebensführung andererseits. Obgleich es mit Rücksicht auf die WHO-Formel aus dem Jahr 1946, wonach Gesundheit als ein "Zustand völligen körperlichen, seelischen und *sozialen Wohlbefindens* und nicht nur das Freisein von Krankheit oder Gebrechen" definiert wird[3], eigentlich klar sein müßte, daß auch soziale Behandlungszwecke den ärztlichen Eingriff rechtfertigen können, gibt es nicht wenig Stimmen, die die Anerkennung der sozialen Indikationen im Rahmen der Begründetheitsprüfung gemäß § 13 Abs. 1 BtMG ablehnen.[4] Die Berücksichtigung der sozialen Indikationen im therapeutischen Kontext hält neuerdings auch der BGH, worauf bereits hingewiesen wurde, für zumindest denkbar.[5] Die Tatsache alleine, daß er diese Thematik in seinem Beschluß vom 17. Mai 1991 überhaupt aufgreift, offenbar ohne von der Vorinstanz dazu ausdrücklich veranlaßt worden zu sein, läßt sich so deuten, daß er auch die Auffassung vertritt, daß das Vorliegen einer sozialen Indikation für die Rechtmäßigkeit der ärztlichen Substitutionsbehandlung ausreichen kann.[6] Er leitet die Möglichkeit der sozialen Indikationen aus dem Wortlaut des § 13 Abs. 1 BtMG, wo im Gegensatz zu der früheren Gesetzesfassung, als in § 11 Abs. 1

---

1 Vgl. Körner 1990, § 29, 652; Kühne 1989, 4; ders. 1992, 1548.

2 Siehe Böllinger/Stöver 1992, 116; Moll 1991, 2334 f.; Schumacher 1989, 169 f.; Schlömer 1989a, 101; Haffke 1992a, 4; Hanke-Simoneit 1987, 52; Feest 1988b, 10; Quensel 1988, 29; Ulmer 1990, 11; Böllinger 1989b, 296.

3 Siehe BGBl. 1974 II, 45.

4 Siehe Körner 1990, § 29, 647; Laufs 1989b, 41 f.; Winkler 1992, 62; Hellebrand 1992b, 74; Zieger 1986, 46 f.; v. Bülow 1991b, 95; Marx 1991, 39; Hügel/Junge/Winkler, § 29, 1.1, Rz. 16.2.3.

5 Siehe BGH NJW 1991, 2359.

6 In diesem Sinne auch Böllinger/Stöver 1992, 117.

Nr. 9a BtMG ausdrücklich die "ärztliche" Begründetheit gefordert wurde, nunmehr nur die Rede von der "Begründetheit" ist.[1]

Der Diskussion über die Zulässigkeit der sozialmedizinischen Indikationen liegt der Disput über die Frage der Vereinbarkeit der Erhaltungstherapie[2] mit der derzeitigen Gesetzeslage zugrunde. Denn, während das Maintenance-to-abstinence-Therapiekonzept[3] von Anfang an so angelegt ist, daß Drogenfreiheit in relativ kurzer Zeit angestrebt wird, findet im Rahmen des Erhaltungskonzepts in erster Linie eine ärztliche Versorgung mit dem Ersatzmittel über einen langen Zeitraum statt, damit zunächst eine psycho-soziale Stabilisierung im Leben des Abhängigen erreicht werden kann, wobei Drogenfreiheit, also im medizinischen Sinne die Heilung der Krankheit, nicht unbedingt das Ziel der Behandlung sein muß. Diese steht also nicht am Anfang der Behandlung im Vordergrund. Langfristig gesehen streben aber auch die Erhaltungsprogramme über die psycho-soziale Stabilisierung eine Überwindung und somit auch eine Heilung der Heroinabhängigkeit an.[4] Dennoch werden die Erhaltungsprogramme, weil die Krankheit, so die stereotype Begründung, mit dem Substitut zunächst aufrechterhalten, also nicht bekämpft, sondern hierdurch nur die psycho-soziale Ausgangslage verbessert werde[5] und die sozialen Indikationen nicht zulässig sein sollen, noch überwiegend abgelehnt.[6] Jedoch in dem Maße, wie die nicht rein medizinischen Indikationen an Anerkennung gewinnen, dürfte auch die Akzeptanz der Erhaltungstherapiekonzepte wachsen. Die durchweg zu beobachtende Verknüpfung der Frage der rechtlichen Zulässigkeit der Erhaltungsprogramme mit der Frage der sozialen Indikationen ist offenbar die Folge einer mangelnden Auseinandersetzung mit den neueren wissenschaftlichen Erkenntnissen zum lebensgeschichtlichen Verlauf der Drogenabhängigkeit. Dies erklärt die Auffassung, daß eine Substitutionsbehandlung, die das Ziel der Überwindung der Opiatsucht von Beginn an nicht in ihr Behandlungsziel aufnähme, unbegründet sei.[7] Es kann aber nicht auf den formalen, subjektiven Akt

---

1 So auch Haffke 1989, 63 ff.; ders. 1990a, 245 f.; ders. 1992a, 4.
2 Siehe oben 3.2.4.
3 Siehe oben 3.2.4.
4 Vgl. Schumacher 1989, 168; Haffke 1992a, 5.
5 Vgl. Kühne 1989, 4; Körner 1990, § 29, Rz. 652.
6 Vgl. Körner 1990, § 29, Rz. 652.
7 So Schumacher 1989, 171.

des Sichbekennens zur Drogenfreiheit am Beginn der Behandlung ankommen, da das spezifische Merkmal der Erhaltungstherapie gerade in der Hintanstellung des Therapieziels der Drogenfreiheit unter gleichzeitiger Herausstellung des vordringlichen Behandlungsziels der psycho-sozialen Stabilisierung besteht, und zwar solange, wie sich die angestrebten psycho-sozialen Vorbedingungen, die für ein erfolgreiches Herunterdosieren in aller Regel unerläßlich sind, nicht eingestellt haben. Es muß vielmehr ein objektiver bzw. objektivierbarer Maßstab gegeben sein, an dem die Frage des Vorliegens der die ärztliche Behandlung rechtfertigenden Indikationen zu messen ist. Solch einen Maßstab liefern die angesprochenen im Grundlagenteil ausführlich dargelegten Erkenntnisse zum lebensgeschichtlichen Verlauf der Abhängigkeit. Danach geben viele der Heroinabhängigen nach etwa 8 bis 9 Jahren ihren Heroinkonsum auf (mindest. 20 %), wenn sich für sie u.a. eine positive Lebensperspektive eröffnet.[1] Andere wiederum gehen auf kontrollierten Heroinkonsum über, wenn auch ihr Leben eine günstige Wendung (z.B. partnerschaftliche Beziehungen, Berufstätigkeit) erfährt.[2] Mit Hilfe der Subsitutionstherapie können sich die ausschlaggebenden, vor allem sozialen, Faktoren, die das Herauswachsen aus der Sucht und die Pflege eines kontrollierten Heroinkonsums begünstigen, einstellen. Da hierbei auch das Alter des Abhängigen und die Dauer des Drogenkonsums eine mitentscheidende Rolle spielen, ermöglicht das Substitut im übrigen das Erreichen des für die Überwindung der Abhängigkeit von der Droge maßgeblichen Zeitpunkts. Es wird quasi auf diese Weise ihr Überleben gewährleistet. So gesehen ist die Drogenfreiheit als das Ziel jedweder Subsitutionsbehandlung auch ein integrierter Bestandteil des therapeutischen Konzepts jeder Erhaltungstherapie, und zwar unabhängig davon, ob diese beim Behandlungsbeginn explizit in das Behandlungsziel aufgenommen worden ist oder nicht. Zudem sei hier abermals hervorgehoben, daß die Substitutionstherapie mittels Levomethadon die Abhängigkeit entgegen dem gängigen Stereotyp, die Sucht würde durch das Substitut nur verlagert, erhalten oder weiter gefördert werden, keinesfalls verlängert, sondern nach den bisherigen Erfahrungen eher zur Verkürzung des Abhängigkeitszeitraums erheblich beizutragen scheint.[3]

---

1 Siehe oben S. 174.
2 Siehe oben S. 171 ff.
3 Siehe oben S. 227 f.

Letztlich ist in diesem Zusammenhang darauf hinzuweisen, daß nach dem geltenden Recht eine verbindliche Verpflichtung des Arztes zum schematischen Herunterdosieren mit Rücksicht auf dessen Therapiefreiheit nicht besteht. Ob und wann er also den Entschluß zum stetigen Absetzen des Ersatzmittels faßt, obliegt einzig und alleine seiner ärztlichen Entscheidungskompetenz.[1] Nach allem wäre es also nur zu konsequent, auch für die Erhaltungstherapie das Vorliegen einer die ärztliche Heiltätigkeit rechtfertigenden medizinischen Indikation ungeachtet der Frage der sozialmedizinischen Indikationen zu bejahen.

Gleichwohl fallen die sozialen Indikationen gerade im Kontext der Behandlung der Drogenabhängigkeit, die, wie gesehen, ein zutiefst komplexes psychosoziales Phänomen darstellt[2], beträchtlich ins Gewicht. Denn kaum jemand wird bestreiten, daß die Befreiung des Opiatabhängigen vom Zwang zur Beschaffungskriminalität unter Inkaufnahme der fortbestehenden Drogenbindung therapeutischen Zwecken als ein Bestandteil der psychosozialen Stabilisierung dienen kann. Die zentrale Kritik gegen ihre Anwendung im Rahmen der Begründetheitsprüfung nach § 13 Abs. 1 BtMG wendet sich gegen eine Erweiterung der ärztlichen Kompetenz "vom psycho-sozialen bis hin in Bereiche der Rechtspolitik".[3] Die Verbesserung der psycho-sozialen Ausgangslage, was übrigens bedenkenfrei anerkannt wird, soll jedenfalls nicht mehr vom ärztlichen Behandlungsauftrag umfaßt sein, denn die medikamentöse Erhaltung der Krankheit bei gleichzeitiger Einflußnahme auf psycho-soziale Bedingungen des Kranken stelle eine Abkehr vom herkömmlichen Verständnis medizinischer Intervention dar und könne deshalb nicht als medizinische Indikation anerkannt werden.[4] Zunächst bleibt festzustellen, daß die offensichtliche Verleugnung der sozialen Indikationen vor dem Hintergrund der Abtreibungsdebatte oder auch der Tatsache, daß die Berufsordnung für die deutschen Ärzte die Sterilisation aus *sozialen Gründen* für zulässig erklärt[5], Befremden hervorrufen muß. Es fällt beim

---

1 So auch Haffke 1992a, 5.

2 Siehe oben S. 47 f., 136 f..

3 So u.a. Kühne 1989, 4; zust. Laufs 1989a, 1522; ders. 1989b, 42; Laufs/Reiling 1992, 106; ähnlich Hellebrand 1992b, 74.

4 So Kühne 1989, 4; Laufs/Reiling 1992, 106; siehe auch Beschluß des LSG Niedersachsen v. 17. November 1989, abgedr. in Sucht 1991, 418.

5 Siehe z.B. § 6 BO Baden-Württemberg, abgedr. in Narr, Rz. 1306.

näheren Hinsehen fernerhin auf, daß das Kompetenzargument zweierlei Aufschlüsse über die geistige Haltung derer zu geben vermag, die sich seiner zur Ablehnung der sozialen Indikationen bedienen. Zum einen läßt es die Schlußfolgerung zu, daß eine dringende Hilfe für die Drogenabhängigen in bezug auf ihren psycho-sozialen Zustand grundsätzlich angezeigt erscheint, die jedoch nicht ärztlicher Art sein soll[1] und zum anderen, daß nach dem derzeit geltenden Krankheits- bzw. Gesundheitsverständnis im wesentlichen chemischen, physikalischen und biologischen Faktoren bei der Entstehung von Krankheiten im Sinne von linearen, monokausalen Ursache-Wirkungsbeziehungen die entscheidende Bedeutung zukommt. Es handelt sich hierbei also um das sich im 19. Jahrhundert herauskristallisierte Selbstverständnis der Medizin, das sich ausschließlich auf Morphologie und Pathophysiologie gründete[2] und den menschlichen Körper nach dem Paradigma einer hochkomplexen physikalisch-chemischen Maschine interpretierte, so daß Krankheit stets eine räumlich lokalisierbare Störung in einem technischen Betrieb mit einer komplexen aber überschaubaren Struktur war (Maschinen-Paradigma).[3] Dies, obwohl bereits in dieser Zeit der Gedanke von der Medizin als eine *soziale Wissenschaft* aufgekommen ist.[4] Mittlerweile können die körperlichen und mechanischen Vorstellungen in bezug auf das menschliche Kranksein in der medizinischen Wissenschaft als weitestgehend überwunden zugunsten eines multifaktoriellen bzw. multikonditionellen Medizin-Modells gelten.[5] Es hat ein Paradigmawechsel in der Krankenbehandlung stattgefunden. Man spricht neuerdings von der "bio-psycho-sozialen Medizin"[6], die zu einer Ausweitung des ärztlichen Handelns in Lebensbereiche, die bisher dem ärztlichen Zugriff nicht zugänglich waren, führte. Dieses "pluralistische Medizinkonzept"[7] betont seinem Gesundheitsverständnis gemäß die physiologischen, psychischen und sozialen Bedingungen des Gesundseins genauso wie die herkömmlichen pathophysiologischen Gesichtspunkte des Krankwerdens.[8] Im

---

1 In diesem Sinne auch Haffke 1990a, 248.
2 Vgl. Ehlers/Traue/Czogalik 1988, 1.
3 Vgl. v. Uexküll/Wesiack 1986, 2; dies. 1988, 621 ff.; Siegrist 1981, 56; Moll 1990, 242.
4 Vgl. Jacob 1977, 163 ff.; Rosen 1977, 284 ff.; Moll 1990, 242.
5 Vgl. Ehlers/Traue/Czogalik 1988, 1; v. Uexküll/Wesiack 1986, 26.
6 Vgl. Arbeitskreis Medizinerausbildung 1990, 28; Schaefer 1979, 78; Sturm 1986, 14 ff; Schipperges 1978, 457 f.
7 Vgl. Schölmerich 1988, 13 f.
8 Vgl. Siegrist 1988, 22; Luban-Plozza/Pöldinger 1980, 149 f.; Schipperges 1978, 458.

Zuge des Vordringens einer patientenorientierten Medizin richtet die Heilkunst ihr Augenmerk verstärkt auf die Resozialisierung des ganzen Menschen als nur auf die Rehabilitation einzelner Funktionen.[1] Hierzu zählt auch die Verbesserung der seelischen Grundbefindlichkeit des Kranken, die die Gesundheit auch im körperlichen Bereich entscheidend beeinflußt.[2] Entsprechend dieser "multifaktoriellen Genese", also der Unmöglichkeit der Rückführung einer Krankheit auf eine einzige Ursache[3], hat ein um effektive Hilfe bemühter Arzt neben den biologischen Anteilen einer Krankheit ebenso die psycho-sozialen Einflüsse auf die Entstehung und den Verlauf und die psychischen und sozialen Folgen einer Krankheit im Blick zu behalten. Schwerpunkte seiner Tätigkeit bilden dabei "neben den kausalen vor allem auch die palliativen Therapien und die Vermittlung somatischer, psychologischer und sozialer Rehabilitationsmöglichkeiten".[4] Entsprechend diesem Verständnis moderner Medizin wird auch der Behandlungserfolg in der medizinischen Wissenschaft, wie bereits dargelegt, als eine gelungene Wechselwirkung von spezifischer ärztlicher Intervention, Compliance des Patienten und familiären und sozialen Umgebungskomponenten angesehen. Ärztliche Tätigkeit erfordert somit sowohl die Reflexion der vielfältigen Bedingungen der Krankheit als auch deren Steuerung, soweit dies möglich ist.[5] Hiermit erklärt sich auch die Notwendigkeit der Sozialanamnese. Diese Überlegungen zum Umfang ärztlicher Tätigkeit beanspruchen in bezug auf die allermeisten "normalen" Krankheiten Geltung.

Diesem Verständnis ärztlicher Tätigkeit wird das Kompetenzargument der Gegner der sozialen Indikationen in keinster Weise gerecht. Es ist diesem vielmehr gerade konträr. Wenn aber bereits der Heilungsprozeß "normaler" Krankheiten eine umfassende fachübergreifende ärztliche Behandlungstätigkeit erfordert, dann erst recht bei dem multidimensionalen Problem der Drogenabhängigkeit, wo die somatischen und psychosozialen Folgen nicht voneinander zu trennen sind.[6] Sofern also zwecks Ablehnung einer Anerkennung der sozia-

---

1 Vgl. Roeßler 1985, 22.
2 Vgl. Schaefer 1983, 135.
3 Vgl. Schaefer 1979, 78.
4 So Arbeitskreis Medizinerausbildung 1990, 36; in diesem Sinne auch v. Uexküll/Wesiack 1988, 636; Moll 1990, 242; Sturm 1986, 11.
5 Vgl. Böllinger 1989b, 296; siehe auch oben S. 310 f.
6 Vgl. Moll 1990, 243.

len Indikationen in den Mittelpunkt der jeweiligen Argumentation immer wieder die kriminalpolitischen Ziele der Verringerung der Beschaffungskriminalität etc. gestellt werden, handelt es sich hier um jeweils eine bewußte oder unbewußte Verschleierung der tatsächlichen Beweggründe für deren Befürwortung, da es sich bei diesen - in der Tat - außerhalb ärztlicher Tätigkeit liegenden Zwecken lediglich um durchaus erfreuliche Begleiteffekte der ärztlich indizierten Drogenbehandlung handelt. Denn über die Erreichung der psychosozialen Ziele, wie Entkriminalisierung und damit bessere Behandelbarkeit und Patientenmitarbeit sowie soziale und berufliche Integration, soll langfristig gesehen in der Regel Drogenfreiheit erreicht werden, auch wenn dies keine Voraussetzung ist. Gegen das unbedingte Beharren auf Drogenfreiheit als primäres Behandlungsziel spricht darüber hinaus auch eine andere Überlegung. Gemeint ist hier die Auseinandersetzung mit der Frage nach der Stellung des Patienten im Prozeß der Heilbehandlung. Diese ist mittlerweile dahingehend beantwortet worden, daß der Patient nicht zum Objekt ärztlicher Tätigkeit werden darf. Er wird vielmehr als ein Partner des Arztes angesehen.[1] Mit diesem Grundsatz korreliert das seit einiger Zeit heiß diskutierte Recht auf menschenwürdiges und persönliches Sterben. Es scheint sich immer mehr die Auffassung durchzusetzen, daß die Lebensqualität eines begrenzten Lebens Vorzug gegenüber der unbedingten Lebensverlängerung ohne jegliche Lebensqualität verdient.[2] Die bloße Sterbenshinauszögerung stellt dann, wenn der Betroffene nur noch als Objekt der ärztlichen Kunstfertigkeit am Leben gehalten wird, eine Verletzung der Menschenwürde dar.[3] Wenn diese Entwicklung als ein Ausdruck eines sich in dem gesamten Medizinverständnis vollziehenden Wandels zu begreifen ist, dann hat dies eine dahingehende Ausstrahlung auf die vorliegende Problematik, daß die Verbesserung der Lebensqualität der sozial und körperlich völlig verwahrlosten, in akuter Lebensgefahr (AIDS, Überdosierung) lebenden Drogenabhängigen in den Mittelpunkt der therapeutischen Behandlung zu rücken ist, indem die Drogenfreiheit zunächst zugunsten der psycho-sozialen Stabilisierung zurückgestellt wird.

---

1 Vgl. v. Uexküll/Wesiack 1988, 647 ff.; zum Wandel des Patienten im Prozeß der Heilbehandlung siehe Siegrist 1981, 64 ff.

2 Vgl. v. Uexküll/Wesiack 1988, 615.

3 Vgl. Eser 1982, 88.

Die Berechtigung zur Anwendung sozialmedizinischer Indikationen im Rahmen der Begründetheitsprüfung nach § 13 Abs. 1 BtMG ergibt sich, wie gezeigt, vor allem aus dem modernen Medizinverständnis und dem daraus abzuleitenden ärztlichen Heilauftrag, weshalb etwaige Bedenken mit Rücksicht auf den Gesetzeszweck (§ 5 Abs. 1 Nr. 6 BtMG) unbegründet sind, zumal diese Auslegung sicherlich vom höherrangigen Grundrecht auf ausreichende medizinische Versorgung gemäß Art. 1 Abs. 1 S. 2 bzw. Art. 2 Abs. 2 S. 1 GG getragen wird.[1] Die Notwendigkeit einer Ausweitung des Indikationsspektrums über den rein medizinischen Bereich hinaus folgt indes auch aus dem Wortlaut des § 13 Abs. 1 BtMG, wie vom BGH in dem Beschluß vom 17. Mai 1991 explizit für möglich gehalten.[2] Vorher befürwortete vor allem *Haffke* eine extensive am Wortlaut des § 13 Abs. 1 BtMG orientierte Gesetzesauslegung.[3] Wie an anderer Stelle bereits erwähnt, ließ der Gesetzgeber im § 13 Abs. 1 BtMG 1982 das im § 11 Abs. 1 Nr. 9a BtMG 1972 noch vorhandene sich auf die "Begründetheit" beziehende Wort "ärztlich" fallen. Damit ermöglichte er allerdings auch eine Auslegung des Begründetheitsbegriffs, die vor nicht bzw. nicht rein medizinischen Behandlungszwecken, wie etwa der Befreiung des Abhängigen von dem Zwang zur Beschaffungskriminalität, nicht Halt zu machen brauchte. Unbeschadet der Tatsache, daß die Gesetzesmaterialien im Hinblick auf die diesbezüglichen Intentionen des Gesetzgebers nichts hergeben, ist zunächst anzunehmen, daß er sich seinen Schritt reiflich überlegte und die Streichung des Merkmals "ärztlich" bewußt unter sorgfältiger Abwägung aller sich aus seiner Maßnahme ergebenden Konsequenzen vornahm.[4] Dies wäre wegen der Tragweite dieser gesetzgebenden Maßnahme zu vermuten, denn immerhin schuf er, gemessen an dem verfassungsrechtlichen Auslegungskriterium der Maßgeblichkeit des Gesetzeswortlauts[5], eine weitgehend veränderte Gesetzeslage. Sollte dies jedoch nicht in der gesetzgeberischen Absicht gelegen haben und ergab sich die neue mögliche Rechtslage eher zufällig, so ändert dies aber noch nichts

---

1 Siehe oben S. 312 f.
2 Siehe BGH NJW 1991, 2359; siehe oben S. 275.
3 Siehe Haffke 1989, 63; ders. 1990a, 245 f.; ders. 1992a, 4.
4 In diesem Sinne auch Haffke 1989, 63; ders. 1990a, 246; demgegenüber vermutet Moll 1991, 2335, Fn. 10, daß die Veränderung des Wortlauts ohne materielle Gründe erfolgte, sondern daß der Gesetzgeber eine rein sprachliche Anpassung an § 4 BtMVV 1974 bzw. an das AMG 1961 bezweckte.
5 Vgl. BVerfG NJW 1987, 44; siehe auch das Zitat oben S. 295 f.

daran, daß durch das Handeln des Gesetzgebers ein bestimmtes Rechtsverständnis bei einer Wortlautorientierung zumindest stark suggeriert wird. Es geht daher nicht an, daß der Gesetzgeber eine bestehende Rechtsnorm in ihrem Wortlaut ändert und dadurch eine andere sehr naheliegende Auslegung dieser, also auch Rechtslage ermöglicht und auf der anderen Seite das Strafrecht als die ultima ratio sozialer Kontrolle zur Anwendung kommen lassen will, wenn der Normadressat sein Handeln daran orientiert, zumal er es unterläßt, seine in der Normschaffung liegenden Absichten näher im einzelnen zu erläutern. Dies umso mehr, als das Gesetz bzw. die jeweilige Rechtsnorm nach überwiegender Auffassung einer veränderten Auslegung grundsätzlich zugänglich ist und notwendigerweise in immer stärkerem Maße inzwischen anders ausgelegt wird. Dies trifft insbesondere bei der Begründetheitsklausel des § 13 Abs. 1 BtMG zu. Zudem erscheint es in der Zwischenzeit, wie im vorstehenden ausgeführt, ebenso sachgerecht, eine extensive Auslegung des Merkmals "ärztlich" vorzunehmen, so daß "die Befreiung des Opiatabhängigen vom Druck zur Beschaffungskriminalität" als ein *ärztlicher* Behandlungszweck im weitesten Sinne anzusehen ist.

Sofern also für die Anwendung der sozialmedizinischen Indikationen vom Standpunkt des Wortlauts des § 13 Abs. 1 BtMG her argumentiert wird, bleibt festzuhalten, daß der Gesetzestext vor dem Hintergrund der in den letzten Jahrzehnten stattgefundenen Ausweitung der ärztlichen Kompetenz dafür spricht, daß der Gesetzgeber Betäubungsmittel-Verschreibungen auch beim Vorliegen dieser Behandlungszwecke zulassen wollte. Wenn er allerdings diese Möglichkeit überhaupt nicht in sein Kalkül aufnahm und es sich bei ihr lediglich um ein gesetzgeberisches "Zufallsprodukt" handelte, dann verbietet sich die Strafbarkeit eines Arztes, der eine Betäubungsmittel-Verschreibung an Drogenabhängige aufgrund der irrigen Annahme sozialmedizinischer Indikationen als angezeigt ansah, nicht nur regelmäßig wegen § 16 StGB, sondern und vor allem wegen eines eklatanten Verstoßes gegen den im Art. 103 Abs. 2 GG verbrieften Verfassungsgrundsatz des "nulla poena sine lege", der eine strikte Bindung der Strafgerichte an das geschriebene materielle Strafrecht begründet, denn eine Verurteilung, der eine objektiv unhaltbare und damit willkürliche Auslegung des geschriebenen materiellen Strafrechts zugrundeliegt, setzt sich regelmäßig mit Art. 103 Abs. 2 GG in Widerspruch.[1] Genausowenig dürfte dann § 13 Abs. 1 BtMG den aus demselben Verfassungsgrundsatz hergeleiteten Anforderungen an das Gebot der Bestimmtheit von Strafrechtsnormen genügen.[2] Schließlich dürfte ein Verstoß gegen die Unverletzlichkeit menschlicher Würde gemäß Art. 1 Abs. 1 GG vorliegen, wenn der Normadressat aufgrund von gesetzgeberischen Unzulänglichkeiten bzw. irreführenden Rechtsnormen strafrechtlicher Verfolgung ausgesetzt wird.

4.1.5.1.2 Drogenabhängigkeit als Normalzustand und § 13 Abs. 1 BtMG

Den vorausgegangenen rechtlichen Überlegungen zur therapeutischen Geeignetheit der medikamentengestützten Drogentherapie im Sinne der Begründetheitsklausel des § 13 Abs. 1 BtMG liegt der bisher (noch) bestehende tradierte Konsens zugrunde, daß die Drogenabhängigkeit/-sucht eine Krankheit sei, der man folgerichtigerweise nach allen Regeln der Medizin zu begegnen habe. Die logische Konsequenz dieser Problemauffassung ist die, daß Drogenabhängige stets als therapiewürdige Kranke im streng medizinischen Sinne angsehen werden. Diese derzeit noch tragende Säule der traditionellen und dominierenden Suchtidiologie scheint aber jüngst Risse zu bekommen, denn gerade in den letzten Jahren wird dieses Dogma zunehmend kritisch hinterfragt, so daß sich mittlerweile auch ein neues Suchtverständnis herauszukristallisieren scheint, und zwar dergestalt, daß der Drogenabhängigkeit/-sucht schematisch keine Krankheitseigenschaft unterlegt werden sollte, sondern als ein Normal- bzw. Alltagszustand und demgemäß auch der Drogenkonsum lediglich als ein Normal- bzw. Alltagsverhalten anzusehen sind. Im Grundlagenteil dieser Arbeit wurde im Hinblick auf die Frage nach den Ursachen und Verlaufsformen von Drogenkarrieren bereits die These vertreten, daß Drogenkonsum und Drogenabhängigkeit keine pathologischen Phänomene sind, sondern lediglich Probleme der Adoleszenz darzustellen scheinen.[3] Die Richtigkeit dieser These scheint neuerdings auch durch die auf dem Vormarsch begriffene Auffassung, daß in der (deut-

---

1 Vgl. BVerfGE 64, 389, 394.
2 Vgl. Hill 1989, Bd. VI, § 156, Rz. 62 ff.; siehe auch oben S. 295 ff.
3 Zum anderen Suchtverständnis siehe vor allem Peele 1985; siehe auch oben S. 56 f.

schen) Wohlstandsgesellschaft eine schleichende "Versüchtelung" um sich greife, von der alle Bürger gleichermaßen erfaßt werden könnten, bestätigt zu werden. Denn immer mehr Bürger verlieren unter dem Einfluß der konsumfördernden Mechanismen moderner Marktstrategien stehend den Kontakt zu ihren Grundbedürfnissen und versuchen stattdessen das Bedürfnis nach Ruhe, Glück und Geborgenheit etc. beispieslweise mit den sog. "mediellen" Drogen (Fernsehen, Video- und Telespiele, Musik etc.) zu befriedigen. Auf diese Weise sollen tief sitzende seelische Probleme zumindest verdrängt werden, obgleich sich die meisten mit den Konsumgütern ebenso deren vollständige "Heilung" versprechen. Auf diesem Nährboden kann sich also ein Abhängigkeitstypus entwickeln, der in vielerlei Hinsicht dem der Drogenkonsumenten zu ähneln scheint.[1] Ausgehend von dem (noch) vorherrschenden Suchtdogma, wonach das zentrale Merkmal aller Suchtprobleme der Kontrollverlust ist, lassen sich zwischen Drogengebrauch und anderen gewohnheitsmäßigen Verhaltensweisen zweifelsohne viele Gemeinsamkeiten in biologischer, psychologischer und sozialer Hinsicht feststellen. Man unterscheidet daher zwischen stoffgebundenen (Alkohol, Nikotin, Heroin, Cannabis etc.) und stoffungebundenen (Spielen, Essen, Arbeiten, Lieben etc.) Suchtformen. Es läßt sich nämlich beobachten, daß die Abhängigen beider Suchtformen jeweils eine ähnliche Beziehung zum Gegenstand der Sucht haben. In beiden Fällen geht es im Anfangsstadium des "Drogenkonsums" um die direkte Veränderung der momentanen Befindlichkeit.[2] Denn nicht die Droge selbst, wie bereits ausgeführt[3], ruft die psychische Abhängigkeit hervor, sondern deren Wirkungen bzw. der seelische und körperliche Zustand, den man durch sie erreicht. Wenn man sich letztlich vergegenwärtigt, daß es den Abhängigen beider Suchtformen bezüglich der Suchtziele fast immer um Flucht vor sich selbst, um Ekstase oder auch um Entgrenzung geht einerseits und bezüglich der Suchtfolgen die "Karrieren" der Spiel-, Arbeits- oder der Eßsüchtigen mit ähnlichen gesundheitlichen und sozialen Problemen behaftet sind, wie die der unter prohibitiven Bedingungen lebenden Heroinabhängigen andererseits, dann erscheint es in der Tat nicht mehr einsehbar, weshalb nur die

---

1 Vgl. Gross 1990, 136 ff.; ders. 1991, 216 ff.
2 Vgl. Gross 1991, 13.
3 Siehe oben S. 44 f.; siehe auch Gross 1991, 15.

Alkohol- und Opiatabhängigen als Kranke zu gelten haben.[1] Die biochemische Drogenwirkung als das zentrale Erklärungskonzept der traditionellen Suchttheorie wird vor dem Hintergrund der Tatsache, daß sich in den vergangenen Jahren vor allem die stoffungebundenen Suchtformen, namentlich die Bulimie/-Mulimarexie (Eß-Brech-Sucht) und die Spielautomatensucht, die beide nicht direkt auf biochemischem Wege wirken, der größten "Popularität" erfreuten, zunehmend in Frage gestellt.[2] Nach allem erschiene es also konsequent, auch den stoffungebundenen Suchtformen den Krankheitscharakter zuzuweisen, wie dies bei den stoffgebundenen Suchtformen in der Regel der Fall ist. Da dies im Endeffekt aber auf eine nicht unbedingt erwünschte Pathologisierung der ganzen Gesellschaft hinausliefe, wäre es anders herum folgerichtig, den stoffgebundenen Suchtformen, sprich der Alkohol- und Opiatsucht, den Charakter einer Krankheit zu nehmen und damit die unterschiedliche unverständliche Behandlung zwischen den einzelnen Suchtformen zu beenden. Unabhängig davon, daß mittlerweile teilweise sogar auf justizieller Ebene das Recht auf Rausch anerkannt wird[3], und daß zumindest der Drogensucht immer das Moment des Rausches innewohnt, bedeutet die schematische Stigmatisierung als "krank" doch gleichzeitig eine Entmündigung des Bürgers. Die Entscheidungsfreiheit des für krank erklärten Bürgers wird dadurch erheblich eingeengt, denn das Urteil "krank" enthält zumindest implizit gleichzeitig die Anweisung des Staates an den Abhängigen, sich einer Therapie zu unterziehen. Im Drogenbereich wird diese Anweisung unter bestimmten Voraussetzungen sogar zwangsweise durchgesetzt.[4] Es dürfte erheblichen Zweifeln unterliegen, ob dies mit dem Grundrecht auf Entfaltung der Persönlichkeit (Art. 2 Abs. 1 GG) noch im Einklang steht. Um u.a. diese Bedenken auszuräumen erschiene es sachgerechter, im Sinne des personalistischen Gesundheitsbegriffs[5] dem Bürger generell selbst zu überlassen, ob er als krank anzusehen ist und daher eine entsprechende Thera-

1 Zur psychischen Abhängigkeit beim Glücksspiel siehe ausführlicher Meyer 1991, 57 ff.; Rost 1991, 205 ff.

2 Vgl. Rost 1991, 205.

3 Siehe LG Lübeck NJW 1992, 1571, Beschl. v. 19. Dezember 1991, Az: 2 Ns (Kl. 167/90); LG Hildesheim, Beschl. v. 26. März 1992, Az: 18 Ns 18 Js 212 10/90, unveröff.

4 Man denke hierbei an die Zwangstherapie nach § 35 BtMG, hierzu siehe ausführlicher oben S. 135 ff.

5 Zum personalistischen Krankheitsbegriff siehe Seewald 1981, 21 ff.

pie benötigt, und zwar hinsichtlich jedweder Gesundheitsbeeinträchtigung. In bezug auf die Opiatabhängigkeit erscheint dies dagegen geradezu zwingend. Während im Hinblick auf die Alkoholabhängigkeit etwaige Vorbehalte gegen eine Abkehr von der Qualifizierung als Krankheit angesichts der auf die Substanz als solche zurückgehenden Gesundheitsschäden noch verständlich erscheinen mögen, sind diese hinsichtlich der Heroinabhängigkeit indes unbegründet. Es wurde in dieser Arbeit nämlich schon mehrfach hervorgehoben, daß die Substanz Heroin im reinen Zustand keinerlei über die Sucht als solche hinausgehende Folgeschäden an der Gesundheit des Abhängigen verursacht.[1] Zudem sind viele Bürger, die eine Sucht irgendeiner Art aufweisen, durchaus in der Lage, ein "normales", unauffälliges Leben zu führen, weil bei ihnen einerseits die Kriminalisierung wegfällt und sie andererseits relativ problemlos an die Droge gelangen können. Hier besteht nach allem kein Anlaß, diese Bürger als krank anzusehen. Gleiches sollte auch in bezug auf die Heroinabhängigen gelten, weil die Substanz, wie vorerwähnt, außer der Sucht als ein unabweisbares, starkes Verlangen nach der Droge und dem Entzugssyndrom, das allerdings auch bei einem süchtigen Glücksspieler zwar auf andere Weise aber dennoch vorkommt[2], keine weiteren Gesundheitsschäden bewirkt und es im übrigen genauso wie Tabakraucher auch Heroinabhängige gibt, die mit ihrer Sucht problemlos leben können.[3] Aus diesem Blickwinkel erscheint die Heroinabhängigkeit nicht als eine Krankheit, sondern als ein Normal- bzw. Alltagszustand. In der Zukunft wird es dieser Sichtweise zum Durchbruch zu verhelfen gelten. Dies würde dann allerdings auch nicht ohne konkrete Auswirkungen auf die Auslegung des § 13 Abs. 1 BtMG bleiben.

Indem die Heroinabhängigkeit ihres Krankheitscharakters beraubt wird, entfällt damit gleichzeitig auch die Notwendigkeit sowie die Rechtfertigung ihrer Behandlung, da es eben an der Eigenschaft als Krankheit fehlt. Die Bekämpfung der Sucht als solche stellt dann keine den ärztlichen Eingriff rechtfertigende Indikation mehr dar. Der Arzt ist also nicht nur nicht verpflichtet, die Opiatbindung zum Gegenstand seiner ärztlichen Tätigkeit zu machen, sondern

---

1 Siehe oben S. 67 ff., 150 f.
2 Vgl. Meyer 1991, 60 ff.; Rost 1991, 205.
3 Siehe oben 2.2.3.3.

er muß in jedem Falle mangels Indikation davon gänzlich Abstand nehmen. Seine berufliche Aufmerksamkeit hat dann nur den Sekundärkrankheiten bzw. den sonstigen Risiken zu gelten.

Die Tatsache, daß in Deutschland seit Jahrzehnten unter den Drogentherapeuten die Auffassung vorherrschend war, daß im Rahmen der ärztlichen Heilungstätigkeit zunächst die Bekämpfung der Drogenbindung gegenüber der Heilung, Linderung etc. von Sekundärleiden den Vorzug verdiene, ist der Ausfluß des lange Zeit überhaupt nicht hinterfragten Dogmas, daß der Sucht vor allem in bezug auf Opiate Krankheitswert zukomme. Diese Einschätzung war das Ergebnis der Überzeugung, daß die Drogensucht selbst das Hauptproblem des Patienten sei und daß bei deren Überwindung gleichzeitig alle anderen in ihrem Gefolge entstandenen Probleme wegfallen würden. Indem also die Patienten zur Drogenfreiheit angehalten werden würden, würde das eigentliche Problem quasi an der Wurzel gepackt werden. Folgerichtigerweise war die Bekämpfung der Krankheitsursache, eben der Drogenbindung in den Mittelpunkt der ärztlichen therapeutischen Bemühungen zu stellen. Mittlerweile läßt sich aber dieses Problemverständnis nicht mehr aufrechterhalten. Es gilt zwischenzeitlich als weitgehend anerkannt, daß die Sucht weniger als der Ausdruck einer bestimmten Persönlichkeitsstruktur zu begreifen ist, als vielmehr als eine "krankhafte Form der Daseinsbewältigung und Sinnerfüllung".[1] Es handelt sich hier nicht um das eigentliche Problem, sondern nur um ein Symptom einer u.U. völlig anders gelagerten persönlichen Schwierigkeit. Die Drogeneinnahme und die daraus resultierende Sucht sind als Versuche zu verstehen, von dem Problem abzulenken. Sie ist der Ausdruck einer Fixierung auf einen Nebenschauplatz.[2] Oder wie *Kilian* es formuliert: "Alkohol, Drogen, Medikamente und die eben genannten und viele andere abhängigmachende Verhaltensformen sind nach meinem Dafürhalten wie Pflaster, die Menschen auflegen auf Wunden, die zum Teil auch nicht heilen; und genau so, als wenn ich auf eine Wunde, die der Behandlung bedarf, ein Pflaster mache, einen Verband, dann kann ich damit die Wunde verdecken, vielleicht auch ein wenig schützen, aber ich heile sie nicht. Und ich denke, daß Menschen erst dann gesund werden, wenn sie sich mal

1 So Gross 1990, 128.
2 Vgl. Groß 1991, 223.

ganz entscheidende Fragen stellen, zum Beispiel "Was fehlt mir eigentlich?", "Was brauche ich?", "Was tut mir gut?", oder auch "Was macht mich krank?"; und daß daraus vielleicht resultiert: "Was kann ich nun ändern und was muß ich dringend ändern, damit ich am Leben bleibe, damit ich nicht krank werde und damit ich nicht von falschen Träumen - von Pflastern - abhängig werde?"."[1]

Mithin stellt die alleinige Bekämpfung der Sucht unter Ausblendung ihrer verschiedenartigen psycho-sozialen Bedingungen keine Heilung im Sinne der Heilkunde dar, weil hierbei lediglich die Symptome, nicht aber die Krankheit selbst zum Gegenstand der ärztlichen Tätigkeit gemacht werden. Wie an anderer Stelle bereits angenommen, indem im Rahmen der Substitutionsbehandlung zuerst die psycho-soziale Stabilisierung anvisiert wird, scheinen damit die sozialen Bedingungen der Sucht, also das eigentliche Problem des Abhängigen, den Inhalt der ärztlichen Tätigkeit zu bilden.[2] Nach diesem Suchtverständnis ist eine Substitutionsbehandlung, auch wenn sie nicht von vornherein auf Drogenfreiheit abzielt, gemäß § 13 Abs. 1 BtMG allemal begründet.

4.1.5.1.3 Mitspracherecht ärztlicher Berufsverbände in Fragen der Substitutionsbehandlung

4.1.5.1.3.1 Die Ärztekammern und ihre Position zur Begründetheit der Betäubungsmittel-Verschreibung an Opiatabhängige

Den ärztlichen Standesorganisationen kam seit jeher eine überragende Bedeutung zu, sofern es um die Frage der Begründetheit der ärztlichen Betäubungsmittel-Verschreibungen an Drogenabhängige ging. Bereits der amtlichen Begründung zum § 6 der Verordnung vom 19. Dezember 1930 ist explizit zu entnehmen, daß dem damaligen Verordnungsgeber bei der Einführung des Begriffs der "ärztlichen Begründetheit" von Anfang an vorschwebte, die ärzt-

---

1 So Kilian, zit. b. Gross 1990, 133 f.
2 Siehe oben S. 315 f.

lichen Standesorganisationen an der Auslegung dieses unbestimmten Rechtsbegriffs aktiv beteiligen zu lassen, und zwar in der Weise, daß sie "brauchbare Richtlinien" für das Verschreiben von Betäubungsmitteln aufzustellen hatten.[1] Indem die Rechtsprechung bereits davor und nachfolgend zunächst auf die "Regeln der ärztlichen Kunst" im Sinne der Schulmedizin – fälschlich – abstellte, übten die ärztlichen Berufsorganisationen, die gleichzeitig bestimmten, was unter Schulmedizin zu verstehen war, faktisch Entscheidungsgewalt aus. Ihnen sollte eine Art Richtlinienkompetenz zukommen, die nicht nur die betroffenen Ärzte, sondern gleichermaßen auch den Richter binden sollte.[2] Da es hierbei auf die nationale Schulmedizin ankommen sollte[3] und diese ambulante Substitutionsbehandlungen durchweg ablehnte[4], waren diese Therapieformen folgerichtig als ärztlich unbegründet zu bewerten. Es fand eine "Selbstentmachtung der Justiz" statt[5], denn der erkennende Richter hatte von jetzt an in jedem konkreten Einzelfall nur die Aufgabe zu prüfen, welche Auffassung die Ärztegremien bezüglich der Substitutionstherapie generell vertraten und demgemäß zu entscheiden. Zu Recht hat sich aber seit etwa Anfang der achtziger Jahre eine immer zahlreicher werdende Opposition gegen diese Rechtspraxis formiert.[6] In den jeweiligen Richtlinien der Ärztekammern, allen voran denjenigen der Bundesärztekammer, schienen sich nämlich eher stets nur bestimmte Gesundheits- und Verhaltensmoralen, die sich im Kreis der Ärzteschaft durchsetzen konnten[7] sowie den Verbandsinteressen dienende oft nur materielle Aspekte[8] widerzuspiegeln, denn wertfreie ausschließlich auf empirischen Fakten und sonstigen wissenschaftlich überprüften Erfahrungen beruhende Maßstäbe.[9] Darüber hinaus lag in dieser Rechtspraxis auch regelmäßig die Verletzung elementarster Rechtsgrundsätze wie des Prinzips der Einzel-

1 Siehe Reichsgesundheitsblatt 1930, 6, Beiheft, 645.
2 Vgl. Körner 1990, § 29, Rz. 646.
3 Vgl. Körner 1990, § 29, Rz. 645; siehe auch oben S. 297.
4 Zu den Stellungnahmen ärztlicher Standesgremien zur Substitutionstherapie siehe oben S. 187 f.
5 So Haffke 1990a, 246, 248.
6 Siehe Böllinger 1989a, 407; ders. 1989b, 295; Haffke 1989, 64 f.; ders. 1990a, 247; Bornemann/Bschor/Schmitz da Silva 1991, 89; Moll 1990, 236 - 239.
7 So auch Böllinger 1989a, 407.
8 Siehe Zweifel 1988, 159 ff.
9 Vgl. Bschor 1981, 48; Joachimski, § 13, Anm. 7; Moll 1990, 236 f.

fallgerechtigkeit und der richterlichen normativen Wertungskompetenz.[1] Schließlich war eine Bindung des Richters an die Richtlinien ärztlicher Berufsorganisationen, ohne sich ein eigenes selbständiges Werturteil bilden zu können, ebenfalls mit dem Geist einer rechtsstaatlichen Rechtsprechung nicht in Einklang zu bringen, wonach der Richter gemäß Art. 20 Abs. 3 GG, Art. 97, Abs. 1 i.V.m. Art. 92 GG nur an Recht und Gesetz gebunden ist.[2] Vor dem Hintergrund dieser rechtlich bedenklichen Situation verwundert es auch nicht, daß der BGH in seinem Beschluß vom 17. Mai 1991 für eine diesbezügliche Klarstellung sorgen wollte. Danach kommt der Bundesärztekammer keine Richtlinienkompetenz (mehr) zu.[3] Damit gelang es dem BGH, den Einfluß der organisierten Ärzteschaft auf die richterliche Entscheidungskompetenz sicherlich in erheblichem Maße zurückzudrängen, obwohl sie seiner gewiß nicht ganz beraubt wurde, denn zum einen kommt den "Regeln ärztlicher Wissenschaft" (lex artis) im drogentherapeutischen Kontext weiterhin erhebliche Bedeutung zu und zum anderen werden die Instanzgerichte auch weiterhin auf Sachverständige angewiesen sein, die nicht selten, wie die Vergangenheit es gezeigt hat, lediglich den Standpunkt ihrer Berufsorganisationen reflektieren und zum allein richtigen Weg hochstilisieren werden.

Wie im vorstehenden bereits erwähnt, tat sich in der Vergangenheit bei der Festlegung der Maßstäbe einer ordnungsgemäßen, also begründeten Substitutionsbehandlung vor allem die Bundesärztekammer hervor, die seit jeher die ambulante Drogentherapie ablehnt und durch die Anerkennung einiger weniger Indikationen offenbar ihrer ablehnenden Haltung auch zusätzlich Nachdruck verleihen will.[4] Da der BGH ihr neuerdings explizit jegliche Richtlinienkompetenz und damit die Möglichkeit einer den Richter bindenden Festlegung von Indikationen abspricht, drängt sich unweigerlich die Frage auf, welche Bedeutung den besagten Richtlinien überhaupt noch zukommt, insbesondere, ob sie für die substituierenden Ärzte zumindest in berufsrechtlicher Hinsicht eine Verbindlichkeit entfalten. In diesem Zusammenhang erscheint es sinnvoll, den Rechtscharakter der Bundesärztekammer einerseits und den der Landesärzte-

---

1 Vgl. Böllinger 1989a, 407; Moll 1990, 237.
2 Vgl. AK/GG/Wassermann, Art. 97, Rz. 43 u. 52; Kaufmann 1961, 356 f.
3 Zu den Entscheidungsgründen siehe oben 4.1.3.4.1.
4 Siehe oben S. 189 ff.

kammern andererseits kurz zu beleuchten. Die Bundesärztekammer (Arbeitsgemeinschaft der deutschen Ärztekammern) ist ein freiwilliger privatrechtlicher Zusammenschluß der Landesärztekammern der Bundesrepublik Deutschland in der Rechtsform eines nicht rechtsfähigen Vereins. Ihr stehen keine Aufsichtsbefugnisse gegenüber den rechtlich selbständigen Landesärztekammern zu. Die einzelnen Ärzte gehören ihr auch nur mittelbar als Mitglieder ihrer Landesärztekammern an. Das höchste beschlußfassende Gremium der Bundesärztekammer stellt der Deutsche Ärztetag, der in der Regel jährlich tagt, dar. Dabei sind die Beschlüsse des Deutschen Ärztetages weder für die einzelnen Landesärztekammern noch für deren Mitglieder rechtlich verbindlich.[1] Es handelt sich hier lediglich um Empfehlungen, die von den Landesärztekammern übernommen werden können, aber nicht müssen.[2] Da die substituierenden Ärzte unmittelbar keine rechtliche Verpflichtung trifft, die Beschlüsse der Bundesärztekammer einzuhalten, stellt sich folglich die Frage, ob sich eine derartige Rechtspflicht mittelbar über die jeweiligen Landesärztekammern, indem sich diese die Empfehlungen in autonomer Entscheidung zu eigen machen, ergeben kann. Im Gegensatz zu der Bundesärztekammer sind die Landesärztekammern Körperschaften des öffentlichen Rechts. Ihre Existenz beruht nicht auf Privatautonomie, sondern auf einem Hoheitsakt, in der Regel einem Gesetz. Sie finden ihre Rechtsgrundlage in den Kammer- oder Heilberufsgesetzen der einzelnen Bundesländer. Trotz mancher inhaltlicher Abweichungen stimmen die einzelnen Kammergesetze aber im großen und ganzen überein.[3] Es könnten sich mithin etwaige Anhaltspunkte für eine Verbindlichkeit der von den Landesärztekammern beschlossenen Richtlinien, die für die Frage der Begründetheit einer Betäubungsmittel-Verschreibung erheblich sein könnten, aus den besagten Kammergesetzen ergeben. Dies ist indessen nicht der Fall. So enthalten die meisten Kammergesetze zunächst in bezug auf das Berufsethos ihrer Mitglieder die Generalklausel, daß "die Kammermitglieder verpflichtet sind, ihren Beruf gewissenhaft auszuüben und dem ihnen im Zusammenhang mit dem Beruf

---

1 Vgl. Laufs 1992 b, § 13, Rz. 13 ff.; Narr, Rz. 652.

2 Damit erklärt sich, warum Bundesländer wie Hamburg ein Indikationsspektrum anerkennen, das über das der Bundesärztekammer weit hinausgeht, ihm sogar geradezu widerspricht, vgl. oben S. 225 ff.

3 Vgl. Laufs 1992 b, § 13, Rz. 1 ff.; Narr, Rz. 654.

entgegengebrachten Vertrauen zu entsprechen."[1] Die sich aus den Kammergesetzen unmittelbar ergebenden Berufspflichten formulieren ebenso keine so weitgehende Loyalitätspflicht der Mitglieder ihrer Landesärztekammer gegenüber, die sich auf die grundlegenden Bereiche ärztlicher Tätigkeit, wie Therapiewahl, Indikationsstellung, Therapiedurchführung, beziehen und damit in weiterer Konsequenz in die Therapiefreiheit eingreifen würde. Sie umfassen im wesentlichen solche Obliegenheiten wie die Verpflichtung, sich beruflich fortzubilden, den Behandlungsverlauf zu dokumentieren oder am Notfalldienst teilzunehmen.[2] Nähere Angaben über die Berufspflichten ergeben sich in aller Regel aus den aufgrund der Kammergesetze von den Ärztekammern erlassenen Satzungen (Berufsordnungen). Jedoch auch die Durchsicht der meisten dieser Berufsordnungen läßt auf keine berufsrechtliche Pflicht der Ärzte auf Einhaltung bestimmter Therapierichtlinien, die von ihren Landesärztekammern beschlossen wurden, schließen. Dies überrascht auch nicht. Denn eine derartige Bindung des Arztes an die Beschlüsse der Ärztekammern in essentiellen Fragen der Therapie würde die ärztliche Behandlungsfreiheit in nicht mehr zu rechtfertigender Weise mit allen verfassungsrechtlichen Konsequenzen einschränken. In concreto bedeutet dies, daß der substituierende Arzt die Empfehlungen der jeweiligen Ärztekammern beachten kann, aber nicht muß. Der Indikationskatalog der Bundesärztekammer, bei dem es sich nur um Beispielsfälle von Indikationen handelt, kann dem Arzt nur einen gewissen Anhalt über die Indiziertheit des jeweiligen Einzelfalls geben, ihn jedoch nicht in der Weise festlegen, daß nur beim Vorliegen dieser bestimmten Indikationen die Behandlung durchzuführen wäre. Insoweit gilt in berufsrechtlicher Hinsicht dasselbe, was der BGH in dem Beschluß vom 17. Mai 1991 im Zusammenhang mit der strafrechtlichen Seite dieses Problems feststellte.

4.1.5.1.3.2 Die NUB-Richtlinien als ein Instrumentarium zur Disziplinierung der Ärzteschaft

Der Bundesausschuß der Ärzte und Krankenkassen beschloß am 7. August 1992, die Richtlinien über die Einführung neuer Untersuchungs- und Behand-

---

1 Siehe z.B. § 29 KG Baden-Württemberg.

2 Die Kammergesetze der alten Bundesländer sind abgedruckt bei Schiwy 1000 - 3000.

lungsmethoden (NUB-Richtlinien), die seit Anfang 1993 in Kraft sind, zu ändern.[1] Die davorliegende Änderung der NUB-Richtlinien stammte indes vom 2. Juli 1991, die am 1. Oktober 1991 in Kraft trat.[2] Die zentrale Stoßrichtung der ändernden Maßnahmen bildeten die unter Ziff. 2 geregelten Richtlinien zur Methadon-Substitutionsbehandlung bei i.v. Heroinabhängigen. Die NUB-Richtlinien regeln die Abrechnungsfähigkeit einer Substitution mit den Kassen, nicht jedoch die rechtliche Zulässigkeit der Therapie. Gleichwohl kommt ihnen eine erhebliche Bedeutung zu, da sie indirekt Einfluß auf die innere Behandlungsbereitschaft der Ärzte nehmen und damit sich in ähnlicher Weise wie das Strafrecht auswirken können. Gegenüber dem jetzt wesentlich substitutionsfreudigeren Standpunkt des BGH und dem in den vorausgegangenen Ausführungen zum Ausdruck gebrachten Begründetheitsansatz bedeuten die NUB-Richtlinien eine beträchtliche Verschlechterung für die betroffenen Ärzte. So wird bereits in der Präambel wie 1991 weiterhin festgelegt, daß Drogensucht selbst keine Indikation zur Drogensubstitution im Sinne einer Krankenbehandlung darstelle, denn das therapeutische Ziel bei der Behandlung einer Sucht bleibe die Abstinenz. Wie im vorstehenden gezeigt, läßt sich diese Position mittlerweile nicht mehr aufrechterhalten, da sie zugunsten der Abstinenzidiologie vor allem die Tatsache der durch einen Medizinwandel bedingten Erweiterung ärztlicher Behandlungskompetenz einerseits und die wissenschaftlich gesicherten Erfahrungen im Hinblick auf die Heilungschancen der Krankheit "Drogensucht" andererseits zu stark vernachlässigt.[3] Das Indikationsspektrum entspricht bis auf geringe Abweichungen im wesentlichen dem der Bundesärztekammer. Gegenüber den Richtlinien aus dem Jahre 1991 weisen die nunmehr überarbeiteten zwischenzeitlich geltenden NUB-Richtlinien zwei nennenswerte Änderungen auf und zwar unter Ziff. 2.2.4., wonach jetzt auch die schlichte Tatsache der AIDS-Erkrankung die Behandlung rechtfertigen soll, im Gegensatz zu früher, als noch das Vorliegen einer fortgeschrittenen, manifesten AIDS-Erkrankung gefordert wurde. Als eine weitere Neuerung brachte die Änderung vom 7. August 1992 die Erweiterung der Indikation unter Ziff. 2.2.6. mit der Konsequenz, daß eine Substitution jetzt bis zu 6 Wochen nach der Kindesgeburt

---

1 Siehe Bundesausschuß der Ärzte und Krankenkassen 1992, 1.
2 Siehe Bundesausschuß der Ärzte und Krankenkassen 1991, 1.
3 In diesem Sinne auch Böllinger/Stöver 1992, 78.

als eine mit den Kassen abrechnungsfähige Behandlung anzusehen ist.[1] Der neuerliche Verzicht des Bundesausschusses der Ärzte und Krankenkassen auf das von der Bundesärztekammer noch weiterhin befürwortete Kriterium des Fortgeschritten- und Manifestseins einer AIDS-Krankheit stellt die notwendige Folge einer unter gesundheitspolitischen und verfassungsrechtlichen Gesichtspunkten sowie aufgrund der wissenschaftlich gesicherten Erkenntnisse zum AIDS-Problem im Kontext der Drogenabhängigkeit unerläßlichen Bewertung der AIDS-Erkrankung als eine für sich ausreichende Behandlungsindikation dar, worauf in dieser Arbeit schon an anderer Stelle hingewiesen wurde.[2] Die Erweiterung der Indikationsfähigkeit über den Zeitpunkt der Geburt hinaus um 6 Wochen kann demgegenüber überhaupt nicht zufriedenstellen. Zum einen deshalb, weil die opiatabhängige Mutter nach Ablauf der Substitutionsfrist in der Regel wieder genötigt sein wird, in die Drogenszene zurückzukehren, wenn bei ihr ausnahmsweise nicht gerade andere anerkannte unumstrittene Indikationen vorliegen werden. Diese Regelung ist zum anderen deshalb zu kritisieren, weil sie das dem Arzt von Rechts wegen zustehende Indikationsspektrum generell verkürzt und damit auch der falschen Vorstellung von der sehr restriktiven Indikationsbandbreite bezüglich der Substitutionsbehandlung erheblich Vorschub zu leisten vermag.

Bereits das Indikationsspektrum der vor dem 1. Oktober 1991 geltenden NUB-Richtlinien in der Fassung vom 4. Dezember 1990 wurde im Zuge der Änderungsmaßnahmen vom 2. Juli 1991 um die recht wenig sagende Indikation erweitert: "2.3 Drogenabhängigkeit bei vergleichbar schweren Erkrankungen, bei denen die Kommission nach 2.7 im Einzelfall eine Substitution als Teil der Krankenbehandlung für angezeigt hält."[3] Während den anderen auch von der Bundesärztekammer im wesentlichen propagierten rein medizinischen Indikationen an dieser Stelle die gleiche Kritik zuteil wird, wie sie im Zusammenhang mit der Besprechung dieser Indikationsarten bereits vorstehend geübt wurde[4], nötigt die zuletzt genannte Indikation neben der Kritik ihrer weitgehenden Unbestimmtheit vor allem die Beanstandung ab, daß die Einholung der Zustim-

---

1 Siehe Bundesausschuß der Ärzte und Krankenkassen 1992, 2.
2 Siehe oben S. 318 f.
3 Siehe Bundesausschuß der Ärzte und Krankenkassen 1991, 2.
4 Siehe unten S. 319 f.

mung der von der kassenärztlichen Vereinigung eingesetzten Kommission bezüglich des Vorliegens der allgemeinen Indikation gemäß Ziff. 2.3 in krasser Weise der ärztlichen Therapiefreiheit zuwiderläuft.[1] Weiter ist zu bemängeln, daß der Arzt höchstens 10 Substitutionspatienten gleichzeitig behandeln darf (Ziff. 2.11), weil es sicherlich genügend Ärzte gibt, die aufgrund ihrer fachlichen zumeist auf praktischen Erfahrungen basierenden Fähigkeiten sowie ihrer Prasixauslastung durchaus in der Lage sind, wesentlich mehr Patienten mit dem Substitut auf ordnungsgemäße Weise zu versorgen, und daß Ärzte, die Substitutionstherapien durchführen wollen, einer Genehmigung durch die kassenärztliche Vereinigung bedürfen (Ziff. 2.8). Anlaß zur Kritik gibt letztlich auch das in Ziff. 2.11. niedergelegte Gebot der Überwachung der Einnahme des Substituts, wonach das Take-home-Privileg überhaupt nicht vorgesehen ist. Damit ist diese Regelung der NUB-Richtlinien mit der BtMVV 1993, auf die die Ziff. 2.9. ausdrücklich Bezug nimmt, nicht zu vereinbaren, obwohl die BtMVV 1993 ihrerseits erheblich hinter dem (verfassungs-)rechtlich Möglichen zurückbleibt.[2]

Alle diese Einschränkungen der ärztlichen Therapiefreiheit laufen also im Ergebnis den bestehenden arzt- und verfassungsrechtlichen Grundsätzen zuwider.[3] Stellenweise vermag schon ihre Formulierung einen Aufschluß über diejenigen Ziele zu geben, die mit ihnen offenbar verfolgt werden, wenn beispielsweise unter Ziff. 2.4 bezüglich der Indikationsstellung ausgeführt wird, daß die Entscheidung zur Substitutionsbehandlung durch den dazu berechtigten Arzt *unter Wahrung berufsrechtlicher Regelungen* getroffen werden soll. Da im Zusammenhang mit der Substitutionsbehandlung auf die Geltung der berufsrechtlichen Pflichten besonders hingewiesen wird, läßt darauf schließen, daß die ärztlichen Berufsverbände durch ein Aktivieren der Bestimmungen des Berufsrechts, das sich im wesentlichen in den von den Landesärztekammern erlassenen Berufsordnungen findet, das infolge der BGH-Entscheidung vom 17. Mai 1991 verlorene Terrain wiederzugewinnen gedenken. Denn indem die Ärzte zu einer strikten Beachtung der sich in den Berufsordnungen widerspiegelnden Ansichten der Landesärztekammern und über diese der Bundesärztekammer

1 So auch Böllinger/Stöver 1992, 79.
2 Siehe unten 4.1.5.3.
3 Zu den einzelnen Kritikpunkten siehe Böllinger/Stöver 1992, 78 f., 200 f.

angehalten werden, da ihnen sonst die Gefahr der Kostennichtübernahme von seiten der Krankenkassen droht, können die ärztlichen Berufsverbände ihre restriktive Auffassung von der Indikationsfähigkeit der Substitutionsbehandlung effektiv durchsetzen. Hierdurch soll offenbar der teilweise Wegfall des strafrechtlichen Druckmittels kompensiert werden. Im übrigen drängt sich der Verdacht auf, daß die zuständigen ärztlichen Gremien durch die Regelung der Kostenübernahme, die, wie vorerwähnt, die ärztliche Therapiefreiheit massiv einzuschränken geeignet ist, die Ärzte von der Durchführung der medikamentengestützten Drogentherapie generell abschrecken[1] und damit ihrem Standpunkt zur Substitution auch auf diese Weise zum Durchbruch verhelfen wollen.

Wenn aber die NUB-Richtlinien zum einen die ärztliche Therapiefreiheit bereits vom Wortlaut her unmittelbar einschränken und so die Möglichkeiten ärztlicher Hilfeleistung von vornherein objektiv verkürzen und zum anderen das Verhalten der Ärzte wegen der Angst vor Nichtübernahme der Behandlungskosten bzw. vor Regreßansprüchen dahin zu beeinflussen vermögen, daß diese trotz strafrechtlich viel größerer Behandlungsspielräume nur unter den sehr restriktiven Voraussetzungen im Sinne der Richtlinien zu behandeln bereit werden, was im Ergebnis ebenfalls auf eine Vorenthaltung oder sogar Verhinderung ärztlich gebotener Behandlungsmaßnahmen hinausläuft, also zur Defensivmedizin führt, stellt sich die Frage, ob solche Vorgaben noch uneingeschränkte Geltung beanspruchen können. Dies dürfte zweifelhaft sein. Regelungen, die von den Ärzten Leistungsverweigerung trotz der im Einzelfall vorliegenden Indiziertheit fordern, widersprechen den elementarsten Grundsätzen ärztlicher Standesethik und des bundesdeutschen Verfassungsrechts und müßten folglich einer Anfechtung wegen Sittenwidrigkeit zugänglich sein.

4.1.5.2 Therapeutische Erforderlichkeit der Substitutionsbehandlung

Dem Wortlaut des § 13 Abs. 1 S. 2 BtMG zufolge hängt die Begründetheit einer ärztlichen Betäubungsmittel-Verschreibung außer von der Geeignetheit auch noch davon ab, daß der beabsichtigte Zweck nicht anders erreichbar ist.

---

1 So auch Böllinger/Stöver 1992, 79.

Dieser die ärztliche Therapiefreiheit weiter einschränkenden sog. Subsidiaritätsklausel hätte es mit Rücksicht auf die allgemeinen arztrechtlichen Grundsätze an sich nicht bedurft, da es seit langem allgemein anerkannt ist, daß die Freiheit der Methodenwahl dort ihre Grenzen findet, wo die Überlegenheit eines anderen Verfahrens feststeht[1] bzw. daß bei gleichwertigen Behandlungsmethoden der den Patienten weniger belastenden Variante der Vorrang einzuräumen ist.[2] Daß der Gesetzgeber diese Selbstverständlichkeit im Gesetzestext noch besonders erwähnt, könnte ein weiteres Indiz dafür sein, daß er die Regelung der Begründetheit vollständig vornehmen und somit der richterlichen Rechtsfortbildung keinen Spielraum belassen wollte.[3] Sofern dieser Rechtsgrundsatz im Zusammenhang mit der Substitutionsproblematik angewendet wird, vermag er zu suggerieren, daß die ambulante Ersatzdrogentherapie eine ärztliche Methode zweiter Wahl sei, die erst dann zum Einsatz kommen dürfe, wenn sich andere Methoden, allen voran die stationäre Entzugstherapie, als wirkungslos erwiesen hätten. Es handelt sich hier nämlich um die noch nicht gänzlich überwundene Auffassung, daß die bloße Existenz der drogenfreien Therapieformen den ambulanten Substitutionsmethoden schematisch die Begründetheit einer Betäubungsmittel-Verschreibung an Drogenabhängige nähme, da, so die gängige Argumentation, die Substitutionsprogramme zwar regelmäßig zu einer besseren gesundheitlichen Verfassung des Drogenabhängigen führten, jedoch in allerseltensten Fällen zur Heilung einer Suchtkrankheit, sondern nur zur Blockierung des Opiathungers beitrügen.[4] Damit kam der Subsidiaritätsklausel die begründetheitsverhindernde Funktion zu mit der Folge, daß sich eine weitere Prüfung regelmäßig erübrigte. In den letzten Jahren erfuhr dieser kompromißlose Standpunkt in zunehmendem Maße durch die Auffassung eine Aufweichung, daß erfolglose Abstinenzversuche das Begründetheitskriterium erfüllten.[5] Mit Recht wurde diese enge Sichtweise von der Fachöffentlichkeit heftig kritisiert. Selbstverständlich kann man nicht für alle therapiewilligen Drogenabhängigen for-

---

1 Vgl. Laufs 1988, Rz. 341.

2 Vgl. Narr, Rz. 883.

3 Siehe oben S. 295 f.

4 Vgl. Körner 1990, § 29, Rz. 652, 658; an der Subsidiarität der Substitutionsbehandlung gegenüber der drogenfreien Entzugstherapie will die Bundesregierung offenbar weiter festhalten, siehe Begründung zum BtMVV 1993 (auszugsweise im Anhang).

5 Vgl. Kreuzer 1979, 2358; zu den Zulassungskriterien des nordrhein-westfälischen Erprobungsmodells siehe oben S. 197 f.

dern, daß sie vor der Aufnahme der ambulanten Substitutionsbehandlung bereits mehrere vergebliche Abstinenztherapien hinter sich gebracht haben, wenn sie beispielsweise bereits HIV-infiziert oder an AIDS erkrankt sind.[1] Wie im Zusammenhang mit den medizinischen Indikationen vorstehend herausgearbeitet wurde, stellt bereits die Gefahr einer HIV-Infizierung einen die ambulante Substitutionstherapie rechtfertigenden Grund dar, geschweige denn beim Vorliegen einer HIV-Infizierung oder AIDS-Erkrankung. Eine Verweisung dieser Patienten seitens des substituierenden Arztes auf die stationäre Entzugstherapie ist, wie *Hanke-Simoneit* es ähnlich formulierte[2], schon unter humanitären Gesichtspunkten nicht akzeptierbar. Im übrigen erscheint eine Bevorzugung der stationären Abstinenztherapie im Hinblick auf die wissenschaftlich überprüften Erfahrungen, insbesondere daß die stationäre Langzeittherapie bei bestimmten Populationen der Drogenabhängigen aufgrund ihrer Persönlichkeitsstruktur überschießend oder gar völlig ungeeignet sein kann und daß es kontrollierten Drogenkonsum bei sozialer Integration gibt, nicht mehr zeitgemäß und bedarf daher einer Revidierung.[3] Bereits aufgrund dieser Erwägungen gibt eine undifferenzierende Favorisierung der stationären Langzeittherapie Anlaß zur Skepsis. Wann das Begründetheitskriterium "Erforderlichkeit" als gegeben anzusehen ist, ist vielmehr den Prinzipien des allgemeinen Arztrechts zu entnehmen.[4] Wie bereits festgestellt wurde, können die drogenfreien und die medikamentengestützten Therapieformen im wesentlichen als gleichwertig angesehen werden, da sie bei Zugrundelegung des Erfolgskriteriums "Drogenfreiheit" in etwa die gleichen Erfolgsquoten aufweisen. Dabei gilt hier die Besonderheit, daß in den überwiegenden Fällen die Persönlichkeitseigenarten der jeweiligen Patienten bestimmend sind, welche Therapieform für die einen oder anderen Patienten am besten geeignet und daher erfolgversprechend ist, und nicht, wie nach dem Abstinenzdogma regelmäßig angenommen, daß die Abstinenztherapie unabhängig von den jeweiligen Persönlichkeitsstrukturen in aller Regel die beste Therapie sei. Wenn dieser Überlegung nämlich nicht gebührend Rechnung getragen und bei bestimmten, z.B. sozialintegrierten Populationen von Drogenabhängigen

---

1 Vgl. Hanke-Simoneit 1987, 36; Schumacher 1989, 155 ff., 175 ff.; Böllinger 1989b, 297 ff.; Moll 1990, 247.
2 Siehe Hanke-Simoneit 1987, 36.
3 Vgl. Böllinger 1989a, 411; ders. 1989b, 298.
4 Ähnlich Schumacher 1989, 156 ff.

eine stationäre Langzeittherapie für angezeigt gehalten wird, dann kann dies gerade dissozialisierende, also kontraproduktive Wirkungen zeitigen. Es fällt somit in die berufliche Kompetenz des jeweiligen substituierenden Arztes, zu entscheiden, welches Therapiekonzept in dem jeweiligen Einzelfall am besten zum Tragen kommt. Diese Entscheidung kann er logischerweise erst treffen, nachdem er den Patienten sorgfältig körperlich untersuchte und den sonstigen bei der Therapiewahl zu beachtenden Sorgfaltspflichten nachkam.[1] Auf jeden Fall kann dem Arzt nicht hoheitlich verordnet werden, bei einer bestimmten Krankheit eine ganz bestimmte feststehende Therapiewahl vorzunehmen. Diese kann nur auf der Basis der fachlichen Verantwortung und der Sachkunde des behandelnden Arztes getroffen werden, wobei den Umständen des Einzelfalles die mitentscheidende Bedeutung zukommt.[2] Insoweit fließen in bezug auf die Therapie der Drogenabhängigkeit die Begründetheitskriterien "Geeignetheit" und "Erforderlichkeit" weitgehend zusammen, da durch die Beantwortung der Frage nach der Geeignetheit der Substitution gleichzeitig ein Urteil hinsichtlich deren Erforderlichkeit abgegeben wird. Es dürfte nämlich nur wenige Drogenabhängige geben, die sich für beide Therapieformen gleichermaßen eignen, so daß sich für den substituierenden Arzt nur die Frage stellen würde, ob diese oder jene Therapieform erforderlich ist. Da dem Arzt bei der Therapiewahl ein Beurteilungsspielraum zugebilligt wird[3], der sich somit auch auf die Auslegung des Erforderlichkeitskriteriums erstreckt, erscheint es jetzt kaum noch wahrscheinlich, daß eine Substitution, die unter Einhaltung der allgemeinen Sorgfaltspflichten in Angriff genommen wurde, wegen mangelnder Erforderlichkeit als unbegründet zu werten wäre, zumal es zu bedenken gilt, daß die stets in einer einmaligen und unwiederholbaren Situation stattfindende ärztliche Entscheidung unter dem Vorbehalt der Begrenztheit menschlicher Erkenntnisfähigkeit steht und im übrigen aus der Sicht ex ante getroffen wird.[4]

Jedoch auch die Substitutionstherapie findet ihre Grenzen in dem Selbstbestimmungsrecht des Patienten. Diesem kommt sogar gegenüber der ärztlichen Ver-

---

1 Siehe oben S. 310 f.
2 Vgl. Haffke 1992a, 6; siehe auch dessen Zitat oben S. 290.
3 Vgl. Laufs 1992b, § 3, Rz. 17; BGH NJW 1991, 2359; siehe auch oben S. 301 Fn. 4.
4 Vgl. Moll 1990, 248.

pflichtung zu einer gewissenhaften Behandlung und Fürsorge Vorrang zu. Das Selbstbestimmungsrecht geht soweit, daß der Arzt selbst bei grober Unvernunft des Patienten, wenn er beispielsweise eine vom ärztlichen Standpunkt dringend angezeigte medizinische Maßnahme zurückweist, an die Entscheidung des Patienten gebunden ist.[1] Gleiches gilt, wenn der Patient in einen Eingriff einwilligt, aber eine bestimmte Behandlungsmethode ablehnt.[2] Insoweit braucht der substituierende Arzt schon aus berufsrechtlichen Gründen den therapiewilligen Drogenabhängigen auf die stationäre Langzeittherapie nicht zu verweisen, wenn ärztliche Hilfe angezeigt erscheint und der Patient ambulant behandelt werden möchte, sofern der Arzt natürlich Anlaß zu der Annahme hat, daß der Patient seinen Willen bei voller Einsicht in die Bedeutung seiner Entscheidung äußerte.[3] Auf jeden Fall kann ihm später nicht der strafrechtliche Vorwurf der Unbegründetheit seiner Behandlung, weil es an dem Erforderlichkeitskriterium gemangelt haben soll, gemacht werden, was jedoch eine akribische Dokumentation seinerseits erfordert, um zu gegebener Zeit nicht in Beweisnot zu geraten. Da, wie gezeigt, die Begründetheit der Betäubungsmittel-Verschreibung an Drogenabhängige sich im wesentlichen nach den arztrechtlichen bzw. standesrechtlichen Prinzipien richtet, und daher dem Selbstbestimmungsrecht des Patienten eine überragende Bedeutung zukommt, spielt bei deren Auslegung die subjektive Komponente eine nicht unerhebliche, um nicht zu sagen, entscheidende Rolle. Diesem Gesichtspunkt wurde bisher im drogentherapeutischen Kontext kaum Beachtung geschenkt, was wohl auf die immer noch stark verbreitete Ansicht zurückzuführen ist, es handele sich bei den Drogenabhängigen um willenlose Patienten, denen man die Last der richtigen Entscheidung in ihrem eigenen wohlverstandenen Interesse abnehmen müsse. In Wirklichkeit steht und fällt aber jedes therapeutische, rechtlich einwandfreie Bemühen mit der Ausübung des Selbstbestimmungsrechts durch den drogenabhängigen Patienten. Diesem Gedanken gilt es in der Zukunft größeres Gewicht zu verschaffen.

---

1 Vgl. Uhlenbruck 1992, § 52, Rz. 9; Laufs 1988, 100; Narr, Rz. 40; Brenner 1983, 41; Lenckner 1986, 575; Grupp 1992, 260.

2 Vgl. Brenner 1983, 42; Grupp 1992, 258.

3 Zur Aufklärungs- und Einwilligungsproblematik im Zusammenhang mit dem ärztlichen Eingriff siehe ausführlicher unten 4.2.2.2.3.

4.1.5.3 Die Durchführung der Substitutionsbehandlung auf der Grundlage der Betäubungsmittel-Verschreibungs-Verordnung 1993

Selbst wenn der Arzt im Einzelfall zu dem Ergebnis kommt, daß die Betäubungsmittel-Verschreibung begründet ist, ist noch nichts über dessen Strafbarkeit entschieden. Denn er unterliegt im Hinblick auf die Auswahl der Betäubungsmittel-Zubereitung, Betäubungsmittel-Konzentration, die Betäubungsmittel-Menge, die Darreichungsform und die Gestaltung der Verschreibung weiteren Einschränkungen, die in der aufgrund des § 13 Abs. 3 BtMG 1982 erlassenen Betäubungsmittel-Verschreibungs-Verordnung (BtMVV) vom 16. Dezember 1981 enthalten sind.[1] Diese Verordnung wurde später durch die Zweite Betäubungsmittel-Änderungsverordnung (2. BtMÄndV) vom 23. Juli 1986 geändert.[2] Schließlich erfuhr auch diese BtMVV aufgrund der Vierten Verordnung zur Änderung betäubungsmittelrechtlicher Vorschriften (4. BtMÄndV) vom 23. Dezember 1992, die am 1. Februar 1993 in Kraft trat, gemäß Art. 4 eine wesentliche Modifizierung.[3] Gegenstand weitreichender Inhaltsänderungen mit erheblicher praktischer Bedeutung gerade für das Substitutionsproblem war vor allem der § 2 BtMVV 1986, der den sich im Laufe der letzten Jahre veränderten medizinischen Notwendigkeiten allen voran in bezug auf die Therapie der Drogenabhängigkeit nicht mehr gerecht werden konnte und daher wachsender Kritik ausgesetzt war.[4] Gemäß § 2 Abs. 1a BtMVV 1993 darf der Arzt für einen Patienten an einem Tage nunmehr insgesamt 1500 mg Levomethadon für den Bedarf von bis zu 30 Tagen, jedoch je Anwendungstag nicht mehr als ein Zehntel dieser Menge verschreiben. In begründeten Einzelfällen und unter Wahrung der erforderlichen Sicherheit des Betäubungsmittelverkehrs dagegen darf der Arzt gemäß Absatz 2 S. 1 dieser Vorschrift für einen Patienten, der in seiner Dauerbehandlung steht, abweichend von den Vorschriften des Absatzes 1 an einem Tage

1. mehr als ein Betäubungsmittel verschreiben,

---

1 BGBl. 1981 I, 1427.

2 BGBl. 1986 I, 1099.

3 BGBl. 1992 I, 2487.

4 Siehe Böllinger 1989b, 301; Haffke 1989, 76; Moll 1990, 250 ff. Eine ausführliche kritische Besprechung der für die Substitutionsproblematik bedeutsamen Vorschriften der BtMVV 1986 enthält vor allem Moll 1990, 250 ff.

2. die für Betäubungsmittel in Absatz 1 Buchstaben a) und b) festgesetzten Mengen überschreiten,
3. Betäubungsmittel für einen längeren als den in Absatz 1 Buchstabe a) festgesetzten Zeitraum verschreiben.

Diese Ausnahmen von der Regel müssen aber gemäß Abs. 2 S. 2 der jeweiligen Landesgesundheitsbehörde im Sinne des § 19 Abs. 1 S. 3 BtMG schriftlich angezeigt werden. Absatz 3 regelt schließlich den Praxisbedarf des Arztes. Danach darf der Arzt für seinen Praxisbedarf Levomethadon bis zur Menge seines durchschnittlichen Zweiwochenbedarfs, mindestens jedoch die kleinste Packungseinheit, verschreiben. Die Vorratshaltung soll für jedes Betäubungsmittel den Monatsbedarf des Arztes nicht überschreiten.[1]

Die Neufassung des § 2 BtMVV ist im Ergebnis positiv zu bewerten. Insbesondere die Anhebung der Höchstmengen für den Monatsbedarf eines Patienten verdient Zustimmung. Sofern der Substitutionsarzt höchstens 1500 mg Levomethadon für einen Patienten in einem Monat (30 Tage) verschreiben darf, bedeutet dies jetzt, daß bei Zugrundelegung einer täglichen Erhaltungsdosis von 20 - 50 mg Levomethadon[2] die Versorgung des Patienten mit dem Substitut nicht mehr unbedingt unter permanentem Verstoß gegen die Verschreibungsvorschriften erfolgen muß, was nach der früheren Regelung aber zwangsläufig fast immer der Fall war.[3] Auch die in Absatz 2 verbriefte Möglichkeit von den Regelvorschriften des Absatzes 1 ausnahmsweise abweichen zu dürfen, ist zu begrüßen, da diese Flexibilität dem Arzt nunmehr ermöglicht, jeder Besonderheit des Einzelfalles in stärkerem Maße Rechnung zu tragen, weshalb ihr gerade im Substitutionsbereich aller Voraussicht nach beträchtliche Bedeutung zukommen wird. Auch die Regelung betreffend den Praxisbedarf bzw. die Vorratshaltung dürften dem geordneten Ablauf einer Substitution nicht mehr im Wege stehen.

---

1 Die Regelung des § 2 BtMVV 1993 wurde hier nicht vollständig wiedergegeben, sondern nur insoweit, als sie für die Substitutionsproblematik von Bedeutung sein kann.
2 Siehe oben S. 200.
3 Vgl. Moll 1990, 254.

Nachdem der Bundesgesetzgeber mit der jüngsten Änderung des § 13 Abs. 1 BtMG für die Klarstellung sorgte, daß die Substitutionsbehandlung eine rechtlich zulässige ärztliche Methode zur Behandlung der Drogenabhängigkeit darstellen kann, er letztlich also über deren grundsätzliche Zulässigkeit entschied, ergriff die Exekutive im Rahmen der geplanten 4. BtMÄndV gleichzeitig die Gelegenheit, auch eine Reihe von die Substitution betreffenden technischen Fragen zu klären. Demgemäß wurde nach § 2 ein neuer § 2a eingefügt, der speziell die Anforderungen an das Verschreiben von Betäubungsmitteln zur Substitution konkretisiert.

Im einzelnen bestimmt § 2a wie folgt:

Gemäß Absatz 1 darf der Arzt Levomethadon etc. zur Substitution nur verschreiben, wenn und solange die Anwendung des Betäubungsmittels unter den Voraussetzungen des § 13 Abs. 1 BtMG, insbesondere unter Beachtung der Regeln der ärztlichen Kunst, erfolgt.

Gemäß Absatz 2 hat der behandelnde Arzt im Interesse des Behandlungszieles der Betäubungsmittelabstinenz darauf hinzuwirken, daß die Substitutionspatienten auch kontinuierlich an einer Psycho- und/oder Sozialtherapie teilnehmen.

Gemäß Absatz 3 dürfen Ärzte, die Betäubungsmittel nach Absatz 1 für Opiatabhängige zur Substitution verschreiben, das Rezept außer in den in Absatz 7 genannten Fällen nur selbst in der Apotheke einlösen oder durch von ihnen beauftragtes zuverlässiges Hilfspersonal einlösen lassen.

Gemäß Absatz 4 ist Opiatabhängigen außer in den in Absatz 7 genannten Fällen die jeweilige Einzelgabe in einer zur parenteralen Anwendung nicht verwendbaren Form unter Aufsicht des verschreibenden Arztes oder seines ärztlichen Vertreters zum unmittelbaren Verbrauch zu überlassen.

Gemäß Absatz 5 kann das Betäubungsmittel an Wochenenden oder Feiertagen sowie in Fällen häuslicher Pflegebedürftigkeit nach Absatz 1 in der in Absatz 4 genannten Form auch durch vom Substitutionsarzt eingewiesene examinierte Krankenschwestern oder -pfleger einer Sozialstation oder einer anderen von der zuständigen Landesbehörde anerkannten Einrichtung dem Opiatabhängigen zum unmittelbaren Verbrauch überlassen werden.

Gemäß Absatz 6 hat der Substitutionsarzt auch sicherzustellen, daß durch die Anwendung geeigneter labordiagnostischer Verfahren in unregelmäßigen

Abständen ein Gebrauch das Ziel der Substitution gefährdender Stoffe erkannt werden kann (Urinkontrollen etc.).

Absatz 7 regelt auch das Problem der Take-home-Dosis. Danach darf der Arzt einem Patienten mit schriftlicher Zustimmung der zuständigen Landesgesundheitsbehörde im Sinne des § 19 Abs. 1 S. 3 BtMG einmal pro Woche ein Rezept für die bis zu drei Tagen benötigte Menge des Betäubungsmittels nach Absatz 1 aushändigen, wenn der Patient seit mindestens zwölf Monaten an einer erfolgreichen Substitution teilnimmt und bei ihm über einen ausreichend langen Zeitraum weder ein Gebrauch von das Ziel der Substitution gefährdenden Stoffen noch sonst Anhaltspunkte für einen erneuten Mißbrauch von Betäubungsmitteln festgestellt wurden. Dabei hat der Arzt das Betäubungsmittel in einer zur parenteralen Anwendung nicht verwendbaren Zubereitung und in für die jeweiligen Anwendungstage abgeteilten Einzeldosen zu verschreiben. Die Behandlungstage sind auf dem Rezept anzugeben und durch die Apotheke auf den Einzeldosen zu vermerken. Der Arzt hat auf dem Rezept den Vermerkt "Mit Zustimmung der Landesbehörde" anzubringen. Die Abgabe des Betäubungsmittels nach Absatz 1 darf nur gegen Vorlage des Personalausweises oder Reisepasses an den Substituierten persönlich erfolgen.

Absatz 8 regelt dagegen Fälle, wo sich der Patient aus beruflichen und persönlichen Gründen nicht am Wohnort aufhält und daher den behandelnden Arzt nicht aufsuchen kann. Dann ist vorgesehen, daß der behandelnde Arzt dem Substituierten eine mit bestimmten Daten versehene Substitutionsbescheinigung ausstellt, die einen anderen Arzt berechtigt, am zeitweiligen Aufenthaltsort die Substitution durchzuführen.

Gemäß Absatz 9 sind schließlich alle zur Durchführung der Substitution erforderlichen Maßnahmen einschließlich der Einbindung in eine Begleittherapie zu dokumentieren und der zuständigen Behörde anzuzeigen. Die nach § 19 Abs. 1 S. 3 BtMG zuständige Landesgesundheitsbehörde kann dabei die Dokumentation immer einsehen.

So begrüßenswert das Vorhaben des Verordnungsgebers erscheint, die einzelnen Fragen der Substitutionsdurchführung bereits der Rechtssicherheit willen einer Kodifizierung zuzuführen, so mißglückt erscheint die konkrete normative Umsetzung dieses Vorhabens. Zunächst ist zu bemängeln, daß der Verordnungsgeber in Absatz 2 das Ziel der Behandlung nur in der Drogenabstinenz erblickt, obwohl § 13 Abs. 1 BtMG auch unter Zugrundelegung des bestehenden Konsenses, daß Drogenabhängigkeit eine Krankheit sei, durchaus auch eine davon abweichende Zielsetzung zuläßt. Das Behandlungsziel der Substitution kann, wie bereits vorstehend festgestellt wurde, ebenfalls in der psycho-sozialen Stabilisierung, AIDS-Verhütung etc. bestehen.[1] Eine moderne Auslegung des Begründetheitsbegriffs erfordert nicht mehr eine strikte Orientierung an dem Abstinenzgedanken, wenngleich die meisten Substitutionskonzepte langfristig gesehen auch Drogenfreiheit anstreben. Die Regelung des hier beanstandeten Absatzes verschiebt daher in einer vom § 13 Abs. 1 BtMG nicht mehr gedeckten Weise die Behandlungsprioritäten, was im Ergebnis bereits die Annahme zu rechtfertigen scheint, daß der Verordnungsgeber mit der Festschreibung des Behandlungsziels der Drogenfreiheit über den Willen des Gesetzgebers im § 13 Abs. 1 BtMG hinausgegangen ist, ja sich mit diesem sogar in Widerspruch gesetzt hat. Dagegen begegnet die in dem hier interessierenden Absatz 2 geforderte Schaffung einer Möglichkeit zur Teilnahme der Patienten an einer Psycho- und/oder Sozialtherapie keinerlei Bedenken. Im Rahmen einer derartigen Therapie können vielleicht die wirklichen Ursachen der Drogenbindung, der lediglich der Symptomcharakter aufgrund eines ganz anders gelagerten persönlichen Problems zuzukommen scheint[2], angegangen und u.U. gelöst werden.

Die im Absatz 7 geschaffene Möglichkeit der Take-home-Dosis ist ebenfalls insoweit zu kritisieren, als deren Zulässigkeit von einer zwölfmonatigen Substitutionsteilnahme und davon, daß über einen langen Zeitraum weder ein Gebrauch von das Ziel der Substitution gefährdenden Stoffen (Alkohol, Barbiturate etc.) noch von anderen Betäubungsmitteln festgestellt wurde, abhängen soll. Dagegen läßt sich zumeist einwenden, daß es sicherlich Patienten gibt, denen der Arzt das nötige Vertrauen bereits vor Ablauf der Jahresfrist entgegenbringen kann. Im übrigen benötigt der Arzt gerade in diesem Bereich viel Flexibilität, um auf jeden einzelnen Patienten angemessen eingehen bzw. reagieren zu können, so z.B. um wegen guter Mitarbeit des Patienten diesen mit dem Take-home-Dosis-Privileg zu belohnen und bei ihm so die Bereitschaft zu

---

1 Siehe oben S. 315 f., 319 f.
2 Siehe oben S. 335 f.

weiterer Mitarbeit zu stärken. Eine schematische Gleichbehandlung aller Patienten dürfte sich psychologisch negativ auswirken. Sofern der Verordnungsgeber die Zulässigkeit der Gewährung der Take-home-Dosis von der Freiheit des Beigebrauchs anderer Drogen abhängig machen will, ist dem zu entgegnen, daß im Substitutionsbereich ebenso wie im Bereich der drogenfreien stationären Langzeittherapie Rückfälle als etwas Normales zu akzeptieren sind, da sie keinesfalls auf eine Therapieunwilligkeit oder gar Therapieunfähigkeit des Patienten schließen lassen, sondern oftmals ein positiver Schritt zur Drogenfreiheit sind.[1] Dieser Erkenntnis scheint sich der Verordnungsgeber aber zu verschließen, wenn er jedweden Beigebrauch von anderen Drogen mit dem grundsätzlichen Ausschluß vom Take-home-Privileg "bestrafen" will, ohne die Möglichkeit einzuräumen, die Umstände des Einzelfalles berücksichtigen zu können.

Demgegenüber ergeben sich gegen die Regelungen der Absätze 3 und 4 durchgreifende verfassungsrechtliche Bedenken, sofern der Verordnungsgeber darin die Einzelheiten der Durchführung des vom BGH begründeten Grundsatzes der Sicherstellung des verschreibungsgemäßen Gebrauchs festlegt. Er scheint damit gegen Art. 80 Abs. 1 GG zu verstoßen, speziell gegen das in Satz 2 dieser Vorschrift niedergelegte Bestimmtheitsgebot. Danach müssen Inhalt, Zweck und Ausmaß der erteilten Ermächtigung zum Erlaß von Rechtsverordnungen im Gesetz bestimmt werden. Die Ermächtigung muß so substantiiert sein, daß schon aus ihr, nicht erst aus der ermächtigten Verordnung erkennbar und vorhersehbar wird, was vom Bürger gefordert werden kann. Der Gesetzgeber muß die maßgebenden Vorschriften selbst setzen.[2] Nach der ständigen Rechtsprechung des BVerfG brauchen Inhalt, Zweck und Ausmaß der Ermächtigung allerdings nicht ausdrücklich im Text des Gesetzes selbst bestimmt zu sein. Sie haben von Verfassungs wegen lediglich hinreichend bestimmt zu sein.[3] Zwar darf dem Verordnungsgeber ein gewisses Maß an Gestaltungsfreiheit eingeräumt werden, doch muß die Ermächtigung mit hinreichender Deutlichkeit erkennen

---

1 Siehe oben S. 133 f.

2 Vgl. Maunz/Dürig/Maunz, Art. 80, Rz. 28; Schmidt-Bleibtreu/Klein, Art. 80, Rz. 11; BVerfGE 20, 305; 78, 249.

3 BVerfGE 8, 307; 33, 364; 40, 20; 55, 226; 62, 203.

lassen, innerhalb welcher Grenzen ihm diese Freiheit zustehen soll.[1] Die Gestaltungsfreiheit für den Verordnungsgeber besteht also lediglich innerhalb der vom Gesetzgeber gezogenen Grenzen.[2] Andernfalls ist die Verordnung nichtig.[3]

Indem die Exekutive in dem neu eingefügten § 2a Abs. 3 u. 4 BtMVV die Regelung der Überwachung der Betäubungsmittel-Einnahme dergestalt vornahm, daß das Betäubungsmittel-Rezept außer in den in Absatz 7 genannten Fällen nur von dem verschreibenden Arzt bzw. von dessen vertrauenswürdigem Hilfspersonal eingelöst werden darf (Absatz 3), und daß die orale Einnahme des Mittels nur unter seiner Aufsicht oder der seines ärztlichen Vertreters zu erfolgen hat (Absatz 4), hat sie gegen die dargelegten Verfassungsgrundsätze und damit gegen Art. 80 Abs. 1 GG verstoßen. Zunächst ist festzustellen, daß die hier in Frage kommende Ermächtigungsgrundlage, also § 13 Abs. 3 BtMG keinesfalls mit hinreichender Deutlichkeit erkennen läßt, daß der Gesetzgeber den Verordnungsgeber ermächtigen wollte, auch die Durchführung der Substitution in entsprechender Weise zu regeln. § 13 Abs. 3 S. 1 BtMG bestimmt nämlich, daß die Bundesregierung ermächtigt wird, durch Rechtsverordnung mit Zustimmung des Bundesrates das *Verschreiben* von den in Anlage III bezeichneten Betäubungsmittel, ihre *Abgabe* aufgrund einer Verschreibung und das *Aufzeichnen* ihres Verbleibs und des Bestandes bei Ärzten (...) zu regeln, soweit es zur Sicherheit oder Kontrolle des Betäubungsmittelverkehrs erforderlich ist. Demgemäß enthält die BtMVV eine Vielzahl von Vorschriften, die das ärztliche Verschreiben bis ins kleinste Detail regeln, z.B. betreffend Höchstmengen (§§ 2 - 4), Angaben auf dem Betäubungsmittelrezept (§ 6) etc. Es ging dem Gesetzgeber hierbei offenbar um die Kodifizierung des gesamten Verschreibungsbereichs, und zwar bis zur Aushändigung des Rezeptes an den Patienten, während er mit der "Abgabe aufgrund einer Verschreibung" offenbar die Verantwortungsverschiebung vom Arzt auf den Apotheker meinte, was aufgrund der im BtMG vorgesehenen Funktionsteilung zwischen diesen beiden Berufsgruppen überaus sachgerecht erscheint. Diesem Gesetzesprogramm kann also nicht entnommen werden, daß der Gesetzgeber dem Verordnungsgeber

1 Vgl. Stern 1984, 817.
2 Vgl. Maunz/Dürig/Maunz, Art. 80, Rz. 19; Schmidt-Bleibtreu/Klein, Art. 80, Rz. 13.
3 Vgl. Schmidt-Bleibtreu/Klein, Art. 80, Rz. 13; Ossenbühl 1988, Bd. III, § 64, Rz. 72 f.

auch die Ermächtigung zur Regelung der Behandlungsdurchführung geben wollte und schließlich auch gegeben hat. Diese Annahme wird durch den verfassungsrechtlichen Grundsatz erhärtet, daß dem Konkretisierungspostulat im Sinne des Art. 80 Abs. 1 S. 2 GG besonderes Gewicht gerade in Fällen von Eingriffen in den grundrechtlich geschützten Bereich zukommt.[1] Im vorliegenden Zusammenhang wird durch die hier beanstandeten Regelungen ohne Zweifel die ärztliche Therapiefreiheit als Ausfluß der ärztlichen Berufsfreiheit gemäß Art. 12 Abs. 1 GG aber wohl auch zumindest das Recht des Patienten auf gleiche Behandlung im Sinne des Art. 3 Abs. 1 GG beeinträchtigt. Daß der Verordnungsgeber dem Bestimmtheitsgebot im Sinne des Art. 80 Abs. 1 GG nicht in der erforderlichen Weise Rechnung getragen hat, ergibt sich ferner aus dem Umstand, daß der Verstoß des Substitutionsarztes gegen die beanstandeten Normen strafrechtliche Konsequenzen für ihn hat. Bei Strafgesetzen gelten indessen hinsichtlich der inhaltlichen Bestimmtheit einer Ermächtigungsnorm besonders strenge Anforderungen.[2] Bereits aus diesen Erwägungen folgt also, daß der Verordnungsgeber mit der Schaffung der Absätze 3 und 4 in § 2a BtMVV über den ihm im § 13 Abs. 3 BtMG eingeräumten Gestaltungsraum hinausgegangen ist. Zur gleichen Schlußfolgerung nötigt die Überlegung, daß das BtMG, insbesondere im § 13 Abs. 1 BtMG, keinerlei Regelung aufweist, aus welcher sich für den substituierenden Arzt die Verpflichtung zur Sicherstellung des verschreibungsgemäßen Gebrauchs ergeben würde. Wie bereits vorstehend herausgearbeitet wurde, ist der Auslegungsansatz des BGH rechtlich nicht haltbar[3], sofern er in den § 13 Abs. 1 BtMG eine derartige Pflicht hineininterpretieren will. Da der Gesetzgeber es bisher unterlassen hat, eine Pflicht zur Sicherstellung des verschreibungsgemäßen Gebrauchs zu statuieren, obwohl er zwischenzeitlich auch die Substitutionsbehandlung ausdrücklich anerkannte, er zum diesbezüglichen Tätigwerden also die entsprechende Gelegenheit hatte, läßt den Schluß zu, daß er dies auch nicht wollte. Insoweit kann die Exekutive nunmehr im Verordnungswege nicht regeln, wie das Postulat nach der Gewährleistung von Einnahmekontrollen praktisch umgesetzt werden soll, wenn das Gesetz diese Regelung überhaupt nicht vorsieht. Nur wenn der Gesetzgeber eine

---

1 Vgl. BVerfGE 41, 251; Schmidt-Bleibtreu/Klein, Art. 80, Rz. 2.
2 Vgl. Schmidt-Bleibtreu/Klein, Art. 80, Rz. 12.
3 Siehe oben 4.1.3.5.3.2.

derartige Regelung in das BtMG aufnähme und den Verordnungsgeber gleichzeitig ermächtigte, konkrete Maßnahmen zur Durchführung des gesetzgeberischen Postulats nach Einnahmekontrollen zu beschließen, ungeachtet jetzt der Frage, ob dies (verfassungs-)rechtlich zulässig bzw. praktisch sinnvoll wäre, wäre hierdurch dem Gedanken des Art. 80 Abs. 1 GG genüge getan. Denn erst dann könnte die Rede davon sein, daß die Ermächtigungsgrundlage hinreichend deutlich sei. Zwar könnte hiergegen eingewendet werden, daß es gesetzesergänzende und gesetzesändernde Rechtsverordnungen gebe und bei der BtMVV es sich gerade um eine solche handele. Zwar sind solche Verordnungen in der Staatspraxis tatsächlich seit langer Zeit üblich.[1] Jedoch sind sie auf Ausnahmefälle beschränkt und im übrigen müssen sie verfassungsrechtlich oder normalgesetzlich besonders zugelassen werden, indem der Ausnahmevorbehalt im ermächtigenden Gesetz selbst angelegt ist.[2] Dieses Erfordernis weist § 13 Abs. 3 BtMG indessen nicht auf.

Da sich der Verordnungsgeber im § 2a Abs. 3 u. 4 BtMVV über den in § 13 Abs. 3 BtMG vorgegebenen Ermächtigungsrahmen hinweggesetzt hat, hat er einen materiellen Fehler begangen, weshalb zumindest die beanstandeten Vorschriften als nichtig anzusehen sind.[3]

4.1.6 Fazit

1. Die Substitutionstherapie mittels eines Betäubungsmittels war, wie dargelegt, trotz oft gegenteiliger Ansichten in den juristischen Erläuterungswerken und im sonstigen juristischen Schrifttum spätestens seit dem Grundsatzurteil des BGH vom 8. Mai 1979 grundsätzlich zulässig. Der entscheidende Beitrag des höchstgerichtlichen Beschlusses vom 17. Mai 1991 bestand dagegen darin, daß er die bereits vorher bestehende Rechtslage wesentlich klarer herausstellte. Nachdem jetzt auch der Gesetzgeber durch eine einschlägige Ergänzung des § 13 Abs. 1 BtMG für eine diesbezügliche Klar-

---

1 Vgl. Ossenbühl 1988, Bd. III, § 64, Rz. 21 f.; AK/GG/Ramsauer, Art. 80, Rz. 41 f.

2 Vgl. Maunz/Düring/Maunz, Art. 80, Rz. 8; Ossenbühl 1988, Bd. III, § 64, Rz. 22; AK/-GG/Ramsauer, Art. 80, Rz. 41.

3 Zu fehlerhaften Rechtsverordnungen siehe Ossenbühl 1988, Bd. III, § 64, Rz. 72 f.

stellung sorgte, dürften jetzt auch diejenigen Stimmen verstummen, die trotz der letzten Stellungnahme des BGH zur strafrechtlichen Zulässigkeit der ambulanten Levomethadonbehandlung immer noch eine generelle Unvereinbarkeit dieser Therapieform mit dem Gesetz sahen. Dem rechtlichen Ansatz des BGH zufolge bedarf es zur Bejahung der Begründetheit im Sinne des § 13 Abs. 1 BtMG nach wie vor neben der therapeutischen Geeignetheit und Erforderlichkeit ebenso der Gewährleistung des verschreibungsgemäßen Gebrauchs. Gerade die Verknüpfung der Indikationsstellung mit der Beachtung der Durchführungskautelen erweist sich vielfach als problematisch. Zunächst erscheint die Annahme begründet, daß hierdurch das Gesetzlichkeitsprinzip im Sinne des Art. 103 Abs. 2 GG zum Teil außer Kraft gesetzt wird. Zum anderen scheint der BGH die nach dem BtMG vorgesehene Funktionsteilung zwischen dem Arzt und dem Apotheker sowie dem Patienten weitgehend aus den Angeln zu heben, wenn er fordert, daß die Einnahme des Medikaments nur unter seiner Aufsicht oder der seiner zuverlässigen Hilfspersonen zu erfolgen hat, denn damit wird die im Gesetz offenbar gemeinte Form der Verschreibung als die ärztliche Anweisung an einen Apotheker, dem Patienten freie Verfügungsgewalt an dem Mittel zu gewähren, völlig ausgehöhlt. Dies ist auch kaum geeignet, das Vertrauen in das Gesetz zu stärken und noch weniger in den Rechtsstaat, wenn die höchstrichterliche Rechtsprechung die im § 13 BtMG an sich vorgesehene und erlaubte Abgabe von Betäubungsmitteln an die Patienten eliminiert und eine Handlung, die mit dem Gesetzeswortlaut im Einklang steht, mit Strafe belegt.[1]

2. Die Beantwortung der Frage nach der Begründetheit einer Betäubungsmittel-Verschreibung an Drogenabhängige ist in Anwendung der allgemeinen Grundsätze ärztlicher ordnungsgemäßer Tätigkeit vorzunehmen. Dabei ist genau darauf zu achten, daß die grundrechtlich garantierte Therapiefreiheit des substituierenden Arztes respektiert wird. Eine Betäubungsmittel-Verschreibung ist mithin gemäß § 13 Abs. 1 BtMG begründet, wenn sie im Rahmen allgemeiner ärztlicher Aufgabenstellung erfolgt, sie also zur Heilung, Linderung etc. aus der Sicht ex ante angezeigt erscheint. Darüber

---

1 Vgl. Haffke 1989, 74 f.

hinaus muß sie gemäß Satz 2 dieser Vorschrift erforderlich sein. Demgegenüber fällt die "Sicherstellung des verschreibungsgemäßen Gebrauchs", wie vom BGH fälschlich gefordert, nicht unter den Begriff der Begründetheit. Diesem Gesichtspunkt kommt u.U. eine Bedeutung im Zusammenhang mit der Strafbarkeit nach dem StGB zu.

Die Ersatzdrogenbehandlung erscheint vor allem aus rein medizinischen Gründen gerechtfertigt. Das Vorliegen der entsprechenden Indikationen ist jedoch nicht nur dann zu bejahen, wenn die therapiewilligen Drogenabhängigen bereits schwerwiegende somatische und psychische Schädigungen aufweisen bzw. bereits HIV-infiziert oder gar schon von der ausgebrochenen AIDS-Krankheit, wie es die ärztlichen Standesvertretungen propagieren, gezeichnet sind, sondern auch dann, wenn es darum gehen soll, sie vor solchen oft tödlich verlaufenden Erkrankungen zu schützen. Verhütung von Krankheiten gehört nämlich ebenfalls zu den ureigensten Aufgaben der Ärzteschaft. Zudem lassen die bisherigen Erfahrungen mit der Substitutionstherapie mittels Methadon/Levomethadon den Schluß zu, daß auch diese Therapiemethode die Krankheit "Drogensucht" zu heilen geeignet ist, was zu der Feststellung berechtigt, daß nicht nur die Sekundärleiden oder auch die akute AIDS-Gefahr die den ärztlichen Eingriff rechtfertigenden Indikationen darstellen, sondern ebenso die primäre Krankheit "Drogensucht". Insoweit ist auch die Frage der Zulässigkeit der Erhaltungstherapie nicht unbedingt von der Zulässigkeit der sozialmedizinischen Indikationen abhängig zu machen. Sofern in diesem Zusammenhang auch noch die vorliegenden Erkenntnisse zum lebensgeschichtlichen Verlauf der Abhängigkeit berücksichtigt werden, dürfte einer prinzipiellen Zulässigkeit auch der Erhaltungstherapie ungeachtet der sozialen Indikationen nichts mehr im Wege stehen.

Das Vorliegen der sozialmedizinischen Indikationen, wie etwa die Befreiung des Opiatabhängigen vom Zwang zur Beschaffungskriminalität, macht gleichwohl den ärztlichen Eingriff rechtmäßig. Dies ergibt sich zum einen aus der Tatsache, daß die Medizin der Gegenwart neben den biologischen auch noch die psychischen und sozialen Komponenten umfaßt, was zu einer Ausweitung der ärztlichen Kompetenz bis hin in die Bereiche des Sozialen führt und zum anderen aus dem Wortlaut des § 13 Abs. 1 BtMG, der nicht mehr explizit eine "ärztliche" Begründetheit der Betäubungsmittel-Verschreibung fordert.

3. Auch die Entscheidung, ob die indizierte Betäubungsmittel-Verschreibung in dem jeweiligen Einzelfall erforderlich war, fällt in die Sachkompetenz des Arztes und kann ihm nicht hoheitlich verordnet werden. Dies umso mehr, als es derzeit keine Drogentherapie gibt, die sich als allen anderen Therapieformen eindeutig überlegen erwiesen hätte. Die dem Arzt zustehende Methodenwahl findet jedoch dort ihre Grenzen, wo der Patient einen entgegengesetzten Willen hat und eine andere Methode favorisiert. Dann ist der Arzt verpflichtet, diesen Willen zu respektieren und ihm u.U. Folge zu leisten.

4. Die von den ärztlichen Berufsorganisationen, allen voran der Bundesärztekammer, erlassenen Richtlinien zur Substitutionsbehandlung binden die substituierenden Ärzte weder strafrechtlich, wie der BGH dies in seiner jüngsten Entscheidung feststellte, noch berufsrechtlich in der Weise, daß ein Verstoß dagegen berufsrechtliche Konsequenzen, wie z.B. den Entzug der Approbation, nach sich ziehen könnte.
   Die NUB-Richtlinien dagegen schränken die ärztliche Therapiefreiheit in einer nicht zu rechtfertigenden Weise ein. Sie verkürzen zum anderen bereits von ihrem Wortlaut her die Möglichkeiten ärztlicher Hilfeleistung erheblich. Schließlich vermögen sie sich de facto dahin auszuwirken, daß objektiv gebotene Behandlungsmaßnahmen unterbleiben, weil die Ärzte stets mit der Möglichkeit zu rechnen haben, daß die Behandlungskosten von den Kassen nicht übernommen oder sie in Regreß genommen werden. Nach allem drängt sich die Vermutung auf, daß sie gegen die guten Sitten verstoßen, was sie wiederum anfechtbar machen dürfte.

5. Die Neufassung der BtMVV, die am 1. Februar 1993 in Kraft trat, hat die Erwartungen gerade in bezug auf die Substitutionsbehandlung nicht erfüllt. Zwar ist die Anhebung der zu verschreibenden Betäubungsmittel-Höchstmengen insgesamt positiv zu bewerten, jedoch als vollkommen unbefriedigend erweist sich die vom Verordnungsgeber im § 2a vorgenommene Kodifizierung der Fragen der Substitutionsdurchführung. Außer einer Reihe inhaltlicher Unzulänglichkeiten weist § 2a vor allem eine Verletzung des

Art. 80 Abs. 1 GG auf, soweit der Verordnungsgeber in den Absätzen 3 und 4 die Einzelheiten der Durchführung der Verpflichtung zur Gewährleistung des verschreibungsgemäßen Gebrauchs regelt. Die Regelung dieser Materie ist vom Ermächtigungsrahmen des § 13 Abs. 3 BtMG nicht mehr gedeckt. Eine diesbezügliche Befugnis ergibt sich auch nicht aus dem Gesetzeszusammenhang. Dies wäre nur in dem Falle zu bejahen, wenn das BtMG eine derartige Pflicht statuieren würde. Solange jedoch der Gesetzgeber eine soweit gehende Einschränkung der ärztlichen Therapiefreiheit selbst nicht vornehmen will, abgesehen von der Frage, ob dies überhaupt wünschenswert wäre, darf die Exekutive von Verfassungs wegen nicht so tun, als ob der Ermächtigungsgeber diesbezüglich bereits tätig geworden wäre und sie zur Beschließung der zur Durchsetzung dieses Vorhabens nötigen Maßnahmen ermächtigte. Daß die Frage der Begründetheit im Sinne des § 13 Abs. 1 BtMG bisher regelmäßig von der Einhaltung der Einnahmekontrollen abhängig gemacht wurde, ist das Ergebnis der, wie bereits vorstehend dargelegt, unzutreffenden höchstrichterlichen Rechtsprechung, nicht jedoch das der gesetzgeberischen Normsetzung.

4.2 Die Regelung nach dem StGB

4.2.1 Die juristische Ausgangsbasis

Es ist seit langem allgemein anerkannt, daß die Substitutionstherapie nicht nur mit Rücksicht auf das BtMG, sondern genauso im Hinblick auf das StGB rechtliche Relevanz erlangen kann. Denn während das BtMG nur im Falle einer Substituierung mit einem Betäubungsmittel zur Anwendung kommen kann, kann das StGB auch dann zum Einsatz kommen, wenn es sich bei der Substitution um ausgenommene Zubereitungen im Sinne des § 2 Abs. 1 Nr. 3 BtMG der in Anlage II zu § 1 Abs. 1 BtMG aufgeführten Stoffe handelt. Dementsprechend ist bei der ärztlichen Anwendung aller anderen nicht als Betäubungsmittel zu qualifizierenden (suchterzeugenden) Medikamente lediglich das StGB von Bedeutung, wenn, und hier liegt einer der grundlegenden Unterschiede zu der

Strafbarkeit nach dem BtMG, aus dieser ärztlichen Tätigkeit eine Schädigung an Leben und Gesundheit des Patienten resultiert. Es muß also ein bestimmter Verletzungserfolg als Folge der Behandlung gegeben sein, damit das StGB mit seinen Körperverletzungsdelikten (§§ 223, 230) eingreifen kann. Demgegenüber ist die Strafbarkeit nach dem BtMG erfolgsunabhängig. Der § 29 Abs. 1 Nr. 6 stellt bereits die Durchführung einer ärztlich nicht begründeten Behandlung an sich unter Strafe. Dabei gilt spätestens seit der Entscheidung des RG vom 15. April 1943, daß nicht nur die unmittelbare ärztliche Anwendung von Arzneimitteln wie Injektionen und Verabreichungen den Tatbestand der Körperverletzung oder gar der Tötung (§ 222 StGB) erfüllen kann, sondern auch die Verschreibungen.[1] Demgemäß werden ärztliche Substituierungen mit dem codeinhaltigen Präparat Remedacen regelmäßig anhand des StGB dahingehend überprüft, ob die drogenabhängigen Patienten an der Gesundheit geschädigt wurden, oder, falls sie in der Zeit der Substitutionsbehandlung verstarben, ob dem Arzt deswegen der Vorwurf der fahrlässigen Tötung nach § 222 StGB zu machen ist. Der Gesichtspunkt der fahrlässigen Tötung erfährt in der vorliegenden Arbeit aber keine gesonderte eingehende Abhandlung, da deren rechtliche Problematik weitgehend in der fahrlässigen Körperverletzung aufgeht, die zu gegebener Zeit ausführlich besprochen wird.

Das StGB kommt aber auch bei der ärztlichen Substituierung mittels eines Betäubungsmittels zum Tragen. Nach überwiegender Auffassung steht die nicht begründete Anwendung von Levomethadon oder anderen Betäubungsmitteln regelmäßig in Tateinheit mit dem Tatbestand der Körperverletzung, da es durch die Anwendung von Betäubungsmitteln zu einer Schädigung kommen könne, und zwar, so die gängigen Begründungen, auf geistigem Gebiet, weil das Betäubungsmittel den Betroffenen in einen Rauschzustand versetze, bei dem das Bewußtsein gegenüber dem gesunden Zustand verändert werde und auf körperlichem Gebiet, da es nach Abklingen der Wirkung Übelkeit verursache und zur Suchtbildung führen könne.[2] Im Gegensatz dazu soll eine ärztlich begründete Verwendung von Betäubungsmitteln im Sinne des § 13 Abs. 1 BtMG nicht als

1 Siehe RGSt 77, 17, 18.

2 Siehe BGH NJW 1970, 519; Endriß/Malek 1986, Rz. 261; Ulsenheimer 1992a, § 147, Rz. 22, 24; Hügel/Junge/Winkler, § 29, 1.1 Rz. 16.2.5.

eine Körperverletzung strafbar sein.[1] Dies erscheint folgerichtig und verdient Zustimmung solange, als man die Rechtmäßigkeit der Begründetheit einer ärztlichen Betäubungsmittel-Verschreibung in Übereinstimmung mit der Rechtsprechung des BGH außer von der Indiziertheit und Erforderlichkeit auch noch von der Einhaltung der Durchführungskautelen, hier insbesondere von der Gewährleistung des verschreibungsgemäßen Gebrauchs abhängig macht. Denn nach dieser Auslegung ist in dem Gesamturteil "ärztlich begründet" gleichzeitig auch eine gewisse Bewertung betreffend die Einhaltung der allgemeinen Sorgfaltspflichten enthalten und zwar im positiven Sinne. Andernfalls wäre die Betäubungsmittel-Verschreibung nicht mehr begründet. Wenn man aber der hier vertretenen Auffassung folgt, daß der Begründetheitsbegriff des § 13 Abs. 1 BtMG die die Durchführung der Substitutionstherapie betreffenden Maßnahmen/Sorgfaltspflichten nicht mehr erfaßt, sondern lediglich ein Synonym für ärztliche Indiziertheit darstellt, dann sieht die rechtliche Situation schon anders aus. Dann sagt das Urteil "ärztlich begründet" im Hinblick auf § 13 Abs. 1 BtMG bloß aus, daß der Arzt eine verantwortliche Therapiewahl unter Beachtung der allgemeingültigen Regeln der Diagnostik vornahm und auf der Grundlage seiner Diagnose entschied, ob das in Frage stehende Mittel zur Heilung, Linderung etc. gerade dieses Krankheitszustandes geeignet war. Das darüber hinausreichende Behandlungsstadium, also die Aufnahme der regelmäßigen Medikation sowie deren Ausgestaltung im einzelnen unterfallen indes nicht mehr dem Begründetheitsbegriff des § 13 Abs. 1 BtMG. Damit ist freilich noch nichts über die Frage der Strafbarkeit etwa wegen der Nichteinhaltung der Urinkontrollen entschieden. Denn die Nichtbeachtung dieser Behandlungskautel kann u.U. mit Rücksicht auf die Körperverletzungsdelikte rechtliche Bedeutung erlangen, wenn sich vorher ein Verletzungserfolg einstellte. Inwieweit u.a. diese Überlegungen tatsächlich zutreffen, darüber sollen die nachfolgenden Untersuchungen Aufschluß geben.

Nach überwiegender Auffassung kann eine Körperverletzung entweder vorsätzlich oder fahrlässig verursacht werden. Danach handelt ein Arzt, der ein Opiat zu Heil- oder Linderungszwecken verschrieben hat, nicht vorsätzlich im Sinne des § 223 StGB, auch wenn er sich bewußt ist, daß er von den anerkann-

---

1 In diesem Sinne u.a. Schumacher 1989, 183.

ten Regeln ärztlicher Wissenschaft abweicht und so eine nicht ärztlich begründete Verschreibung ausstellt. Wußte der Arzt hingegen, daß der Patient als Folge der mißbräuchlichen Verwendung des Betäubungsmittels einen Gesundheitsschaden erleidet, dann soll der Arzt diese Schädigung in seinen Willen aufgenommen und folglich vorsätzlich begangen haben, auch wenn er subjektiv Heilzwecke verfolgte. Fahrlässige Körperverletzung kommt nach der geltenden Auffassung nur dann in Betracht, wenn der Arzt bei pflichtgemäßer Überlegung mit gesundheitlichen Nachteilen der Substitutionsbehandlung rechnen mußte, damit aber nicht gerechnet hat[1], oder wenn er bei der Verschreibung des Betäubungsmittels die Drogenabhängigkeit seines Patienten übersieht.[2]

4.2.2 Die ärztliche Verordnung von Substitutionsmitteln als eine vorsätzliche Körperverletzung im Sinne des § 223 StGB

Die strafrechtliche Beurteilung der ärztlichen Heilbehandlung als Körperverletzung ist bis auf den heutigen Tag ungemein kontrovers. Seit der Entscheidung des RG vom 31. Mai 1894 ist jede ärztliche, die Integrität des Körpers berührende Maßnahme tatbestandliche Körperverletzung und zwar gleichgültig, ob erfolgreich oder mißglückt, kunstgerecht oder fehlerhaft. Sie bedarf daher jeweils einer besonderen Rechtfertigung, die in der Regel durch eine Einwilligung des Patienten erbracht werden kann.[3] Denn der Patient räume, so das RG, dem Arzt nicht eine "unbeschränkte Gewaltherrschaft" über seine Person ein.[4] Dieser Auffassung hat sich in der Folgezeit auch der BGH angeschlossen, da er keine Veranlassung zu sehen glaubte, "die hiergegen im Schrifttum gemachten Einwände zu erörtern".[5] Bis heute zeigt der BGH keinerlei Bereitschaft, von der schematischen Annahme einer Körperverletzung bei jeglicher

---

1 Vgl. RGSt 77, 18 f.; siehe auch AG Landau MedR 1990, 97,99, das den Tatbestand des § 223 StGB schon dann verneint, wenn der Arzt "mit dem Willen und in dem Bewußtsein, die krankhafte Drogensucht seines Patienten heilend zu beeinflussen", selbst "wenn seine Heilmethode objektiv die Grundlagen der medizinischen Heilkunst verläßt, mit Lehre, Wissenschaft oder anerkannter Praxis nicht mehr zu vereinbaren wäre."

2 Vgl. Ulsenheimer 1992a, § 147, Rz. 23.

3 Siehe RGSt 25, 375.

4 Siehe RGSt 25, 375, 382.

5 Siehe BGHSt 11, 111, 112.

Heilbehandlung abzurücken. Der Grund hierfür wurzelt nach überwiegender Auffassung in kriminalpolitischen Erwägungen. Es läßt sich nämlich nicht von der Hand weisen, daß die eigenmächtige Heilbehandlung, wenn sie nicht unter § 223 subsumiert werden würde, nur der Strafbarkeit wegen Freiheitsberaubung und Nötigung (§§ 239, 240 StGB) zugänglich sein würde. Es entstände dann eine Strafbarkeitslücke, da die in Frage kommenden Tatbestände nicht alle strafwürdigen und strafbedürftigen Fälle erfassen würden.[1] Es stellt sich aber die Frage, ob der Schutz des Selbstbestimmungsrechts über den § 223 StGB trotz der offenbar bestehenden kriminalpolitischen Notwendigkeiten rechtlich haltbar ist. Dies dürfte erheblichen Zweifeln unterliegen. Der § 223 StGB soll nämlich nicht das selbständige Schutzgut "Selbstbestimmungsrecht" schützen, sondern, wie sich aus seinem Wortlaut eindeutig ergibt, nur die körperliche Integrität. Da durch eine ärztliche Heilbehandlung ohne rechtswirksame Einwilligung des Patienten nur dessen Willensentschließungsfreiheit verletzt wird, findet hier eine unzulässige Rechtsgütervermengung statt.[2] Wie bereits in einem anderen Zusammenhang konstatiert wurde, es ist der Rechtsprechung verwehrt, bestehende Strafbarkeitslücken selbst zu schließen und damit Aufgaben der Legislative zu übernehmen.[3] Soweit sie dies dennoch tut, geschieht dies unter einem Verstoß gegen den verfassungsrechtlich verankerten Grundsatz nullum crimen sinne lege (Art. 103 Abs. 2 GG).[4] Mithin bleibt mit anderen Autoren[5] zu fordern, daß der BGH diesen rechtswidrigen Zustand durch eine Abkehr von seiner Rechtsprechung in bezug auf die strafrechtliche Bewertung des ärztlichen Heileingriffs beendet und so den Gesetzgeber zu einem diesbezüglichen Tätigwerden, indem er beispielsweise den dringend notwendig erscheinenden Tatbestand der eigenmächtigen Heilbehandlung in das StGB einfügt, etwa vergleichbar dem österreichischen Beispiel[6], geradezu zwingt.

---

1 Vgl. Kaufmann 1961, 373 f.; Lenckner 1986, 593; v. Gerlach 1989, 17; LK/Hirsch, vor § 223, Rz. 6.
2 Vgl. Eser 1985, 17 f.; v. Gerlach 1989, 17.
3 Siehe oben S. 295 f.; in diesem Sinne offenbar auch Ulsenheimer 1992a, § 138, Rz. 4.
4 So auch Kaufmann 1961, 374; LK/Hirsch, vor § 223, Rz. 6; Bockelmann 1981, 114; Ulsenheimer 1992, § 138, Rz. 4; Dreher/Tröndle, § 223, Rz. 96.
5 So u.a. Kaufmann 1961, 374; Böllinger 1989a, 405; Ulsenheimer 1992a, § 138, Rz. 10.
6 Nach § 110 ÖStGB wird ausschließlich das Selbstbestimmungsrecht des Patienten gegen Heilbehandlungen ohne Einwilligung geschützt, hierzu ausführlich siehe Zipf 1979, 577 ff.

Es sollte in diesem Zusammenhang auch nicht unerwähnt bleiben, daß es über die kriminalpolitischen Argumentationsweisen hinaus ebenfalls nicht an Versuchen mangelt, die Rechtsprechung zum ärztlichen Heileingriff vom Gesetz her zu begründen. Dabei wird in der Regel geltend gemacht, daß der Patient häufig im Zwischenstadium durch einen Eingriff von außen in seiner körperlichen Leistungsfähigkeit und Funktionsfähigkeit mehr oder weniger beeinträchtigt worden sei.[1] Der ärztliche Heileingriff sei vielfach mit einem "Mißhandeln" verbunden, denn selbst wenn der Eingriff am Ende erfolgreich gewesen sei, so ändere dies nichts dran, daß der Arzt dem Patienten zunächst weh tun müsse.[2] Diese Begründung vermag in keinster Weise zu überzeugen. Es handelt sich hier um juristischen Formalismus, der Ablehnung verdient. Denn Gegenstand der juristischen Wertung kann nur das Gesamtergebnis des Heileingriffs sein und nicht die einzelnen Teilakte der Behandlung wie Injektion, Schnitt, Amputation oder in bezug auf die Substitutionstherapie solche wie die chemische Einwirkung auf die Synapsen, potentielle Suchterzeugung oder Suchtaufrechterhaltung. Der Zweck des Eingriffs besteht nämlich nicht in einer Zufügung vieler nacheinander folgender Gesundheitsschädigungen bzw. in einer Vornahme von körperlichen Mißhandlungen, sondern in der Herbeiführung eines bestimmten positiven Gesamtergebnisses, was einen Vergleich zwischen dem Gesundheitszustand des Patienten vor und nach der Behandlung erfordert.[3] Nicht das rein äußere Erscheinungsbild ist hierbei maßgebend, sondern die, wie *Eb. Schmidt* es ausdrückt, "soziale Sinnhaftigkeit" der Behandlung eines Kranken.[4]

Das überwiegende Schrifttum lehnt dagegen die Auffassung der Rechtsprechung zur strafrechtlichen Bewertung des ärztlichen Heileingriffs ab. So sehr Übereinstimmung in den Reihen des Schrifttums hinsichtlich einer grundsätzlichen Ablehnung des judikativen Ansatzes herrscht, so kontrovers gestalten sich jedoch die strafrechtlichen Lösungsvorschläge im einzelnen. In der Zwischenzeit haben sich aus der Fülle aller möglichen rechtlichen Einzelansichten zwei grundlegende theoretische Ansätze herauskristallisiert, die für die strafrechtliche Beurteilung der ärztlichen Heilbehandlung jeweils zwei unterschiedliche An-

---

1 Vgl. Lenckner 1986, 593.
2 Vgl. Lenckner 1986, 594.
3 So auch Böllinger 1989a, 406.
4 Siehe Schmidt 1939, 71.

knüpfungspunkte als entscheidend betonen und jeweils breite Gefolgschaft von seiten des namhaften Schrifttums gefunden haben. Während die "Handlungstheorie" für die Bewertung der ärztlichen Maßnahme auf den Zeitpunkt ihrer Vornahme abstellt und die tatsächlichen Auswirkungen selbst außer Betracht läßt, unterscheidet die "Erfolgstheorie" zwischen gelungenem und mißlungenem Heileingriff. Ersterenfalls kommt es entscheidend auf den subjektiven Heilwillen an, so daß bei richtiger ärztlicher Indikation und kunstgerechtem Verhalten des Arztes der Tatbestand der Körperverletzung bzw. Tötung entfallen soll.[1] Letzterenfalls dagegen ist die erfolgreiche ärztliche Maßnahme, die die Gesundheit des Patienten wiederherstellt, erhält oder sichert wegen Tatbestandslosigkeit keine Körperverletzung und daher nicht strafbar und zwar unabhängig davon, ob der Arzt den Patienten aufgeklärt und dieser wirksam eingewilligt hat.[2]

Im Ergebnis ist der h.L. beizupflichten, daß der Ansatz der Rechtsprechung zum ärztlichen Heileingriff absolut unhaltbar ist. Jedoch vermag auch die h.L., sofern sie auf das Gelingen des Eingriffs abstellt, nicht gänzlich zu überzeugen. Dies resultiert aus dem Umstand, daß nicht alle Behandlungsarten in bezug auf das Ergebnis der Behandlung ein eindeutiges Urteil als "gelungen" bzw. "mißlungen" zulassen, sondern erst einer Einigung darüber bedürfen, was als Behandlungsziel gelten soll. Da ein vollkommen subjektiver Bewertungsmaßstab, indem hierbei als entscheidend die Wohlbefindensäußerung des Patienten bzw. die subjektive Beurteilung des behandelnden Arztes angesehen wird, zu kurz greift, sondern ebenso objektiver Kriterien bedarf, wird das Problem der Festlegung des Behandlungsergebnisses, von dem letztlich die rechtliche Entscheidung über die Annahme einer Körperverletzung und damit über die Strafbarkeit des behandelnden Arztes abhängt, besonders im Kontext der Therapie der Drogenabhängigkeit augenscheinlich. Gerade bei der medikamentengestützten Drogentherapie kann es im Einzelfall strittig sein, welchem Ziel die Behandlung primär dienen soll, ob also die Drogenfreiheit oder zunächst eine psycho-soziale Stabilisierung mit einer Heilung und Linderung der Sekundärleiden im Mittelpunkt ärztlicher Tätigkeit stehen soll. Überdies dürfte es ungemein schwierig sein, verbindlich festzulegen, welcher Zeitpunkt nach Aufnahme der

---

1 Vgl. Schmidt 1939, 70 f.; LK/Hirsch, vor § 223, Rz. 5.
2 Vgl. Kaufmann 1961, 371 ff.; Dreher/Tröndle, § 223, Rz. 9b m.w.N.; Schönke/Schröder/Eser, § 223, Rz. 30 ff. m.w.N.

Behandlung für die Entscheidung hinsichtlich der strafrechtlichen Haftung maßgeblich sein sollte, da das Behandlungsziel je nach der Persönlichkeit des Patienten einmal früher und einmal später erreicht werden kann. Um also diesen rechtlichen Unwegbarkeiten zu entgehen, wäre es ratsam, bei der strafrechtlichen Bewertung des ärztlichen Heileingriffs nicht auf konsistente Erfolgs- oder Behandlungsziel-Definitionen zurückzugreifen, sondern lediglich darauf zu achten, daß die typischen ärztlichen Sorgfaltspflichten eingehalten wurden.[1]

Im weiteren Verlauf der vorliegenden Arbeit soll jedoch von dem geltenden Konsens der Rechtsprechung ausgegangen werden, wonach jeder ärztliche Eingriff eine Körperverletzung darstellt, die erst auf der Ebene der Rechtswidrigkeit durch eine rechtswirksame Einwilligung gerechtfertigt wird. Eine derartige Herangehensweise legt nicht zuletzt die Überlegung nahe, daß in absehbarer Zeit eine Abkehr der Rechtsprechung von ihrem bisherigen Ansatz im Sinne der h.L nicht zu erwarten ist und sich daher eher ein Praxisbezug herstellen läßt.

4.2.2.1 Tatbestandsmäßigkeit

4.2.2.1.1 Erfolgseintritt - Körperverletzung

4.2.2.1.1.1 Allgemeines

Der Tatbestand des § 223 ist als erfüllt anzusehen, wenn der Täter durch sein Verhalten eine der beiden darin beschriebenen Tatmodalitäten verwirklichte, nämlich entweder die "körperliche Mißhandlung" oder die "Gesundheitsbeschädigung". Damit ist der Tatbestand der Körperverletzung erschöpfend geregelt, mit der Folge, daß jeder der beiden Begriffe das ganze Spektrum der Körperverletzungsgrade umfaßt, wobei sie im Verhältnis zweier sich schneidender

1 So auch Böllinger 1989a, 406.

Kreise selbständig nebeneinander stehen.[1] Unter körperlicher Mißhandlung versteht man im allgemeinen eine üble, unangemessene Behandlung, durch die das Opfer in seinem körperlichen Wohlbefinden in mehr als nur unerheblichem Grade beeinträchtigt wird.[2] Demgegenüber ist unter Gesundheitsbeschädigung jedes Hervorrufen oder Steigern eines krankhaften Zustandes[3] bzw. jede Störung der ordnungsmäßigen körperlichen Funktionen zu verstehen.[4] Im Zusammenhang mit der ärztlichen Verschreibung von Ersatzdrogen an Drogenabhängige ist lediglich die zuletztgenannte Tatmodalität von Bedeutung. Denn durch die Einnahme des Ersatzmittels wird in aller Regel das Wohlbefinden des Patienten, dessen Entzugsschmerzen beseitigt werden, erhöht, geschweige denn erheblich beeinträchtigt[5], womit eine körperliche Mißhandlung ausscheidet. Demgemäß sind in der Vergangenheit in weit überwiegender Mehrzahl der zur Anklage gebrachten Substitutionsfälle vor allem angebliche Gesundheitsbeschädigungen der drogenabhängigen Patienten von seiten der Anklagebehörden geltend gemacht worden, wobei die erkennenden Strafgerichte nicht selten dieser Auffassung Folge geleistet und die angeklagten Ärzte verurteilt haben. Jedoch nicht jede Beeinträchtigung des Gesundheitszustandes, wie etwa die Herbeiführung leichter Kopfschmerzen durch übermäßigen Lärm, rechtfertigt die Annahme der Tatbestandsmäßigkeit im Sinne des § 223 StGB. Diese erfordert vielmehr, daß ein bestimmter Intensitätsgrad an Gesundheitsbeschädigung vorliegt, damit die so entstandene pathologische Verfassung strafrechtliche Relevanz erlangen kann.[6] Auf dem Hintergrund der Definition der Gesundheitsbeschädigung und der Tatsache, daß bei einer ordnungsgemäßen Substituierung in aller Regel eine dramatische Verbesserung des körperlichen und psychischen Gesundheitszustandes der Patienten zu beobachten ist[7], wobei etwaige als

---

1 Vgl. Schönke/Schröder/Eser, § 223, Rz. 2; LK/Hirsch, § 223, Rz. 4; Dreher/Tröndle, § 223, Rz. 2.

2 Vgl. Schönke/Schröder/Eser, § 223, Rz. 3; LK/Hirsch, § 223, Rz. 6 m.w.N.; Dreher/-Tröndle, § 223, Rz. 3 m.w.N.

3 Vgl. Schönke/Schröder/Eser, § 223, Rz. 5; LK/Hirsch, § 223, Rz. 11, m.w.N.; Dreher/-Tröndle, § 223, Rz. 6.

4 Vgl. BGH NJW 1983, 462.

5 Vgl. Moll 1990, 261 u. Fn. 1.

6 Vgl. LK/Hirsch, § 223, Rz. 15 m.w.N.; Schönke/Schröder/Eser, § 223, Rz. 4a; Ulsenheimer 1992a, § 139, Rz. 15.

7 Siehe oben S. 227 ff.

gering einzuschätzende Nebenwirkungen der Behandlung, wie vorerwähnt, außer Betracht zu bleiben haben, erscheint außerordentlich zweifelhaft, ob wegen eines eventuellen Fehlens einer Rechtsgutverletzung und somit mangels Tatbestandsmäßigkeit eine Körperverletzung im Sinne des § 223 StGB überhaupt angenommen werden kann. Hierbei dürfte ausschlaggebend sein, wie die Begriffe Gesundheit und Krankheit im einzelnen definiert werden. Es taucht hier also das gleiche Problem auf, das im Zusammenhang mit der Strafbarkeit nach § 13 Abs. 1 BtMG, genaugenommen im Hinblick auf die sozialen Indikationen von überragender Bedeutung war, nämlich die Frage nach dem rechtspolitischen Verständnis der modernen Medizin einerseits und des gesellschaftlichen Phänomens "Drogenabhängigkeit", das heute, wie in den vorausgegangenen Ausführungen bereits dargelegt, allgemein als Krankheit, also als ein pathologischer Zustand definiert wird, andererseits. Inwieweit u.a. diesen Fragestellungen auch im vorliegenden Zusammenhang rechtliche Bedeutung zukommt, wird im folgenden zu untersuchen sein.

4.2.2.1.1.2 Gesundheitsbeschädigung durch Verordnung von Substitutionsmitteln?

4.2.2.1.1.2.1 Entwicklung der Rechtsprechung

Mit der Frage, wann ein Arzt im Rahmen der Behandlung einer Krankheit eine rechtsrelevante Körperverletzung begeht, hat sich das RG recht früh befaßt. So hat es in dem Urteil vom 20. Mai 1889 festgestellt, daß nicht nur die Beschädigung einer noch intakten Gesundheit zur Strafbarkeit nach § 223 StGB führe, sondern auch die Verschlimmerung der Gesundheit.[1] Diesen Grundsatz übertrug das RG fast vier Jahrzehnte später in seiner Entscheidung vom 23. November 1928 auch auf die Problematik der ärztlichen Verschreibung von unter das OpiumG vom 20. Dezember 1920 fallenden Substanzen, indem es die Auffassung vertrat, daß von einer Anwendung eines Mittels dort nicht gesprochen werden könne, wo eine schwere Krankheit (Rauschgiftsucht), deren Beseitigung

1 Siehe RGSt 19, 226, 227; dieser Rechtsprechung hat sich der BGH angeschlossen, siehe BGH NJW 1960, 2253.

an sich möglich sei, "durch die lediglich der Beseitigung oder Linderung von Folgeerscheinungen dienende regelmäßige Fortgewährung des Mittels *unterhalten* oder gar *gesteigert* wird."[1] Daß nicht nur die unmittelbare ärztliche Anwendung eines Arzneimittels am menschlichen Körper (z.B. Injektionen) den Tatbestand der Körperverletzung erfüllen könne, sondern desgleichen ärztliche Verschreibungen von Opiaten, hat das RG auch in der Folgezeit vertreten.[2] Diese Rechtsprechung hat der BGH später übernommen.[3] Mittlerweile hat sich jedoch eine Rechtsprechung etabliert, die nicht mehr das Vorliegen der Tatbestandsmäßigkeit im Sinne des § 223 StGB bejaht, wenn Gegenstand des mißbilligten ärztlichen Verhaltens die Verschreibung von *Opiaten* darstellt, sondern auch dann, wenn überhaupt ein Rauschzustand - egal auf welche Weise - herbeigeführt wurde[4], oder, wenn eine bereits bestehende Arzneimittelabhängigkeit infolge der ärztlichen Verschreibungen von nicht als Betäubungsmittel zu qualifizierenden Medikamenten nicht nur hervorgerufen, sondern auch aufrechterhalten wird.[5] Für die hier zu beantwortende Frage, wann ein mit (Levomethadon) oder ohne Betäubungsmittel (Remedacen) substituierender Arzt eine Gesundheitsschädigung im Sinne des § 223 StGB begeht, ist vor allem die zuletztgenannte Variante der Rechtsprechung von immenser Bedeutung, da von den Gegnern der Substitutionstherapie seit jeher regelmäßig eingewendet wird, daß durch das Substitut nur die Opiatabhängigkeit aufrechterhalten bzw. gesteigert und nicht bekämpft werde[6], was in der Konsequenz dazu führen müßte, daß auch bei einer Substitutionsbehandlung mit codeinhaltigen Präparaten stets die Tatbestandsmäßigkeit zu bejahen wäre. Inwieweit diese Vermutung zutrifft, soll nachfolgend untersucht werden.

---

1 Siehe RGSt 62, 369, 386; zu den Entscheidungsgründen siehe auch oben S. 258 f.
2 Siehe RGSt 77, 17.
3 Siehe BGH NJW 1970, 519; JR 1979, 429 m. Anm. Hirsch.
4 Siehe BGH NJW 1983, 462; NJW 1983, 1745.
5 Siehe OLG Frankfurt NJW 1988, 2965 = NStZ 1988, 25 = MedR 1989, 42.
6 Siehe oben S. 185; siehe auch Kühne 1989, 4; Hügel/Junge/Winkler, § 29, 1.1, Rz. 16.2.3.

4.2.2.1.1.2.2 Behandlung mit codeinhaltigen Präparaten[1]

Wie im vorstehenden gezeigt, läßt die Rechtsprechung eine Gesundheitsbeschädigung dann bejahen, wenn durch die ärztliche Verschreibung von jeglichen Medikamenten eine Abhängigkeit hervorgerufen, aufrechterhalten oder gesteigert wird. Bei der Substitutionstherapie geht es aber lediglich um die beiden letzten Formen der Gesundheitsbeschädigung, da der Arzt in der Regel erst tätig wird, wenn der Patient bereits eine Drogenabhängigkeit aufweist. Zur Beantwortung der Frage, ob die Substituierung mit codeinhaltigen Präparaten, die nicht dem BtMG unterfallen, eine strafrechtlich relevante Gesundheitsschädigung bewirkt, erscheint es zunächst sinnvoll, sich zu vergegenwärtigen, wie die Spruchpraxis mit diesem Rechtsproblem bisher umging. Bis zu der viel beachteten Entscheidung des *OLG Frankfurt* vom 21. August 1987, nach der die Aufrechterhaltung einer Tablettensucht den Tatbestand der Körperverletzung erfüllte[2], sind offenbar keine Entscheidungen bekannt geworden, in denen die Tatbestandsmäßigkeit einer Codein-Behandlung angenommen worden wäre und zwar jeweils aufgrund des Umstandes, daß die Anklagebehörde es nicht vermochte, dem jeweiligen angeschuldigten oder angeklagten Arzt eine konkrete Gesundheitsbeschädigung nachzuweisen.[3] Dabei kam dem Merkmal der Aufrechterhaltung eines pathologischen Zustandes noch keine strafrechtliche Bedeutung zu.[4] Zur Bejahung des Tatbestandes der Körperverletzung in einigen Fällen gelangte aber das *AG Frankfurt* in dem Strafverfahren gegen den engagierten Frankfurter Arzt H. Elias, das allerdings am 9. Dezember 1988 mangels Rechtswidrigkeit mit einem Freispruch zunächst zu Ende ging.[5] In diesem Urteil nimmt das Amtsgericht ausdrücklich Bezug auf das Urteil des OLG Frankfurt vom 21. August 1987 und leitet eine Gesundheitsbeschädigung aus der Aufrechterhaltung einer Abhängigkeit des Morphintyps und der Lexotanil-

---

1 Die nachfolgenden Ausführungen beziehen sich auf alle anderen Substitutionsbehandlungen mit Nicht-Betäubungsmitteln, wie z.B. auf die Clonidin-Therapie, hierzu näher Körner 1990, § 29, Rz. 659; zu der Codein-Therapie ausführlich Moll 1990, 120 - 126.

2 Siehe OLG Frankfurt NJW 1988, 2965; siehe auch unten S. 375 Fn. 1.

3 Hierzu siehe die Besprechung der früheren Entscheidungen bei Moll 1990, 261 - 265.

4 Siehe StA Kiel in der Einstellungsverfügung vom 31. Juli 1987, Az: 410-24-671/12/1, bei Moll 1990, 263.

5 Siehe AG Frankfurt, Urt. v. 9. Dezember 1988, Az: 90 Js 10933/85-933 Ls 227, unveröff., auch ausführlich besprochen bei Moll 1990, 266 - 268.

abhängigkeit ab. Denn, so das AG Frankfurt, die ursprünglich vorhandene Abhängigkeit vom Heroin habe sich durch die Codein/Temgesic Gaben nicht aufgehoben, sondern blieb weiterhin bestehen. Sie habe sich durch Einsatz der Medikamente bezüglich ihrer Grundstruktur als psychische und körperliche Fehlhaltung nicht verändert (S. 52). Ohne die Gaben der Suchtmittel würde die konkrete Abhängigkeit zwar nicht ohne weiteres beendet werden. Jedoch bestehe die grundsätzliche Möglichkeit, die akute Suchthaltung durch eine Abstinenztherapie oder auch durch die nach heutigen Erkenntnissen nicht so seltene Selbstheilung Süchtiger zu beenden (S. 53). Diese Entscheidung hob später das OLG Frankfurt mit dem Urteil vom 30. November 1990 wieder auf, weil die Vorinstanz nicht jeweils einzelfallbezogen festgestellt hätte, ob die jeweiligen Patienten in ihrer jeweiligen geistigen Verfassung im Zeitpunkt der beanstandeten Verschreibungen überhaupt in rechtlich beachtlicher Weise hätten einwilligen können.[1]

Von der Entscheidung der Frankfurter Richter vom 21. August 1987 ließ sich offenbar das *Schöffengericht Pforzheim* am 17. Mai 1990 nicht beeindrucken, als es über den Vorwurf gefährlicher Körperverletzung gegen eine Ärztin, welche Heroinabhängige mit verschiedenen Ausweichmitteln (Rohypnol, Remedacen, Codeinum Phosphoricum) behandelt hatte, befinden sollte. Die Angeklagte wurde freigesprochen, weil zum einen die als Zeugen vernommenen Patienten davon berichteten, daß es ihnen infolge der Substitution möglich gewesen wäre, vom Heroin loszukommen, sie sich auch sonst besser gefühlt hätten und in der Lage gewesen wären, wieder zu arbeiten und weil zum anderen die vier angehörten Sachverständigen es nicht zu sagen vermochten, daß die Patienten durch die Behandlung einen Gesundheitsschaden davongetragen hätten. Der Gutachter Prof. Dr. Bschor soll dabei ausdrücklich betont haben, daß es keine faßbaren Erkenntnisse gäbe, daß Codein die Gesundheit schädige. Das Gericht sah sich infolgedessen veranlaßt, das Vorliegen des Tatbestandes der gefährlichen Körperverletzung zu verneinen. Die Problematik der Suchterhaltung spricht das Gericht dagegen mit keinem Wort an.[2]

---

1 Siehe OLG Frankfurt NJW 1991, 763; zu der Einwilligungsproblematik siehe unten 4.2.2.2.3.

2 Siehe AG Pforzheim, Urt. v. 17. Mai 1990, Az: 66 Ls 146/89, unveröff.

Das *AG Darmstadt* hat mit dem Beschluß vom 2. Mai 1991 bereits die Eröffnung des Hauptverfahrens gegen einen substituierenden Arzt abgelehnt, dem von Seiten der StA der Vorwurf gemacht wurde, vorsätzliche Körperverletzung in 10 Fällen begangen zu haben, indem er Drogenabhängigen ebenfalls Drogenausweichmittel verschrieben und dadurch bei den Patienten eine Sucht oder Mehrfachabhängigkeit erzeugt, verlagert oder unterhalten haben sollte. Das Gericht vermißte zunächst Feststellungen dazu, daß sich der Gesundheitszustand der Patienten infolge der Behandlung verschlechtert hatte. Dabei gab sich das Gericht mit den pauschalen Ausführungen der Sachverständigen Prof. Dr. Wanke und Dr. Ziegler nicht zufrieden, die zwar davon berichtet hatten, daß die Verschreibung der einzelnen Medikamente mit Suchtpotential generell geeignet sei, eine Gesundheitsbeschädigung herbeizuführen, sie jedoch nicht in der Lage gewesen waren, eine jeweils konkrete Gesundheitsbeschädigung bei den Patienten anzunehmen. Gleiches galt in bezug auf die Fragen, ob durch die Verschreibungen bestehende Süchte der Patienten verfestigt wurden, neue Süchte und Mehrfachabhängigkeiten entstanden waren und sich der mit einer Sucht verbundene körperliche Verfall verstärkt hatte. Abgesehen davon, daß der strafrechtliche Vorwurf in den Aussagen der Patienten keine Bestätigung fand, äußerten sich die Sachverständigen wiederum nur ganz allgemein, daß aus medizinischer Sicht gesagt werden könne, daß aus der kontinuierlichen Verabreichung von Medikamenten mit Suchtpotential generell eine Verlängerung und Fixierung der Suchterkrankung resultiere und insofern eine Verschlechterung des Gesundheitszustandes erfolge. Daß dies bei den einzelnen Patienten tatsächlich der Fall war, vermochten die Gutachter indessen nicht zu sagen.[1]

Den beiden letzten Entscheidungen ist implizit zu entnehmen, daß das jeweilige Amtsgericht dem Erhaltungskriterium, wie es das OLG Frankfurt in dem Urteil vom 21. August 1987 propagierte, kein entscheidendes Gewicht beigemessen hat. Diese Schlußfolgerung ergibt sich aus dem Umstand, daß das jeweils erkennende Gericht in beiden Fällen auf die Wohlbefindensäußerungen der Patienten bzw. auf Feststellungen der Sachverständigen in bezug auf Entwicklung des Gesamtgesundheitszustandes sowohl in körperlicher wie auch in psychischer Hinsicht und nicht auf die davon unabhängige Aufrechterhaltung

---

1 Siehe AG Darmstadt, Beschl. v. 2. Mai 1991, Az: 8 Js 22.554/85 21 Ls, unveröff.

der Sucht, die die Perpetuierung der Sucht bewirke und etwaige Therapiemöglichkeiten in drogenfreien Einrichtungen verhindere, abstellte. Andernfalls hätte es nahegelegen, sich mit der Problematik der Suchterhaltung als Gesundheitsschädigung zunächst kurz zu befassen, zumal der medikamentengestützten Drogentherapie das Moment der Suchterhaltung stets zumindest zeitweilig innewohnt. Dies würde dann allerdings die weitere Schlußfolgerung abnötigen, daß jede Substitutionsbehandlung den Tatbestand der Körperverletzung erfülle. Das Argument der angeblichen Suchtverfestigung bzw. der Zerstörung der drogenfreien Therapiemöglichkeiten ließe sich nämlich dann immer anführen und zwar auch im Falle einer Codeinbehandlung, da dieses Präparat unzweifelhaft ebenfalls über ein gewisses Suchtpotential verfügt. Die hierbei beanstandete Form der Gesundheitsbeschädigung erscheint überdies auch aus kriminalpolitischen Erwägungen kaum praktikabel. Wenn das Erhaltungskriterium von der Drogensuchtproblematik abstrahiert betrachtet und auf alle anderen Krankheiten übertragen wird, was aufgrund der Argumentationsweise des OLG Frankfurt durchaus möglich ist[1], dann wird deutlich, welche unerwünschten Ergebnisse der Ansatz des OLG allgemein zu zeitigen geeignet ist. Die Aufrechterhaltung eines vorher schon bestehenden Krankheitszustandes bedeutet mit anderen Worten, daß die Krankheit nicht bekämpft wurde bzw. daß die eingeschlagene Therapie aus der Sicht ex post nicht griff, es also beim status quo blieb. In der Regel durfte aber eine völlige Nichtbeeinflussung der Krankheit weder in positiver noch in negativer Richtung ungleich schwerer sein, aus der Sicht ex ante zu erkennen, wenn nicht gerade eine von vornherein absolut untaugliche Methode gewählt wurde, als eine objektiv einzutretende Verschlechterung derselben. Im Ergebnis würde dies den arztrechtlichen Grundsatz der Erheblichkeit der Sicht ex ante für die strafrechtliche Beurteilung des ärztlichen Eingriffs aushöhlen und letztlich die Sicht ex post entscheidungsrelevant werden lassen. Ungeachtet dieser rechtlichen Vorbehalte wäre jede ärztliche Maßnahme, die

1 Das OLG Frankfurt argumentiert in seinem Urteil vom 21. August 1987 u.a. wie folgt: "Die Arzneimittelabhängigkeit stellt einen pathologischen Zustand dar, sie ist eine Abweichung vom Normalzustand der Gesundheit. Nicht nur das Hervorrufen, sondern auch das Aufrechterhalten einer Tablettensucht durch einen Arzt stellt einen vom Normalzustand abweichenden einen Krankheitszustand dar, weil dadurch eine Perpetuierung der Sucht eintritt und Therapiemöglichkeiten zerstört oder zumindest erschwert werden", siehe OLG Frankfurt NJW 1988, 2965.

fehlschlug, d.h. den Gesundheitszustand weder verbesserte noch verschlechterte als eine Gesundheitsbeschädigung und zwar ohne den Nachweis einer konkreten mehr als nur unerheblichen Gesundheitsbeeinträchtigung anzusehen, denn, so ließe sich im Lichte der Entscheidung des OLG Frankfurt argumentieren, durch die letztlich in der nicht greifenden Therapie liegende Heilungsverzögerung könnte eine Perpetuierung der Krankheit erfolgt bzw. die rechtzeitige Anwendung anderer wirksamer Therapiemethoden verhindert worden sein, was auf eine Gesundheitsbeschädigung hinauslaufe. Im übrigen würde diese Sichtweise dem Arzt stets die Pflicht aufbürden, immer eine Gesundheitsverbesserung ungeachtet der Frage, ob der Stand der medizinischen Wissenschaft dies überhaupt zuläßt, herbeizuführen, denn andernfalls würde er eine Körperverletzung begehen. Daß die Rechtsprechung in jeder ärztlichen Maßnahme offenbar mit Ausnahme der ärztlichen Verschreibung von Medikamenten sowieso eine tatbestandliche Körperverletzung sieht, vermag die dargelegten kriminalpolitischen Bedenken nicht zu entkräften, weil auch die Rechtsprechung, wie vorerwähnt, eine konkrete nicht unwesentliche Gesundheitsbeeinträchtigung fordert, während dem Ansatz des OLG Frankfurt zufolge bereits eine hypothetische, nur mögliche Beeinträchtigung des pathologischen Zustandes genügen soll, damit der Tatbestand des § 223 StGB bejaht werden kann.

Daß in der Substitutionsbehandlung derweil weder die Rechtsprechung, wie geschildert, noch die Literatur[1] eine Körperverletzung im Sinne des § 223 StGB erblickt, dürfte weniger an den vorstehenden Vorbehalten oder den sonstigen anderswo geäußerten dogmatischen Bedenken[2] liegen, als vielmehr an der sich durchsetzenden richtigen Auffassung, daß bei der Frage der Gesundheitsbeschädigung der Gesundheitszustand des Patienten in seiner Gesamtheit zu betrachten ist, was eine Berücksichtigung der positiven Entwicklungen wie die Heilung von Sekundärkrankheiten, Verbesserung des Allgemeinzustandes, Gesundheitsverhalten des Patienten, Infektionsrisiken und der psychosozialen Aspekte erfordert.[3] *Körner* schließt insoweit die Annahme einer

---

1 Siehe Körner 1990, C 44, Anm. 4; Brühl 1992, 319.

2 Siehe Moll 1990, 269 ff., der in der "Aufrechterhaltung" eines pathologischen Zustandes rechtsdogmatisch eine Unterlassungshandlung im Sinne des § 13 Abs. 1 StGB sieht.

3 So u.a. Moll 1990, 269 und zust. Körner 1990, C 44, Anm. 4; siehe auch Böllinger 1989a, 406; ders. 1989b, 292.

Gesundheitsbeschädigung aufgrund einer Remedacen-Substitution dann aus, wenn der Arzt

a) nach ärztlicher Untersuchung,
b) nach Ausschließung von Patientensimulationen und
c) nach eigener Diagnose

zu der Überzeugung gelangte, daß zur Heilung des Patienten der Einsatz codeinhaltiger Arzneimittel erforderlich sei. Sofern die Behandlung nicht zu einer Verschlechterung des Gesundheitszustandes geführt habe, *so Körner* unter Berufung auf *Moll*[1], oder mit an Sicherheit grenzender Wahrscheinlichkeit feststehe, daß der Patient durch andere Behandlungsmaßnahmen nicht zu einem früheren Zeitpunkt von der Drogenabhängigkeit geheilt worden wäre, soll diesem Autor zufolge kein Raum für eine Annahme des Tatbestandes der Körperverletzung bleiben.[2] Dem ist nichts mehr hinzuzufügen. Es bleibt nur zu hoffen, daß diese Grundsätze sich nicht nur vereinzelt in der Rechtsprechung wiederfinden, sondern alsbald allgemeine Geltung erlangen.

4.2.2.1.1.2.3 Behandlung mit Betäubungsmitteln, insbesondere mit Levomethadon

Die Problematik der Körperverletzung aufgrund der ärztlichen Verschreibung von Betäubungsmitteln an Drogenabhängige wurde in der Vergangenheit selten eingehend diskutiert, weil dieser rechtlichen Prüfung regelmäßig zunächst die Begründetheitsprüfung nach § 13 Abs. 1 BtMG vorausging, womit auch oft über die Erheblichkeit des § 223 StGB im drogentherapeutischen Kontext vorentschieden wurde, denn indem die jeweilige Substitutionsbehandlung als unbegründet angesehen wurde, zog dies zugleich regelmäßig deren strafrechtliche Bewertung als tatbestandsmäßige Körperverletzung nach sich.[3] Bei einer begründeten ärztlichen Verschreibung soll es umgekehrt auch, wie schon erwähnt, an einer Körperverletzung fehlen.[4] Eine derartige Pauschalisierung

---

1 Siehe Moll 1990, 287.
2 Siehe Körner 1990, C 44, Anm. 4.
3 Siehe Hügel/Junge/Winkler, § 29, 1.1, Rz. 16.2.5; Endriß/Malek 1986, Rz. 261; siehe auch oben S. 361 f.
4 Siehe Schumacher 1989, 183.

kann aber nicht befriedigen. Wie bereits ausgeführt, setzt § 223 StGB eine konkrete nachweisbare Gesundheitsbeschädigung voraus, deren Vorliegen aus der betäubungsmittelrechtlichen Beurteilung der ärztlichen Verschreibung als "unbegründet" nicht ohne weiteres hergeleitet werden kann, da dies nur besagt, daß die ärztliche Betäubungsmittel-Verschreibung in dem jeweiligen Einzelfall nicht indiziert war, aber möglicherweise auch zu keiner Gesundheitsbeschädigung geführt hat. Erst, wenn die Prüfung des Vorliegens einer konkreten Gesundheitsbeschädigung zu einem positiven Ergebnis führt, könnte sich auf der Ebene der Rechtswidrigkeit aufgrund des Fehlens der Indiziertheit eine Strafbarkeit wegen einer Körperverletzung nach § 223 StGB ergeben. Nur, wenn man in die Begründetheitsprüfung nach § 13 Abs. 1 BtMG in Übereinstimmung mit der Rechtsprechung des BGH auch die Einhaltung der Durchführungskautelen einfließen lassen will, könnte dieser Umstand im Zusammenhang mit der Prüfung nach § 223 StGB insoweit von Bedeutung sein, als neben dem Fehlen der Indiziertheit auch noch möglicherweise die Verletzung der allgemeinen Sorgfaltspflichten ebenfalls erst auf der Rechtswidrigkeitsebene anzunehmen wäre. Von dieser Kontroverse bleibt aber die Frage des Vorliegens einer Gesundheitsschädigung aufgrund einer Substitutionsbehandlung mittels Betäubungsmittel unberührt.

Bei der Frage, ob eine ärztliche Betäubungsmittel-Verschreibung an einen Opiatabhängigen dessen Gesundheit geschädigt hat, wäre zunächst zu vermuten, daß hierbei die gleichen Grundsätze zu gelten haben, wie sie bei der Behandlung mit Nicht-Betäubungsmitteln, insbesondere mit codeinhaltigen Präparaten, zur Anwendung kommen. Es scheint aber dem nicht so zu sein. Denn während manche Autoren, wie beispielsweise *Körner*, einerseits mit Rücksicht auf die Codeintherapie unter Zugrundelegung eines weiten Gesundheitsbegriffs das Vorliegen einer Gesundheitsschädigung in der Regel verneinen, soll die ärztliche Verschreibung von Betäubungsmittel enthaltenden Arzneimitteln wegen der Suchterhaltung bzw. Suchtverstärkung in der Regel eine Schädigung der Gesundheit sein. Die im Zusammenhang mit der Codeintherapie noch befürworteten, aufgrund dieser Therapieform zu erzielenden begrüßenswerten Gesundheitsentwicklungen sollen dagegen im Falle einer Substitutionsbehandlung mittels Betäubungsmittel im Hinblick auf die strafrechtliche Frage nach dem Vorliegen der Gesundheitsbeschädigung im Sinne des § 223 StGB gegenüber der Hauptkrankheit "Drogensucht" zurücktreten. Die Erklärung für diese unterschiedliche Behandlung zweier ähnlicher rechtlicher Sachverhalte liegt offenbar in dem unterschiedlichen Suchtpotential der verschriebenen Substitute begründet. Dies erscheint dennoch aus mehreren Gründen als verfehlt.

1. Auch der rechtlichen Prüfung einer Levomethadonbehandlung anhand des § 223 StGB ist ein umfassender, multifaktorieller Gesundheitsbegriff zugrundezulegen. Unstreitig vermag die ärztliche Substitution mit dem Betäubungsmittel Levomethadon, sofern diese unter Einhaltung der allgemeinen arztrechtlichen Sorgfaltspflichten, wie eingehende Anamnese, sorgfältige persönliche Untersuchung, Diagnosestellung und die darauf beruhende Indikatonsstellung[1] durchgeführt wird, den Gesundheitszustand des drogenabhängigen Patienten überaus positiv zu beeinflussen. Es werden, wie bei der Codein-Behandlung in aller Regel die Sekundärkrankheiten geheilt, der Allgemeinzustand verbessert, Infektionskrankheiten bekämpft, das HIV-Infektionsrisiko gebannt bzw. der Ausbruch der AIDS-Krankheit verzögert. Es stellt sich häufig sehr rasch eine psycho-soziale Stabilisierung bei den Patienten ein, die es ihnen erlaubt, ein sozial und beruflich integriertes Leben zu führen. Dem folgt nicht selten eine völlige Loslösung von der Heroinbindung. Alle diese Aspekte müssen bei der Frage, ob durch die ärztliche Substitutionstherapie mit Levomethadon die Gesundheit der Patienten geschädigt wurde, berücksichtigt werden.[2] Es muß eine Gesamtbewertung aller den Gesundheitszustand beeinflussenden Faktoren vorgenommen werden, die, wie im Zusammenhang mit § 13 Abs. 1 BtMG bereits ausgeführt[3], keinesfalls nur medizinisch-biologischen Charakters sind. Der Behandlungserfolg ist nämlich das Ergebnis einer Wechselwirkung von spezifischer unmittelbarer Intervention auf den Körper des Patienten, dessen Mitarbeit sowie dessen sozialem und familiärem Umfeld.[4] Diesem Umstand soll auch der Wandel im Verständnis moderner Medizin Rechnung tragen.[5] In die Gesamtwürdigung hinsichtlich des Vorliegens einer Gesundheitsbeschädigung haben demnach auch derartige soziale Auswirkungen der

---

1 Siehe oben S. 310 f.
2 In diesem Sinne wohl auch Brühl 1992, 319.
3 Siehe oben S. 325 f.
4 Siehe oben S. 311, 327.
5 Siehe oben S. 325 ff.

Substitution, wie die mögliche Entkriminalisierung, Reduzierung der Dissozialität und Verelendung etc. miteinzufließen. Demgegenüber hat die zunächst noch bestehende Drogenabhängigkeit wegen der weitgehenden gesundheitlichen Unbedenklichkeit der Opiate bzw. Opioide gegenüber den geschilderten Effekten der Substitution zurückzutreten.[1] In dem drogentherapeutischen Kontext verliert also auch das Suchterhaltungsargument seine Daseinsberechtigung. Nur wenn der Nachweis einer Hervorrufung bzw. Vertiefung einer Drogenabhängigkeit erbracht werden könnte, wäre insoweit von einer strafrechtlich relevanten Gesundheitsbeschädigung auszugehen. Dies dürfte bei einer ordnungsgemäßen Substitution jedoch in aller Regel kaum zu leisten sein.

2. Bei der Frage nach dem Vorliegen einer Gesundheitsbeschädigung aufgrund einer ärztlichen Substitution mittels Levomethadon können aber auch nicht vor dem Hintergrund der weitgehend anerkannten Auffassungen, daß neben dem Hervorrufen einer Sucht auch deren Aufrechterhaltung und Steigerung als Schädigungen der Gesundheit zu gelten hätten[2], die wissenschaftlichen Erkenntnisse zur Pharmakologie des Methadons/Levomethadons neben den wissenschaftlich überprüften Erfahrungen zum Verlauf der Opiatabhängigkeit infolge einer Levomethadonsubstitution unberücksichtigt bleiben. Diese beeinflussen unmittelbar die rechtliche Wertung. Wie im Grundlagenteil festgestellt[3] und bei der Auslegung des Begründetheitsbegriffs im Sinne des § 13 Abs. 1 BtMG bereits berücksichtigt wurde[4], führt das Methadon/Levomethadon selbst bei seiner langjährigen Einnahme keine Suchtentwicklung vergleichbar derjenigen des Heroins herbei, weshalb sich eine Gleichstellung beider Substanzen von vornherein verbietet. Durch die Substitution wird also nicht nur eine Substanz (Heroin) durch eine andere (Levomethadon) ersetzt, weil in beiden Fällen die gleichen Nervenrezeptoren belegt werden[5], sondern jetzt erhält die Drogeneinnahme eine andere, nämlich

---

1 Siehe oben S. 315 f.
2 Siehe Hügel/Junge/Winkler, § 29, 1.1, 16.2.5; Körner 1990, C 44, Anm. 1; siehe auch oben S. 374 ff.
3 Siehe oben S. 228.
4 Siehe oben S. 321.
5 Siehe Schumacher 1989, 188; siehe auch oben S. 64 ff.

suchtvermindernde Qualität. Der jetzt bewirkte Zustand stellt gegenüber dem früheren durch die Heroineinnahme entstandenen Zustand ein "weniger" dar. Es kann hier also nicht mehr die Rede von einer Suchtaufrechterhaltung sein. Vielmehr findet hier eine Heilung der Hauptkrankheit "Drogensucht" statt, was auch die Annahme einer Gesundheitsschädigung des Patienten ausschließt. Darüber hinaus wurde auch schon darauf hingewiesen, daß sich nach den vorliegenden wissenschaftlich überprüften Erfahrungen die Dauer der Drogenabhängigkeit infolge der Substitution zu verkürzen scheint.[1] Auch dieses Argument spricht gegen eine schematische Annahme einer Aufrechterhaltung bzw. Steigerung der Sucht infolge der Substitution mit Levomethadon, sofern diese in arztrechtlicher Hinsicht keinerlei Veranlassung zu Beanstandungen bietet. Auch unter diesem Blickwinkel ist für die Bejahung einer Gesundheitsbeschädigung kein Raum.

3. Sofern jedoch entgegen dem herrschenden Dogma, daß die Drogensucht eine Krankheit sei, angenommen wird, es handele sich hierbei, wie an anderer Stelle bereits ausführlicher erörtert, vielfach lediglich um einen Normalzustand, dem nicht automatisch ein pathologischer Charakter unterlegt werden sollte[2], dann bleibt dies im Hinblick auf die Frage nach der Tatbestandsmäßigkeit nach § 223 StGB genausowenig ohne rechtliche Auswirkung, wie dies, wie gesehen, vor dem Hintergrund des § 13 Abs. 1 BtMG der Fall war.[3] In Ermangelung der Krankheitseigenschaft der Drogenabhängigkeit hat eine ärztliche medikamentengestützte Drogentherapie ausschließlich der Heilung, Linderung etc. der Sekundärleiden und sonstiger Risiken zu dienen. Für die Bekämpfung der Drogenbindung fehlt es indessen in solch einem Fall an der Indikation. Die bisher geltenden Formen der Gesundheitsschädigung in bezug auf ärztliche Betäubungsmittel-Verschreibungen, also Hervorrufung, Aufrechterhaltung und Steigerung der Drogensucht vermögen, wenn sich keine weiteren aus der Verschreibung resultierenden Risiken verwirklichen (z.B. Atemdepression), keinen für die Bejahung der Tatbestandsmäßigkeit unerläßlichen Erfolgseintritt zu begründen.

---

1 Siehe oben S. 227 f.
2 Siehe oben 4.1.5.1.2.
3 Siehe oben S. 334 f.

Zum gleichen Ergebnis kommt man, wenn der rechtlichen Würdigung der Frage des Vorliegens einer aus einer Betäubungsmittel-Verschreibung resultierenden Gesundheitsbeschädigung die Suchttheorie von der Symptomeigenschaft der Drogenabhängigkeit, die aus der Vielfalt aller vorhandenen Erklärungsansätze[1] dem wirklichen Ursachenzusammenhang noch am meisten gerecht zu werden scheint, zugrundegelegt wird.[2] Der ärztliche Versuch der ausschließlichen Bekämpfung der Drogenbindung ist in solch einem Fall schwerlich mit dem ärztlichen Heilauftrag in Einklang zu bringen. Es werden dann nämlich lediglich die Symptome einer "Krankheit", die nicht unbedingt pathologischer Art sein muß, bekämpft, nicht jedoch deren tatsächliche Ursache. Der Arzt kann also nicht darauf festgelegt werden, seine berufliche Aufmerksamkeit lediglich den Symptomen einer Erkrankung zuzuwenden, wenn im übrigen die gesundheitlichen und sozialen Folgewirkungen der Drogenabhängigkeit seinen Einsatz notwendig machen und überdies es durchaus wahrscheinlich erscheint, daß er durch die Fixierung auf die psycho-soziale Stabilisierung des Abhängigen auch die "Heilung" der wirklichen "Hauptkrankheit" bewirken kann. Nach diesem Ansatz müßte die alleinige Bekämpfung der Drogenbindung gerade als eine Gesundheitsschädigung angesehen werden, wenn, um die Argumentation der Befürworter des traditionellen Rechtsansatzes aufzugreifen[3], die Heilung der Krankheit (psycho-soziale Probleme) an sich möglich ist, der Arzt sich aber lediglich mit der Linderung der sekundären Folgen der Krankheit (Drogensucht) begnügt.

Im Ergebnis ist also festzuhalten, daß weder bei Zugrundelegung des traditionellen Dogmas, wonach die Drogensucht eine Krankheit darstelle, noch der hier vertretenen Auffassung, daß der Drogenabhängigkeit nicht unbedingt Krankheitswert zukomme, sondern nur dann, wenn der Abhängige selbst seinen Zustand als pathologisch empfindet bzw. daß es sich bei der Drogensucht allenfalls um ein Symptom eines anderen Problems handele, eine Gesundheitsbeschädigung nach § 223 StGB wegen einer ärztlichen Betäubungsmittel-Verschreibung zu bejahen ist. Dies wäre u.U. nur dann als vertretbar anzusehen,

---

1 Siehe oben S. 53 ff.
2 Siehe oben S. 334 ff.
3 So u.a. Hügel/Junge/Winkler, § 29, 1.1, Rz. 16.2.3.

wenn infolge der ärztlichen Betäubungsmittel-Verschreibung sich andere über die Drogenbindung hinausgehende Gesundheitsbeeinträchtigungen einstellen würden.

4.2.2.1.2 Objektive Zurechnung des Erfolges

4.2.2.1.2.1 Das Prinzip der Straflosigkeit der eigenverantwortlichen Selbstgefährdung

Im Zusammenhang mit der rechtlichen Prüfung des Vorliegens des Tatbestandes der Körperverletzung im Sinne des § 223 StGB infolge der ärztlichen Subsitutionstherapie kommt der Zurechnungsproblematik eine beträchtliche Bedeutung zu. Bekanntlich nehmen die opiatabhängigen Patienten das Ersatzmittel in der Regel oral selbst ein, während sich die Tätigkeit des Arztes lediglich auf die Verschreibung des Medikaments und u.U. auf die Überwachung dessen Einnahme beschränkt. In der einschlägigen Literatur wird dieser Umstand dabei mit Recht zumeist unter dem Gesichtspunkt der Straflosigkeit der Selbstgefährdung problematisiert.[1] Sofern also die vorausgegangene Prüfung trotz allem ergeben sollte, daß der substituierende Arzt die Gesundheit seines Patienten in rechtserheblicher Weise geschädigt hat, so ist mit dem Erfolgseintritt noch nichts über das Vorliegen der Tatbestandsmäßigkeit nach § 223 StGB entschieden. Es bedarf nämlich auch der Beantwortung der Frage, ob dem Arzt der tatbestandsmäßige Erfolg überhaupt zuzurechnen ist. Nach der weit verbreiteten Rechtsauffassung kommt dem Selbstgefährdungsgedanken mit Rücksicht auf den Deliktsaufbau bereits auf der Ebene der Tatbestandsmäßigkeit große Bedeutung zu[2] mit der Folge, daß mit der Verneinung der objektiven Zurechnung gleichzeitig die Tatbestandsmäßigkeit der eigenverantwortlichen, bewußten Selbstschädigung entfällt. Im allgemeinen wird die Zurechnungslehre heute als die Tatbestandslehre verstanden.[3] Daß die eigenverantwortliche, bewußte Selbstgefährdung als ein Problem der Zurechnung zu begreifen war, hat bereits das

---

1 Siehe Schumacher 1989, 204 - 234; Moll 1990, 273 - 282.
2 So u.a. Schünemann 1982, 61; Kienapfel 1984, 752; Frisch 1992, 4 f.; Roxin 1984, 411.
3 Vgl. Frisch 1992, 4.

RG erkannt.[1] Demgegenüber hat der BGH der bewußten Selbstgefährdung zunächst nur im Rahmen der Einwilligung Bedeutung zugemessen[2] und damit die Zurechnungsproblematik auf die Ebene der Rechtswidrigkeitsprüfung verschoben. Erst in der viel diskutierten Entscheidung des BGH vom 18. Juli 1978 gab der BGH seine Auffassung, daß es sich bei der Selbstgefährdungsproblematik um eine Frage der Einwilligung handele, auf, wobei er jedoch weiterhin annahm, daß es hierbei um eine anders gelagerte Frage der Rechtswidrigkeit ginge.[3] Der BGH hatte in diesem Fall über die Strafbarkeit eines Arztes nach §§ 222, 230 StGB zu befinden, der zwei drogenabhängigen Patienten das morphinhaltige Medikament Jetrium zur Selbstinjektion verschrieb, seine Patienten jedoch das Medikament verschreibungswidrig gebrauchten und dadurch zu Tode kamen. In den Entscheidungsgründen nimmt der 1. Strafsenat ausdrücklich Bezug auf das Urteil des 5. Senats vom 16. Mai 1972, in dem die fahrlässige Teilnahme am Selbstmord eines anderen für straflos erklärt wurde.[4] Den Grundsatz der Straflosigkeit der Teilnahme am Selbstmord wollte der BGH jedoch nicht auf den 1978 zu entscheidenden Fall angewandt wissen, da er der Meinung war, daß die Garantenstellung des Arztes dem Patienten gegenüber diesen Fall von dem anderen grundlegend unterschieden hätte, denn diese gebiete es, daß der Arzt den Patienten im Rahmen der von ihm gewählten Therapie keinen vermeidbaren Risiken aussetze. Dadurch, daß der BGH anstatt auf die freie Entschlußfähigkeit der sich selbst gefährdenden Patienten auf die Garantenstellung des behandelnden Arztes abstellte, stieß er beim Schrifttum auf wenig Zustimmung.[5] Dennoch ließ er sich von dem eingeschlagenen Weg in der Folgezeit zunächst nicht abbringen und löste selbst die Fälle, wo ein Dritter, der keine Garantenstellung innehatte, dem Opfer Drogen zur Verfügung stellte, die dieses allerdings selbst einnahm und dadurch zu Schaden kam, zumeist über das Kriterium der Voraussehbarkeit und nicht über das Kriterium

---

1 Siehe RGSt 57, 172 (Fährmann-Fall).
2 Siehe BGHSt 7, 112 (Motorradrennen-Fall); 17, 359 (Pockenarzt-Fall).
3 Siehe BGH JR 1979, 429 m. Anm. Hirsch.
4 Siehe BGHSt 24, 342, 343 f.
5 Siehe Hirsch 1979, 429 ff.; zur Entwicklung der Rechtsprechung in bezug auf die Problematik der eigenverantwortlichen Selbstgefährdung, siehe Otto 1984, 537 f.; Walther 1991, 7 ff.

der Eigenverantwortlichkeit.[1] Offenbar wegen der Kritik, die der höchstrichterlichen Rechtsprechung vor allem in bezug auf das Problem der fahrlässigen Tötung durch Abgabe von Suchtmitteln von seiten des Schrifttums zuteil wurde, leitete der BGH mit der Entscheidung vom 14. Februar 1984 scheinbar einen Wandel ein, indem er die Problematik wieder in den Zurechnungsbereich zurückführte. Der Leitsatz dieser Entscheidung lautete wie folgt:

> "Eigenverantwortliche gewollte und verwirklichte Selbstgefährdungen unterfallen nicht dem Tatbestand eines Körperverletzungs- oder Tötungsdelikts, wenn das mit der Gefährdung bewußt eingegangene Risiko sich realisiert. Wer lediglich eine solche Selbstgefährdung veranlaßt, ermöglicht oder fördert, macht sich nicht wegen eines Körperverletzungs- oder Tötungsdelikts strafbar."[2]

Das Gericht leitet seinen rechtlichen Begründungsansatz aus dem Grundsatz der Straflosigkeit des Suizids ab, indem es zunächst auf den Umstand hinweist, daß der sich vorsätzlich an einer Selbsttötung Beteiligende mangels strafbarer Haupttat nicht als Anstifter oder Gehilfe bestraft werden könne.[3] Dies soll weiter auch für die fahrlässige Veranlassung, Ermöglichung oder Förderung eines zur Selbsttötung oder Selbstverletzung führenden eigenverantwortlichen Handelns des Selbstschädigers gelten, da sonst ein Verstoß gegen das Stufenverhältnis der Schuldformen (§§ 15, 18 StGB) vorliegen würde. Letztlich sollen auch die eigenverantwortlich gewollten, erstrebten, als sicher vorausgesehenen oder in Kauf genommenen – und vollzogenen Selbstgefährdungen dem Tatbestand des Körperverletzungs- oder Tötungsdelikts nicht unterfallen, da es sich nach der Meinung des BGH hierbei um keine strafbaren Vorgänge handele. Die Strafbarkeit könne erst dort beginnen, so der BGH, wo der sich Beteiligende kraft überlegenen Sachwissens das Risiko besser erfaßte als der sich Selbstgefährdende. Inwieweit diese Grundsätze zur Anwendung kommen, wenn der sich an einer eigenverantwortlichen Selbstgefährdung Beteiligende die Garantenstellung innehat, läßt der BGH indessen offen.

---

1 Siehe BGH NStZ 1981, 350; siehe auch die Anm. von Schünemann 1982, 60 ff. und Loos 1982, 342 f.

2 BGHSt 32, 262.

3 Zur Problematik der Suizidteilnahme siehe ausfürhlich Roxin 1977. 333 ff.; Hohmann/-König 1989, 304 ff.

Das höchstrichterliche Urteil vom 14. Februar 1984 ist vom juristischen Schrifttum überwiegend positiv aufgenommen worden[1], was nicht zuletzt mit der Tatsache zusammenhing, daß der entscheidende 1. Strafsenat den Gedanken der eigenverantwortlichen, bewußten Selbstgefährdung wieder als ein Problem der objektiven Zurechnung des Erfolges ansah. Meinungen, wie die von *Frisch,* wonach es dabei nicht um ein Problem der objektiven Zurechnung gehe, sondern darum, daß es sich hierbei vielmehr um von vornherein tatbestandlich gar nicht erfaßte Verhaltensweisen handele[2], oder auch die von *Weber*, wonach das Selbstgefährdungsprinzip im Betäubungsmittelstrafrecht generell nicht zur Anwendung kommen soll[3], bilden eher die Ausnahme.

Als unbefriedigend empfand man dagegen zu Recht die Ausklammerung der Frage, ob die entwickelten Rechtsgrundsätze ebenfalls dann zu gelten haben, wenn den an einer eigenverantwortlichen Selbstgefährdung sich Beteiligenden Garantenpflichten für Leib und Leben des Selbstschädigers treffen.[4]

Das überwiegende juristische Schrifttum hat den dogmatischen Lösungsansatz des BGH, der dem Urteil vom 18. Juli 1978 zugrundelag, mit guten Gründen von Anfang an abgelehnt.[5] Die Abhängigmachung der Anwendung der Grundsätze des Eigenverantwortlichkeitsprinzips von der Frage des Vorliegens einer Garantenstellung erscheint aus unterschiedlichen Gründen nicht sachgerecht. Die Garantenpflicht erstreckt sich nämlich nicht auf die Verhinderung vorsätzlicher Selbstschädigungen und Selbstgefährdungen. Nach der richtigen Auffassung soll die Garantenstellung nicht dazu dienen, den Eigenverantwortlichen vor sich selbst zu schützen.[6] Darüber hinaus ist der Lösungsansatz des BGH contra legem (§ 12 Abs. 1 StGB). Denn, wenn das positive Tun nicht

---

1 Siehe Roxin 1984, 411; Kienapfel 1984, 751 f.; Stree 1985, 180; Otto 1989, 173 f.; Schönke/Schröder, Cramer, § 15, Rz. 156; Dreher/Tröndle, vor § 13, Rz. 19; Dölling 1984, 77 f.; zur Entwicklung der Lehre zum Eigenverantwortlichkeitsprinzip siehe ausführlich Walther 1991, 20 ff.

2 Siehe Frisch 1992, 5; siehe auch Dach 1985, 24 f., der das vom BGH erzielte Ergebnis zwar begrüßt, aber einen anderen dogmatischen Begründungsansatz, und zwar über die Regeln der Einwilligung, favorisiert.

3 Siehe Weber 1992a, 377 ff.

4 So u.a. Roxin 1984, 412.

5 Siehe u.a. Hirsch 1979, 432; Otto 1984, 538; Schünemann 1982, 62; Roxin 1984, 412; Stree 1985, 181 f.; Dreher/Tröndle, vor § 13, Rz. 19.

6 So auch Roxin 1984, 412; Stree 1985, 182.

pönalisiert ist, so gilt dies auch im Falle einer Garantenstellung. Deren strafrechtliche Relevanz hat insoweit zur Voraussetzung, daß das positive Tun für jedermann pönalisiert ist.[1] Unter Berücksichtigung der Auffassung, daß mit der eigenverantwortlichen Selbstgefährdung durch den Drogenkonsumenten die Verantwortung für seine Gefährdung auf ihn übergehe und der Drogenlieferant oder der ihn therapierende Arzt aus der Verantwortung für das weitere Geschehen entlassen sei, dürfte auch eine Garantenpflicht hinsichtlich später eintretender Gefahrenlage entfallen.[2] Eine Strafbarkeit des beteiligten Arztes könnte sich in diesem Falle höchstens aus § 323c StGB, der für jedermann gilt, ergeben. Letztlich wäre eine Strafbarkeit des Garanten auch kriminalpolitisch wenig erwünschenswert, worauf *Roxin* zutreffend hinwies.[3]

Der Standpunkt des Schrifttums zur Straflosigkeit der eigenverantwortlichen Selbstgefährdung scheint sich mittlerweile auch in der Rechtsprechung zur Substitutionsbehandlung durchzusetzen. So hat das LG Kiel in dem Urteil vom 1. November 1989 einen substituierenden Arzt vom Vorwurf der fahrlässigen Tötung freigesprochen, indem es die dargelegten Grundsätze unter Ablehnung der Garantenstellung des Arztes seinen Patienten gegenüber angewendet hatte.[4]

Gewisse Probleme wirft aber derzeit noch die Frage auf, welcher Maßstab an das Kriterium der Eigenverantwortlichkeit anzulegen ist, damit ein die Fremdhaftung ausschließendes Handeln angenommen werden kann. Einigkeit besteht nur insoweit, als bei dem Selbstschädiger von keiner Eigenverantwortlichkeit mehr die Rede sein kann, wenn sich dieser im Zustand der Schuldunfähigkeit im Sinne des § 20 StGB befindet.[5] Ob indessen bereits die verminderte Schuldfähigkeit im Sinne des § 21 StGB einer Annahme der eigenverantwortlichen Selbstgefährdung entgegensteht, ist dagegen noch nicht vollständig geklärt. Nach allem scheint sich aber mittlerweile eine dahingehende richtige Auffas-

---

1 So auch Hirsch 1979, 432; Moll 1990, 278 f.

2 So auch Stree 1985, 183 f., im Zusammenhang mit der Besprechung des Urt. des BGH vom 27. Juni 1984, abgedr. in StV 1985, 56, m. Anm. Fünfsinn; Körner 1990, § 30, Rz. 39; Otto 1991, 443; Hohmann 1991, 1117.

3 Siehe Roxin 1984, 412.

4 Siehe LG Kiel, Urt. v. 1. November 1989, Az: I KLs (2/87)-2 Js 528/84, unveröff.; a.A. Ulsenheimer 1992a, § 147, Rz. 26.

5 Siehe Stree 1985, 182; Roxin 1984, 412; Dölling 1984, 78 f.; Körner 1990, § 30, Rz. 38.

sung als vorherrschend herauszukristallisieren, daß das Vorliegen des § 21 StGB die Strafbarkeit der Beteiligung an einer Selbstgefährdung noch nicht begründe.[1] Dies folgt aus dem Umstand, daß auch ein vermindert Schuldfähiger in der Regel in der Lage ist, den eigenen Willen vernünftig zu steuern, so daß die Selbstgefährdung ein ihm zurechenbares Werk bleibt. Die Tatsache alleine, daß eine Opiatabhängigkeit vorliegt, genügt nicht, um die Fähigkeit zum eigenverantwortlichen Handeln zu verneinen, zumal dann oft nicht einmal die Voraussetzungen des § 21 StGB zu bejahen sein werden.[2] Eine Beeinträchtigung der Einsichts- und Steuerungsfähigkeit im Sinne der §§ 20, 21 StGB wird bei einem Opiatabhängigen nicht generell angenommen. Genausowenig läßt sich ein Erfahrungssatz des Inhalts aufstellen, daß die suchtbedingte Einengung der Willensfreiheit dem Abhängigen es nicht zuläßt, das Risiko einer Überdosis zu verstehen und diesem Risiko Widerstand zu leisten.[3] Es lassen sich aber kaum Einwände gegen eine Verneinung des Eigenverantwortlichkeitsprinzips vorbringen, sofern der substituierende Arzt bei dem opiatabhängigen Patienten das Vorhandensein des akuten Entzugssyndroms feststellt.[4] Schließlich mangelt es an dem Eigenverantwortlichkeitsprinzip auch dann, wenn der sich Beteiligende überlegenes Wissen hinsichtlich der Gefährlichkeit des Handelns hat. Der Arzt hat also seinen Patienten darüber aufzuklären, in welchem Umfang das ihm verschriebene Mittel Nebenwirkungen herbeizuführen geeignet ist und daß er sich bei einer Überdosierung in Todesgefahr bringen kann.[5] Allerdings sollte das Unterlassen des zuletztgenannten Hinweises aufgrund der Tatsache, daß in der Regel alle intravenösen Drogenkonsumenten von dem tödlichen Risiko der Überdosierungen Kenntnis haben, der Annahme der Eigenverantwortlichkeit nicht zwingend entgegenstehen. Auf jeden Fall ist das Fehlen der Eigenverantwortlichkeit stets festzustellen. Dies ergibt sich aus dem

---

1 Siehe Stree 1985, 182 f.; Dölling 1984, 78 f.; Körner 1990, § 30, Rz. 38; Schumacher 1989, 229; a.A. Walther 1991, 109 f., die bei riskanten Verhaltensweisen, die im Zustand der Drogenabhängigkeit eingegangen werden sollen, §§ 19, 20, 21 StGB bzw. § 3 JGG zur Anwendung kommen lassen will.

2 Vgl. Schönke/Schröder/Lenckner, § 12, Rz. 9; Dreher/Tröndle, § 21, Rz. 4 m.w.N.

3 So auch LG Kiel, Urt. v. 1. November 1989, Az: I Kls (2/87)-2 Js 528/84, unveröff.

4 So auch Moll 1990, 280; Schumacher 1989, 230; BGH StV 1989, 386.

5 Vgl. LG Kiel, Urt. v. 1. November 1989, Az: I Kls (2/87)-2 Js 528/84; zur therapeutischen Aufklärung des Drogenabhängigen siehe im einzelnen unten S. 409 ff.

Grundsatz *"in dubio pro reo"*, der dem Beteiligten zur Seite steht, um ihn u.U. vor unberechtigter Bestrafung zu bewahren.[1]

Nach allem wird einem substituierenden Arzt, der vor Beginn der Therapie seine unter akuten Entzugserscheinungen nicht leidenden opiatabhängigen Patienten über die Risiken der Behandlung ausführlich aufgeklärt hat, eine etwaige Gesundheitsschädigung aufgrund des Gedankens der Straflosigkeit der eigenverantwortlichen Selbstgefährdung nicht zuzurechnen sein. Eine Körperverletzung nach § 223 StGB scheidet damit mangels Tatbestandsmäßigkeit aus.[2]

4.2.2.1.2.2 Neuere Rechtsprechung des BGH zum Selbstgefährdungsgedanken

In der neueren Rechtsprechung scheint der BGH allerdings wiederum auf Distanz gegenüber dem Grundsatz der Straflosigkeit der eigenverantwortlichen Selbstgefährdung zu gehen. Zwar hat er in dem Urteil vom 14. Februar 1984 ausdrücklich offengelassen, ob das Eigenverantwortlichkeitsprinzip auch im Geltungsbereich des BtMG zur Anwendung kommt.[3] Der überwiegende Teil des juristischen Schrifttums übertrug dennoch den Selbstgefährdungsgedanken auf die Qualifikationstatbestände der §§ 29 Abs. 3 Nr. 2, 30 Abs. 1 Nr. 3 BtMG wie selbstverständlich.[4] In dem Beschluß vom 25. September 1990 lehnt der BGH jedoch die Übertragung der Grundsätze der eigenverantwortlichen Selbstgefährdung auf die Vorschriften des BtMG im wesentlichen mit der Begründung ab: "Für den Bereich der Vorschriften des BtMG indes kann den Regeln über die bewußte Selbstgefährdung in den Fällen, in denen wie bei § 30 Abs. 1 Nr. 3 BtMG und § 29 Abs. 3 Nr. 2 BtMG der Tod eines Menschen oder die Gefahr von Gesundheitsbeschädigungen infolge des Genusses von Betäubungsmitteln Grund für erhöhte Strafe sind oder in denen es wie hier ganz allgemein um die strafschärfende Bewertung solcher Folgen geht, eine die

---

1 So auch Stree 1985, 182.

2 Zur Problematik der Eigenverantwortlichkeit im Zusammenhang mit der Substitutionsbehandlung siehe auch ausführlich Schumacher 1989, 204 - 234; Moll 1990, 273 - 282.

3 BGHSt 32, 262, 266.

4 Siehe Körner 1990, § 30, Rz. 35; Hügel/Junge/Winkler, § 30, Rz. 4.4; Endriß/Malek 1986, Rz. 386; Loos 1982, 343.

Verantwortung des Täters eingrenzende Bedeutung nicht zukommen. (...) Dies folgt aus dem anders gearteten Schutzzweck der Vorschriften des Betäubungsmittelrechts. Er verlangt eine Einschränkung des Prinzips der Selbstverantwortung, auf das die Grundsätze zur bewußten Selbstgefährdung letztlich zurückgeführt werden. Schutzgut der betäubungsmittelrechtlichen Strafnormen sind nicht allein und nicht in erster Linie das Leben und die Gesundheit des einzelnen wie bei den §§ 211 f., 222, 223 ff. StGB. Vielmehr soll Schäden vorgebeugt werden, die sich für die Allgemeinheit aus dem verbreiteten Konsum vor allem harter Drogen und den daraus herrührenden Gesundheitsbeeinträchtigungen der einzelnen ergeben (Schutzgut 'Volksgesundheit')."[1]

Sodann unternimmt der BGH den Versuch, diese Überlegungen in bezug auf die Entstehungsgeschichte des BGH zu untermauern, denn wegen der abstrakten Gefährlichkeit der Drogen für das komplexe und universelle, nicht der Verfügung des einzelnen unterliegende Rechtsgut "Volksgesundheit", fährt der BGH fort, seien die mannigfachen Formen des unerlaubten Umgangs mit Betäubungsmitteln unter Strafe gestellt. Bei der Beurteilung der Tathandlungen als gefährlich sei aber der Aspekt der Selbstgefährdung denknotwendig eingeschlossen, weil der zu verhindernde Konsum in aller Regel eine Selbstgefährdung bedeute. Der Regelungsinhalt der §§ 30 Abs. 1 Nr. 3, 29 Abs. 3 Nr. 2 BtMG deute gerade darauf hin, daß der bei ihrem Erlaß zwangsläufig zu bedenkende Aspekt der Selbstgefährdung nach positiv-rechtlicher Entscheidung des Gesetzgebers die objektive Zurechnung der sich aus dem Konsum von Betäubungsmitteln ergebenden schweren Folgen nicht hindern solle. Seien es doch nicht zuletzt die steigenden Zahlen der auf Rauschgiftgenuß unmittelbar oder mittelbar zurückzuführenden Todesfälle, so der BGH, die eine Verschärfung des Betäubungsmittel-Strafrechts mitbewirkt hätten.[2]

Die neuerliche höchstrichterliche Entscheidung zum Grundsatz der Straflosigkeit der eigenverantwortlichen Selbstschädigung fand im juristischen Schrifttum

---

1 BGH StV 1992, 272, 273 m.Anm. Nestler-Tremel = JZ 1991, 571, 572 m.Anm. Rudolphi = NStZ 1991, 392 m.Anm. Beulke/Schröder.

2 Zur Entwicklung der Todesfallstatistik vor der Verschärfung des BtMG 1982 siehe oben S. 117.

geteiltes Echo. Während *Beulke/Schröder*[1], *Rudolphi*[2] sowie *Weber*[3] dem vom BGH erzielten Ergebnis und dessen dogmatischer Begründung vorbehaltlos folgten, sah *Otto* im Wege der teleologischen Auslegung der Vorschriften des BtMG zumindest die Möglichkeit, den Schutzbereich der Vorschriften dieses Gesetzes auch auf die Verhinderung von Selbstgefährdungen verantwortlich Handelnder zu erstrecken, weil durch die eigenverantwortlichen Selbstgefährdungen mit ihren möglichen Schäden auch die Gesellschaft selbst betroffen werde.[4] Demgegenüber vermochten sich weder *Hohmann*[5] noch *Nestler-Tremel*[6] mit überzeugenden Argumenten der Auffassung des BGH anzuschließen. Während ersterer vor allem rechtsdogmatische Gründe für eine Geltung des Eigenverantwortlichkeitsprinzips auch innerhalb des BtMG anführt, insbesondere das Argument, daß sowohl im Gesetzgebungsverfahren, als auch in der konkreten Fassung des BtMG auf die grundsätzliche Straflosigkeit eigenverantwortlicher Selbstschädigungen Rücksicht genommen worden sei, weil das gesetzgeberische Interesse vornehmlich den Vorstadien des Konsums und nicht dem Konsum selbst, also der Selbstgefährdung, gelte, argumentiert letzterer auf mehreren Ebenen. Zunächst greift er das Argument von *Beulke/Schröder*[7] auf, wonach der Gesetzgeber mit dem § 30 Abs. 1 Nr. 3 BtMG auch ein effektives Vorgehen gegen Großtäter ermöglichen wolle und diese Vorstellung ad absurdum geführt werden würde, wenn der Großtäter, für den die Strafverschärfung geschaffen worden sei, davon im Regelfall nicht erfaßt werden würde und bezweifelt, daß diese gesetzgeberischen Erwartungen vor dem Hintergrund der Tatsache, daß der Konsument in aller Regel seine kleinen Mengen von einem Kleindealer und nicht von einem Großhändler erhalte, überhaupt erfüllt werden könne. Daneben weist er auf eine andere kriminalpolitische Widersinnigkeit hin und zwar darauf, daß die verschärfte Strafdrohung gemäß §§ 29 Abs. 3 Nr. 2, 30 Abs. 1 Nr. 3 nicht nur keinerlei präventive Effekte zeitigt, sondern ganz im Gegenteil eine durch das Betäubungsmittel-Strafrecht vorgegebene Gefährdungs-

---

1 Siehe Beulke/Schröder 1991, 393 ff.
2 Siehe Rudolphi 1991, 572 ff.
3 Siehe Weber 1992a, 378; ders. 1992b, 52 f.
4 Siehe Otto 1991, 444.
5 Siehe Hohmann 1991, 1117 f.
6 Siehe Nestler-Tremel 1992, 273 ff.
7 Siehe Beulke/Schröder 1991, 394.

situation noch verstärkt, also gerade dem, was ihr Schutzzweck sein soll, entgegenwirkt. Denn häufig wird in Fällen, wo eine Atemdepression nach Heroinkonsum eintritt, die durch sofortige Wiederbelebungsversuche bzw. ein schnelles Herbeiholen ärztlicher Hilfe verhindert werden könne, die entsprechende Hilfe von seiten der Personen, die das Heroin abgaben, verweigert, um sich der Gefahr der strafrechtlichen Verfolgung nicht auszusetzen.

Ein weiteres Argument gegen die Auffassung des BGH, das Prinzip der Straflosigkeit der eigenverantwortlichen Selbstgefährdung gelte nicht innerhalb des Geltungsbereichs des BtMG, leitet *Nestler-Tremel* aus dem Umstand her, daß das Eigenverantwortlichkeitsprinzip im Straßenverkehrsrecht durchaus Beachtung findet, obwohl es sich dabei sogar um ein Problem der Einwilligung in eine Fremdgefährdung handelt (§ 315c StGB). Daraus zieht er den Schluß, daß derjenige, der bei einer Einwilligung des Beifahrers in seine Gefährdung zur Straflosigkeit des Fahrers komme, erst recht zur Straflosigkeit des Dritten, der eine Situation schaffe, die eine eigenverantwortliche Selbstschädigung ermögliche, kommen müßte.[1]

Schlußendlich stellt dieser Autor dahingehende Überlegungen an, ob das BtMG gerade Selbstschädigungen verhindern soll und kommt zu dem überzeugenden Ergebnis, daß es keinerlei Anhaltspunkte dafür gibt, daß der Gesetzgeber auch nach der Entscheidung vom 14. Februar 1984 die Förderung einer eigenverantwortlichen Selbstgefährdung den §§ 29 Abs. 3 Nr. 2, 30 Abs. 1 Nr. 3 BtMG unterwerfen will. Zu Recht lehnt er das Argument von *Otto*[2] ab, die teleologische Auslegung der Vorschriften des BtMG würde es ermöglichen, die selbstverantwortlichen Gefährdungen mit ihren möglichen schweren Schäden auch für die Gesellschaft zu verhindern, da dies gleichermaßen für alle anderen Selbstgefährdungen gilt.

Nach allem fordern sowohl *Hohmann* als auch *Nestler-Tremel* folgerichtigerweise die Erstreckung der Strafbarkeit nach den §§ 29 Abs. 3 Nr. 2, 30 Abs. 1 Nr. 3 BtMG nur auf diejenigen, die Betäubungsmittel an Personen abgeben, bei

---

1 Siehe Nestler-Tremel 1992, 277.
2 Siehe Otto 1991, 444; siehe auch oben S. 391.

denen kein selbstverantwortlicher Konsum angenommen werden kann und auf diejenigen, die die Betäubungsmittel mit anderen Stoffen verschnitten haben, die ihrerseits gefährlich sind und auf die sich die Konsumenten nicht eingestellt haben.

Die Beschränkung des Geltungsbereichs des Selbstgefährdungsgedanken allein auf das Kernstrafrecht (§§ 211 f., 222, 223 ff. StGB) erscheint über die dargelegten überaus nachvollziehbaren Gründe von *Hohmann* und *Nestler-Tremel* hinaus auch vom Standpunkt der modernen Rechtsgutlehre sowie des Verfassungsrechts nicht gerechtfertigt. Der Verweis des BGH auf das "ideologieanfällige"[1] Universalgut der "Volksgesundheit", was gleichzeitig eine Zurückstellung, gar Abwertung der Individualrechtsgüter, das Leben und die Gesundheit des einzelnen, bedeutet, läuft in evidenter Weise der in der Zwischenzeit überwiegend anerkannten staatstheoretischen Auffassung zuwider, daß nur die personale Rechtsgutlehre der liberalen Staatskonzeption gerecht wird. Diese versteht Rechtsgüter von der Person her und erkennt Rechtsgüter der Allgemeinheit nur insoweit an, als sie auch Interessen der Person sind bzw. denen dienen.[2] Im Betäubungsmittel-Recht hat das Rechtsgut der Volksgesundheit daher nur insoweit seine Berechtigung, als es sich als das vermittelte Interesse des einzelnen nachweisen läßt.[3] Es ist also im Betäubungsmittel-Recht nicht "das Interesse des Staates an der Erhaltung eines gesunden Bürgerstandes und einer lebensfähigen Gesellschaftsordnung, also die Funktionsfähigkeit der Gesellschaft"[4], welche dem Rechtsgut der Volksgesundheit jegliche Konturen nimmt, sondern letztlich die Gesundheit des einzelnen entscheidend[5], will man sich nicht dem Vorwurf aussetzen, daß das inhaltsleere Universalgut der Volksgesundheit über das menschliche Leben gestellt werde.[6] Diesen Überlegungen ist die Entscheidung des BGH vom 25. September 1990 nicht geeignet, Rechnung zu tragen.

---

1 So Haffke 1990b, 2.
2 Vgl. AK/StGB/Hassemer, vor § 1, Rz. 276.
3 Vgl. Haffke 1990b, 2.
4 So Beulke/Schröder 1991, 394.
5 So auch Haffke 1990b, 2; siehe auch Köhler 1992, 27 f.
6 In diesem Sinne auch Nestler-Tremel 1992, 278.

Hätte sich der BGH fernerhin mit der Frage auseinandergesetzt, welcher Stellenwert dem rechtlichen Problem der Selbstgefährdung in der geltenden Verfassungsordnung zukommt, dann wäre er möglicherweise auch zu einem anderen Ergebnis gelangt. Die Verfassung der Bundesrepublik gesteht nämlich jedem Bürger das Recht auf Selbstschädigungen, welches sich aus Art. 2 Abs. 1 GG, dem Grundrecht auf freie Entfaltung der Persönlichkeit ableitet.[1] Das Grundrecht auf Selbstschädigung ist also nicht nur auf die Vorschriften des BtMG in vollem Umfang anwendbar, sondern geht sogar soweit, daß die staatlichen Präventivregeln des BtMG, sofern sie über die allgemeinen gesundheitlichen Einschränkungen hinausgehen, bei gesundheitlich unbedenklichen Drogen wie Heroin illegitim werden.[2] Diesem Verfassungsverständnis gemäß werden jegliche entmündigende staatliche Maßnahmen gegenüber dem willensfreien, selbstverantwortlichen und psychisch intakten Bürger, der sich auch im übrigen nicht unmittelbar sozialschädlich verhält, als verfassungswidrig angesehen.[3] Ungeachtet also der geschilderten Ungereimtheiten in bezug auf die Rechtsgutproblematik ist die bisher letzte Stellungnahme des BGH zum Eigenverantwortlichkeitsprinzip auch aus verfassungsrechtlichen Gründen abzulehnen. Die geltende Verfassungsordnung der Bundesrepublik kennt nämlich keine Grundrechte, die nur in ganz bestimmten Lebens- und Rechtsbereichen zur Anwendung kommen würden. Andernfalls wäre ein Verstoß gegen das Rangverhältnis der Gesetze anzunehmen.[4]

Mithin sind die Grundsätze der eigenverantwortlichen Selbstgefährdung, wie sie der BGH in der Entscheidung vom 14. Februar 1984 befürwortete, ebenso auf die Vorschriften des BtMG zu erstrecken.

---

1 Vgl. Lorenz 1989, § 128, Rz. 63; Haffke 1990b, 5; Böllinger 1991a, 406; siehe auch Walther 1991, 79 ff., die hervorhebt, daß das Selbstverantwortungsprinzip das leitende Rechtsprinzip der deutschen Verfassungsordnung sei.

2 Vgl. Haffke 1990b, 20.

3 So auch Böllinger 1991a, 406.

4 Vgl. Stern 1984, 105.

4.2.2.2 Rechtswidrigkeit

Die juristische Prüfung der Frage, ob ein substituierender Arzt im Einzelfall wegen einer vorsätzlichen Körperverletzung strafrechtlich zu belangen ist, dürfte aufgrund der vorstehenden Erwägungen bereits auf der Ebene der Tatbestandsmäßigkeit in der Regel zu Ende gehen. Denn wenn nicht bereits das Vorliegen des konkreten Erfolgseintritts zu verneinen wäre, so müßte doch spätestens mangels objektiver Zurechnung des Erfolges die strafrechtliche Haftung ausscheiden. Sollte jedoch wider Erwarten, etwa weil keine Eigenverantwortlichkeit des opiatabhängigen Patienten vorlag, die Erfüllung des Tatbestandes der Körperverletzung nach § 223 StGB zu bejahen sein, dann sagt dies allerdings noch nichts darüber, ob sich der substituierende Arzt auch tatsächlich strafbar gemacht hat. Diese Entscheidung fällt erst auf der Wertungsstufe der Rechtswidrigkeit. Damit also die jeweilige ärztliche Substitutionsbehandlung nicht als rechtswidrig und somit strafbegründend beurteilt werden muß, muß diese zu Heilzwecken indiziert, lege artis ausgeführt und von einer rechtswirksamen Einwilligung des Patienten gedeckt sein. Es tauchen hierbei also weitgehend die gleichen Rechtsprobleme auf, die auch im Zusammenhang mit der Begründetheitsfrage im Sinne des § 13 Abs. 1 BtMG relevant waren. Zur Vermeidung von unnötigen Wiederholungen wird daher dort, wo die Rechtsproblematik identisch ist und bereits ausführlich thematisiert wurde, die erneute Abhandlung unterlassen und auf die entsprechende Stelle verwiesen werden.

4.2.2.2.1 Indiziertheit der Substitutionsbehandlung

Zur Verneinung der Rechtswidrigkeit einer ärztlichen Substitutionsbehandlung bedarf es wie beim § 13 Abs. 1 BtMG zunächst der Feststellung, daß diese begründet, also zur *Heilung indiziert* ist. Ob diese Voraussetzung im Einzelfall vorliegt, ergibt sich im wesentlichen aus der ärztlichen Aufgabenstellung und Ethik, soweit letztere die rechtliche Bewertung zu beeinflussen vermag.[1] Im allgemeinen ist eine Verschreibung von Substitutionsmedikamenten indiziert, wenn sie zur Erreichung der Heilzwecke im Sinne der Definition der Heilkunde

---

1 Siehe oben S. 305, 307 f.

angezeigt erscheint. Die Heilzwecke können also in der Verhütung, Früherkennung, Feststellung, Heilung und Linderung bestehen.[1] Als die Behandlung rechtfertigende Indikationen kommen neben den rein medizinischen[2] auch die sozialmedizinischen[3] Indikationen in Frage. In Anbetracht der Tatsache, daß die Frage der Indiziertheit einer Substitutionsbehandlung hier bereits im Rahmen der Begründetheitsprüfung nach § 13 Abs. 1 BtMG eingehend erörtert worden ist, wird im weiteren auf eine Wiederholung verzichtet und auf die dortigen Ausführungen verwiesen.[4]

4.2.2.2.2 Verstoß gegen die allgemeinen Sorgfaltspflichten

Es ist weiter anerkannt, daß jegliche ärztliche Behandlungen *lege artis*, also nach den ärztlichen Kunstregeln durchgeführt werden müssen, um die Gesundheitsbeschädigung als gerechtfertigt erscheinen zu lassen. Andernfalls begeht der behandelnde Arzt einen *Kunstfehler*[5], oder jetzt besser gesagt, einen *Behandlungsfehler*[6], der die strafrechtliche Haftung auslöst.[7] Überdies führt die Verletzung der ärztlichen Sorgfalt zu einem Behandlungsfehler.[8] Vielfach verschwimmen aber auch die Regeln der ärztlichen Wissenschaft mit den allgemeineren Sorgfaltsregeln, wenn es sich im Einzelfall etwa um Verstöße gegen Regeln handelt, die in einem so hohen Maß gesicherter wissenschaftlicher Erkenntnis entsprechen, daß ihnen der Anspruch des unbezweifelbar Richtigen und damit allgemein Akzeptierten zukommt, wie beispielsweise bei den Regeln der Diagnostik.[9] Die lex artis wird daher auch, wie in den Ausführungen zu § 13 Abs. 1 BtMG oben bereits angedeutet[10], als die auf ärztliches Handeln in

---

1 Vgl. Uhlenbruck 1992, § 52, Rz. 1; siehe auch oben S. 307 ff., 311 ff.
2 Hierzu ausführlich siehe oben 4.1.5.1.1.1.
3 Hierzu ausführlich siehe oben 4.1.5.1.1.2.
4 Siehe oben 4.1.5.1.
5 Zu den Problemen einer Kunstfehlerdefinition siehe ausführlicher Matz 1989, 37 ff.; Schwalm 1979, 541 ff.
6 Wegen der definitorischen Schwierigkeiten spricht man heute lediglich von Behandlungs-, Aufklärungs- und Kooperationsfehlern, siehe Ulsenheimer 1992b, 128.
7 Vgl. Narr, Rz. 883; ders. 1988, 230.
8 Vgl. Narr 1988, 230.
9 Vgl. Lenckner 1986, 599.
10 Siehe oben S. 300.

bestimmten umrissenen Situationen konkretisierte Summe von Sorgfaltspflichten definiert.[1] Im vorliegenden Zusammenhang braucht jedoch die Frage, ob zwischen der lex artis und den Sorgfaltsregeln eine Begriffsidentität anzunehmen ist, im einzelnen nicht weiter problematisiert zu werden, da, wie bereits zu der Begründetheitsklausel des § 13 Abs. 1 BtMG konstatiert[2], im Substitutionsbereich immer noch von einem Methodenstreit, der der Annahme allgemein anerkannter Regeln ärztlicher Wissenschaft entgegensteht, auszugehen ist. Es ist daher unumgänglich, das jeweilige ärztliche Substitutionsverhalten stets lediglich auf die Einhaltung der allgemeinen Sorgfaltspflichten hin zu überprüfen.[3] Damit stellt sich die entscheidende Frage nach dem Maßstab zur Bestimmung ärztlicher Pflichten und zur Beurteilung der Pflichtwidrigkeit. Die Rechtsprechung fordert von dem Arzt das Maß an Sorgfalt, das der Rechtsverkehr von einem ordentlichen pflichtgetreuen Durchschnittsarzt in der jeweiligen konkreten Situation für unerläßlich hält.[4] Es ist also ein objektiv-typisierender Sorgfaltsmaßstab anzulegen, der inhaltlich vom jeweiligen Stand der medizinischen Wissenschaft zur Zeit der Vornahme oder Unterlassung der zu beurteilenden bzw. gebotenen ärztlichen Maßnahme abhängt. Mithin ist aus der Sicht ex ante zu prüfen, wie sich ein umsichtiger und erfahrener Arzt derselben Fachrichtung in gleicher Situation verhalten hätte.[5] Dabei sollen die von einem *Facharzt* zu leistenden Standards als Maßstab der zu erfüllenden Sorgfaltspflichten dienen, wobei ein eventuell vorhandenes größeres individuelles Leistungsvermögen außer Betracht bleiben soll.[6] Dieser Punkt ist heute aber noch ziemlich umstritten.[7] Andererseits ist aber unstrittig, daß einen unterdurchschnittlich qualifizierten Arzt, der freiwillig – ohne Notfallsituation– eine Tätigkeit übernimmt, der er nicht gewachsen ist, das sog. Übernahmeverschul-

---

1 Siehe Böllinger 1989b, 294; Ulsenheimer 1992a, § 140, Rz. 17.
2 Siehe oben S. 200 f.
3 So auch AG Frankfurt in dem Urt. v. 9. Dezember 1988, Az: 90 Js 10 933/85 - 933 Ls 227, unveröff.
4 Vgl. BGH NJW 1953, 257; OLG Frankfurt VersR 1983, 349.
5 Vgl. Ulsenheimer 1988, 13; ders. 1992b, 128; Narr, Rz. 883; Laufs 1988, Rz. 337; Wessels 1990, 205.
6 Vgl. Ulsenheimer 1988, 16; ders. 1992a, § 139, Rz. 19; Wessels 1990, 205.
7 Siehe BGH NJW 1987, 1479, 1480, m.Anm. Deutsch; Schönke/Schröder/Cramer, § 15, Rz. 138; Laufs 1988, Rz. 345.

den trifft, was dessen Strafbarkeit begründet.[1] Existieren hingegen mehrere medizinisch anerkannte Heilmethoden oder ist ein Methodenstreit zu bejahen, so daß sich keine Standard-Behandlungsregeln durchsetzen konnten, dann darf dieser "Schulenstreit" nicht zu Lasten des Arztes gehen. Das Gericht hat sich aus diesem Streit herauszuhalten und kann allenfalls die Grenze ziehen, nicht aber über den Inhalt der Standards befinden. Es kann lediglich Mindesterfordernisse für die objektiv gebotene Sorgfalt bei der Ausübung der ärztlichen Tätigkeit festlegen.[2] Die Wahl der Behandlungsmethode ist dagegen, wie im vorstehenden bereits mehrfach betont[3], primär Angelegenheit des behandelnden Arztes. Sofern er also seine Patienten nach den bereits vorhandenen medizinischen Erkenntnissen und Erfahrungen so behandelt, wie es seiner fachlichen und durch ausreichendes Wissen fundierten Überzeugung entspricht, scheidet eine Pflichtverletzung regelmäßig aus.[4] Der Begriff der Sorgfaltspflicht erstreckt sich auf die Bereiche vor, bei und nach der eigentlichen Behandlung.[5]

Entsprechend diesen Rechtsgrundsätzen sind von der Rechtsprechung, allen voran der des BGH, auch in bezug auf die Substitutionstherapie eine Reihe von Sorgfaltsgeboten entwickelt worden, die der substituierende Arzt unbedingt einhalten soll. So hat er zunächst die allgemeinen Regeln ärztlicher Diagnostik und Therapie zu beachten. Dies setzt eine eingehende Anamnese und sorgfältige persönliche Untersuchung des Patienten voraus, um eine sichere Diagnose und anschließend eine Indikation stellen zu können.[6] Weitere Sorgfaltsregeln im Hinblick auf die Substitutionsbehandlung lassen sich wie folgt zusammenfassen:

Etwaige Kontraindikationen gegen eine Substitutionsbehandlung sind zu berücksichtigen.[7]

---

1 Vgl. Ulsenheimer 1988, 17 ff.; ders. 1992a, § 139, Rz. 20; Jescheck 1988, 523 f.
2 Vgl. Ulsenheimer 1988, 13; ders. 1992b, 128; zum Standard ärztlicher Behandlung siehe ausführlicher Uhlenbruck 1989, 238 f.
3 Siehe oben S. 301, 309 f.
4 Vgl. Ulsenheimer 1988, 13; ders. 1992b, 128; siehe auch Laufs 1988, Rz. 337; ders. 1992b, Rz. 16.
5 Vgl. Matz 1989, 41.
6 Siehe Körner 1990, § 29, Rz. 637, 642 m.w.N.; Böllinger/Stöver 1992, 117 m.w.N.; siehe auch oben S. 310 f.
7 Siehe Körner 1990, § 29, Rz. 638.

Die Untersuchungsergebnisse sind ausführlich zu dokumentieren.[1]

Der behandelnde Arzt muß auf dem Gebiet der Behandlung von Suchtkrankheiten erfahren sein. Im Einzelfall hat er daher einen über spezielles Wissen in der Ersatzdrogentherapie verfügenden Konsilarius heranzuziehen.[2]

Die Behandlung muß Bestandteil einer ganzheitlichen Therapie sein, die sich nicht nur auf die Verschreibung der Ersatzmittel beschränkt. Im Einzelfall kann nämlich eine psychotherapeutische oder/und sozialpädagogische Begleitung unerläßlich sein.[3]

Das Therapieziel muß in der Erhaltung und Wiederherstellung des Lebens, des Körpers sowie der physischen und psychischen Gesundheit des Patienten bestehen.[4]

Überdies soll der behandelnde Arzt die Gefahr ausschließen, daß seine Betäubungsmittel-Verschreibungen nicht als Heilmittel, sondern als Suchtmittel verwendet werden. Er ist daher verpflichtet, die Kontrolle des Betäubungsmittel-Gebrauchs dadurch sicherzustellen, daß die Ersatzdrogen nur unter eigener ärztlicher Aufsicht oder unter Aufsicht zuverlässiger Hilfspersonen oral eingenommen werden.[5] Er hat Polytoxikomanie entgegenzuwirken, in der Regel in der Weise, daß er regelmäßig Urinkontrollen durchführt.[6]

Wie bereits im Zusammenhang mit der Auslegung des Begründetheitsbegriffs des § 13 Abs. 1 BtMG ausgeführt wurde[7], ist der substituierende Arzt auch im Rahmen der Indikationsstellung gehalten, bestimmte Sorgfaltsregeln, insbesondere die Regeln der Diagnostik zu beachten, damit seine Betäubungsmittel-Verschreibung als "begründet" im Sinne der vorgenannten Vorschrift bewertet

---

1 Siehe Körner 1990, § 29, Rz. 639; m.w.N. Böllinger/Stöver 1992, 117.
2 Siehe Körner 1990, § 29, Rz. 640, m.w.N.; Böllinger/Stöver 1992, 117 f.
3 Siehe Böllinger/Stöver 1992, 118; AG Hildesheim KJ 1980, 219.
4 Siehe Körner 1990, § 29, Rz. 642 m.w.N.; Böllinger/Stöver 1992, 118.
5 Siehe BGH NJW 1979, 1943; Körner 1990, § 29, Rz. 643 m.w.N.
6 Siehe AG Hildesheim KJ 1980, 219; AG Frankfurt, Urt. v. 9. Dezember 1988, Az: 90 Js 10 933/85-933 Ls 227, unveröff.
7 Siehe oben S. 310 f.

werden kann. Sorgfaltsgebote, die über das Stadium der Indikationsstellung hinausgehen, also schon die Durchführung der Behandlung betreffen, sind indessen nur im Rahmen der §§ 223, 230 StGB von Interesse. Demgegenüber lassen der BGH[1] und ein Teil des Schrifttums[2] die im vorstehenden aufgelisteten Sorgfaltsregeln stets auch im Rahmen der Prüfung des § 13 Abs. 1 BtMG bedeutsam werden. Dem kann aus den dargelegten Gründen nicht mehr gefolgt werden.[3] Die Durchführungskautelen sind, wie dargelegt, nur anhand der §§ 223, 230 StGB auf ihre Sorgfaltsgemäßheit hin zu überprüfen. Demgemäß begegnet keinerlei Bedenken, die meisten bestehenden Sorgfaltsgebote für die rechtliche Bewertung als erheblich anzusehen. Fraglich könnte aber sein, ob die "Sicherstellung des verschreibungsgemäßen Gebrauchs" eine Sorgfaltspflicht darstellt. Diesbezüglich scheint sich gegenwärtig eine dahingehende Auffassung herauszubilden, daß es im Einzelfall darauf ankomme, ob es sich bei dem Substitut um ein Betäubungsmittel oder um ein Nicht-Betäubungsmittel handele. Nur letzterenfalls soll daher eine Pflicht zur Kontrolle der Einnahme des Medikaments durch den substituierenden Arzt oder dessen vertrauenswürdiges Personal entfallen.[4] Bei einer Substituierung eines Betäubungsmittels, wie beispielsweise Levomethadon, soll dagegen ein Sorgfaltsverstoß gegen die ärztliche Pflicht zur Kontrolle der verschreibungsgemäßen Einnahme des Ersatzmittels vorliegen und die Behandlung rechtswidrig werden lassen, wenn der Arzt dem Patienten das Betäubungsmittel-Rezept zur freien Verfügung aushändigt, damit dieser sich das Mittel von der Apotheke selbst abholen und anschließend einnehmen kann, und zwar, obwohl der Arzt zunächst keinen Anlaß sieht, seinem Patienten zu mißtrauen. *Schumacher* leitet dieses Sorgfaltsgebot aus der ärztlichen Fürsorgepflicht her. Denn der Arzt habe typische Gefahren einer Behandlung zu vermeiden. Dies gelte in besonderem Maße dann, wenn naheliegende Möglichkeiten existierten, um der Gefahrenlage zu begegnen. Wenn durch sie eine typische Gefahr wesentlich herabgemindert werden könne, so *Schumacher*, beobachte der Arzt die erforderliche Sorgfalt nur, wenn er die

---

1 Siehe BGH NJW 1979, 1979, 1943; siehe auch oben S. 266 f., 290 f.
2 Siehe Körner 1990, § 29, Rz. 636 - 643.
3 Siehe oben 4.1.3.5.3.
4 So u.a. Schumacher 1989, 202; AG Frankfurt, Urt. v. 9. Dezember 1988, Az: 90 Js 10 933/85-933 Ls 227, unveröff.

Sicherungsmaßnahme auch ergreife. Typische Behandlungsrisiken könnten sowohl in der Art der Behandlung als auch in der Person des Patienten liegen.[1]

Diese Auffassung vermag jedoch nicht zu überzeugen. Sie übersieht nämlich, daß die aus dem Behandlungsvertrag resultierende ärztliche Fürsorgepflicht nicht so weit gehen kann, auch vorsätzliche Selbstschädigungen zu verhindern.[2] Im übrigen kommt der Selbstschädigung, wie bereits ausgeführt, Grundrechtscharakter zu mit der Folge, daß dieses Grundrecht auch im Geltungsbereich des StGB zur Anwendung kommt und damit eine Pflicht zur Kontrolle des verschreibungsgemäßen Gebrauchs des Betäubungsmittels nicht entstehen läßt.[3] Auch in diesem Kontext ist den Grundsätzen der eigenverantwortlichen Selbstgefährdung die volle Geltung zu verschaffen.[4] Erst wenn der substituierende Arzt etwa aufgrund der regelmäßig durchzuführenden Urinkontrollen allen Anlaß zu der Vermutung hat, daß sein Patient dem Therapiekonzept zuwiderhandelt, kann ihn u.U. die Pflicht treffen, die Behandlung abzubrechen, wenn die Verstöße des Patienten gegen seine Mitwirkungspflicht sich mehren und die Behandlung immer mehr den Charakter einer zielgerichteten Therapie verliert und stattdessen auf eine reine Drogenversorgung durch den Arzt hinausläuft. Daneben ist zu berücksichtigen, daß durch eine Übersteigerung der Anforderungen an die ärztliche Kontrollsorgfalt u.U. auch der therapeutische Erfolg gefährdet werden kann, weil sie den Aufbau einer Vertrauensbeziehung zwischen dem Arzt und seinem Patienten regelmäßig behindern dürfte. Schlußendlich ergeben sich dagegen auch verfassungsrechtliche Einwände, denn eine generelle sich nicht am Einzelfall orientierende Annahme einer "krankheitsbezogenen Einschränkung der Willensfreiheit" bei dem Opiatabhängigen scheint zum einen den Verhältnismäßigkeitsgrundsatz (Art. 20 Abs. 3 GG) und zum anderen den Gleichheitsgrundsatz (Art. 3 Abs. 1 GG) zu verletzen, wenn die Pflicht zur Einnahmekontrolle nur im Falle der abhängigen Patienten zum Tragen kommen soll. Nach den vorliegenden Erfahrungen stellt die Patienten-

---

1 Siehe Schumacher 1989, 200.

2 So auch LG Kiel, Urt. v. 1. November 1989, Az: I Kls (2/87)-2 Js 528/84, unveröff.; a.A. Ulsenheimer 1992a, § 147, Rz. 26; siehe auch oben S. 386 f.

3 Siehe oben S. 394.

4 Zum Eigenverantwortlichkeitsgedanken siehe ausführlich oben 4.2.2.1.2.1.

Compliance nämlich sowohl im stationären[1] als auch im ambulanten[2] Bereich generell ein Problem dar. Demgemäß hat das *AG Hildesheim* selbst im Falle einer Betäubungsmittel-Verschreibung die Zulässigkeit der "Take-home-Dosis" anerkannt, wenn ein entsprechendes Vertrauensverhältnis gegeben ist.[3] Ebensowenig lassen die ausländischen Erfahrungen den zwingenden Schluß zu, daß die Einnahme des Medikamentes generell nur unter ärztlicher Kontrolle bzw. unter der seiner Vertrauenspersonen zu erfolgen hat.[4] Zu Recht wird daher in diesem Zusammenhang auch die Auffassung vertreten, daß dem substituierenden Arzt ein Spielraum ebenso hinsichtlich der zu treffenden Kontrollmaßnahmen zu belassen ist, weil nur er im Einzelfall aus der Sicht ex ante beurteilen kann, ob eine Überwachung des verschreibungsgemäßen Gebrauchs des Substituts überhaupt angezeigt erscheint, oder wie diese im einzelnen auszugestalten ist.[5]

4.2.2.2.3 Einwilligung in die Körperverletzung

In Anbetracht der Tatsache, daß seit dem Urteil des RG vom 31. Mai 1894 jede ärztliche, die Integrität des Körpers berührende Maßnahme tatbestandliche Körperverletzung ist, unabhängig davon, ob erfolgreich oder mißglückt, kunstgerecht oder fehlerhaft, bedarf diese, wie bereits dargelegt, stets einer besonderen Rechtfertigung, die in aller Regel durch die Einwilligung des Patienten zu erfolgen hat.[6] Daraus folgt, daß weder die ärztlich indizierte Behandlung noch der Behandlungsvertrag dem Arzt eine Behandlungsbefugnis geben.[7] Entscheidend ist vielmehr der "Wille" des Patienten.[8] Sie ergibt sich demzufolge aus

---

1 Siehe Laufs 1981, 1292; ders. 1992b, § 62, Rz. 9; Weber 1982, 23 ff.; Gundert-Remy 1982, 154; Luban-Plozza 1982, 143 f.

2 Siehe Laufs 1992b, § 62, Rz. 9; Weltner 1982, 98.

3 Siehe AG Hildesheim KJ 1980, 219; zu dieser Entscheidung siehe auch oben S. 271 f.; siehe auch Böllinger 1989b, 299.

4 In Schweden beispielsweise, das sich nicht gerade durch eine sehr liberale Drogenpolitik auszeichnet, erfolgt die Einnahme des Methadons in eigener Verantwortung, hierzu siehe oben S. 218.

5 Siehe Böllinger 1989a, 412; ders. 1989b, 299.

6 Siehe RGSt 25, 375, 378 ff.; Schönke/Schröder/Eser, § 223, Rz. 29 m.w.N.; siehe auch oben S. 364.

7 Vgl. Giesen 1990, 99.

8 So schon RGSt 25, 375, 380.

dem in Art. 1 Abs. 1 GG und Art. 2 Abs. 2 GG verankerten *Selbstbestimmungsrecht.*[1] Die Einwilligung in eine Körperverletzung ist das bewußte Einverstandensein mit dem tatbestandsmäßigen ärztlichen Verhalten, was in weiterer Konsequenz den Verzicht auf ein höchstpersönliches, disponibles Rechtsgut des Patienten, über das nur er verfügen kann, bedeutet.[2] Für deren Wirksamkeit ist erforderlich, daß der einwilligende Patient die natürliche Einsichts-, Urteils- und Verständnisfähigkeit hat, damit sie ernstlich, freiwillig sowie in Kenntnis der Sachlage abgegeben werden kann.[3] Denn nur derjenige, der sich der Bedeutung und Tragweite der vorgesehenen ärztlichen Maßnahme bewußt ist, und damit das Für und Wider des Eingriffs abwägen kann, vermag rechtswirksam einzuwilligen.[4] Sie muß der Körperverletzung vorhergehen, eine nachträgliche Genehmigung reicht indessen nicht aus.[5] Schließlich muß die Einwilligung auch frei von Willensmängeln sein.[6]

Die im vorstehenden aufgezeigten Grundsätze ordnungsgemäßen ärztlichen Handelns kommen auch im Rahmen der Substitutionsbehandlung weitgehend zur Anwendung. Sofern also nach der Bejahung der Tatbestandsmäßigkeit nunmehr auf der Rechtswidrigkeitsebene sich keinerlei Einwände gegen die Indiziertheit der Behandlung und gegen deren Sorgfaltsgemäßheit ergeben, ist im nächsten Prüfungsschritt festzustellen, ob die Substitution von einer rechtsgültigen Einwilligung des drogenabhängigen Patienten gedeckt war. Wegen der "bei jedem Opiatabhängigen bestehenden krankheitsbezogenen Einschränkung seiner Willensfreiheit" wird im Schrifttum das Vorhandensein der Einwilligungsfähigkeit bei den Drogenabhängigen gelegentlich angezweifelt.[7] Auch das OLG Frankfurt hat in einer neueren Entscheidung das Fehlen der Feststellungen

---

1 Vgl. v. Gerlach 1989, 17, Giesen 1990, 102; BGHSt 11, 111, 113 f.; hierzu ausführlich siehe Göbel 1992, 18 ff.

2 Vgl. v. Gerlach 1989, 15; Ulsenheimer 1992a, § 139, Rz. 27.

3 Vgl. v. Gerlach 1989, 15; Ulsenheimer 1992a, § 139, Rz. 27; Schönke/Schröder/Eser, § 223, Rz. 38.

4 Vgl. BGH NJW 1981, 1321; OLG Köln MedR 1992, 40, 41; Laufs 1988, Rz. 118; zu den Anforderungen an die Einwilligungsfähigkeit siehe ausführlicher Amelung 1992, 551 ff.

5 Vgl. LK/Hirsch, § 226a, Rz. 14; Giesen 1990, 104.

6 Vgl. Schönke/Schröder/Eser, § 223, Rz. 39; LK/Hirsch, § 223, Rz. 18.

7 So u.a. Ulsenheimer 1992a, § 147, Rz. 24; siehe auch Amelung 1992, 540.

der Vorinstanz zur Rechtswirksamkeit der Einwilligungen, die die opiatabhängigen Patienten ihrem Arzt erteilten[1], gerügt und so das Urteil des AG Frankfurt vom 9. Dezember 1988 aufgehoben.[2] Denn daraus, so das OLG Frankfurt, daß die Verschreibungen der Arzneimittel mit Suchtpotential dem Wunsch der Süchtigen entsprochen hätten, sei ihre Einwilligung nicht ohne weiteres herzuleiten. Voraussetzung wäre zunächst gewesen, daß sie sich über die Folgen, welche eine mögliche Mehrfachabhängigkeit von verschiedenen Wirkstoffen für ihre Gesundheit und die anzustrebende Drogenfreiheit haben könnte, zutreffende Vorstellungen gemacht hätten. Ebenso fehlten Feststellungen zu den Vorstellungen der Patienten über die besonderen Gefahren einer Mehrfach- oder Vielfachabhängigkeit. Anschließend wendet sich das OLG der Frage nach der Einwilligungsfähigkeit drogenabhängiger Patienten zu und führt aus: "Ferner erscheint fraglich, ob die jeweiligen Patienten nach ihrer geistigen Verfassung im Zeitpunkt der einzelnen beanstandeten Verschreibungen überhaupt in rechtlich beachtlicher Weise einwilligen konnten. Darauf, daß dies in Fällen der vorliegenden Art zu prüfen ist, hat schon das RG (RGSt 77, 20) für ärztliche Verschreibungen von Morphium an eine Opiatsüchtige hingewiesen. (...) Der Stellungnahme der StA bei dem OLG sind begründete Zweifel daran zu entnehmen, daß Drogenabhängige rechtswirksam in Verschreibungen von Arzneimitteln mit Suchtpotential einwilligen können oder wollen." Sodann weist das Gericht darauf hin, welche einzelfallbezogenen Feststellungen der Tatrichter bezüglich der Einwilligungsproblematik zu treffen hat. Diese hätten sich insbesondere auf die Dauer der Abhängigkeit sowie das Ausmaß von Persönlichkeitsveränderungen, Entzugserscheinungen und Beschaffungsdruck zum Zeitpunkt der einzelnen Verschreibungen zu beziehen.[3] Demnach zweifelt das OLG Frankfurt das Vorliegen der Einwilligungsfähigkeit bei den einzelnen Patienten bloß in dem zur Entscheidung anstehenden Einzelfall an. Den Entscheidungsgründen ist jedoch nicht zu entnehmen, daß das Gericht die Auffassung zum Ausdruck bringen wollte, daß ein Heroinabhängiger mangels Widerstandskraft zur Einwilligung in die Verabreichung einer Ersatzdroge grundsätzlich unfähig

---

1 Siehe AG Frankfurt, Urt. v. 9. Dezember 1988, Az: 90 Js 10 933/85-933 Ls 227, unveröff.

2 OLG Frankfurt NJW 1991, 763 (Urt. v. 30. November 1990).

3 Siehe OLG Frankfurt NJW 1991, 763.

sei.[1] Auch das AG Landau sieht keinen Anlaß, den Suchtkranken schematisch die Einwilligungsfähigkeit absprechen zu müssen.[2] Im Regelfall ist also von der natürlichen Einsichts- und Urteilsfähigkeit auch der Drogenabhängigen auszugehen.[3] Auch wenn angenommen wird, daß diese mit der Schuldfähigkeit nicht identisch sei[4], so erscheint vor dem Hintergrund der Tatsache, daß die Drogenabhängigkeit als solche noch keine erhebliche Verminderung der Schuldfähigkeit im Sinne des § 21 StGB begründet[5], nicht einsehbar, weshalb den Drogenabhängigen regelmäßig die Einwilligungsfähigkeit fehlen sollte. Dies dürfte mit gewisser Sicherheit in Extremfällen, wie etwa bei einem akuten Rauschzustand, schweren suchtbedingten Persönlichkeitsveränderungen oder bei starken Entzugserscheinungen, der Fall sein.[6] Es bleibt aber letztlich die Aufgabe des jeweiligen Arztes, im Einzelfall festzustellen, ob sein drogenabhängiger Patient hinreichend aufnahme- und verständnisfähig ist. Anhaltspunkte dafür können sich ihm aus den vom OLG Frankfurt genannten Kriterien ergeben. Erst, wenn er davon überzeugt ist, daß bei dem Patienten die Einwilligungsfähigkeit gegeben ist, kann er diesen sodann über die kurz- und langfristigen Risiken der vorzunehmenden Substitutionsbehandlung aufklären.

4.2.2.2.3.1 Die ärztliche Aufklärungspflicht

Einen integrativen Bestandteil der "Einwilligung" stellt die *ärztliche Aufklärung* dar. Diese ist für die Rechtswirksamkeit der Einwilligung eine unentbehrliche Voraussetzung allen ärztlichen Handelns. Sie soll dem Patienten eine sinnvolle Wahrnehmung seines Selbstbestimmungsrechts ermöglichen. Daher muß er das nötige Wissen über die vorgesehene Heilbehandlung und ihre möglichen Gefah-

---

1 So aber Amelung 1992, 540.

2 Siehe AG Landau MedR 1990, 97, 99.

3 So auch Moll 1990, 286; siehe auch Körner 1990, C 44, Anm. 7, der die Einwilligungsfähigkeit der Drogenabhängigen offenbar auch nicht generell verneinen will.

4 So Schönke/Schröder/Lenckner, Vorbem. §§ 32 ff., Rz. 40; Laufs 1988, Rz. 143; Gerlach 1989, 20; Amelung 1992, 525 f.

5 Vgl. Schönke/Schröder/Lenckner, § 21, Rz. 9; Dreher/Tröndle, § 21, Rz. 4; siehe auch oben S. 388.

6 So auch Böllinger 1989a, 409; ders. 1989b, 298.

ren haben, also die Tragweite seines Entschlusses, d.h. die für seine Entscheidung relevanten Umstände kennen.[1] Je nachdem, welchen Zweck im Einzelfall die Aufklärung des Patienten verfolgen soll, unterscheidet man im allgemeinen zwischen der *"therapeutischen Aufklärung"* ("Sicherungsaufklärung") und der *"Selbstbestimmungsaufklärung"*. Während erstere der Vorbereitung und Unterstützung einer medizinisch notwendigen Behandlung, also letztlich dem gesundheitlichen Interesse des Patienten dient, soll letztere ausschließlich dem Selbstbestimmungsrecht des Patienten Rechnung tragen und damit die Wirksamkeit der vom Patienten zu erteilenden Einwilligung sicherstellen.[2] In der Substitutionsbehandlung kommt beiden Aufklärungsarten erhebliche Bedeutung zu. Denn gerade im Substitutionsbereich kommt es entscheidend auf die Patienten-Compliance an, sollen für den drogenabhängigen Patienten schwerwiegende gesundheitliche Folgen, die u.U. auch den Tod bedeuten können, vermieden werden. So verpflichtet die Medikation jeden Arzt im Rahmen der therapeutischen Aufklärung, den Patienten über Dosis, Unverträglichkeit und Nebenfolgen zu informieren, um ihn zu gebotener Mitwirkung anzuhalten. Der Umfang der ärztlichen Instruktionspflicht richtet sich dabei nach der Gefährlichkeit des Präparats.[3] Ein Verstoß gegen die Sicherungsaufklärung begründet einen Behandlungsfehler.[4] Die therapeutische Aufklärung dürfte sich vor allem aus der lex artis[5] bzw. aus der Pflicht zur sorgfaltsgemäßen Heilbehandlung ergeben, weshalb etwaige sich auf sie beziehende ärztliche Versäumnisse offenbar bereits im Rahmen der Prüfung der Einhaltung der allgemeinen Sorgfaltsregeln zu berücksichtigen wären.[6]

Im Rahmen der Substitutionsbehandlung hat der Arzt somit die Pflicht, um sich dem Vorwurf mangelnder Sicherungsaufklärung und damit einer Sorgfaltspflichtverletzung nicht aussetzen zu müssen, seinen drogenabhängigen Patienten nachdrücklich darauf hinzuweisen, daß er sich an die Verschreibungsvorgaben

---

1 Vgl. BVerfG NJW 1979, 1925, 1929.
2 Vgl. Laufs 1988, Rz. 117 ff.; ders. 1992b, §§ 62, 63; Lenckner 1986, 597; Schönke/-Schröder/Eser, § 223, Rz. 40; Ulsenheimer 1988, 50 ff.
3 Vgl. Laufs 1992b, § 62, Rz. 8.
4 Vgl. Laufs 1992b, § 67, Rz. 1.
5 Vgl. Schönke/Schröder/Eser, § 223, Rz. 40; v. Gerlach 1989, 22.
6 Siehe oben 4.2.2.2.2.

hinsichtlich der täglichen Dosis des Substituts, z.B. Levomethadon, sofern er eine Take-home-Menge verschrieben bekam, strikt zu halten hat und daß die Verstöße gegen die Mengenvorgaben schwerwiegende gesundheitliche Folgen für ihn haben können. Unverzichtbar ist auch die Aufklärung über die Konsequenzen eines unkontrollierten Beigebrauchs von weiteren Substanzen, wie Heroin, Alkohol, Barbiturate etc.

In bezug auf die Frage nach der Wirksamkeit der Einwilligung des Patienten in den ärztlichen Heileingriff ist jedoch, wie bereits vorerwähnt, allein die *Selbstbestimmungsaufklärung* von Bedeutung, die dem Patienten die Entscheidung über Art und Umfang der Behandlung ermöglichen soll. Dies setzt jedoch dessen Kenntnis über den medizinischen Befund, die Art des geplanten Eingriffs, seine Risiken und möglichen negativen Folgen voraus.[1] Demgemäß unterscheidet man zwischen der Diagnose-, Verlaufs- und der Risikoaufklärung.[2] Während der Diagnoseaufklärung im Rahmen der Substitutionstherapie wohl geringere Bedeutung zukommt, da der Patient sich in aller Regel in Kenntnis und wegen seiner Drogenbindung an den substituierenden Arzt wenden wird, sind vor Aufnahme der Medikation vor allem die Verlaufs- und Risikoaufklärung gegenüber dem opiatabhängigen Patienten vorzunehmen. Erstere erstreckt sich auf Art, Umfang und Durchführung jeglicher Heilbehandlung. Hierzu gehören neben den sicheren Eingriffsfolgen auch voraussehbare Nebenfolgen. Sofern nicht eindeutig bestimmt werden kann, welche Behandlungsmethode vorrangig anzuwenden ist, muß dem Patienten durch die Beratung des Arztes Gelegenheit gegeben werden, sich selbst eine Meinung über die anzuwendende Methode zu bilden.[3] Bei der Risikoaufklärung dagegen soll über die Gefahren eines ärztlichen Eingriffs aufgeklärt werden, nämlich über mögliche dauernde und vorübergehende Nebenfolgen, die sich auch bei Anwendung der gebotenen Sorgfalt, bei fehlerfreier Durchführung des Eingriffs nicht mit Gewißheit ausschließen lassen.[4] Die Risikoaufklärung bildet den Kernpunkt des

---

1 Vgl. Ulsenheimer 1988, 50; Laufs 1988, Rz. 118; Lenckner 1986, 597; v. Gerlach 1989, 22; Schönke/Schröder/Eser, § 223, Rz. 40; Grupp 1992, 259 f.

2 Zu den Aufklärungsarten ausführlich Laufs 1992b, § 63, Rz. 11 ff.

3 Vgl. Laufs 1992b, § 63, Rz. 16 ff.; ders. 1988, Rz. 154; v. Gerlach 1989, 23; Ulsenheimer 1988, 51 f.; Lenckner 1986, 597 f.; BGH MedR 1992, 275, 276.

4 Vgl. Laufs 1992b, § 64, Rz. 1; v. Gerlach 1989, 23 f.; Lenckner 1986, 598.

Streits zwischen der Ärzteschaft und der Rechtsprechung. Denn während erstere die Risikoaufklärung durch das Vertrauensprinzip in dem Sinne ersetzen will, daß der Arzt im Einzelfall am besten wisse, welchem Risiko er den Patienten aussetzen dürfe, schraubt die Rechtsprechung im Hinblick auf das Selbstbestimmungsrecht des Patienten die Anforderungen an den Umfang der Risikoaufklärung immer höher mit der Folge, daß es derzeit nahezu unmöglich erscheint, eine Aufklärung über die Risiken eines ärztlichen Eingriffs mit der Gewißheit zu erteilen, daß diese der rechtlichen Nachprüfung durch die Rechtsprechung auf jeden Fall standhalten wird.[1] Ursprünglich kam es dem BGH auf die "typischen Folgen" der Behandlung an, wobei als "typisch" sowohl statistisch häufige als auch für diese Behandlungsart "eigentümliche" Risiken anzusehen waren.[2] Später rückte der BGH von dieser Rechtsprechung ab und stellt nunmehr entscheidend auf die "Komplikationsdichte" und die "Dringlichkeit" des Eingriffs ab.[3] Danach gilt: je dringender der Eingriff, desto geringere Anforderungen sind an die Aufklärungspflicht zu stellen.[4] Auf eine weitergehende Aufarbeitung der schon fast unübersichtlichen Aufklärungsproblematik wird hierbei verzichtet, da dies den Rahmen der vorliegenden Arbeit bei weitem sprengen dürfte. Im Zusammenhang mit der Substitutionsproblematik erscheint aber notwendig, auch darauf hinzuweisen, daß die gebotene Aufklärung stets zu einem Zeitpunkt zu erfolgen hat, zu dem dem Patienten noch eine gewisse Überlegungsfrist bleibt.[5] Im allgemeinen wird von der Regel ausgegangen, daß der Zeitpunkt der Aufklärung umso dichter an dem ärztlichen Eingriff liegen kann, je dringlicher der Eingriff ist.[6] Aufklärungspflichtig ist dabei grundsätzlich derjenige Arzt, der die Behandlung durchführen soll.[7] Ein Verstoß gegen die Selbstbestimmungsaufklärung begründet ebenfalls einen Behandlungsfehler[8],

---

1 Vgl. v. Gerlach 1989, 2.4; Lenckner 1986, 597.

2 Vgl. BGH NJW 1956, 1106, 1107; BGH NJW 1961, 2203, 2204.

3 Vgl. BGH NJW 1963, 393, 394.

4 Vgl. Schönke/Schröder/Eser, § 223, Rz. 40 m.w.N.; Laufs 1992b, § 68, Rz. 12; zu der Risikoaufklärungsproblematik siehe ausführlich Laufs 1992b, § 64; Schönke/Schröder/-Eser, § 223, Rz. 41.

5 Vgl. Laufs 1992b, § 68, Rz. 7; ders. 1988, Rz. 146; Schönke/Schröder/Eser, § 223, Rz. 43 m.w.N.; OLG Köln MedR 1992, 40, 41; BGH MedR 1992, 277, 278.

6 Vgl. v. Gerlach 1989, 21; Laufs 1992b, § 68, Rz. 7.

7 Vgl. Schönke/Schröder/Eser, § 223, Rz. 40; Laufs 1992b, § 68, Rz. 5; Lackner, § 226a, Rz. 17.

8 Vgl. Laufs 1992b, § 67, Rz. 1.

der die Einwilligung des Patienten nicht wirksam werden läßt. Der ärztliche Eingriff stellt im Ergebnis eine rechtswidrige und somit strafbare Körperverletzung dar.

In Anwendung der dargelegten allgemeinen Rechtsgrundsätze zur ärztlichen Aufklärungspflicht ist der substituierende Arzt im Rahmen der Selbstbestimmungsaufklärung gehalten, seinen einwilligungsfähigen drogenabhängigen Patienten gegenüber folgendes zu beachten: Zunächst muß er sich ein Bild über den somatischen und psychischen Gesundheitszustand seines Patienten machen, indem er ihn nach den allgemeinen Regeln der Diagnostik persönlich untersucht. Sofern er sodann zu dem Ergebnis kommt, daß der Allgemeinzustand seines Patienten als verhältnismäßig zufriedenstellend einzuschätzen ist, klärt er ihn über die vorzunehmende Substitutionsbehandlung auf, wobei er ihm eine Bedenkzeit je nachdem, wie zufriedenstellend der Gesundheitszustand des Drogenabhängigen ist, von bis zu 2 Wochen einräumt. Sofern jedoch der körperliche und psychische Zustand des Kranken einen Aufschub der Behandlung nicht duldet, weil die psycho-somatische Verwahrlosung des Aufzuklärenden bereits sehr weit fortgeschritten ist und sich auch die Möglichkeit des baldigen Todes nicht mehr ausschließen läßt, muß eine Überlegungsfrist von 1 - 3 Tagen ggf. von Stunden oder nur Minuten ausreichen.[1] Mit Rücksicht auf den Umstand, daß in der Regel die Patienten selbst als ihr Hauptproblem die Drogenbindung betrachten und auch bei sich wohl die Drogensucht als ihre Hauptkrankheit diagnostizieren werden, mag der Diagnoseaufklärung im drogentherapeutischen Bereich geringere Bedeutung zukommen. Die Vorinformiertheit des Patienten entläßt den Arzt nämlich entsprechend seinem Wissensstand aus der Aufklärungspflicht.[2] Dessen ungeachtet sollte der Arzt stets auch auf die Sekundärkrankheit eingehen und den Patienten diesbezüglich informieren, da die Behandlung primär diesen Leiden und nicht der Hauptkrankheit "Drogensucht" gelten soll. Sodann hat er sich der Verlaufsaufklärung zuzuwenden und dem Patienten eingehend zu eröffnen, welche Behandlungsmethoden bei ihm in Frage kommen könnten, insbesondere daß er sich auch einer drogenfreien stationären Langzeittherapie unterziehen lassen kann, weiter, wie die ambulante

---

1 Vgl. Laufs 1992b, § 68, Rz. 7.
2 Vgl. Laufs 1992b, § 64, Rz. 15.

medikamentengestützte Therapie praktisch ablaufen soll und welche voraussehbare Begleiterscheinungen die Therapie haben kann, wie z.B. Hitzewallungen, vermehrte Schweißbildung etc.[1] Schließlich hat die Aufmerksamkeit des substituierenden Arztes den Behandlungsrisiken zu gelten. Hierbei hat der Arzt sowohl auf die kurz- und langfristigen Risiken der Substituierung, die bei der Beachtung aller Behandlungsvorgaben von seiten des Patienten auftreten können, hinzuweisen, als auch auf die aus einem therapeutischen Fehlverhalten des Patienten resultierenden gesundheitlichen Komplikationen aufmerksam zu machen, insbesondere darauf, daß bei einer Überdosierung eines Betäubungsmittels, wie Levomethadon Atemstillstand erfolgen kann oder daß der unkontrollierte Beigebrauch anderer Substanzen ebenfalls tödlich verlaufen kann.

Nachdem der opiatabhängige Patient umfassend im vorstehenden Sinne aufgeklärt wurde und er anschließend im Besitz der natürlichen Einsichts-, Urteils- und Verständnisfähigkeit in die Behandlung einwilligte, dürfte die Rechtswidrigkeit der Substitutionstherapie im Normalfall entfallen.

4.2.2.2.3.2 Die "guten Sitten" als Schranken der Einwilligung

Mit Rücksicht auf § 226a StGB ist schließlich auch zu prüfen, ob die nach angemessener ärztlicher Aufklärung vom Patienten erteilte Einwilligung mit den *"guten Sitten"* zu vereinbaren ist. Verneinendenfalls bleibt die Körperverletzung nicht gerechtfertigt und damit strafwürdiges Unrecht. Der ständigen Rechtsprechung zufolge liegt ein Verstoß gegen die guten Sitten dann vor, wenn eine Handlung "dem Anstandsgefühl aller billig und gerecht Denkenden zuwiderläuft".[2] Der ärztlichen Handlung muß also etwas eindeutig Anstößiges in der Weise anhaften, daß sie gegen die allgemein gültigen und nicht anzweifelbaren Wertmaßstäbe verstößt.[3] In Anbetracht der großen Akzeptanz der Substitutions-

1 Hierzu siehe oben S. 192.

2 Vgl. RG JW 1938, 30; BGHSt 4, 24, 32; 88, 91. Die Vorschrift des § 226a StGB verstößt nach überwiegender Auffassung gegen das Bestimmtheitsgebot nach Art. 103 Abs. 2 GG, siehe Göbel 1992, 46; LK/Hirsch § 226a, Rz. 2, m.w.N..

3 Vgl. Böllinger 1989a, 409; ders. 1989b, 299.

behandlung im In- und Ausland[1] kann sich die Sittenwidrigkeit offenbar nicht auf Substitutionsbehandlung im Grundsatz beziehen, sondern allenfalls auf deren Durchführung im einzelnen. Denn, sofern man gelegentlich mit der Gefahr des Methadonschwarzmarktes argumentiert[2], um einen Sittenverstoß in der Substitutionsbehandlung zu erblicken, läßt sich dem entgegnen, daß dieses Argument bei jedweder ärztlichen Betäubungsmittel-Verschreibung zum Tragen kommen könne und damit im Falle seiner Richtigkeit jegliche medikamentengestützte Therapien verhindern würde. Dies kann bereits aus kriminal- und gesundheitspolitischen Erwägungen kaum wünschenswert sein.[3] Im übrigen läßt sich diese Gefahr im Wege ordnungsgemäßer, also arztrechtlich nicht zu beanstandender Durchführung der Substitution bannen. Demgemäß sah sich bisher kein deutsches Strafgericht veranlaßt, die Substitutionsbehandlung als solche für mit den "guten Sitten" nicht vereinbar zu erklären bzw. die vom Patienten erteilte Einwilligung wegen eines derartigen Werturteils für sittenwidrig und damit rechtsunwirksam zu befinden.

Nach der überwiegenden Auffassung kommt es im Hinblick auf § 226a StGB auf den Zweck der Gesundheitsbeeinträchtigung an.[4] Dementsprechend macht sich der Arzt gemäß §§ 223, 224, 226a StGB strafbar, wenn er einen Eingriff auf Wunsch des Patienten ohne medizinische Indikation vornimmt und dem Patienten daraus ein bleibender Gesundheitsschaden erwächst. Der sich darauf beziehenden ausführlichen Aufklärung über die Neben- und Folgewirkungen des Eingriffs sowie der daraufhin erteilten Einwilligung kommt keine rechtfertigende Kraft zu.[5] Gleiches soll auch in bezug auf die ärztliche Verschreibung von Suchtmitteln an Suchtpatienten gelten. Danach wird eine Dauermedikation von Psychopharmaka als sittenwidrig angesehen, "wenn sie nicht medizinischen Zwecken dient, ärztliche Grundsätze und Berufspflichten außer Acht läßt, auf Untersuchung, Diagnose, Dokumentation der Krankengeschichte und Verlaufs-

---

1 Siehe oben S. 186 f., 223 ff. und 3.2.6.

2 Zu den gängigen Argumenten der Substitutionsgegner siehe oben S. 185 f.

3 Vgl. Böllinger 1989b, 299.

4 Vgl. Schönke/Schröder/Stree, § 226a, Rz. 7; LK/Hirsch, § 226a, Rz. 8, Dreher/Tröndle, § 226, Rz. 9; Lackner, § 226a, Rz. 10; Ulsenheimer 1992 a § 139, Rz. 39; a.A. Otto 1989, 168 f. der auf das Gewicht der Rechtsgutbeeinträchtigung abstellt. In diesem Sinne wohl auch Göbel 1992, S. 55 f.

5 Vgl. LK/Hirsch, § 226a, Rz. 7 m.w.N.; Ulsenheimer 1992a, § 139, Rz. 39.

kontrolle verzichtet und die Suchmittelverschreibungen stattdessen aus Eigennutz, Nachgiebigkeit, Gleichgültigkeit oder Bequemlichkeit erfolgen".[1] Das OLG Frankfurt hat in seinem Urteil vom 30. November 1990 unter Berufung auf das Urteil des RG vom 15. April 1943[2] ebenfalls den Grundsatz bekräftigt, daß die Annahme eines Sittenverstoßes des Arztes bei Gesundheitsschäden, die durch das Verschreiben von Betäubungsmitteln verursacht werden würden, davon abhänge, daß die jeweilige Anwendung der Betäubungsmittel nach den zur Zeit der Verschreibung anerkannten Regeln der ärztlichen Wissenschaft nicht begründet sei.[3] Gegen die Bewertung einer ärztlichen Maßnahme, die keinerlei therapeutische Zwecke verfolgt, also überhaupt nicht angezeigt erscheint und daneben unter Verletzung elementarster Regeln ordnungsgemäßen ärztlichen Handelns vorgenommen wird, als ein Verstoß gegen die "guten Sitten" ergeben sich nicht die geringsten Bedenken. In solch einem Fall dürfte es in der Regel auch an einer angemessenen Aufklärung mangeln, was wiederum der Erteilung einer gültigen Einwilligung entgegenstehen dürfte. Auch gegen den Ansatz des OLG Frankfurt lassen sich keine Einwände erheben, sofern die hier interessierende Entscheidung im Lichte des Beschlusses des BGH vom 17. Mai 1991[4] gesehen wird. Eine ärztliche Betäubungsmittel-Verschreibung die nicht begründet ist, also nicht therapeutischen Zwecken dient und der verordnende Arzt selbst sie auch nicht aus medizinischen Gründen für notwendig hält, darf regelmäßig als sittenwidrig angesehen werden. Dabei ist allerdings zu berücksichtigen, daß im Zusammenhang mit der Substitutionsbehandlung neben den rein medizinischen auch sozial-medizinische Indikationen in Frage kommen.[5] Eine Substitution, die primär die psycho-soziale Stabilisierung bei den Opiatabhängigen herbeizuführen bzw. deren Sekundärkrankheiten zu heilen bzw. lindern versucht und mittelfristig auf Drogenabstinenz abzielt, ist ebenso begründet, wie eine reine Erhaltungstherapie, die sich zunächst nur den vorgenannten sekundären Zwecken verschrieb, wie dies bereits an anderer Stelle ausführlich dargelegt wurde.[6] Im Kontext der Substitutionsbehandlung

---

1 So Körner 1990, C 44, Anm. 7.
2 Siehe RGSt 77, 17, 20f.
3 Siehe OLG Frankfurt NJW 1991, 763.
4 Siehe BGH NJW 1991, 2359; zu den Entscheidungsgründen siehe oben 4.1.3.4.1.
5 Hierzu ausführlich siehe oben 4.1.5.1.1.
6 Hierzu ausführlich siehe oben 4.1.5.1.1.2.

Drogenabhängiger kommt es im Hinblick auf § 226a StGB nicht entscheidend darauf an, ob u.U. von einer Suchterhaltung bzw. -verstärkung aufgrund einer Betäubungsmittel-Medikation auszugehen ist[1], wobei zwischenzeitlich auf fraglich ist, ob das Methadon die Sucht überhaupt aufrechterhält oder gar verstärkt[2], sondern einzig und alleine auf den therapeutischen Willen des behandelnden Arztes und dessen praktische Umsetzung.[3]

Nach allem ist eine nach ausreichender Aufklärung erteilte Einwilligung des opiatabhängigen Patienten in eine Substitutionsbehandlung, die aus ärztlicher Sicht indiziert war und entsprechend den allgemeinen ärztlichen Sorgfaltsregeln vorgenommen wurde, auf jeden Fall mit den "guten Sitten" zu vereinbaren und daher rechtswirksam.

Mit der rechtswirksamen Einwilligung liegt somit ein Rechtfertigungsgrund vor, der der Körperverletzung das Werturteil "rechtswidrig" nimmt und die Strafbarkeit des Arztes nach § 223 StGB ausschließt.

Nachfolgend soll schließlich geprüft werden, inwieweit der substituierende Arzt die Voraussetzungen der fahrlässigen Körperverletzung gemäß § 230 StGB in Ansehung seiner Behandlung erfüllen kann.

---

1 Vgl. Ulsenheimer 1992 a, 139, Rz. 39.

2 Siehe oben S. 227 f.

3 Auch das AG Landau MedR 1990, 97, 99 sah keinen Anlaß, die Einwilligung in die Substitutionsbehandlung als sittenwidrig anzusehen.

4.2.3 Die ärztliche Verordnung von Substitutionsmitteln als eine fahrlässige Körperverletzung im Sinne des § 230 StGB

4.2.3.1 Rechtstheoretische Grundlagen des Fahrlässigkeitsdelikts

Der substituierende Arzt kann nicht nur vorsätzlich im Sinne des § 223 StGB, sondern genausogut fahrlässig im Sinne des § 230 StGB handeln, worauf zu Beginn des vorausgegangenen Abschnitts bereits hingewiesen wurde[1], und sich so der strafrechtlichen Verantwortung wegen fahrlässiger Körperverletzung aussetzen. Sofern der drogenabhängige Patient im Verlauf der Behandlung verstirbt, kann ihn ferner ein Schuldvorwurf wegen fahrlässiger Tötung gemäß § 222 StGB treffen.

Nach der geltenden strafrechtstheoretischen Lehre gehört zu einer Vorsatztat der Wille zur Tatbestandsverwirklichung in Kenntnis aller objektiven Tatbestandsmerkmale. Fahrlässig handelt dagegen, wer den Tatbestand eines Strafgesetzes infolge ungewollter Verletzung einer Sorgfaltspflicht verwirklicht und dies pflichtwidrig nicht erkennt (unbewußte Fahrlässigkeit) oder dies zwar für möglich hält, aber pflichtwidrig darauf vertraut, daß der Erfolg nicht eintreten werde (bewußte Fahrlässigkeit).[2] Fahrlässigkeit ist entgegen der früher vertretenen Auffassung nicht eine bloße Schuldform neben dem Vorsatz[3], sondern ein besonderer Typus der strafbaren Handlung, der sowohl im Unrechts- als auch im Schuldbereich eine eigenständige Struktur aufweist.[4] Das Fahrlässigkeitsdelikt zeichnet sich durch einen *doppelten Maßstab* aus. So ist innerhalb des Unrechtstatbestandes die Außerachtlassung der objektiv erforderlichen Sorgfalt festzustellen, während auf der Ebene der Schuld geprüft werden muß, ob der Täter nach dem Maß seines individuellen Könnens zur Erfüllung der objektiven Sorgfaltsanforderungen fähig war.[5]

---

1 Siehe oben S. 363 f.
2 Vgl. Wessels 1990, 202; Jescheck 1988, 508.
3 Siehe die Nachweise bei Jescheck 1988, 509, Fn.8.
4 Vgl. Jescheck 1988, 509.
5 Vgl. Wessels 1990, 204; Jescheck 1988, 509; Schönke/Schröder/Cramer § 15, Rz. 118.

Die wichtigsten Elemente der Fahrlässigkeit sind somit im einzelnen auf der Ebene der Tatbestandsmäßigkeit genauso wie beim Vorsatzdelikt der Erfolgs- und Handlungsunwert. Zur Bejahung der Tatbestandsmäßigkeit bedarf es also einer *Erfolgsverursachung, der Verletzung der objektiven Sorgfaltspflicht bei objektiver Voraussehbarkeit* des Erfolgseintritts und der am Schutzzweck der Sorgfaltsnormen orientierten *objektiven Zurechenbarkeit* des auf dem Verhaltensfehler beruhenden Erfolges.[1] Durch die Verwirklichung des Unrechtstatbestandes wird die *Rechtswidrigkeit* indiziert, die durch Rechtfertigungsgründe allerdings ausgeschlossen werden kann. Schließlich auf der Schuldebene ist stets zu prüfen, *ob der Täter nach seinen persönlichen Fähigkeiten und dem Maß seines individuellen Könnens imstande war, die objektive Sorgfaltspflicht zu erkennen und die sich daraus ergebenden Sorgfaltsanforderungen zu erfüllen,* und ob *der tatbestandliche Erfolg und der Kausalverlauf in den wesentlichen Grundzügen auch subjektiv voraussehbar waren.*[2]

Anhand dieser Rechtsgrundsätze wird auch das Verhalten des substituierenden Arztes im Hinblick auf die Fragestellung, ob er sich einer fahrlässigen Körperverletzung oder gar Tötung schuldig gemacht hat, zu prüfen sein.

4.2.3.2 Tatbestandsmäßigkeit

4.2.3.2.1 Erfolgseintritt - Körperverletzung

Die Strafbarkeit nach § 230 StGB setzt, wie bereits vorstehend vorweggenommen, zunächst die Verwirklichung eines Erfolgsunrechts, das eine Körperverletzung darstellt, voraus. Der substituierende Arzt muß also, wie im Rahmen des § 223 StGB eingehend ausgeführt[3], eine nicht unerhebliche Gesundheitsbeeinträchtigung bei seinem drogenabhängigen Patienten herbeigeführt haben, damit der Tatbestand der vorbezeichneten Vorschrift erfüllt werden kann. In den meisten Fällen wird es an einer rechtsrelevanten Gesundheitsbeschädigung infolge einer Verordnung von Substitutionsmitteln an Drogenabhängige im

---

1 Vgl. Wessels 1990, 204; Schönke/Schröder/Cramer, § 15, Rz. 120 ff..
2 Vgl. Wessels 1990, 217.
3 Hierzu ausführlich siehe oben 4.2.2.1.1.

Rahmen ärztlicher Tätigkeit, wie gezeigt, fehlen, wenn es sich im Einzelfall um eine echte Therapie unter Beachtung allgemeiner ärztlicher Behandlungsregeln und nicht um völlig konzeptlose Verschreibungen von Medikamenten handelt. Für Substituierungen mit Nicht-Betäubungsmitteln ist dies bereits weitgehend sowohl im Schrifttum als auch in der Rechtsprechung anerkannt.[1] Aber auch bei Anwendung von Betäubungsmitteln wie Levomethadon, wird aus oben dargelegten Gründen in der Regel nicht anders zu verfahren sein.[2] Da die Problematik des Erfolgseintritts aufgrund einer Substitutionsbehandlung bereits im Rahmen der Strafbarkeitsuntersuchungen nach § 223 StGB ausführlich erörtert wurde, wird zur Vermeidung von Wiederholungen auf die dortigen Ausführungen vollinhaltlich verwiesen.

Sofern jedoch die Prüfung der Tatbestandsmäßigkeit der fahrlässigen Körperverletzung trotz der geltend gemachten Vorbehalte gegen eine schematische Annahme einer Gesundheitsbeschädigung aufgrund einer Substitutionsbehandlung ergeben sollte, daß ein tatbestandlicher Erfolg etwa wegen der bei dem Patienten vorhandenen bzw. bewirkten Intoxikation zu bejahen ist, dann schließt sich dieser Prüfung die weitere Prüfung an, ob der Arzt eine objektive Sorgfaltspflicht verletzte, woraus die Gesundheitsbeschädigung resultierte, und zwar obwohl der Erfolgseintritt objektiv voraussehbar war.

4.2.3.2.2 Verletzung der objektiven Sorgfaltspflicht bei objektiver Vorhersehbarkeit der Tatbestandsverwirklichung

Zu einer Fahrlässigkeitstat im Sinne des Strafrechts gehört neben dem Erfolgseintritt, wie im vorstehenden bereits kurz ausgeführt, auch noch die Außerachtlassung der im Verkehr erforderlichen Sorgfalt. Im Zusammenhang mit der Strafbarkeit nach § 223 wurde auch ausführlich dargelegt, daß das Maß der vom Arzt unbedingt einzuhaltenden Sorgfalt nicht von seinem individuellen Leistungsvermögen abhängt, sondern sich nach objektiven Kriterien richtet, wobei die Sorgfaltsanforderungen, die an den Arzt im Einzelfall gestellt werden,

1 Hierzu ausführlich siehe oben 4.2.2.1.1.2.2.
2 Hierzu ausführlich siehe oben 4.2.2.1.1.2.3.

ziemlich hoch angesetzt sind.[1] Nicht zuletzt deshalb wird immer öfter die *Verrechtlichung* der Medizin beklagt, die den Weg in eine *defensive Medizin* vorzeichnet.[2] Wie dem auch sei, die Entscheidung über die Frage, ob das Leistungsvermögen eines Facharztes für die Bestimmung des maßgeblichen Sorgfaltsmaßstabs absolut genügen soll, oder ob auch die darüberhinausgehenden individuellen Fähigkeiten des jeweiligen Arztes im Einzelfall ausschlaggebend sein sollen[3], kann im vorliegenden Zusammenhang dahingestellt bleiben. Dies rührt unter anderem daher, daß die Substitutionsbehandlung in der Bundesrepublik lange Zeit nicht akzeptiert wurde und als Folge davon keine allgemein anerkannten Regeln medizinischer Wissenschaft, wie dies in anderen medizinischen Bereichen normalerweise der Fall war, entwickeln konnte. Es haben sich lediglich, wie gezeigt, einige Sorgfaltspflichten, die für den substituierenden Arzt verbindlich sein sollen, herausgebildet, die aber auch nicht von jeglicher Kontroverse frei sind.[4] Auch wenn es zwischenzeitlich niedergelassene Ärzte gibt, die im Rahmen ihrer beruflichen Tätigkeit schwerpunktmäßig Substituierungen durchführen und von daher auch die Bezeichnung "Facharzt" für medikamentengestützte Therapieformen verdienen, wie die Ärzte Dr.G. Grimm und Dr.H. Elias, erscheint kaum denkbar, daß es Ärzte gibt, die über besseres substitutionsbezogenes Wissen verfügen, als die vorgenannten Mediziner. Ob das Wissen dieser Ärzte um die Substitution allerdings den maßgeblichen Standard ausmachen sollte, dürfte in Anbetracht der Tatsache, daß der hohe Kenntnisstand dieser Ärzte nicht nur das Ergebnis einer eingehenden Auseinandersetzung mit der in- und ausländischen einschlägigen Literatur, sondern auch und vor allem das der eigenen langjährigen Berufserfahrung ist, über die ein Substitutionsanfänger niemals verfügen kann, fraglich sein. Von einem Arzt, der beabsichtigt, Substitutionsbehandlungen von Drogenabhängigen durchzuführen, ist stattdessen zu fordern, daß er auf jeden Fall ein gewisses Maß an Professionalität mitbringt, die er durch ständige Fortbildung und Austausch von Kollegen gewährleisten kann.[5] In bestimmten Einzelfällen, in

1 Hierzu ausführlich siehe oben S. 397 ff.

2 So u.a. Ulsenheimer 1992 b, 133; ders. 1986, 165.

3 Hierzu ausführlich siehe oben S. 398 ff.

4 Zu den einzelnen Sorgfaltspflichten im Substitutionsbereich siehe ausführlich oben S. 398 ff.

5 Vgl. Böllinger 1989b, 298.

denen er sich überfordert sieht, wird er auf jeden Fall einen Konsiliarius heranzuziehen haben. Andernfalls setzt er sich der Gefahr des Übernahmeverschuldens aus.[1] Während sich gegen die meisten an den substituierenden Arzt richtenden Sorgfaltsregeln keine Einwände vorbringen lassen, ist demgegenüber das Festhalten an dem Gebot der Kontrolle des verschreibungsgemäßen Gebrauchs des Substituts in dieser Absolutheit aus den dargelegten rechtsdogmatischen und praktischen Gründen nicht mehr gerechtfertigt.[2] Nach allem erscheint es sachgerecht, die Entscheidung ob und in welcher Form die Einnahmekontrollen durchzuführen sind, dem jeweiligen Arzt für jeden Einzelfall selbst zu überlassen. Sorgfaltspflichtverletzung ist dagegen in den Fällen anzunehmen, wo der Arzt begründeten Verdacht hat, daß seine Betäubungsmittel-Verschreibungen von den Patienten mißbraucht werden und der dennoch keine dagegen gerichteten Kontrollmaßnahmen veranlaßt und zwar entweder dadurch, daß er selbst die orale Einnahme des Medikaments überwacht bzw. durch Personen seines Vertrauens überwachen läßt, oder dadurch, daß er in Extremfällen die Behandlung für beendet erklärt. Dabei sollte der Behandlungsabbruch allerdings nur solchen Fällen vorbehalten bleiben, wo die therapeutischen Vorgaben von seiten des Patienten nachhaltig mißachtet werden und der substituierende Arzt allen Anlaß zu der Annahme hat, daß es dem Patienten nur um die schlichte Erlangung der Droge aus anderen als therapeutischen Motiven gehe. Es ist aber hier zu beachten, daß nur sporadische therapeutische Entgleisungen nicht sofort den Therapieabbruch nach sich ziehen dürfen. Den Patienten sind auch im Bereich der ambulanten medikamentengestützten Behandlungsform genauso wie im stationären drogenfreien Therapiebereich gelegentliche Rückfälle zuzugestehen.[3]

Eine weitere Voraussetzung für die Annahme eines Fahrlässigkeitsdelikts ist, daß der tatbestandliche Erfolg objektiv voraussehbar war.[4] Maßgebend ist dabei die *Adäquanz*, nicht jedoch die bloße "Denkbarkeit" der Tatbestandsverwirkli-

---

1 Siehe oben S. 398.
2 Siehe oben 4.1.3.5.3 und S. 401 f.
3 Siehe oben S. 133 f.
4 Vgl. Schönke/Schröder/Cramer, § 15, Rz. 125, 180; Dreher/Tröndle, § 222, Rz. 15; Jescheck 1988, 529.

chung.[1] In bezug auf die Praxis ist nicht nur die konkrete Körperverletzung, sondern ebenso die Art und Weise ihrer Verwirklichung, also des Kausalverlaufs in seinen wesentlichen Merkmalen von entscheidender Bedeutung.[2] Nur, wenn der Kausalverlauf "nach dem gewöhnlichen Gang der Dinge" zu erwarten war und nicht so sehr außerhalb aller Lebenserfahrung lag, daß der Arzt auch bei Anwendung der nach den Umständen des Falles gebotenen Sorgfalt nicht mit ihm zu rechnen brauchte, wird Voraussehbarkeit der Tatbestandsverwirklichung im allgemeinen bejaht.[3] Sofern dagegen mehrere Umstände zusammenwirken, müssen dem Arzt dann auch alle diese Umstände erkennbar sein, da nur in diesem Falle der Erfolg als voraussehbar angesehen wird.[4] Zur Bestimmung des Maßstabs für die objektive Voraussehbarkeit eines Erfolges wird auf das Erkenntnis- und Urteilsvermögen eines gewissenhaften und besonnenen Arztes des engeren Berufskreises des Täters und u.U. auf dessen etwa vorhandenes Sonderwissen abgestellt.[5]

In Anwendung dieser Rechtsgrundsätze auf die Problematik der Substitutionsbehandlung kommt *Schumacher* zu dem Ergebnis, daß eine Intoxikation oder ein Todesfall durch Überdosierung von opiathaltigen Medikamenten "zweifellos" objektiv voraussehbar sei, denn die Möglichkeit, daß Opiatabhängige ein Ersatzmedikament entgegen der ärztlichen Anweisung nicht einnähmen, sondern spritzten, liege nahe.[6] Zwar läßt sich die Möglichkeit der verordnungswidrigen Einnahme des Mittels durch den jeweiligen opiatabhängigen Patienten niemals gänzlich ausschließen, insoweit ist also *Schumacher* zuzustimmen, es stellt sich jedoch die Frage, ob durch die bloße Möglichkeit der Non-Compliance von seiten des Patienten ohne das Hinzutreten weiterer besonderer Umstände, die eine Mißbrauchsgefahr konkret nahelegen, diese für jeden einzelnen Substitutionsfall schematisch anzunehmen, also auch vorherzusehen ist. Dies hat die

---

1 Vgl. OLG Stuttgart JR 1982, 419, 421, m.Anm. Ebert; Ulsenheimer 1988, Rz. 233; ders. 1992a, § 140, Rz. 40.

2 Vgl. Schönke/Schröder/Cramer, § 15, Rz. 180.

3 Vgl. OLG Stuttgart JR 1982, 419, 421; Ulsenheimer 1988, Rz. 233; ders. 1992a, § 140, Rz. 40; siehe auch die reichhaltige Kasuistik zur Voraussehbarkeit bei Schönke/Schröder/-Cramer, § 15, Rz. 186, 187.

4 Vgl. Dreher/Tröndle, § 222, Rz. 15.

5 Vgl. Jescheck 1988, 530; Ulsenheimer 1992a, § 140, 40.

6 Siehe Schumacher 1989, 195.

Rechtsprechung bisher wegen der "bei jedem Opiatsüchtigen infolge der krankheitsbezogenen Einschränkung seiner Willensfreiheit bestehenden sehr erheblichen Wahrscheinlichkeit, daß er ein ihm verschriebenes Betäubungsmittel nicht als Heilmittel, sondern als Suchtmittel verwendet", wie der BGH dies in seinem Grundsatzurteil vom 8. Mai 1979 zum Ausdruck brachte[1], regelmäßig angenommen. Gegen die Statuierung einer generellen Pflicht zur ärztlichen Überwachung der Einnahme des Medikaments unabhängig von den Umständen des konkreten Einzelfalles wurde im vorstehenden mehrfach argumentiert.[2] Entgegen der Ansicht von *Schumacher* ergeben sich aber durchaus Zweifel hinsichtlich der Frage nach der Annahme der objektiven Vorhersehbarkeit, wenn die Pflicht zur Kontrolle der Einnahme des Ersatzmittels vom substituierenden Arzt verletzt und sich bei dem Patienten ein tatbestandlicher Erfolg, sei es in Form einer Körperverletzung, sei es in Form des Todes, einstellt. Es erscheint nämlich fraglich, die bloße Mißbrauchsmöglichkeit für die Annahme der objektiven Vorhersehbarkeit genügen zu lassen. Es sei hierbei zunächst daran erinnert, daß die mangelnde Compliance bezüglich aller Patientengruppen von seiten der Ärzteschaft beklagt wird.[3] Das Möglichkeitskriterium trifft also auf alle Patienten zu, dennoch wird eine generelle Pflicht zur Einnahmekontrolle lediglich in bezug auf die Drogenabhängigen statuiert. Dies erscheint rechtlich nicht haltbar. Nach der geltenden Rechtslage wird offenbar mehr verlangt als nur die bloße Möglichkeit eines Geschehensverlaufs. Der Kausalverlauf, also der Mißbrauch der Betäubungsmittel-Verschreibung, muß nach dem gewöhnlichen Gang der Dinge zu erwarten sein. Dies muß der Lebenserfahrung entsprechen, mit anderen Worten, der verschreibungswidrige Gebrauch des Mittels muß die Regel, das verschreibungskonforme Verhalten dagegen die Ausnahme bilden. Ein derartiger Erfahrungssatz läßt sich indessen nicht aufstellen. Die Drogenabhängigkeit für sich alleine ist noch kein Grund, von einer Verwendung des verschriebenen Betäubungsmittels als Suchtmittel auszugehen. Es gibt keinen Erfahrungssatz dergestalt, daß alle Drogenabhängigen lügen. Im übrigen belegen die bisherigen weltweiten positiven Erfahrungen mit der Substitutionsbehandlung, daß viele der Substitutionspatienten überaus therapiemotiviert sind,

1 Siehe BGH NJW 1979, 1943, 1944.
2 Siehe oben 4.1.3.5.3 und S. 401 f.
3 Siehe oben S. 402.

so daß sie sich sogar von der Drogenbindung zu lösen vermögen, zumindest aber eine psycho-soziale Stabilisierung erfahren, wofür weniger die ärztliche Kontrolle der Einnahme des Mittels als vielmehr die innere Therapiebereitschaft des Einzelnen verantwortlich sein dürfte. Auch in dem Ausland, wo kein großer Wert auf die Sicherstellung des verschreibungsgemäßen Gebrauchs gelegt wurde, sind durchaus positive Ergebnisse erzielt worden, weil sich die Patienten offenbar an die ärztlichen Therapievorgaben hielten.[1] Darüber hinaus müssen dem Arzt nach den geltenden Grundsätzen zur objektiven Voraussehbarkeit auch alle anderen Umstände erkennbar sein, sofern mehrere Umstände zusammenwirken. In dem vorliegenden Zusammenhang kommt dieser Grundsatz in besonderer Weise zum Tragen. Denn, wenn man die Pflicht zur generellen Kontrolle der Einnahme des Substituts, wie vorliegend, ablehnt, hängt die Frage, ob der tatbestandliche Erfolg sich überhaupt verwirklichen kann, nicht nur von dem substituierenden Arzt, sondern gleichermaßen von dem Patienten und seiner Mitwirkung ab. Demnach setzt die Strafbarkeit des substituierenden Arztes gemäß § 230 StGB auch voraus, daß der Beweis erbracht werden kann, daß der betroffene Arzt das Fehlverhalten seines Patienten voraussehen konnte und dennoch die Behandlung, ohne die verschreibungsgemäße Einnahme des Mittels sicherzustellen, durchführte, weshalb der Patient letztlich einen gesundheitlichen Schaden erlitt. Die Drogenabhängigkeit für sich alleine kann indes noch kein Kriterium für die Annahme der objektiven Voraussehbarkeit darstellen. Es müssen vielmehr stets noch weitere Umstände hinzutreten, um objektive Voraussehbarkeit im Einzelfall bejahen zu können, die auf die Mißbrauchsgefahr schließen lassen. Zu denken ist hier vor allem an solche Fälle, wo im Rahmen der Urinkontrollen die Einnahme anderer Substanzen festgestellt werden konnte. Oft dürften sich dem Arzt bereits im Rahmen der therapeutischen Gespräche bzw. aufgrund der Mitwirkung des Patienten an den unterstützenden Maßnahmen Anhaltspunkte dafür ergeben, mit welchem Vertrauen er ihm zu begegnen hat. Mangelndes Interesse des Patienten, an dem therapeutischen Begleitprogramm teilzunehmen, und u.U. ein positiver Urintest hinsichtlich anderer Substanzen dürften die Annahme der objektiven Voraussehbarkeit durchaus rechtfertigen.

---

1 Siehe oben S. 218 f. zur Methadonvergabepraxis in Schweden.

Sofern im Verlauf der medikamentengestützten Behandlung Drogenabhängiger ein oder mehrere Patienten an der Gesundheit geschädigt wurden, dem substituierenden Arzt dabei eine Sorgfaltspflichtverletzung unterlaufen ist und der Erfolgseintritt von ihm vorausgesehen werden konnte, so begründet dies für sich allein noch nicht den Unrechtstatbestand eines fahrlässigen Erfolgsdeliktes. Der Fahrlässigkeitsvorwurf fordert vielmehr auf der Handlungsunwertsebene auch noch die objektive Zurechenbarkeit des betreffenden Erfolges. Diesem Problemkomplex soll im Rahmen der nachfolgenden Erörterungen nachgegangen werden.

4.2.3.2.3 Objektive Zurechnung des Erfolges

Die objektive Zurechenbarkeit des Erfolges setzt einen bestimmten Pflichtwidrigkeits- und Schutzzweckzusammenhang zwischen Sorgfaltsmangel und Erfolg voraus.

4.2.3.2.3.1 Der Pflichtwidrigkeitszusammenhang

Im Rahmen der Prüfung des Vorliegens der objektiven Zurechnung des Erfolges als nächster Voraussetzung für die Annahme der Tatbestandsmäßigkeit eines fahrlässigen Erfolgsdelikts ist weiter festzustellen, ob der Erfolg durch die Handlung des Täters ursächlich herbeigeführt worden ist. Nach ständiger Rechtsprechung findet dabei eine *doppelte*, zweistufige Kausalitätsprüfung statt. Zunächst wird der Kausalzusammenhang, also die rein naturwissenschaftliche Verknüpfung zwischen Behandlung und Körperverletzung nach den im Strafrecht geltenden Regeln der Bedingungstheorie mit Hilfe der *conditio-sine-qua-non-Formel* festgestellt, was sich auf die Beantwortung der Frage erstreckt, ob bei Hinwegdenken des sorgfaltswidrigen Handelns des Arztes bzw. Hinzudenken der pflichtwidrig unterlassenen Maßnahme der negative Erfolg vermieden worden wäre. Bei der Fahrlässigkeit genügt es jedoch noch nicht, daß die sorgfaltswidrige Handlung eine Ursache des Erfolges bildet. Es ist vielmehr weiter erforderlich, daß auch ein rechtlicher Ursachenzusammenhang dergestalt vorliegt, daß der Erfolg eine spezifische Voraussetzung gerade in der Sorgfaltspflichtverletzung hatte oder mit anderen Worten, daß sich gerade die durch die mangelnde Sorgfalt des Arztes gesetzte Gefahr in der eingetretenen Körperverletzung realisiert hat.[1] Nach überwiegender Auffassung stehen also die Erfolgsverursachung und die Verletzung der Sorgfaltspflicht im Fahrlässigkeitstatbestand nicht beziehungslos nebeneinander, so daß sie nur zu addieren wären. Es muß vielmehr einen spezifischen Zusammenhang zwischen Pflichtwidrigkeit und Erfolg geben in der Weise, daß gerade diejenigen Umstände, die die Pflichtverletzung des Arztes ausmachen, für die Körperverletzung wirksam werden. Nur die Verletzung solcher ärztlicher Sorgfaltsgebote begründet die Strafbarkeit nach § 230 StGB, deren Befolgung gerade die Körperverletzung verhindert hätte.[2] Hierbei handelt es sich im Ergebnis um eine Haftungsbeschränkung.[3]

Somit hängt die Frage, ob der Pflichtwidrigkeitszusammenhang im einzelnen zu bejahen ist, davon ab, welche rechtliche Relevanz dem Umstand zukommt, daß die durch eine pflichtwidrige Handlung des Arztes herbeigeführte Gesundheitsbeschädigung auch bei sorgfaltsgemäßem Verhalten sicher, wahrscheinlich oder zumindest möglicherweise eingetreten wäre. Während eine Strafbarkeit wegen einer fahrlässigen Pflichtverletzung nach einhelliger Meinung dann ausscheiden soll, wenn auch beim pflichtgemäßen Verhalten des Arztes die Körperverletzung *mit an Sicherheit grenzender Wahrscheinlichkeit* ebenfalls eingetreten wäre[4], haben sich bezüglich derjenigen Fälle, die kein derartiges eindeutiges Urteil hinsichtlich des Erfolgseintritts zulassen, zwei verschiedene Auffassungen herausgebildet, die erhebliche praktische Konsequenzen für die betroffene Ärzteschaft, je nachdem, welche Auffassung zur Anwendung kommt, haben können. Nach der h.M.[5], der auch die höchstrichterliche Rechtsprechung[6] folgt, ist immer dann unter Heranziehung des Grundsatzes, *"in dubio pro reo"*

---

1 Vgl. BGHSt 11, 1 ff.; Jescheck 1988, 527; Wessels 1990, 209; Schönke/Schröder/-Cramer, § 15, Rz. 160 ff. m.w.N.; Ulsenheimer 1988, Rz. 202; ders. 1992a, § 140, Rz. 26 ff.; AK/StGB/Zielinski, §§ 15, 16, Rz. 107 f.

2 Vgl. Wessels 1990, 209; Ulsenheimer 1988, Rz. 205; ders. 1992a, § 140, Rz. 29.

3 Vgl. Schönke/Schröder/Cramer, § 15, Rz. 162.

4 Vgl. Jescheck 1988, 528; Ulsenheimer 1988, Rz. 207; ders. 1992a, § 140, Rz. 30.

5 Vgl. Schönke/Schröder/Cramer, § 15, Rz. 171 ff. m.w.N.; Ulsenheimer 1988, Rz. 213 ff.; ders. 1992a, § 140, Rz. 32 m.w.N. Fn. 60.

6 Vgl. BGHSt 11, 1 ff.; 24, 31, 34; 30, 228, 230; 33, 61, 63.

freizusprechen, wenn nur eine "hohe Wahrscheinlichkeit" der Erfolgsabwendung oder nur die "ernsthafte Möglichkeit" des Erfolgseintritts bei sorgfaltsgemäßem Verhalten besteht. Demgegenüber läßt die andere Auffassung bereits bei einer Erhöhung des Risikos für den Erfolgseintritt, ohne daß feststeht, daß der Erfolg bei einem pflichtgemäßen Verhalten des Täters mit Sicherheit ausgeblieben wäre, die objektive Erfolgszurechnung bejahen (Risikoerhöhungsprinzip).[1] Sofern der Begriff der "an Sicherheit grenzenden Wahrscheinlichkeit" nicht mit "hundertprozentiger Gewißheit" gleichgesetzt wird, da dies sonst einen Kausalitätsnachweis wegen der Vielzahl anderer zum Teil gar nicht prognostizierbaren Faktoren, die den Ausgang einer ärztlichen Heilbehandlung ebenfalls beeinflussen können, nahezu unmöglich machen würde, ergeben sich gegen die vorherrschende Auffassung keinerlei Bedenken. Es erscheint allerdings richtig bei der Frage, ob die "an Sicherheit grenzende Wahrscheinlichkeit" vorliegt, darauf abzustellen, ob sich im Einzelfall aufgrund des Vorliegens konkreter Anhaltspunkte "vernünftige Zweifel" an der Kausalität ergeben, wie *Ulsenheimer* dies befürwortet.[2] Andernfalls wäre die Aushöhlung des Grundsatzes "in dubio pro reo" zu befürchten.[3]

Es gilt also, diese Grundsätze auch im Falle eines Fahrlässigkeitsvorwurfs gegen einen substituierenden Arzt anzuwenden. Demnach hängt dessen Strafbarkeit nach § 230 StGB auch von der Frage ab, ob es den Strafverfolgungsorganen gelingt, den Kausalitätsnachweis zu führen und zwar in der Weise, daß ein rechtlicher Ursachenzusammenhang zwischen der Sorgfaltspflichtverletzung des das Substitut (Betäubungsmittel oder Nicht-Betäubungsmittel) verschreibenden Arztes und der Gesundheitsbeschädigung auf seiten des opiatabhängigen Patienten besteht. Dabei muß, wie ausgeführt, die Gesundheitsbeschädigung gerade auf diejenigen Umstände zurückzuführen sein, die die Sorgfaltspflichtverletzung des substituierenden Arztes begründen. Es bleibt daher stets zu fragen, was geschehen wäre, ob also die Intoxikation infolge von Überdosierung bzw. Poly-

---

1 Vgl. AK/StGB/Zielinski, §§ 15, 16, Rz. 120 m.w.N.; Jescheck 1988, 528 f. m.w.N. Fn. 35.

2 Siehe Ulsenheimer 1992a, § 140, Rz. 38; ders. 1992b, 130.

3 Zur Entwicklung der neueren Rechtsprechung bezüglich des Kausalitätsnachweises im Bereich des ärztlichen Handelns siehe ausführlicher Ulsenheimer 1986, 165 ff.; ders. 1988, Rz. 222 ff.; ders. 1992a, § 140, Rz. 35 ff.

toxikomanie ausgeblieben wäre, wenn der Arzt bei der Substitution die nötige Sorgfalt hätte walten lassen, etwa dergestalt, daß er der akuten Mißbrauchsgefahr des Mittels durch Überwachung dessen Einnahme vorgebeugt bzw. daß er die regelmäßigen Urintests durchgeführt hätte. Dabei darf es keinerlei sich auf konkrete Tatumstände gründende Zweifel hinsichtlich des Kausalitätsverlaufs geben. Hat also das entscheidende Gericht allen Grund anzunehmen, daß die Gesundheitsbeschädigung bei dem Patienten auch beim sorgfaltsgemäßen Verhalten, also bei Einhaltung aller ärztlichen Regeln, insbesondere der Einnahmevorsichtsregeln, auf jeden Fall eingetreten wäre, oder läßt sich dies aufgrund konkreter Anhaltspunkte nach seiner Überzeugung nicht ganz ausschließen, dann ist es gehalten, zugunsten des angeklagten Arztes nach dem Grundsatz in "dubio pro reo" zu entscheiden, also einen Freispruch zu fällen.[1] Der Pflichtwidrigkeitszusammenhang wird wohl in Fällen zu bejahen sein, wo ein drogenabhängiger Patient das Betäubungsmittel-Rezept ausgehändigt bekommt, obwohl bei ihm aufgrund seines früheren Fehlverhaltens die Mißbrauchsgefahr sehr nahe lag und er das Substitut anstatt oral einzunehmen, sich nachweislich intravenös spritzt und beispielsweise Atemdepression erleidet. Ergeben jedoch die Ermittlungen, daß das Opfer daneben Heroin konsumiert hat, so daß die Gesundheitsbeschädigung genausogut die Folge des Heroinbeigebrauchs sein konnte, dann entfällt die zur Verurteilung unerläßliche Kausalität. Gleiches gilt, wenn dem substituierenden Arzt die Nichtbeachtung der Pflicht zur Durchführung der regelmäßig stattzufindenden Urinkontrollen zur Last gelegt wird, weshalb sich bei dem Patienten eine Polytoxikomanie herausgebildet hat bzw. diese bei ihm gefördert sein sollte. Kausalität im Sinne des Fahrlässigkeitsdelikts wird nur dann anzunehmen sein, wenn der Beweis erbracht werden kann, daß gerade die unterlassenen Urinkontrollen zur Herausbildung der Polytoxikomanie geführt haben. Dies erscheint nur in Fällen denkbar, wo der Patient nachweislich nur *eine Substanz* beispielsweise Barbiturate während der Behandlung konsumierte und dies in Ermangelung der Urintests vom substituierenden Arzt nicht festgestellt werden konnte, weshalb er ihm

1 Vgl. BGHSt 11, 1, 5.

weiterhin das Ersatzmittel verschrieb.[1] Eine derartige Fallkonstellation dürfte jedoch in der Praxis äußerst selten vorkommen. Denn wenn der Patient durch Barbituratkonsum den Behandlungsvorgaben zuwiderhandelt, dann wird er zumeist auch noch den Konsum von anderen Substanzen pflegen, wie Opiate, Alkohol etc., die bei ihm auch schon eine Polytoxikomanie herbeiführen. Der Erfolg dürfte sich so unabhängig von der Einhaltung der Urinkontrollen und der weiteren Verschreibung des Mittels eingestellt haben. Sofern dabei noch weitergehendere gesundheitliche Komplikationen auftreten, die erst außerhalb des räumlichen Wirkungsbereichs des substituierenden Arztes, etwa noch mit erheblicher zeitlicher Verschiebung zu der letzten Einnahme des Ersatzmittels, zum Vorschein kommen und sich als Ursache der Drogenmischeinnahme erweisen, dann erscheint es außerordentlich schwierig, hier einen Pflichtwidrigkeitszusammenhang bejahen zu können. Denn der Erfolg kann in solch einem Falle auch die Konsequenz der nach einer sogar ordnungsgemäß durchgeführten Betäubungsmittel-Verschreibung erfolgten Einnahme eines anderen Medikaments sein. Hierbei ergeben sich "vernünftige Zweifel" an der Kausalität.

Nach allem dürfte der Nachweis des Pflichtwidrigkeitszusammenhangs im Substitutionsbereich auf erhebliche Schwierigkeiten stoßen. Insbesondere in Fällen, wo der über die Gefahren des unkontrollierten Beigebrauchs anderer Medikamente ausreichend aufgeklärte Substitutionspatient den Konsum anderer Drogen entgegen dem Behandlungskonzept pflegt und dadurch die Gefahr seiner Gesundheitsbeschädigung selbst heraufbeschwört, dürfte es ungemein problematisch sein, die entscheidende Ursache für den Erfolg in der jeweiligen ärztlichen Sorgfaltspflichtverletzung zu sehen. Wenn also ein konkreter Anlaß zu der Annahme besteht, daß der Erfolg auch bei der Einhaltung aller Sorgfaltsregeln eingetreten wäre oder diese Möglichkeit sich zumindest nicht ausschließen läßt, wird der substituierende Arzt regelmäßig freizusprechen sein.

Würde dagegen das *Risikoerhöhungsprinzip* zur Anwendung kommen, dann würde gerade im Substitutionsbereich die objektive Erfolgszurechnung fast immer zu bejahen sein. Da diese Lehre, wie dargelegt, lediglich an die Frage

---

1 Die Fortsetzung der Substitutionsbehandlung in Kenntnis des Beigebrauchs von Barbituraten und anderen Substanzen würde den Arzt wohl dem Vorwurf der vorsätzlichen Körperverletzung aussetzen.

knüpft, ob das Risiko des Erfolgseintritts infolge der sorgfaltswidrigen Handlung des Arztes erhöht wurde und zwar unabhängig davon, ob bei Einhaltung aller Sorgfaltsregeln die Gesundheitsbeschädigung eingetreten wäre, ließe sich wohl niemals eindeutig sagen, daß durch die Versäumnisse des substituierenden Arztes, sei es in Form von Mißachtung von Regeln der Diagnostik, sei es in Form von Unterlassung von Urinkontrollen oder auch in Form von Unterlassung der Einnahmekontrollen, der Erfolgseintritt nicht erhöht wurde. Zwar soll auch nach dieser Lehre, der Grundsatz "in dubio pro reo" eingreifen, wenn zweifelhaft bleibt, ob durch das sorgfaltswidrige Verhalten eine wesentliche Erhöhung des Risikos eintrat[1], jedoch ist davon auszugehen, daß sich kaum ein Sachverständiger in der Lage sehen wird, im Falle einer bei dem Substitutionspatienten auftretenden Intoxikation dahingehend zu konstatieren, daß die fehlenden Urintests bzw. die mangelnde Sicherstellung des verschreibungsgemäßen Gebrauchs des Medikaments keinerlei Risikoerhöhung herbeiführten. Ganz im Gegenteil, es ist vielmehr davon auszugehen, daß in so gelagerten Fällen die Annahme der wesentlichen Erhöhung des Risikos die Regel darstellen würde. Dies würde im Ergebnis die an den substituierenden Arzt zu stellenden Sorgfaltsanforderungen über das normalerweise geltende Maß hinaus erweitern und bis hin zur völligen Unfehlbarkeit steigern. Das Risikoerhöhungsprinzip ist nicht zuletzt auch deshalb abzulehnen.

Nach allem ist der Pflichtwidrigkeitszusammenhang auch im Substitutionsbereich entsprechend dem Ansatz des überwiegenden Schrifttums, dem sich auch die höchstrichterliche Rechtsprechung anschloß, nur dann als gegeben anzusehen, wenn alle Bedenken hinsichtlich der Kausalität ausgeräumt sind, insbesondere wenn sich die Gesundheitsbeschädigung eindeutig als die Realisierung des jeweiligen Sorgfaltsverstoßes von seiten des substituierenden Arztes darstellt. Sofern sich jedoch aufgrund bestimmter Tatsachen, wie etwa die Feststellung des Nebenkonsums von anderen Drogen, Zweifel an dem Ursachenzusammenhang mit der Folge ergeben, daß der Erfolgseintritt möglicherweise ebenso bei der Einhaltung der beanstandeten Sorgfaltsregeln zu verzeichnen wäre, wird der substituierende Arzt von dem Vorwurf der fahrlässigen Körperverletzung freizusprechen sein.

---

1 Vgl. Jescheck 1988, 529.

4.2.3.2.3.2 Der Schutzzweckzusammenhang

Die objektive Zurechnung eines fahrlässigen Erfolgsdelikts setzt über den vorstehend erörterten Pflichtwidrigkeitszusammenhang hinaus auch die Feststellung voraus, daß der eingetretene Erfolg in den Schutzbereich der verletzten Norm/Sorgfaltspflicht fällt. Dieser *Schutzzweckzusammenhang* wird insoweit nur dann als gegeben anzunehmen sein, wenn die vom Arzt herbeigeführte Körperverletzung sich als die Realisierung desjenigen Risikos erweist, vor dem die verletzte Sorgfaltspflicht gerade schützen soll.[1] Ist dies nicht der Fall, so scheidet eine strafrechtliche Haftung des Arztes wegen fahrlässiger Erfolgsverursachung aus.[2] Mit der Prüfung des "Schutzzwecks der Norm" erfolgt eine weitere tatbestandsmäßige Eingrenzung der Zurechenbarkeit.[3]

Diese Überlegungen gilt es auch für die Substitutionsproblematik fruchtbar zu machen. Die Außerachtlassung der von einem substituierenden Arzt zu erwartenden Sorgfalt führt trotz der Feststellung, daß sich gerade die durch seine mangelnde Sorgfalt begründete Gefahr in der eingetretenen Gesundheitsbeschädigung realisierte, noch nicht zu der Verwirklichung des Tatbestandes der fahrlässigen Körperverletzung. Durch das sorgfaltswidrige Verhalten des substituierenden Arztes muß sich vielmehr gerade die Gefahr verwirklicht haben, die der Schutzzweck der verletzten Sorgfaltsregel gerade verhüten sollte. In concreto bedeutet dies also, daß sich ein substituierender Arzt, der sorgfaltswidrig keine Überwachung der verschreibungsgemäßen Einnahme des Substituts gewährleistet, nur dann strafbar nach § 230 StGB machen könnte, wenn sich gerade das Risiko realisierte, vor dem das Gebot der Überwachung der Ersatzmitteleinnahme schützen soll. Im allgemeinen soll diese Sorgfaltsregel vorbeugen helfen, daß Drogenabhängige das Substitut nicht als Heilmittel, sondern als Suchtmittel verwenden, indem sie im Zustand des Entzugs jede Kontrolle über sich verlieren sowie unberechenbar werden und schließlich das Medikament entgegen ausdrücklicher Anordnung intravenös injizieren und dabei eine Überdosis

---

1 Vgl. Ulsenheimer 1988, Rz. 230; ders. 1992a, § 140, Rz. 39; Jescheck 1988, 529; Schönke/Schröder/Cramer, § 15, Rz. 166, 174; AK/StGB/Zielinski, §§ 15, 16, Rz. 115; Wessels 1990, 210.

2 Vgl. Schönke/Schröder/Cramer, § 15, Rz. 166.

3 Vgl. Ulsenheimer 1988, Rz. 230; ders. 1992a, § 140, Rz. 39.

anwenden.[1] Sofern also im Einzelfall der opiatabhängige Patient das Ersatzmittel sich in Überdosis injizierte, anstatt dieses oral einzunehmen, und infolgedessen beispielsweise eine Atemdepression erlitt, wird der Schutzzweckzusammenhang zu bejahen sein. Gleiches dürfte gelten, wenn der Arzt entgegen dem Gebot, Polytoxikomanie in der Regel durch Abhaltung regelmäßiger Urinkontrollen entgegenzuwirken, keinerlei Kontrollmaßnahme durchführte und bei dem Patienten sich tatsächlich eine Mehrfachabhängigkeit herausgebildet oder sich sogar eine lebensgefährliche Mischintoxikation eingestellt hat. Die Unterlassung der diagnostischen Maßnahmen, weshalb eine Polytoxikomanie nicht festgestellt bzw. übersehen werden konnte, fällt sicherlich auch in den Schutzbereich der Pflicht zur Beachtung der allgemeinen Regeln der Diagnostik. Anders wäre dagegen der Fall zu beurteilen, wenn der Patient aufgrund des sorgfaltswidrigen Verhaltens des Arztes das Betäubungsmittel-Rezept selbst einlöst und sich das Levomethadon intravenös injiziert, ohne jedoch zunächst einen Schaden an der Gesundheit davonzutragen. Nach einer gewissen Zeit nimmt er aber eine intravenöse Heroininjektion vor und erleidet in Unkenntnis des Reinheitsgehalts des Heroins die Atemdepression. Hier fehlt es am Schutzzweckzusammenhang, weil das Gebot zur Sicherstellung des verschreibungsgemäßen Gebrauchs nicht dem Zweck dienen soll, den Beigebrauch von anderen Drogen zu verhindern, sondern lediglich die orale Einnahme des Ersatzmittels in der entsprechenden Dosis zu gewährleisten. Ähnlich würde sich die Rechtslage darstellen, wenn der Patient infolge des Sorgfaltsverstoßes seines Arztes das Levomethadon zu freier Verfügung bekäme, aber dieses verschreibungsgemäß, also oral in der verordneten Dosis eingenommen, sich anschließend aber auch noch Heroin injiziert hätte, so daß eine Mischintoxikation aufgetreten wäre und zwar, obwohl die gesundheitlichen Komplikationen eindeutig das Resultat des mehrartigen Drogenkonsums sein würden.[2] Im ersten Beispiel würde der Schutzzweckzusammenhang wohl aber dann zu bejahen sein, wenn die Gesundheitsbeschädigung als das Ergebnis der Kumulationswirkungen der intravenös injizierten Mittel, also des Levomethadons und des Heroins, zu bewerten wäre. Denn das hier gemeinte Sorgfaltsgebot soll offenbar auch verhindern, daß im Falle eines Fehlverhaltens von seiten des Patienten, indem

---

1 Vgl. BGH NJW 1979, 1943, 1944; Schumacher 1989, 162; Körner 1990, § 29, Rz. 643.
2 Zu den gesundheitlichen Komplikationen im einzelnen siehe oben 2.1.4.4.2.

er trotz der Substitutionsbehandlung andere Drogen konsumiert, die ohnehin bereits durch die Drogenkumulation bedingten Risiken um die weitere Gefahr, die aus der Applikationsform der intravenösen Injektion resultiert, erhöht werden.

In der Praxis kann die Bestimmung des Schutzzwecks gerade von ungeschriebenen Normen/Sorgfaltspflichten erhebliche Schwierigkeiten bereiten.[1]

Der Schutzzweck der Norm wird in solchen Fällen auch aus dem Systemzusammenhang bestimmt und begrenzt. Hierbei kommt auch der Selbstgefährdungsgedanke erneut zum Tragen. Seit der BGH gemäß dem Argument "a maiorri ad minus" entschied, daß der Haftungsbereich der Fahrlässigkeitstaten nicht weiter als der der Vorsatztaten sein kann, woraus sich auch für die lediglich fahrlässige Beteiligung an einer Selbstgefährdung Straflosigkeit ergeben muß[2], gilt als unumstritten, daß das Eigenverantwortlichkeitsprinzip auch die objektive Zurechnung des fahrlässig herbeigeführten Erfolges begrenzt. Meinungsunterschiede gibt es nur hinsichtlich der Frage, wie der Grundsatz der Straflosigkeit der fahrlässigen Beteiligung an einer Selbstgefährdung rechtsdogmatisch überzeugend begründet werden soll. Bemängelt wird in dem überwiegenden Schrifttum vor allem, daß der BGH außer dem Hinweis auf etwaigen Verstoß gegen das Stufenverhältnis der Schuldformen (§§ 15, 18 StGB) die Problematik nicht unter dem Gesichtspunkt des Schutzzwecks einer Norm und der objektiven Zurechnung thematisierte. Danach entscheidet sich die Frage nach der objektiven Zurechnung unter dem Aspekt der Abgrenzung von Verantwortlichkeitsbereichen.[3] Demgemäß trägt grundsätzlich derjenige die alleinige Verantwortung, der seine eigenen Rechtsgüter verletzt oder gefährdet. Von dem Schutzzweck der §§ 222, 230 StGB wird das Mitwirken anderer an der eigenen Selbstgefährdung nicht erfaßt, soweit der Betroffene selbstverantwortlich handelt, denn "der Schutzbereich einer Norm zugunsten eines Einzelnen endet dort, wo dessen eigener Verantwortungsbereich beginnt".[4] Mithin scheidet eine Zurechnung zum objektiven Tatbestand bei Handlungen, die lediglich

---

1 Siehe AK/StGB/Zielinski, §§ 15, 16, Rz. 116 ff..
2 Siehe BGHSt 32, 262; hierzu im einzelnen siehe oben S. 385 f.
3 Vgl. Fünfsinn 1985, 57 f.; Stree 1985, 181.
4 So Stree 1985, 181; in diesem Sinne auch Fünfsinn 1985; Roxin 1984, 411.

eine fahrlässige Beteiligung an einer eigenverantwortlichen Selbstverletzung bzw. Selbstgefährdung darstellen, grundsätzlich aus. Daran ändert, wie bereits ausführlich dargelegt, auch nicht, daß den sich Beteiligenden Garantenpflichten treffen.[1]

Insoweit kommt der Gedanke der Straflosigkeit der fahrlässigen Beteiligung an einer Selbstgefährdung auch im Hinblick auf einen Fahrlässigkeitsvorwurf im Zusammenhang mit einer Substitutionsbehandlung genauso wie bei § 223 StGB vorbehaltlich des Vorliegens des Eigenverantwortlichkeitskriteriums[2] uneingeschränkt zur Anwendung. Dem Substitutionsarzt wird daher in den allermeisten Fällen eine fahrlässige Herbeiführung einer Gesundheitsbeschädigung bei seinen drogenabhängigen Patienten bereits auf der Tatbestandsebene nicht zugerechnet werden können.[3]

Sollte jedoch die Prüfung der Tatbestandsmäßigkeit im Sinne des § 230 StGB aufgrund einer Substitutionsbehandlung im Einzelfall wider Erwarten ergeben, daß diese zu bejahen ist, so gilt als nächstes wie bei den Vorsatztaten festzustellen, ob die Fahrlässigkeitstat auch als rechtswidrig zu qualifizieren ist.

4.2.3.3. Rechtswidrigkeit

Die Rechtswidrigkeitsproblematik der Fahrlässigkeitstaten entspricht weitgehend der der Vorsatztaten. Auch hier kommt es entscheidend darauf an, ob es Rechtfertigungsgründe gibt, die die fahrlässige Verletzung als gerechtfertigt erscheinen lassen. Dabei kommt im Zusammenhang mit dem Fahrlässigkeitsvorwurf im Hinblick auf die Substitutionsbehandlung ebenfalls der Einwilligung die überragende Bedeutung zu. Da die Einwilligungsproblematik bereits im Rahmen der Prüfung der Strafbarkeitsvoraussetzungen nach § 223 StGB ausführlich

---

1 Siehe oben S. 386 f.

2 Zu den Voraussetzungen für die Annahme der Eigenverantwortlichkeit siehe oben S. 387 ff.

3 Siehe LG Kiel, Urt. v. 1. November 1989, Az: I Kls (2/87)-2 Js 528/84, unveröff.

besprochen wurde, kann an dieser Stelle auf eine Wiedergabe des Gesagten verzichtet und auf die dortigen Ausführungen abermals verwiesen werden.[1]

4.2.3.4. Schuld

In Fahrlässigkeitstaten bedeutet Schuld ebenso wie bei den Vorsatzdelikten die Vorwerfbarkeit der tatbestandsmäßigen und rechtswidrigen Handlung mit Rücksicht auf die darin zum Ausdruck gelangte rechtlich mißbilligte Gesinnung.[2] Diese setzt neben den allgemeinen Schuldvoraussetzungen, wie Schuldfähigkeit und Unrechtsbewußtsein, gemäß dem überwiegend vertretenen Fahrlässigkeitsbegriff vor allem auch voraus, daß dem Täter ein persönlicher Vorwurf daraus gemacht werden kann, daß er im konkreten Fall die ihm mögliche Sorgfalt nicht beachtete, obwohl ihm die Einhaltung der verletzten Sorgfaltspflicht zumutbar war und er einen möglichen Erfolg hätte voraussehen können.[3] In Anbetracht des Umstandes, daß bei den allermeisten Substitutionsärzten, denen ein Fahrlässigkeitsvorwurf im Zusammenhang mit ihrer Substitutionstätigkeit gemacht wird, die allgemeinen Schuldkriterien als gegeben vorausgesetzt werden können, sollen im folgenden lediglich die speziellen Fahrlässigkeitsschuldmerkmale ausführlicher besprochen werden, sofern sie für die vorliegende Aufgabenstellung von Interesse sind.

4.2.3.4.1 Erkennbarkeit und Erfüllbarkeit der objektiven Sorgfaltspflicht

Der Fahrlässigkeitsschuldvorwurf hängt davon ab, ob der Arzt nach seinen persönlichen Fähigkeiten und individuellen Kenntnissen in der Lage war, die Sorgfaltsanforderungen, die nach dem objektiven Maßstab an ihn gestellt werden, zu erkennen und zu erfüllen. Maßgebend ist bei dieser Prüfung nicht die Leistungsfähigkeit eines umsichtigen und erfahrenen Arztes derselben Fachrich-

---

1 Siehe oben 4.2.2.2.3; Zur Rechtswidrigkeit in bezug auf fahrlässiges ärztliches Handeln siehe auch Ulsenheimer 1992a, § 140, Rz. 42 f.
2 Vgl. Jescheck 1988, 535; AK/StGB/Zielinski, §§ 15, 16, Rz. 129; Wessels 1990, 217.
3 Vgl. Schönke/Schröder/Cramer § 15, Rz. 190.

tung (objektiver Maßstab)[1], sondern der betroffene Arzt selbst mit seinem individuellen Niveau an Kräften, Erfahrungen und Kenntnissen (subjektiver Maßstab)[2].

Diese Voraussetzung werden die Substitutionsärzte in der Regel erfüllen. Damit sie überhaupt regelmäßige Substituierungen durchführen dürfen, müssen sie, wie dargelegt, mit einem gewissen Maß an Professionalität ausgestattet sein, so daß sie über die einigen wenigen bei der Substitutionsbehandlung unbedingt zu beachtenden Sorgfaltsregeln informiert sind. Andernfalls kann sie, wie bereits festgestellt, der Vorwurf des Übernahmeverschuldens treffen.[3] Denkbar sind allerdings auch Fälle, wo ein in der Substitutionstherapie wenig erfahrener oder gar sich darin überhaupt nicht auskennender Arzt von einem sich in einem gesundheitlich äußerst kritischen Zustand befindenden Opiatabhängigen aufgesucht und um Hilfe gebeten wird. Da in dieser Situation sofortige Hilfe dringend angezeigt erscheint, kann diesem Arzt nicht zum Vorwurf gemacht werden, falls ihm Sorgfaltspflichtverstöße unterlaufen, aus denen eine Körperverletzung bei dem Patienten resultierte, daß er den Hilfesuchenden nicht an einen Substitutionsfacharzt weiter überwiesen oder sich vor der Behandlungsaufnahme hinsichtlich der Durchführung einer ordnungsgemäßen Ersatzdrogentherapie sachkundig gemacht hat. Dies kann aber u.U. auch dann gelten, wenn es sich bei dem betroffenen Arzt um einen in der ambulanten Drogentherapie erfahrenen Fachmann handelt, sofern er überraschend - ohne Vorbereitungsmöglichkeiten - mit einem akuten Drogennotfall konfrontiert wird, der sofortige konkrete Maßnahmen erfordert und daher etwa die Berücksichtigung etwaiger Kontraindikationen nicht zuläßt. Denn es ist allgemein anerkannt, daß niemand der "Idealforderung ständiger gespannter Aufmerksamkeit und raschester, zweckmäßiger Reaktion" Rechnung tragen kann.[4] Bei bestimmten Fallkonstellationen entfällt also die Schuld mangels Erfüllbarkeit der objektiven Sorgfaltspflicht durch den substituierenden Arzt, womit auch ein Wegfall der Strafbarkeit nach § 230 StGB einhergeht.

---

1 Siehe oben S. 397 f., 416 ff.

2 Vgl. Jescheck 1988, 536 m.w.N; Ulsenheimer 1988, Rz. 235 f.; ders. 1992a, § 140, Rz. 44; Schönke/Schröder/Cramer § 15, Rz. 194.

3 Siehe oben S. 398.

4 So Schönke/Schröder/Cramer § 15, Rz. 195; Ulsenheimer 1992a, § 140, Rz. 44.

4.2.3.4.2 Subjektive Voraussehbarkeit des Erfolges und des Kausalverlaufs

Auf der Ebene der Schuld verlangt § 230 StGB ferner die Prüfung, ob der Arzt nach seinen persönlichen Fähigkeiten und Kenntnissen mit der Körperverletzung und dem Kausalverlauf in ihren wesentlichen Zügen in dem konkreten Einzelfall auch subjektiv rechnen mußte.[1] Nach der ständigen Rechtsprechung genügt es aber auch, wenn der Erfolg im Endergebnis voraussehbar war.[2] Der subjektive Maßstab der Voraussehbarkeit des Erfolges ist dabei grundsätzlich der gleiche wie bei der Erkennbarkeit und Erfüllbarkeit der Sorgfaltspflicht.[3] Im Substitutionsbereich wird es mithin wenig Fälle geben, wo sich der Arzt unter Berufung auf seine mangelnde Voraussehbarkeit des Erfolges rechtsrelevant exkulpieren können wird, wenn auf der Ebene der Tatbestandsmäßigkeit bereits die objektive Voraussehbarkeit nicht verneint wurde. Dem regelmäßig substituierenden Arzt muß der Kanon der von ihm auf jeden Fall einzuhaltenden Sorgfaltspflichten bekannt sein, so daß ihm seine persönlichen Fähigkeiten und Kenntnisse die subjektive Voraussehbarkeit zumindest des Endergebnisses in aller Regel ermöglichen müßten. Letztlich kommt es aber auf die jeweilige Fallkonstellation an, so daß es sich verbietet, das Vorliegen der subjektiven Voraussehbarkeit pauschal für alle Substitutionsfälle anzunehmen. Erforderlich ist vielmehr stets der eindeutige Nachweis, daß der substituierende Arzt in diesem konkreten Fall mit der Möglichkeit hätte rechnen können, daß derartige Erfolge durch seine Handlung herbeigeführt werden würden.[4] Denkbar sind nämlich Fälle, wo der substituierende Arzt einem drogenabhängigen Patienten trotz der durch sein früheres therapiewidriges Verhalten begründeten, naheliegenden Gefahr eines Mißbrauchs der Betäubungsmittel-Verschreibung das Betäubungsmittel-Rezept dennoch zur Selbsteinlösung in der Apotheke aushändigt bzw. ihm eine für mehrere Tage bestimmte Betäubungsmittelmenge zur Verfügung stellt, weshalb dieser aufgrund des verschreibungswidrigen Gebrauchs eine Gesundheitsbeschädigung erleidet. Hierbei dürften die objektive Sorgfaltspflichtverletzung und die

---

1 Vgl. Ulsenheimer 1988, 237; ders. 1992a, § 140, Rz. 45; Schönke/Schröder/Cramer § 15, Rz. 199 ff.; Wessels 1990, 217; Jescheck 1988, 538 m.w.N..

2 Vgl. BGHSt 12, 75, 77; Wessels 1990, 217 f. m.w.N.; Schönke/Schröder/Cramer § 15, Rz. 200 m.w.N..

3 Vgl. Jescheck 1988, 538.

4 Vgl. Schönke/Schröder/Cramer, § 15, Rz. 201.

objektive Voraussehbarkeit des Erfolges vorliegen. Dessen ungeachtet dürfte es aber fraglich sein, ob dem betroffenen Arzt die subjektive Voraussehbarkeit der Körperverletzung ohne weiteres unterstellt werden könnte, wenn er sich dahin einlassen würde, er habe aufgrund der Tatsache, daß sein Patient eine drogenfreie Beziehung eingegangen sei, an der es ihm sehr liegen würde, bei ihm auch sonst eine Normalisierung der Lebensführung eingetreten sei, und er als Arzt sich von den besten Vorsätzen seines Patienten in intensiven Gesprächen sowohl mit diesem als auch mit dessen Lebenspartnerin überzeugt habe, allen Anlaß gehabt, seinem Patienten zu vertrauen. Überdies können noch weitere Umstände hinzutreten, die in ihrer Gesamtheit es gerechtfertigt erscheinen lassen, das Vorliegen der subjektiven Voraussehbarkeit und damit der persönlichen Vorwerfbarkeit zu verneinen. Wann dies der Fall ist, bleibt, wie vorerwähnt, letztlich nur der Einzelfallprüfung vorbehalten.

4.2.3.4.3 Unzumutbarkeit pflichtgemäßen Verhaltens

Die Fahrlässigkeitshaftung des substituierenden Arztes kann schließlich dann entfallen, wenn ihm die objektiven Umstände die Einhaltung der gebotenen Sorgfalt unzumutbar machen.[1] Sofern man trotz der geschilderten dogmatischen Schwierigkeiten zu der Prüfung der Schuldfrage gelangte, dann dürfte sich der unter dem Verdacht der Begehung einer fahrlässigen Körperverletzung im Rahmen der Substitutionsbehandlung stehende Arzt nur in absoluten Ausnahmefällen erfolgreich mit dem Argument verteidigen können, ihm sei es unzumutbar gewesen, die gebotene Sorgfalt einzuhalten. Denn soweit er keine materiellen und personellen Voraussetzungen für die ordnungsgemäße Durchführung der Substitution vor Beginn der Therapie geschaffen hat, so daß daraus die Sorgfaltspflichtverstöße resultierten, beispielsweise in der Form, daß mangels des vertrauenswürdigen Personals, das die Betäubungsmittel-Rezepte einlösen und die orale Einnahme des Mittels überwachen könnte, wo dies geboten erschien, die Maßnahmen zur Sicherstellung des verschreibungsgemäßen Gebrauchs des

1 Vgl. Jescheck 1988, 539; Wessels 1990, 918; Schönke/Schröder/Cramer § 15, Rz. 204; AK/StGB/Zielinski §§ 15, 16, Rz. 134; Ulsenheimer 1988, Rz. 238 f.; ders. 1992a, § 140, Rz. 46 f..

Betäubungsmittels ausblieben, wird er sich dann aller Voraussicht nach unter dem Gesichtspunkt des Übernahmeverschuldens zu verantworten haben. Dennoch erscheinen nicht nur rein theoretisch Fälle denkbar, wo beispielsweise aufgrund eines plötzlich entstandenen etwa krankheitsbedingten vorübergehenden Personalengpasses der substituierende Arzt sorgfaltswidrig die Durchführung der regelmäßigen Urinkontrollen oder die Überwachung der oralen Betäubungsmitteleinnahme nicht in jedem Einzelfall sicherstellen kann, weil dies sonst das ordnungsgemäße Funktionieren des Praxisablaufs erheblich beeinträchtigen würde und der dem vorausgegangene Versuch, etwa durch das "Ausleihen" des geeigneten Personals von anderen Praxen für Abhilfe zu sorgen, fehlschlug. In so gelagerten Fällen kann es also durchaus gerechtfertigt erscheinen, die Unzumutbarkeit des pflichtgemäßen Verhaltens des substituierenden Arztes anzunehmen. Dies umso mehr, als es zu dem sorgfaltswidrigen Verhalten keine "noch" sorgfaltsgemäße Alternative gibt, die hinsichtlich der Zweckerfüllung als zumindest gleichwertig anzusehen wäre, geschweige denn die das Problem gänzlich beseitigen könnte. Die Alternative könnte auf jeden Fall nicht in dem, wenn auch nur vorübergehenden, Abbruch der Behandlung bestehen, weil dies u.U. ein größeres Risiko beinhalten kann, wenn die bis dahin erzielten positiven Ergebnisse angesichts eines Rückfalls in den Heroinkonsum wieder zunichte gemacht werden, als die zeitlich begrenzte nicht sorgfaltsgemäße Fortsetzung der Substituierung. Dabei dürfte auch eine Rolle spielen, ob der Arzt diejenigen Patienten richtig ausgewählt hat, denen er glaubte vertrauen zu können. Letztendlich werden aber auch in diesem Zusammenhang die Umstände des Einzelfalles, die die Unzumutbarkeit ausmachen sollen, darüber entscheiden, ob auch das Vorliegen dieser Schuldvoraussetzung und somit auch die Strafbarkeit des niedergelassenen Arztes nach § 230 StGB, der ambulante Ersatzdrogenbehandlungen durchführt, anzunehmen ist.

Nach allem dürfte deutlich geworden sein, daß die Strafbarkeit des niedergelassenen Substitutionsarztes wegen einer im Rahmen der Ersatzdrogenbehandlung begangenen fahrlässigen Körperverletzung im Sinne des § 230 StGB nur selten in Frage kommt. Sofern der betroffene Arzt die allgemeinen ärztlichen und die sich speziell auf die Substitutionstherapie beziehenden Sorgfaltsregeln beachtet, scheidet eine strafrechtliche Fahrlässigkeitshaftung wegen der bei dem drogenabhängigen Patienten eventuell festzustellenden Gesundheitsbeschädigung grundsätzlich aus. Doch abgesehen von der gleichermaßen im Rahmen der Strafbarkeitsprüfung nach § 223 StGB regelmäßig auftretenden Schwierigkeit der Annahme einer rechtsrelevanten Gesundheitsbeschädigung aufgrund der Substitutionsbehandlung erscheint es mit Rücksicht auf § 230 StGB vor allem problematisch, die objektive Zurechnung des Erfolges in rechtlich nicht zu beanstandender Weise zu begründen. In den meisten Fällen dürfte es an einem schlüssigen Nachweis des Pflichtwidrigkeitszusammenhangs fehlen. Mit Rücksicht auf das Selbstgefährdungsprinzip dürfte es aber auch in aller Regel an einem Schutzzweckzusammenhang mangeln. Im Normalfall wird daher das Ermittlungsverfahren gegen den jeweiligen Substitutionsarzt bereits im Vorfeld des Hauptverfahrens gemäß § 170 Abs. 2 StPO einzustellen sein.

4.2.4. Fazit

Eine Strafbarkeit des Arztes wegen ambulanter Behandlung Drogenabhängiger mit Substitutionsmitteln gemäß §§ 223, 230 StGB kommt nur selten in Frage, sofern dieser im Rahmen der ärztlichen Aufgabenstellung, also der Heilung, Linderung, Verhütung etc. tätig ist. In den meisten Fällen dürfte es nämlich schon an der Tatbestandsmäßigkeit mangeln, da in Anbetracht des Umstandes, daß mit der Aufnahme der Substitution in der Regel eine dramatische Verbesserung des Gesundheitszustands der drogenabhängigen Patienten einhergeht, oftmals bereits das Vorliegen der Gesundheitsbeschädigung zu verneinen ist. Ein anderer Gesichtspunkt, der der Annahme der Tatbestandsmäßigkeit in der Mehrzahl der Substitutionsfälle entgegenstehen dürfte, ist die Geltung des Prinzips der Straflosigkeit der eigenverantwortlichen Selbstgefährdung, so daß es dann an der objektiven Zurechnung des Erfolges fehlt. Sofern wider Erwarten eine Gesundheitsbeschädigung infolge einer Substitutionstherapie bejaht wird, entscheidet sich dann die Frage der Strafbarkeit des Substitutionsarztes gemäß § 223 StGB auf der Ebene der Rechtswidrigkeit, wo es auf die Indiziertheit der ärztlichen Verschreibung des Ersatzmedikaments, die Einhaltung der allgemeinen Sorgfaltspflichten und auf die Einwilligung des Patienten in den ärztlichen Eingriff ankommt. Der Begriff der Indiziertheit im Sinne des § 223 StGB entspricht im wesentlichen dem der Begründetheit im Sinne des § 13 Abs. 1 BtMG. Hinsichtlich der vom behandelnden Arzt unbedingt zu beachtenden Sorgfaltsregeln erscheint die Aufstellung einer generellen Pflicht zur Überwachung der Einnahme des Substituts zum einen mit Rücksicht auf den Selbstgefährdungsgedanken und zum anderen wegen der dadurch manifest werdenden Ungleichbehandlung zwischen drogenabhängigen und drogenabstinenten Patienten, bei denen die Compliance ebenfalls ein Problem darstellt, nicht angebracht. Im übrigen ist eine derartige bereits auf anfängliches Mißtrauen gegenüber dem Patienten angelegte Herangehensweise kaum geeignet, die Therapiebereitschaft bei den Substitutionspatienten zu fördern. Bei den Drogenabhängigen ist im Regelfall auch von der natürlichen Einsichts- und Urteilsfähigkeit auszugehen, weshalb sie vorbehaltlich der richtigen ärztlichen Aufklärung in der Lage sein können, in die Substitution rechtswirksam einzuwilligen. Sofern es sich im Einzelfall um eine echte ärztliche Therapie handelt, verstößt die Einwilligung des opiatabhängigen Patienten auch nicht gegen die "guten Sitten".

Im Hinblick auf die Strafbarkeit des substituierenden Arztes wegen fahrlässiger Körperverletzung gemäß § 230 StGB läßt sich feststellen, daß die Strafverfolgungsorgane ähnlich wie bei der vorsätzlichen Körperverletzung nach § 223 StGB eine Reihe rechtsdogmatischer Hürden überspringen müssen, um im Einzelfall zur Bejahung einer strafrechtlichen Haftung gemäß dieser Vorschrift zu kommen. Sofern der schwierige Beweis einer Gesundheitsbeschädigung infolge der Substitution erbracht werden kann, erfordert der Deliktsaufbau einer Fahrlässigkeitstat weiter den Nachweis einer Sorgfaltspflichtverletzung bei objektiver Voraussehbarkeit des Erfolgseintritts. Hierbei ist für die schematische Annahme der Voraussehbarkeit in den Fällen, wo den Patienten das Betäubungsmittelrezept zur Selbsteinlösung in der Apotheke ausgehändigt wurde, kein Raum, da es einen derartigen Erfahrungssatz, daß alle Drogenabhängigen lügen bzw. sich verschreibungswidrig verhalten, wenn die Einnahme des Substituts nicht überwacht wird, nicht gibt. Die größten Schwierigkeiten dürften sich jedoch im Rahmen der Prüfung der objektiven Zurechnung des Erfolgs ergeben, um zu einer Strafbarkeit zu gelangen. Während es bei der Prüfung des Pflichtwidrigkeitszusammenhangs erhebliche Probleme bereiten dürfte, den Kausalitätsnachweis in der Weise zu führen, daß ein rechtlicher Ursachenzusammenhang zwischen der Sorgfaltspflichtverletzung des Substitutionsarztes und der Gesundheitsbeschädigung auf seiten des Patienten besteht, wobei sich hinsichtlich des Kausalitätsverlaufs keinerlei Zweifel ergeben dürfen, dürfte im Einzelfall auch die Feststellung des Schutzzweckzusammenhangs, wonach durch das sorgfaltswidrige Verhalten des Substitutionsarztes gerade die Gefahr verwirklicht wird, die der Schutzzweck der verletzten Sorgfaltsregel gerade verhüten soll, auf erhebliche Schwierigkeiten stoßen. In diesem Stadium der Strafbarkeitsprüfung müßte nach allem der Grundsatz "in dubio pro reo" am häufigsten zum Einsatz kommen. Im Regelfalle wird es also mit Rücksicht auf § 230 StGB an der objektiven Zurechnung des Erfolges fehlen, zumal auch hier der Grundsatz der Straflosigkeit der eigenverantwortlichen Selbstgefährdung unverminderte Geltung beansprucht. Sofern allerdings entgegen dieser Annahme die Zurechnung der Erfolgsverwirklichung zu bejahen ist, entscheidet sich die Frage der Strafbarkeit wegen der fahrlässigen Körperverletzung aufgrund einer ambulanten Substitutionsbehandlung auf der Ebene der Rechtswidrigkeit bzw. der Schuld. Im Substitutionsnormalfall dürften jedoch die allgemeinen Schuldvoraussetzungen und diejenigen des Fahrlässigkeitsbegriffs erfüllt sein, so daß daraus die Strafbarkeit nach § 230 StGB folgen müßte.

Anlage

Auszug (Seite 9 bis 11) aus:

Entwurf

Vierte Verordnung

zur Änderung betäubungsmittelrechtlicher Vorschriften

(Vierte Betäubungsmittelrechts-Änderungsverordnung - 4.BtMAändV)

(Anlage zur Kabinettsache des Bundesministers für Gesundheit vom 9.9.1992 / 327-5621-05)

(...) Unter Buchstabe b) werden weitere 14 BtM aufgeführt, die im wesentlichen für andere Anwendungsgebiete als die Schmerzbekämpfung bestimmt sind. Die Verdoppelung der bisherigen Höchstmenge für Methylphenidat, das u.a. bei der Behandlung hyperkinetischer Kinder eingesetzt wird, soll ermöglichen, daß mit einer einmaligen Verschreibung ein Versorgungszeitraum von mindestens einer Woche erreicht wird. Im übrigen hat sich kein Bedarf für die Festsetzung höherer Verschreibungsmengen ergeben.

Die Ausnahmeregelung in *Absatz 2*, in begründeten Einzelfällen mit schriftlicher Anzeige gegenüber der zuständigen Landesbehörde die festgesetzten Höchstmengen zu überschreiten, an einem Tag für einen Patienten mehr als ein BtM und/oder für mehr als 30 Tage zu verschreiben, soll praktikable Verschreibungsmöglichkeiten auch in seltenen Extremfällen eröffnen, ohne daß für sie eine generelle Verwässerung der BtM-Verschreibungsverordnung stattfindet, die die Sicherheit und Kontrolle des Betäubungsmittelverkehrs erheblich beeinträchtigen würde.

In *Absatz 3* ist vorgesehen, daß ein Arzt künftig für seinen Praxisbedarf BtM in den Mengen verschreiben darf, die seinem Zweiwochenbedarf entsprechen. Die Begrenzung der Vorratshaltung auf den Monatsbedarf soll verhindern, daß sich in Arztpraxen größere Bestände ansammeln, die Ziel krimineller Aktivitäten werden könnten.

In *Absatz 4* werden Vorschriften, die die BtM-Versorgung von einer vorhandenen Struktur abhängig machen, aufgehoben. Dadurch ist jede Einrichtung in der Lage die Form zu wählen, die den jeweiligen Anforderungen am besten entspricht.

Zu Nummer 3:

Die neue Vorschrift über das Verschreiben u.a. von Levomethadon für Drogenabhängige zum Zwecke der Substitution soll eine Reihe von technischen Fragen klären, die bei der sog. Methadon-Substitution - soweit sie im Rahmen des § 13 Abs. 1 BtM zulässig ist - in der Praxis zur Zeit bestehen. Die Subsidiarität einer nach § 13 Abs. 1 BtMG zulässigen Substitution gegenüber der ohne Betäubungsmittel erfolgenden Behandlung von Abhängen bleibt unberührt.

Absatz 1 stellt klar, daß der Begriff Substitution im Sinne dieser Verordnung nur die unter den Voraussetzungen des § 13 Abs. 1 BtMG ärztlich indizierte Verschreibung von Levomethadon oder dafür zugelassenen Betäubungsmitteln an Abhängige umfaßt. Die Substitution muß beendet werden, sobald diese Voraussetzungen entfallen ("wenn und solange").

Nach *Absatz 2* sollen Levomethadon oder andere dafür zugelassene Betäubungsmittel nur für Abhängige verschrieben werden, die an einer Psycho- und/oder Sozialtherapie teilnehmen. Diese Beschränkung der Verschreibung ist notwendig, um die mit einer Substitution verbundenen Gefahren (z.B. neue Abhängigkeit von Levomethadon, Überdosierung durch Nebenkonsum, Schwarzhandel) so gering wie möglich zu halten sowie eine Reduzierung oder Absetzung des Substituts und damit den Übergang zu einer drogenfreien Rehabilitation möglichst zu beschleunigen.

Die *Absätze 3 bis 9* sehen Grundregeln für die Durchführung der Substitution vor. Die tägliche Ausgabe des Betäubungsmittels zur unmittelbaren Einnahme unter Aufsicht des Arztes oder seines ärztlichen Vertreters soll die Hauptform der Versorgung von Abhängigen sein. Für die Versorgung an Wochenenden und Feiertagen sowie in Fällen häuslicher Pflegebedürftigkeit ist die Einbeziehung von Sozialstationen oder anderen von der zuständigen Landesbehörde anerkannten Einrichtungen vorgesehen.

Bei Abhängigen, die über einen Zeitraum von mindestens 12 Monaten ein stabiles Verhalten gezeigt haben, soll es dem behandelnden Arzt ermöglicht werden, mit Zustimmung der zuständigen Landesbehörde wöchentlich einmal bis zu drei Tagesdosen auf einem BtM-Rezept zu verschreiben, das der Abhängige in einer Apotheke einlöst. Ferner ist vorgesehen, daß der behandelnde Arzt für einen Patienten, der sich aus beruflichen und persönlichen Gründen vorübergehend nicht am Wohnort aufhält, eine Substitutionsbescheinigung ausstellen kann. Sie berechtigt einen anderen Arzt, am zeitweiligen Aufenthaltsort die Substitution durchzuführen. Alle Maßnahmen einschließlich der Einbindung in eine psycho-soziale Begleittherapie sind zu dokumentieren und der zuständigen Landesbehörde anzuzeigen, damit eine frühzeitige Überwachung und erforderlichenfalls Hilfestellung erfolgen kann.

Zu Nummern 4 und 5:

Im Interesse einer einheitlichen Darstellung wurden die §§ 3 und 4 in der äußeren Fassung so weit wie möglich dem § 2 angepaßt. Aus der Liste der BtM, die von einem Tierarzt verschrieben werden dürfen, wurden neben den nicht mehr im Verkehr befindlichen BtM auf Grund einer Analyse über das Verschreiben von Betäubungsmitteln in der Veterinärmedizin die Stoffe Methaqualon, Methylphenidat und Phenmetrazin gestrichen. Die Möglichkeiten zur Verschreibung ihres Praxisbedarfs durch Zahnärzte (§ 3 Abs. 2) und Tierärzte (§ 4 Abs. 3) wurden entsprechend § 2 Abs. 3 erweitert. Auch die Vorschriften über das Verschreiben des Stationsbedarfs (§ 3 Abs. 2 bzw. § 4 Abs. 4) wurden dem geänderten § 2 Abs. 4 angeglichen.

Zu Nummer 6:

Folgeänderung zu Nummer 8.

Zu Nummer 7:

Durch die Neufassung des § 6, der die auf einem Betäubungsmittelrezept anzubringenden Angaben vorschreibt, werden die Anforderungen an das Ausfüllen eines Rezeptformulars vereinfacht. Neben dem Wegfall des Vermerks "Menge ärztlich begründet", der Angabe, für wieviele Tage ein BtM verschrieben wird, sowie der Angabe des Bestimmungszwecks (bisherige Nr. 6 des Abs. 1), kann für den Fall, daß einem Patienten eine schriftliche Gebrauchsanweisung übergeben wurde, die Gebrauchsanweisung durch den Vermerk "Gemäß schriftlicher Anweisung" ersetzt werden. Desweiteren brauchen das Ausstellungsdatum sowie der Vermerk "Praxisbedarf" vom Verschreibenden nicht (...)

Literaturverzeichnis

ADAMS, M.: Das Betäubungsmittelgesetz an die inzwischen gewonnenen praktischen und überprüften Erfahrungen anpassen, jedoch das Wertgefüge des Gesetzes unangetastet lassen, in: Adams, M. u.a., Drogenpolitik, Meinungen und Vorschläge von Experten, 1989, S. 15 ff.

ADAMS, M. u.a.: Drogenpolitik. Meinungen und Vorschläge von Experten, Freiburg 1989

AKZEPT e.V. (Hrsg.): Leben mit Drogen, Berlin 1991

ALBRECHT, H.J.: Bundesrepublik Deutschland, in: Meyer, J. (Hrsg.): Betäubungsmittelrecht in Westeuropa, 1987a, S. 63 ff.

ders.: Drogenpolitik und Drogenstrafrecht, in: BewHilfe 1987b, 267 ff.

ders.: Drug Policy in the Federal Republic of Germany, in: Albrecht H.J./v. Kahmthout, A. (Hrsg.): Drug Policies in Western Europe, 1989, S. 175 ff.

ders.: Internationale Verträge zur Betäubungsmittelkontrolle und Konsequenzen für die Ausgestaltung des nationalen Betäubungsmittelrechts unter besonderer Berücksichtigung der europäischen Vereinigung, in: Singer, J. (Hrsg.): Trennung der illegalen Drogenmärkte, 1992, S. 67 f.

ALBRECHT, H.J./v. KAHMTHOUT, A. (Hrsg.): Drug Policies in Western Europe, Freiburg 1989

ALBRECHT, P.A.: Überzeugungsbildung und Sachverständigenbeweis in der neueren strafrechtlichen Judikatur zur freien Beweiswürdigung (§ 261 StPO), in: NStZ 1983, 486 ff.

ALGEIER, R.: Psychosoziale Prozesse bei der Überwindung der Drogenbindung, in: Therapiewoche 1980, 1199 ff.

ALLMERS, V.: Entkriminalisierung des Betäubungsmittelkonsumenten, in: ZRP 1991, 41 ff.

ALTERNATIVKOMMENTAR zum Grundgesetz, 2. Aufl., 3 Bände, Neuwied/Darmstadt 1989, Zit.: AK/GG/Bearbeiter

ALTERNATIVKOMMENTAR zum Strafgesetzbuch, 3 Bände, Neuwied/Darmstadt 1990, Zit.: AK/StGB/Bearbeiter

ALTERNATIVKOMMENTAR zum Strafvollzugsgesetz, 3. Aufl., Neuwied/ Darmstadt 1990, Zit.: AK/StVollzG/Bearbeiter

AMELUNG, K.: Über die Einwilligungsfähigkeit (Teil I), in: ZStW 104 (1992), 525 ff.

ANDRITSCH, F.: Probleme bei der Therapie unter äußerem Zwang, in: DHS (Hrsg.): Rechtsfragen der Suchtkrankenhilfe, 1987, S. 235 ff.

ANSELMINO, O./HAMBURGER, A.: Kommentar zu dem Gesetz über den Verkehr mit Betäubungsmitteln (Opiumgesetz), Berlin 1931

ARBEITSKREIS MEDIZINERAUSBILDUNG DER ROBERT BOSCH STIFTUNG - MURRHARDTER KREIS: Das Arztbild der Zukunft, 2. Aufl., Gerlingen 1990

ARNOLD, T./FRIETSCH, R.: Zur AIDS-Problematik in der Drogenarbeit – Ergebnisse einer Klientenbefragung, in: SuchtG 1987, 237 ff.

dies.: AIDS-Problematik und Drogengebrauch – Zur Sichtweise der betroffenen Drogenkonsumenten, in: SuchtG 1988, 303 ff.

ÄRZTEKAMMER HAMBURG: Richtlinien für die Ersatzdrogenbehandlung mit Codeinpräparaten vom 14. Oktober 1991, Manuskript

ÄRZTE-ZEITUNG: Gesundheitsforscher setzt sich für Ausbau der Substitution, in: Ärzte-Zeitung 1992, Nr. 10, S. 7

dies.: Die Hälfte der Methadon-Patienten steht im Beruf oder in der Ausbildung, in: Ärzte-Zeitung 1991, Nr. 81, v. 2. Mai 1991

dies.: Ärzte konsterniert: So fördert die GKV indirekt die Beschaffungskriminalität, in: Ärzte-Zeitung 1990, v. 16./17. November 1990, S. 8

ATHEN, D.: Psychopharmaka bei der Behandlung von Alkohol- und Drogenabhängigkeit?, in: MMW 1982, 137 ff.

BACKES, O.: Medizinische Außenseiter – Außenseiter der Rechtsordnung?, in: Arztrecht 1982, 148 ff.

BÄUMLER, E.: Ein Jahrhundert Chemie, Düsseldorf 1963

BAUER, Ch.: Legal, illegal, scheißegal?, in: TAZ v. 2. Dezember 1991

BAUER, G.: Rauschgift, Lübeck 1972

BAUSCH, J.: Methadon-Substitution bei Heroinabhängigen in den USA, in: Hessisches Ärzteblatt 1991, Heft 4, S. 171 ff.

BECK, A.: Bekämpfung der Organisierten Kriminalität speziell auf dem Gebiet der Rauschgiftkriminalität unter besonderer Berücksichtigung der V-Mann-Problematik, Frankfurt/Bern/New York/Paris 1990

BECKER, M./v. LÜCK, W.G.: Die Therapievorschriften des Betäubungsmittelgesetzes - Eine Effektivitätsanalyse, Freiburg i. Breisgau 1990

BEHR, H.G./JUHNKE, A. u.a.: Drogenpolitik in der Bundesrepublik, Reinbeck 1985

BEIL, H.W./TROJAN, A.: Zur Substitutionstherapie Opiatabhängiger mit Methadon und Polamidon, in: Biniek, E. (Hrsg.): Drogenabhängigkeit, 1978, S. 411 ff.

BERAUER, A.: Erfahrungen in der ambulanten Therapie von Heroinabhängigen, in: Schmidtobreick, B. (Hrsg.): Erfahrungen aus der ambulanten Arbeit mit Suchtkranken, Freiburg 1982, S. 21 ff.

BERKEMANN, J.: Aus der Rechtsprechung des Bundesverfassungsgerichts, in: JR 1986, 184 ff.

BERTEL, Ch.: Das Strafrecht als Hüter der Gesundheit, in: Eisenbach-Stangl, I./Stangl, W. (Hrsg.): Grenzen der Behandlung, 1984, S. 183 ff.

BEULKE, W./SCHRÖDER, S.: Anmerkung zum Beschluß des BGH vom 25. September 1990, in: NStZ 1991, 393 ff.

BINIEK, E. (Hrsg.): Drogenabhängigkeit, Darmstadt 1978

BLEIBTREU, E.: Drogenproblematik in der Bundesrepublik, in: Der Kriminalist 1992, 214 ff.

BOCKELMANN, P.: Der ärztliche Heileingriff in Beiträgen zur Zeitschrift für die gesamte Strafrechtswissenschaft im ersten Jahrhundert ihres Bestehens, in: ZStW 81 (1981), 105 ff.

BOCKER, U.: Der Kronzeuge - Genese und Funktion der Kronzeugenregelung in der politischen Auseinandersetzung mit dem Terrorismus in der Bundesrepublik Deutschland, Paffenweiler 1991

BÖCKER, M.: Behandlung drogenabhängier Patienten mit Methadon, in: Fortschr.Med. 1991, 132 ff.

BOHNERT, W.: in: MAGS-NRW (Hrsg.): Lebenspraxis und Unterstützungsnetze von Drogenkonsumenten, S. 49 ff.

BONING, J.: Belohnungssystem im Gehirn, in: Bild der Wissenschaft 1990, Heft 12, S. 71 ff.

BÖLLINGER, L.: Drogenrecht, Drogentherapie, Frankfurt 1983

ders.: Drogenrecht, Drogentherapie, 2. Aufl., Frankfurt 1987

ders.: Zur Strafbarkeit des Arztes nach §§ 223, 230 StGB wegen ambulanter Substitutionsbehandlung Drogenabhängiger , in JA 1989a, 403 ff.

ders.: Ambulante Substitutionsbehandlung Heroinabhängiger durch den niedergelassenen Arzt: Macht er sich strafbar?, in: MedR 1989b, 290 f.

ders.: Strafrecht, Drogenpolitik und Verfassung, in: KJ 1991a, 393 ff.

ders.: Gesundheitsvorsorge für Fixer strafbar? – Systemwidersprüche und verfassungskonforme Auslegung, in: JA 1991b, 292 ff.

ders.: Akzeptierende Drogenarbeit – Drogenstrafrecht und Verfassung, in: Akzept e.V. (Hrsg.): Leben mit Drogen, 1991c, S. 102 ff.

ders.: Verfassungsrechtliche und kriminalpolitische Aspekte eines Austiegs aus repressiver Drogenpolitik, in: Neumeyer, J./Scheich-Walch, G. (Hrsg.): Zwischen Legalisierung und Normalisierung, Marburg/Schüren 1992a, S. 147 ff.

ders.: Fragen zur Verfassungsmäßigkeit des Betäubungsmittelgesetzes, in: Singer, J. (Hrsg.): Trennung der illegalen Drogenmärkte, 1992b, S. 49 ff.

BÖLLINGER, L./STÖVER, H.: Drogenpraxis, Drogenrecht, Drogenpolitik – Ein Leitfaden für Drogenberater, Drogenbenutzer, Ärzte, Juristen, 3. Aufl., Frankfurt 1992

BORNEMANN, R./BSCHOR, F./SCHMITZ da SILVA, G.: L-Methadonbehandlung Opiatabhängiger, Rechtslage und Praxis der Durchführung, in: Deutsche AIDS-Hilfe e.V. (Hrsg.): Wo ist Hilfe?, Berlin 1991, S. 87 ff.

BOSSONG, H.: Kaum ein Hauch von Hilfe, in: Bossong, H./Marzahn, Ch./-Scheerer, S. (Hrsg.): Sucht und Ordnung, 1983, S. 28 ff.

ders.: AIDS-Prävention im Drogensektor. Ergebnisse einer Befragung in Drogenberatungsstellen in der Bundesrepublik, in: WZfS 1988, 79 ff.

ders.: Drogenpolitik seit AIDS: Strategien deutscher Drogenhilfe, in: Kriminalsoziologische Bibliographie 1989a, 65 ff.

ders.: Möglichkeiten und Grenzen der Substitutionsbehandlung, in: Bossong, H./Stöver, H. (Hrsg.): Methadon, 1989b, S. 8 ff.

ders.: Soziale und gesundheitliche Konsequenzen der Drogenkriminalisierung, in: Singer, J. (Hrsg.): Trennung der illegalen Drogenmärkte, 1992a, S. 22 ff.

ders.: Möglichkeiten und Grenzen der Methadonsubstitution. Eine Übersucht über Forschung, Praxis und bundesdeutsche Diskussion, in: Bossong, H./Stöver, H. (Hrsg.): Methadonbehandlung 1992b, S. 17 ff.

BOSSONG, H./MARZAHN, CH./SCHEERER, S. (Hrsg.): Sucht und Ordnung, Frankfurt 1983

BOSSONG, H./SCHEERER, S.: Die Drogen der Szene: Methadonbehandlung in der Bundesrepublik, in: Scheerer, S./Vogt, I: (Hrsg.): Drogen und Drogenpolitik, 1989, S. 336 ff.

BOSSONG, H./STÖVER, H. (Hrsg.): Methadon. Chancen und Grenzen der Substitutionsbehandlung, Berlin 1989

dies.: (Hrsg.): Methadonbehandlung. Ein Leitfaden, Frankfurt/New York 1992

dies.: Zur Praxis der Substitutionsbehandlung in der Bundesrepublik, in: Bossong, H./Stöver, H. (Hrsg.): Methadonbehandlung, 1992, S. 43 ff.

BRÄUTIGAM, H.H.: Heroin auf Rezept, in: Die Zeit vom 9. August 1991

BRALL, K.: Urteil räumt auf, Anmerkung zum Beschl. des BGH vom 17. Mai 1991, in: DÄBl. 1991, A 3074

BRANDT, H.: Die Situation bei der Polizei durch Einbeziehung der Cannabisprodukte in das Strafrecht, in: Singer, J. (Hrsg.): Trennung der illegalen Drogenmärkte, 1992, S. 18 ff.

BRECHER, B.: Licit and illicit Drugs, Boston 1992

BRECHNER, S.: Methadon in Bremen, Diplomarbeit, FB-Sozialpädagogik, Bremen 1992

BRENNER, G.: Arzt und Recht, Stuttgart/New York 1983

BROCKHAUS, W.: Methadon zur Suchttherapie: Freie Verordnung oder Verordnung im Entzugsprogramm?, in: Bayerisches Ärzteblatt 1990, 366 ff.

BROCKMEYER, N.H./MERTINS, L./KREUZFELDER, E./HUSEMANN, M./GROOS, M.: Einfluß von Levomethadon auf das Immunsystem bei HIV-1-infizierten i.v. drogenabhängigen Patienten, in: AIFO 1990, 482 ff.

BRON, B.: Psychosen bei Drogenabhängigen, in: DÄBl. 1991, B 1654 ff.

BRÜHL, A.: Drogenrecht, Darmstadt/Wiesbaden, 1992

BRÜNINGHAUS, E.: "... und die Würde des Menschen ist unantastbar!", in: Bossong, H./Stöver, H. (hrsg.): Methadon, 1989, S. 116 ff.

BRUNS, M.: AIDS und Strafvollzug, in: StV 1987, 504 ff.

ders.: Methadon: Letzte Hilfe im Drogenelend? (zu Kühne, ZRP 1989, 1 ff.), in: ZRP 1989, 192

BSCHOR, F.: Berufsrechtliche Aspekte der außerklinischen Behandlung Süchtiger, in: Therapiewoche 1980, 1206 ff.

ders.: Therapie Drogenabhängiger unter dem Aspekt berufsgerechten ärztlichen Handelns, in: Psychiatrische Praxis 1981, 47 ff.

ders.: Zur Revision des Abstinenzparadigmas in der Behandlung Suchtkranker, in: DMW 1987, 907 ff.

ders.: Gutachten vor dem Verwaltungsgericht Berlin am 28. Juni 1990, in: Gesundheit und Prävention in München e.V. (Hrsg.): Jahresbericht 1990, 1991, S. 9 ff.

BUCHBORN, E.: Ärztliches Ermessen, in: MedR 1987, 221 ff.

BUCHHOLZ, F. (Hrsg.): Suchtarbeit: Utopie und Experimente, Freiburg 1989

BÜHRINGER, G.: Probleme und Möglichkeiten der Therapie bei Drogenabhängigen, in: Völger, G./v. Welck, K./Legnaro, A. (Hrsg.): Rausch und Realität, 1981, S. 702 ff.

ders.: Die juristischen Maßnahmen sollten so gestaltet werden, daß Drogenabhängige möglichst früh therapeutisch erreicht werden und der Strafvollzug weitgehend vermeidbar wird, in: Adams, M. u.a.: Drogenpolitik, 1989, S. 19 ff.

ders.: Drogenabhängige: Spielball der Gesundheitspolitik, in: Aus Politik und Zeitgeschichte (Beilage zur Wochenzeitung Das Parlament), B 42/90 vom 12. Oktober 1990, S. 12 ff.

v. BÜLOW, A.: Entkriminalisierung des Heroinkonsums, in: Vor-Sicht 1989a, Heft 2, S. 14 ff.

ders. Kontrollierter Heroingenuß – eine bisher kaum bekannte Konsumvariante, in: KJ 1989b 118 ff.

ders.: Ansätze und Perspektiven bundesdeutscher Drogentherapie, in: ZRP 1990, 21 ff.

ders.: Biochemische Mechanismen der Opiatsucht, in: v. Bülow, A./Heidhaus, H./Kirsche, M./Kröger, S. (Hrsg.): Methadon, 1991a, S. 13 ff.

ders.: Möglichkeiten und Grenzen eines Methadonprogramms in der BRD, in: v. Bülow, A./Heidhaus, H./Kirsche, M./Kröger, S. (Hrsg.): Methadon, 1991b, S. 90 ff.

v. BÜLOW, A./HEIDHAUS, H./KIRSCHE, M./KRÖGER, S. (Hrsg.): Methadon. Grundlagen, Erfahrungen und Probleme medikamentengestützter Drogentherapie, München/Wien 1991

v. BÜLOW, S./KIRSCHE, M.: Zur Wirkung von Opiaten, in: v. Bülow, A./ Heidhaus, H./Kirsche, M./Kröger, S. (Hrsg.): Methadon 1991, S. 29 ff.

BUISMAN, W./GOOS, C.: Die Methadonbehandlung in den Niederlanden. Eine Zwischenbilanz, in: SuchtG 1985, 109 ff.

BUNDESÄRZTEKAMMER: Beschluß des Vorstandes der Bundesärztekammer zu "Ersatzdrogen-Programmen" - vom 2. Februar 1990, Manuskript

BUNDESAUSSCHUß DER ÄRZTE UND KRANKENKASSE: NUB-Richtlinien, Beschluß vom 2. Juli 1991, Köln 1991, Manuskript

ders.: NUB-Richtlinien, Beschluß vom 7. August 1992, Köln 1992, Manuskript

BUNDESKRIMINALAMT: Polizeiliche Kriminalstatistik 1979, Wiesbaden 1980

dass.: Polizeiliche Kriminalstatistik 1980, Wiesbaden 1981

dass.: Polizeiliche Kriminalstatistik 1989, Wiesbaden 1990

dass.: Polizeiliche Kriminalstatistik 1990, Wiesbaden 1990

dass.: Polizeiliche Kriminalstatistik 1991, Wiesbaden 1992

BUNING, E.: Erfahrungen in Amsterdam (2. Teil), in: MAGS-NRW (Hrsg.): Medikamentengestützte Rehabilitation, 1987, S. 189 ff.

BURCHARD, J.: Die Behandlung Opiatsüchtiger mit Opiaten und ihren Antagonisten, in: Biniek, E. (Hrsg.): Drogenabhängigkeit, 1978, S. 363 ff.

BURIAN, W.: Welche Therapie ist besser? Überlegungen zur Therapie und zum gesellschaftlichen Setting der Drogenbehandlung, in: WZfS 1986, 61 ff.

BUTZKO, H.: Methadon und Drogenarbeit, in: BewHilfe 1987, 306 ff.

CHORZELSKI, G./RASCHKE, P./SCHLÖMER, H.: Zum Elend der Methadon-Debatte, in: Bossong, H./Stöver, H. /Hrsg.): Methadon, 1989, S. 28 ff.

COHEN, P.: Zur gegenwärtigen Situation der Amsterdamer Drogenpolitik, in: KrimJ 1989, 136 ff.

COHEN, S.: Medizinischer Stand der Marihuana-Forschung, in: Völger, G./v. Welck, K./Legnaro, A. (Hrsg.): Rausch und Realität, 1981a, S. 784 ff.

ders.: Neuester Stand der Heroinforschung, in: Völger, G./v. Welck, K./-Legnaro, A. (Hrsg.): Rausch und Realität, 1981b, S. 800 ff.

COOPER, J.: "20 Jahre Methadon-Behandlung in den USA - Zum Bericht des National Institute on Drug Abuse", in: MAGS-NRW (Hrsg.): Medikamentengestützte Rehabilitation, 1987, S. 115 ff.

DACH, P.: Anmerkung zum Urt. des BGH vom 14. Februar 1984 (NStZ 1984, 410 m.Anm. Roxin), in: NStZ 1985, 24

DACHVERBAND DROGEN UND RAUSCHMITTEL e.V.: Stellungnahme zur Fachtagung "Therapie und Strafe", in: Egg, R. (Hrsg.): Drogentherapie und Strafe, 1988, S. 317 ff.

DÄUBLER, W.: Grundrecht auf Leben und medizinische Versorgung, in: NJW 1972, 1105 ff.

DAMMANN, B.: Drogentherapie als privatrechtlich ausgestaltete Form des Strafvollzugs?, in: KrimJ 1985, 97 ff.

DAMMANN, B./SCHEERER, S.: Menschenwürde in der Drogentherapie, in: Psychologie und Gesellschaftskritik 1985a, 77 ff.

dies.: Verrechtlichung der Drogentherapie, in: Recht und Psychiatrie 1985b, 6 ff.

dies.: Von der freien Therapie zum Therapie-Vollzugsgesetz?, in: Sozial extra 1986, 22 ff.

DER SENATOR FÜR GESUNDHEIT: 2. Zwischenbericht über die Methadonsubstitution in Bremen, Bremen 1991

DERKS, J./DAANSEN, P.: Mit dosiertem Morphium gegen Heroin, in: Psychologie heute 3/1986, 67 ff.

DEUTSCH, E.: Problematik des Begriffs der "Allgemeinen wissenschaftlichen Anerkennung" in der Medizin, in: Neuhaus, G.A. (Hrsg.): Pluralität in der Medizin, 1980, S. 141 ff.

ders.: Arzneimittelsubstitution: Zulässigkeit und Verantwortung im Zivilrecht, in: FS-Narr, Berlin/Heidelberg/New York/London/Paris/Tokyo 1988, S. 268 ff.

ders.: Arztrecht und Arzneimittelrecht, 2. Aufl., Berlin/Heidelberg/New York/London/Paris/Tokyo/Hong Kong/Barcelona/Budapest 1991

DEUTSCHE AIDS-HILFE e.V. (Hrsg.): Chancen und Risiken aktueller Präventions- und Behandlungsansätze am Faktor AIDS bei Drogengebrauch und Abhängigkeit, Berlin 1989

DHS (Hrsg.): Rechtsfragen in der Suchtkrankenhilfe, Hamm 1987

DIECKHOFF, R.: Rausch und Realität - Literarische Avantgarde und Drogenkonsum von der Romantik bis zum Surrealismus, in: Völger, G./v. Welck, K./Legnaro, A. (Hrsg.): Rausch und Realität, 1981, S. 404 ff.

DÖLLING, D.: Fahrlässige Tötung bei Selbstgefährdung des Opfers, in: GA 1984, 71 ff.

DOLE, V./NYSWANDER, M.: Medizinische Behandlung der Diacetylmorphin-(Heroin)-Sucht, in: Biniek, E. (Hrsg.): Drogenabhängigkeit, 1978, S. 157 ff.

DOMINIAK, P.: Zur Pharmakologie von Cannabis, in: Singer, J. (Hrsg.): Trennung der illegalen Drogenmärkte, 1992, S. 26 ff.

DREHER/TRÖNDLE: Strafgesetzbuch und Nebengesetze, 45. Aufl., München 1991

DROGENHILFE NIEDERSACHSEN e.V. (Hrsg.): Fachtagungsbericht der Methadonfachtagung am 3./4. November 1986 in Hannover, Hannover 1987

DÜNKEL, F.: Strafrechtliche Drogengesetzgebung im internationalen Vergleich, in: Völger, G./v. Welck, K./Legnaro, A. (Hrsg.): Rausch und Realität, 1981, S. 674 ff.

ders.: Die Entwicklung der Drogenpolitik und Drogengesetzgebung im internationalen Vergleich, in: RuP 1983, 165 ff.

EBERTH, A.: Die Therapie von Drogenstraftäter-Erfahrungen aus der Sicht der Strafverteidigung, in: Egg, R. (Hrsg.): Drogentherapie und Strafe, 1988, S. 111 ff.

ders.: Verbesserung und Modifizierung des Drogenrechts, insb. der Therapievorschriften im 7. Abschnitt des BtMG: Entkriminalisierung des süchtigen Verhaltens, in: Adams, M. u.a.: Drogenpolitik, 1989, S. 29 ff.

EBERTH, A./MÜLLER, E.: Betäubungsmittelrecht, München 1982

EGG, R. (Hrsg.): Drogentherapie und Strafe, Wiesbaden 1988

EHLERS, W./TRAUE, H.C./CZOGALIK, D.: Einleitung: Bio-Psycho-Soziale Medizin, in: Ehlers, W/Traue, H.C./Czogalik, D. (Hrsg.): Bio-psychosoziale Grundlagen für die Medizin, Berlin/Heidelberg/New York/London/-Paris/Tokyo 1988, S. 1 ff.

EHRHART, G.: Hundert Jahre Forschung, in: Bäumler, E. (Hrsg.): Ein Jahrhundert Chemie, 1963, S. 289 ff.

EHRHART, G./SCHAUMANN, O.: Polamidon, ein neues, stark wirkendes Analgetikum, in: Medizinische Monatsschrift 1949, 605 f.

EIDGENÖSSISCHE BETÄUBUNGSMITTELKOMMISSION, ARBEITSGRUPPE "METHADON" DER SUBKOMMISSION "DROGENFRA-

GEN": Methadonbericht, Suchtmittelersatz in der Behandlung Heroinabhängiger in der Schweiz, 2. Aufl., Bern 1989

EISENBACH-STANGL, I.: Drogenpolitik und ihre Folgen: Ein internationaler Vergleich, in: Mader, R./Strotzka, H. (Hrsg.): Drogenpolitik zwischen Therapie und Strafe, 1980, S. 355 ff.

dies.: Die Verordnung von Nüchternheit. Zur Kontrollgeschichte verbotener Drogen, in: Eisenbach-Stangl, I./Stangl, W. (Hrsg.): Grenzen der Behandlung, 1984, S. 159 ff.

dies.: Drogenpolitik in den 80er Jahren: Drogenkrieg und AIDS, in: Kriminalsoziologische Bibliographie 1989a, 3 ff.

dies.: Europäische Substitutionspraxis, in: Bossong, H./Stöver, H. (Hrsg.): Methadon, 1989b, S. 60 ff.

EISENBACH-STANGL, I./STANGL, W. (Hrsg.): Grenzen der Behandlung, Opladen 1984

EISENBACH-STANGL, I./UHL, A.: Geschichte und Praxis der Substitutionsbehandlung in Österreich, in: Bossong, H./Stöver, H. (Hrsg.): Methadonbehandlung, 1992, S. 181 ff.

ELIAS, H.: Die These von Heinemann und Raschke als eine neue theoretische Grundlage der Substitution der i.v. Drogensüchtigen, in: Unveröff. Manuskript eines Vortrages auf der Methadon-Arbeitstagung der Arbeitsgruppe "AIDS" der Frankfurter Universität vom 14. November 1987

ders.: Methadon: Eine immer noch heiß umstrittene Behandlung, in: Pro familia Magazin 1990, Heft 5, S. 19 f.

ders.: Wirkt die Ersatzstoffbehandlung der i.v. Drogensucht suchterhaltend?, in: Akzeptanz e.V. (Hrsg.): Leben mit Drogen, 1991a, S. 95 ff.

ders.: Zur Frage der Indikationsbreite der Behandlung der i.v. Drogensucht mit Opiaten, in: Unveröff. Manuskript des Referats vor der Stuttgarter Ärzteschaft am 17. August 1991, Frankfurt 1991b

ders.: Ersatzstoffgestützte Suchtkrankenbehandlung in der Praxis, in: Deutsche Gesellschaft für Innere Medizin (Hrsg.): Verhandlungen der Deutschen Gesellschaft für Innere Medizin, Band 96, 1991c, S. 601 ff.

ELLINGER, H.: Betäubungsmittel und Strafbarkeit, Wiesbaden 1974

ENDEMANN, G.: Zum Verhältnis der Strafvollstreckungsbestimmungen der §§ 35 und 36 BtMG zu den Auslegungsbestimmungen zur Bewährung des

StGB, in: DHS (Hrsg.): Rechtsfragen in der Suchtkrankenhilfe, 1987, S. 157 ff.

ders.: Zur langfristigen Levomethadon-Substitution, in: Recht und Psychiatrie 1988, 13 f.

ENDRISS, R./MALEK, K.: Betäubungsmittelstrafrecht, München 1986

ENQUETE-KOMMISSION DES 11. DEUTSCHEN BUNDESTAGES: AIDS: Fakten und Konsequenzen, Bonn 1990

v. EPEN, J.H.: Die Drogen der Szene. Behandlungsansätze, in: Scheerer, S./-Vogt, I. (Hrsg.): Drogen und Drogenpolitik, 1989, S. 321 ff.

ERBS, G./KOHLHAAS, M.: Strafrechtliche Nebengesetze, Band I, 1-4. Aufl., B 64 (BtMG), bearb. v. Pelchen, Loseblattsammlung, 96 Ergänzungslieferung. Stand 1991

ESER, A.: Grenzen der Behandlungspflicht aus juristischer Sicht, in: Lawin, P./Huth, H. (Hrsg.): Grenzen der ärztlichen Aufklärungs- und Behandlungspflicht, Stuttgart/New York 1982, S. 79 ff.

ders.: Medizin und Strafrecht: Eine schutzorientierte Problemübersicht, in: ZStW 97 (1985), 1 ff.

FEEST, J.: Einige Informationen zur Haftsituation von Dr. Johannes Kapuste, in: Sozialpsy. Info. 1987, 30

ders.: AIDS und Recht im Strafvollzug, in: InfoStVollzPR 1988a, 683

ders.: Methadonbehandlung und Recht. Kurzreferat auf der 3. Methadon-Fachtagung am 8. Mai 1987 in München, in: Methadon 1988, Bremen 1988b, S. 9 ff.

FEUERLEIN, W. (Hrsg.): Cannabis heute – Bestandsaufnahme zum Haschischproblem, Wiesbaden 1980

FINK, M.: Sieben Jahre klinische Erfahrung mit Opiat-Antagonisten bei Opiatabhängigen, in: Biniek, E. (Hrsg.): Drogenabhängigkeit, 1978, S. 422 ff.

FISCHER, B./LEHRL, S. (Hrsg.): Patienten-Compliance, Mannheim 1982

FRANKE, M.: Übergeordnete Gesichtspunkte zur Bewertung von Methadonprogrammen, in: SuchtG 1985, 95 ff.

ders.: Die Crux mit dem Methadon, in: SuchtG 1988, 345 ff.

FRANKFURTER RUNDSCHAU: In Zürich bekommen Drogenabhängige bald Heroin auf Rezept, in: FR vom 10. August 1991

FREIE UND HANSESTADT HAMBURG: Konzept zur Drogenbekämpfung, in: Staatliche Pressestelle Hamburg (Hrsg.), Hamburg 1990

FRISCH, W.: Selbstgefährdung im Strafrecht, in: NStZ 1992, 1 ff. und 62 ff.

FROMBERG, E.: Referat zu den Erfahrungen aus einem Methadonprogramm in den Niederlanden, in: Drogenhilfe Niedersachsen e.V. (Hrsg.): Tagungsbericht, 1987, S. 38 ff.

FUCHS, W.J.: Substitutionsbehandlung im Zerrbild ihrer Kritiker - Bemerkungen zum Artikel "Abstinence or Maintenance", in: WZfS 1986, 8 ff.

ders.: Referat zu den Erfahrungen aus dem Methadonprogramm in Zürich, in: Drogenhilfe Niedersachsen e.V. (Hrsg.): Tagungsbericht, 1987, S. 21 ff.

ders.: Einige Anmerkungen zum "Argumentationspapier zum Thema Substitutionsbehandlung", in: Deutsche AIDS-Hilfe e.V. (Hrsg.): Chancen und Risiken aktueller Präventions- und Behandlungsansätze am Faktor AIDS bei Drogengebrauch und Abhängigkeit, 1989a, S. 130 ff.

ders.: Stand und Perspektiven der Methadonvergabe in der Schweiz, in: Bossong, H./Stöver, H. (Hrsg.): Methadon, 1989b, S. 66 ff.

ders.: Stand und Perspektiven der Methadonvergabe in der Schweiz, in: Bossong, H./Stöver, H. (Hrsg.): Methadonbehandlung, 1992, S. 198 ff.

FÜNFSINN, H.: Anmerkung zum Urt. des BGH vom 27. Juni 1984 (StV 1985, 56), in: StV 1985, 57 ff.

GALLWAS, H.U.: Zur Legitimation ärztlichen Handelns, in: NJW 1976, 1134 f.

GAUWEILER, P.: Was tun gegen AIDS? - Wege aus der Gefahr, Landshut 1989

GERCHOW, J.: Rechtsstellung des Arztes und ärztliche Verschreibungspraxis bei Drogenabhängigen, in: SuchtG 1978, 129 ff.

v. GERLACH, A.: Ärztliche Aufklärungspflicht und eigenmächtige Heilbehandlung, in: Kaufmann, A. (Hrsg.): Moderne Medizin und Strafrecht, 1989, S. 15 ff.

GERLACH, R.: Haschisch ist kulturintegriert, in: Westfälische Nachrichten vom 5. September 1991, Nr. 206 (Leserbriefe)

GERLACH, R./KEMMESIES, U.E.: Resubjektivierung und Normalisierung für ein "Akezeptanzparadigma" als Handlungsmaxime der Drogenarbeit, in: WZfS 1990, 29 ff.

GERLACH, R./SCHNEIDER, W.: Akzeptanz und Abstinenz? Das deutsche Abstinenzparadigma, niedrigschwellige Drogenarbeit und Methoden – Problematisierung eines Zusammenhangs, in: WZfS 1990, 3 ff.

GESUNDHEIT UND PRÄVENTION IN MÜNCHEN e.V. (Hrsg.): Jahresbericht 1990, München 1991

GHODSE, H.: Klinische Erfahrungen mit Methadon in London, in: MAGS-NRW (Hrsg.): Medikamentengestützte Rehabilitation, 1987, S. 212 ff.

GIEPEN, H.: Methadon – die Ergebnisse sind widersprüchlich, in: Ärzte-Zeitung vom 18. Juli 1991 (Leserforum)

GIESEN, D.: Arzthaftungsrecht, 4. Aufl., Tübingen 1990

GILBERT, R.: Einführung des Tees in Europa, in: Völger, G./v. Welck, K./-Legnaro, A. (Hrsg.): Rausch und Realität, 1981, S. 386 ff.

GILL-RODE, J.: Sparprogramm dank Methadon?, in: Sozialpsy. Info. 1987, 25 ff.

GLAESKE, G.: Die Beruhigungs-Schlafmittel, in: Scheerer, S./Vogt, I. (Hrsg.): Drogen und Drogenpolitik, 1989a, S. 217 ff.

ders.: Die Stimulantien, in: Scheerer, S./Vogt, I. (Hrsg.): Drogen und Drogenpolitik, 1989b, S. 260 ff.

GMÜR, M.: Die Methadonbehandlung von Heroinfixern – Konzept einer Therapiepolarisierung, in: Psychiatrische Praxis 1981, 54 ff.

GMÜR, M./UCHTENHAGEN, A.: Die Methadonbehandlung von Heroinabhängigen in der Schweiz, in: Therapiewoche 1980, 1228 ff.

GÖBEL, A.A.: Die Einwilligung im Strafrecht als Ausprägung des Selbstbestimmungsrechts, Frankfurt/Bern/New York/Paris 1992

GÖLZ, J.: Medizinische Grundlagen und Erfahrungen: Die Praxis der Polamidonsubstitution durch den niedergelassenen Arzt, in: Bossong, H./Stöver, H. (Hrsg.): Methadonbehandlung, 1992, S. 68 ff.

GRAMCKOW, H.: Die Drogenpolitik der Bush-Administration und die Entwicklung des Drogenproblems in USA, in: Aus Politik und Zeitgeschichte (Beilage zur Wochenzeitung Das Parlament), B 42/90 vom 12. Oktober 1990, S. 28 ff.

GRAUPNER, H.: Innere Demokratie bei Ärzten als Ziel, in: Süddeutsche Zeitung vom 23. Januar 1991

GRIGOLEIT/WENIG/ZIEGLER: Handbuch der Sucht Bd. I, Loseblattsammlung, Band 1, Stand November 1991, Sankt Augustin

GRIMM, G.: Die Lösung des Drogenproblems, Flintbek 1985

ders.: Drogen gegen Drogen, Kiel 1992

GROENEMEYER, A.: Therapeutische Intervention und gesellschaftliche Integration, in: MAGS-NRW (Hrsg.): Therapie und Rehabilitation bei Drogenkonsumenten, 1985

GRÖNBLADH, L.: Untersuchungen zum schwedischen Methadonprojekt, in: Kleiner, D. (Hrsg.): Langzeitverläufe bei Suchtkrankheiten, 1987, S. 151 ff.

GROS, H./BEST, E.: HIV-Prävention in der Praxis: Spritzentauschprogramme für i.v. Drogenabhängige, in: SuchtG 1990, 19 ff.

GROSS, W.: Hinter jeder Sucht ist eine Sehnsucht, 4. Aufl., Freiburg 1990

ders.: Sucht ohne Drogen, Frankfurt 1991

GRUPP, K: Rechtliche Probleme alternativer Behandlungsmethoden, in: MedR 1992, 256 ff.

GUDDEN, U.: Bedenkliche Rezepturarzneien – Zugleich ein Beitrag zur Abgrenzung der Verantwortlichkeit zwischen Arzt und Apotheker, in: MedR 1991, 124 ff.

GUNDERT-REMY, U.: Verbesserungsmöglichkeiten der Compliance aus klinischer Sicher, in: Fischer, B./Lehrl, S. (Hrsg.): Patienten-Compliance, 1982, S. 154 ff.

HABERMAS, J.: Theorie des kommunikativen Handelns, 2 Bände, Frankfurt 1981

HACKETHAL, E.: Schmerz und Schmerzmittel, in: Scheerer, S./Vogt, I. (Hrsg.): Drogen und Drogenpolitik, 1989, S. 196 ff.

HAFFKE, B.: Nachwort zur Strafbarkeit der Polamidonbehandlung, in: Methadon 1988, Bremen 1988, S. 33 ff.

ders.: Rechtliche Aspekte zur Substitutionsbehandlung Drogenabhängiger, in: Schneider, V./v. Karger, J. (Hrsg.): Probleme medikamentengestützter Therapie Drogenabhängiger, Berlin 1989, S. 56 ff.

ders.: Gesundheitsbegriff und Neokorporatismus dargestellt am Beispiel der Auseinandersetzung über die rechtliche Zulässigkeit der Substitutionsbehandlung Drogenabhängiger, in: MedR 1990a, 243 ff.

ders.: Argumentationssequenz zum Thema "Freigabe von Drogen", in: Unveröff. Manuskript, Passau 1990b ders.: Neueste Entwicklung bei der rechtlichen Beurteilung von Substitutionsbehandlung, in: Gesundheit und Prävention in München e.V. (Hrsg.): Jahresbericht 1990, 1991, S. 28 ff.

ders.: Zur rechtlichen Beurteilung von Substitutionsbehandlungen, in: Unveröff. Manuskript, Passau 1992a

ders.: Die derzeitige juristische Situation und Ausblick auf die Drogenpolitik nach Änderung des BtMG, in: Singer, J. (Hrsg.): Trennung der illegalen Drogenmärkte 1992b, S. 6 ff.

HANKE-SIMONEIT: Rechtliche Kontrollen einer ambulanten Methadon/Polamidon-Enzugsbehandlung bei Opiatabhängigen - Zum Verhältnis der kassen-, standes- und strafrechhtlichen Regelungen, in: Wissenschaftliche Arbeit gemäß § 39 BremJAG (a.F.), Bremen 1987

HANNOVERSCHE ALLGEMEINE ZEITUNG: Niedersachsen startet Methadonprogramm, in: HAZ vom 26. Februar 1991, S. 10

HARDING, W.M.: Kontrollierter Heroingenuß - ein Widerspruch aus der Subkultur gegenüber herkömmlichem kulturellem Denken, in: Völger, G./v. Welck, K./Legnaro, A. (Hrsg.): Rausch und Realität, 1981, S. 694 ff.

HARMS, G./BIENZLE, U./SCHNEIDER, V./BSCHOR, F.: Antikörperprävalenz bei Berliner i.v. Drogenabhängigen, in: AIFO 1987, 392 f.

HARMS, G./LAUKMANN-JOSTEN, U./BIENZLE, U./GUGGENMOOS-HOLZMANN, J.: Risk factors for HIV-infection in German i.v. drug abusers, in: Klinische Wochenschrift 1987, 376 ff.

HARTWIG, K.-H./PIES, I.: Auf dem Prüfstand der Kritik? - Kritik auf dem Prüfstand! - Zur Ökonomie der Drogenpolitik und ihrer Kritik, in: Kriminalistik 1989, 678 ff.

HASSEMER, W.: Über die Berücksichtigung von Folgen bei der Auslegung der Strafgesetze, in: FS-Coing, München 1982, S. 493 ff.

ders.: Prävention im Strafrecht, in: JuS 1987, 257 ff.

ders.: Rauschgiftbekämpfung durch Rauschgift? - BGH NJW 1991, 2359, in: JuS 1992, 110 ff.

HEBERLE, B./GERCHOW, J.: Todesursachen bei Suchtkranken, in: Keup, W. (Hrsg.): Folgen der Sucht, 1980, S. 29 ff.

HECKMANN, W.: Wenn der Dealer einen weißen Kittel trägt, in: Psychologie heute 3/1979, 40 ff.

ders.: Stand der Maßnahmen zur Prävention und Therapie der Heroinabhängigkeit in Berlin (West), in: Kindermann, W. (Hrsg.): Materialien zur Entwicklung des Berliner Verbundsystem in der Drogenarbeit, 1982, S. 45 ff.

ders.: Drogenpolitik in der Bundesrepublik aus therapeutischer Sicht, in: BewHilfe 1987, 254 ff.

ders.: Verbesserung und Ausbau des Hilfesystems. Die Angebote können nicht vielfältig genug sein. Defizite bestehen insb. bei schwellenlosen und niedrigschwelligen Einrichtungen, in: Adams, M. u.a.: Drogenpolitik, 1989, S. 42 ff.

HECKMANN, W./KÜHNEL, P.: Die Deutsche Bewährungshilfe e.V. und ein nationales Gesamtkonzept der Suchtprävention, in: BewHilfe 1990, 287 ff.

HEIDHAUS, H.: Erfahrungen mit Methadonprogrammen - USA, in: v. Bülow, A./Heidhaus, H./Krische, M./Kröger, S. (Hrsg.): Methadon, 1991, S. 44 ff.

HEINEN, P.: Drogenersatzprogramme in der ärztlichen Praxis, in: Sozialpsy. Info. 1987, 12 ff.

HELLEBRAND, J.: Einsatz der Staatsanwaltschaft mit Glaubenskrieg? § 13 BtMG und das Methadon-Modellvorhaben in Nordrhein-Westfalen, in: ZRP 1989a, 161 ff.

ders.: Polamidonbehandlung Opiatabhängiger durch niedergelassene Ärzte, in: MedR 1989b, 222 ff.

ders.: Zur neueren Entwicklung der Drogenpolitik und zum Einsatz von Methadon, in: BewHilfe 1990a, 279 ff.

ders.: Drogen und Justiz, Godesberg 1990b

ders.: Wende im Methadon-Glaubenskrieg?, in: ZRP 1991, 414 ff.

ders.: Wende im Methadon-Glaubenskrieg? - Zur Entscheidung des BGH vom 17. Mai 1991 (NStZ 1991, 439), in: NStZ 1992a, 13 ff.

ders.: Quo vadis, Methadon?, in: MedR 1992b, 71 ff.

HERWIG-LEMPP, J./STÖVER, H.: Grundlagen akzeptierender Drogenarbeit, in: WZfS 1988, 51 ff.

HERZOG, F./NESTLER-TREMEL, C.: AIDS und Strafrecht - Schreckensverbreitung oder Normstabilisierung?, in: StV 1987, 360 ff.

HESS, H.: Das Karriere-Modell und die Karriere von Modellen, in: Hess, H./Stöner, H./Streng, F. (Hrsg.): Sexualität und soziale Kontrolle, Heidelberg 1978, 1

ders.: Probleme der sozialen Kontrolle, in: FS-Leferenz, Heidelberg 1983
ders.: Tabak, in: Scheerer, S./Vogt, I. (Hrsg.): Drogen und Drogenpolitik, 1989a, S. 125 ff.
ders.: Schattenwirtschaft und Abenteuerkapitalismus, in: Neue Kriminalpolitik 1989b, Heft 2, S. 24 ff.
ders.: Der illegale Drogenhandel, in: Scheerer, S./Vogt, I. (Hrsg.) Drogen und Drogenpolitik, 1989c, 448 ff.
ders.: Rauschgiftbekämpfung und desorganisiertes Verbrechen, in: KJ 1992, 314 ff.
HILL, H., in: Insensee, J./Kirchhof, P. (Hrsg.): Handbuch des Staatsrechts, 1989
v. HIPPEL, E.: Drogen- und AIDS-Bekämpfung durch Methadonprogramme?, in: ZRP 1988, 289
ders.: Methadon: Letzte Hilfe im Drogenelend?, in: ZRP 1989, 311 f.
HIRSCH, H.J.: Anmerkung zum Urt. des BGH vom 18. Juli 1978, in: JR 1979, 429 ff.
HOBBING, P.: Strafwürdigkeit der Selbstverletzung: Der Drogenkonsum im deutschen und brasilianischen Recht, Frankfurt/Bern 1982
HOEKSTRA, M.: Methadonbehandlung in den Niederlanden, in: MAGS-NRW (Hrsg.): Medikamentengestützte Rehabilitation, 1987, S. 175 ff.
HOFFMANN-BAYER, M.: Auf dem Weg zu den Klienten – Neue methodische Ansätze in der ambulanten Drogenarbeit, in: Buchholz, F. (Hrsg.): Suchtarbeit: Utopien und Experimente, Freiburg 1989, S. 63 ff.
HOFFMEISTER-WAGNER, W.-D./WIESNER v. JAGWITZ, CH./STREIDL, CH./PETERS, M.: Entwicklung der Lymphozytensubpopulation (CD 4, CD 8) bei mit Levomethadon behandelten HIV-infizierten i.v. Drogenabhängigen, in: Öffentliche Gesundheit 1991, 457 f.
HOHMANN, R.: Besprechung von BGH MDR 1991, 75: Betäubungsmittelstrafrecht und Eigenverantwortlichkeit?, in: MDR 1991, 1117 f.
HOHMANN, R./KÖNIG, P.: Zur Begründung der strafrechtlichen Verantwortlichkeit in den Fällen der aktiven Suizidteilnahme, in: NStZ 1989, 304 ff.
HÜGEL/JUNGE: Kommentar zum Betäubungsmittelrecht, 2 Bände, 6. Aufl., Berlin 1982, 6. Ergänzungslieferung, Stand: März 1991
HUISGEN, H.-A.: Methadonbehandlung in Nordrhein-Westfalen, in: Bossong, H./Stöver, H. (Hrsg.): Methadon, 1989, S. 108 ff.

HURRELMANN, K./HESSE, S.: Drogenkonsum als problematische Form der Lebensbewältigung im Jugendalter, in: Sucht 1991, 240 ff.

ILLMER, H.: Strafrechtlichen Druck auf Abhängige verringern und die im BtMG zur Verfügung stehenden sozialtherapeutischen Möglichkeiten konsequenter nutzen, in: Adams, M. u.a. (Hrsg.): Drogenpolitik, 1989, S. 58 ff.

ISENSEE, J./KIRCHHOF, P. (Hrsg.): Handbuch des Staatsrechts der Bundesrepublik Deutschland, 7 Bände, Heidelberg 1989

Jacob, W.: Aus dem sozial-medizinischen Erbe Rudolf Virchows, in: Lesky, E. (Hrsg.): Sozialmedizin-Entwicklung und Selbstverständnis, Darmstadt 1977, S. 161 ff.

JAEGER, M.: Der Kronzeuge unter besonderer Berücksichtigung von § 31 BtMG, Frankfurt/Bern 1986

JÄGER, H.: Möglichkeiten einer weiteren Reform des Sexualstrafrechts, in: Dannecker, M./Sigusch, V. (Hrsg.): Sexualtheorie und Sexualpolitik, Stuttgart 1984, S. 67 ff.

JAGE, J.: Methadon als Pharmkon. Wie gefährlich ist Methadon?, in: Schneider, V./v. Karger, J. (Hrsg.): Probleme medikamentengestützter Therapie Drogenabhängiger, 1989, S. 6 ff.

ders.: Wirkungen und Nebenwirkungen von Methadon, in: DMW 1990, 552 ff.

JANZ, H.-W.: Zur Frage der "ärztlichen Begründetheit" ambulanter Verschreibungen von L-Polamidon. Zum kontrollierten Heroin-Entzug, in: SuchtG 1981, 116 ff.

JESCHECK, H.-H.: Lehrbuch des Strafrechts, Allgemeiner Teil, 4. Aufl., Berlin 1988

JOACHIMSKI, J.: Betäubungsmittelrecht, 4. Aufl., Stuttgart/München/Hannover 1985

JOHNSON, B.D.: Die englische und amerikanische Opiumpolitik im 19. und 20. Jahrhundert: Konflikte, Unterschiede und Gemeinsamkeiten, in: Völger, G./v. Welck, K./Legnaro, A. (Hrsg.): Rausch und Realität, 1981, S. 656 ff.

JOSUTTIS, M.: Unbeholfene Überlegungen zu einer alternativen Drogenpolitik, in: Völger, G./v. Welck, K./Legnaro, A. (Hrsg.): Rausch und Realität, 1981, S. 732 ff.

JUNG, H.: Außenseitermethoden und strafrechtliche Haftung, in: ZStW 97 (1985), 47 ff.

dies.: Der Kronzeuge – Garant der Wahrheitsfindung oder Instrument der Überführung?, in ZRP 1986, 38 ff.

JUNG, J./SCHREIBER, H.W. (Hrsg.): Arzt und Patient zwischen Therapie und Recht, Stuttgart 1981

KAMPS, H.: Arzt- und kassenärztliche Probleme bei der Behandlung von Suchtkranken, in: MedR 1984, 167 ff.

KAPLAN, CH.: Behandlungs- und Vorbeugungsprogramme von Heroinabhängigen in den USA – Gesellschaftlich-historische Entwicklung, in: Kindermann, W. (Hrsg.): Materialien zur Entwicklung des Berliner Verbundsystems in der Drogenarbeit, 1982, S. 31 ff.

KAPPEL, S./SCHEERER, S.: Das Fiasko der deutschen Drogenpolitik, in: KrimJ 1980, 46 ff.

KAPUSTE, H.: Münchner Freiheit, in: Psychologie heute 9/1978a, 60 ff.

ders.: Zur Methadon-Kontroverse, in DMW 1978b, 1577

ders.: Medizinische Differenzierung des Heroin-Suchtproblems, in: WZfS 1986, 77 ff.

KARGL, W.: Handlung und Ordnung im Strafrecht. Grundlagen einer kognitiven Handlungs- und Straftheorie, Berlin 1991

KATHOLNIGG, O.: "Betäubungsmittelabhängige Straftäter" – Gesetzgeberische Absicht und Realität, in: Egg, R. (Hrsg.): Drogentherapie und Strafe, 1988, S. 81 ff.

ders.: Ist die Entkriminalisierung von Betäubungsmittelkonsumenten mit scharfen Maßnahmen zur Eindämmung der Betäubungsmittelnachfrage vereinbar?, in: GA 1990, 193 ff.

KAUFMANN, A.: Die eigenmächtige Heilbehandlung, in: ZStW 73 (1961), 341 ff.

ders. (Hrsg.): Moderne Medizin und Strafrecht, Heidelberg 1989

KEMPER, H.: Die kriminalitätsreduzierende Wirkung der Methadon-Behandlungsprogramme, in: KrimJ 1980, 59 ff.

ders.: Die Bekämpfung der Rauschgiftkriminalität – Bestandsaufnahme – Alternativen, Diss., Münster 1985

KERNER, H.-J.: Rauschgift, Rauschgiftkriminalität, in: Kaiser, G./Kerner, H.-J./Sack, F./Schellhoß, H. (Hrsg.): Kleines Kriminologisches Wörterbuch, 2. Aufl., Heidelberg 1985, S. 346 ff.

KEUP, W.: Methadon-Erhaltungsprogramme, in: Biniek, E. (Hrsg.): Drogenabhängigkeit, 1978, S. 389 ff.

ders. (Hrsg.): Folgen der Sucht, Stuttgart/New York 1980

ders.: Methadon-(Polamidon-)Verschreibung bei Heroin-Abhängigkeit, in: SuchtG 1980, 78 ff.

ders.: Clonidin im Opiat-Entzug, in: MMW 1982, 148 ff.

ders.: Zahlen zur Gefährdung durch Drogen und Medikamente, in: DHS (Hrsg.): Jahrbuch zur Frage der Suchtgefahren 1984, Hamburg 1984, S. 62 ff.

ders.: Zahlen zur Gefährdung durch Drogen und Medikamente, in: DHS (Hrsg.): Jahrbuch zur Frage der Suchtgefahren 1985, Hamburg 1985, S. 56 ff.

ders.: Intravenöse Anwendung von Suchtstoffen im Hinblick auf die AIDS-Problematik, in: SuchtG 1990a, 229 ff.

ders.: Eignung für Methadon-Erhaltungsprogramme in einer Zufallsstichprobe von Drogenabhängigen, in: SuchtG 1990b, 243 ff.

KIENAPFEL, D.: Anmerkung zum Urt. des BGH vom 14. Februar 1984, in: JZ 1984, 751 ff.

KIENLE, G.: Was ist ein "wissenschaftlich allgemein anerkanntes Arzneimittel"?, in: NJW 1976, 1126 ff.

KINDERMANN, W.: Deformationen des Sozialverhaltens bei primär und sekundär krimineller Drogenabhängigkeit – Erfahrungen und Behandlung im Justizvollzug, in: Keup, W. (Hrsg.): Folgen der Sucht, 1980, S. 196 ff.

ders. (Hrsg.): Materialien zur Entwicklung des Berliner Verbundsystems in der Drogenarbeit, Weinheim/Basel 1982

ders.: Das Drogenrecht sollte modifiziert werden: Akzeptanz und Hilfe statt Stigmatisierung und Strafe, in: Adams, M. u.a.: Drogenrecht, 1989, S. 64 ff.

KLAGES, J.: Dänemark, in: Meyer, J. (Hrsg.): Betäubungsmittelstrafrecht in Westeuropa, 1987, S. 169 ff.

KLEIBER, D.: AIDS und Drogen: Erste Ergebnisse einer differenziell-epidemiologischen Untersuchung, in: SuchtG 1988, 317 ff.

ders.: HIV-positiv und drogenabhängig, in: WZfS 1990, 19 ff.

KLEINER, D. (Hrsg.): Langzeitverläufe bei Suchtkrankheiten, Berlin/Heidelberg/New York/London/Paris/Tokyo 1987

KLEMM, L.: Ambulante Behandlung von Suchtkranken mit Drogen?, in: MMW 1982, 141 ff.

KLETT, F.: Langzeitverläufe bei Drogenabhängigen bis zu 10 Jahren nach Behandlungsende, in: Kleiner, D. (Hrsg.): Langzeitverläufe bei Suchtkrankheiten, 1987, S. 161 ff.

KOCH, M.G.: Kongreßbericht - 5. Internationale AIDS-Konferenz in Montreal, 4.-9. Juni 1989, in: AIFO 1990, 304 ff.

KÖHLER, M.: Freiheitliches Rechtsprinzip und Betäubungsmittelstrafrecht, in: ZStW 104 (1992), 3 ff.

KÖRNER, H.H.: Kommentar zum Betäubungsmittelgesetz, 2. Aufl., München 1985

ders.: Anstelle Strafverfolgung der Drogenabhängigen begrenzte Straffreiheit zur medizinischen und psycho-sozialen Behandlung, in: Adams, M. u.a.: Drogenpolitik, 1989, S. 73 ff.

ders.: Kommentar zum Betäubungsmittelgesetz, 3. Aufl., München 1990

ders.: Legalisierung und Abschaffung des Drogenstrafrechts - Lösung oder Scheinlösung des Drogenproblems, in: StV 1991, 578 ff.

KOVAR, K.A.: Cannabis - was ist das? Zu Pharmakologie und Wirkungsweisen, in: Singer, J. (Hrsg.): Trennung der illegalen Drogenmärkte, 1992, S. 33 ff.

KRACH, CH./PESCHKE, H.: Referat zu den Überlegungen zum Methadon-Programm Hannover - 10 Jahre danach, in: Drogenhilfe Niedersachsen e.V. (Hrsg.): Tagungsbericht, 1987, S. 46 ff.

KRAUS, D.: Zur strafrechtlichen Problemtik der eigenmächtigen Heilbehandlung, in: FS-Bockelmann, München 1979, S. 557 ff.

ders.: Der "Kunstfehler" oder zur Bedeutung juristischer Kategorien für die Bewertung ärztlichen Handelns, in: Jung, H./Schreiber, H.W. (Hrsg.): Arzt und Ptient zwischen Therapie und Recht, 1981, S. 141 ff.

KREUZER, A.: Anmerkung zum Urt. des BGH vom 8. Mai 1979 (NJW 1979, 1943), in: NJW 1979, 2357 ff.

ders.: Drogenpolitik und strafrechtliche Drogenkontrolle in der Bundesrepublik Deutschland, in: Völger, G./v. Welck, K./Legnaro, A. (Hrsg.): Rausch und Realität, 1981, S. 668 ff.

ders.: Kriminologische Grundposition einer Drogenpolitik, in: BewHilfe 1986, 395 ff.

ders.: Jugend-Drogen-Kriminalität, 3. Aufl., Darmstadt 1987a

ders.: Strafrecht als Hindernis sinnvoller AIDS-Prophylaxe, in: NStZ 1987b, 268 ff.

ders.: in: Kreuzer, A./Wille, R.: Drogen-Kriminologie und Therapie, Heidelberg 1988a

ders.: Der Behandlungsaspekt im Umgang mit Drogentätern – Aktueller Stand und Probleme, in: Egg, R. (Hrsg.): Drogentherapie und Strafe, 1988b, S. 57 ff.

ders.: Therapie und Strafe, Versuch einer Zwischenbilanz zur Drogenpolitik und zum Betäubungsmittelgesetz 1981, in: NJW 1989a, 1505 ff.

ders.: Was soll an der Drogengesetzgebung in der Bundesrepublik Deutschland geändert werden?, in: Buchholz, F. (Hrsg.): Suchtarbeit: Utopie und Experimente, 1989b, S. 43 ff.

KRIELE, M.: "Stand der medizinischen Wissenschaft" als Rechtsbegriff, in: NJW 1976, 355 ff.

KRÖGER, S.: Niederlande, in: v. Bülow, A./Heidhaus, H./Kirsche, M./Kröger, S. (Hrsg.): Methadon, 1991, S. 52 ff.

KÜHNE, H.H.: Methadon: Letzte Hilfe im Drogenelend?, in ZRP 1989, 1 ff.

ders.: Kein Ende der Methadon-Debatte!, in: NJW 1992, 1547 f.

LACKNER: Kommentar zum Strafgesetzbuch, bearb. v. K. Lackner, 19. Aufl., München 1991

LADEWIG, D.: Eine gutachterliche Stellungnahme zur Frage der Schädlichkeit von Cannabis, in: Feuerlein, W. (Hrsg.): Cannabis heute, 1980, S. 66 ff.

ders.: Chancen und Grenzen der Methadon-Substitution, in: SuchtG 1985, 104 ff.

ders.: Erfahrungen mit Methadonbehandlungen aus der Psychiatrischen Universitätsklinik Basel, in: MAGS-NRW (Hrsg.): Medikamentengestützte Rehabilitation, 1987, S. 87 ff.

LANGE, K.J.: Neue kriminalistische Beobachtungen zum Verlauf von Opiatabhängigkeit, in: MschrKrim 1986, 105 ff.

ders.: Differenzierung der Strafvorschriften nach dem Gefährdungspotential verschiedener Drogentypen. Der Krankheitscharakter der Abhängigkeit muß im Strafverfahren stärker berücksichtigt werden, in: Adams, M. u.a.: Drogenpolitik, 1989, S. 83 ff.

LARENZ, K.: Methodenlehre der Rechtswissenschaft, 5. Aufl., Berlin/Heidelberg/New York/Tokyo 1983

LAUFS; A.: Die Entwicklung des Arztrechts 1980/81, in: NJW 1981, 1289 ff.

ders.: Arztrecht, 4. Aufl., München 1988

ders.: Die Entwicklung des Arztrechts 1988/89, in: NJW 1989a, 1521 ff.

ders.: Der ärztliche Heilauftrag aus juristischer Sicht, Heidelberg 1989b

ders.: Die Entwicklung des Arztrechts 1991/92, in: NJW 1992a, 1529 ff.

ders.: Grundlagen des Arztrechts, in: Laufs, A./Uhlenbruck, W.: Handbuch des Arztrechts, 1992b, S. 1 ff.

LAUFS, A./REILING, E.: Anmerkung zum Beschl. des BGH vom 17. Mai 1991, in: JZ 1992, 105 f.

LAUX, S.: Zuerst kamen die Gerichte, jetzt folgt die Rechnung der Kassen, in: Ärzte-Zeitung, Heft 1, 1992

LEIPZIGER KOMMENTAR: Strafgesetzbuch. Großkommentar, 10. Aufl., Berlin/New York 1989, zit.: LK/Bearbeiter

LENCKNER, TH.: Arzt und Strafrecht, in: Forster, B. (Hrsg.): Praxis der Rechtsmedizin für Mediziner und Juristen, Stuttgart/New York 1986, S. 56

LEONHARDT, R.W.: Haschisch heute – Rückblick auf ein sogenanntes Rauschgift, in: Völger, G./v. Welck, K./Legnaro, A. (Hrsg.): Rausch und Realität, 1981, S. 742 ff.

LESTING, W.: Die Abgabe von Einwegspritzen im Strafvollzug zur AIDS-Prävention – strafbar oder notwendig?, in: StV 1990, 225 ff.

v. LEUNE, J.: Illegale Drogen, in: DHS (Hrsg.): Jahrbuch Sucht 1991, Hamburg 1990, S. 30 ff.

LEVINE, H.G.: Mäßigkeitsbewegung und Prohibition in den USA, in: Völger, G./v. Welck, K./Legnaro, A. (Hrsg.): Rausch und Realität, 1981, S. 126 ff.

LEWING, H.: Im Kampf gegen Heroin: Für und Wider Methadon, in: Psychologie heute 3/1986, 62 ff.

LIEDER, K.: AIDS in Strafanstalten, in: InfoStVollzPR 1988, 687 ff.

LINDESMITH, A.R.: Die Bedeutung des Entzugssyndroms zur Entstehung und Aufrechterhaltung der Opiatsucht, in: Letteri, D.J./Welz, R. (Hrsg.): Drogenabhängigkeit – Ursachen und Verlaufsformen, Weinheim/Basel 1983, S. 44 ff.

LOIMER, N./HOLLERER, E.M.: Harte Drogen und AIDS, in: WZfS 1990, 27 ff.

LOOS, F.: Anmerkung zum Urt. des BGH vom 28. April 1981, in: JR 1982, 342 ff.

LORENZ, D.: in: Isensse, J./Kirchhof, P. (Hrsg.): Handbuch des Staatsrechts, 1989

LUBAN-PLOZZA, B./PÖLDINGER, W.: Der psychosomatisch Kranke in der Praxis – Erkenntnisse und Erfahrungen, Berlin/Heidelberg/New York 1980

LÜDERSSEN, K.: Abhängigkeit von Drogen – verspricht das Gesetz zur Neuordnung des Betäubungsmittelrechts Abhilfe, in: Völger, G./v. Welck, K./Legnaro (Hrsg.): Rausch und Realität, 1981, S. 748 ff.

LUNDT, P.V./Schiwy, P.: Betäubungsmittelrecht, Suchtbekämpfung, Band 1, K 2, Loseblattsammlung, 31. Ergänzungslieferung, Stand: Juni 1992

MADER, R./STROTZKA, H. (Hrsg.): Drogenpolitik zwischen Therapie und Strafe, Wien/München 1980

MAGS-NRW (Hrsg.): Therapie und Rehabilitation bei Drogenkonsumenten. Langzeitstudie am Beispiel des "Hammer Modells", 1985

dass. (Hrsg.): Medikamentengestützte Rehabilitation bei Drogenabhängigen – Möglichkeiten und Grenzen, Paderborn 1987

dass. (Hrsg.): Lebenspraxis und Unterstützungsnetze von Drogenkonsumenten, Niederkassel 1988

MARITSCHL, F./UHL, A.: Kaffee und Tee, in: Scheerer, S./Vogt, I. (Hrsg.): Drogen und Drogenpolitik, 1989, S. 159 ff.

MARTIUS, M.: Erfahrungen mit Methadonprogrammen – BRD, in: v. Bülow, A./Heidhaus, H./Kirsche, M./Kröger, S. (Hrsg.): Methadon, 1991, S. 74 ff.

MARX, H.: Methadon-Praxis in Europa. Dokumentation und Stellungnahme zur Substitutionsmaßnahmen bei Rauschmittelabhängigen, 2. Aufl., Weinheim 1991

MARZAHN, CH.: Zur Möglichkeit der Selbsthilfe von Drogenabhängigen, in: Bossong, H./Marzahn, Ch./Scheerer, S. (Hrsg.): Sucht und Ordnung, 1983, S. 118 ff.

MATZ, S.: Der ärztliche Kunstfehler und sein Beweis, in: Kaufmann, A. (Hrsg.): Moderne Medizin und Strafrecht, 1989, S. 37 ff.

MAUNZ/DÜRIG/HERZOG: Großkommentar zum Grundgesetz, 6 Bände, Loseblattsammlung, 28. Ergänzungslieferung, München 1990

MAY, B.: Körperliche Schäden nach Cannabis-Gebrauch?, in: Feuerlein, W. (Hrsg.): Cannabis heute, 1980, S. 48 ff.

MAY, B./PRACK, G./ROSENSTOCK, H.J.: Akute und chronische somatische Erkrankungen bei jugendlichen Drogenabhängigen, in: Keup, W. (Hrsg.): Folgen der Sucht, 1980, S. 12 ff.

MERIAN, R.: Kapuste kämpft gegen das Berufsverbot, in: Süddeutsche Zeitung vom 7. März 1991, S. 22.

METHADON 1988: Reader zur 5. Methadon-Fachtagung am 13./14. Februar 1988 in Bremen, Bremen 1988

MEYER, G.: Psychische Abhängigkeit vom Glücksspiel, in: Gross, W.: Sucht ohne Drogen, 1991, S. 57 ff.

MEYER, J. (Hrsg.): Betäubungsmittelrecht in Westeuropa, Freiburg 1987

MEYER, J.: Rechtsvergleichender Querschnitt, in: Meyer, J. (Hrsg.): Betäubungsmittelrecht in Westeuropa, 1987, S. 731 ff.

MICHAELIS, S.: Akzeptierende Arbeit mit drogengebrauchenden Prostituierten, in: Schuller, K./Stöver, H. (Hrsg.): Akzeptierende Drogenarbeit, 1990, S. 100 ff.

MIDDENDORF, W./STOECKERT, A./ROGHMANN, R./SPRING, R./ALGEIER, R.: Drogenkarriere und Entzugsversuche von Opiatabhängigen – eine katamnestische Studie, in: Nervenarzt 1977, 170 ff.

MIELCK, A.: Interavenös-Drogenabhängige und HIV-AIDS-Diskussion der epidemiologischen Erkenntnisse, in: AIFO 1990, 406 ff.

MOLL, S.: Strafrechtliche Aspekte der Behandlung Opiatabhängiger mit Methadon und Codein, Frankfurt 1990

ders.: Das Ende der (juristischen) Methadon-Debatte?, in: NJW 1991, 2334 ff.

MÜHLHAUSEN, A.: Harte Drogen auf Rezept und kostenlos, in: Frankfurter Rundschau vom 27. Juli 1991

MÜLLER, I.: Einführung des Kaffees in Europa, in: Völger, G./v. Welck, K./Legnaro, A. (Hrsg.): Rausch und Realität, 1981, S. 390 ff.

MÜNCHNER MERKUR: Keine Chance für "Dealer in Weiß", in: MM vom 22. November 1990

MULDER, W.G.: Erfahrungen in Amsterdam, (1. Teil), in: MAGS-NRW (Hrsg.): Medikamentengestützte Rehabilitation, 1987, S. 183 ff.

NARR, H.: Arzt und Rechtsordnung, in: Therapiewoche 1988, 229 f.

ders.: Ärztliches Berufsrecht, Loseblattsammlung, 2 Bände, 2. Aufl., Köln 1977, 11. Ergänzungslieferung, Stand: September 1989

NAUCKE, W.: Über deklaratorische, scheinbare und wirkliche Entkriminalisierung, in: GA 1984, 199ff.

NESKOWIC, W.: Möglichkeiten des Umgangs mit Cannabis-Produkten – Zur Diskussion verschiedener Vorschläge und die Frage des "Wie"?, in: Singer, J. (Hrsg.): Trennung der illegalen Drogenmärkte, 1992, S. 61 ff.

NESTLER-TREMEL, C.: Anmerkung zum Beschl. des BGH vom 25. September 1990 (StV 1992, 272 f.), in: StV 1992, 273 ff.

NEUHAUS, G.A. (Hrsg.): Pluralität in der Medizin, Frankfurt 1980

NEUHAUS, G.A.: Der Begriff der allgemeinen wissenschaftlichen Anerkennung, in: Neuhaus, G.A. (Hrsg.): Pluralität in der Medizin, 1980, S. 137 ff.

NEURATH, P.: Einige sozio-kulturelle Unterschiede zwischen chinesischen und anderen Methadonpatienten in New York, in: Mader, R./Strotzka, H. (Hrsg.): Drogenpolitik zwischen Therapie und Strafe, 1980, S. 443 ff.

NEWMAN, R.G.: Zur Frage der Anwendung von Methadon in Deutschland, in: Unveröff. Manuskript eines Vortrags, der auf einem Kongreß in Frankfurt am 14. November 1987 gehalten wurde, 1987a

ders.: Erfahrungen mit Drogenabhängigen am Beth Israel Medical Center in New York, in: MAGS-NRW (Hrsg.): Medikamentengestützte Rehabilitation, 1987b, S. 127 ff.

ders.: Methadon-Behandlung: Erfahrungen und Anregungen, in: Deutsche Gesellschaft für Innere Medizin (Hrsg.): Verhandlungen der Deutschen Gesellschaft für Innere Medizin, Band 96, 1991, S. 583 ff.

NOLLER, P.: Junkie-Maschinen. Rebellion und Knechtschaft im Alltag von Heroinabhängigen, Wiesbaden 1989

NOORLANDER; E.: Beabsichtigte und unbeabsichtigte Auswirkungen des niederländischen Methadon-System, in: Sozialpsy.Info. 1987, 12

NÜRNBERGER NACHRICHTEN: "Nein" zu Methadon, in: NN vom 1.-3. November 1991a

dies.: Die Sucht als Straftat, in: NN vom 18. November 1991b, S. 10

NUSSELT, L.: Der soziale Niedergang der Süchtigen – Beeinflussung durch Art des Giftes, Mißbrauchsmuster und gesellschaftliche Einflüsse, in: Keup, W. (Hrsg.): Folgen der Sucht, 1980, S. 142 ff.

OPPERMANN, H.: Übernachtungs- und Wohnprojekt Roonstraße 65 in Bremen – Entstehung, Stand und Perspektiven, in: Schuller, K./Stöver, H. (Hrsg.): Akzeptierende Drogenarbeit, 1990, S. 92 ff.

OSSENBÜHL, F.: in: Isensee, J./Kirchhof, P. (Hrsg.): Handbuch des Staatsrechts, 1989

OTTO, H.: Selbstgefährdung und Fremdverantwortung, in: Jura, 1984, 536 ff.

ders.: Eigenverantwortliche Selbstschädigung und -gefährdung sowie einverständliche Fremdschädigung und -gefährdung, in: FS-Tröndle, Berlin/New York 1989, S. 157 ff.

ders.: Die Bedeutung der eigenverantwortlichen Selbstgefährdung im Rahmen der Delikte gegen überindividuelle Rechtsgüter, in: Jura 1991, 443 ff.

PEELE, S.: The Meaning of Addiction. Compulsive Experience and its Interpretation, Lexington/Massachusetts/Toronto 1985

PENKERT, W.: Recht auf Rausch – Recht auf Drogen?, in: Suchtreport 1993, Heft 1, 38 ff.

PENKERT, W./SONNEWALD, B.: Mortalitätsrisiko und Szenenentwicklung – Die Berliner Drogentodesfälle 1978 - 1983, in: SuchtG 1987, 249 ff.

PERNHAUPT, G.: Methadon, die therapeutische Illusion, in: WZfS 1986, 17 ff.

PETZOLD, H.G./HENTSCHEL, U.: Niedrigschwellige und Karriere begleitende Drogenarbeit als Elemente einer Gesamtstrategie der Drogenhilfe, in: WZfS 1990, 11 ff.

PFEIL, D./HEMPEL, L./SCHIEDERMAIR, R.: Betäubungsmittelrecht, Kommentar mit Textsammlung, 2 Bände, 1. Aufl., Frankfurt 1974, Stand: 1978

PFERSMANN, V./LOIMER, N./HOLLERER, E./WERNER, E./SCHMID-SIEGEL, B./PRESSLICH, O.: AIDS und Methadon: Zweieinhalb Jahre praktische Erfahrungen in Wien, in: AIFO 1991, 247 ff.

PFUNDTNER, T.: 2125 Drogentote sind genug, Herr Richter!, in: Quick 1992, Heft 12, S. 16 ff.

PLATT, J./LABATE, CH.: Heroinsucht - Theorie, Forschung, Behandlung, Darmstadt 1982

PLAUT, G./RAMLOCH-SOHL, M.: Zur Infektionsprophylaxe der AIDS-Erkrankung bei intravenös applizierenden Drogenabhängigen durch Vergabe von sterilem Injektionsbesteck, in SuchtG 1987, 281 ff.

POHLE, H.D./EICHENLAUB, D.: Kann die weitere Ausbreitung von AIDS verhindert werden?, in: AIFO 1987, 118 ff.

POMMEREHNE, W./HART, A.: Verordneter Wahnsinn. Harte Drogen: Plädoyer für eine Legalisierung, in: Wirtschaftswoche 1991, Heft 8, 67 ff.

POMMEREHNE, W./HARTMANN, H.C.: Ein ökonomischer Ansatz zur Rauschgiftkontrolle, in: Jahrbuch der Sozialwissenschaft 1980, 103 ff.

QUENSEL, S.: Unsere Einstellung zur Droge, in: KrimJ 1980, 1 ff.

ders.: Drogenelend - Cannabis, Heroin, Methadon: Für eine neue Drogenpolitik, Frankfurt 1982

ders.: Entstaatlichung der Drogenpolitik, in: Bossong, H./Marzahn, CH./Scheerer, S. (Hrsg.): Sucht und Ordnung, 1983, S. 109 ff.

ders.: Mit Drogen leben, Frankfurt/New York 1985

ders.: Zu den Auswirkungen von AIDS auf die Drogenarbeit: Bieten sich Chancen?, in: WZfS 1986, 27 ff.

ders.: Gutachten zur Frage der ärztlichen Indikation der Vergabe von Polamidon vom 13. Februar 1986, in: Methadon 1988, Bremen 1988

ders.: Cannabis-Politik, in: Scheerer, S./Vogt, I. (Hrsg.): Drogen und Drogenpolitik, 1989a, S. 396 ff.

ders.: Methadon - nicht die Lösung, aber eine Chance, in: Neue Kriminalpolitik 1989b, Heft 2, 36 ff.

ders.: Wirkungen und Risiken des Cannabisgebrauchs, in: Scheerer, S./Vogt, I. (Hrsg.): Drogen und Drogenpolitik, 1989c, S. 379 ff.

ders.: Einige Fragen zur akzeptierenden Drogenarbeit (1), in: Schuller, K./Stöver, H. (Hrsg.): Akzeptierende Drogenarbeit, 1990, S. 61 ff.

RAIDA, J.: Überfällig, Anmerkung zum Beschl. des BGH vom 17. Mai 1991, in: DÄBl. 1991, A 3074

RAMSTRÖM, J.: Drogenabhängigkeit - Psychosoziale Ursachen, Verlauf, Therapie, Köln 1984

RANEFELD, J.: Zur Motivation von Heroinkonsumenten, eine psychiatrische Ambulanz aufzusuchen, in: Kindermann, W. (Hrsg.): Materialien zur Entwicklung des Berliner Verbundsystems in der Drogenarbeit, 1982, S. 138 ff.

RASCHKE, P.: Bedingungen und Ursachen des Erfolges, in: MAGS-NRW (Hrsg.): Therapie und Rehabilitation bei Drogenkonsumenten, 1985, S. 63 ff.

ders.: Hilfe und Betreuung nach der Therapie, in: MAGS-NRW (Hrsg.): Lebenspraxis und Unterstützungsnetze von Drogenkonsumenten, 1988, S. 169 ff.

RASCHKE, P./ROMETSCH, W.: Ausgewählte Ergebnisse einer Zwölfjahresstudie behandelter Drogenkonsumenten, in: Kleiner, D. (Hrsg.): Langzeitverläufe bei Suchtkrankheiten, 1987, S. 179 ff.

REEG, A.: Spanien, in: Meyer, J. (Hrsg.): Betäubungsmittelrecht in Westeuropa, 1987, S. 655 ff.

ders.: Strafrecht in der Drogenpolitik - Was hilfe: more of the same oder ein radikales Umdenken?, in: Neue Kriminalpolitik 1989, Heft 2, 30 ff.

REUBAND, K.H.: Rauschmittelkonsum in der Bundesrepublik Deutschland, in: Völger, G./v. Welck, K./Legnaro, A. (Hrsg.): Rausch und Realität, 1981, S. 584 ff.

ders.: Drogenstatistik 1987 - Neue Trends und Problemlagen. Die Situation des Drogengebrauchs in der zweiten Hälfte der 80er Jahre, in: DHS (Hrsg.): Jahrbuch 1989 zur Frage der Suchtgefahren, Hamburg 1988a, S. 41 ff.

ders.: Drogenstatistik 1986. Die Datenlage zur Verbreitung von Drogenkonsum und Drogenabhängigkeit. Möglichkeiten und Probleme gesellschaftlicher Dauerbeobachtung, in: DHS (Hrsg.): Jahrbuch 1988 zur Frage der Suchtgefahren, Hamburg 1988b, S. 53 ff.

ders.: Illegale Drogen, in: DHS (Hrsg.): Jahrbuch 1990 zur Frage der Suchtgefahren, Hamburg 1989, S. 113 ff.

ders.: Vom Haschisch zum Heroin? Soziokulturelle Determination der Drogenwahl, in: SuchtG 1990, 1 ff.

de RIDDER, M.: Heroin: Geschichte - Legende - Fakten, in: Grözinger (Hrsg.): Recht auf Sucht, 1991, S. 16 ff.

RIEGER, H.J.: Lexikon des Arztrechts, Berlin/New York 1984

ders.: Verschreibung von Ersatzdrogen für Drogenabhängige - Beschluß des BGH vom 17. Mai 1991, in: DMW 1991, 1648 f.

RÖHL, K.F.: Rechtssoziologie. Ein Lehrbuch, Köln/Berlin/Bonn/München 1987

RÖSINGER, C./GASTPAR, M.: Methadon-Substitution in der Behandlung schwerkranker Opiatabhängiger, in: DÄBl. 1991, B 2462

ROESSLER, W.: "Der Arzt von morgen" in der "neuen Medizin", in: Deneke, J.F.V./Roeßler, W./Swertz, P. (Hrsg.): Aktuelle Fragen der Sozialmedizin, Bochum 1985, S. 18 ff.

ROSEN, G.: Was ist Sozialmedizin?, in: Lesky, E. (Hrsg.): Sozialmedizin - Entwicklung und Selbstverständnis, Darmstadt 1977, S. 283 ff.

ROST, W.D.: Suchtpersönlichkeit aus psychoanalytischer Sicht am Beispiel von Bulimie und Spielsucht, in: Gross, W.: Sucht ohne Drogen, 1991, S. 202 ff.

ROXIN, C.: Die Mitwirkung beim Suizid - ein Tötungsdelikt?, in: FS-Dreher 1977, S. 331 ff.

ders.: Anmerkung zum Urt. des BGH vom 14. Februar 1984, in: NStZ 1984, 411 ff.

RUDOLPHI, H.J.: Anmerkung zum Beschl. des BGH vom 25. September 1990, in: JZ 1991, 574 ff.

RÜTER, C.F.: Die strafrechtliche Drogenbekämpfung in den Niederlanden, in: ZStW 100 (1988), 383 ff.

ders.: Drogenbekämpfung: Was machen wir falsch?, in: Unveröff. Manuskript eines Vortrags, der am 21. November 1991 an der Universität von Amsterdam gehalten wurde, Amsterdam 1991

ders.: Der Umgang mit dem Opportunitätsprinzip in den Niederlanden, in: Singer, J. (Hrsg.): Trennung der illegalen Drogenmärkte, 1992, S. 57 ff.

RÜTER, O./HAARDT, B./DEMELIUS, S.: Erfahrungen mit der Levomethadonsubstitution bei AIDS-Kranken i.v. Drogenabhängigen, in: Öff.-Gesundh.-Wes. 1991, 447 ff.

RUSSI, E.W.: Opiatmißbrauch - Medizinische Komplikationen, Stuttgart 1986

SAMSOM, R.J.: Bemerkungen, in: Singer, J. (Hrsg.): Trennung illegaler Drogenmärkte, 1992, S. 36 ff.

SCHAEFER, H.: Plädoyer für eine neue Medizin, München/Zürich 1979

ders.: Medizinische Ethik, Heidelberg 1983

SCHEERER, S.: Rauschmittelmißbrauch, in: Handwörterbuch der Kriminologie, 2. Aufl., Berlin/New York 1977, S. 480 ff.

ders.: Die gegenwärtigen Tendenzen in der deutschen Drogenpolitik, in: Mader, R./Strotzka, H. (Hrsg.): Drogenpolitik zwischen Therapie und Strafe, 1980, S. 317 ff.

ders.: Die Genese der Betäubungsmittelgesetze in der Bundesrepublik und in den Niederlanden, Göttingen 1982a

ders.: Freiheit und Kontrolle im neuen Betäubungsmittelgesetz, in: KJ 1982b, 229 ff.

ders.: Ordnungspolitik gegen Fixer: mögliche Nebenwirkung Tod?, in: Bossong, H./Marzahn, Ch./Scheerer, S. (Hrsg.): Sucht und Ordnung, 1983a, S. 14 ff.

ders.: Drogentherapie und Grundgesetz, in: Bossong, H./Marzahn, Ch./Scheerer, S. (Hrsg.): Sucht und Ordnung, 1983b, 84 ff.

ders.: Der Behandlung Grenzen setzen. Selbsthilfe und Fixer-Autonomie am Beispiel der Junkiebünde, in: Eisenbach-Stangl, I./Stangl, W. (Hrsg.): Grenzen der Behandlung, 1984, S. 191 ff.

ders.: Mit dem Rücken an der Wand, in: Psychologie und Gesellschaftskritik 1985a, Heft 3, 35 ff.

ders.: Methoden und Heroinprogramme in der Strategie der Entkriminalisierung, in: Behr, H.G./Juhnke, A. u.a. (Hrsg.): Drogenpolitik in der Bundesrepublik, 1985b, S. 240 ff.

ders.: Die Drogen-Szene. Die Heroinszene, in: Scheerer, S./Vogt, I. (Hrsg.): Drogen und Drogenpolitik, 1989a, 285 ff.

ders.: Killing the Ill? Heroin and AIDS in West Germany, in: Albrecht, H.J./v. Kahmthout, A. (Hrsg.): Drug Policies in Western Europe, 1989b, S. 161 ff.

ders.: LSD und andere Halluzinogene, in: Scheerer, S./Vogt, I. (Hrsg.): Drogen und Drogenpolitik, 1989c, S. 408 ff.

ders.: Ansichten einer künftigen Drogenpolitik, in: Unveröff. Manuskript, 1991

SCHEERER, S./KAPPEL, S.: Die Behandlung von Drogenabhängigen nach dem neuen Betäubungsmittelgesetz, in: KrimPäd 11/12 (1981), 2 ff.

SCHEERER, S./VOGT, I.: Drogen und Drogenpolitik, in: Scheerer, S./Vogt, I. (Hrsg.): Drogen und Drogenpolitik, 1989, S. 5 ff.

SCHEERER, S./VOGT, I. (Hrsg.): Drogen und Drogenpolitik. Ein Handbuch, Frankfurt/New York 1989

SCHENDZIELORZ, P.: Die Anfänge der Betäubungsmittelgesetzgebung in Deutschland. Unter Berücksichtigung der Opiumstelle Berlin und des Pharmazeuten Otto Anselmino (1873 - 1955), Diss., Berlin 1988

SCHENK, J.: Droge und Gesellschaft, Berlin/Heidelberg/New York 1975

SCHIED, H.W.: Argumentationspapier zum Thema Substitutionsbehandlung in: Deutsche AIDS-Hilfe e.V. (Hrsg.): Chancen und Risiken aktueller Präventions- und Behandlungsansätze am Faktor AIDS bei Drogengebrauch und Abhängigkeit, 1989, S. 123 ff.

SCHIED, H.W./HEIMANN, H.: Ersatzbehandlung von Drogensüchtigen mit Methadon, in: DÄBl. 1986, 2765 ff.

dies.: Ersatzbehandlung von Drogensüchtigen mit Methadon, in: Sozialpsy.Info. 1987, 22 ff.

SCHIPPERGES, H.: Motivation und Legitimation des ärztlichen Handelns, in: Schipperges, H./Seidler, E./Unschuld, P.U. (Hrsg.): Krankheit, Heilkunst, Heilung, München 1978, S. 447 ff.

ders.: Homo Patiens – Zur Geschichte des kranken Menschen, München/Zürich 1985

SCHIWY, P.: Deutsche Arztrechtsammlung des gesamten Medizinalrechts des Bundes und der Länder, Loseblattsammlung, Stand: Januar 1992

SCHLENDER, J.U./KAPLAN, CH.D.: Die veränderte Heroin-Szene – Wissenschaftliches Konzept und resultierende politische Konsequenzen, in: KrimJ 1980, 35 ff.

SCHLÖMER, H.: Polamidon für Drogenabhängige. Das Hamburger Einzelfallkonzept, in: Bossong, H./Stöver, H. (Hrsg.): Methadon, 1989, S. 96 ff.

ders.: Von der Methadondiskussion zur Praxis: Darstellung und Einschätzung der Modellversuche in NRW und Hamburg, in: Schuller, K. /Stöver, H. (Hrsg.): Akzeptierende Drogenarbeit, 1990, S. 122 ff.

SCHMERL, CH.: Drogenabhängigkeit – Kritische Analyse psychologischer und soziologischer Erklärungsansätze, Opladen 1984

SCHMID, H.: Die Grenzen der Therapiefreiheit, in: NJW 1986, 2339 ff.

SCHMIDBAUER, W.: Halluzinogene in Eleusis? Zur Kulturgeschichte der Rauschdrogen, in: Schmidbauer, W./v. Scheidt, J.: Handbuch der Rauschdrogen, 1989, S. 654 ff.

SCHMIDBAUER, W./v. SCHEIDT, J.: Handbuch der Rauschdrogen, München 1989

SCHMIDT, E.: Der Arzt im Strafrecht, Leipzig 1939

SCHMIDT-BLEIBTREU, B./KLEIN, F.: Kommentar zum Grundgesetz, 7. Aufl., Neuwied/Frankfurt 1990

SCHMIDT-SEMISCH, H.: Drogenpolitik - Zur Entkriminalisierung und Legalisierung von Heroin, München 1990a

ders.: Überlegungen zu einem legalen Zugang zu Heroin für alle, in: KJ 1990b, 122 ff.

SCHMITT, P.: Suche nach Wegen aus der Sucht, in: Süddeutsche Zeitung vom 27. März 1991

SCHMITZ, R.: Opium als Heilmittel, in: Völger, G./v. Welck, K./Legnaro, A. (Hrsg.): Rausch und Realität, 1981, S. 380 ff.

SCHNEIDER, H.: Zur Entkriminalisierung der Konsumverhaltensweisen des Betäubungsmittelstrafrechts im Lichte internationalrechtlicher Verpflichtung, in: StV 1992, 489 ff.

SCHNEIDER, WE.: Neu erforscht: Ausstiegsprozesse aus Heroinabhängigkeit, in: Böllinger, L.: Drogenrecht 1987, S. 31 ff.

SCHNEIDER, WO.: Mittelalterliche Arzneidrogen und Paracelsus, in: Völger, G./v. Welck, K./Legnaro, A. (Hrsg.): Rausch und Realität, 1981, S. 368 ff.

ders.: Die Aufhebung des deutschen Abstinenzparadigmas: Zur Funktionsbestimmung niedrigschwelliger Angebote in der Drogenarbeit, in: WZfS 1990, 35 ff.

SCHNEIDER, V./v. KARGER, J. (Hrsg.): Probleme medikamentengestützter Therapie Drogenabhängiger. 41. Arbeitstagung der Arbeitsgemeinschaft Forensische Psychopathologie der Deutschen Gesellschaft für Rechtsmedizin, Berlin 1989

SCHÖFER, G./BUSCHER, F.: Methadonsubstitution in Bremen - ein Zwischenbericht, in: Bremer Ärzteblatt 1991, 5 ff.

SCHÖLMERICH, P.: Wandel im Selbstverständnis der Medizin, in: Abhandlungen der Mathematisch-Naturwissenschaftlichen Klasse, Jahrg. 1988, Nr. 2, Wiesbaden/Stuttgart 1988

SCHÖNHÖFER, P.S.: Pharmakologische Aspekte der Methadon-Behandlung, in: SuchtG 1985

SCHÖNKE/SCHRÖDER: Strafgesetzbuch, Kommentar, 24. Aufl., München 1991

SCHOLTEN, H.J.: Niederlande, in: Meyer, J. (Hrsg.): Betäubungsmittelstrafrecht in Westeuropa, 1987, 445 ff.

SCHREIBER, H.L.: Recht und Ethik - am Beispiel des Arztrechts, in: FS-Dünnebier, Berlin/New York 1982, S. 633 ff.

SCHRÖDER, H.: Drogentherapie nach §§ 93a, JGG, 35 BtMG, Frankfurt 1986

SCHÜNEMANN, B.: Fahrlässige Tötung durch Abgabe von Rauschmitteln? - Besprechung des Urteils BGH NStZ 1981, 350, in: NStZ 1982, 60 f.

SCHULER, W.: Die stationäre Versorgung Suchtkranker in Deutschland, in: DHS (Hrsg.): Jahrbuch-Sucht 1991, Hamburg 1990, S. 149 ff.

SCHULLER, K.: Von Release zur therapeutischen Kette - und zurück?, in: Schuller, K./Stöver, H. (Hrsg.): Akzeptierende Drogenarbeit, 190, S. 31 ff.

ders.: Die Einrichtung von "Druckräumen": Ein Weg zur Normalisierung oder zur Ghettoisierung, in: Akzept e.V. (Hrsg.): Leben mit Drogen, 1991, S. 192 ff.

SCHULLER, K./STÖVER, H.: Die Zugänglichkeit zu sterilem Spritzbesteck, Berlin 1989

dies.: Akzeptierende Drogenarbeit. Ein Gegenentwurf zur traditionellen Drogenhilfe, Freiburg 1990

dies.: Kontaktläden und "Druckräume", in: Schuller, K/Stöver, H. (Hrsg.): Akzeptierende Drogenarbeit, 1990, S. 78 ff.

SCHULTE, B.: Sucht im Recht - versteinerte Moral?, in: DHS (Hrsg.): Rechtsfragen in der Suchtkrankenhilfe, 1987, S. 17 ff.

SCHULZ, H.: Die Bekämpfung der Rauschgiftkriminalität - Ein Handbuch für die Praxis, Heidelberg 1987

SCHUMACHER, J.B.: Methadon als Ersatzdroge? Die Suchtstoffsubstitution aus strafrechtlicher Sicht, Frankfurt/Bern/New York/Paris 1989

SCHWALM, G.: Zum Begriff und Beweis des ärztlichen Kunstfehlers, in: FS-Bockelmann, München 1979, S. 539 ff.

SCHWANKE, J.: Alarmierende Dimensionen - Die Beschaffungskriminalität von Rauschgiftabhängigen in Hamburg, in: Kriminalstatistik 1989, 149 ff.

SEEWALD, O.: Zum Verfassungsrecht auf Gesundheit, Köln/Berlin/Bonn/München 1981

ders.: Gesundheit als Grundrecht, Königstein/Ts. 1982

SEIDENBERG, A.: Chancen in der Drogenpolitik - diversifizierte Opiat-Abgabe, in: Schweizerische Ärztezeitung 1990, 218 ff.

SELLING; P.M.: Anmerkung zu den Urteilen des LG München I und des AG Hildesheim zur ambulanten Methadontherapie, in: KJ 1980, 221 ff.

ders.: Die Drogen der Szene. Zur Geschichte des Umgangs mit Opiaten, in: Scheerer, S./Vogt, I. (Hrsg.): Drogen und Drogenpolitik, 1989a, S. 275 ff.

ders.: Die Karriere des Drogenproblems in den USA, Pfaffenweiler 1989b

SENAY, E.C./UCHTENHAGEN, A.: Methadone in the Treatment of Opioid Dependence: A Review of the World Literature, in: Westermeyer, A./Westermeyer, J. (Hrsg.): Methadone Maintenance in the Management of Opioid Dependence, 1990, S. 19 ff.

SIEBERT, A.: Strafrechtliche Grenzen ärztlicher Therapiefreiheit, Berlin/Heidelberg/New York 1983a

ders.: Strafrechtliche Grenzen ärztlicher Therapiefreiheit, in: MedR 1983b, 21 ff.

SIEGERT, D.: Möglichkeiten regionaler Versorgung Drogenabhängiger, in: Sozialpsy.Info. 1987, 32

SIEGRIST, J.: Der Wandel der Medizin und der Wandel der Arzt-Patient-Beziehung, in: Jung, H./Schreiber, H.W. (Hrsg.): Arzt und Patient zwischen Therapie und Recht, 1981, S. 54 ff.

ders.: Medizinische Soziologie, 4. Aufl., München/Wien/Baltimore 1988

SINGER, J. (Hrsg.): Trennung der illegalen Drogenmärkte - Zum Umgang mit sog. weichen Drogen (Cannabisprodukten) Expertenanhörung der SPD-Bundestagsfraktion am 7. September 1992 in Bonn, Bonn 1992

SOLMS, H.: Jugendliche Drogenabhängige und ihr soziales Umfeld, in: Luban-Plozza, B. (Hrsg.): Abhängigkeit und Befreiung, Berlin/Heidelberg/New York/London/Paris/Tokyo 1988, S. 35 ff.

SORENSEN, J.: Methadon-Programme am General Hospital in San Franzisko, in: MAGS-NRW (Hrsg.): Medikamentengestützte Rehabilitation, 1987, S. 14 ff.

SOYKA, M./HIPPIUS, H.: Substitutionsbehandlung Drogenabhängiger mit Methadon?, in: MMW 1990, 689 f.

SPANIOL, M.: Frankreich, in: Meyer, J. (Hrsg.): Betäubungsmittelrecht in Westeuropa, 1987, S. 317 ff.

SPD-FRAKTION IM DEUTSCHEN BUNDESTAG: Die Bundesrepublik braucht eine differenzierte Drogenpolitik, in: Singer, J. (Hrsg.): Trennung der illegalen Drogenmärkte, 1992, S. 1 ff.

SPOTTS, J.V./SHONTZ, F.: Forschungsergebnisse zum Kokaingebrauch, in: Völger, G./v. Welck, K./Legnaro, A. (Hrsg.): Rausch und Realität, 1981, S. 792 ff.

SPRINGER, A.: Die Bedeutung der Tiefenpsychologie für den Umgang mit den modernen Suchtphänomenen, in: Ladewig, D. (Hrsg.): Drogen und Alkohol, Lausane 1986a, S. 58 ff.

ders.: Ersatzdrogen und Psychotherapie: Unvereinbare Gegensätze?, in: WZfS 1986b, 67 ff.

ders.: Die Auswirkung der Epidemiologie der HIV-Infektion auf den gesellschaftlichen Respons auf den Mißbrauch psychoaktiver Substanzen, in: WZfS 1990, 39 ff.

STEFFAN, W.: Anbiederung, Verwöhnung und Suchtverlängerung? – Metakritische Überlegungen zur akzeptierenden Drogenarbeit, in: Schuller, K./Stöver, H. (Hrsg.): Akzeptierende Drogenarbeit, 1990, S. 52 ff.

STEIN-HILBERS, M.: Was passiert mit Fixern? Strategien der Drogenpolitik, in: KrimJ 1980, 17 ff.

STEINKE, W.: Drogenprobleme leicht gemacht, in: Kriminalstatistik 1989, 329 f.

STERN, K.: Das Staatsrecht der Bundesrepublik Deutschland, Band 1, 2. Aufl., München 1984

STÖVER, H.: Legalize Heroin!?, in: Vor-Sicht 1988, Heft 11, 6 ff.

ders.: Wege zur Legalisierung verbotener Drogen, in: Vor-Sicht 1989a, Heft 4, 7 ff.

ders.: Substitution und AIDS, in: Bossong, H./Stöver, H. (Hrsg.): Methadon, 1989b, S. 46 ff.

ders.: Akzeptierende Drogenarbeit – Entwicklungen, Bedingungen und Perspektiven, in: Schuller, K./Stöver, H. (Hrsg.): Akzeptierende Drogenarbeit, 1990, S. 14 ff.

STÖVER, H./SCHULLER, K.: Vergabe von sterilem Spritzbesteck an Drogenabhängige, Kopenhagen 1991

STÖVER, H./HERWIG-LEMPP, J.: Die Notwendigkeit akzeptierender Drogenarbeit, in: Sozialmagazin 1988, 38 ff.

12. STRAFVERTEIDIGERTAG: Ergebnisse der Arbeitsgruppe des 12. Strafverteidigertages vom 22. - 24. April 1988 in Heidelberg, in: StV 1988, 275

STREE, W.: Beteiligung an vorsätzlicher Selbstgefährdung – BGHSt 22, 262 und BGH NStZ 1984, 452, in: JuS 1985, 179 ff.

STURM, E.: Der ganze Mensch wird krank, in: Schaefer, H./Sturm, E. (Hrsg.): Der kranke Mensch, Berlin/Heidelberg/New York/London/Paris/-Tokyo 1986, S. 6 ff.

SÜDDEUTSCHE-ZEITUNG: Daytop warnt vor "Dealern in Weiß", in: Süddeutsche Zeitung vom 19. November 1990

dies.: Rekorde in der Drogenszene, in: Süddeutsche Zeitung vom 26/27. Oktober 1991a

dies.: Experten befürworten Methadon, in: Süddeutsche Zeitumg vom 5. Dezember 1991b, Nr. 280, S. 6

SVK(SACHVERSTÄNDIGENKOMMISSION SUBSTITUTIONSMASSNAHMEN): Empfehlungen der "Sachverständigenkommission Substitutionsmaßnahmen" zur Frage einer langfristigen Levomethadon-Substitution, in: Hamburger Ärzteblatt 1988, 224 ff.

SZASZ, T.S.: Das Ritual der Drogen, Wien/München/Zürich 1978

ders.: Der Krieg gegen Drogen, in: Völger, G./v. Welck, K./Legnaro, A. (Hrsg.): Rausch und Realität, 1981, S. 752 ff.

TÄSCHNER, K.L.: Drogenkonsum aus medizinischer Sicht, in: Völger, G./v. Welck, K./Legnaro, A. (Hrsg.): Rausch und Realität, 1981, S. 804 ff.

ders.: Therapie der Drogenabhängigkeit, Stuttgart/Berlin/Köln/Mainz 1983

ders.: Das Cannabisproblem, 3. Aufl., Köln 1986

TÄSCHNER, K.L./WIESBECK, G.A.: Heroinsucht. Teil 1: Verbreitung, pharmakologische Grundlagen und Wirkungen des Heroins, in: DMW 1991, 1603 ff.

TESCHKE, R.: Alkoholwirkung in menschlichem Organismus, in: Scheerer, S./Vogt, I. (Hrsg.): Drogen und Drogenpolitik, 1989, S. 107 ff.

THAMM, B.G.: Drogenfreigabe - Kapitulation oder Ausweg?, Bonn 1989a

ders.: Drogenpolitik darf kein Tabuthema sein: Drogenliberalisierung heute und Drogenlegalisierung morgen, in: Adams, M. u.a.: Drogenpolitik, 1989b, S. 89 ff.

TRAUTMANN, F.: Akzeptierende Drogenarbeit in Amsterdam - Wie fortschrittlich ist die niederländische Drogenpolitik heute?, in: KJ 1989a, 126 ff.

ders.: Methadon in Amsterdam, in: Bossong, H./Stöver, H. (Hrsg.): Methadon, 1989b, S. 73 ff.

ders.: Niedrigschwellige Methadonvergabe in den Niederlanden - Drogenarbeit, Drogenproblem und Normalisierung, in: Schuller, K./Stöver, H. (Hrsg.): Akzeptierende Drogenarbet, 1990, S. 150 ff.

ders.: Methadon in Amsterdam, in: Bossong, H./Stöver, H. (Hrsg.): Methadonbehandlung, 1992, S. 220 ff.

TREBACH, A.S.: The Heroin Solution, New York/London 1982

TRÜG, E.: Inanspruchnahme von klinischem Drogenentzug und anschließendem Mortalitätsrisiko bei Opiatabhängigen, in: Sucht 1992, 39 ff.

UCHTENHAGEN, A.: Gegenwärtiger Stand der Haschischforschung, in: Völger, G./v. Welck, K./Legnaro, A. (Hrsg.): Rausch und Realität, 1981, S. 788 ff.

ders.: Zehn Jahre Methadonprogramme in der Schweiz - Zum Bericht der Schweizer Methadonkommission, in: MAGS-NRW (Hrsg.): Medikamentengestützte Rehabilitation, 1987, S. 76 ff. und 109 ff.

ders.: Impact of AIDS Epidemiology on Methadone Policy, in: Westermeyer, A./Westermeyer, J. (Hrsg.): Methadone Maintenance in the Management of Opioid Dependence, 1990, S. 9 ff.

v. UEXKÜLL, T./WESIACK, W.: Wissenschaftstheorie und Psychosomatische Medizin, ein bio-psycho-soziales Modell, in: v. Uexküll, T. (Hrsg.): Psychosomatische Medizin, 3. Aufl., München/Wien/Baltimore 1986, S. 1 ff.

dies.: Theorie der Humanmedizin - Grundlagen des ärztlichen Denkens und Handelns, München/Wien/Baltimore 1988

UHLENBRUCK, W.: Die Rechtspflicht des Krankenhausarztes zur Schmerzbekämpfung und Leidenslinderung, in: FS-Narr, Berlin/Heidelberg/New York/London/Paris/Tokyo 1988, S. 159 ff.

ders.: Aktuelle Probleme des Arztrechts, in: ArztR 1989, 223 ff.

ders.: in: Laufs, A./Uhlenbruck, W.: Handbuch des Arztrechts, 1992

ULMER, A.: Erfahrungen mit der "Remedacen"-Substitutionsbehandlung aus ärztlicher Sicht, in: Unveröff. Manuskript eines Vortrags auf dem Seminar der Deutschen AIDS-Hilfe i.V. in Emlichheim unter dem Thema "Probleme der Methadonbehandlung" vom 20. Oktober 1990, Stuttgart 1990

ULSENHEIMER, K.: Pflichtwidrigkeitszusammenhang und Vertrauensgrundsatz in ihrer praktischen Bedeutung für die strafrechtliche Haftung des Arztes, in: FS-Weißauer, Berlin/Heidelberg/New York 1986, S. 164 ff.

ders.: Arztstrafrecht in der Praxis, Heidelberg 1988

ders.: in: Laufs, A./Uhlenbruck, W.: Handbuch des Arztrechts, 1992a

ders.: Zur zivil- und strafrechtlichen Verantwortlichkeit des Arztes unter besonderer Berücksichtigung der neueren Judikatur und ihrer Folgen für eine defensive Medizin, in: MedR 1992b, 127 ff.

VELIMIROVIC, B.: AIDS und Drogenbenützung, in: WZfS 1990, 3 ff.

VERNOOY, R.G.M./v. WIJNGAARTS, G.F.: Methadonverabreichung und die Lage der Heroinsüchtigen in den Niederlanden, in: KrimJ 1984, 64 ff.

VILLINGER, W.: Behandlung der Süchte, in: Biniek, E. (Hrsg.): Drogenabhängigkeit, 1978, S. 13 ff.

VÖLGER, G./v. WELCK, K./LEGNARO, A. (Hrsg.): Rausch und Realität. Drogen im Kulturvergleich, Teil 2, Köln 1981

VOGT, I.: Drogenabhängige Frauen – Delinquenz und Therapie, in: Bossong, H./Marzahn, Ch./Scheerer, S. (Hrsg.): Sucht und Ordnung, 1983, S. 78 ff.

dies.: Zur Geschichte des Alkohols, in: Scheerer, S./Vogt, I. (Hrsg.): Drogen und Drogenpolitik, 1989a, 54 ff.

dies.: Die Neuroleptika und Antidepressiva, in: Scheerer, S./Vogt, I. (Hrsg.): Drogen und Drogenpolitik, 1989b, S. 251 ff.

VUCELJIC, M.: Medizinisches Konzept zur Betreuung und Behandlung von Opiatabhängigkeit, München 1987a

ders.: Hinweise über die praktische Durchführung einer medikamentengestützten Suchtbehandlung bei Opiatabhängigkeit, München 1987b

ders.: Methadonsubstitution – Therapie oder Verlängerung der Rauschgiftsucht, in: Gesundheit und Prävention in München e.V. (Hrsg.): Jahresbericht 1990, München 1991, S. 36 ff.

WAGNER, H.J.: "In dubio pro reo" – BGH-Entscheidung zur ärztlichen Methadonverordnung, in: DÄBl. 1991, B 1693

WAGNER, W.: Neue Methoden und die Denkweisen im Hinblick auf die Morphinsucht, in: Biniek, E. (Hrsg.): Drogenabhängigkeit, 1978, S. 80 ff.

WALTHER, S.: Eigenverantwortlichkeit und strafrechtliche Zurechnung, Freiburg 1991

WAMSGANSS, W.: Akzeptierende Drogenarbeit im Strafvollzug, in: Schuller, K./Stöver,H. (Hrsg.): Akzeptierende Drogenarbeit, 1990, S. 109 ff.

WANKE, K./CASPARI, D.: Prävention verstärken, Therapie erleichtern und Forschung verbessern, in: Adams, M. u.a.: Drogenpolitik, 1989, S. 96 ff.

WEBER, E.: Problematik der Befolgung therapeutischer Maßnahmen aus klinischer Sicht, in: Fischer, B./Lehrl, S. (Hrsg.): Patienten-Compliance, 1982, S. 23 ff.

WEBER, G./SCHNEIDER, W.: Herauswachsen aus der Sucht: Kontrollierter Gebrauch illegaler Drogen und Selbstheilung, in: KJ 1990, 50 ff.

dies.: Herauswachsen aus der Sucht illegaler Drogen. Selbstheilung, kontrollierter Gebrauch und therapiegestützter Ausstieg, Münster 1992

WEBER, T.: Situation in Hamburg aus ärztlicher Sicht, in: Raschke, P.: Medikamentengestützte ambulante Therapie und die ambulante Abstinenztherapie, Hamburg 1992, S. 12 ff.

WEBER, U.: Einwände gegen die Lehre von der Beteiligung an eigenverantwortlicher Selbstgefährdung im Betäubungsmittelstrafrecht, in: FS-Spendel, Berlin/New York, 1992a, S. 371 ff.

ders.: Objektive Grenzen der strafbefreienden Einwilligung in Lebens- und Gesundheitsgefährdungen, in: FS-Baumann, Bielefeld 1992b, S. 43 ff.

WEIDER, H.J.: Die Integration der Verteidigung in den Verfolgungsapparat, in: Dokumentation zum 11. Strafverteidigertag, Frankfurt 1987, S. 196 ff.

WELTNER, K.: Über ein neues Verfahren zur Kontrolle der Patienten-Compliance bei ambulanter Behandlung, in: Fischer, B./Lehrl, S. (Hrsg.): Patienten-Compliance, 1982, S. 98 ff.

v. WELY, J.J.W.M.: Die Drogen der Szene. Körperliche Wirkungen des Opiatkonsums, in: Scheerer, S./Vogt, I. (Hrsg.): Drogen und Drogenpolitik, 1989, S. 299 ff.

WESER KURIER: Berufsverbot für Drogenarzt-Pychiater Johannes Kapuste darf nie wieder Süchtige behandeln, in: WK vom 22. Juli 1988, Nr. 167, S. 14

ders.: 70 Fixerspritzen in einer Woche - Eltern schlossen aus Protest den Spielplatz Gleimstraße im Steintorviertel, in: WK vom 9. Februar 1991a, S. 16

ders.: Versuch mit Kodein als Ersatzdroge. Hamburg: Übergangstherapie für Abhängige, in: WK vom 19. Oktober 1991b, Nr. 244, S. 31

WESSELS, J.: Strafrecht, Allgemeiner Teil, 20. Aufl., Heidelberg 1990

WESTERMEYER, A./WESTERMEYER, J. (Hrsg.): Methadone Maintenance in the Management of Opioid Dependence, New York/Westport/Connecticut/London 1990

WHO: Expert Committee on Drug Dependence: Sixteeth Report: WHO Technical Report Series No. 407, Genf 1969

dies.: Nomenclature and classification for drug- and alcohol-related problems, in: WHO-Memorandum: Bulletin of the WHO 1981, (59), S. 225 ff.

WIEDERMANN, H.: Strafe statt Therapie - Betäubungsmittelrecht und Drogenpolitik in den achtziger Jahren, in: DuR 1985, 301 ff.

WIELAND, W.: Die Problematik des Begriffs der "Allgemeinen wissenschaftlichen Anerkennung" in der Medizin, in: Neuhaus, G.A. (Hrsg.): Pluralität in der Medizin, 1980, S. 145 ff.

WIJNGAART, G.F.: Drogenkonsum in den Niederlanden, in: WZfS 1988, 93 ff.

WILLE, R.: Welchen Einfluß hat die staatlich legalisierte Verschreibung von Heroin oder Methadon auf den Genesungsprozeß Heroinabhängiger? Eine Zehnjahresuntersuchung Heroinabhängiger aus Großbritannien, in: Kleiner, D. (Hrsg.): Langzeitverläufe bei Suchtkrankheiten, 1987, S. 197 ff.

ders.: in: Kreuzer, A./Wille, R.: Drogen - Kriminologie und Therapie, 1988

WINCKLER, W.: Drogentherapie: Möglichkeiten und Hindernisse, in: Egg, R. (Hrsg.): Drogentherapie und Strafe, 1988, S. 177 ff.

WINKLER, K.R.: Zur Strafberkeit des Arztes gemäß § 11 Abs. 1 Nr. 9 BtMG (a.F.), in: SuchtG 1980a, 28 ff.

ders.: Besprechung des Urt. des BGH vom 8. Mai 1979, in: SuchtG 1980b, 84 ff.

ders.: Erfahrungen zum Betäubungsmittelgesetz, Zurückstellung der Strafvollstreckung, in: DHS (Hrsg.): Rechtsfragen der Suchtkrankenhilfe, 1987, 147 ff.

ders.: Die Rolle der Therapie im Umgang mit Drogenstraftätern – Stellungnahme weiterer Staatsanwälte, in: Egg, R. (Hrsg.): Drogentherapie und Strafe, 1988, S. 106 ff.

ders.: Gesetze sind kein Ersatz für umfassende Strategien. Das bestehende Drogenrecht braucht nur in Detailfragen geändert zu werden, in: Adams, M. u.a.: Drogenpolitik, 1989a, S. 99 ff.

ders.: Drogen- und AIDS-Bekämpfung durch Methadon-Programme?, in: ZRP 1989b, 112

ders.: Anmerkung zum Beschl. des BGH vom 17. Mai 1991, in: Sucht 1992, 61 ff.

WISSENSCHAFTLICHES KURATORIUM DER DEUTSCHEN HAUPTSTELLE GEGEN DIE SUCHTGEFAHREN, in: SuchtG 1988, 351 ff.

WÜSTER, M.: Der neue Stand der Opiatforschung, in: Völger, G./v. Welck, K./Legnaro, A. (Hrsg.): Rausch und Realität, 1981, S. 796 ff.

ZIEGER, M.: Strafrechtliche Risiken einer Methadon-/Polamidon-Entzugsbehandlung bei Opiatabhängigen in der Bundesrepublik Deutschland, in: Unveröff. Gutachten, Berlin 1986

ZIPF, H.: Probleme eines Straftatbestandes der eigenmächtigen Heilbehandlung (dargestellt an Hand von § 110 ÖStGB), in: FS-Bockelmann, München 1979, S. 577 ff.

ZOULEK, G./GÜRTLER, L./EBERLE, J./LORBEER, B./DEINHARD, F.: Zunahme der Prävalenz von Antikörpern gegen LAV/HTLV III bei Drogenabhängigen in der Bundesrepublik Deutschland, in: DMW 1986, 567 ff.

ZWEIFEL, P.: Der Korporatismus der niedergelassenen Ärzte, in: Gäfgen, G. (Hrsg.): Neokorporatismus und Gesundheitswesen, Baden-Baden 1988, S. 151 ff.

ZWISCHENBERICHT der Begleitforschung zur Methadon-Substitution im Lande Bremen, in: Kieselbach, T. (Hrsg.): Begleitforschung Methadon-Substitution Bremen, Bremen, Mai 1992

Krista Stosberg

Sozialisation und Drogen
Entstehung, Fortdauer und
Rückfall des Drogenverhaltens

Frankfurt/M., Berlin, Bern, New York, Paris, Wien, 1993. VII, 130 S., zahlr. Abb. u. Tab.
Beiträge zur Gesellschaftsforschung. Herausgegeben von Günter Büschges und Hansjürgen Daheim. Bd. 12
ISBN 3-631-45945-9 br. DM 45.--

Zu den besonderen Problemen unserer Zeit gehört das Drogenproblem. Die vorliegende Arbeit eröffnet einen Zugang zu diesem Problembereich, indem sie von einem medizinsoziologischen Modell der Sozialisationsdefizite zur Erklärung des Drogenverhaltens ausgeht. Entstehung, Fortdauer und Rückfall von Drogenabhängigkeit nach Therapie werden im Rahmen dieses hier entwickelten theoretischen Konzepts analysiert und seine Annahmen durch empirische Untersuchungen zu belegen versucht. Die Befragung von Drogenkonsumenten und ehemaligen Patienten von Fachkliniken erbrachte das Ergebnis, daß Mängel während des Sozialisationsprozesses im Elternhaus, in Schule und peer-group, des weiteren Versäumnisse sowie Störungen bei der sozialen und beruflichen Wiedereingliederung das Drogenverhalten nachhaltig beeinflussen.

Aus dem Inhalt: Medizinsoziologisches Erklärungsmodell für Drogenverhalten – Formen von Sozialisationsstörungen und die Entstehung von Drogenkonsum – Besonderheiten der Drogenkarriere und Versäumnisse in der Drogentherapie und Resozialisation – Fortgesetzter Drogenmißbrauch und Drogenrückfall nach Therapie – Empirische Evidenz

Verlag Peter Lang Frankfurt a.M. · Berlin · Bern · New York · Paris · Wien
Auslieferung: Verlag Peter Lang AG, Jupiterstr. 15, CH-3000 Bern 15
Telefon (004131) 9411122, Telefax (004131) 9411131
- Preisänderungen vorbehalten -